# TRAITÉ

### DES

# BREVETS D'INVENTION

### ET DE LA

## CONTREFAÇON INDUSTRIELLE

# TRAITÉ

### DES

# BREVETS D'INVENTION

ET DE LA

## CONTREFAÇON INDUSTRIELLE

PRÉCÉDÉ

D'UNE THÉORIE SUR LES INVENTIONS INDUSTRIELLES

PAR

## Edmond PICARD & Xavier OLIN

AVOCATS PRÈS LA COUR, DOCTEURS AGRÉGÉS A LA FACULTÉ
DE DROIT DE L'UNIVERSITÉ DE BRUXELLES

---

**NOUVELLE ÉDITION**

---

| PARIS | BRUXELLES |
|---|---|
| A. DURAND ET PEDONE LAURIEL | FERD. CLAASSEN, LIBR.-ÉDITEUR |
| RUE CUJAS, 9 | RUE DE LA MADELEINE, 86 |
| Ancienne rue des Gres, 7 | Coin de la rue Cantersteen |

1869

Les grandes expositions internationales qui ont signalé la seconde moitié du siècle, ont donné naissance à un mouvement qui se caractérise chaque jour plus énergiquement. L'institution des brevets d'invention a été mise en question par les observateurs de l'agitation industrielle de notre époque, qui ont ajouté dans ce débat à la logique des idées, l'aide puissante et nouvelle de la logique des faits. Tout le monde a été frappé de la concordance des progrès de chaque peuple dans la voie du travail, tout le monde a été touché de ce spectacle qui nous présentait les mêmes perfectionnements réalisés dans des contrées éloignées par des hommes qui n'avaient eu entr'eux aucune relation, qui n'avaient de commun que la science du passé. On a constaté que l'histoire de l'industrie est en quelque sorte une succession fatale, que les inventions se rattachent entre elles par une chaîne naturelle, et que l'heure de la découverte nouvelle a sonné pour ainsi dire avec l'apparition de la découverte antérieure.

On s'est demandé alors quelle était la part de l'individu dans ces faits dont il tire tant d'orgueil, et l'on s'est effrayé de cette audacieuse théorie qui attribue à un homme l'honneur et les priviléges d'une idée dont les germes sont déposés dans une foule de têtes, se fécondent et mûrissent à la fois dans l'humanité entière. On s'est enquis du titre de ces novateurs superbes qui n'ont souvent pour eux qu'une priorité plus apparente que réelle. La plupart des découvertes, a-t-on enfin compris, sont les émanations d'un besoin déterminé, elles suivent inévitablement la nécessité qui les appelle, elles surgissent simultanément là où des besoins identiques se font sentir.

Aussi, la cause de la liberté du travail a-t-elle vu grossir les rangs de ses adeptes, et des économistes d'une autorité non suspecte, des industriels dont l'expérience a été appréciée au sein des jurys internationaux, des Chambres de commerce, des hommes d'Etat, des publicistes, se sont rangés résolûment dans le camp hostile aux priviléges et aux droits restrictifs. L'écho de ces tendances nouvelles a retenti jusqu'au milieu des parlements, et déjà on a pu y prédire qu'un moment arriverait où les barrières apportées à l'industrie par les brevets d'invention disparaîtraient comme toutes les barrières.

Mais en attendant la réforme de l'avenir, le jurisconsulte se doit à l'étude du présent. Une loi sur les brevets d'invention, promulguée en 1854, existe encore en Belgique, elle donne naissance à des questions ardues, son interprélation se heurte maintes fois contre des hésitations de diverses natures.

Nous avons cru qu'un nouveau commentaire de cette loi ne serait pas dépourvu d'utilité. Des deux ouvrages consciencieux qu'elle a inspirés, l'un, (*Guide pratique des inventeurs brevetés*, par M. Vilain), conçu sur un plan restreint, est plutôt destiné au public qu'aux jurisconsultes ; l'autre, (*Traité théorique et pratique des brevets d'invention*, par M. Tillière), est imbu d'un esprit qui n'est pas le nôtre. OEuvre d'un auteur qui a défendu avec ardeur le principe de la propriété industrielle, ce travail se ressent nécessairement des sympathies de son rédacteur. Le principe qui sert de base à l'interprète de cette loi exerce une influence incontestable sur la solution de nombreuses difficultés dans la pratique. Qui recueillera le bénéfice du doute laissé par les controverses ou par l'obscurité de certains textes : sera-ce l'inventeur qui invoquera un droit sacré et naturel, sera-ce l'industriel qui essaiera de contenir dans d'étroites limites un brevet qui ne constitue qu'un privilége? La réponse, on le devine, variera au gré des opinions de l'auteur.

Elle sera chez nous dictée par une conviction sérieuse et réfléchie, qui nous entraîne avec la doctrine la plus récente, vers la théorie de la liberté de l'industrie. Notre livre ne cherche pas à se substituer à ses aînés : il réclame sa place auprès d'eux, tantôt pour suppléer à leurs lacunes surtout à l'aide des lumières fournies par la jurisprudence depuis leur publication ; tantôt pour les combattre, lorsque leurs thèses nous paraîtront erronées ou inspirées par une préoccupation systématique de sauvegarder les droits des inventeurs.

Notre plan est indiqué par le sujet lui-même. Nous aurons, en premier lieu, à justifier théoriquement les conclusions de l'école qui s'est constituée l'adversaire de la propriété industrielle. Cet exposé sera bref, car nous sommes plus désireux de faire de la pratique que de la science pure ; nous avons toutefois à nous souvenir que les vérités que nous invoquons, n'ont point la force d'axiomes : les affirmer sans les discuter, serait de la présomption ; les discuter sans chercher à convaincre, serait de la faiblesse. Nous consacrerons à cet exposé théorique, l'espace rigoureusement nécessaire.

Nous établirons ensuite que le législateur belge de 1854, contrairement à ce qui a été écrit, s'est montré directement hostile à la propriété industrielle, et c'est avec son esprit qui est conforme au nôtre sur ce point, que nous commenterons l'œuvre qu'il a produite.

# INTRODUCTION.

**Théorie sur les inventions industrielles.**

L'homme qui vient apporter un progrès nouveau à l'industrie, mérite assurément de ne pas rencontrer en nous des ingrats. Mais a-t-il quelque titre à une récompense déterminée, fixée par le droit naturel, ou bien, si une rémunération lui est due, peut elle varier au gré de ceux qui la décrètent? Sommes-nous libres de régler à notre guise l'étendue et la nature de cette dette de reconnaissance, existe-t-il au contraire au profit de l'inventeur, un droit sacré et imprescriptible sur la découverte qu'il nous livre, droit que les institutions d'un peuple ne sauraient méconnaître sans consommer une injustice ?

Les opinions se sont partagées sur cette question, dont il est aisé d'apprécier l'importance. Là où l'on admettra que le privilége de l'inventeur a ses racines en dehors et au-dessus des législations positives, ce sera vers un courant favorable au monopole qu'on s'efforcera d'entraîner les esprits. Là où l'on considérera les avantages concédés à l'auteur d'une découverte comme une récompense ou un encouragement que rien ne nous obligeait à consacrer fatalement, on protestera contre leur extension, même contre leur inscription dans nos Codes, et on les interprétera restrictivement, comme toute faveur qui est l'œuvre des hommes, qui n'est pas l'œuvre du droit.

Aussi, deux camps se sont-ils formés avec des principes, et des solutions opposés. D'un côté se sont rangés les partisans de la *Propriété Industrielle* qui veulent que l'idée appartienne encore à l'homme, même après qu'il l'a communiquée au public, et qui défendent à tout autre qu'à lui de la mettre en pratique. D'autre part, se sont groupés ceux qui croient que la pensée échappée à celui de qui elle émane, entre dans le domaine de l'humanité entière; que s'il est dès lors permis à chacun de la concevoir, il doit être permis à chacun aussi de réaliser ce qu'il a conçu. L'inventeur, disent-ils, est maître de conserver son secret; il peut exploiter ce qu'il a imaginé et recueillir les bénéfices de l'application qu'il en fait lui-même aux choses du monde matériel. Mais si nous sommes contraints de respecter le fruit de son travail, il est soumis par contre à respecter le fruit d'une semblable application faite par autrui. Les législations qui restreignent sur ce point la liberté du public créent un droit artificiel, un privilége arbitraire, qu'explique peut-être un sentiment de gratitude, mais que repousse le droit naturel.

Nous aurons à examiner de quel côté est la vérité, et nous rappelant que nous sommes sur le terrain juridique, nous aurons à nous garder dans cette recherche d'un entraînement irréfléchi pour les inventeurs : le droit est la science de la raison, ce n'est pas une école de sentiment.

La doctrine qui a inscrit ces deux mots sur son drapeau : *Propriété Industrielle*, repose sur une triple base :

1º Il y a dans le domaine intellectuel comme dans l'ordre matériel, un véritable droit de propriété.

2º L'inventeur d'une idée en acquiert la propriété par un mode aussi légitime que les modes d'acquisition de la propriété ordinaire.

3º Le bienfait dont les masses lui sont redevables, exige qu'elles restreignent leur liberté à son profit.

Nous nous placerons successivement à chacun de ces trois points de vue.

Et d'abord, y a-t-il une assimilation possible entre le domaine de la pensée et celui des choses corporelles ?

Le principe de la propriété ordinaire se fonde exclusivement sur la nécessité. Les objets que nous présente la nature sont essentiellement consacrés à la satisfaction des besoins auxquels notre existence même est liée. Que deviendrait l'humanité, si on lui retirait l'usage des choses du monde extérieur ? Mais quelle serait aussi cette jouissance, si les volontés de la foule pouvaient se porter à la fois sur un même objet ! Le concours des prétentions rivales amènerait la lutte, produirait le désordre, et, disputé par tous, l'objet ne serait utile à personne.

Le droit de propriété est sorti de cette double nécessité : nécessité de tirer parti des choses matérielles pour que l'humanité subsiste, nécessité d'enlever ces choses à la disposition de convoitises contradictoires, pour que cette affectation soit possible. On a donc admis l'appropriation des objets corporels, et l'on a décrété quels seraient les modes légitimes d'arriver à cette appropriation : le travail et l'occupation sont devenus dans tous les Codes les sources principales de cette acquisition.

Dans l'ordre intellectuel, était-il indispensable de consacrer les mêmes principes ?

Chaque esprit est certainement maître de ses conceptions, en ce sens qu'il n'est pas obligé de les épancher au dehors ; il est libre de les renfermer en soi, d'en jouir intellectuellement, de les dérober à autrui. Le droit n'a rien à voir dans cette intimité de l'intelligence, car il ne s'occupe que des relations des hommes entre eux, et ce serait faire un étrange abus des mots que de décorer du nom de propriété, une simple faculté de l'esprit, qui n'intéresse que l'individu, sur laquelle il n'est point de contrôle possible.

Au surplus, si ce pouvoir était une véritable propriété, il le serait chez l'un comme chez l'autre ; notre voisin posséderait sa pensée au même titre que nous, et si nous avions conçu la même idée, nous jouirions sur elle du même privilége, nous serions tous deux propriétaires à des degrés égaux. A ce point de vue donc, il serait déjà démontré que la pensée est susceptible de souffrir plusieurs maîtres, qu'à la différence des objets matériels, elle pourrait en même temps appartenir à plusieurs.

Mais lorsqu'un individu publie le produit de son intelligence, on soutiendrait qu'il y aurait nécessité naturelle à l'établissement d'un droit exclusif en sa faveur! Ce n'est pas la faculté de concevoir cette même idée qu'on veut enlever au public, c'est celle d'en faire l'application.

Nous comprenons que la liberté de tous soit enchaînée devant la volonté d'un seul, lorsqu'il s'agit de choses corporelles, parce qu'il serait impossible à leur possesseur d'en retirer l'usage auquel elles se trouvent naturellement destinées, s'il était gêné par autrui dans cette disposition. Mais celui qui a conçu une idée, est libre de la réaliser dans la pratique, et de recueillir les fruits de cette mise en œuvre. N'est-ce pas là jouir pleinement de sa pensée, et a-t-il besoin à cette fin d'empêcher les autres de l'imiter? En quoi sera-t-il entravé dans l'exercice de ce droit, en quoi la société verra-t-elle son existence compromise, si à côté de lui quelqu'un se trouve qui imagine et réalise la même pensée? Nous savons parfaitement qu'en réservant à un seul individu la faculté d'exploiter une idée, on augmente sensiblement la source de ses profits; mais la question ne consiste point pour l'instant à savoir s'il convient d'attribuer à l'inventeur cet accroissement de bénéfices, en retour du progrès dont il nous a dotés; nous constatons uniquement qu'il n'y a pas de nécessité sociale à cette restriction.

Or, là où la nécessité cesse, le droit exclusif cesse également. La prétendue propriété industrielle n'a donc pas de raison d'être en droit naturel (1).

Nous allons plus loin, nous soutenons que l'envahissement du domaine intellectuel par le principe du privilége exclusif serait fatal à la société et à l'humanité, que le droit naturel doit par conséquent le répudier avec énergie.

Réfléchissons, en effet, que dans le principe tout a été découvert. Les combinaisons les plus simples comme les conceptions les plus élevées ont toutes été imaginées pour la première fois par quelqu'un qui pouvait se qualifier d'inventeur au même titre que nos inventeurs contemporains. Or, que serait-il advenu si les peuples primitifs avaient rendu hommage à cette prétendue propriété industrielle ? Imagine-t-on les conséquences de cette appropriation de chaque idée au profit d'un maître jaloux de ses droits, qui refuserait d'en céder l'application ou qui subordonnerait son consentement à des exigences insurmontables ! Voit-on le progrès enrayé par la résistance d'un individu, alors qu'on a besoin de l'invention qui lui appartient pour aller en avant ! Calcule-t-on que l'existence de l'humanité serait suspendue peut-être au bon plaisir de quelques-uns en possession des moyens indispensables pour assurer sa marche ! Autant la propriété ordinaire garantit le maintien des liens sociaux, autant la propriété industrielle serait destructive de ces liens et tournerait au détriment de l'humanité.

La propriété industrielle aboutirait même à la négation complète de la propriété ordinaire. Celle-ci en effet ne consisterait plus à user des objets matériels au gré de leur

---

(1) Le droit romain, si complet sur la notion des droits, est muet sur ce prétendu droit de propriété. On aurait donc vu une suite de siècles s'écouler sans qu'aucun esprit juridique soupçonnât même l'existence de cette catégorie de droits prétendûment fondés cependant sur les lois naturelles !

1.

possesseur, puisqu'il faudrait s'abstenir de tout usage dont on n'aurait pas le premier conçu l'idée, puisque la faculté de réaliser son innovation sur toutes les choses du monde matériel serait réservée à l'inventeur. Que feraient alors les propriétaires qui n'auraient rien inventé ? Que deviendrait entre leurs mains une matière dont chacun des emplois serait l'apanage exclusif de celui qui l'aurait imaginé avant les autres?

Puis, s'il est des gens qui n'inventent point, il en est d'autres qui inventent mal; il s'en trouve encore dont les essais sont distancés par des conceptions plus heureuses. Ils doivent toutefois vivre aussi ceux-là, ils sont voués au travail, et comment travailler lorsque de toutes parts ils se heurtent contre l'écueil des priviléges?

Loin de raffermir la société cette doctrine en saperait les bases fondamentales, et l'on voudrait que le droit naturel la consacrât, lui qui tend uniquement à sauvegarder la coexistence des hommes et leur réunion en société (1) !

Si ces prémisses sont exactes, il serait étrange de voir se justifier le second principe de nos contradicteurs, à savoir que les modes d'acquisition de la propriété ordinaire s'appliquent à la propriété industrielle, et doivent mener aux mêmes conséquences.

(1) Qui peut compter les aberrations, les crimes mêmes qu'a amenés l'extension immodérée de l'idée de la propriété? Comme le dit M. Tielemans, « on tenait jadis que la femme était une propriété de son mari, les enfants une propriété de leur père, les esclaves une propriété de leur maître, les peuples une propriété de leur souverain. On tenait que la science et même la religion étaient la propriété de certaines castes; que les arts et métiers, les fonctions et offices publics étaient la propriété de certaines familles ou corporations; que l'eau des rivières, le vent qui souffle sur les ailes d'un moulin, la voie qui mène à l'église, étaient la propriété du seigneur. On tenait même que le travail, cette lutte incessante de l'homme contre les forces et les mystères de la nature, était la propriété du prince, et les princes l'ont vendu longtemps à leurs sujets. » (*Rapport de la commission chargée de rédiger l'avant-projet de loi sur les brevets*, Ann. Parl. 1851-1852, p. 660.)

Pesez, disent-ils, les suites du travail et de l'occupation quand il s'agit des objets matériels, vous arrivez à la propriété. N'en est-il pas de même dans l'ordre spirituel? Si nous sommes tenus de respecter comme sacré le produit que chacun tire du travail de ses mains, ne devons-nous pas distribuer un égal respect au fruit du travail de son intelligence? Contemplez aussi, ajoutent-ils, cet homme qui le premier prend possession d'une terre inconnue, il en devient le maître par droit d'occupation, sa priorité constitue un titre inattaquable! Eh bien, le penseur qui trouve une terre inconnue dans le monde des idées, doit aussi exercer le droit du premier occupant.

Ces objections s'étayent sur une confusion qu'il importe de démêler.

L'homme doit jouir du fruit de son labeur, sans aucun doute. Que ce soit sa tête ou ses bras qui travaillent, il peut acquérir par ce moyen, et tout le monde s'inclinera devant son œuvre. Mais avons-nous jamais méconnu cette conséquence? L'inventeur concevra son idée comme il le voudra, il la publiera ou il la gardera pour lui, il en jouira intellectuellement ou il la mettra en pratique : qu'il en use à sa guise, il en est le maître. Lorsqu'il traduira son invention matériellement, il recueillera le bénéfice de la transformation qu'il aura fait subir à la matière. Mais nos adversaires vont beaucoup plus loin : sous prétexte de payer un juste hommage au travail, ils attribuent à l'inventeur le produit du travail d'autrui. Qu'un voisin imagine la même application sur une matière qui lui appartient, il faudra confisquer au profit de celui qui a le premier mis cette idée en œuvre, et l'augmentation de valeur que la matière a subie et cette matière elle-même! En un mot, il ne suffira pas que les masses respectent ce qu'il a acquis, il faudra en outre qu'elles s'abstiennent d'acquérir comme lui. Nous ne demanderons pas ici si cela est équitable, nous demanderons si cela est logique?

Et quant à l'occupation d'autre part, y a-t-il la moindre analogie entre ces deux ordres d'idées?

Qu'un navigateur imagine de mettre à la voile à la recherche d'une plage lointaine dont il a deviné l'existence : il deviendra propriétaire de la rive où il débarquera, rien de plus juste. Mais si un autre, jaloux de ses succès, s'avise de l'imiter et profitant de la voie nouvellement ouverte, s'élance sur ses traces et pénètre sur un sol voisin, libre encore d'appropriation, cet imitateur ne verra-t-il pas tout le monde s'incliner devant ses droits comme devant ceux de son devancier? Et celui-ci serait-il bien venu à lui dire : le premier j'ai conçu l'idée de partir à la découverte d'une terre ignorée, je défends à quiconque de bénéficier de la même idée et de la réaliser dans la pratique! Ce langage toutefois est celui que tiennent nos contradicteurs : non contents de jouir en paix de l'application de leur idée aux choses du monde extérieur, ils veulent nous interdire toute application analogue sur d'autres objets : ils ont les premiers conçu une idée et ils défendent à autrui de la concevoir et d'en tirer profit après eux!

D'ailleurs, si l'on insiste sur cette assimilation avec la propriété ordinaire, rappelons-nous ce principe éternellement vrai, c'est que l'occupation est en raison directe de la possession : *Quantum occupatum, tantum possessum.* Or pouvez-vous sérieusement vous vanter de posséder une idée, de tenir en votre pouvoir cette chose insaisissable comme l'air, dont la nature est rebelle à toute pensée d'appropriation? Que vous en soyez le maître tant que vous la confinez en vous, dans un coin de votre cerveau, soit, bien que rien ne vous assure qu'à cette heure-là même, cent autres ne la possèdent pas au même degré que vous! Mais dès l'instant où vous l'avez publiée et jetée à la foule, oserez-vous prétendre que vous en êtes encore possesseur? L'effet immédiat de cette publication n'est-il pas de la faire entrer dans le domaine de chacun? Toutes les intelligences ne sont-elles pas à même de la posséder dès ce moment comme vous la possédiez tout à l'heure? On perd constamment de vue combien la publicité donnée à l'idée vient lui enlever de son caractère personnel. Celui qui l'a trouvée était maître de s'en montrer jaloux et de la conserver pour lui seul, il pouvait ne nous appeler au partage que moyennant salaire, il était libre de stipuler les conditions de cette cession; mais dès l'instant où elle est consommée, il faut se rendre à la logique des faits : le jour même où il a affirmé sa possession, il a appelé le public à posséder avec lui; s'il y a occupation, c'est une occupation en commun, c'est l'humanité tout entière qui a fait une conquête et qui en dispose. L'inventeur lui a servi de guide. Soyez-lui reconnaissants de son aide, nous y souscrivons volontiers, mais ne créez pas un droit exclusif dont il a lui-même rendu l'existence impossible.

C'est l'excès de la reconnaissance qui entraîne nos contradicteurs, et leur permet de faire bon marché des principes juridiques. C'est ce sentiment qui leur inspire comme dernière défaite, ces arguments touchants tirés de l'équité pour soutenir au profit des inventeurs la propriété de leurs découvertes. Ils font valoir bien haut la dignité, la sainteté de la pensée, ils composent un tableau lamentable des misères du génie luttant contre l'ingratitude des hommes, ils s'adressent à notre intérêt même pour nous exciter par ce moyen à encourager l'esprit d'invention! Les créations de l'intelligence sont choses saintes, disent ils, et pourtant, ils ne reconnaissent ce caractère que chez ceux qui sont les premiers dans l'ordre des temps! Ceux-là mêmes qui, de bonne foi, sont arrivés de leurs propres forces à un résultat qu'ils croyaient nouveau, dans l'ignorance des faits antérieurs, ceux qui ont pareillement vécu de labeurs et d'efforts dans l'enfantement de cette découverte, ceux-là ne recueilleront que déboires et déceptions s'ils s'avisent de réaliser ce qu'ils ont conçu. Propriété pour les premiers, rien pour les autres, telle est la manière dont on rend hommage à la sainteté de la pensée !

Cependant, ajoute-t-on, ne faut-il pas avoir égard aux sacrifices qu'a coûtés la découverte? On ne nous parle jamais des inventeurs sans nous dépeindre quelque grand esprit, méditant dans le silence durant de longues années, s'épuisant en essais infructueux, luttant contre des obstacles sans nombre, et arrivant enfin meurtri par ce combat de chaque jour, pour jeter au milieu de la société le fruit de ses veilles, en nous disant : voilà mon œuvre, voilà mes peines, pitié et reconnaissance pour moi !

C'est se composer la partie belle à plaisir. Mais c'est aussi méconnaître étrangement les faits.

L'observateur sans illusion confessera qu'à aucune époque le génie n'a été surabondant, et que s'il y a eu souvent de grands hommes, il s'est rarement produit de grands inventeurs et de grandes inventions. Qu'on les compte dans l'histoire des siècles, combien la liste sera bientôt close !

C'est la priorité qui en somme devient le titre véritable de ces faveurs, et ce n'est même pas l'antériorité de la conception, car il est impossible de sonder chaque intelligence pour en pénétrer les mystères. C'est à la date de la publication qu'on s'attache avant tout; ce n'est pas la découverte qui donne le droit, c'est sa divulgation. C'est moins la création que la communication de la pensée !

Qu'on rende seulement à chacun selon ses œuvres et l'on reconnaîtra que si le vrai mérite apparaît de loin en loin, il est assez peu commun pour qu'il soit rémunéré chaque fois par un mode spécial approprié aux circonstances, sans qu'il soit nécessaire d'ériger l'exception en règle permanente, et de distribuer généreusement à la foule les récompenses dues à quelques-uns !

Puis, ces enfantements laborieux ne sont-ils pas un peu issus d'une imagination complaisante? Le hasard a toujours été le plus grand des inventeurs. Tel événement purement fortuit a amené des révolutions plus profondes que les calculs patients de plusieurs générations de savants !

Pourquoi vouloir aussi détacher un progrès de ce qui l'a fécondé et amené ? L'esprit le plus ingénieux, livré à ses propres forces, que vaudrait-il ? Détachez-le de son temps, isolez-le des conquêtes de ses devanciers, de quel poids seront ses idées ? Chaque découverte industrielle n'est-elle pas surtout l'œuvre de l'époque, le fruit que le passant détache de l'arbre de la science qui l'a mûri ? Sait-on ce que le génie d'Archimède aurait produit de nos jours ? Placez d'autre part Jacquart au siècle d'Archimède, croyez-vous qu'il eût imaginé le métier qui porte son nom ? Pourquoi dès lors vouloir que chacun de ces progrès soit l'œuvre d'un homme, soit sa chose, sa propriété exclusive ?

L'homme ne crée point, ne l'oublions pas, il combine. Ses inventions les plus merveilleuses ne sont que des rapports entre des choses de la nature et qui, comme tous les objets du monde matériel, sont l'apanage du genre humain tout entier. Et il appartiendrait à un individu de s'écrier : ce rapport est à moi, cette notion est mon bien, j'en défends la jouissance à quiconque, je me la réserve en maître jaloux et égoïste ! Il pourrait à son gré s'en servir ou la laisser éternellement sous le boisseau ! Les anciens rendaient des honneurs divins à ceux qui leur avaient apporté des découvertes utiles : n'était-ce pas rendre hommage à l'origine de la pensée humaine, fille de Dieu, servante des hommes ?

La propriété littéraire serait encore de beaucoup plus justifiable que la propriété industrielle. Si Homère n'avait pas composé l'Iliade, l'Iliade n'aurait pas existé. Mais si Guttemberg n'eût pas imaginé l'art de l'imprimerie, doute-t-on que l'imprimerie ne fût pas sortie depuis longtemps néanmoins des essais des générations qui suivirent ? Cet art n'était donc pas sa création, pas plus que l'électricité n'était la création de Volta. Supposez cependant le principe de la propriété industrielle consacré par la législation du xvᵉ siècle, supposez un pouvoir ombrageux ou une croyance inquiète, devinant les armes que cette découverte recélait contre eux dans ses flancs, et allant la marchander à son auteur, puis la confisquant à leur profit ou la plongeant dans le néant!

Les hommes du métier ont déposé dans la grande enquête soulevée par cette question. Et que sont-ils venus affirmer? Qu'il n'est pas rare « que des personnes de très-bonne foi produisent comme des inventions des procédés qui avaient été exécutés beaucoup avant elles; ces procédés, elles les avaient réellement découverts, mais d'autres les avaient rencontrés auparavant; tous ceux qui se livrent à la fabrication savent combien on en pourrait citer d'exemples. » *(Rapport de la Chambre de commerce de Liége pour 1864.)*

Et l'on a fait remarquer dans le passé combien la paternité des plus mémorables inventions était ardemment disputée, et l'on s'est demandé si ces revendications n'étaient pas toutes légitimes, parce qu'en effet, les découvertes surgissent à leur heure, et apparaissent en même temps sous des patronages divers, parce que partout la science des devanciers avait préparé le terrain et rendu ce progrès inévitable, parce qu'un besoin nouveau s'était fait sentir et que sous le coup d'une nécessité qui aiguillonnait plusieurs esprits, la plupart des chercheurs arrivaient presque en même temps à la même solution (1).

« Nécessité est mère de l'industrie » disait un vieil adage, et cette vérité restera éternelle. La découverte d'un moyen dans l'industrie n'est souvent que la découverte d'un but (2). Livrez le but à atteindre à l'imagination des concur-

---

(1) Avec la Réforme naît l'imprimerie, avec l'émancipation du travailleur se produit la vapeur qui sert d'aliment aux activités impatientes. La Providence semble réserver des hommes pour les événements. Combien en a-t-on vu mourir à la tâche, de ceux qui ont voulu devancer leur époque!

(2) La substitution de la paille au chiffon dans la fabrication du papier a

rents : combien y arriveront de la même manière sans s'être concertés toutefois ! Les grandes expositions universelles ont mis de nos jours ce fait en relief d'une façon remarquable, et elles ont porté le coup de grâce à la propriété des inventeurs. On a vu les mêmes innovations éclore en même temps sur des points éloignés du continent, œuvres de gens qui n'avaient eu entre eux aucune communication ! On a proposé des concours pour réaliser un problème industriel, et des solutions arrivaient de toutes parts, basées sur les mêmes idées, conduisant aux mêmes résultats ! Ces faits sont venus avec leur logique écrasante apporter leur témoignage, et ont abaissé l'orgueil de l'individu; ils l'ont forcé à écarter ses prétentions à une propriété exclusive, parce qu'ils ont montré que son œuvre n'avait rien d'exclusif, non plus.

Si vous voulez une récompense pour l'inventeur, ne lui livrez donc pas à ce titre la propriété de son invention : cette rémunération serait exorbitante pour ses mérites, elle serait inique et injustifiable au point de vue du public.

Si c'est à titre de récompense seulement qu'on proclame le droit des inventeurs, n'est-ce pas nier l'appropriation de leur idée en droit naturel? Si nous sommes tenus à la reconnaissance, ne sommes-nous pas maîtres de choisir les moyens d'acquitter cette dette? Ce que nous accorderons à l'inventeur sera le produit de notre volonté, l'effet de notre bon plaisir, une création des lois positives, variable, arbitraire. Les sociétés seront plus ou moins larges dans leurs faveurs, mais si elles ne sauraient désormais être que plus ou moins reconnaissantes, il ne s'agit plus pour elles de se montrer plus ou moins juridiques. C'est une question de sentiment, ce n'est plus un point de droit.

été provoquée, non par le génie de celui qui, le premier, l'a réalisée, mais par la rareté du chiffon. Il en est de même de l'emploi de la houille au lieu du bois dans la fabrication du fer : c'est la cherté du bois qui a fatalement amené ce résultat.

Et à ce dernier point de vue quel est le taux de la rémunération que nous devrions accorder? Nous avons tout à l'heure pesé le mérite des inventeurs en général. Nous nous demanderons s'ils ne possèdent pas déjà une rémunération suffisante que personne ne leur dispute. N'ont-ils pas le pouvoir de jouir de leur découverte, de la mettre en œuvre, de bénéficier de son application? Songeons qu'ils seront les premiers à en jouir, qu'en raison de leur priorité naturelle ils écarteront toujours pendant un certain temps du moins les effets de la concurrence. Ils auront ensuite sur leurs rivaux l'avantage de l'expérience personnelle. Tout cela leur est promis et garanti sans que la loi fasse aucun effort en leur faveur; mais tout cela, dit-on, n'est pas suffisant, n'est en proportion ni avec les sacrifices individuels, ni avec les avantages qu'en retire la société!

Mais dès l'instant où l'on suppute les sacrifices des particuliers, pourquoi s'arrêter à ceux de l'inventeur, pourquoi ne pas jeter un regard de commisération sur les déboires de ceux qui ont ouvert la marche, qui ont planté les jalons, et qui n'ont pas eu le bonheur de parvenir tout à fait au but? Pourquoi vous montrer insensibles aux efforts de ceux qui ont aussi atteint le résultat rêvé, mais qui sont arrivés les seconds, les troisièmes, sans se douter qu'ils venaient d'être devancés?

Soyez plus conséquents encore, pratiquez ouvertement vos principes dans le domaine entier de l'intelligence, ne réservez pas vos égards à l'idée industrielle. N'existe t-il pas quelque mérite à trouver telle loi de la mécanique, telle propriété chimique des corps, telle formule algébrique? Pourquoi ne pas en assurer le monopole aux savants qui ont consumé leurs veilles dans ces recherches, pourquoi ne pas défendre aussi à la foule de se servir de ces découvertes sans l'assentiment de leurs auteurs?

La société serait donc instituée pour établir une équitable rétribution pour le bien et pour le mal! Récompenser d'une part, punir de l'autre, tel serait son devoir et son rôle !

N'oublie-t-on pas que son office est strictement limité à son intérêt, et que la vertu comme le vice doivent la trouver indifférente, lorsque son utilité, sa conservation, son salut ne lui commandent point d'intervenir.

Or, ici quelle serait cette utilité ? Voyez, nous dit-on, les avantages de notre système ! Comme les inventions se multiplieront sous le coup des faveurs qui couvriront leur apparition !

D'abord, nous répondrons que la multiplicité des inventions n'est nullement enviable. Comme nous l'avons vu déjà, chacune doit avoir son heure, sous peine d'être méconnue et frappée de stérilité. En écartant la concurrence par le monopole, vous établissez la concurrence des inventions qui est la pire de toutes. L'industrie a besoin d'une certaine stabilité, et tout en reniant l'esprit de routine, elle tient à se prémunir contre les modifications réitérées, qui bouleversent les calculs et empêchent de féconder sérieusement la découverte du jour dans la crainte de voir les efforts et les dépenses s'évanouir en pure perte devant la découverte du lendemain.

Puis, en conscience, quelle est l'invention qui aurait jamais besoin pour éclore de l'appât du privilége promis par nos contradicteurs? Demandez à ceux qui ont dépensé leur existence dans les luttes glorieuses de la pensée, s'ils ont dû être stimulés par l'aiguillon d'une rémunération. Ils connaissaient l'auréole qui s'attache aux noms des bienfaiteurs de l'humanité, ils n'ont point reculé et ils ne reculeront jamais devant les sacrifices des moyens dans l'unique perspective de la noblesse du but. Demandez aux auteurs de ces découvertes immenses qui remuent et transforment l'univers, s'ils ont calculé les bénéfices futurs de leur invention avant d'essayer d'inventer ! Voyez si la perspective d'un brevet a jamais créé le génie !

Et quant à ceux qui, au bout de leurs peines, ne voient

qu'une spéculation mercantile, ils sont à même, comme dans toutes les opérations vénales, de supputer leurs chances de perte et de gain. Ils savent qu'en exploitant les premiers leur idée, ils seront les premiers à en recueillir les bénéfices, ils peuvent prévoir les éventualités de la concurrence et mettre en balance les avantages à espérer et les sacrifices à consentir. Et si dans cette question de chiffre quelques-uns hésitaient et venaient à faiblir, consolons-nous : les produits de ces génies avortés n'auraient jamais pesé d'un bien grand poids dans le lot de nos conquêtes. Leurs découvertes eussent été de la nature de celles qui servent de prétexte à ces quantités de brevets qui apparaissent autour de nous pour quelques instants, semblant ne prendre vie que pour se hâter de mourir. Ou bien, si elles sont sérieuses, si elles sont nécessaires, rassurons-nous! Si aujourd'hui nous les perdons pas la mollesse de ceux-ci : regardez ceux-là qui se préparent et qui demain nous les donneront (1).

Un autre système a vu le jour, qui combat avec une égale ardeur la théorie de la propriété industrielle, mais qui affiche certaines prétentions de se distinguer de l'école de la rémunération sociale. Ce système est celui qui repose sur un prétendu contrat entre la société et l'inventeur, et qui

---

(1) « Le privilége accordé pendant vingt ans à un seul est souverainement injuste à l'égard de tous ceux qui auraient pu arriver au même résultat sans le concours de l'inventeur ; or, si l'on prend les quelques inventions qui ont donné des résultats avantageux à ceux qui ont obtenu les brevets, on devra reconnaître qu'il n'est pas seulement possible, mais probable, que plusieurs autres les auraient trouvées sans les possesseurs de ces brevets ; l'invention presque simultanée d'un même procédé par plusieurs industriels n'est pas une pure hypothèse, c'est un fait qui est fréquent. Les grandes expositions universelles qui ont eu lieu dans ces derniers temps l'ont mis en lumière, et l'on a vu des industriels de diverses parties du monde, qui n'avaient entre eux aucun rapport, exposer le même perfectionnement, la même innovation, soit dans un produit, soit dans le procédé de fabrication, sans que l'un ait pu rien emprunter à l'autre. » (Extrait *du Rapport de la Chambre de commerce de Liege pour l'année* 1864.)

nous présente celle-là comme concédant un monopole en retour du procédé que celui-ci livre au public, à titre de prix ou de salaire, en vertu d'un véritable marché.

Au fond ce système a des affinités sensibles avec celui dont il prétend différer; qu'on envisage, en effet, le monopole comme un encouragement ou comme le prix d'un service rendu, il n'en est pas moins vrai qu'à chacun de ces points de vue le privilége ne sera autre chose qu'une création des lois civiles.

Que la société acquitte une dette ou remplisse un devoir de gratitude, elle n'en est pas moins libre de choisir les moyens de payer ses obligations. Si le droit naturel est muet sur la nature de ce prix ou de cette faveur, où l'inventeur trouvera-t-il une base à ses prétentions en dehors des limites étroites des législations positives?

Maintenant, faut-il regarder cette forme nouvelle donnée au système sous l'aspect d'un contrat, comme modifiant la solution de la question?

Pourquoi la société devrait-elle un prix pour l'échange de cette idée? L'humanité ne subsiste-t-elle pas d'un échange perpétuel d'idées et de sentiments? Est-il d'ailleurs possible à un inventeur de tenir sa découverte cachée, s'il veut en retirer quelque honneur ou quelque avantage? En découvrant son secret, dont la société ne jouira qu'après de longues années, il ne donne rien en réalité, car bien avant ce terme le secret serait divulgué par la force même des choses. La communication des idées est la loi des intelligences; l'échange salarié qu'on nous propose, et qui serait circonscrit au travail intellectuel en matière d'industrie seulement, serait à la fois une violation des lois naturelles et la plus onéreuse des stipulations. Livrer à l'inventeur l'exploitation exclusive de son idée pour prix de la publicité qu'il lui donne, c'est imposer à la société un marché de dupe. Jamais un novateur ne gardera ses conceptions pour lui, de crainte de la concurrence : son intérêt évident l'appelle à mettre son projet à exécution pour jouir des bénéfices espérés, quelque restreints que soient ses priviléges. La société ne doit pas faire de concessions pour obtenir des avantages qui lui seraient acquis sans elles : elle n'a pas le droit de limiter la liberté d'action de ses membres, lorsqu'une nécessité impérieuse ne l'y contraint point.

Nos conclusions sont donc nettes et précises. Point de droit de propriété au profit de l'inventeur, car cette théorie contraire au droit naturel, contraire à la nature des choses, serait en outre désastreuse pour la société et hors de toute proportion avec le mérite de la découverte. Point de titre pour l'inventeur à une rémunération sociale, car en dehors du droit commun où il trouve une récompense suffisante, rien ne nous oblige à lui accorder de faveurs, ni la reconnaissance, ni l'intérêt public. Nous partageons ainsi complétement l'avis du savant auteur de l'avant-projet de la loi belge, qu'il n'y aurait aucune injustice à ne pas récompenser l'auteur d'une découverte.

Il en est cependant qui estiment qu'un encouragement est encore salutaire à l'esprit d'invention, que le régime de la liberté de l'industrie adopté dans certains pays comme la Suisse, n'est pas plus fécond que celui de la protection officielle. Ceux-là appelleront dans nos codes l'établissement d'un système de récompenses pour les inventeurs. Mais ceux-là aussi devront convenir que les législations sont maîtresses de déterminer ces récompenses, de les mesurer et de les limiter comme elles l'entendent. Leur choix n'est nullement dicté par le droit naturel, leurs créations seront des créations humaines, ce seront des faveurs qui n'auront de vie que dans les lois civiles et qui comme toutes les faveurs de ce genre seront de stricte interprétation.

Que de voies sont d'ailleurs ouvertes pour la récompense sans que le législateur soit contraint de recourir au privilége exclusif! N'a-t-il pas à sa disposition les distinctions honorifiques, les avantages si divers que tout gouvernement peut répartir, les pensions, les allocations pécuniaires mêmes ? Qu'on convie à y prendre part les inventeurs vraiment dignes de ce nom seulement, s'imagine-t-on assumer par là un tribut fort lourd (1) ?

Il y a enfin les brevets qui se présentent comme des correctifs aux conséquences du droit de propriété, qui consacrent un privilége restreint et temporaire, au lieu du privilége absolu et indéfini prôné par nos contradicteurs. Il y a les brevets, mais il y a aussi avec eux la série de leurs inconvénients.

Qu'on ne cherche pas à le dissimuler en effet : les brevets ont des vices qui se révèlent chaque jour plus nombreux et plus vivaces. Ne parlons pas seulement de l'inégalité, de l'injustice avec laquelle ils confèrent leurs avantages. Les inventions les plus chèrement achetées ne sont pas toujours les mieux servies dans cette répartition de faveurs. La foule qui crée les succès s'enquiert assez peu de la valeur intrinsèque de l'idée nouvelle, non plus que des difficultés que l'auteur a dû vaincre. Elle cherche son utilité ou son plaisir, et cette mesure seule devient celle de la rémunération de l'inventeur. Le hasard, un caprice de la mode, une circonstance fortuite deviennent parfois les éléments principaux de sa prospérité. Il semble même que plus la découverte est féconde, moins elle réussit à combler les vœux de son auteur. C'est que les révolutions dans l'industrie ne sont pas

(1) Qui ne sait qu'en 1858 les gouvernements d'Europe se sont concertés pour offrir à l'Américain Samuel Morse un témoignage de reconnaissance digne des services que celui-ci avait rendus par l'invention du système en usage de télégraphie électrique.

La loi du 12 septembre 1791 avait decrété en principe qu'une somme de 300,000 fr. serait annuellement distribuée en gratifications aux artistes qui par leurs découvertes ou leurs recherches dans les arts utiles, auraient mérité d'avoir part aux récompenses nationales.

On se rappelle aussi la récompense accordée en 1839 par le gouvernement français à Daguerre et à Niepce en retour de l'abandon de leurs droits sur la découverte qui servit de point de départ aux admirables travaux de la photographie. Que serait devenu cet art, si l'idée mère avait été confisquée au profit de quelques individus ?

l'œuvre d'un jour : plus elles sont radicales, plus elles ont de préjugés à combattre. Que d'intérêts s'appuient sur le *statu quo*, dans quelle quiétude s'endorment ceux qui jouissent du présent, combien considèrent avec anxiété le bouleversement annoncé par les novateurs! La plupart des grands inventeurs de ce siècle sont morts à la peine tenant entre les mains un brevet inutile. Beaucoup d'inventions qui avaient besoin d'être connues du public ne se sont vulgarisées et ne sont devenues fructueuses qu'à l'expiration du monopole : pendant la durée du privilége elles avaient été étouffées par ceux qui avaient intérêt à empêcher leur diffusion.

Qu'est-ce d'ailleurs, que ce titre conféré par l'administration sous le prétexte pompeux d'une rémunération sociale? L'examen préalable du mérite et de la réalité de l'invention est impossible dans la pratique. Cette censure industrielle n'aurait trouvé ni juges assez compétents, ni éléments de conviction suffisants, ni contradicteurs assez sérieux pour assurer au débat un caractère en rapport avec son importance.

De là la délivrance d'un brevet à tous ceux qui en forment la demande, de là la profusion des postulants et la vulgarité du titre. Ce privilége ne repose que sur l'incertitude : si respectable que soit l'autorité qui le délivre, chaque fois qu'il se montre il est l'objet d'une contestation ; l'absence de contrôle à sa naissance, les règles nécessairement étroites de la chose jugée, l'exposent à des attaques incessantes, et jusqu'au dernier jour de sa durée, il court le risque d'être annulé sans retour. Quelle institution provoque plus de procès, des procès longs et ruineux dont l'issue est problématique (1). Dans le mouvement indus-

(1) « Les brevets de Christofle pour la dorure et l'argenture ont donné lieu à plus de cent soixante-sept instances judiciaires de 1842 à 1857, savoir : cent vingt-trois jugements de première instance ou de police correctionnelle, trente-quatre arrêts de cours impériales, dix arrêts de la cour de cassation. De même la Société de Rohlfs, Seyrig et Cⁱᵉ, en possession de

triel de notre temps, en effet, qui peut se flatter d'avoir eu le premier l'idée d'un procédé nouveau? A part les grandes conceptions qui font époque, il est fort peu d'inventions, dans une société active et éclairée, qui ne soient susceptibles d'être réalisées par tous les gens du métier travaillant avec les mêmes moyens, et inspirés des mêmes besoins. Les brevets sont aujourd'hui tellement nombreux qu'il est devenu impossible d'en acquérir une connaissance exacte, d'en posséder même un aperçu superficiel. Qui oserait affirmer qu'il n'a pas été devancé par une application antérieure faite dans tel atelier obscur ou dans telle usine écartée, quel est le breveté qui n'a pas à redouter d'être poursuivi lui-même comme contrefacteur (1)?

A côté des brevets privés de valeur malgré le mérite et la bonne foi de leurs titulaires, voyez au contraire d'autres brevets qui ne couvrent que des procédés de médiocre importance. Ils sont cent fois annulables parce qu'ils reposent sur de prétendues inventions, sans nouveauté ni réalité ; mais ils

---

brevets pour l'épuration et le claircage des sucres, a été en contestation pendant plus de sept ans avec un seul adversaire. Il est intervenu neuf décisions, dont un jugement favorable au breveté, deux contraires, deux arrêts de la cour de Paris favorables au breveté, un arrêt de la même cour et un de la cour de Douai contraires, puis deux arrêts de la cour de cassation. Des appareils de distillation de M. Villard ont aussi fait naître vingt-quatre contestations judiciaires en cinq ans, de 1853 a 1858. Qui ne connaît les vicissitudes judiciaires devenues célèbres, par lesquelles a dû passer M. Ad. Sax, qui a résolu d'importants problèmes pour le perfectionnement des instruments de musique ! » (Extrait de l'Exposé des motifs de la nouvelle loi française par M. le conseiller d'Etat Dubois )

(1) « Les brevets deviendront chaque jour d'autant moins profitables pour les industriels, dit M. Legrand, et d'autant plus nécessaires à supprimer pour la société, que le nombre des demandes adressées au ministre du commerce augmente sans cesse dans une proportion inouïe ; ainsi, de 1791 a 1844, c'est-à-dire en cinquante-trois ans, on n'avait pris que 17.290 brevets, et de 1844 au 1er janvier 1858, c'est-à-dire en douze ans, il en a été délivré 46,000. Dans ce dernier chiffre, la seule année 1857 figure pour 6,000 titres. » En Belgique, la progression est encore plus forte. (Voyez l'article de M. Legrand, *Revue Contemporaine*, livraison du 31 janvier 1862 )

ont une existence, et un procès est indispensable pour en énerver la force, un procès dont les ennuis, dont les frais sont en disproportion manifeste avec l'insignifiance de l'objet du brevet. On recule donc devant ces soucis et ces dépenses, on se soumet à un inconvénient que des inconvénients plus graves pourraient seuls faire disparaître, et les brevets les moins respectables deviennent ainsi les plus respectés!

Si le breveté n'a pas toujours à s'applaudir de la concession de son privilége, en est-il autrement de l'intérêt public? Combien de brevets ridicules et sans valeur s'évanouissent après leur délivrance, et qui néanmoins ont servi à peu de frais les desseins du charlatanisme! Comptez autour de vous le nombre de ceux qui se parent effrontément de ce titre de breveté, dont les masses n'ont pas encore appris à peser la véritable valeur! Que d'hésitations jetées dans la fabrication par ces annonces trompeuses, par ces brevetés d'un jour qui, après avoir saisi leur arrêté, laissent sans souffler mot périmer leur privilége, et s'imposent néanmoins, avec le fracas de leurs réclames, à ceux qui ignorent leurs déchéances! Car en vérité il n'est pas possible de consulter dans les recueils officiels ces hécatombes de brevets qui, à des intervalles réglés, viennent émailler leurs colonnes, par suite du défaut de payement de la taxe (1).

---

(1) « Du 4 juin 1854 au 31 décembre 1859, c'est-à-dire pendant une période de cinq années et sept mois, on a délivré en Belgique 8,309 brevets, soit une moyenne annuelle de 1,488. Pendant cette même période on en a annulé 4,239, soit plus de 51 p. c. ; sur ce nombre, 2,008 brevets ont été annulés après le paiement de la 1re année; 1.106 de la 2e année; 409 de la 3e année. Qui ne comprend que ces 4,239 brevets impuissants à procurer à leurs propriétaires les 20 ou 30 francs nécessaires pour en conserver la propriété, pouvaient entraver la marche de certaines industries et paralyser les efforts d'inventeurs plus habiles, par la perspective de procès à subir ou de poursuites à repousser. » (Extrait du Rapport de M. Jamar à la Chambre des représentants sur les marques de fabrique. *Annales parlementaires*, année 1862-63, p. 702, où la suppression des brevets est nettement réclamée.)

Et durant la période souvent fort longue où le sort de ce titre demeure inconnu, que de tort ces industriels de bas étage peuvent faire au commerce honnête. Le public aveugle n'a-t-il pas çà et là des préférences injustifiables, mais trop certaines, pour les produits qui portent ces étiquettes trompeuses, de marchandises *brevetées*!

La fabrication n'éprouve-t-elle pas une timidité bien explicable en présence de ces priviléges qui s'annoncent comme devant arrêter son essor? Que de perfectionnements n'entrave pas le mauvais vouloir des brevetés, que de progrès enrayés parce qu'une idée se rencontre dont on a besoin pour avancer et dont son maître refuse le concours!

Puis, dans cette activité fébrile qui s'est emparée de l'industrie, les esprits ne sont-ils pas excités à chercher des innovations dans des branches avec lesquelles ils sont peu familiers? Séduits par l'appât du monopole, enivrés eux-mêmes par les fantaisies de leur propre imagination, ils sortent des voies de l'expérience et du progrès régulier, et chaque jour des sommes considérables sont englouties dans des expériences aventureuses et des entreprises basées sur de folles illusions. Quant à ceux qui ont rencontré une idée utile ne les voyez-vous pas aiguillonnés par la crainte d'être dépassés dans la demande du privilége? La nécessité d'arriver le premier, cette espèce de course au clocher, à la poursuite d'un titre dont la validité est subordonnée avant tout à une priorité souvent accidentelle, tout cela pousse cet inventeur à prendre un brevet pour une découverte qui n'est pas mûrie, qui n'a pas été fécondée par l'expérience. Il se hâte d'obtenir le monopole, mais le lendemain un tiers qui a pris connaissance de son secret par la publication du brevet, découvre le complément de la pensée première, trouve un perfectionnement indispensable dont le monopole lui est acquis à son tour, et l'inventeur primitif est obligé de traiter avec lui et de partager avec autrui le mérite d'une amélioration qu'il aurait sans doute conçue lui-même, s'il n'avait dû mettre tant de hâte à sa demande (1).

En somme donc les brevets ne sont favorables à personne, ni à leurs possesseurs, ni à l'intérêt général. La pratique les condamne avec la théorie, la législation les condamnera bientôt aussi et ces priviléges auront vécu.

Déjà s'opère, dans les pays voisins de la Belgique, un mouvement qu'il est important d'observer. Le congrès des économistes allemands, dans sa séance du 14 septembre 1863, a décidé que les brevets d'invention sont nuisibles au développement de la prospérité publique.

La grande majorité des chambres de commerce de Prusse s'est prononcée pour l'abolition complète et immédiate des brevets.

En Angleterre, cette antique patrie des *patentes*, les mêmes tendances se font jour. La Chambre des lords a ordonné une enquête en 1851, dont les résultats, entièrement contraires au maintien des brevets, ont modifié jusqu'à l'opinion du gouvernement lui-même. Il a déclaré, en effet, qu'il considérait désormais cette institution comme n'étant avantageuse ni pour l'inventeur, ni pour le public. La Chambre des communes a, de son côté, institué une commission qui a récemment commencé une enquête semblable.

En France enfin, les idées de réforme suscitent de graves modifications aux lois actuellement en vigueur, et les éco-

---

(1) Le rapport du jury français sur l'Exposition universelle de Londres s'ouvre par une introduction où nous lisons la condamnation radicale des brevets d'invention. « Née d'un bon sentiment, car elle était destinée à protéger ce qu'on supposait être le droit de l'intelligence, la législation des brevets d'invention est aujourd'hui dommageable pour l'industrie, et l'expérience démontre qu'à aucune époque elle n'a procuré aux inventeurs des avantages bien réels, si ce n'est dans de très-rares exceptions. Dans les cas peu nombreux où les brevets ont donné un revenu important, les profits ont été pour les frelons de la ruche et non pour les industrieuses abeilles; des intermédiaires substitués aux inventeurs ont tout absorbé. »

nomistes les plus distingués de se mettre sur la brèche pour combattre « ces restes surannés du passé (1). »

La Belgique doit tenir compte de ces symptômes, son intérêt l'y oblige, car l'industrie belge ne pourrait pas rester tributaire des inventeurs, alors que ses rivales seraient affranchies à l'étranger. Son honneur le lui commande, car elle ne peut rester en arrière quand on lui signale un progrès à conquérir, une entrave à briser.

---

(1) M. Vermeire, dans un ouvrage intéressant intitulé le *Libre Travail*, rapporte la lettre suivante que M. Michel Chevalier a adressée à M. Macfie, président de la chambre de commerce de Liverpool :

« Lodène, le 16 novembre 1863.

» Mon cher Monsieur,

» Vous m'avez fait une communication intéressante relativement aux brevets d'invention. Le système des brevets, tel qu'il existe dans les contrées où il est établi, est un monopole, un outrage à la liberté et à l'industrie. Il a des conséquences désastreuses dans certains cas ; il peut arrêter l'exportation et même la consommation à l'intérieur, parce qu'il place les manufactures qui travaillent dans un pays où existe le brevet, dans un grand désavantage vis à vis de ceux qui vivent dans les contrées libres telles que la Suisse, où les brevets sont interdits par la loi.

» La pratique et l'expérience, les suprêmes autorités en ce monde, prouvent chaque jour, particulièrement en France, que le système est funeste à l'industrie.

» Ce qu'on pourrait lui substituer, c'est un système de récompenses soit nationales, soit européennes, tel que vous le proposez.

» Tous les amis du progrès industriel et social doivent unir leurs efforts pour délivrer l'industrie d'entraves, restes surannés du passé. Les brevets doivent disparaître les premiers.

» MICHEL CHEVALIER. »

# TRAITÉ

### DES

# BREVETS D'INVENTION

### ET DE LA

### CONTREFAÇON INDUSTRIELLE.

## PARTIE PRÉLIMINAIRE.

### I

### TEXTES.

### SECTION PREMIÈRE.

#### Textes législatifs actuellement en vigueur.

— Le but de notre ouvrage est de présenter une analyse de la législation belge, actuellement en vigueur, en matière de brevets d'invention. Il semble donc qu'il convient d'offrir avant tout au lecteur l'ensemble des textes qui composent cette législation.

— Cet ensemble comprend ce qui suit :

1° La loi sur les brevets d'invention du 24 mai 1854, siége principal de la matière, où se trouvent réunis les principes capitaux, et à laquelle toutes les autres dispositions législatives se rattachent comme des accessoires.

2° L'arrêté royal du 24 mai 1854 qui règle l'exécution de la loi sur les brevets, ensemble de dispositions organiques et réglementaires, prises par le gouvernement en vertu du pouvoir que lui donnent l'article 67 de la Constitution belge du 7 février 1831, ainsi que l'alinéa premier de l'article 17 de la loi précitée de 1854, et qui complète, en les précisant, certaines règles laissées à dessein dans le vague par le pouvoir législatif, lors de la confection de la loi.

3° La loi du 27 mars 1857 portant des modifications à l'article 7 et à l'article 22 de la loi sur les brevets d'invention. L'article 7 ainsi modifié est relatif à l'une des formalités de la saisie-description d'objets prétendus contrefaits; l'article 22 à la déchéance du brevet pour défaut de payement de la taxe.

4° L'arrêté royal du 12 septembre 1861 relatif au récépissé des demandes de brevets.

— Comme ces divers documents législatifs n'ont pas encore été réunis, que nous sachions, dans un recueil spécial et séparé, comme il en résulte que les recherches dont ils sont l'objet en demeurent difficiles et embarrassantes, nous croyons faire chose utile à tous ceux qui s'occupent des questions de brevets, en les transcrivant tels qu'ils existent dans les recueils officiels. On les trouvera donc dans les quatre paragraphes qui vont suivre :

§ 1.

*Loi du 24 mai 1854 sur les brevets d'invention* (1).

Léopold, etc. Les chambres ont adopté et nous sanctionnons ce qui suit :

Art. 1ᵉʳ. Il sera accordé des droits exclusifs et tempo-

---

(1) Exposé des motifs fait à la séance du 4 février 1852. Ann. Parl., session de 1851-52, p. 651. — Projet de loi du Gouvernement présenté à

raires, sous le nom de brevet d'invention, de perfectionnement ou d'importation, pour toute découverte ou tout perfectionnement susceptible d'être exploité comme objet d'industrie ou de commerce.

Art. 2. La concession des brevets se fera sans examen préalable, aux risques et périls des demandeurs, sans garantie, soit de la réalité, soit de la nouveauté ou du mérite

la même séance, p. 653. — Rapport de la commission spéciale instituée pour la révision des lois sur les brevets d'invention, présidée par M. Tielemans, annexé au susdit projet de loi, p. 655. — Projet de loi de la commission spéciale, p, 676.

Rapport de la section centrale, sur le projet du gouvernement, déposé par M. Vermeire a la séance du 20 mars 1852. Ann. Parl., session de 1851-52, p. 985. — Rapport de la section centrale sur les amendements du gouvernement au projet de loi, déposé par M. Vermeire à la séance du 28 novembre 1852, session de 1852-53, p. 162. — Propositions présentées par la section centrale (rapporteur M. Vermeire), à la séance du 19 décembre 1853, en conformité des résolutions prises à la Chambre dans la seance du 13 décembre, session de 1853-1854 p. 444. — Dépot d'un rapport de la section centrale sur les amendements et les articles nouveaux, fait à la seance du 24 février 1854, p. 772 (sans texte).

Discussion a la Chambre des Représentants, séance du 8 décembre 1853. Ann. Parl., session de 1853-54, p. 181 ; — séance du 9 décembre, p. 191, — séance du 10 décembre, p. 204; — séance du 12 decembre, p. 211; — séance du 13 décembre, p. 221 ; — séance du 19 janvier 1854, p. 433 ; — seance du 20 février, p. 799 ; — séance du 25 février, p. 841. — séance du 2 mars, vote sur l'ensemble du projet de loi, p. 888.

Rapport fait au Sénat le 29 mars 1854 (rapporteur M. Spitaels). Ann. Parl., session de 1853-54, p. 201. — Rapport fait au Sénat le 16 mai 1854 (rapporteur M. d'Anethan), p. 305.

Discussion au Sénat, séance du 3 avril 1854. Ann. Parl., session de 1853-54, p. 203; — séance du 4 avril, p. 211, — séance du 5 avril, p. 219, — séance du 9 mai, p. 229 ; — séance du 10 mai, vote définitif, p. 233.

Rapport de la section centrale sur les amendements du sénat, fait à la séance du 12 mai 1854. Ann. Parl., p. 1706 (sans texte).

Discussion a la Chambre du projet amendé par le Sénat, séance du 13 mai 1854. Ann. Parl, session de 1853-54, p. 1727.

Dépôt au Sénat d'un rapport sur le projet amendé, fait à la séance du 16 mai par M. d'Anethan. Ann. Parl., p. 274 (sans texte).

Discussion au Sénat du pojet amendé, séance du 17 mai 1854. Ann. Parl., session de 1853-54, p. 283.

2.

de l'invention, soit de l'exactitude de la description, et sans préjudice des droits des tiers.

Art. 3. La durée des brevets est fixée à vingt ans, sauf le cas prévu à l'art. 14; elle prendra cours à dater du jour où aura été dressé le procès-verbal mentionné à l'art. 18.

Il sera payé, pour chaque brevet, une taxe annuelle et progressive ainsi qu'il suit :

$1^{re}$ année . . . . . 10 francs.
$2^e$    — . . . . . 20 —
$3^e$    — . . . . . 30 —

et ainsi de suite jusqu'à la $20^e$ année, pour laquelle la taxe sera de 200 francs. La taxe sera payée par anticipation et, dans aucun cas, ne sera remboursée.

Il ne sera point exigé de taxe pour les brevets de perfectionnement, lorsqu'ils auront été délivrés au titulaire du brevet principal.

Art. 4. Les brevets confèrent à leurs possesseurs ou ayants droit le droit exclusif :

*a.* D'exploiter à leur profit l'objet breveté ou de le faire exploiter par ceux qu'ils y autoriseraient;

*b.* De poursuivre devant les tribunaux ceux qui porteraient atteinte à leurs droits, soit par la fabrication de produits, ou l'emploi de moyens compris dans le brevet, soit en détenant, vendant, exposant en vente ou en introduisant sur le territoire belge un ou plusieurs objets contrefaits.

Art. 5. Si les personnes poursuivies en vertu de l'art. 4, litt. *b*, ont agi sciemment, les tribunaux prononceront, au profit du breveté ou de ses ayants droit, la confiscation des objets confectionnés en contravention du brevet et des instruments et ustensiles spécialement destinés à leur confection, ou alloueront une somme égale au prix des objets qui seraient déjà vendus.

Si les personnes poursuivies sont de bonne foi, les tribunaux leur feront défense, sous les peines ci-dessus, d'employer, dans un but commercial, les machines et appareils de production reconnus contrefaits et de faire usage, dans le même but, des instruments et ustensiles pour confectionner les objets brevetés.

Dans l'un et l'autre cas, des dommages et intérêts pourront être alloués au breveté ou à ses ayants droit.

Art. 6. Les possesseurs de brevets ou leurs ayants droit pourront, avec l'autorisation du président du tribunal de première instance, obtenue sur requête, faire procéder, par un ou plusieurs experts, à la description des appareils, machines et objets prétendus contrefaits.

Le président pourra, par la même ordonnance, faire défense aux détenteurs desdits objets, de s'en dessaisir, permettre au breveté de constituer gardien, ou même de mettre les objets sous scellé.

Cette ordonnance sera signifiée par un huissier à ce commis.

Art. 7. *Le brevet sera joint à la requête, laquelle contiendra élection de domicile dans la commune où doit avoir lieu la description. Les experts nommés par le président prêteront serment entre ses mains, avant de commencer leurs opérations* (1).

Art. 8. Le président pourra imposer au breveté l'obligation de consigner un cautionnement. Dans ce cas, l'ordonnance du président ne sera délivrée que sur la preuve de la consignation faite. Le cautionnement sera toujours imposé à l'étranger.

Art. 9. Le breveté pourra être présent à la description, s'il y est spécialement autorisé par le président du tribunal.

---

(1) Remplacé par l'article unique de la loi du 27 mars 1857. (Voir ci-après page 49.)

Art. 10. Si les portes sont fermées ou si l'ouverture en est refusée, il sera opéré conformément à l'art. 587 du Code de procédure civile.

Art. 11. Copie du procès-verbal de description sera laissée au détenteur des objets décrits.

Art. 12. Si, dans la huitaine, la description n'est pas suivie d'une assignation devant le tribunal dans le ressort duquel elle a été faite, l'ordonnance, rendue conformément à l'art. 6, cessera de plein droit ses effets, et le détenteur des objets décrits pourra réclamer la remise du procès-verbal original, avec défense au breveté de faire usage de son contenu et de le rendre public, le tout sans préjudice de tous dommages et intérêts.

Art. 13. Les tribunaux connaîtront des affaires relatives aux brevets comme d'affaires sommaires et urgentes.

Art. 14. L'auteur d'une découverte déjà brevetée à l'étranger, pourra obtenir, par lui-même ou par ses ayants droit, un brevet d'importation en Belgique; la durée de ce brevet n'excédera pas celle du brevet antérieurement concédé à l'étranger pour le terme le plus long, et dans aucun cas, la limite fixée par l'art. 3.

Art. 15. En cas de modifications à l'objet de la découverte, il pourra être obtenu un brevet de perfectionnement, qui prendra fin en même temps que le brevet primitif.

Toutefois, si le possesseur du nouveau brevet n'est pas le breveté principal, il ne pourra, sans le consentement de ce dernier, se servir de la découverte primitive, et, réciproquement, le breveté principal ne pourra exploiter le perfectionnement sans le consentement du possesseur du nouveau brevet.

Art. 16. Les brevets d'importation et de perfectionnement confèrent les mêmes droits que les brevets d'invention.

Art. 17. Quiconque voudra prendre un brevet sera tenu de déposer, sous cachet, en double, au greffe de l'un des gouvernements provinciaux du royaume, ou au bureau d'un commissariat d'arrondissement, en suivant les formalités qui seront déterminées par un arrêté royal, la description claire et complète, dans l'une des langues usitées en Belgique, et le dessin exact et sur échelle métrique de l'objet de l'invention.

Aucun dépôt ne sera reçu que sur la production d'un récépissé constatant le versement de la première annuité de la taxe du brevet.

Un procès-verbal, dressé sans frais par le greffier provincial ou par le commissaire d'arrondissement, sur un registre à ce destiné, et signé par le demandeur, constatera chaque dépôt, en énonçant le jour et l'heure de la remise des pièces.

Art. 18. La date légale de l'invention est constatée par le procès-verbal qui sera dressé lors du dépôt de la demande de brevet.

Un duplicata de ce procès-verbal sera remis, sans frais, au déposant.

Art. 19. Un arrêté du ministre de l'intérieur constatant l'accomplissement des formalités prescrites, sera délivré sans retard au déposant et constituera son brevet. Cet arrêté sera inséré par extrait au *Moniteur*.

Art. 20. Les descriptions des brevets concédés seront publiées textuellement ou en substance, à la diligence de l'administration, dans un recueil spécial, trois mois après l'octroi du brevet. Lorsque le breveté requerra la publication complète ou par un extrait fourni par lui, cette publication se fera à ses frais.

Après le même terme, le public sera également admis à prendre connaissance des descriptions, et des copies pourront en être obtenues moyennant le payement des frais.

Art. 21. Toute transmission de brevet par acte entre vifs ou testamentaire sera enregistrée au droit fixe de 10 francs.

Art. 22. *Le brevet sera nul, de plein droit, en cas de non-acquittement, dans le mois de l'échéance, de la taxe fixée à l'art. 3. Cette nullité sera rendue publique par la voie du* Moniteur (1).

Art. 23. Le possesseur d'un brevet devra exploiter, ou faire exploiter, en Belgique, l'objet breveté, dans l'année à dater de la mise en exploitation à l'étranger.

Toutefois, le gouvernement pourra, par un arrêté royal motivé inséré au *Moniteur* avant l'expiration de ce terme, accorder une prorogation d'une année au plus.

A l'expiration de la première année, ou du délai qui aura été accordé, le brevet sera annulé par arrêté royal.

L'annulation sera également prononcée lorsque l'objet breveté, mis en exploitation à l'étranger, aura cessé d'être exploité en Belgique pendant une année, à moins que le possesseur du brevet ne justifie des causes de son inaction.

Art. 24. Le brevet sera déclaré nul, par les tribunaux, pour les causes suivantes :

*a*. Lorsqu'il sera prouvé que l'objet breveté a été employé, mis en œuvre ou exploité par un tiers, dans le royaume, dans un but commercial, avant la date légale de l'invention, de l'importation ou du perfectionnement;

*b*. Lorsque le breveté, dans la description jointe à sa demande, aura, avec intention, omis de faire mention d'une partie de son secret ou l'aura indiqué d'une manière inexacte;

*c*. Lorsqu'il sera prouvé que la spécification complète et les dessins exacts de l'objet breveté ont été produits anté-

---

(1) Remplacé par l'article unique de la loi du 27 mars 1857. (Voir ci-après page 49.)

rieurement à la date du dépôt, dans un ouvrage ou recueil imprimé et publié, à moins que, pour ce qui concerne les brevets d'importation, cette publication ne soit exclusivement le fait d'une prescription légale.

Art. 25. Un brevet d'invention sera déclaré nul, par les tribunaux, dans le cas où l'objet pour lequel il a été accordé, aurait été antérieurement breveté en Belgique ou à l'étranger.

Toutefois, si le demandeur a la qualité requise par l'art. 14, son brevet pourra être maintenu, comme brevet d'importation, aux termes dudit article.

Ces dispositions seront appliquées, le cas échéant, aux brevets de perfectionnement.

Art. 26. Lorsque la nullité ou la déchéance d'un brevet aura été prononcée, aux termes des art. 24 et 25, par jugement ou arrêt ayant acquis force de chose jugée, l'annulation du brevet sera proclamée par un arrêté royal.

Art. 27. Les brevets qui ne seront ni expirés ni annulés à l'époque de la publication de la présente loi, continueront d'être régis par la loi en vigueur au moment de leur délivrance.

Néanmoins, il sera libre aux titulaires de faire, dans l'année qui suivra cette publication, une nouvelle demande de brevet, dans la forme qui sera déterminée par arrêté royal.

Dans ce cas, le brevet pourra continuer à avoir cours pendant tout le temps nécessaire pour parfaire la durée de vingt ans, sauf ce qui est dit à l'art. 14.

Les brevets pour lesquels on aura réclamé le bénéfice de cette disposition seront régis par la présente loi; toutefois, les procédures commencées avant sa publication seront mises à fin, conformément à la loi antérieure.

Les titulaires de ces brevets qui auront acquitté la totalité de la taxe primitive payeront, après l'expiration du terme qui avait d'abord été assigné à leur privilége, les taxes afférentes aux années suivantes, d'après ce qui est déterminé à l'art. 3.

Quant aux titulaires des brevets qui n'auraient point soldé la taxe fixée comme prix d'acquisition du brevet primitif, il leur sera tenu compte des versements qu'ils auront déjà opérés, et les annuités seront réglées d'après les versements faits, conformément à l'art. 3.

Promulguons la présente loi, ordonnons qu'elle soit revêtue du sceau de l'Etat et publiée par la voie du *Moniteur*.

Contre-signé par le ministre de l'intérieur, M. F. PIERCOT.

## § 2.

*Arrêté royal du 24 mai 1854 qui règle l'exécution de la loi sur les brevets.*

Léopold, etc. Vu la loi du 24 mai 1854 relative aux brevets d'invention, d'importation et de perfectionnement ;

Voulant déterminer les mesures générales pour l'exécution de cette loi ;

Sur la proposition de notre ministre de l'intérieur,

Nous avons arrêté et arrêtons :

ART. 1$^{er}$. Toute personne qui voudra prendre un brevet d'invention, d'importation ou de perfectionnement devra déposer une demande à cet effet, au greffe de l'un des gouvernements provinciaux du royaume, ou au bureau de l'un des commissariats d'arrondissement situés hors du chef-lieu de la province.

A cette demande seront joints, sous enveloppe cachetée :

1° La description de l'objet inventé;

2° Les dessins, modèles ou échantillons qui seraient nécessaires pour l'intelligence de la description;

3° Un duplicata, certifié conforme, de la description et des dessins, et

4° Un bordereau des pièces et objets déposés.

Art. 2. Le dépôt des pièces mentionnées à l'article 1<sup>er</sup> ne sera reçu que sur la production d'une quittance constatant le payement de la somme de dix francs, formant la première annuité de la taxe.

Cette quittance sera jointe aux autres pièces.

Art. 3. La demande sera rédigée sur papier timbré; elle indiquera les nom, prénoms, profession et domicile réel ou élu de l'inventeur, dans le royaume. Elle énoncera un titre renfermant la désignation sommaire et précise de l'objet de l'invention. Chaque demande ne comprendra qu'un seul objet principal avec les détails qui se rattachent à cet objet, et les applications qui auront été indiquées.

Lorsqu'il s'agira d'un brevet d'importation, la requête fera connaître la date et la durée du brevet original et le pays où il a été concédé. Si l'auteur de la demande n'est pas le titulaire du brevet étranger, mais son ayant cause, celui-ci devra justifier de sa qualité au moyen d'un acte en due forme.

Art. 4. La description devra être rédigée en langue française, flamande ou allemande.

La description qui ne serait pas rédigée en français devra être accompagnée d'une traduction en cette langue lorsque l'auteur de la découverte ne sera pas domicilié en Belgique.

La description devra être écrite sans altération ni surcharge; les mots rayés comme nuls seront comptés et constatés, les pages et les renvois parafés.

La description fera connaître d'une manière claire et

complète l'invention, et elle se terminera par l'énonciation précise des caractères constitutifs de celle-ci.

Art. 5. Les dessins devront être tracés à l'encre et sur échelle métrique. Ils représenteront, autant que possible, l'appareil ou machine à breveter en plan, coupe et élévation. Les parties des dessins qui caractérisent spécialement l'invention auront une teinte différente de celle des autres parties.

Art. 6. Toutes les pièces devront être datées et signées par le demandeur ou par son mandataire dont le pouvoir, dûment légalisé, restera annexé à la demande.

Art. 7. Un procès-verbal dressé par le greffier du gouvernement provincial ou par le commissaire d'arrondissement, constatera la remise de chaque paquet aux jour et heure qu'elle aura été effectuée. L'invention y sera désignée sous le titre sommaire et véridique que le demandeur aura indiqué.

Ce procès-verbal contiendra les nom, prénoms, qualité et domicile du demandeur ou de son mandataire. Il indiquera également, lorsqu'il s'agira d'un brevet d'importation, la date et la durée du brevet d'invention dans le pays d'origine, et le nom du breveté. Enfin mention y sera faite du payement de la première annuité.

Ce procès-verbal sera signé par le déposant et par le rédacteur, et sera fixé sur l'enveloppe du paquet contenant les pièces relatives à la demande de brevet.

Une expédition du procès-verbal sera délivrée sans frais au déposant (1).

Art. 8. La date légale de l'invention est constatée par ledit procès-verbal.

Art. 9. Les bureaux des greffiers provinciaux et ceux des commissaires d'arrondissement seront ouverts, pour

---

(1) Cet article 7 a été complété par les dispositions de l'arrêté royal du 12 septembre 1861 (voir ci-après page 51).

les demandes de brevets, tous les jours, les dimanches et fêtes exceptés, de dix à deux heures de relevée.

Art. 10. Toutes les pièces relatives aux demandes de brevet seront transmises dans les cinq jours au département de l'intérieur.

Art. 11. A l'arrivée des pièces au département de l'intérieur, les demandes seront enregistrées, dans l'ordre de date de leur entrée, sur un registre spécial, que le public pourra consulter tous les jours, les dimanches et fêtes exceptés, de dix heures du matin à deux heures de relevée.

Art. 12. En cas d'omission ou d'irrégularité dans la forme, les demandeurs seront invités à effectuer les rectifications nécessaires.

Il sera tenu note de la date de ces rectifications sur le registre spécial, mentionné à l'article précédent.

Art. 13. Il sera procédé sans retard à la délivrance des brevets qui auront été demandés d'une manière régulière.

Un arrêté de notre ministre de l'intérieur, constatant l'accomplissement des formalités prescrites, sera délivré au demandeur et constituera son brevet.

Art. 14. Le brevet mentionnera expressément que la concession en est faite sans examen préalable, aux risques et périls des demandeurs, sans garantie, soit de la réalité, soit de la nouveauté ou du mérite de l'invention, soit de l'exactitude de la description, et sans préjudice des droits des tiers.

Art. 15. La première expédition des brevets sera remise sans frais. Toute expédition ultérieure demandée par le breveté ou ses ayants cause donnera lieu au remboursement des frais.

Art. 16. Les descriptions des brevets seront publiées textuellement ou en substance, à la diligence de l'administration, dans un recueil spécial, trois mois après l'octroi du brevet.

Lorsque le breveté voudra obtenir la publication complète de ses spécifications ou d'un extrait fourni par lui, il devra en donner avis à l'administration, au moins un mois avant l'expiration du terme fixé au paragraphe précédent, et consigner la somme qui serait nécessaire pour couvrir les frais de cette publication.

Art. 17. Après le même terme de trois mois, le public sera admis à prendre connaissance des descriptions, et des copies pourront en être obtenues moyennant le remboursement des frais.

Art. 18. Le breveté qui voudra obtenir une prolongation de délai, dans le cas prévu par l'article 23 de la loi, pour la mise à exécution de l'objet breveté, devra adresser sa demande au ministre de l'intérieur deux mois au moins avant l'expiration du délai fixé par ledit article.

Cette demande devra être suffisamment motivée, et indiquer, dans la limite légale, le terme nécessaire pour la mise en œuvre de l'invention.

Art. 19. Toute cession ou mutation, totale ou partielle, de brevet, devra être notifiée au département de l'intérieur.

La notification de la cession ou de tout autre acte emportant mutation, devra être accompagnée d'un extrait authentique de l'acte de cession ou de mutation.

Art. 20. Les titulaires dont les brevets ne sont ni expirés ni annulés à l'époque de la publication de la loi du 24 mai 1854, pourront obtenir que leurs titres soient placés sous le régime de cette loi, en formant leur demande avant le 25 mai 1855.

Les brevetés qui n'auraient point payé, au moment où ils demanderont à jouir du bénéfice de cette disposition, une somme égale au montant des annuités échues, d'après la base établie à l'art. 3 de la loi, seront tenus d'effectuer ou de compléter ce payement et d'en justifier au moyen d'une quittance qu'ils joindront à leur demande. Faute d'accomplir cette obligation, la demande sera considérée comme non avenue.

Une déclaration constatant que le brevet est placé sous le régime de la loi nouvelle sera envoyée à l'intéressé.

Art. 21. Les concessions de brevet, les actes de cession ou de mutation, ainsi que les déclarations mentionnées dans l'article précédent, seront publiés au recueil spécial des brevets.

Il en sera de même des arrêtés prononçant l'annulation ou la mise dans le domaine public du brevet.

Art. 22. A l'expiration des brevets, les originaux des descriptions et dessins seront déposés au Musée de l'industrie.

Art. 23. Notre ministre de l'intérieur (M. F. Piercot) est chargé de l'exécution du présent arrêté.

## § 3.

*Loi du* **27** *mars* 1857 *portant des modifications aux art.* **7** *et* **22** *de la loi sur les brevets d'invention* (1).

Léopold, etc. Les chambres ont adopté et nous sanctionnons ce qui suit :

Article unique. L'art. 7 de la loi du 24 mai 1854 est remplacé par la disposition suivante :

« Le brevet sera joint à la requête, laquelle contiendra

---

(1) Présentation à la Chambre des représentants le 3 décembre 1856. — Exposé des motifs (*Ann.*, p. 234). — Rapport par M. Vermeire le 29 janvier 1857 (p. 847). — Discussion et adoption le 18 février, à l'unanimité. — Rapport au Sénat, par M. Ferd. Corbisier, le 18 mars 1857. — Discussion le 20 et adoption le 24, à l'unanimité.

élection de domicile dans la commune où doit avoir lieu la description. Les experts nommés par le président prêteront serment entre ses mains, ou entre celles du juge de paix à ce spécialement autorisé par lui, avant de commencer leurs opérations. »

L'art. 22 de la même loi est remplacé par les dispositions suivantes :

« Lorsque la taxe fixée à l'art. 3 de la loi du 24 mai 1854 n'aura pas été payée dans le mois de l'échéance, le titulaire, après avertissement préalable, devra, sous peine d'être déchu des droits que lui confère son titre, acquitter, avant l'expiration des six mois qui suivront l'échéance, outre l'annuité exigible, une somme de dix francs.

« Les titulaires des brevets accordés depuis la mise en vigueur de la loi précitée, qui n'auraient pas payé, dans le délai légal, les annuités exigibles, conformément à l'art. 3 de cette loi, seront relevés de la déchéance encourue, en payant, dans les trois mois de la publication de la présente loi, outre les annuités exigibles, une somme de dix francs.

« La déchéance des brevets sera rendue publique par la voie du *Moniteur*.

« Il en sera de même, lorsque, en vertu des dispositions qui précèdent, le breveté aura été, sur sa demande, relevé de la déchéance. »

Promulguons la présente loi, ordonnons qu'elle soit revêtue du sceau de l'Etat, et publiée par la voie du *Moniteur*. — Contre-signé par le ministre de l'intérieur, M. P. de Decker.

## § 4.

*Arrêté royal du 12 septembre 1861 relatif au récépissé des demandes de brevets.*

Léopold, etc. Vu la loi du 24 mai 1854, sur les brevets d'invention ;

Revu notre arrêté du 24 mai 1854, et notamment les art. 1 à 9, qui déterminent les formalités à remplir, pour opérer le dépôt régulier des demandes de brevets ;

Considérant que l'expédition du procès-verbal de dépôt, mentionnée à l'art. 7, peut être remplacée par un récépissé qui en tiendra lieu, jusqu'au moment où le déposant croira devoir réclamer l'expédition même, en conformité du dernier paragraphe dudit art. 7 ;

Considérant qu'il importe que ce récépissé soit transcrit sur un duplicata de la demande, et que, partant, celle-ci devrait, à l'avenir, être fournie en double expédition ;

Sur le rapport de notre ministre de l'intérieur,

Nous avons arrêté et arrêtons :

Art. 1$^{er}$. La demande de brevet, mentionnée aux art. 1 et 3 de l'arrêté royal du 24 mai 1854, devra, à dater du 1$^{er}$ octobre 1861, être faite en double expédition.

L'une de ces expéditions sera écrite sur papier timbré ; l'autre, sur papier libre, sera remise au déposant et lui servira de récépissé après que le fonctionnaire, chargé de recevoir le dépôt, y aura fait l'annotation suivante :

« N°... La demande de brevet, indiquée dans la pré-
» sente requête, a été déposée au greffe du gouvernement
» provincial de.... ou au bureau du commissaire de

» l'arrondissement de . . ., le . . ., à . . heures. . . .
» minutes. »

Cette pièce sera, en outre, revêtue du cachet de l'administration et du parafe du fonctionnaire qui reçoit le dépôt.

Art. 2. Nonobstant la remise du récépissé ci-dessus mentionné, il sera délivré au déposant qui en fera la demande, une expédition du procès-verbal de dépôt, en conformité du dernier paragraphe de l'art. 7 de l'arrêté royal du 24 mai 1854.

Art. 3. Notre ministre de l'intérieur (M. Ch. Rogier) est chargé de l'exécution du présent arrêté.

# SECTION DEUXIÈME.

**Législation antérieure ou étrangère utile à l'intelligence de la législation belge.**

—

— Une loi est rarement une œuvre complétement nouvelle. Elle est presque toujours un simple perfectionnement du passé ; elle est quelquefois une imitation d'une législation voisine.

La loi du 24 mai 1854 n'a pas échappé à la règle commune. Elle est le développement de dispositions antérieures, parmi lesquelles nous devons citer de beaucoup avant toutes les autres, la loi néerlandaise du 25 janvier 1817, avec le règlement du 26 mars 1817 qui l'a complétée et, aussi, mais en lui attribuant moins d'importance, la loi du 25 mai 1791. Elle a également fait des emprunts à des législations étrangères parmi lesquelles il faut mettre au premier rang la loi française du 5 juillet 1844.

L'influence de ces lois sur la nôtre a été si considérable, l'usage que nous devrons en faire dans le cours de notre ouvrage sera si fréquent, que nous croyons utile d'en transcrire ici les textes.

## § 1.

*Loi du 25 mai 1791.* — *Décret portant règlement sur la propriété des auteurs d'inventions et découvertes en tout genre.* Mon. des 3 mars, 2 avril, 17 mai 1791 (1).

### TITRE I<sup>er</sup>.

Art. 1<sup>er</sup>. En conformité des trois premiers articles du décret du 31 décembre 1790 = 7 janvier 1791, relatif aux nouvelles découvertes et inventions en tout genre d'industrie, il sera délivré, sur une simple requête au Roi, et sans examen préalable, des *patentes nationales,* sous la domination de *brevets d'invention* (dont le modèle est annexé au présent règlement, sous le n° 2), à toutes personnes qui voudront exécuter ou faire exécuter dans le royaume des objets d'industrie jusqu'alors inconnus.

Art. 2. Il sera établi à Paris, conformément à l'article 2 du décret, sous la surveillance et l'autorité du ministre de

---

(1) Ce décret avait été précédé de la loi du 31 décembre 1790-7 janvier 1791 relative aux auteurs de découvertes utiles.

Il fut suivi par la loi du 20 septembre 1792 relative aux brevets d'invention délivrés pour des établissements de finances ; — par l'arrêté du 17 vendémiaire an VII (8 octobre 1798) qui ordonne la publication de plusieurs brevets d'invention dont la durée est expirée ; — par l'arrêté du 5 vendémiaire an IX (27 septembre 1809) relatif au mode de délivrance des brevets d'invention ; — par le décret impérial du 25 novembre 1806 qui abroge la défense d'exploiter les brevets d'invention par *actions*, porté dans l'art. 14 de la loi du 25 mai 1791 ; — par le décret impérial du 25 janvier 1807 qui fixe l'époque à laquelle commencent à courir les années de jouissance des brevets ; — par le décret impérial du 13 août 1810, portant que la durée des brevets d'importation est la même que celle des brevets d'invention et de perfectionnement.

l'intérieur, chargé de délivrer lesdits brevets, un dépôt général sous le nom de *directoire des brevets d'invention*, où ces brevets seront expédiés en suite des formalités préalables, et selon le mode ci-après déterminé.

Art. 3. Le directoire des brevets d'invention expédiera lesdits brevets sur les demandes qui lui parviendront des secrétariats des départements. Ces demandes contiendront le nom du demandeur, sa proposition et sa requête au Roi ; il y sera joint un paquet renfermant la description exacte de tous les moyens qu'on se propose d'employer, et à ce paquet seront ajoutés les dessins, modèles et autres pièces jugées nécessaires pour l'explication de l'énoncé de la demande, le tout avec la signature et sous le cachet du demandeur. Au dos de l'enveloppe de ce paquet, sera inscrit un procès-verbal (dans la forme jointe au présent règlement, sous le n° 1er), signé par le secrétariat du département et par le demandeur, auquel il sera délivré un double dudit procès-verbal, afin de constater l'objet de la demande, la remise des pièces, la date du dépôt, l'acquit de la taxe, ou la soumission de la payer suivant le prix et dans le délai qui seront fixés au présent règlement.

Art. 4. Les directoires des départements, non plus que le directoire des brevets d'invention, ne recevront aucune demande qui contienne plus d'un objet principal, avec les objets de détail qui pourront y être relatifs.

Art. 5. Les directoires des départements seront tenus d'adresser au directoire des brevets d'invention, les paquets des demandeurs, revêtus des formes ci-dessus prescrites, dans la semaine même où la demande aura été présentée.

Art. 6. A l'arrivée de la dépêche du secrétariat du département au directoire des brevets d'invention, le procès-verbal inscrit au dos du paquet sera enregistré, le paquet sera ouvert, et le brevet sera sur-le-champ dressé d'après le modèle annexé au présent règlement (sous le n° 2). Ce brevet renfermera une copie exacte de la description, ainsi que des dessins et modèles annexés au procès-verbal; en suite de quoi ledit brevet sera scellé et envoyé au département, sous le cachet du directoire des brevets d'invention. Il sera en même temps adressé à tous les tribunaux et départements du royaume une *proclamation du Roi,* relative au brevet d'invention, et dans la forme ci-jointe (n° 5); et ces proclamations seront enregistrées par ordre de dates, et affichées dans lesdits tribunaux et départements.

Art. 7. Les descriptions des objets dont le Corps législatif, dans les cas prévus par l'article 2 du décret du 31 décembre 1790 = 7 janvier 1791, aura ordonné le secret, seront ouvertes et inscrites par numéros au directoire des inventions, dans un registre particulier, en présence des commissaires nommés à cet effet, conformément audit article du décret; ensuite ces descriptions seront cachetées de nouveau, et procès-verbal en sera dressé par lesdits commissaires. Le décret qui aura ordonné de les tenir secrètes sera transcrit au dos du paquet; il en sera fait mention dans la proclamation du Roi, et le paquet demeurera cacheté jusqu'à la fin de l'exercice du brevet, à moins qu'un décret du Corps législatif n'en ordonne l'ouverture.

Art. 8. Les prolongations de brevets qui, dans des cas très-rares et pour des raisons majeures, pourront être accordées par le Corps législatif, seulement pendant la durée de la législature, seront enregistrées dans un registre particulier au directoire des inventions, qui sera tenu de donner connaissance de cet enregistrement aux différents départements et tribunaux du royaume.

Art. 9. Les arrêts du conseil, lettres-patentes, mémoires descriptifs, tous documents et pièces relatives à des priviléges d'invention, ci-devant accordés pour des objets d'industrie, dans quelque dépôt qu'ils se trouvent, seront réunis incessamment au directoire des brevets d'invention.

Art. 10. Les frais de l'établissement ne seront point à la charge du Trésor public; ils seront pris uniquement sur le produit de la taxe des brevets d'invention, et le surplus employé à l'avantage de l'industrie nationale.

## TITRE II.

Art. 1ᵉʳ. Celui qui voudra obtenir un brevet d'invention, sera tenu, conformément à l'article 4 du décret du 31 décembre 1790 = 7 janvier 1791, de s'adresser au secrétariat du directoire de son département, pour y remettre sa requête au Roi, avec la description de ses moyens, ainsi que les dessins et modèles relatifs à l'objet de sa demande, conformément à l'article 3 du titre 1ᵉʳ; il y joindra un état fait double et signé par lui, de toutes les pièces contenues dans le paquet : un de ces doubles devra être renvoyé au secrétariat du département par le directeur des brevets d'invention, qui se chargera de toutes les pièces par son *récépissé* au pied dudit état.

Art. 2. Le demandeur aura le droit, avant de signer le procès-verbal, de se faire donner communication du catalogue de tous les objets pour lesquels il aura été expédié des brevets, afin de juger s'il doit ou non persister dans sa demande.

Art. 3. Le demandeur sera tenu, conformément à l'article 3 du titre Iᵉʳ, d'acquitter au secrétariat du département la taxe du brevet suivant le tarif annexé au présent règlement (sous le n° 4); mais il lui sera libre de ne payer que la moitié de cette taxe en présentant sa requête, et de déposer sa soumission d'acquitter le reste de la somme dans le délai de six mois.

Art. 4. Si la soumission du breveté n'est point remplie

au terme prescrit, le brevet qui lui aura été délivré sera de nul effet; l'exercice de son droit deviendra libre, et il en sera donné avis à tous les départements par le directoire des brevets d'invention.

Art. 5. Toute personne pourvue d'un brevet d'invention sera tenue d'acquitter, en sus de la taxe dudit brevet, la taxe des patentes annuelles imposée à toutes les professions d'arts et métiers, par le décret du 2=17 mars 1791.

Art. 6. Tout propriétaire de brevet qui voudra faire des changements à l'objet énoncé dans sa première demande, sera obligé d'en faire sa déclaration, et de remettre la description de ses nouveaux moyens au secrétariat du département, dans la forme et de la manière prescrites par l'article 1$^{er}$ du présent titre; et il sera observé à cet égard les mêmes formalités entre les directoires des départements et celui des brevets d'invention.

Art. 7. Si ce breveté ne veut jouir privativement de l'exercice de ses nouveaux moyens que pendant la durée de son brevet, il lui sera expédié par le directoire des brevets d'invention, un certificat dans lequel sa nouvelle déclaration sera mentionnée, ainsi que la remise du paquet contenant la description de ses nouveaux moyens.

Il lui sera libre aussi de prendre successivement de nouveaux brevets pour lesdits changements, à mesure qu'il en voudra faire, ou de les faire réunir dans un seul brevet quand il les présentera collectivement.

Ces nouveaux brevets seront expédiés de la même manière et dans la même forme que les brevets d'invention, et ils auront les mêmes effets.

Art. 8. Si quelque personne annonce un moyen de perfection pour une invention déjà brevetée, elle obtiendra sur sa demande un brevet pour l'exercice privatif dudit moyen de perfection, sans qu'il lui soit permis, sous aucun prétexte, d'exécuter ou de faire exécuter l'invention principale; et réciproquement, sans que l'inventeur puisse faire exécuter par lui-même le nouveau moyen de perfection.

Ne seront point mis au rang des *perfections industrielles*, les changements de formes ou de proportions, non plus que les ornements, de quelque genre que ce puisse être.

Art. 9. Tout cessionnaire de brevet obtenu pour un objet que les tribunaux auront jugé contraire aux lois du royaume, à la sûreté publique ou aux règlements de police, sera déchu de son droit sans pouvoir prétendre d'indemnité, sauf au ministère public à prendre, suivant l'importance du cas, telles conclusions qu'il appartiendra.

Art. 10. Lorsque le propriétaire d'un brevet sera troublé dans l'exercice de son droit privatif, il se pourvoira dans les formes prescrites pour les autres procédures civiles, devant le juge de paix, pour faire condamner le contrefacteur aux peines prononcées par la loi.

Art. 11. Le juge de paix entendra les parties et leurs témoins, ordonnera les vérifications qui pourront être nécessaires ; et le jugement qu'il prononcera sera exécuté provisoirement, nonobstant l'appel.

Art. 12. Dans le cas où une saisie juridique n'aurait pu faire découvrir aucun objet fabriqué ou débité en fraude, le dénonciateur supportera les peines énoncées dans l'article 13 de la loi, à moins qu'il ne légitime sa dénonciation par des preuves légales ; auquel cas il sera exempt desdites peines, sans pouvoir néanmoins prétendre aucuns dommages-intérêts.

Art. 13. Il sera procédé de même, en cas de contestation entre deux brevetés pour le même objet ; si la ressemblance est déclarée absolue, le brevet de la date antérieure demeurera seul valide ; s'il y a dissemblance en quelques parties, le brevet de date postérieure pourra être converti, sans payer de taxe, en brevet de perfection, pour les moyens qui ne seraient point énoncés dans le brevet de date antérieure.

Art. 14. Le propriétaire d'un brevet pourra contracter telle société qu'il lui plaira pour l'exercice de son droit, en se conformant aux usages du commerce; *mais il lui sera interdit d'établir son entreprise par actions, à peine de déchéance de l'exercice de son brevet* (1).

Art. 15. Lorsque le propriétaire d'un brevet aura cédé son droit en tout ou en partie (ce qu'il ne pourra faire que par un acte notarié), les deux parties contractantes seront tenues, à peine de nullité, de faire enregistrer ce transport (suivant le modèle sous le n° 5), au secrétariat de leurs départements respectifs, lesquels en informeront aussitôt le directoire des brevets d'invention, afin que celui-ci en instruise les autres départements.

En exécution de l'article 17 du décret du 31 décembre 1790=7 janvier 1791, tous les possesseurs de priviléges exclusifs, maintenus par ledit article, seront tenus, dans le délai de six mois après la publication du présent règlement, de faire enregistrer au directoire d'invention les titres de leurs priviléges, et d'y déposer les descriptions des objets privilégiés conformément à l'article 1er du présent titre, le tout à peine de déchéance.

## TITRE III.

L'Assemblée nationale renvoie au ministère de l'intérieur les mesures à prendre pour l'exécution du règlement sur la loi des brevets d'invention, et le charge de présenter incessamment à l'Assemblée les dispositions qu'il jugera nécessaires pour assurer cette partie du service public.

---

(1) Abrogé par le décret impérial du 25 novembre 1806.

## § 2.

*Loi du 25 janvier 1817. — Loi relative à la concession de droits exclusifs pour l'invention ou l'amélioration d'objets d'art et d'industrie.* (Journ. offic., n. VI, p. 3.)

Nous Guillaume, etc.

A tous ceux qui les présentes verront, salut! savoir faisons :

Ayant pris en considération qu'il est de l'intérêt public d'établir des dispositions générales sur la concession des droits exclusifs pour l'invention ou l'amélioration d'objets d'arts et d'industrie;

A ces causes, notre conseil d'État entendu, et de commun accord avec les états généraux, avons statué comme nous statuons par les présentes :

Art. 1er. Des droits exclusifs pourront être accordés par nous, pour un temps limité, par lettres-patentes, sous le nom de brevets d'invention, sur la demande qui nous en sera faite, à ceux qui, dans le royaume, auront fait une invention ou un perfectionnement essentiel dans quelque branche des arts ou de l'industrie, ainsi qu'à ceux qui les premiers introduiront ou mettront en œuvre dans le royaume, une invention ou un perfectionnement fait à l'étranger.

Art. 2. La concession des brevets d'invention se fera sans préjudice des droits acquis d'un tiers, et sera nulle s'il est prouvé que l'invention ou le perfectionnement pour lesquels quelqu'un aura été breveté, ont été employés, mis en œuvre ou exercés par un autre dans le royaume avant l'obtention du brevet.

Art. 3. Les brevets d'invention seront accordés pour l'espace de 5, 10 ou 15 ans. Les droits à payer par l'obtenteur seront proportionnés à la durée du brevet et à l'importance de l'invention ou du perfectionnement ; mais ne pourront jamais surpasser la somme de fr. 750, ni être moindres de fr. 150.

Art. 4. Un brevet d'invention accordé pour l'espace de 5 ou 10 ans, pourra aussi être prolongé à l'expiration de ce terme, s'il existe des raisons majeures pour accueillir la demande faite à cet effet ; mais sa durée totale ne pourra jamais excéder le terme de 15 années.

Art. 5. Les brevets d'invention pour l'introduction ou l'application d'inventions ou de perfectionnements faits en pays étrangers, et dont les auteurs y seraient brevetés, ne seront point accordés pour un plus long espace de temps que celui de la durée du droit exclusif accordé pour ces objets à l'étranger et contiendront la clause expresse que les objets mentionnés seront fabriqués dans le royaume.

Art. 6. Les brevets d'invention donneront à leurs possesseurs ou leurs ayants droit, la faculté :

*a.* De confectionner et de vendre exclusivement par tout le royaume pendant le temps fixé pour la durée du brevet, les objets y mentionnés, ou de les faire confectionner et vendre par d'autres qu'ils y autoriseraient.

*b.* De poursuivre devant les tribunaux ceux qui porteraient atteinte au droit exclusif qui leur aura été accordé et de procéder contre eux en justice à l'effet d'obtenir la confiscation, à leur profit, des objets confectionnés par la partie mentionnée au brevet d'invention, et non encore vendus et du prix d'achat des objets qui seraient déjà vendus, ainsi que d'instituer une action de dommage et intérêts en tant qu'il y aura lieu.

Art. 7. Celui qui formera une demande à l'effet d'obtenir un brevet d'invention, sera tenu d'y joindre sous cachet une description exacte, détaillée et signée par lui, de l'objet ou du secret pour lequel le brevet est demandé, accompagnée des plans et dessins nécessaires; cette description sera publiée après l'expiration du temps de la durée du brevet d'invention soit originaire, soit prolongé, ou plus tôt, au cas que le brevet pour quelqu'un des motifs mentionnés ci-dessus soit déclaré nul.

Le gouvernement pourra néanmoins différer cette publication, s'il le juge convenir, pour des raisons importantes.

Art. 8. Un brevet d'invention sera déclaré nul pour les causes suivantes :

*a.* Lorsque l'obtenteur, dans la description jointe à sa demande, aura malicieusement omis de faire mention d'une partie de son secret, ou l'aura indiqué d'une manière fausse.

*b.* S'il paraissait que l'objet pour lequel un brevet aurait été accordé, fût déjà décrit antérieurement à cette époque dans quelque ouvrage imprimé et publié.

*c.* Lorsque l'acquéreur dans l'espace de deux années, à compter de la date de son brevet, n'en aura pas fait usage, sinon pour des raisons majeures dont le gouvernement jugera.

*d.* Si celui qui aura obtenu un brevet d'invention, en obtenait ensuite un pour la même invention dans un pays étranger.

*e.* S'il paraissait que l'invention pour laquelle un brevet d'invention aurait été accordé, fût par sa nature ou dans son application, dangereuse pour la sûreté du royaume ou de ses habitants.

Art. 9. Il sera tenu un compte séparé des droits à payer par ceux qui obtiendront un brevet d'invention, et le produit en sera employé en primes ou en récompenses pour l'encouragement des arts ou de l'industrie nationale.

Art. 10. Sont abrogés et mis hors de vigueur, par la présente, les lois et règlements existants sur les brevets d'invention, et autres droits exclusifs semblables : bien entendu néanmoins que ceux à qui des octrois de brevets d'invention ont été délivrés et accordés jusqu'à ce jour, seront maintenus dans la jouissance de tous leurs droits.

Mandons et ordonnons que la présente loi soit insérée au *Journal officiel*, et que nos ministres et autres autorités qu'elle concerne, tiennent strictement la main à son exécution.

§ 3.

*Loi du 26 mars 1817. — Règlement pour l'exécution de la loi du 25 janvier 1817, et la délivrance des brevets d'invention, d'importation et de perfectionnement.* (Non inséré au Journ. offic.) (1).

Art. 1ᵉʳ. Celui qui voudra obtenir un brevet d'invention, d'importation ou de perfectionnement, devra remettre au greffier des états de sa province une requête au roi, contenant l'objet général de sa demande, l'indication de ses nom, prénoms et domicile, ainsi que du temps pour lequel il désire obtenir un brevet, et pour lequel le même objet aurait déjà pu être breveté à l'étranger. Il y joindra, sous cachet, une description exacte, détaillée et signée par

---

(1) Ce règlement a été remanié par un arrêté royal du 25 septembre 1840. (*Passinomic*, année 1840, p. 344.)

lui, de l'objet ou du secret pour lequel le brevet est demandé, accompagnée des plans et dessins nécessaires, conformément à l'art. 7 de la loi du 25 janvier 1817.

Art. 2. Le greffier des états de la province dressera procès-verbal au dos du paquet (modèle n° 1), de la date précise du dépôt de la requête et pièces jointes, et ce procès-verbal sera signé par lui et par le demandeur, auquel il en sera délivré un double.

Art. 3. Le gouverneur adressera de suite, et au plus tard dans les dix jours à dater de celui où le dépôt aura été effectué, au commissaire général de l'instruction, des arts et des sciences, toutes les demandes de brevet d'invention, perfectionnement, importation, etc.

Art. 4. Le commissaire général présentera au roi, avec son avis, les demandes de brevet d'invention, perfectionnement, importation, etc., et lorsqu'il aura reconnu qu'une demande est de nature à être accordée, il joindra à son rapport le brevet à signer par Sa Majesté.

Art. 5. Lorsque le roi jugera convenable de ne point accorder la demande, ou de l'envoyer à l'avis, soit de l'institut royal des Pays-Bas, soit de l'Académie royale des sciences et belles lettres de Bruxelles, il en sera donné connaissance au demandeur.

Art. 6. Le brevet (modèle n° 2) contiendra la description de l'invention ; il indiquera les droits qu'il donne à l'obtenteur, conformément à l'art. 6 de la loi du 25 janvier dernier ; et mentionnera expressément que le gouvernement, en accordant le brevet, ne garantit en rien, ni la priorité, ni le mérite de l'invention, et qu'il se réserve la faculté de le déclarer nul pour une des causes indiquées à l'art. 8 de la loi. Le brevet d'importation, pour un objet déjà breveté à l'étranger, contiendra de plus la mention expresse que le gouvernement ne garantit point la vérité de l'assertion du demandeur sur la durée du brevet accordé à l'étranger. Il contiendra aussi la clause prescrite par l'art. 5 de la loi, que les objets mentionnés seront fabriqués dans le royaume.

Art. 7. Celui qui voudra obtenir une prolongation pour un brevet de 5 ou 10 ans (art 4), devra en faire la demande au commissaire général de l'instruction, des arts et des sciences, qui fera son rapport au roi. Ces prolongations seront également signées par le roi.

Art. 8. Tout propriétaire d'un brevet qui, par de nouvelles découvertes, aura perfectionné celle pour laquelle il est déjà breveté, pourra obtenir, soit pour la durée du premier brevet seulement, soit pour un des termes fixés par l'art. 3 de la loi du 25 janvier, un nouveau brevet pour l'exercice de ses nouveaux moyens.

Art. 9. Pour obtenir ce brevet il faudra remplir les mêmes formalités que pour les autres. Quant aux droits à acquitter, ceux-ci seront réglés à proportion du laps de temps, pendant lequel on jouira de l'octroi, et d'après l'importance du moyen de perfectionnement.

Art. 10. Si quelque personne annonce un moyen de perfection pour une invention déjà brevetée, elle pourra obtenir un brevet pour l'exercice privatif dudit moyen de perfection, sans qu'il lui soit permis, sous aucun prétexte, d'exécuter ou faire exécuter l'invention principale, aussi longtemps que le brevet délivré pour cette invention ne sera pas expiré, et réciproquement sans que l'inventeur puisse faire exécuter lui-même le nouveau moyen de perfection.

Ne seront point mis au rang des perfectionnements industriels les changements de formes ou de proportions, non plus que les ornements de quelque genre que ce puisse être.

Art. 11. Les propriétaires de brevets qui voudraient faire la cession de leurs droits, en tout ou en partie, seront tenus d'obtenir préalablement l'autorisation du roi. Ils devront, sous peine de nullité, faire enregistrer cette cession au greffe de la province, où il en sera dressé un procès-verbal, conforme au modèle n° 3, qui sera de suite transmis au commissaire général de l'instruction, des arts et des sciences. Ce procès-verbal sera consigné au registre dont il sera parlé ci-après.

Art. 12. De même celui ou ceux qui, par droit de succession, deviendraient propriétaires d'un brevet, devront, avant de jouir de leurs droits, faire enregistrer cette acquisition au greffe de la province, où il en sera dressé un procès-verbal conforme au modèle n° 4, qui sera de suite transmis au commissaire général de l'instruction, des arts et des sciences. Ce procès-verbal sera consigné au registre dont il sera parlé ci-après.

Art. 13. A l'expiration des brevets d'invention, ou lorsqu'un brevet sera déclaré nul, pour un des cas prévus par l'art. 8 de la loi du 25 janvier, le commissaire général de l'instruction prendra les mesures convenables pour rendre publiques les découvertes et inventions qui auront été brevetées.

Art. 14. Si à l'expiration d'un brevet, ou par suite d'un des cas prévus par l'art. 8, le commissaire général de l'instruction ne jugeait point convenable, pour des raisons politiques ou commerciales, de rendre publique la découverte de l'invention, il en fera son rapport au roi, qui décidera.

Art. 15. Le commissaire général de l'instruction enverra les brevets d'invention, d'importation ou de perfectionnement, accordés et signés par le roi, au gouverneur de la province où est le domicile du demandeur, en lui indiquant la somme à payer pour les brevets. Le gouverneur les remettra aux demandeurs, lorsque ceux-ci auront justifié avoir versé chez le receveur de la province les droits fixés par le tarif.

Art. 16. Le tarif des droits à payer pour l'obtention des brevets est réglé de la manière suivante :

Pour un brevet de 5 ans, fl. 150 (fr. 317-46 c.).

Pour un brevet de 10 ans, florins 300 ou fl. 400, (fr. 634-92 c. ou fr. 846-56 c.), suivant l'importance de l'invention ou du perfectionnement.

Pour un brevet de 15 ans, fl. 609 ou fl. 750 (fr. 1,269-84 c. ou fr. 1,587-30 c.). suivant l'importance de l'invention ou du perfectionnement.

Pour une cession ou acquisition, par droit de succession, de brevet, fl 9 (fr. 19-04 c.).

Art. 17. Lorsque l'annulation sera prononcée pour une des causes mentionnées à l'art. 8 de la loi du 25 janvier, les droits payés pour ce brevet seront restitués au prorata du temps qu'il avait encore à courir.

Art. 18. Le ministre des finances fera passer annuellement au commissaire général de l'instruction un état exact des sommes provenant des droits payés pour l'obtention des brevets d'invention, d'importation ou de perfectionnement. Le commissaire général proposera au roi l'emploi de ces fonds, conformément au vœu de l'art. 9 de la loi du 25 janvier dernier.

Art. 19. Il sera ouvert un registre au commissariat général de l'instruction, dans lequel les brevets délivrés seront inscrits, ainsi que les certificats de concession et de translation de droits. Ce registre pourra être consulté par ceux qui se proposent de demander un brevet.

Art. 20. Il sera fait mention dans les feuilles officielles des brevets délivrés et du nom de ceux qui les auront obtenus.

## § 4.

### *Loi française du 5-8 juillet 1844 sur les brevets d'invention* (1).

#### TITRE I$^{er}$.

##### DISPOSITIONS GÉNÉRALES.

Art. 1$^{er}$. Toute nouvelle découverte ou invention, dans tous les genres d'industrie, confère à son auteur, sous les conditions et pour le temps ci-après déterminés, le droit exclusif d'exploiter à son profit ladite découverte ou invention.

Ce droit est constaté par des titres délivrés par le Gouvernement, sous le nom de brevets d'invention.

2. Seront considérées comme inventions ou découvertes nouvelles :

L'invention de nouveaux produits industriels ;

L'invention de nouveaux moyens ou l'application nouvelle de moyens connus, pour l'obtention d'un résultat ou d'un produit industriel.

3. Ne sont pas susceptibles d'être brevetés :

1° Les compositions pharmaceutiques ou remèdes de toute espèce, lesdits objets demeurant soumis aux lois

---

(1) Cette loi a été suivie par un arrêté du 25 FÉVRIER 1848 portant prorogation de délai pour le paiement des annuités ; — par un arrêté du 21 OCTOBRE 1848 réglant l'application de la loi aux colonies ; — par un arrêté du 23 FÉVRIER 1849 qui rapporte celui du 25 février 1848, — par un décret du 5 JUIN 1850 qui déclare la loi de 1844 applicable à l'Algérie, — par la loi du 2 MAI 1855 qui garantit jusqu'au 1$^{er}$ mai 1856 les inventions industrielles admises à l'Exposition universelle de 1855 ; — par la loi du 20 MAI 1856 modifiant l'art. 32 de la loi de 1844, relatif aux déchéances.

et règlements spéciaux sur la matière, et notamment au décret du 18 août 1810, relatif aux remèdes secrets ;

2° Les plans et combinaisons de crédit ou de finances ;

4. La durée des brevets sera de cinq, dix ou quinze années.

Chaque brevet donnera lieu au paiement d'une taxe qui est fixée ainsi qu'il suit, savoir :

500 fr. pour un brevet de cinq ans ;

1,000 fr. pour un brevet de dix ans ;

1,500 fr. pour un brevet de quinze ans.

Cette taxe sera payée par annuités de 100 fr., sous peine de déchéance si le breveté laisse écouler un terme sans l'acquitter.

## TITRE II.

### DES FORMALITÉS RELATIVES A LA DÉLIVRANCE DES BREVETS.

SECTION I$^{re}$. — *Des demandes de brevets.*

5. Quiconque voudra prendre un brevet d'invention devra déposer, sous cachet, au secrétariat de la préfecture, dans le département où il est domicilié, ou dans tout autre département, en y élisant domicile :

1° Sa demande au ministre de l'agriculture et du commerce ;

2° Une description de la découverte, invention ou application faisant l'objet du brevet demandé ;

3° Les dessins ou échantillons qui seraient nécessaires pour l'intelligence de la description ;

Et 4° un bordereau des pièces déposées.

6. La demande sera limitée à un seul objet principal, avec les objets de détails qui le constituent, et les applications qui auront été indiquées.

Elle mentionnera la durée que les demandeurs entendent assigner à leur brevet dans les limites fixées par l'art. 4, et ne contiendra ni restrictions, ni conditions, ni réserves.

Elle indiquera un titre renfermant la désignation sommaire et précise de l'objet de l'invention.

La description ne pourra être écrite en langue étrangère. Elle devra être sans altération ni surcharges. Les mots rayés comme nuls seront comptés et constatés, les pages et les renvois parafés. Elle ne devra contenir aucune dénomination de poids ou de mesures autre que celles qui sont portées au tableau annexé à la loi du 4 juillet 1837.

Les dessins seront tracés à l'encre et d'après une échelle métrique.

Un duplicata de la description et des dessins sera joint à la demande.

Toutes les pièces seront signées par le demandeur ou par un mandataire, dont le pouvoir restera annexé à la demande.

7. Aucun dépôt ne sera reçu que sur la production d'un récépissé constatant le versement d'une somme de 100 fr. à valoir sur le montant de la taxe du brevet.

Un procès-verbal, dressé sans frais par le secrétaire général de la préfecture, sur un registre à ce destiné, et signé par le demandeur, constatera chaque dépôt, en énonçant le jour et l'heure de la remise des pièces.

Une expédition dudit procès-verbal sera remise au déposant, moyennant le remboursement des frais de timbre.

8. La durée du brevet courra du jour du dépôt prescrit par l'art. 5.

Section II. — *De la délivrance des brevets.*

9. Aussitôt après l'enregistrement des demandes, et dans les cinq jours de la date du dépôt, les préfets transmettront

les pièces, sous le cachet de l'inventeur, au ministre de l'agriculture et du commerce, en y joignant une copie certifiée du procès-verbal de dépôt, le récépissé constatant le versement de la taxe, et, s'il y a lieu, le pouvoir mentionné dans l'art. 6.

10. A l'arrivée des pièces au ministère de l'agriculture et du commerce, il sera procédé à l'ouverture, à l'enregistrement des demandes et à l'expédition des brevets, dans l'ordre de la réception desdites demandes.

11. Les brevets dont la demande aura été régulièrement formée seront délivrés, sans examen préalable, aux risques et périls des demandeurs, et sans garantie, soit de la réalité, de la nouveauté ou du mérite de l'invention, soit de la fidélité ou de l'exactitude de la description.

Un arrêté du ministre constatant la régularité de la demande sera délivré au demandeur et constituera le brevet d'invention.

A cet arrêté sera joint le duplicata certifié de la description et des dessins, mentionné dans l'art. 6, après que la conformité avec l'expédition originale en aura été reconnue et établie au besoin.

La première expédition des brevets sera délivrée sans frais.

Toute expédition ultérieure, demandée par le breveté ou ses ayants cause, donnera lieu au payement d'une taxe de 25 francs.

Les frais de dessin, s'il y a lieu, demeureront à la charge de l'impétrant.

12. Toute demande dans laquelle n'auraient pas été observées les formalités prescrites par les numéros 2° et 3° de l'art. 5 et par l'art. 6 sera rejetée. La moitié de la somme versée restera acquise au trésor, mais il sera tenu compte de la totalité de cette somme au demandeur s'il reproduit sa demande dans un délai de trois mois,

à compter de la date de la notification du rejet de sa requête.

13. Lorsque, par application de l'art. 3, il n'y aura pas lieu à délivrer un brevet, la taxe sera restituée.

14. Une ordonnance royale, insérée au *Bulletin des Lois*, proclamera, tous les trois mois, les brevets délivrés.

15. La durée des brevets ne pourra être prolongée que par une loi.

### Section III. — *Des certificats d'addition.*

16. Le breveté ou les ayants droit au brevet auront, pendant toute la durée du brevet, le droit d'apporter à l'invention des changements, perfectionnements ou additions, en remplissant, pour le dépôt de la demande, les formalités déterminées par les art. 5, 6 et 7.

Ces changements, perfectionnements ou additions, seront constatés par des certificats délivrés dans la même forme que le brevet principal, et qui produiront, à partir des dates respectives des demandes et de leur expédition, les mêmes effets que ledit brevet principal, avec lequel ils prendront fin.

Chaque demande de certificat d'addition donnera lieu au payement d'une taxe de 20 fr.

Les certificats d'addition, pris par un des ayants droit profiteront à tous les autres.

17. Tout breveté qui, pour un changement, perfectionnement ou addition, voudra prendre un brevet principal de cinq, dix ou quinze années, au lieu d'un certificat d'addition expirant avec le brevet primitif, devra remplir les formalités prescrites par les art. 5, 6 et 7, et acquitter la taxe mentionnée dans l'art. 4.

18. Nul autre que le breveté ou ses ayants droit, agis-

sant comme il est dit ci-dessus, ne pourra, pendant une année, prendre valablement un brevet pour un changement, perfectionnement ou addition à l'invention qui fait l'objet du brevet primitif.

Néanmoins, toute personne qui voudra prendre un brevet pour changement, addition ou perfectionnement à une découverte déjà brevetée, pourra, dans le cours de ladite année, former une demande qui sera transmise, et restera déposée sous cachet, au ministère de l'agriculture et du commerce.

L'année expirée le cachet sera brisé et le brevet délivré.

Toutefois, le breveté principal aura la préférence pour les changements, perfectionnements et additions pour lesquels il aurait lui-même, pendant l'année, demandé un certificat d'addition ou un brevet.

19. Quiconque aura pris un brevet pour une découverte, invention ou application se rattachant à l'objet d'un autre brevet, n'aura aucun droit d'exploiter l'invention déjà brevetée, et réciproquement, le titulaire du brevet primitif ne pourra exploiter l'invention, objet du nouveau brevet.

Section IV. — *De la transmission et de la cession des brevets.*

20. Toute breveté pourra céder la totalité ou partie de son brevet.

La cession totale ou partielle d'un brevet, soit à titre gratuit, soit à titre onéreux, ne pourra être faite que par acte notarié, et après le payement de la totalité de la taxe déterminée par l'art. 4.

Aucune cession ne sera valable, à l'égard des tiers, qu'après avoir été enregistrée au secrétariat de la préfecture du département dans lequel l'acte aura été passé.

L'enregistrement des cessions et de tous autres actes emportant mutation sera fait sur la production et le dépôt d'un extrait authentique de l'acte de cession ou de mutation.

Une expédition de chaque procès-verbal d'enregistrement, accompagnée de l'extrait de l'acte ci-dessus mentionné, sera transmise par les préfets, au ministre de l'agriculture et du commerce, dans les cinq jours de la date du procès-verbal.

21. Il sera tenu, au ministère de l'agriculture et du commerce, un registre sur lequel seront inscrites les mutations intervenues sur chaque brevet, et, tous les trois mois, une ordonnance royale proclamera, dans la forme déterminée par l'art. 14, les mutations enregistrées pendant le trimestre expiré.

22. Les cessionnaires d'un brevet et ceux qui auront acquis d'un breveté ou de ses ayants droit la faculté d'exploiter la découverte ou l'invention profiteront de plein droit des certificats d'addition qui seront ultérieurement délivrés au breveté ou à ses ayants droit. Réciproquement, le breveté ou ses ayants droit profiteront des certificats d'addition qui seront ultérieurement délivrés aux cessionnaires.

Tous ceux qui auront droit de profiter des certificats d'addition pourront en lever une expédition au ministère de l'agriculture et du commerce, moyennant un droit de 20 francs.

Section V. — *De la communication et de la publication des descriptions et dessins de brevets.*

23. Les descriptions, dessins, échantillons et modèles des brevets délivrés resteront, jusqu'à l'expiration des brevets, déposés au ministère de l'agriculture et du com-

merce, où ils seront communiqués sans frais à toute réquisition.

Toute personne pourra obtenir, à ses frais, copie desdites descriptions et dessins, suivant les formes qui seront déterminées dans le règlement rendu en exécution de l'art. 50.

24. Après le payement de la deuxième annuité, les descriptions et dessins seront publiés, soit textuellement, soit par extrait.

Il sera en outre publié au commencement de chaque année un catalogue contenant les titres de brevets délivrés dans le courant de l'année précédente.

25. Les recueils des descriptions et dessins, et le catalogue publiés en exécution de l'article précédent, seront déposés au ministère de l'agriculture et du commerce, et au secrétariat de la préfecture de chaque département, où ils pourront être consultés sans frais.

26. A l'expiration des brevets, les originaux des descriptions et dessins seront déposés au Conservatoire royal des arts et métiers.

## TITRE III.

### DES DROITS DES ÉTRANGERS.

27. Les étrangers pourront obtenir, en France, des brevets d'invention.

28. Les formalités et conditions déterminées par la présente loi seront applicables aux brevets demandés ou délivrés en exécution de l'article précédent.

29. L'auteur d'une invention ou découverte déjà brevetée à l'étranger pourra obtenir un brevet en France. Mais la durée de ce brevet ne pourra excéder celle de brevets antérieurement pris à l'étranger.

# TITRE IV.

### DES NULLITÉS ET DÉCHÉANCES, ET DES ACTIONS Y RELATIVES.

Section I<sup>re</sup>. — *Des nullités et déchéances.*

30. Seront nuls et de nul effet les brevets délivrés dans les cas suivants, savoir :

1° Si la découverte, invention, ou application n'est pas nouvelle ;

2° Si la découverte, invention ou application n'est pas, aux termes de l'art. 3, susceptible d'être brevetée ;

3° Si les brevets portent sur des principes, méthodes, systèmes, découvertes et conceptions théoriques dont on n'a pas indiqué les applications industrielles ;

4° Si la découverte, invention ou application est reconnue contraire à l'ordre ou à la sûreté publique, aux bonnes mœurs ou aux lois du royaume, sans préjudice, dans ce cas et dans celui du paragraphe précédent, des peines qui pourraient être encourues pour la fabrication ou le débit d'objets prohibés ;

5° Si le titre, sous lequel le brevet a été demandé, indique frauduleusement un objet autre que le véritable objet de l'invention ;

6° Si la description jointe au brevet n'est pas suffisante pour l'exécution de l'invention, ou si elle n'indique pas d'une manière complète et loyale les véritables moyens de l'inventeur ;

7° Si le brevet a été obtenu contrairement aux dispositions de l'art. 18.

Seront également nuls et de nul effet les certificats comprenant des changements, perfectionnements ou additions qui ne se rattacheraient pas au brevet principal.

31. Ne sera pas réputée nouvelle toute découverte, invention ou application qui, en France ou à l'étranger, et antérieurement à la date du dépôt de la demande, aura reçu une publicité suffisante pour pouvoir être exécutée.

32. Sera déchu de tous ses droits :

1° Le breveté qui n'aura pas acquitté son annuité avant le commencement de chacune des années de la durée de son brevet;

2° Le breveté qui n'aura pas mis en exploitation sa découverte ou invention en France dans le délai de deux ans, à dater du jour de la signature du brevet, ou qui aura cessé de l'exploiter pendant deux années consécutives, à moins que, dans l'un ou l'autre cas, il ne justifie des causes de son inaction ;

3° *Le breveté qui aura produit en France des objets fabriqués en pays étranger et semblables à ceux qui sont garantis par son brevet.*

*Sont exceptés des dispositions du précédent paragraphe les modèles de machines dont le ministre de l'agriculture et du commerce pourra autoriser l'introduction dans le cas prévu par l'art.* 29 (1).

33. Quiconque, dans ses enseignes, annonces, prospectus, affiches, marques ou estampilles, prendra la qualité de breveté sans posséder un brevet délivré conformément aux lois, ou après l'expiration d'un brevet antérieur, ou qui, étant breveté, mentionnera sa qualité de breveté ou son brevet sans y ajouter ces mots : *sans garantie du*

---

(1) Abrogé par la loi du 20 mai 1856 et remplacé par la disposition suivante : 3° Le breveté qui aura introduit en France des objets fabriqués en pays étranger et semblables à ceux qui sont garantis par son brevet. Néanmoins le Ministre de l'agriculture, du commerce et des travaux publics pourra autoriser l'introduction : 1° des modèles de machines; 2° des objets fabriqués à l'étranger destinés à des expositions publiques ou à des essais faits avec l'assentiment du gouvernement.

Gouvernement, sera puni d'une amende de 50 francs à 1,000 francs.

En cas de récidive, l'amende pourra être portée au double.

Section II. — *Des actions en nullité et en déchéance.*

34. L'action en nullité et l'action en déchéance pourront être exercées par toute personne y ayant intérêt.

Ces actions, ainsi que toutes contestations relatives à la propriété des brevets, seront portées devant les tribunaux civils de première instance.

35. Si la demande est dirigée en même temps contre le titulaire du brevet et contre un ou plusieurs cessionnaires partiels, elle sera portée devant le tribunal du domicile du titulaire du brevet.

36. L'affaire sera instruite et jugée dans la forme prescrite pour les matières sommaires, par les articles 405 et suivants du Code de procédure civile; elle sera communiquée au procureur du roi.

37. Dans toute instance tendant à faire prononcer la nullité ou la déchéance d'un brevet, le ministère public pourra se rendre partie intervenante et prendre des réquisitions pour faire prononcer la nullité ou la déchéance absolue du brevet.

Il pourra même se pourvoir directement par action principale pour faire prononcer la nullité, dans les cas prévus aux nos 2°, 4° et 5° de l'art. 30.

38. Dans les cas prévus par l'art. 37, tous les ayants droit au brevet dont les titres auront été enregistrés au ministère de l'agriculture et du commerce, conformément à l'art. 21, devront être mis en cause.

39. Lorsque la nullité ou la déchéance absolue d'un brevet aura été prononcée par jugement ou arrêt ayant

acquis force de chose jugée, il en sera donné avis au ministre de l'agriculture et du commerce, et la nullité ou la déchéance sera publiée dans la forme déterminée par l'art. 14 pour la proclamation des brevets.

## TITRE V.

### DE LA CONTREFAÇON, DES POURSUITES ET DES PEINES.

40. Toute atteinte portée aux droits du breveté, soit par la fabrication de produits, soit par l'emploi de moyens faisant l'objet de son brevet, constitue le délit de contrefaçon.

Ce délit sera puni d'une amende de 100 à 2,000 fr.

41. Ceux qui auront sciemment recélé, vendu ou exposé en vente, ou introduit sur le territoire français, un ou plusieurs objets contrefaits, seront punis des mêmes peines que les contrefacteurs.

42. Les peines établies par la présente loi ne pourront être cumulées.

La peine la plus forte sera seule prononcée pour tous les faits antérieurs au premier acte de poursuite.

43. Dans le cas de récidive, il sera prononcé, outre l'amende portée aux art. 40 et 41, un emprisonnement d'un mois à six mois.

Il y a récidive lorsqu'il a été rendu contre le prévenu, dans les cinq années antérieures, une première condamnation pour un des délits prévus par la présente loi.

Un emprisonnement d'un mois à six mois pourra aussi être prononcé, si le contrefacteur est un ouvrier ou un employé ayant travaillé dans les ateliers ou dans l'établissement du breveté, ou si le contrefacteur, s'étant associé avec un ouvrier ou un employé du breveté, a eu connaissance, par ce dernier, des procédés décrits au brevet.

Dans ce dernier cas, l'ouvrier ou employé pourra être poursuivi comme complice.

44. L'art. 463 du Code pénal pourra être appliqué aux délits prévus par les dispositions qui précèdent.

45. L'action correctionnelle, pour l'application des peines ci-dessus, ne pourra être exercée par le ministère public que sur la plainte de la partie lésée.

46. Le tribunal correctionnel, saisi d'une action pour délit de contrefaçon, statuera sur les exceptions qui seraient tirées par le prévenu, soit de la nullité ou de la déchéance du brevet, soit des questions relatives à la propriété dudit brevet.

47. Les propriétaires de brevet pourront, en vertu d'une ordonnance du président du tribunal de première instance, faire procéder, par tous huissiers, à la désignation et description détaillées, avec ou sans saisie, des objets prétendus contrefaits.

L'ordonnance sera rendue sur simple requête et sur la représentation du brevet; elle contiendra, s'il y a lieu, la nomination d'un expert pour aider l'huissier dans sa description.

Lorsqu'il y aura lieu à la saisie, ladite ordonnance pourra imposer au requérant un cautionnement, qu'il sera tenu de consigner avant d'y faire procéder.

Le cautionnement sera toujours imposé à l'étranger breveté qui requerra la saisie.

Il sera laissé copie au détenteur des objets décrits ou saisis, tant de l'ordonnance que de l'acte constatant le dépôt du cautionnement, le cas échéant; le tout, à peine de nullité et de dommages-intérêts contre l'huissier.

48. A défaut, par le requérant, de s'être pourvu, soit par la voie civile, soit par la voie correctionnelle, dans le délai de huitaine, outre un jour par trois myriamètres de distance entre le lieu où se trouvent les objets saisis ou

décrits et le domicile du contrefacteur, recéleur, introducteur ou débitant, la saisie ou description sera nulle de plein droit, sans préjudice des dommages-intérêts qui pourront être réclamés, s'il y a lieu, dans la forme prescrite par l'art. 36.

49. La confiscation des objets reconnus contrefaits et, le cas échéant, celle des instruments ou ustensiles destinés spécialement à leur fabrication seront, même en cas d'acquittement, prononcées contre le contrefacteur, le recéleur, l'introducteur ou le débitant.

Les objets confisqués seront remis au propriétaire du brevet, sans préjudice de plus amples dommages-intérêts et de l'affiche du jugement s'il y a lieu.

## TITRE VI.

#### DISPOSITIONS PARTICULIÈRES ET TRANSITOIRES.

50. Des ordonnances royales, portant règlement d'administration publique, arrêteront les dispositions nécessaires pour l'exécution de la présente loi, qui n'aura effet que trois mois après sa promulgation.

51. Des ordonnances rendues dans la même forme pourront régler l'application de la présente loi dans les colonies, avec les modifications qui seront jugées nécessaires.

52. Seront abrogés, à compter du jour où la présente loi sera devenue exécutoire, les lois des 7 janvier et 25 mai 1791, celle du 20 septembre 1792, l'arrêté du 17 vendémiaire an 7, l'arrêté du 5 vendémiaire an 9, les décrets des 25 novembre 1806 et 25 janvier 1807, et toutes dispositions antérieures à la présente loi, relatives aux brevets d'invention, d'importation et de perfectionnement.

53. Les brevets d'invention, d'importation et de perfectionnement actuellement en exercice, délivrés conformément aux lois antérieures à la présente, ou prorogés par ordonnance royale, conserveront leur effet pendant tout le temps qui aura été assigné à leur durée.

54. Les procédures commencées avant la promulgation de la présente loi seront mises à fin, conformément aux lois antérieures.

Toute action, soit en contrefaçon, soit en nullité ou déchéance du brevet non encore intentée, sera suivie conformément aux dispositions de la présente loi, alors même qu'il s'agirait de brevets délivrés antérieurement.

## II

## DU PRINCIPE DE LA LOI BELGE.

—

L'interprétation d'une législation sur les brevets exige nécessairement que l'on s'assure de son point de départ. Quelle a été la pensée de son auteur? A-t-il voulu conformer sa volonté au droit naturel, a-t-il au contraire entendu déroger à celui-ci, et obéissant à des raisons d'utilité ou de convenance, donner le jour à une organisation nouvelle, toute de droit positif? Cette question a une importance qui n'échappera à personne, car de sa solution dépendra le point de savoir s'il faut interpréter restrictivement les avantages concédés au breveté, ou s'il est permis de briser la rigueur des textes par la force des principes.

Si le législateur a pensé que la découverte est la propriété de celui de qui elle émane, ce seront les restrictions apportées à l'exercice absolu de cette propriété qui seront contraires à la nature des choses, ce seront elles qui devront être rigoureusement interprétées. Mais s'il a été d'avis que les principes du droit naturel conduisent à la liberté de l'industrie, ce seront les entraves qu'il a mises à celle-ci qui devront être strictement entendues. Quand un brevet n'est point la consécration d'un droit, qu'il est une faveur ou un encouragement arbitrairement constitué par la loi, susceptible d'être remplacé par une récompense de nature quelconque, ce n'est point en dehors du texte qu'il sera permis de puiser les éléments de ce privilége. C'est contre l'inventeur, c'est-à-dire contre la faveur et pour le droit commun, qu'il faudra trancher le doute laissé par les controverses.

Cette recherche de la base de chaque législation a toujours été le premier soin des commentateurs.

Le principe de la propriété industrielle avait servi de drapeau plutôt que de guide au législateur de 1791. A cette époque, en effet, il fallait éviter de prononcer le nom de privilége, et les inventeurs n'auraient eu aucune chance d'être écoutés dans leurs doléances, s'ils n'avaient cherché un appui dans le droit naturel, dans un *droit de l'homme,* comme on disait alors.

Par son décret du 31 décembre 1790, l'Assemblée nationale proclamait : « que ce serait attaquer *les droits de l'homme* dans leur essence que de ne pas regarder une découverte industrielle comme la propriété de son auteur. » L'article premier de la loi du 7 janvier 1791 promulguée à la suite de ce décret, disposa que toute découverte était la propriété de son auteur. Mais ce n'était là qu'une vaine déclamation : ce qui préoccupait le législateur, c'était la crainte de paraître restaurer un abus du passé. M. de Boufflers, rapporteur de la loi, chercha surtout à se défendre contre cette critique : « Ceux qui voudraient, disait-il, donner à un pacte, aussi raisonnable et aussi juste, *le nom devenu odieux de privilége exclusif,* reviendraient bientôt de cette erreur, et reconnaîtraient la différence immense qui existe entre la protection assurée à tout inventeur et la protection accordée à tout autre privilégié. »

Mais cette loi contrevenait dès les premières lignes aux principes qu'elle avait proclamés. L'article premier qui décrétait la propriété de l'inventeur sur la découverte, ajoutait déjà une restriction : « La loi lui en garantit la pleine et entière jouissance suivant le mode et *pour le temps qui seront ci-après déterminés.* » C'est-à-dire que l'auteur d'une invention ne recevait en somme qu'un droit de jouis-

4.

sance durant un laps de temps limité. Or, jamais on ne pourrait décorer du nom de propriété un droit de cette nature : si une loi s'avisait de disposer que la propriété immobilière existe, mais qu'elle se borne à une jouissance de quinze années, après lesquelles le bien revient, sans indemnité, au domaine public, dirait-on que la propriété immobilière subsiste encore?

En réalité donc la législation de la révolution n'avait pas fait plus pour les inventeurs que n'avait fait Jacques Ier en Angleterre, lorsque par son statut de 1623 il octroyait un privilége de quatorze années *à titre de récompense* aux auteurs de découvertes utiles.

La loi de 1791 resta en vigueur en France jusqu'en 1844. Le législateur apporta alors plus de logique dans son œuvre, et accordant le texte avec ses principes, il laissa clairement entrevoir qu'à ses yeux l'auteur d'une découverte n'est pas propriétaire de son idée. Dans le système français actuel il intervient entre la société et l'inventeur une sorte de contrat en vertu duquel celui-ci livre son secret à la publicité, et reçoit en retour le droit exclusif de l'exploiter pendant un certain temps. Le brevet devient le prix d'un service, la matière d'un échange entre l'individu et l'être moral. Mais il n'en reste pas moins vrai que cette rémunération, suivant l'expression du duc de Broglie, « existe de par la loi, n'existe que sous le bon plaisir de la loi et tire de la loi, non-seulement son inviolabilité positive, mais son droit au respect dans le for intérieur. »

La Belgique, lors de son annexion à la France, fut naturellement régie par la loi de 1791. Mais en 1816 les États-Généraux du royaume des Pays-Bas furent saisis d'un projet nouveau. La loi du 25 janvier 1817 s'écarta aussi du prétendu droit de propriété, et déniant à l'inventeur tout droit naturel sur le fruit de ses recherches, elle lui concéda un privilége temporaire pour l'encourager, pour le dédommager de ses peines. Le texte de la loi de 1817 était précédé d'un préambule conçu en ces termes : « Ayant pris en considération qu'il est de l'*intérêt public* d'établir des dispositions générales sur la concession de droits exclusifs pour l'invention ou l'amélioration d'objets d'art ou d'industrie. » Le point de départ de ce législateur est l'intérêt public, ce n'est pas un droit préexistant chez l'inventeur. Les brevets sont octroyés sous cette loi à titre d'encouragements, par un effet du bon plaisir du gouvernement, comme des faveurs qu'il dispense aux industriels.

En 1848 une commission fut instituée en Belgique pour rédiger un avant-projet de loi sur les brevets d'invention. Présidée par M. Tielemans, son rapporteur, la commission mit au jour, le 29 novembre 1850, un ensemble de dispositions sur la matière. Elle fit en outre précéder son travail d'un exposé théorique de la question de la propriété industrielle, où cette controverse était traitée avec une habileté et une science tout à fait remarquables. (Voir *Ann. parl.*, session de 1851-52, p. 655.)

La conclusion de la commission était directement hostile au principe de la prétendue propriété industrielle et c'est dans cet esprit qu'elle rédigea l'avant-projet soumis au gouvernement.

« Le droit de l'inventeur, comme nous l'avons fait pressentir, dit son rapport, n'est qu'une création de la loi, une concession, une récompense instituée en vue de stimuler les recherches et par suite les découvertes, en assurant à chaque inventeur les profits industriels ou commerciaux de son œuvre. L'idée de récompense répugne à certains esprits, nous le savons, et elle nous répugnerait plus qu'à personne peut-être, s'il était question ici d'une récompense arbitraire que le gouvernement pût accorder ou refuser, étendre ou restreindre, selon les influences qui l'obsèdent. Mais lorsque c'est la loi elle-même qui la fixe et la décerne, lorsque la loi arrête les conditions et les formalités requises pour l'obtenir, lorsqu'elle remet à des juges capables et intègres le soin d'apprécier les titres et les faits, quelle différence y a-t-il entre une récompense et un droit? L'une n'est pas moins sûre et moins honorable que l'autre. Aussi la commission n'a-t-elle pas hésité à la qualifier de ce dernier nom; et en disant ici que le droit des inventeurs n'est qu'une concession de la loi, une récompense, nous n'avons qu'une intention, celle de caractériser franchement le système du projet. Ce projet accorde aux inventeurs plus qu'ils n'ont jamais obtenu, il le leur accorde avec toutes les garanties qu'il est possible de trouver dans une loi belge; mais ce qu'il accorde n'est pas la reconnaissance d'un droit primitif et supérieur à la loi, c'est, nous le répétons, une récompense, un encouragement, une concession, et l'on sait qu'en fait de concessions la loi ne perd jamais son empire; ce qu'elle fait pour l'utilité d'un temps, elle pourra donc le défaire pour l'utilité d'un autre, sans mériter le reproche de violer des droits acquis. »

Le gouvernement présenta à la Chambre des représentants le 4 février 1852, un projet de loi précédé d'un exposé de motifs. (*Ann. parl.*, 1851-1852, p. 651.) Le travail de la commission préparatoire y avait subi sans doute d'importantes modifications, et sur un assez grand nombre de points il s'éloigne du projet définitivement présenté par le gouvernement. Mais ces changements ont-ils porté atteinte à l'esprit qui a présidé à la rédaction de ce projet?

Il suffit de lire à cet égard l'exposé des motifs et l'on se convaincra de l'entière parité de vues qui existait entre le gouvernement et la commission :

« Le gouvernement, dit cet exposé, ne peut que se rallier aux idées que développe avec autant de lucidité que de raison

M. Tielemans ; il identifie surtout sa pensée avec la sienne en ce qui concerne les devoirs et les droits de la société envers l'auteur d'une découverte industrielle. » Ainsi, comme la commission préparatoire, le gouvernement en présentant sa loi, repoussait la théorie de la propriété industrielle. Loin de considérer le monopole de l'inventeur comme une institution de droit naturel, il ne l'envisageait pas même comme l'objet d'un échange entre la société et l'auteur d'une découverte, comme le prix d'un contrat entre l'individu et le corps moral, s'écartant de la thèse proclamée en 1791, répudiant la doctrine suivie en France en 1844, il proclamait hautement que le brevet était une récompense, une concession de la loi.

En présence d'une déclaration de principes aussi nette, comment a-t-on pu soutenir que les auteurs du projet de loi avaient choisi comme base de leur œuvre la propriété industrielle ! Il faut ne pas avoir lu l'exposé des motifs pour écrire que le travail de la commission « n'avait pas servi de fondement, mais seulement de point de départ, de jalon indicateur à la loi. » (M. Tillière, n° 2.) Il est incontestable, au contraire, que le gouvernement est parti du même système que la commission instituée en 1848, que, comme elle, il a dénié aux inventeurs un droit naturel sur leur découverte, qu'à son exemple, il n'a vu dans les brevets qu'une récompense, une création de la loi civile.

La législature a-t-elle consacré d'autres principes? Si elle était partie d'une opinion diamétralement opposée à celle du gouvernement, les traces de cette opposition devraient se manifester quelque part. Or, ce n'est certainement pas dans le rapport de la section centrale qu'on trouve une déclaration de principes contraire. Il débute en ces termes :

« Nous livrer à une dissertation philosophique sur la propriété des inventions, analyser les nombreux écrits publiés partout, et surtout dans notre pays, depuis bien des années, sur la question des brevets d'invention, examiner si les bénéfices résultant de l'application d'une idée à une œuvre utile à la société, doivent conférer des droits absolus et éternels à son auteur, ou si la société peut après un certain temps les confisquer à son profit, telle n'est pas notre mission. Nous abandonnons aux théoriciens le soin de vider l'ancienne controverse qui existe sur ce point. Que la victoire couronne ceux qui croient trouver dans le monautopole le bonheur suprême, ou qu'elle se range du côté opposé, où l'on ne combat pas avec moins d'ardeur et de conviction, peu nous importe. Que les avantages attachés aux brevets s'intitulent priviléges, récompenses, encouragements ou droits acquis, nous n'avons pas à nous en occuper. » La commission déclare qu'elle s'est attachée uniquement « à concilier les intérêts de l'inventeur avec ceux de la société. »

La section centrale ne s'est donc pas préoccupée de consacrer un principe déterminé. Sa tâche s'est restreinte à une conciliation d'*intérêts* et nullement à un essai d'accord entre des *droits*. Si elle a fait des modifications au projet du gouvernement, ce n'est pas au nom du droit des inventeurs, pour glorifier le principe de la propriété industrielle : cette intention ne se révèle nulle part, elle est même formellement exclue par le passage que nous venons de citer.

Sans doute, la section eût mieux fait d'affirmer hautement une théorie et une doctrine, car l'interprétation de la loi exige que l'on se rende compte de l'esprit dans lequel elle a été conçue. Mais la réserve dans laquelle elle s'est tenue à cet égard ne démontre nullement qu'elle se soit placée à un point de vue différent de celui du projet qu'elle a adopté.

Ce que la Chambre n'a pas fait ouvertement, l'aurait-elle fait au moins implicitement? Bien quelle n'ait déployé nulle part le drapeau de la propriété industrielle, résulte-t-il au moins de ses votes et de la loi définitivement adoptée, que c'est sur ce principe que se sont appuyés nos législateurs?

M. Tillière a essayé de le soutenir, mais son argumentation n'est pas heureuse.

Il invoque d'abord à l'appui de cette opinion les dispositions de notre loi qui proscrivent l'examen préalable *du mérite et de la réalité* de l'invention, et ordonnent au gouvernement de délivrer un brevet à toute personne qui en fait la demande. « Ce principe, dit-il, ne peut appartenir, raisonnablement qu'à un seul système, celui de la propriété. » Cette disposition, d'après cet auteur, serait inconciliable avec le système de récompense qui était celui du projet de loi, parce qu'une récompense est facultative de la part de celui qui l'accorde. Si d'ailleurs le brevet est une récompense, le bon sens indique que le mérite et la réalité sont des conditions indispensables. D'autre part, ajoute-t-il, si le brevet est un contrat, la réalité de l'invention n'est pas moins nécessaire, car tout contrat doit avoir un objet. Il conclut de tout cela que la législature s'est basée sur le principe de propriété.

Nous pourrions répondre immédiatement que la loi française de 1844 consacre exactement les mêmes principes, et que cependant elle a répudié énergiquement le système de la propriété! De même, le projet de loi présenté aux Chambres belges, contenait des dispositions absolument identiques, bien que nous ayons lu dans l'exposé des motifs avec quelle franchise le gouvernement s'était rallié aux doctrines de la commission spéciale. En se bornant à donner son approbation aux règles qui étaient déjà contenues dans le projet, les Chambres ont-elles pu manifester implicitement leur hostilité à l'esprit qui avait dicté ce projet? Il faudrait convenir que ce serait une étrange manière de témoigner son dissentiment.

Mais aussi quel raisonnement que celui que nous combattons! Parce que les dispositions dont il est question sont peu compatibles avec la thèse de la rémunération sociale ou du contrat, il s'ensuit nécessairement qu'elles sont entièrement d'accord avec la thèse de la propriété! Cependant, comment la loi aurait-elle octroyé par le brevet un titre de propriété au premier venu, alors que ce postulant ne démontrait pas la réalité de sa découverte, alors qu'il n'indiquait pas d'objet à sa propriété? La délivrance obligatoire des brevets comme le non-examen préalable ne sont-ils pas beaucoup plus inconciliables encore avec le système de notre contradicteur?

Qu'a voulu la loi? Elle a entendu concéder un titre à tout impétrant qui en ferait la demande, mais la paisible jouissance des priviléges inhérents à ce titre est toujours subordonnée à l'existence d'une invention brevetable : si cette condition fait défaut, les tribunaux, sur la requête des intéressés, annuleront le brevet et anéantiront ainsi les effets du monopole. Lorsqu'il sera décidé qu'il n'y avait pas matière à récompense, la récompense tombera avec toutes ses conséquences. Seulement, des raisons pratiques ont amené le législateur à charger le pouvoir judiciaire de cet examen, sur l'initiative des particuliers, après un débat contradictoire, au lieu de confier ce soin à l'administration, antérieurement à la délivrance du brevet. Ce brevet constitue une sorte de présomption au profit du titulaire, mais qui peut être anéantie par la preuve contraire : lorsqu'on démontrera qu'il n'y a pas lieu à rémunération sociale, le privilége sera anéanti. Mais que l'invention soit une propriété véritable ou seulement l'occasion d'un encouragement, qu'importe au point de vue de ce débat que la loi se borne à en présumer l'existence au lieu de la constater au moment de la délivrance du brevet? Dans l'un comme dans l'autre cas, ne verra-t-on pas des brevets délivrés à des individus qui n'ont rien inventé, c'est-à-dire qui ne sont pas propriétaires ou qui n'ont pas mérité de faveurs? Dans les deux cas aussi ne dépouillera-t-on pas du bénéfice du monopole celui chez qui on aura établi l'absence de cette condition qui n'était que présumée?

M. Tillière se fonde encore sur la durée du brevet qui est majorée dans la loi nouvelle; sur ce que la confiscation, édictée comme peine de la contrefaçon, est une suite naturelle de la violation d'un droit de propriété; sur la reconnaissance des brevets d'importation; sur le caractère d'impôt annuel imprimé à la taxe; sur ce que le défaut d'acquittement de cet impôt entraîne la déchéance, c'est-à-dire une véritable expropriation. Enfin, il invoque l'abolition de la déchéance pour défaut d'exploitation dans un délai déterminé, et la suppression de la déchéance pour cause d'obtention d'un brevet étranger postérieurement à la prise d'un brevet belge.

Toutes ces innovations figuraient déjà dans le projet, la plupart même dans l'avant-projet de loi; quelle portée leur adoption aurait-elle dès lors pour établir une divergence d'opinions sur le principe entre les Chambres et le gouvernement? Chacune de ces réformes a d'ailleurs été inspirée par des motifs spéciaux, et nullement par la préoccupation de consacrer dans la loi le principe de la propriété industrielle. Si quelques-unes de ces innovations sont avantageuses au breveté, il en résulte uniquement que le législateur a jugé convenable d'accroître sur ces points la récompense décernée aux inventeurs. En d'autres circonstances, dans des cas nombreux et importants, la loi nouvelle a limité le privilége dont jouissait autrefois l'inventeur. N'a-t-elle pas notamment soustrait à la confiscation au profit du breveté les objets jugés contrefaits dès que le contrefacteur est réputé de bonne foi? Il y a là une compensation de faveurs et de restrictions, qui dérive du désir avoué par la section centrale de concilier les intérêts de l'inventeur avec ceux de la société.

Au surplus, aucune des modifications signalées plus haut n'a de signification sérieuse au débat.

La durée de vingt années concédée au monopole, avait été fixée par la commission spéciale, dont les tendances hostiles à la propriété industrielle ne sont pas douteuses. Un membre de la section centrale, grand partisan du monautopole, avait proposé à titre de transaction, au nom de ses convictions, de reculer ce terme jusqu'à cent ans. Sa motion fut repoussée et ne rencontra pas un seul adhérent. Le principe même de la limitation du monopole, admis par la législature, démontre bien haut au contraire qu'on n'a point entendu régler un droit de propriété, car ce n'est pas un droit de propriété, qu'une jouissance exclusive qui dure quelque temps et passe ensuite sans indemnité au domaine public.

La taxe est un impôt assurément : mais n'existe-t-il d'impôt que sur la propriété? Admise par toutes les législations sur la matière, elle a toujours été considérée comme une redevance qui frappait les profits, la valeur de l'invention, comme une sorte de patente ou d'impôt sur le revenu ; aussi est-ce parce que les profits sont présumés monter d'année en année, que la taxe est progressive. Chose digne de remarque, le caractère progressif de cet impôt a été combattu dans les sections précisément par les adeptes de l'école que nous réfutons, car du moment qu'on admet pour l'inventeur le principe de la propriété, celle-ci doit être soumise à l'impôt proportionnel, et non à l'impôt progressif annuellement. (*Ann. parl.*, 1851-52, p. 985).

Le défaut de payement de la taxe entraîne la déchéance du privilége. Le refus de l'impôt sur la propriété donne-t-il lieu à la dépossession immédiate du propriétaire, et est-il possible d'assimiler un instant cette suppression complète, sans retour, instantanée, de tout droit privatif, avec l'expropriation et les poursuites judiciaires qui menacent un débiteur ordinaire?

La confiscation est un abus sans aucun doute, mais qui s'est glissé dans les législations les plus ouvertement contraires au principe de la propriété. On ne saurait par conséquent tirer argument de ce que la loi belge a suivi l'exemple de ses devancières, et notamment de la loi de 1817 et de la loi française de 1844. La confiscation est à la fois une peine pour le contrefacteur et un moyen de fournir au breveté une réparation du préjudice qu'il éprouve. Mais elle n'est jamais prononcée que contre les individus qui ont agi de mauvaise foi : or, si elle était la consécration du droit de propriété de l'inventeur, ne devrait-elle pas se généraliser? Qu'importe, en effet, la bonne ou la mauvaise foi du détenteur au point de vue de l'action revendicatoire?

Si la loi a supprimé quelques causes de déchéance, en revanche, elle en a créé d'autres. Elle a, par exemple, déchu le breveté de tous ses droits pour le seul fait du retard dans le payement de la taxe. Elle a eu sous ce rapport des raisons spéciales, particulières à chaque cas, et qui seront mentionnées dans le cours de cet ouvrage; mais aucun de ces changements n'a tenté de s'imposer au nom du principe de la propriété. Enfin, si ce dernier mot s'est placé une fois ou deux dans la bouche d'un orateur, c'est dans le cours du discours, où ces expressions n'avaient aucune portée, où elles n'étaient qu'une forme du langage, où elles manquaient de l'autorité nécessaire pour laisser un instant supposer que les Chambres se soient ralliées à cette manière de voir.

Non, la loi belge de 1854 comme la loi de 1817, a repoussé les doctrines du monautopole. Elle a institué sous le nom de brevets, des récompenses et des encouragements pour ceux qui dotent le domaine public d'une invention industrielle. Elle n'a pas suivi les inspirations du législateur français de 1844, en considérant le brevet comme le prix d'un contrat entre l'inventeur et la société (1) ; nulle part il n'a été fait la moindre allusion à cette doctrine, et l'affirmation que le brevet est une récompense, due à la générosité de l'autorité qui l'accorde, exclut la pensée d'un marché où il servirait à acquitter une obligation. La loi n'a pas rendu hommage au droit de propriété des inventeurs sur leurs découvertes, car cette pensée serait incompatible avec la durée limitée du privilége.

L'individu qui, pendant toute sa vie, use d'une chose commé le véritable propriétaire, n'est cependant qu'un usufruitier, et l'on voudrait décorer du nom de propriétaire celui qui n'a qu'une jouissance de vingt années au plus ! La Constitution déclare que nul ne peut être dépouillé de sa propriété sans indemnité, et l'inventeur se verrait dépouillé de son bien au bout de ce terme, sans aucune compensation ! Ce droit limité, restreint, soumis à une foule de conditions pour naître, exposé à une série de

---

(1) Un arrêt de la cour de Gand du 15 décembre 1859 (Cuvelle c. Brieven). Pas. 1860, p. 289, a pourtant décidé « que le brevet d'invention *est un contrat entre la société et l'inventeur d'une idée nouvelle,* par lequel celui-ci obtient, à titre d'indemnité, le monopole temporaire de l'idée qu'il a mise en commun. » Cet arrêt ne donne aucun motif à l'appui de cette opinion. Il se borne à affirmer. Il paraît avoir puisé ses inspirations dans le mémoire de l'une des parties en cause, où on lit en effet (*ib.*, p. 291, col. 1) : « ... lorsqu'une pareille proposition est faite à l'État et qu'elle est acceptée au moyen d'un privilége breveté, il se forme entre l'inventeur et l'État, *un véritable contrat,* par lequel la société, aliénant une partie de sa liberté naturelle, accorde au breveté un monopole temporaire, en échange d'une idée nouvelle... Aussi *ce caractère contractuel* a-t-il été hautement proclamé par M. Cunin-Gridaine, ministre du commerce,... à la Chambre des Pairs. ... Perpigna en France et Varlet en Belgique sont du même avis, et nous ne connaissons aucune autorité qui se soit prononcée en sens contraire. » — Nous n'avons pas besoin d'insister pour faire comprendre que ces considérations dénotent une ignorance complète des travaux préparatoires de notre loi.

déchéances et de nullités qui le menacent pendant son existence éphémère, ce droit ne saurait être un droit de propriété. Comme le dit l'avant-projet, dont l'exposé des motifs a complétement adopté les principes, on doit reconnaître à la société, ou plutôt à l'humanité entière, un droit primitif et inaliénable sur toutes les découvertes, mais on a voulu récompenser sûrement et loyalement les inventeurs du bien que leurs travaux procurent. Cette rémunération est une concession de l'Etat, une création de la loi, une faveur et un privilége. A ces divers titres il ne faudra pas chercher à l'étendre en dehors des limites des textes ; l'interprétation étroite et rigoureuse est celle qui doit prévaloir ; en cas de doute, il faut se prononcer contre le monopole et pour la liberté.

# PREMIÈRE PARTIE.

### DES CONDITIONS REQUISES POUR L'EXISTENCE D'UN BREVET RÉGULIER.

---

### DÉFINITION. — DIVISION.

#### (SOMMAIRE.)

1. Quadruple sens du mot *brevet*. — 2. Ce quadruple sens n'a pas été signalé par les auteurs. — 3. Signification du mot *brevet* dans la loi française de 1844. — 4. Quelle serait la terminologie vraiment logique. — 5. Règles d'interprétation du mot *brevet* dans la loi ou les conventions. — 6. Qu'est-ce qu'un brevet régulier ? — 7. Différence entre le brevet régulier et le brevet valable. — 8. Division en deux titres des conditions nécessaires au brevet régulier.

**1. Quadruple sens du mot brevet. —** Dans le langage juridique adopté par le législateur de la loi belge du 24 mai 1854, le mot *brevet,* en tant qu'il est suivi des expressions *d'invention, de perfectionnement ou d'importation,* a un quadruple sens.

*a)* Ou bien il désigne *l'arrêté du ministre de l'intérieur* qui constate que toutes les formalités prescrites par la loi ont été accomplies. C'est avec cette signification qu'il est employé dans l'art. 19 de la loi, ainsi conçu : « Un arrêté du ministre de l'intérieur constatant l'accomplissement des formalités prescrites, sera délivré sans retard au déposant *et constituera son brevet.* »

*b)* Ou bien il désigne *les expéditions de cet arrêté* qu'on délivre aux termes de l'art. 15 du règlement du 24 mai 1854, et qui servent, dans les transactions entre particuliers, à établir l'existence de l'arrêté, car celui-ci ne sort pas des archives du département de l'intérieur. C'est dans ce sens que l'art. 7 de la loi dit : « Le brevet sera joint à la requête. »

*c*) Dans les deux cas précédents, il ne s'agit que du titre, c'est-à-dire de la forme seulement. Or, dans la matière des brevets, le fond tient une large place. Ainsi un brevet peut être parfaitement régulier comme titre et être radicalement nul par le fond. Quelquefois la loi désigne par le mot brevet, *l'ensemble des conditions de forme et de fond* qui seul rend le brevet inattaquable. C'est avec cette signification qu'elle l'emploie dans son art. 5, quand elle y dit : « La durée des brevets est fixée à vingt ans... » En effet, un brevet nul par le fond peut n'avoir qu'une durée plus courte.

*d*) Enfin le mot brevet désigne encore *l'ensemble des droits qui appartiennent au breveté* et qui découlent de son brevet, comme l'effet de la cause. C'est ainsi que l'article 1ᵉʳ de la loi le comprend quand il dit : « Il sera accordé des droits exclusifs et temporaires, sous le nom de brevet d'invention, de perfectionnement ou d'importation, etc. »

**2. Ce quadruple sens n'a pas été signalé par les auteurs.** — Ce quadruple sens du mot brevet, qui résulte du texte même de la loi, comme on vient de le voir, et qui a son importance lorsqu'il s'agit d'interpréter soit les textes législatifs, soit les conventions des parties, nous semble avoir échappé à M. Tillière (n° 1, al. 2) et plus récemment à M. Vilain. (*ib.*) Tous deux ne paraissent donner au mot brevet que la signification de *titre*, et encore ne distingue-t-on pas avec certitude s'ils ont en vue plutôt l'arrêté de brevet que l'expédition de cet arrêté.

**3. Signification du mot brevet dans la loi française de 1844.** — Ces inexactitudes proviennent, croyons-nous, de ce que ces auteurs se sont trop inspirés de la législation et des commentaires français dans leur examen de la loi belge. La loi française du 5 juillet 1844 s'exprime en effet tout autrement que la nôtre; après avoir dit dans son article 1er que toute nouvelle découverte ou invention confère à son auteur le droit exclusif de l'exploiter, elle ajoute : « Ce droit est constaté *par des titres délivrés par le gouvernement sous le nom de brevet d'invention.* » Ici, comme on le voit, aucune hésitation n'était possible. La loi elle-même définissait le brevet et disait que c'était un titre. Aussi les commentateurs, frappés tous par ce texte qu'ils rencontrent dès les premiers pas de leur examen, disent-ils que le brevet est un titre. (NOUGUIER, n° 1.)

**4. Quelle serait la terminologie vraiment logique.** — Nous n'entendons pas cependant nous constituer les défenseurs de la terminologie employée par notre loi. Nous reconnaissons qu'il est peu sage de donner au même mot des significations multiples et que c'est une source de doutes et d'erreurs. Si l'on voulait être logique, et remettre les choses dans leur véritable assiette, il conviendrait de réserver le nom de *brevet* à l'ensemble des conditions de forme et de fond indispensables pour constituer un brevet valable; nommer *arrêté de brevet* l'arrêté du gouvernement qui constate que toutes les formalités prescrites ont été remplies, et ne pas adopter à ce point de vue la terminologie de la loi française, qui a le tort de réserver la qualification de brevet au titre à l'exclusion du fond, c'est-à-dire à un accessoire au détriment du principal. Quant à l'expédition du titre dont nous avons parlé ci-dessus sub litt. *b*, il faudrait l'appeler simplement *expédition de l'arrêté de brevet*. Enfin les droits du breveté dont il a été question sub litt. *d*, seraient *les droits qui dérivent du brevet*.

En agissant ainsi on ne ferait que suivre les pratiques constantes du langage juridique. Supposons, par exemple, une donation : ne réserve-t-on pas le nom de donation à la convention elle-même prise dans l'intégralité de ses conditions de fond et de forme. L'instrument passé devant le notaire, n'est-il pas simplement l'acte de donation? La copie qu'on en délivre, n'est-elle pas l'expédition de l'acte? Enfin les effets que produit le contrat, ne sont pas autrement connus que sous le nom de droits qui dérivent de la donation.

Mais quoi qu'il en soit de ces considérations, nous avons affaire à des habitudes de langage trop invétérées pour que nous ne croyions pas que ce serait nuire à la clarté que de prétendre les modifier. Aussi, imitant nos devanciers, ne nous piquerons-nous pas d'une exactitude rigoureuse dans l'emploi des termes, et nous servirons-nous, selon les circonstances, du mot qui nous paraîtra le plus apte à bien rendre notre pensée.

**5. Règles d'interprétation du mot brevet dans la loi ou les conventions.** — Nous avons dit tantôt qu'il n'était pas sans importance de mettre en relief la quadruple signification donnée par la loi belge au mot brevet. C'est qu'en effet il y aura lieu parfois, dans l'interprétation des dispositions de la loi ou des conventions de l'homme, de discerner quel sens il faut lui attribuer. Il conviendra naturellement de consulter avant tout les circonstances du fait. Il faudra aussi, quand il s'agira de conventions, appliquer les règles d'interprétation contenues dans les art. 1156 et s. du Code civil, règles qui sont applicables aux conventions qui ont pour objet des brevets aussi bien qu'à toutes les autres. Mais quand néanmoins le doute subsistera, il faudra donner au mot brevet le sens de *droits du breveté;* car si les commentateurs français ont cru devoir attribuer à ce mot la signification de titre de préférence à toute autre, parce que l'article 1er de leur loi le lui attribuait, de même il convient que nous lui donnions avant tout le sens de droits du breveté, parce que c'est celui que lui confère l'article 1ᵉʳ de la nôtre.

Si l'hésitation de l'interprète d'une convention ne se produit qu'à propos des trois autres significations, l'article 1162 du Code civil, qui prononce que dans le doute les conventions doivent être interprétées en faveur de celui qui s'oblige, servira à résoudre la difficulté.

**6. Qu'est-ce qu'un brevet régulier?** — La loi exige diverses conditions et formalités pour amener la naissance d'un brevet absolument à l'abri de tous reproches. Comme on le verra plus tard, ces reproches peuvent être de deux espèces : les uns sont simplement prohibitifs, en ce sens qu'ils peuvent empêcher l'obtention d'un brevet, mais que, s'ils passent inaperçus, le brevet, une fois obtenu, ne peut plus être attaqué en ce qui les concerne. Les autres sont dirimants, en ce sens que l'on peut faire déclarer nul le brevet qui en est entaché. Or quand aucun de ces reproches, soit dirimants, soit prohibitifs ne peut être soulevé, nous disons que *le brevet est régulier*, c'est-à-dire qu'il se présente avec la plus haute perfection possible.

**7. Différence entre le brevet régulier et le brevet valable.** — Le brevet *valable* est celui qui ne peut être détruit alors même qu'il présenterait quelques irrégularités, insuffisantes par leur nature pour le faire annuler. Le brevet régulier est donc toujours valable; le brevet valable au contraire peut être parfois irrégulier.

**8. Division en deux titres des conditions nécessaires au brevet régulier.** — Les conditions nécessaires à l'existence d'un brevet régulier sont de deux espèces. Les unes concernent le *fond*, les autres concernent la *forme*. Il ne suffit pas, en effet, qu'il y ait une invention brevetable, pour que par cela même le brevet existe; il faut en outre l'accomplissement de certaines formalités. Et réciproquement ces formalités seraient inefficaces, si elles n'avaient pas pour base une invention qui présente tous les caractères requis par la loi. Il s'ensuit que la matière se divise de prime abord en deux ordres d'idées parfaitement distincts. L'un concerne les personnes et les inventions qui peuvent être régulièrement brevetées, l'autre les formalités nécessaires pour l'obtention d'un brevet régulier.

# TITRE PREMIER.

## DES PERSONNES ET DES INVENTIONS BREVETABLES.

## CHAPITRE PREMIER.

### Des personnes qui peuvent être régulièrement brevetées

(SOMMAIRE.)

9. Quelles personnes interviennent pour la demande et la délivrance d'un brevet. — 10. La question de savoir qui peut obtenir un brevet régulier diffère de celle de savoir qui peut obtenir le titre du brevet. — 11. Les incapables peuvent-ils sans assistance obtenir un brevet régulier ? — 12. Confusion commise par les auteurs dans la solution de cette question. — 13. Le mineur émancipé, l'individu pourvu d'un conseil judiciaire, le failli peuvent obtenir un brevet régulier. — 14. La demande d'un brevet est un acte d'administration ; ce n'est pas un acte conservatoire. — 15. La question de savoir ce que vaut un brevet délivré à un incapable offre peu d'intérêt pratique. — 16. Motifs pour lesquels la question mérite cependant d'être examinée. — 17. Le mineur, l'interdit judiciaire, l'individu placé dans un établissement d'aliénés, l'interdit légal, la femme mariée peuvent obtenir un brevet régulier. — 18. Quid lorsque l'incapable a agi sans volonté consciente ? — 19. Effets du brevet obtenu par un incapable. Renvoi. — 20. L'étranger peut-il obtenir un brevet régulier ? — 21. Un brevet régulier peut-il être obtenu par plusieurs ? — 22. Effets du brevet conféré à plusieurs. Renvoi. — 23. Une personne civile peut-elle obtenir un brevet régulier ? — 24. Quid des ouvriers et autres personnes aux gages d'autrui ? — 25. Quid des fonctionnaires publics ? — 26. Quid des militaires ? — 27. Les héritiers, successeurs et ayants cause de l'inventeur peuvent-ils obtenir un brevet régulier ? — 28. Quid du negotiorum gestor de l'inventeur ? — 29. Peut-on demander et obtenir régulièrement un brevet par mandataire ou procureur ? — 30. Qui peut prendre un brevet en cas d'absence ? — 31. Un brevet régulier peut être obtenu par celui qui n'est pas l'inventeur. — 32. Critique d'un arrêt contraire de la cour de Paris. — 33. Quid du brevet obtenu par celui qui a surpris le secret de l'inventeur ? — 34. Est régulier le brevet obtenu par celui qui ne peut l'exploiter. — 35. Qui est chargé de délivrer les brevets ?

**9. Quelles personnes interviennent pour la délivrance d'un brevet.** — Les personnes qui interviennent pour amener la délivrance d'un brevet sont d'une part *l'impétrant,* connu aussi sous le nom de *demandeur* : c'est celui qui désire obtenir le brevet; et, d'autre part *le ministre de l'intérieur,* qui le délivre.

Ce serait une erreur que de comprendre dans les parties intervenantes les commissaires d'arrondissement et les greffiers provinciaux qui reçoivent les demandes, ou les employés subalternes du ministère de l'intérieur, à qui elles sont transmises et qui les dépouillent avant qu'elles arrivent en dernier ressort au ministre lui-même. Ces diverses personnes n'interviennent en effet dans les brevets, ni pour les demander, ni pour les conférer, mais comme simples agents ayant pour mission de faciliter et de mettre en œuvre certaines formalités. Elles ne font pas acte de volonté pour ou contre; elles sont des instruments, rien de plus. Dès lors c'est au titre des formalités requises pour l'obtention des brevets, que nous en parlerons.

**10. La question de savoir qui peut obtenir un brevet régulier diffère de celle de savoir qui peut obtenir le titre du brevet.** — Le demandeur, le *sujet* du brevet, c'est l'inventeur, le commerçant, l'industriel, le particulier quelconque qui veut se procurer le bénéfice de la loi. Quelles qualités doit-il réunir ? Telle est la question que nous avons à résoudre.

Il importe de remarquer qu'elle est éminemment distincte de celle qui consiste à rechercher quelles conditions sont nécessaires au demandeur pour se faire délivrer purement et simplement le titre du brevet. Nous verrons en effet plus tard qu'en vertu du principe de non examen préalable, *toute personne* peut obtenir la délivrance de ce titre, alors même qu'il y aurait en elle un vice radical exclusif de la validité du brevet, tel que nous l'avons entendu *supra* n° 6, et qui aurait éventuellement pour résultat de le faire annuler.

**11. Les incapables peuvent-ils sans assistance obtenir un brevet régulier?** — On sait, qu'aux termes de nos lois civiles, il y a diverses catégories d'incapables, les mineurs, les personnes interdites judiciairement, celles interdites légalement par suite de condamnations criminelles, les personnes placées dans un établissement d'aliénés, en vertu de la loi du 18 juin 1850, les femmes mariées, les faillis, les mineurs émancipés, les individus pourvus d'un conseil judiciaire. On sait aussi qu'il est des actes de la vie civile que ces incapables ne peuvent accomplir seuls et pour lesquels la loi exige qu'ils soient représentés ou assistés par certaines personnes. On sait enfin que le nombre et la nature de ces actes varient pour chacune de ces catégories. Il en résulte que l'on peut rechercher si la demande et l'obtention d'un brevet sont comprises parmi les actes que ces incapables peuvent faire seuls, ou dans ceux qui leur sont défendus.

**12. Confusion commise par les auteurs dans la solution de cette question.** — Pour résoudre cette question il faut, comme nous le disions *supra* n° 10, soigneusement distinguer la simple obtention d'un brevet, de l'obtention d'un brevet régulier sous tous les rapports. Il est certain, et nous le verrons par la suite avec plus de détail, qu'en vertu du principe du non examen préalable, le gouvernement ne peut refuser un brevet, *quelle que soit la personne qui le lui demande,* quand même elle serait radicalement incapable d'après le Code civil. Mais, nous le répétons, là n'est pas la question. Elle consiste uniquement à savoir si le brevet ainsi obtenu est un brevet régulier.

C'est donc faire une confusion que d'essayer de la résoudre en invoquant le principe du non examen. Cette confusion a été commise notamment par M. Dalloz (*Rép.* V° *Brev. d'inv.*, n° 97), qui, pour démontrer qu'un incapable peut valablement requérir et obtenir un brevet, n'invoque pas d'autre argument. M. Tillière (n° 5, *al.* 7 *in fine*) y sacrifie aussi quelque peu, alors qu'au milieu d'autres raisons il dit : « L'incapacité fût-elle un obstacle, on ne pourrait encore refuser le brevet ; *le principe du non examen préalable s'y oppose.* »

**13. Le mineur émancipé, l'individu pourvu d'un conseil judiciaire, le failli peuvent obtenir un brevet régulier.** — Commençons d'abord par écarter de la discussion le mineur émancipé, l'individu pourvu d'un conseil judiciaire et le failli. Abstraction faite des raisons qui leur sont communes avec tous les autres incapables, et que nous développerons tantôt, ils ont en effet une capacité civile complète pour ce qui concerne la demande et l'obtention d'un brevet. D'une part, *le mineur émancipé* peut faire seul, tous les actes de pure administration. Or, la demande d'un brevet est un acte de cette catégorie, en ce qu'elle tend à augmenter en capital et en revenus le patrimoine du mineur, par l'acquisition d'un droit mobilier de nature à produire éventuellement des revenus.

D'autre part, *l'individu pourvu d'un conseil judiciaire* est capable de tous les actes de la vie civile, à l'exception de ceux qui sont mentionnés dans l'énumération limitative de l'article 513 du Code civil ou dans une autre loi. C'est là un point incontesté parmi les jurisconsultes. Or, ni dans cette énumération, ni dans une autre loi, spécialement dans celle des brevets, on ne trouve la défense de demander et d'obtenir un brevet.

De troisième part enfin, *le failli* en perdant l'administration de ses biens n'est pas placé en état d'interdiction, ni privé de l'exercice de tous ses droits civils; il peut en général agir et contracter, pourvu que ce ne soit pas d'une manière préjudiciable à ses créanciers. Or, l'obtention d'un brevet ne compromet nullement l'actif de la faillite et ne cause aucun préjudice aux créanciers. Elle tend en effet à acquérir un droit très-précieux si l'invention est bonne. Quant au payement de la taxe, le curateur est libre de le faire ou de s'en abstenir puisque ce payement est, comme nous le verrons, facultatif : la taxe ne peut donc entraîner aucun préjudice. En France, comme l'obtention d'un brevet suppose un contrat entre l'inventeur et la société, et que le failli ne peut contracter seul, on a pu soutenir (NOUGUIER, n° 46) qu'il lui fallait l'assistance du syndic.

**14. La demande d'un brevet est un acte d'administration; ce n'est pas un acte conservatoire.** — Remarquons en passant que s'il est vrai, ainsi que nous venons de le démontrer dans le n° précédent, que la demande d'un brevet est *un acte d'administration,* il serait inexact de dire que l'obtention d'un brevet est *un acte conservatoire.* En effet, elle ne se borne pas à maintenir, à conserver un droit préexistant; elle fait entrer dans le patrimoine un droit nouveau, celui à la priorité et à l'exploitation exclusive de l'invention, lequel n'existe pas aussi longtemps que le brevet n'a pas été conféré.

**15. La question de savoir ce que vaut un brevet délivré à un incapable offre peu d'intérêt pratique.** — En supposant que le brevet obtenu par un incapable fût entaché d'une nullité, cette nullité ne pourra profiter aux tiers et la validité du brevet ne pourra nuire à l'incapable. Si le brevet demandé et obtenu est entaché d'un vice, ce sera celui qui nait de l'incapacité de celui qui l'a obtenu, et par argument de l'article 1125 du Code civil, ce sera l'incapable seul à l'exclusion des tiers, qui pourra le faire valoir. En outre les incapables ou ceux qui les représentent, sont libres de cesser le payement de la taxe et de se soustraire ainsi aux obligations qui découlent du brevet. Or en dehors de ces deux points de vue qui se résolvent par le droit commun, et qui mettent les choses dans le même état, à l'égard des tiers, que si le brevet était valable, à l'égard des incapables que s'il était nul, la question ne présentera pas la plupart du temps d'intérêt pratique.

**16. Motifs pour lesquels la question mérite cependant d'être examinée.** — Il peut donc paraître superflu d'entrer dans l'examen du fond de la question. Cependant nous l'aborderons; nous avons pour cela divers motifs. Un premier, c'est qu'il n'est pas sans intérêt de faire connaître les véritables principes de la matière. Un second, c'est que les raisons que nous venons d'invoquer pour démontrer le peu d'utilité pratique de la question, ne s'appliquent pas à la personne interdite légalement. En effet celle-ci ne peut invoquer le bénéfice de l'article 1125 du Code civil. Ce n'est pas elle qui peut attaquer ses actes pour incapacité, à l'exclusion des tiers, ce sont au contraire les tiers qui le peuvent à son exclusion.

**17. Le mineur, l'interdit judiciaire, l'individu placé dans un établissement d'aliénés, l'interdit légal, la femme mariée peuvent obtenir un brevet régulier.** — Nous croyons que le brevet demandé et obtenu par ces incapables est régulier. Voici nos raisons :

Nous avons démontré (*supra p.* 84 et *s.*) que la loi belge a complétement répudié la doctrine qui prétend que le breveté, pour obtenir des droits privatifs à l'exploitation d'une découverte, doit faire un contrat avec la société, et qu'elle l'a remplacée par cette idée que le brevet existe en vertu de la seule autorité de la loi, quand certaines circonstances, exclusives de toute convention et que la loi détermine, se trouvent réunies. Dès lors, il ne peut plus être question des règles de la capacité civilement requise pour contracter. Toute l'intervention des incapables se borne à une simple demande et à l'accomplissement de quelques formalités banales, pour lesquelles on n'a jamais exigé de capacité. Un mineur, un interdit, une femme mariée peuvent valablement faire la demande d'un brevet, comme ils peuvent valablement demander leur grâce, une distinction honorifique ou une récompense. Et pour rendre cette vérité plus claire encore par un exemple, de même qu'un mineur, un interdit dans un intervalle lucide, une femme mariée en cas d'empêchement de son mari, peuvent valablement requérir l'officier de l'état-civil de dresser l'acte de naissance de leur enfant, ainsi ils peuvent aussi requérir le Ministre de l'intérieur de dresser l'acte de brevet qui constate la naissance de leur droit privatif. En un mot, l'idée du contrat écartée, on tombe d'un domaine de choses défendu aux incapables, dans un domaine qui leur est ouvert d'après les principes généraux du droit.

Le but de la loi a été d'encourager l'esprit d'invention en offrant aux inventeurs le brevet comme récompense de leurs efforts. Or, l'esprit d'invention n'est pas le monopole des majeurs, des femmes non mariées et des autres personnes capables. Il peut exister aussi énergique que partout ailleurs chez les incapables. Dès lors, la loi, dans sa volonté générale de le stimuler, a dû vouloir agir sur eux aussi bien que sur les autres. Dire qu'elle a voulu les exclure, c'est restreindre la portée de son principe, quand rien ne laisse seulement supposer qu'elle a voulu le faire. C'est ajouter à la volonté du législateur. Qu'on n'allègue pas que les incapables pourront se faire breveter par l'entremise de ceux qui les assistent ou les représentent, car la seule pensée que le succès d'une invention peut dépendre de la volonté d'un tiers, arrêtera parfois le génie de la découverte dans son essor.

En réalité on arriverait donc dans le système de l'incapacité à un but diamétralement opposé à celui de la loi, au moins en ce qui concerne le mineur, l'interdit et l'individu placé dans un établissement d'aliénés. La loi voulait les protéger, et elle leur nuira.

Il est du reste à remarquer que la loi du 24 mars 1854, ne prescrit nulle part une capacité quelconque pour demander et obtenir un brevet valable. Cette observation a d'autant plus de force, que la loi spéciale, qui est ici la loi de 1854, déroge en principe à la loi générale, qui est le Code civil.

La loi du 24 mai 1854 n'a pas non plus inscrit l'incapacité parmi les causes de nullité de brevets. Or, comme celles-ci doivent par leur nature être interprêtées restrictivement, ce silence est encore un motif en faveur de l'opinion que nous défendons ici. (Voy. sur ces questions Tillière, n° 5.)

Il va sans dire que les tuteurs' et autres administrateurs, y compris les curateurs de faillite, pourront demander le brevet. Cette demande rentre en effet dans l'administration qui leur appartient.

**18. Quid lorsque l'incapable a agi sans volonté consciente?** — Pourtant il faut combiner les principes qui précèdent avec quelques autres. D'abord il y a lieu de rechercher dans chaque espèce particulière si l'incapable a véritablement démandé. Il peut arriver en effet, qu'il n'ait pas été en possession de sa raison ou de sa volonté au moment où il a fait ou signé la demande. Dans ce cas, celle-ci n'existe véritablement pas.

Cette recherche, bien entendu, n'appartiendra qu'au gouvernement, et non aux tribunaux, parce que, ainsi que nous le verrons plus tard, il est seul chargé par l'art. 19 de la loi, et sauf les exceptions formellement exprimées, d'apprécier et de constater si les formalités préalables à la délivrance du brevet ont été accomplies. Une fois délivré, le brevet serait régulier, si le breveté voulait s'en prévaloir, quand même la demande aurait, en fait, été inconsciente.

**19. Effets du brevet obtenu par un incapable. Renvoi.** — Quant à la question de savoir quels seront les effets d'un brevet obtenu par un incapable, notamment qui pourra l'exploiter, en toucher les bénéfices, exercer les actions y relatives, le transmettre, etc., elle rentre dans la seconde partie de notre traité où nous exposerons les droits et obligations qui dérivent d'un brevet.

**20. L'étranger peut-il obtenir un brevet régulier ?** — La question est d'une solution affirmative évidente 1° pour les étrangers qui ont été admis à établir leur domicile en Belgique par une autorisation du Roi, et qui dès lors, y jouissent de tous les droits civils, aux termes de l'art. 13 du Code civil, tant qu'ils continuent d'y résider ; 2° pour les étrangers appartenant à des pays dans lesquels, en vertu des traités internationaux, la jouissance des droits de brevet est accordée aux Belges (art. 11 C. civ.).

Mais elle est plus difficile pour les étrangers qui n'ont pas fixé leur domicile en Belgique et qui ne peuvent pas invoquer de traités. Divers systèmes partagent les jurisconsultes sur le point de savoir quels droits appartiennent à l'étranger qui se trouve dans cette dernière catégorie.

Si nous n'avions donc pour résoudre la question que les principes généraux, nous aurions à choisir entre ces systèmes ; mais heureusement d'autres éléments se présentent.

Déjà la loi française avait vidé nettement la difficulté, en déclarant dans son article 27 : « Les étrangers pourront obtenir en France des brevets d'invention. »

Quant à notre loi, son texte est muet sur la question, mais il n'y en a pas moins, nous le répétons, des éléments suffisants pour admettre la capacité de l'étranger. Ces éléments sont :

Le précédent qui résulte de la loi française dont l'influence sur la loi belge s'est fait sentir en plus d'un endroit.

La différence entre la loi de 1854 et celle de 1817 qu'elle a remplacée. Celle-ci disait, dans son article 1er : « Des droits exclusifs pourront être accordés..... sous le nom de brevets d'invention... à ceux qui, *dans le royaume*, auront fait une invention, etc. » La disparition de ces mots « *dans le royaume*, » qu'on ne retrouve plus dans la loi de 1854, indique un changement de doctrine, et fait présumer la volonté de mettre les étrangers sur la même ligne que les régnicoles.

Il importe en outre de faire remarquer que déjà en 1854 se manifestait ce mouvement, opposé à celui de l'ancien droit, qui tend à placer les étrangers sur la même ligne que les nationaux, mouvement généreux et fécond qui s'affirme plus énergiquement chaque jour.

Enfin les travaux préparatoires de la loi belge donnent à cette suppression des mots *dans le royaume* une signification toute particulière et qui doit faire disparaître les derniers doutes. Voici ce qu'on lit en effet dans l'exposé des motifs (*Ann. parl.*, 1851-52, p. 652, col. 2) : « La Chambre remarquera que pour pouvoir donner lieu à un brevet d'invention, *il n'est pas indispensable que la découverte ait été faite dans le royaume;* il suffit qu'elle n'ait point encore été brevetée ni exploitée à l'étranger. Ce serait en vain que l'on inscrirait dans la loi un principe contraire; rien ne serait plus facile que de l'éluder, en empruntant l'intermédiaire de prête-noms. L'égalité de traitement entre les inventeurs, *sans distinction d'origine,* qui n'auraient pas fait breveter ni exploiter encore ailleurs l'objet de leur découverte, sera, au surplus, un moyen d'assurer à la Belgique les prémices d'industries nouvelles. »

A ces arguments, M. Tillière (n° 7) ajoute que les droits de brevet sont des droits naturels en tant que propriété intellectuelle. Mais c'est une erreur. Nous avons démontré, en effet, que les droits de brevet sont de création positive, et que nos législateurs leur ont attribué ce caractère.

Dans le même ordre d'idées, M. Dalloz, n° 234, dit que les droits de brevet appartiennent au droit des gens par une conséquence du principe d'après lequel le commerce et l'industrie appartiennent à ce droit. Ce principe est vrai, au moins en ce qui concerne le commerce (Fœlix, droit international privé, t. I$^{er}$, n° 156). Mais les brevets ne font point partie du commerce ni de l'industrie. Tout ce que l'on en peut dire, c'est qu'ils s'appliquent à des objets rentrant dans l'un ou dans l'autre. Ils ne sont qu'une protection spéciale accordée à certains objets commerciaux et industriels. Ils sont pour un inventeur, à l'égard des autres citoyens, à peu près ce que sont les droits de douanes pour les régnicoles à l'égard des étrangers : une protection en faveur du commerce, mais non pas une branche de celui-ci. Nous pensons donc que l'argument de M. Dalloz n'est pas plus fondé que celui de M. Tillière.

**21. Un brevet régulier peut-il être obtenu par plusieurs ?** — La valeur pratique de cette question résulte de ce qu'une invention peut être le fruit d'un travail, de recherches auxquels plusieurs ont coopéré, de ce qu'un inventeur peut céder son droit à l'obtention du brevet à plusieurs personnes, lesquelles peuvent être une simple réunion d'individus, ou bien une de ces sociétés qui ne sont pas des personnes morales ; par exemple une société commerciale en participation, ou une société civile ordinaire, quoique le point de savoir si cette dernière est ou n'est pas une personne morale soit controversé. Dans ces diverses hypothèses les inventeurs ou les cessionnaires communs ont intérêt à ce que le brevet leur soit conféré collectivement et non pas à l'un d'eux à l'exclusion des autres. (COMP. TILLIÈRE, n° 6 ; —NOUGUIER, n° 62).

Notre loi ne défend nulle part la pluralité des titulaires pour un brevet. On reste dès lors sous l'empire du droit commun. Or, celui-ci autorise pour tous les droits, sauf exception, la pluralité des titulaires. D'exception, on n'en trouve ni dans la loi ni dans la nature de l'institution des brevets. Nous ne donnerons pas ici pour argument comme M. Tillière (n° 6), que les droits qui découlent du brevet peuvent être possédés par indivis. Il ne s'agit pas en effet de savoir si *les droits qui découlent du brevet* peuvent être possédés par plusieurs, mais si *le brevet* peut être accordé à plusieurs, ce qui est une toute autre question.

Au surplus la loi eût manqué son but si elle n'avait pas admis la solution que nous adoptons. Elle a voulu, en effet, stimuler les inventeurs. Or, puisque souvent le concours de plusieurs est nécessaire pour arriver à une découverte, ce stimulant eût fait défaut pour toutes les découvertes de cette catégorie. Rien de raisonnable n'aurait justifié cette exception.

**22. Effets du brevet conféré à plusieurs. Renvoi.** — L'obtention d'un brevet par plusieurs personnes donne lieu à des questions de communauté, d'indivision et de partage qui se rattachent à l'examen des droits qui dérivent du brevet, et que nous examinerons en conséquence dans la deuxième partie.

**23. Une personne civile peut-elle obtenir un brevet régulier ?** — Les personnes morales n'ont pas par elles-mêmes les facultés physiques et intellectuelles nécessaires pour inventer ou découvrir. Elles ne sont, en effet, que de simples fictions juridiques. Mais il peut y avoir lieu pour elles de demander un brevet, car pour en requérir et en obtenir un, il ne faut pas être l'inventeur de la chose brevetée. Ainsi, par exemple, elles peuvent être devenues cessionnaires des droits d'un inventeur.

La loi des brevets est muette en ce qui concerne la capacité de ces êtres juridiques. Mais en vertu des principes généraux que nous devons appliquer là où la loi garde le silence, il convient de se prononcer pour la capacité. Il faudrait une disposition expresse pour admettre une exception au droit commun aussi exorbitante que celle qui consisterait à refuser aux personnes civiles un droit à l'obtention des brevets qui appartient aux particuliers, alors que pour tous les droits en général, les uns et les autres sont placés sur le même rang d'après les principes du Code civil. (Nouguier, n° 50).

**24. Quid des ouvriers et autres personnes aux gages d'autrui ?** — Peut-on être valablement breveté pour ce que l'on invente pendant qu'on est au service d'autrui ?

La loi ne tranche pas la question.

Nous ne pouvons la résoudre que par les principes généraux, et nous croyons que ceux-ci commandent une distinction. Ou bien l'invention ou la découverte rentre dans la mission qui a été confiée à l'agent, et dans ce cas, il ne peut valablement la faire breveter en son nom. Ou bien elle n'en fait point partie et s'est produite, soit tout à fait en dehors de cette mission, soit à l'occasion de celle-ci, et dans ce cas un brevet peut être pris valablement par l'inventeur à son profit personnel.

Expliquons-nous.

Un fabricant confie, par exemple, à un employé le soin de perfectionner une branche de son industrie, ou, ce qui diminue encore la part de l'employé dans la découverte, lui donne lui-même des ordres ou des instructions pour arriver à une invention. En travaillant dans ce but, l'employé fait une découverte qui a précisément pour résultat le perfectionnement cherché. Cette découverte appartiendra au fabricant et l'employé ne pourra la faire valablement breveter à son profit. Il résulte en effet de l'esprit, sinon des termes du contrat qu'il a passé avec son patron, que toute découverte qu'il pourrait faire appartiendrait à celui-ci ; en la perdant il subit une chance qu'il a consenti à courir moyennant le salaire qu'on lui payait et dans la fixation duquel il n'avait qu'à tenir compte de cette éventualité, si mieux il n'aimait exclure par une clause expresse le droit du patron aux inventions possibles.

Cette solution peut être appuyée par les principes reçus en matière de mandat, soit seulement par voie d'analogie, comme dans le cas que nous venons de citer et où il s'agit d'un louage de services et non d'un mandat, soit directement, dans le cas où il s'agira d'un mandat véritable. En effet, d'après les principes, le mandataire est tenu de rendre compte au mandant de tous les profits qu'il fait, même indirectement par suite des fonctions qu'il a acceptées (art. 1993 c. civ.). Or la découverte ou l'invention peut être à bon droit considérée comme un de ces profits indirects.

Jugé dans ce sens que si, chez un manufacturier de draps dits draps-nouveauté, un dessinateur-monteur, au cours de son travail, vient à découvrir une disposition nouvelle de dessin ou de tissage, le résultat de ses recherches appartient à son patron, à la charge duquel restent les dépenses occasionnées par des essais infructueux. (Trib. corr. de Rouen, 22 août 1859, Barbier c. Richard, *La Prop. industr.*, n° 94). — De même lorsqu'un ouvrier n'a fait qu'exécuter les ordres qui lui étaient donnés par un tiers, avec les indications et dans l'intérêt de ce tiers, il ne peut être réputé le créateur, l'inventeur : il n'a réellement été qu'un agent qui a marché avec plus ou moins d'intelligence dans la voie qui lui était tracée; le résultat de son travail ne peut avoir le caractère d'une invention qu'il puisse faire breveter (Paris, 11 août 1841, Longchamps c. les Hospices, *Gaz. des Trib.*, 12 août).

Mais il n'en est pas de même quand un employé d'un ordre quelconque ayant accepté d'accomplir une tâche bien déterminée, comme, par exemple, de tisser une pièce de toile ou de fabriquer des clous, découvre un procédé nouveau, relatif ou non à la tâche qu'on lui a confiée, soit pendant les heures de son travail, soit à un autre moment. Nulle part alors on ne découvre le consentement exprès ou tacite d'abandonner au patron les découvertes dues aux recherches de l'ouvrier ou même au hasard. Il a promis de tisser une pièce de toile ou de fabriquer des clous, mais non de livrer les inventions qui lui viendront à l'esprit. S'il avait négligé sa besogne pour s'adonner à la recherche de celles-ci, son maître aurait contre lui, selon les circonstances, une action en réparation de dommage, mais nul principe juridique ne pourrait justifier sa prétention à s'approprier les découvertes. Il y aurait quelque chose de choquant à admettre qu'un chef d'industrie pourrait ainsi, en vertu du maigre salaire qu'il paye à ses artisans, dépouiller ceux-ci de conceptions, filles de leur intelligence et de leur habileté, et qui sont parfois une source de richesses. (Nouguier, n° 36.)

**23. Quid des fonctionnaires publics?** — Le 11 mars 1847 avait été rendu un arrêté royal déclarant dans son article 1ᵉʳ que « toutes inventions faites par les fonctionnaires et employés du département des travaux publics seraient considérées à l'avenir comme appartenant au domaine public » (Vilain, 44, en note). Mais cet arrêté, qui ne pouvait du reste être considéré que comme une clause du contrat par lequel l'État louait les services des fonctionnaires attachés aux travaux publics, a été rapporté par l'article 53 de l'arrêté royal du 26 janvier 1850, portant organisation du service et du corps des ingénieurs des ponts et chaussées (ib. ib.).

La distinction que nous avons faite au numéro précédent semble méconnue dans l'arrêté de 1847. L'article 1ᵉʳ attribue en effet au domaine public toutes les inventions des fonctionnaires sans distinction ni restriction. Et pour rendre ce texte encore plus précis, le préambule ajoutait que « les fonctionnaires et employés du gouvernement doivent à l'État l'emploi de leur temps, les produits de leur travail, les résultats de leurs recherches et de leur expérience. » — C'était là, il faut en convenir, une interprétation du contrat entre l'État et les fonctionnaires qu'il emploie, qui faisait à ceux-ci une position analogue à celle du nègre esclave. Aujourd'hui que l'arrêté est abrogé, il faut écarter cette interprétation sans hésiter, et voir dans les employés de l'État des employés comme tous les autres. Ils conserveront leur liberté pour tout ce qui ne rentre pas dans leurs fonctions. — Mais d'un autre côté ils n'auront aucun droit sur les inventions et les découvertes qui seront comprises dans la mission qu'on leur aura confiée, et c'est ainsi qu'il a été jugé avec raison qu'un fonctionnaire public ne peut prendre un brevet d'invention pour des objets qui ressortent directement de ses fonctions; spécialement, qu'un employé de l'école de tir ne peut prendre, au préjudice de l'État, un brevet d'invention relativement à des armes de guerre. (AMIENS, 25 avril 1856, MANCEAUX, c. MARÈS, *le Droit,* 30 avril.) — NOUGUIER, n° 35.)

**26. Quid des militaires ?** — Il n'y a aucun motif pour faire au même point de vue une distinction entre les militaires et les autres fonctionnaires, malgré la prévention injuste qui fait croire parfois qu'ils jouissent moins qu'eux de leur personnalité. Il faudra rechercher soigneusement ce que le soldat doit à l'État par suite des fonctions de son grade, et lui réserver sa découverte, alors même qu'elle porterait sur un engin de guerre, quand ce n'est pas en vertu de ses fonctions qu'il a fait les recherches d'où elle est sortie.

Ainsi jugé qu'un militaire a le droit de se faire breveter pour les inventions dont il est personnellement l'auteur; mais il ne peut l'être pour celles qui sont le fruit d'un travail en commun, par exemple, pour une invention due à une commission dont il faisait partie. (PARIS, 12 juillet 1855, MANCEAUX, c. MARÈS, *Gaz. des Trib.,* 15 juillet.) — NOUGUIER, n° 54.

**27. Les héritiers, successeurs et ayants cause de l'inventeur peuvent-ils obtenir un brevet régulier ?** — Oui; ils participent en effet à tous les droits de leur auteur. Or parmi ces droits se trouve celui de demander un brevet. Ce droit n'a rien de personnel, il ne meurt pas avec l'inventeur, il n'est pas attaché exclusivement à lui. Ses héritiers qui continuent sa personne, ses successeurs ou ayants droit qui lui succèdent à titre universel, ses successeurs particuliers ou ayants cause, qu'ils soient cessionnaires ou légataires, pourront donc demander et obtenir le brevet (Nouguier, n° 44).

**28. Quid du negotiorum gestor de l'inventeur ?** — L'inventeur est, par exemple, momentanément empêché d'agir; cependant son inaction peut lui faire perdre la priorité. Un parent, un ami, un tiers quelconque, peut-il spontanément agir en son lieu et place et demander le brevet pour lui ?

On peut se sentir entraîné vers la négative quand on lit l'art. 6 du règlement organique du 24 mai 1854 ainsi conçu : « Toutes les pièces (notamment la demande) devront être datées et signées par le demandeur ou par son mandataire, *dont le pouvoir dûment légalisé, restera annexé à la demande.* » A première vue cet article suppose donc qu'il ne peut y avoir d'autre mandataire que celui qui est porteur d'un pouvoir dûment légalisé. Il est de plus probable qu'en présence de cet article les employés du gouvernement refuseront d'admettre comme régulière une demande de brevet présentée par un simple gérant d'affaires, de l'essence duquel il est de ne pas être porteur d'une procuration. — Nous croyons pourtant que ce refus interviendrait à tort et qu'un gérant d'affaires peut valablement demander un brevet pour autrui. En règle générale la gestion d'affaires peut s'appliquer à tout, et particulièrement à tous les droits patrimoniaux, parmi lesquels doit être rangé le brevet. Y a-t-il une exception dans la loi des brevets, voilà toute la question. Or à cet égard le texte de l'art. 6 du règlement n'est pas d'une précision suffisante. Il envisage, semble-t-il, le cas le plus fréquent et rien ne démontre clairement qu'il n'est pas simplement énonciatif. La loi elle-même, qu'il convient d'examiner surtout pour vider la difficulté, ne s'en explique pas, car ces mots de l'art. 17 al. 3 : « Un procès-verbal... *signé par le demandeur*, constatera chaque dépôt... » ne présente non plus rien de décisif, le terme « demandeur » étant général et comprenant même le *negotiorum gestor*.

Ainsi le texte du règlement n'est pas décisif et celui de la loi est plutôt favorable. D'un autre côté il y a les mêmes raisons d'utilité pour admettre la gestion d'affaires en matière de brevet, qu'en toute autre matière. Il se peut qu'un inventeur soit dans l'impossibilité momentanée de faire la demande ; il se peut aussi qu'il ignore qu'il importe de ne plus la retarder parce qu'un autre inventeur pourrait le distancer. Il y aurait dans ces hypothèses iniquité à le priver d'un bénéfice de droit commun, qui ne peut produire aucun résultat fâcheux sérieusement appréciable ; car, en ce qui concerne l'inventeur, il aura l'avantage d'un brevet qu'il pourra au surplus faire tomber quand il le voudra, en cessant de payer la taxe ; le public, qui doit respecter le brevet, n'en pâtira pas, puisqu'il y était exposé à tout moment et que peu lui importe de le respecter au profit d'un inventeur plutôt que d'un autre ; enfin le second inventeur ne subit, lui également, en perdant la priorité, qu'une situation qu'il devait prévoir. Si celui pour lequel on a pris le brevet en est peu satisfait et se hâte d'en provoquer la déchéance en cessant de payer la taxe, si de cette manière le second inventeur risque de perdre la possibilité de se faire breveter valablement ; si, par suite, la gestion d'affaires produit pour lui un résultat désastreux sans profit pour le breveté, il ne faut pas oublier que ce même résultat sera avantageux pour la société, puisque le brevet sera tombé dans le domaine public, et que, du reste le même inconvénient peut se produire dans d'autres cas en vertu de l'application de règles incontestées de la loi; comme si, par exemple, un inventeur qui a fait sa demande en personne, encourt une déchéance.

**29. Peut-on demander et obtenir régulièrement un brevet par mandataire ou procureur?** — Cela n'est pas douteux en présence du texte de la loi qui, muet sur la question, autorise par cela même l'application des règles générales du droit civil; or, celles-ci permettent aux citoyens d'agir par eux-mêmes ou par des fondés de pouvoirs; — et surtout en présence de l'art. 5 du règlement : « Toutes les pièces devront être... signées par le demandeur ou *par son mandataire.* »

Quant à la question de savoir quelle devra être la forme de la procuration, s'il faudra notamment qu'elle soit spéciale et authentique, nous la renvoyons au deuxième titre ci-après où nous traiterons des formalités.

**30. Qui peut prendre un brevet en cas d'absence?** — Pendant la présomption d'absence, il faudra d'abord, si l'absent a laissé une procuration ou des instructions, se conformer à celles-ci. Dans le cas contraire, toutes les personnes qui, aux termes du Code civil, peuvent faire prononcer qu'il y a présomption, et faire prendre des mesures d'administration, soit directement par les tribunaux, soit par l'intermédiaire d'un curateur nommé par ceux-ci, peuvent aussi demander que l'on comprenne parmi ces mesures la demande et l'obtention du brevet pour la découverte que l'absent aurait faite antérieurement à son départ ou à ses dernières nouvelles. Pareille demande n'est en effet pas autre chose, comme nous avons déjà eu occasion de le dire *supra* n° 14, qu'un acte d'administration.

Pendant la période de déclaration d'absence, les envoyés en possession provisoire et les envoyés en possession définitive pourront à *fortiori* former la demande et obtenir le brevet.

**31. Un brevet régulier peut-il être obtenu par celui qui n'est pas l'inventeur?** — Nous croyons qu'en pareil cas le brevet est valable, sauf le droit de subrogation qui appartient à l'inventeur véritable et que nous examinerons plus tard quand nous traiterons de la transmission des brevets.

Le brevet est valable, disons-nous; il l'est, parce que en matière de nullité on ne peut suppléer à la loi, et que la nullité que l'on voudrait établir ici ne se trouve nulle part dans la loi des brevets. Cet argument que fait valoir M. Nouguier, (n° 699, al. 2,) est comme on le voit tout autre que celui tiré erronément par M. Tillière (n° 4, al. 3) du non examen préalable, et qui concerne non pas le point de savoir si le brevet est nul au fond, mais si l'administration peut en refuser la délivrance.

Cette solution est du reste conforme aux principes généraux du droit. En effet, d'après ces principes tout ce que fait le possesseur de bonne ou de mauvaise foi pour l'amélioration ou la conservation de la chose d'autrui est valable et profite au titulaire légitime.

Nous ne dirons pas, comme M. Nouguier n° 687, que le tiers qui se fait breveter « en agissant comme il l'a fait, est censé avoir agi comme *negotiorum gestor* du propriétaire réel... » En effet cette fiction est inutile, puisque les règles en matière de possession suffisent, et qu'au surplus il n'y a pas de *negotiorum gestio* sans l'intention d'agir pour le maître de la chose.

Comme la loi de 1817 laissait au Gouvernement la faculté d'imposer à celui qui demandait un brevet des conditions qui faisaient loi dès qu'elles étaient acceptées, le Gouvernement pouvait stipuler notamment que le brevet serait nul et non avenu si le titulaire n'était pas le véritable inventeur. (Bruxelles, 12 mars 1856, B. J. xiv p. 443; — Trib. Gand, 21 mai 1849, ib. vii p. 697).

**32. Critique d'un arrêt contraire de la cour de Paris.** — L'opinion que nous venons d'adopter a été cependant contestée. En effet, dans l'espèce d'un arrêt de Paris du 7 juin 1844 (Thollin C. Duport, cité par Nouguier n° 699), un inventeur, malgré la fraude dont il avait été victime, avait demandé un brevet, qui ne venant qu'en seconde ligne dans l'ordre chronologique, était sous ce rapport primé par le premier brevet; l'arrêt a décidé qu'il avait le droit, au lieu de requérir la subrogation, de demander la nullité du brevet usurpé. M. Blanc (*Contref.* p. 609) approuve cette solution. Mais nous la croyons incompatible avec les motifs péremptoires que nous avons fait valoir tantôt, d'autant plus que nous ne voyons pas ce que l'obtention du second brevet y change; au contraire, on viole un principe de plus, puisque l'art. 25 de notre loi prononce sans distinguer « qu'un brevet d'invention *sera déclaré nul* par les tribunaux, dans le cas où l'objet pour lequel il a été accordé *aurait été antérieurement breveté* en Belgique ou à l'étranger. » C'est donc le second brevet et non le premier qui est nul.

Au surplus l'inventeur véritable aurait souvent tort de demander l'annulation du premier brevet, puisqu'il peut se faire que le premier breveté ait exploité en vertu de son brevet. Or ce premier brevet disparaissant, la nouveauté du second sera dès lors détruite pour cause d'exploitation, emploi ou mise en œuvre (art. 24 litt. *a.*). — (Comp. Nouguier, 699, al. 2).

La décision que nous venons de rapporter paraît isolée dans la jurisprudence. En général les tribunaux se prononcent pour la validité du premier brevet, sauf le droit du véritable inventeur de se faire subroger entièrement à ce brevet et de substituer ses noms à ceux du breveté dans tous les documents. (Voy. les espèces citées par Huard, *Rép.*, p. 513, n°ˢ 28, 29, 37, 41, 45, et ci-après ce que nous dirons de la subrogation.)

**33. Le brevet obtenu par celui qui a surpris le secret de l'inventeur est régulier.** — En conséquence de l'opinion que nous venons d'adopter, le brevet sera valable peu importe la personne qui l'aura demandé.

Ainsi, est valable le brevet obtenu par l'ouvrier ou autre agent quelconque qui a surpris le secret de l'inventeur, en travaillant sous ses ordres (Comp. Tillière, 105). Et il en serait ainsi quand même ils auraient employé des manœuvres frauduleuses pour surprendre l'invention. (*Ib., ib.*)

**34. Est régulier le brevet obtenu par celui qui ne peut l'exploiter.** — Cela résulte des principes que nous avons exposés au n° 31, et a été jugé par arrêt de Paris du 14 novembre 1838, Mothes et Lasalle c. Min. public (*Rép.* Huard p. 471, 25). Il s'agissait d'un brevet pris pour capsules gélatineuses. On soutenait que c'était un produit pharmaceutique qui, aux termes des lois sur la pharmacie, ne pouvait être exploité que par celui qui avait la qualité de pharmacien, qualité qui manquait au breveté dans l'espèce. Le brevet n'en a pas moins été maintenu.

**35. Qui est chargé de délivrer les brevets.** — Sous l'empire de la loi du 25 janvier 1817, c'était *le Roi* qui délivrait les brevets. (Art. 4 du règlement du 26 mars 1817.)

Aujourd'hui c'est *le Ministre de l'intérieur,* comme cela résulte de l'article 19 de la loi de 1854 et de l'article 13 al. 2 du règlement qui l'a suivie.

L'article 19 est ainsi conçu : *Un arrêté du Ministre de l'intérieur... sera délivré... au déposant et constituera son brevet.*

En France, c'est le Ministre de l'agriculture et du commerce. (Art. 11 al. 2 de la loi de 1844.) Les attributions de ce ministère, trop peu importantes en Belgique pour justifier la création d'un ministère spécial, rentrent dans celles du ministère de l'intérieur.

Nulle autre personne, nul autre fonctionnaire que le Ministre de l'intérieur, n'a mission de délivrer des brevets. Cela résulte du texte de la loi qui n'attribue cette fonction qu'à lui. Dès que l'on cherche pour la remplir quelqu'un en dehors de lui, on tombe dans l'arbitraire, car on ne sait qui choisir parmi les nombreux fonctionnaires qui se trouvent à tous les degrés de l'échelle des fonctions gouvernementales. Nous examinerons plus loin quelle est la valeur d'un brevet délivré par tout autre que le Ministre de l'intérieur.

## CHAPITRE SECOND.

**Quelles choses peuvent être régulièrement brevetées.**

(SOMMAIRE.)

36. Différence entre le sujet et l'objet d'un brevet. — 37. Qu'est-ce qu'une invention brevetable? — 38. La loi belge n'énumère pas les conditions essentielles à l'invention brevetable. — 39. Cinq conditions sont nécessaires pour constituer l'invention brevetable.

**36. Différence entre le sujet et l'objet d'un brevet.** — L'impétrant qui demande et obtient un brevet, peut être appelé *le Sujet* du brevet ; nous nous sommes déjà servis de cette dénomination *supra* n° 10. De même la chose sur laquelle porte le brevet, l'invention, la découverte, peut en être appelée *l'Objet*.

**37. Qu'est-ce qu'une invention brevetable?** — L'objet d'un brevet régulier ou même simplement valable, est connu dans la doctrine et la jurisprudence sous le nom d'*Invention brevetable*. Nous userons fréquemment de cette expression.

**38. La loi belge n'énumère pas les conditions essentielles à l'invention brevetable.** — La loi belge de 1854 ne contient pas de disposition énumérant d'une façon complète les conditions essentielles à l'objet susceptible d'être régulièrement breveté. Elle semble en avoir eu l'intention dans son art. 1er quand elle y a dit : « Il sera accordé des droits... sous le nom de brevet... pour *toute découverte ou tout perfectionnement susceptible d'être exploité comme objet d'industrie ou de commerce.* « Mais cette énonciation est insuffisante, car elle ne dit rien, entre autres, ni du caractère licite nécessaire à la découverte, ni de sa nouveauté.

**39. Cinq conditions sont nécessaires pour constituer l'invention brevetable.** — En consultant l'ensemble de la loi et son esprit, on reconnaît que cinq conditions sont essentielles pour constituer l'objet d'un brevet régulier. Il faut en effet : 1° qu'il y ait une découverte ; 2° que cette découverte émane de l'homme ; 3° qu'elle soit susceptible d'être exploitée comme objet d'industrie ou de commerce ; 4° qu'elle soit licite ; 5° qu'elle soit nouvelle.

Ces cinq conditions sont essentielles, disons-nous. Mais elles sont aussi suffisantes. Le défaut d'une seule d'entre elles fait obstacle à la régularité du brevet et entraîne même sa nullité comme nous le verrons plus tard. Mais dès qu'elles sont réunies, toute autre condition est superflue, en ce qui concerne l'objet.

## SECTION PREMIÈRE.

**Il faut qu'il y ait une découverte ou une invention.**

(SOMMAIRE.)

40. D'où résulte la nécessité de cette première condition? — 41. La loi emploie indifféremment le mot découverte et le mot invention. — 42. La loi a voulu breveter les découvertes aussi bien que les inventions. — 43. La loi française est plus correcte que la loi belge. — 44. La loi belge n'a pas défini l'invention et la découverte. — 45. Qu'est-ce qu'une découverte? — 46 Qu'est-ce qu'une invention? — 47. En quoi la découverte diffère de l invention. — 48. Exemples d'inventions et de découvertes. — 49. Il y a découverte ou invention indépendamment de toute réalisation. — 50. Il peut y avoir découverte ou invention, même sans qu'elles soient nouvelles. Confusion commise sur ce point par les auteurs. — 51. Importance de la distinction entre l'invention et la découverte. — 52. L'invention et la découverte peuvent être brevetées nonobstant leur peu d'utilité, de mérite, ou d'importance. — 53. Cependant l'utilité de l'invention a de l'importance pour les dommages-intérêts. — 54. Division des inventions en corporelles et incorporelles. — 55 Qu'est-ce qu'une invention corporelle? — 56. Qu'est-ce qu'une invention incorporelle? — 57 Division des inventions en effets et moyens. — 58. Division des inventions en produits et résultats, en moyens proprement dits et en procédés ou agents. — 59. Qu'est-ce qu'un produit? — 60. Qu'est-ce qu'un résultat? — 61. Un simple changement dans le prix de revient n'est qu'un résultat. — 62. Ajouter, supprimer ou modifier une propriété qui ne touche pas aux éléments fondamentaux d'une chose n'est qu'un résultat. — 63. La simple réunion de deux choses n'est qu'un résultat. — 64. Quid du changement dans la quantité? — 65. Quid de la diminution des dangers ou autres inconvénients? — 66. Quid de l'augmentation de durée d'un produit? — 67. Qu'est-ce qu'un moyen proprement dit? — 68. Qu'est-ce qu'un procédé, qu'est-ce qu'un agent? — 69. D'où vient le terme procédé? — 70. Quoique incorporels, le procédé ou l'agent peuvent amener un effet corporel. — 71. Point commun entre le produit et l'organe, entre le résultat et le procédé ou l'agent. — 72. Exemples de procédés. — 73. Une même invention peut être à la fois produit et organe, résultat et procédé. — 74. La division en produits, résultats et moyens, est essentiellement différente de celle en moyens nouveaux et application nouvelle de moyens connus. Renvoi. — 75. Les produits, les résultats, les organes et les procédés ou agents sont-ils tous également brevetables? — 76. Les produits et les organes sont brevetables. — 77. Les résultats sont-ils brevetables? — 78. Ils ne le sont pas sous la loi française. — 79. Quid sous la loi belge? — 80. Pourquoi les résultats ne sont-

ils pas brevetables? — 81. Jurisprudence en matière de brevets relatifs à des résultats. — 82 Les résultats sont-ils brevetables concurremment avec les moyens nécessaires pour les obtenir? — 83. Ce qui n'est pas brevetable comme résultat peut être brevetable comme procédé. — 84. Jurisprudence conforme. — 85. Les procédés sont brevetables. — 86. Les agents ne sont pas brevetables. Renvoi. — 87. Les procédés et les organes sont brevetables quel que soit l'effet qu'ils amènent. — 88. Ils sont brevetables alors même que le produit ou le résultat qu'ils amènent ne seraient pas nouveaux. — 89. Ne sont pas brevetables les procédés qui dérivent uniquement de qualités personnelles. — 90. Jurisprudence conforme. — 91. Appréciation de la cour de cassation. Renvoi.

**40. D'où résulte la nécessité de cette première condition?** — On nomme parfois cette première condition la *réalité* de l'invention brevetable. Ce terme ne nous appartient pas; nous l'empruntons à la loi. On lit en effet dans son article 2 : « La concession du brevet se fera sans garantie... *soit de la réalité,* soit de la nouveauté... de l'invention. »

Il faut, disons-nous, pour que le brevet soit régulier, que la chose brevetée soit une découverte.

La nécessité de cette condition résulte de l'art. 1$^{er}$ de la loi qui accorde restrictivement les droits exclusifs que seul donne un brevet valable « *à toute découverte.* »

**41. La loi emploie indifféremment le mot découverte et le mot invention.** — Commençons par constater que la loi emploie indifféremment tantôt le mot *découverte,* tantôt le mot *invention* pour désigner la chose objet du brevet. Cela est surtout flagrant dans l'art. 1$^{er}$ où après avoir dit : « il sera accordé des droits sous le nom de brevet *d'invention* », elle ajoute immédiatement après « *pour toute découverte...* » Et dans son art. 2, voulant évidemment parler de cette même chose, objet du brevet, qu'elle vient de nommer *découverte,* elle dit : « La concession se fera sans garantie... soit de la réalité, soit de la nouveauté, soit du mérite *de l'invention.* »

**42. La loi a voulu breveter les découvertes aussi bien que les inventions.** — Que conclure de cet emploi alternatif? C'est que la loi voit dans la chose, objet du brevet, tantôt une découverte, tantôt une invention; que dès lors, pour elle, cette chose est un genre contenant deux espèces, l'invention et la découverte.

Si l'on soutenait qu'elle n'a pas voulu géminer ces deux termes tout en ne les confondant pas, il faudrait admettre de trois choses l'une : ou bien qu'elle les a faits synonymes; ou bien que ces deux mots désignent chacun soit les inventions seules, soit les découvertes seules; ou bien qu'elle a voulu désigner par chacun d'eux un ensemble comprenant à la fois les découvertes et les inventions. Cela reviendrait à dire, dans chacune de ces trois hypothèses, que la loi a commis une erreur de langage. Or il ne faut prêter de pareilles erreurs à la loi qu'avec beaucoup de réserve et en donnant des preuves à l'appui. Ici les preuves manquent, si ce n'est peut-être dans le troisième cas, car il faut bien reconnaître que parfois le texte semble, notamment dans l'art. 1ᵉʳ et l'art. 2, employer tantôt découverte, tantôt invention, pour désigner à la fois invention et découverte. Mais outre que cet emploi de la partie pour le tout est toléré par les règles de la langue, quand même il y aurait incorrection encore ne préjudicierait-elle pas à notre opinion, puisque l'objet à breveter n'en contiendrait pas moins les deux ordres de choses que nous avons indiqués. Il n'y aurait de différence que dans les dénominations : le genre, qui resterait aussi large, prendrait indifféremment le nom de l'une ou de l'autre de ses espèces; « dans l'application, disent MM. Rendu et Delorme, nʳ 313, al. 2, ces deux mots sont sans cesse pris l'un pour l'autre. »

Pour démontrer que la loi a voulu que l'on pût breveter

les découvertes et les inventions, on peut encore invoquer son esprit. En effet les unes et les autres méritent également en général la protection qui résulte des brevets. On ne s'expliquerait pas pourquoi elle aurait voulu favoriser celles-ci à l'exclusion de celles-là.

Nous dirons en passant que si, quand la clarté du sujet le demandera, nous emploierons les mots découverte et invention avec leur sens rigoureusement exact, il nous arrivera fréquemment ailleurs, dans le cours de notre exposé, à l'exemple de notre loi, des commentateurs et de la jurisprudence, de nous servir indifféremment de l'un ou de l'autre terme pour désigner soit les inventions seules, soit les découvertes seules, soit les inventions et les découvertes. (Voy. sur ces questions Tillière, n° 9.)

**43. La loi française est plus correcte que la loi belge.** — Dans la loi française dont la nôtre s'est en grande partie inspirée, on s'est montré plus rigoureux observateur de la correction de la langue, car dès les premiers articles la découverte et l'invention sont placées sur la même ligne. C'est ainsi notamment que l'art. 1er dit : « Toute *découverte ou invention...* confère à son auteur... »; et l'art. 2 : « Seront considérées comme *inventions ou découvertes...* »

**44. La loi belge n'a pas défini l'invention et la découverte.** — Puisque la loi de 1854 a voulu breveter et des découvertes et des inventions, il importe que nous fassions connaître le sens exact de ces deux mots.

A défaut de toute définition donnée par la loi elle-même, nous ne pouvons que recourir au sens grammatical et usuel de ces termes à l'époque où le législateur s'en est servi.

**45. Qu'est-ce qu'une découverte ?** — Quelqu'un fait *une découverte* quand il aperçoit une chose déjà existante, mais dont il n'avait pas encore constaté l'existence. Ainsi Christophe Colomb a découvert l'Amérique ; quoiqu'il fût convaincu qu'elle existât, ce n'en a pas moins été une découverte ; cela eût plus évidemment encore été une découverte s'il n'en avait pas soupçonné l'existence.

« Grammaticalement, disent MM. Rendu et Delorme (315 al. 2), la découverte est l'observation d'une chose qui n'avait pas été aperçue. »

**46. Qu'est-ce qu'une invention?** — Quelqu'un fait une *invention* lorsqu'il conçoit ou réalise une chose qu'il croit ne pas exister, ou n'avoir pas existé, antérieurement à la réalisation qu'il en fait. Ainsi Guttemberg a inventé l'imprimerie. Elle a été le fruit de ses recherches. Mais alors même qu'elle se fût produite entre ses mains par hasard, il n'en resterait pas moins l'inventeur.

**47. En quoi la découverte diffère de l'invention.** — La découverte suppose donc toujours *une chose déjà existante,* tandis que l'invention suppose le plus souvent *une chose qui n'existe pas encore;* nous disons le plus souvent, parce qu'en effet, il y aurait invention quand même la chose existerait, pourvu que l'inventeur l'ignorât ; dans ce cas l'invention différerait de la découverte par un autre point : c'est que la première exige toujours *que l'homme participe à sa confection, à sa réalisation,* tandis qu'il suffit pour la seconde *que l'homme mette en lumière, en évidence, un objet qui a été créé sans sa participation,* par exemple au moyen des seules forces de la nature.

**48. Exemples d'inventions et de découvertes.** — Cette distinction a toujours été faite, et comme elle tend à bien préciser le sens de notre loi sur un point très-important, à savoir l'étendue des choses qui peuvent être brevetées, nous croyons bien faire en rapportant ici les exemples donnés à l'appui par Dugald Steward, et que l'on cite ordinairement. Otto de Gericke, dit-il, et Sanctorius ont inventé l'un la pompe pneumatique, l'autre le thermomètre; Newton et Grétory ont inventé le télescope à réflexion; Galilée a découvert les taches du soleil; Harvey a découvert la circulation du sang.

**49. Il y a découverte ou invention indépendamment de toute réalisation.** — Comme on l'a peut-être compris par les définitions que nous venons de donner, il importe peu, pour que la découverte et l'invention existent, qu'elles aient été réalisées par l'inventeur. Elles existent quand même elles ne seraient jamais sorties du domaine de sa pensée.

**50. Il peut y avoir découverte ou invention, même sans qu'elles soient nouvelles. Confusion commise sur ce point par les auteurs.** — Il importe peu aussi pour qu'il y ait découverte ou invention, que la chose soit déjà conçue ou connue par d'autres. Colomb n'en a pas moins découvert l'Amérique, quoiqu'il s'y trouvât des habitants qui certes la connaissaient. L'imprimerie existait en Chine quand Guttenberg l'a appliquée, ce qui n'empêche pas qu'il l'ait inventée. La question de savoir si la chose était déjà connue ou conçue par d'autres que l'inventeur est un élément nouveau qui sert à distinguer la découverte et l'invention *nouvelles* de celles qui ne le sont pas. Cet élément a souvent été méconnu par les auteurs, qui ont alors été amenés à confondre la découverte et l'invention nouvelles avec la découverte et l'invention ordinaires, et à mêler ainsi au mépris d'une analyse exacte et au détriment de la clarté, deux des conditions essentielles de l'objet du brevet qui sont cependant éminemment distinctes. (Voyez notamment TILLIÈRE, n°s 9 et s.)

**51. Importance de distinction entre l'invention et la découverte.** — La distinction que nous venons d'établir entre l'invention et la découverte était indispensable pour bien fixer le sens de la loi ; elle produit en effet des conséquences pratiques importantes ; ainsi nous verrons dans la section suivante que si l'invention est toujours brevetable, la découverte ne l'est que pour autant qu'elle porte sur un moyen. Pour ce qui regarde au contraire les effets du brevet, elle est complétement sans valeur, comme nous le verrons dans la seconde partie. Qu'ils soient obtenus pour une invention ou pour une découverte, les brevets jouissent de la même protection, font naître les mêmes droits et imposent les mêmes obligations (DALLOZ, n° 40).

**52. L'invention et la découverte peuvent être brevetées nonobstant leur peu d'utilité, de mérite, ou d'importance.** — Du principe exposé *supra* n° 42, il résulte que toute invention, toute découverte, est brevetable. Cela est vrai, mais seulement comme principe général. Il y a en effet des exceptions : certaines inventions, certaines découvertes, ne peuvent être brevetées; nous le verrons ci-après n°s 79 et 94.

Mais ces exceptions doivent être expresses et il faut les interpréter restrictivement. Ainsi notamment il ne faudra pas avoir égard au *plus ou moins d'utilité d'une invention ou d'une découverte*. Nulle part, en effet, le législateur n'a distingué ni eu l'intention de distinguer entre le degré d'utilité des inventions. Ce qu'il a voulu encourager, c'est l'esprit de découverte dans sa généralité, dans ses résultats les plus humbles comme dans ses résultats les plus gigantesques. D'ailleurs, les nullités sont de droit étroit, et aucun article de loi n'érige en nullité d'un brevet son peu d'importance. Si les tribunaux pouvaient se constituer juges souverains de cette question, ils pourraient détruire les brevets les plus légitimes. Remarquons enfin qu'il y a une espèce de contradiction de la part d'un plaideur de réclamer d'un côté la nullité d'un brevet, ce qui suppose qu'il a intérêt à le faire disparaître, et d'un autre côté de soutenir que la chose, objet du brevet, n'a ni efficacité, ni valeur. (Rendu et Delorme, 332 et les autorités qu'ils citent.)

**53. Cependant l'utilité de l'invention a de l'importance pour les dommages-intérêts.** — Cependant faisons remarquer que si le plus ou moins d'utilité d'une invention ne peut influer sur le point de savoir si elle peut être brevetée, cela acquiert de l'importance quand il s'agit des dommages-intérêts que le breveté aura à réclamer contre ceux qui auront causé quelque tort à son droit. Le dommage sera en effet d'autant plus grand, que la chose altérée pouvait produire plus de bénéfices (DALLOZ, n° 51).

**54. Division des inventions en corporelles et incorporelles.** — Les inventions et découvertes peuvent être divisées en *corporelles* et *incorporelles*. Ce sont là des termes usités dans le langage du droit, mais la signification que nous leur donnons ici est un peu différente de celle qu'on leur prête d'ordinaire.

**55. Qu'est-ce qu'une invention corporelle?** — Une invention ou une découverte peut consister en *un corps certain et déterminé*, comme par exemple en un tissu découvert par l'industrie linière, ou une machine inventée par la métallurgie; dans ces cas l'invention est pour nous *corporelle*. Il importe de bien se pénétrer du sens de cette expression : un corps certain et déterminé. Cela s'entend, s'il s'agit d'éléments distincts, non pas d'une collection, d'un assemblage où chaque élément conserve son individualité, mais *d'un seul tout* où toutes les individualités se fondent et disparaissent dans l'ensemble.

**56. Qu'est-ce qu'une invention incorporelle ?** — Une invention peut d'un autre côté consister dans *un simple état de choses* qui ne présente nullement les caractères du corps certain et déterminé formant par lui-même un tout distinct et isolé. L'invention est alors dite par nous *incorporelle*. Elle s'oppose, comme on le voit, à l'invention corporelle. Elle comprend tout ce que celle-ci ne renferme pas. Elle exprime l'absence du corps, *corpus ;* elle en est exclusive et c'est ce qui la caractérise. Aucun autre élément que cette absence ne lui est nécessaire. L'invention est-elle ou n'est-elle pas un *corpus* dans le sens rigoureux du mot, voilà toute la base de notre division.

**57. Division des inventions en effets et moyens.** — Cette division qui embrasse comme la précédente l'universalité des inventions et découvertes, en est néanmoins complétement distincte et indépendante.

Les inventions et découvertes sont, disons-nous, ou bien des moyens pour amener certains effets, ou bien sont directement ces effets. C'est ainsi que les machines qui ont offert un champ si vaste au génie de la découverte, ne sont en général que des agents de fabrication, c'est-à-dire des *Moyens*. C'est ainsi encore que plus d'un inventeur s'est illustré ou enrichi, en découvrant des choses qui ont une valeur par elles-mêmes, une utilité directe et propre ; or ce sont ces choses que nous nommons des *Effets*.

**58. Division des inventions ou produits et résultats, en moyens proprement dits et en procédés ou agents.** — Les deux divisions que nous venons de faire connaître peuvent être combinées. Ainsi les effets, aussi bien que les moyens peuvent être corporels ou incorporels. Mais alors des modifications se produisent dans la terminologie. Les effets corporels sont connus sous le nom de *Produits;* les effets incorporels sous le nom de *Résultats* ou quelquefois, mais beaucoup plus rarement, sous le nom d'effets tout court. Quant aux moyens, ceux qui sont corporels conservent la dénomination d'*Organes* ou Moyens proprement dits; ceux qui sont incorporels sont nommés *Procédés* ou *Agents*.

**59. Qu'est-ce qu'un produit ?** — En combinant les diverses définitions que nous venons de donner, nous pouvons dire :

*a)* Le *Produit* est un corps certain et déterminé qui a sa valeur en soi et non pas seulement comme moyen d'atteindre un but, de produire un effet.

On peut comparer cette définition à celle de Renouard, n° 62, définition qui a paru si parfaite à divers auteurs qu'ils l'ont adoptée purement et simplement; (voyez Tillière, n° 11, Nouguier, n° 391 qui la reproduisent en entier; Dalloz, n° 43 qui la reproduit en partie). A cause de la faveur qui s'y attache, nous la transcrirons ici : « L'expression de produit industriel s'entend surtout d'un corps certain et déterminé, susceptible d'entrer dans le commerce, soit que la main des hommes l'ait fabriqué ou façonné, soit que leur travail et leur intelligence l'aient conquis sur la nature matérielle. » Nous ne pouvons partager la confiance commune que l'on montre pour cette définition du savant homme qui le premier a initié le public aux difficultés de la loi française de 1844. Elle présente, croyons-nous, un triple défaut : 1° elle n'indique pas ce qui distingue le corps certain et déterminé qui est un produit, du corps certain et déterminé qui, d'après ce qu'on a vu plus haut, peut être un moyen ; 2° elle a le tort de mêler le caractère industriel de l'objet du brevet, avec son carac-

140   Iʳᵉ PARTIE. — CONDITIONS REQUISES POUR LE BREVET.

tère d'invention ou de découverte; 3° elle a le tort d'y mêler l'intervention humaine qui est aussi un caractère distinct de l'invention.

Quant à la définition que donne M. Étienne Blanc dans son *Traité de la contrefaçon en tous genres*, p. 443, et qui est ainsi conçue : « La loi entend spécialement par produit l'objet matériel obtenu par un inventeur, tel qu'une étoffe, un instrument, etc., » elle a sur celle de M. Renouard l'avantage d'éviter tout mélange étranger, mais elle encourt comme elle le reproche de ne pas distinguer entre le *corpus* produit et le *corpus* moyen. Nous y condamnons aussi les mots *objet matériel*, mis au lieu de corps certain et déterminé. C'est remplacer une expression d'un sens connu et bien arrêté par une expression équivoque et qui peut faire naître de graves erreurs. En effet, l'expression « objet matériel » est si vague qu'elle comprend même autre chose que des produits, notamment les simples aggrégations qui ne forment pas un tout dans leur ensemble et qui à cause de ce dernier caractère ne sont pas des corps certains et déterminés tout en présentant des éléments parfaitement matériels.

**60. Qu'est-ce qu'un résultat ?** — *b*) Le *Résultat* n'est ni un produit, ni un changement dans les éléments d'un produit. Il y a résultat quand on amène un simple état de choses exclusif dans son ensemble de toute idée d'un corps certain et déterminé comme, par exemple, quand on rend un produit meilleur marché, quand on le multiplie ; quand tout en ne modifiant en rien les éléments fondamentaux de sa nature, on l'empêche de subir une altération, on y ajoute ou l'on en retranche une propriété secondaire. C'est tout ce qui touche au bon marché, à la durée, au nombre, à la diminution des inconvénients. Tels sont la désinfection ou la décoloration d'une matière, la préservation d'un appareil en fer des effets de l'oxydation, le fait de rendre un corps froid ou chaud, de tenir un objet ouvert ou fermé, etc., etc.

En général les définitions qu'on a données du Résultat sont peu satisfaisantes.

M. Renouard, n° 63, dit : « Le mot Résultat s'entend de tout ce qui concerne la qualité, la quantité, les frais de production. »

M. Nouguier n° 392, adopte cette définition, mais il la fait précéder de cette phrase : « Les résultats sont les effets obtenus et qui ont un caractère *purement immatériel.* »

M. Et. Blanc. (*Contrefaçon* p. 443), s'exprime en ces termes : « Le résultat diffère du produit *en ce qu'il ne fournit pas un objet matériel*, mais seulement un effet nouveau ou un meilleur usage dans l'emploi d'un moyen connu. »

MM. Rendu et Delorme (323), disent : « Résultat industriel signifie tout avantage, toute amélioration obtenue dans une opération industrielle, *sans constituer un corps certain, un objet matériel distinctement exploitable*, par exemple une production plus abondante, plus belle, plus prompte, plus économique. »

M. Tillière n° 12, al. 2, dit plus brièvement : « Le résultat est un simple effet, un avantage dans le mode de fabrication. » Il semble avoir emprunté cette définition à un arrêt de la Cour de Cassation de France, du 18 mai 1848 (Parisot), qu'il cite et dans lequel on lit : « Le résultat est la somme des avantages que peut donner une fabrication. » Cette définition avait déjà été donnée par la Cour dans son arrêt du 4 février précédent (Roche).

Toutes ces définitions nous paraissent insuffisantes. Faisons d'abord remarquer que celles de M. Renouard et de M. Tillière sont purement exemplatives.

D'un autre côté aucune d'elles ne fait ressortir ce

caractère, essentiel cependant, du résultat qu'il ne doit rien modifier à la nature même, à la nature propre du produit auquel il se rattache souvent, qu'il doit le laisser intact dans ses éléments. Ce caractère est essentiel, parce que dès qu'on le supprime, la question de savoir s'il y a résultat, se confond avec celle de savoir s'il y a nouveauté. Supposez un changement de qualité, de forme, de proportions, d'élégance, etc., toutes choses qui touchent à la nature même du produit, et immédiatement il y aura lieu de se demander s'il n'y a pas produit nouveau; on entre donc dans un autre domaine et on engendre une confusion qui jette le trouble dans la matière. Aussi Renouard dit-il, que le résultat s'entend entre autres de ce qui concerne la *qualité,* Rendu et Delorme, qu'il comprend la production *plus belle*; on se demande alors avec raison pourquoi ces auteurs n'ajoutent pas la production plus élégante, la forme, les proportions, etc. — Remarquons, aussi que la plupart d'entre eux confondent le *procédé,* qui est le moyen incorporel de fabrication, avec le *résultat.* Qu'est-ce, en effet, qu'une fabrication plus prompte, qu'est-ce que la somme des avantages que peut donner une fabrication, si ce n'est une question de procédés, de moyens de fabrication ? Or, cette nouvelle confusion doit être évitée, car il n'est pas ici question de procédés, et le régime de ceux-ci, comme nous le verrons plus tard, est différent de celui des résultats.

C'est une erreur de dire que les résultats sont des effets qui ont un caractère purement immatériel. L'élément matériel y apparaît en effet fréquemment; ce qui leur manque c'est non pas de récéler des éléments matériels, mais de se présenter dans leur ensemble comme des corps certains et déterminés. Aussi MM. Rendu et Delorme se rapprochent-ils de la vérité, quand ils disent : « Résultat industriel signifie tout avantage, toute amélioration obtenue dans une opération industrielle, *sans constituer un corps certain,* un objet matériel distinctement exploitable... »

Nous allons examiner de plus près la définition que nous avons donnée des résultats en essayant de l'éclairer par des exemples.

**61. Un simple changement dans le prix de revient n'est qu'un résultat.** — Il faut bien distinguer la découverte qui influe sur les moyens de fabrication de celle qui influe sur l'objet que la fabrication crée. Nous n'entendons envisager pour le moment que cette dernière. Quand donc nous parlons des frais de fabrication ou en général des avantages que l'on peut introduire dans la fabrication, il s'agit de l'objet fabriqué lui-même et non des procédés qui l'ont amené.

Supposons une marchandise identique, mais qui coûte meilleur marché. Est-ce que cette modification de prix constitue un produit ou un résultat?

On peut dire ici que poser la question c'est la résoudre. Ce n'est qu'un résultat. Il est vrai qu'il y a une marchandise, c'est-à-dire un produit, mais ce n'est pas sur elle que porte la découverte, car la marchandise est en tout identique à celle qui la précédait mais qui coûtait plus cher. La différence de prix ne détruit pas l'identité, car nonobstant cette différence, la chose conserve sa nature et son nom. La seule différence à laquelle la découverte s'applique, c'est le meilleur marché. Or, ce n'est pas là un corps certain et déterminé. C'est au contraire tout ce qu'on peut imaginer de plus incorporel.

Mais il faut, bien entendu, que la différence de prix ne dérive pas de changements essentiels dans la composition même du produit, car alors la chose aurait changé de nature, on aurait découvert un nouveau produit et non pas un simple résultat.

**62. Ajouter, supprimer ou modifier une propriété qui ne touche pas aux éléments fondamentaux d'une chose n'est qu'un résultat.** — On peut introduire dans un objet, y supprimer ou y modifier, certaines propriétés, certaines choses qui ne touchent pas à ses éléments fondamentaux et dont la présence ou l'absence ne modifie en rien sa nature. Ainsi le fer peut se rouiller; il peut être chauffé; ainsi on peut changer l'odeur ou la couleur d'une étoffe. Avec ou sans la rouille, la chaleur, l'odeur, la couleur, le fer ou l'étoffe n'en restent pas moins ce qu'ils sont. La suppression, l'adjonction ou la modification portant sur ces éléments ne sont que des résultats. C'est ce qui arriverait notamment pour celui qui ferait disparaître la mauvaise odeur des vêtements de gutta-percha. Ainsi encore il y a simple résultat, et non pas produit, dans un cas indiqué par M. Barthélémy, lors de la discussion de la loi française, et devenu depuis célèbre, parce que presque tous les auteurs l'ont reproduit. « Lorsqu'on mettait, disait-il, de l'eau dans une chaudière, il s'incrustait aux parois des matières blanchâtres qui détruisaient cette chaudière. On a trouvé le moyen, en y introduisant des pommes de terre, d'empêcher cette incrustation. » C'est là un résultat; l'absence d'incrustation ne constitue, en effet, nullement un corps certain et déterminé; elle est plutôt le contraire, puisqu'elle empêche des incrustations de se produire. « Il n'y a pas là un produit industriel, ajoutait M. Barthélémy, mais *il y a un résultat industriel.* »

De même pour emprunter un exemple à M. Blanc (*Contrefaçon* p. 444), « la combustion activée par la substitution de l'air chaud à l'air froid *est un résultat* et non un produit. » Où est en effet, le corps certain et déterminé dans la plus grande activité du feu résultant de l'introduction de l'air chaud?

**63. La simple réunion de deux choses n'est qu'un résultat.** — « Comme l'a fait observer M. Gauthier, dit M. Dalloz n° 43, en découvrant récemment un procédé pour souder le plomb par le plomb à l'aide du chalumeau, on n'a pas inventé un produit nouveau, mais obtenu un *résultat* auquel on ne parvenait auparavant que par des procédés plus dispendieux et plus compliqués. » Ici encore la soudure, prise en elle-même, n'est pas un corps certain; elle se présente comme un accessoire; elle n'a pas les caractères d'un produit.

A l'aggrégation se rattache la combinaison, le mélange, l'alliage. Ici il faut être circonspect; quelquefois une opération de ce genre amène un produit tout à fait nouveau; ce produit est alors brevetable. Cette question semble avoir préoccupé la commission spéciale. On lit en effet, dans son rapport, (*Ann. parl.* 1851-52, p. 666 col. 1 in fine) : « L'expression de produits nouveaux exclut les matières premières... Elle admet, au contraire, les matières composées, les alliages, les mélanges, quand c'est au travail de l'inventeur qu'ils sont dus. A ce propos, la commission s'est demandé si c'était bien le produit qu'il fallait breveter en pareil cas, ou seulement le moyen, le procédé par lequel il a été obtenu. Après avoir longtemps hésité sur ce point, elle a décidé par quatre voix contre deux abstentions, que toute matière composée, tout alliage ou mélange *qui donne une nouvelle matière* est brevetable *comme produit nouveau*, abstraction faite du procédé ou de l'application employée pour l'obtenir. » On voit, par la phrase que nous avons soulignée, qu'il s'agit du mélange spécial *qui donne un objet nouveau*, c'est-à-dire un nouveau corps certain et déterminé; quant aux autres ils ne sont pas brevetables.

**64. Quid du changement dans la quantité?** — Supposons des marchandises identiques, mais produites en plus grand nombre.

Quoique le nombre des produits augmente, ce n'est pas sur eux que porte l'invention, puisqu'ils existaient déjà auparavant, tels qu'on les fabrique après la découverte. La découverte ne porte que sur le nombre, et le nombre pris en lui-même est une chose incorporelle, un simple résultat.

**65. Quid de la diminution des dangers ou autres inconvénients ?** — Toujours d'après les principes et les explications que nous avons donnés ci-dessus, nous dirons que la diminution des dangers ou autres inconvénients dans un produit identique du reste pour le surplus à un produit antérieur, ne constitue qu'un simple résultat. Il n'y aurait produit nouveau que si la diminution des dangers et des inconvénients avait pour source et fondement des changements essentiels dans les éléments matériels, la forme ou la qualité des produits.

**66. Quid de l'augmentation de la durée d'un produit ?** — C'est également un simple résultat. Il y aura produit nouveau si elle résulte de modifications essentielles apportées à la nature de la chose. Mais alors ce seraient ces modifications et non l'augmentation de durée qui constitueraient le produit.

**67. Qu'est-ce qu'un moyen proprement dit ?** — c) L'*Organe* ou moyen proprement dit est le corps certain et déterminé qui sert à obtenir un produit ou un résultat.

M. Renouard dit n° 64 : « ... les moyens nouveaux *par lesquels on obtient des produits ou résultats déjà connus...* »

M. Nouguier n° 402 s'exprime en ces termes : « Tous les procédés matériels, toutes les combinaisons scientifiques *qui procurent un produit ou un résultat*, constituent les moyens. (Conf. Et. Blanc, *Contrefaçon*, p. 447.) »

M. Tillière n° 14, dit : « Les moyens nouveaux sont tous les procédés mécaniques ou chimiques, tous les agents producteurs *à l'aide desquels on obtient soit des produits, soit des résultats industriels.* »

Comme on le voit ces définitions confondent l'Organe, ou moyen corporel, avec le Procédé et l'Agent, ou moyens incorporels (sup. n° 58). Nous avons cru faire chose utile à la clarté en distinguant. MM. Rendu et Delorme sont plus exacts que les auteurs que nous venons de citer, quand ils disent (n° 318) : « Les organes, sont les éléments mécaniques, les ressorts de toute nature, à l'aide desquels s'effectue une opération ; et non pas simplement les combinaisons compliquées de la mécanique, mais les instruments les plus simples ; ainsi la toile métallique qui empêche la combustion de se communiquer (lampe de Davy); ainsi, la vis d'Archimède qui permet de faire descendre le gaz sous une couche d'eau, etc. »

**68. Qu'est-ce qu'un procédé, qu'est-ce qu'un agent ?** — d) Le *Procédé* et *l'Agent* sont les moyens qui ne constituent pas dans leur ensemble des corps certains et déterminés et qui servent à obtenir un produit ou un résultat.

« Les procédés, disent MM. Rendu et Delorme (318 al. 2), sont les indications, les méthodes à l'aide desquelles un résultat industriel peut être réalisé. Telle est par exemple l'indication des proportions dans lesquelles divers éléments doivent être combinés pour amener un résultat ou un produit marchand. » Tels sont encore l'ordre des opérations d'une fabrication, leur durée, le degré de froid ou de chaleur des ingrédients, etc. Comme on le voit, ce sont des émanations du génie de l'homme. — « L'agent, disent les mêmes auteurs (ib. al. 1.), sont les forces empruntées à la nature, mais qui peuvent être l'objet de découvertes nouvelles, telles que l'électricité, le galvanisme, la force élastique de l'air, de la vapeur, la force centrifuge. » Ce qui distingue donc le procédé de l'agent, c'est que le second est dû à la nature, tandis que le premier est dû à l'esprit humain.

**69. D'où vient le terme procédé?** — Le terme procédé ne vient pas de nous. Il a été employé notamment dans les travaux préparatoires de la loi belge. L'art. 1er de l'avant projet portait : « Tout inventeur de nouveaux produits, moyens, *procédés...* » (*Ann. parl.* 1851-52, p. 676, col. 1.) Le rapport de la commission qui l'avait rédigé, disait : « On appelle moyens, les nouveaux instruments, machines, outils, ustensiles, appareils et généralement tous les objets qui servent à simplifier, à régulariser le travail ; *procédés, les modes ou manières nouvelles de produire.* » (*Ann. parl.* ib. p. 666, col. 2.) Ces définitions furent adoptées par la section centrale, car on lit dans son rapport (*Ann. parl.* ib. p. 986, col. 1) : « Le mot moyen doit être traduit par nouvel instrument, machine, outil, appareil, ustensile, etc., celui de procédé *par mode ou manière nouvelle de produire.* »

**70. Quoique incorporels, le procédé ou l'agent peuvent amener un effet corporel.** — Il n'y a aucun lien nécessaire entre la nature du procédé ou de l'agent et celle de l'effet qu'ils amènent. Ainsi, le procédé, incorporel en soi, peut amener un produit, lequel est essentiellement corporel.

**71. Point commun entre le produit et l'organe, entre le résultat et le procédé ou l'agent.** — L'organe est au procédé, comme le produit est au résultat. L'organe et le produit doivent chacun être un corps. Le résultat et le procédé ou l'agent doivent essentiellement ne pas l'être.

**72. Exemples de procédés.** — Pour apprécier si un moyen est un organe ou un simple procédé, il faudra appliquer les règles que nous avons fait connaître ci-dessus à propos des résultats, en ce qui concerne l'adjonction ou l'élimination d'une propriété étrangère, la simple aggrégation, les frais de fabrication, la quantité, la diminution des dangers et des inconvénients, la durée. Nous pouvons ajouter qu'il y aura encore simple procédé, quand la fabrication sera plus rapide, mieux ordonnée ou combinée, etc.

**73. Une même invention peut être à la fois produit et organe, résultat et procédé.** — Nous venons d'expliquer avec de grands détails ce qu'il faut entendre par produits, résultats, organes et procédés. Nous avons montré les différences qui les séparaient. Elles sont grandes, mais elles ne vont cependant pas jusqu'à empêcher que les qualités de produit et de résultat ne se présentent dans le même objet, ou qu'un même objet ne soit à la fois produit et organe ou résultat et procédé ; mais il ne peut naturellement jamais être produit et procédé, résultat et organe, puisque les qualités d'objet corporel et d'objet incorporel s'excluent. Cela dépend de la façon dont on envisage l'objet à breveter. Ainsi un nouvel outil est un produit pour celui qui le fabrique ou le vend ; c'est un moyen pour celui qui l'emploie. Ainsi la disposition nouvelle et meilleure de matières filtrantes dans un appareil de filtrage est un procédé pour celui qui emploiera l'appareil, c'est un résultat pour celui qui aura fabriqué celui-ci afin de le vendre.

**74. La division en produits, résultats et moyens est essentiellement différente de celle en moyens nouveaux et application nouvelle de moyens connus. Renvoi.** — A la division des inventions en produits, résultats et moyens, la plupart des auteurs rattachent immédiatement celle en moyens nouveaux et application de moyens connus. En cela ils ne font que suivre la voie qui leur a été tracée par la loi française, qui dans son art. 2, énumérant les inventions brevetables, dit :

« Seront considérées comme inventions et découvertes nouvelles :

» L'invention de nouveaux produits industriels;

» L'invention *de nouveaux moyens ou l'application nouvelle des moyens connus,* pour l'obtention d'un résultat ou d'un produit industriel. »

Mais cette division en moyens et applications de moyens connus a une toute autre base que celle en produits, résultats et moyens. Elle se rattache toute entière à la nouveauté, et dès lors sa place véritable est dans la section où nous traiterons de celle-ci. Elle se rattache, disons-nous, à la nouveauté; en effet, elle consiste à mettre d'une part, les moyens qui sont *nouveaux,* et d'autre part, les moyens qui sont *anciens,* pour déclarer que les premiers sont brevetables en eux-mêmes, quelque application que l'on en fasse, et les autres seulement quand on en fait une application ignorée jusqu'alors, ce qui est la seule manière de leur donner une nouveauté dont ils manquent par eux-mêmes.

**75. Les produits, les résultats, les organes et les procédés ou agents sont-ils tous également brevetables?**
— Nous savons maintenant que les mots invention et découverte, pris dans leur sens le plus général, comprennent les produits, les résultats, les moyens et les procédés ou agents.

Mais sont-ils tous également brevetables? Le sens général des mots doit en effet se courber devant la volonté de la loi. Or, la volonté de celle-ci n'a-t-elle pas été d'exclure des choses brevetables, l'une ou l'autre des quatre catégories que nous avons signalées?

**76. Les produits et les organes sont brevetables.** — Jamais aucun doute ne s'est élevé en doctrine ou en jurisprudence sur le point de savoir si les produits et les organes pouvaient être valablement brevetés. L'affirmative a toujours passé pour incontestable. (Voy. art. 2, loi française; Nouguier n[os] 394 et 403.) On verra du reste tantôt par les citations que nous emprunterons aux travaux préparatoires à propos des résultats et des procédés, que ce point est aussi parfaitement établi pour notre législation. (*Infra* n° 79).

**77. Les résultats sont-ils brevetables ?** — Mais que dire des résultats et des procédés, ou agents ?

Parlons en premier lieu des résultats. Peuvent-ils être valablement brevetés ?

Faisons d'abord remarquer que la question n'offre pas une importance aussi considérable qu'on pourrait le croire à première vue; en effet, beaucoup de résultats ne sont pas brevetables, soit parce qu'ils ne présentent pas le caractère de la nouveauté, soit parce que l'activité humaine n'a nullement contribué à les amener. Ces circonstances offrent donc un moyen indirect de résoudre la question et de trancher les difficultés. Mais cependant certains cas sont en dehors de cet expédient et pour eux la question reste entière.

**78. Ils ne le sont pas sous la loi française.** — Sous la législation française, la question ne peut plus faire de doute sérieux. Les résultats ne peuvent être brevetés en eux-mêmes, abstraction faite des moyens par lesquels on les obtient. Cela résulte du texte de l'art. 2 de la loi; cet article contient une énumération des inventions brevetables, dont les résultats sont exclus. En effet, il est ainsi conçu :

« Seront considérées comme inventions ou découvertes nouvelles :

» L'invention de nouveaux produits industriels.

» L'invention de nouveaux moyens ou l'application nouvelle de moyens connus pour l'obtention d'un résultat ou d'un produit industriel. »

Cette énumération qui est restrictive parce que l'invention brevetable est l'exception, commence donc par mentionner les produits à l'exclusion des résultats, et quand dans le paragraphe suivant, elle mentionne les résultats, ce n'est qu'au point de vue des moyens qui les font naître. (NOUGUIER, 397, et les autorités citées par lui.)

Pourtant M. Renouard n° 61, admet l'opinion contraire. Il dit en effet : « La nouveauté d'industrie ou invention industrielle peut porter sur 1° des produits; 2° *des résultats;* 3° des moyens; 4° des applications. »

Telle est aussi l'opinion de M. Duvergier, Collection des lois, t. 44, p. 572 note 3.

Mais cette doctrine est avec raison blamée par Nouguier, *loc. cit.* Le texte de la loi ne peut laisser aucun doute. De plus, M. Renouard semble ne pas avoir vu la difficulté, car son commentaire glisse sur la question du brevet des résultats, et certes il l'eût examinée avec détail s'il en avait aperçu les difficultés.

En jurisprudence, la question a été résolue par la Cour de cassation de France dans le sens que les résultats ne peuvent être brevetés.

**79. Quid sous la loi belge?** — Que décider sous la loi belge? La question ne présente pas sous son empire les mêmes éléments de solution. Cette loi ne donne pas en effet comme la loi française une énumération restrictive des inventions brevetables dont les résultats soient exclus. Son article 1$^{er}$ se borne à dire : « Il sera accordé des droits exclusifs... sous le nom de brevet d'invention... *pour toute découverte...* » Or, comme nous l'avons vu précédemment, le mot découverte, pris dans son sens général, comprend les résultats. Le texte est donc plutôt favorable que contraire à l'opinion qui admet que les résultats peuvent être brevetés.

Mais les travaux préparatoires viennent faire disparaître le doute et montrent que sous notre loi comme sous la loi française, les résultats ne peuvent être brevetés.

En effet, l'art. 1$^{er}$ de l'avant-projet disait : « Tout inventeur de nouveaux produits, moyens, procédés ou applications... peut s'en réserver l'exploitation exclusive en prenant un brevet. » On voit que nous nous rapprochons ici singulièrement de l'art. 2 de la loi française, et que notamment les résultats ne sont pas mentionnés à côté des produits. On les passe sous silence, donc on veut les exclure. (*Ann. Parl.* 1851-52, p. 676.)

Or l'opinion de la commission a passé dans le rapport de la section centrale. Pour qui voudra s'en convaincre, il suffira de lire le commencement de ce rapport. L'énumération de l'avant projet s'y retrouve. On y lit en effet : « Toute découverte ou produit nouveau, moyen, procédé ou-application est brevetable. » Les résultats sont donc exclus ici également. Ce rapport de la section centrale interprète, comme il le dit lui-même, l'art. 1$^{er}$ du projet du gouvernement, qui a été adopté sans discussion. Cet art. 1$^{er}$, sous sa disposition vague à première vue, écarte donc les résultats. (Ib. p. 936, col. 1 in fine.)

Cela est confirmé encore par la citation suivante extraite du même rapport : « La section centrale n'a pas adopté comme définition du principe de cette loi (celle de 1854), l'art. 2 de la loi française, *non pas parce qu'il consacre un autre principe*, mais parce qu'il ne généralise pas assez les objets susceptibles d'être brevetés. » (Ib).

Remarquons du reste que l'absence du mot résultat dans les travaux préparatoires aussi bien que dans la loi, a une valeur toute particulière, quand on réfléchit que les discussions de la loi française l'avaient si bien mis en relief, lui avaient donné une signification si précise et si importante, qu'on ne peut croire qu'il ne se fût pas trouvé sous la plume de nos législateurs, si on avait voulu le breveter.

M. Tillière n°ˢ 11 et 12, tout en adoptant notre opinion, ne donne d'autres motifs à l'appui que quelques autorités françaises. C'est là, nous semble-t-il, une méthode qui, en présence des textes si différents de la loi belge et de la loi française, ne peut satisfaire le jurisconsulte.

**80. Pourquoi les résultats ne sont-ils pas brevetables?** — Les motifs qu'on peut donner pour justifier la loi d'avoir exclu les simples résultats de la classe des inventions brevetables, fournissent un nouvel argument à l'appui de la thèse que nous venons de développer. Il y a en effet *une raison d'utilité* puissante pour ne pas les breveter. Ces simples états de chose qui constituent les résultats sont le plus souvent de telle nature qu'on peut les obtenir par des voies très-variées. Combien de modes d'empêcher l'oxydation du fer, combien de méthodes pour activer la combustion, pour souder les métaux, n'a-t-on pas découverts et ne découvrira-t-on pas encore? En cela le résultat diffère du produit qui la plupart du temps ne peut être obtenu que par des moyens uniques ou très-restreints. Or quel coup sensible n'aurait-on pas porté à l'industrie, à l'activité humaine et au génie de l'invention, si l'on avait permis de breveter le résultat en même temps que le moyen ou le procédé par lequel on l'amène? Celui, par exemple, qui a découvert le procédé qui consiste à empêcher l'incrustation des chaudières en y jetant des pommes de terre, aurait été seul en possession d'empêcher cette incrustation, et tout autre procédé même meilleur qui eût été inventé serait resté sans application. Celui qui a découvert un procédé de soudure pour des métaux, aurait pu empêcher tout autre de les souder par un procédé nouveau. Certes en pareil cas il y a découverte, mais en la brevetant on serait arrivé à une situation presque intolérable, et on s'explique que le législateur n'en ait pas voulu. (Comp. Rendu et Delorme, 323.)

**81. Jurisprudence en matière de brevets relatifs à des résultats.** — La jurisprudence fournit des exemples nombreux de résultats déclarés non brevetables.

a) *Adjonction d'une propriété qui ne touche pas au fond du produit.*

Rendre un chapeau *susceptible de s'ouvrir et de se fermer*, c'est n'obtenir qu'un résultat qui n'est pas brevetable. (Cass., Fr., 26 mars 1846, Duchesne c. Nadal, Pal. 49, 2, 43.)

*La concentration et la pulvérisation d'un corps*, sans emploi d'un appareil ou procédé nouveau, ne peuvent être susceptibles d'être brevetés, abstraction faite d'un appareil ou d'un procédé destinés à amener cette concentration et cette pulvérisation. (Paris, 7 mars 1862, Paulet c. Moll, la Prop. industr., n° 234.)

b) *Simultanéité ou Réunion.*

Le brevet obtenu pour une machine *qui effectue à la fois* le tondage et le lainage des étoffes, alors que jusque là ces deux opérations se faisaient séparément, ne peut porter que sur la machine et non pas sur la simultanéité des opérations. Par conséquent toute personne pourra fabriquer des machines produisant cette même simultanéité pourvu qu'elles soient différentes de celles du breveté. (Liége, 18 avril 1860, Biolley et fils c. Jopsin, Pas. 1862, 381.)

Mais quoique un système de double porte puisse n'être qu'une simple combinaison d'éléments connus, cependant il est brevetable s'il constitue, par son ensemble et son agencement, un tout nouveau. (Bruxelles, 15 juin 1861, DEVISSER C. GODEFROY, Pas., 1862, p. 416.) Bien jugé. En effet la combinaison qui crée un tout nouveau n'est plus un simple résultat, c'est un produit.

c) *Prix de revient, bon marché.* Rendre les poutrelles en fer en forme de T, dès longtemps tombées dans le domaine public, *moins coûteuses,* ce n'est pas faire une invention brevetable. (Liége, 4 août 1862, Soc. de Sclessin c. Soc. la Providence, Pas. 1863, p. 249.)

d) *Quantité.* N'est pas inventeur celui qui fabrique le premier *sur une grande échelle* un produit déjà connu. (Trib. de Lyon, 12 février 1857, JULIAN AMIC. c. BUISSON. *Rép.* Huard, p. 428, n° 120.)

e) *Diminution des dangers et des inconvénients, augmentation des avantages.*

Préserver les intéressés *des explosions et des émanations du gaz* c'est n'amener qu'un simple résultat non brevetable par lui-même. (Cass. F, 18 mai 1848, PARIZOT c. PAUWELS.)

*Les avantages* résultant pour un produit de l'emploi d'un système spécial de fabrication, en les supposant même nouveaux, ne peuvent être l'objet d'un brevet. En conséquence, tout le monde a le droit d'amener dans le produit les mêmes avantages, s'il y a emploi d'un système différent. (LYON, 8 mars 1859, RUSSERY-LACOMBE C. PETIN-GAUDET, *la Prop. industr.* n° 65.)

f) *Durée.* Jugé que le fait de rendre un tissu *plus solide* ne constitue pas une invention brevetable. (Paris, 4 mai 1860, BERNARD c. COLLET-DUBOIS, *la Prop. ind.* n° 125.)

**82. Les résultats sont-ils brevetables concurremment avec les moyens nécessaires pour les obtenir?** — On rencontre souvent en doctrine et en jurisprudence cette affirmation « *que les résultats ne sont pas brevetables indépen-*

damment des moyens nécessaires pour les obtenir. » Cela pourrait faire croire que dès que le monopole des moyens est obtenu par un brevet, on obtient par cela même le monopole du résultat; que par exemple l'oxydation du fer étant empêchée par une couche de bitume, celui qui prendrait un brevet pour ce procédé, pourrait en prendre un qui lui assurerait le droit d'empêcher seul l'oxydation du fer. Ce serait une grave erreur. En réalité, le procédé seul peut être breveté dans son application spéciale; le résultat reste inapte à être breveté; la phrase que nous avons transcrite ci-dessus est donc une locution vicieuse.

Le résultat reste ouvert à tous les inventeurs futurs qui pourront l'atteindre par des procédés ou des moyens nouveaux. Il importera donc de toujours séparer avec soin dans les inventions ce qui appartient au procédé de ce qui appartient au résultat.

Conformément à ces principes il faudra décider que si quelqu'un obtenait un brevet pour désinfecter les vêtements de gutta-percha, ce brevet ne porterait que sur le procédé; toute personne aurait le droit d'amener cette désinfection par d'autres moyens; de même le brevet obtenu pour les chapeaux à flexion, laisse chacun libre d'arriver à tenir les chapeaux ouverts ou fermés par des procédés nouveaux.

**83. Ce qui n'est pas brevetable comme résultat peut être brevetable comme procédé.** — Nous avons vu que les résultats et les procédés ont cela de commun qu'ils sont tous deux des inventions incorporelles. Nous avons démontré aussi qu'une invention peut être résultat ou procédé, selon le point de vue auquel on se place. Or, comme nous verrons au numéro suivant que les procédés sont brevetables, telle invention qui ne pouvait être brevetée comme résultat, peut l'être comme procédé. Ainsi, transformer l'air froid en air chaud, c'est n'amener qu'un résultat ; mais transformer l'air froid en air chaud pour l'appliquer ensuite à activer la combustion des forges, est un procédé qui dans son ensemble peut être parfaitement breveté. (Rendu et Delorme, 524.)

**84. Jurisprudence conforme.** — Ainsi nous avons vu, sup. n° 63 et s., qu'*en tant que résultats*, la simple réunion de deux choses, la diminution du prix de revient, l'augmentation de durée d'un produit n'étaient pas brevetables. Mais ils le sont, *en tant que procédés*. C'est ce qu'on a jugé dans les espèces suivantes :

a) *Réunion, combinaison, agencement.* La *réunion et l'ordre systématique et solidaire* suivis pour la mise en œuvre d'agents chimiques antérieurement employés constituent une invention brevetable. (Paris, 5 décembre 1861, Ringaud c. Desmottes, *la Prop. industr.*, n° 216.)

b) *Frais de fabrication.* Celui qui arrive à réduire la dépense sans diminuer le résultat fait une invention brevetable. (Paris, 5 juillet 1859, Pouillet c. chemin de fer des Ardennes, *la Prop. industr.*, n° 95.)

Est brevetable un procédé qui procure *une plus grande économie* et une plus grande rapidité dans la fabrication. (Trib. civ. de Boulogne, 20 mai 1859, Pearson et Topham c. Mullier, *la Prop. industr.*, n° 76.)

c) *Durée.* Jugé que dans l'industrie du sucre, la détermination d'un degré de calorique, qui, sans changement des appareils, permet d'obtenir *en moins de temps* et à moins de frais, un sucre plus blanc constitue une invention brevetable. (Cass., Fr., 19 février 1855, Rousseau.)

**85. Les procédés sont brevetables.** — Après ce que nous avons dit sup. n° 79 la question de savoir si les *procédés* peuvent être valablement brevetés n'en est plus une. La solution affirmative résulte en effet clairement des citations que nous avons empruntées aux travaux préparatoires. Les procédés y sont itérativement cités en toutes lettres parmi les inventions brevetables.

**86. Les agents ne sont pas brevetables. Renvoi.** — Quant aux agents, ils ne sont pas brevetables : c'est ce que nous démontrerons dans la deuxième section ci-après.

**87. Les procédés et les organes sont brevetables quel que soit l'effet qu'ils amènent.** Ainsi, il importe peu que l'effet qu'ils amènent soit un produit ou un résultat, quoique celui-ci ne soit pas brevetable en lui-même.

La loi française prévoit expressément le cas dans son art. 2. On y lit en effet : « Seront considérées comme inventions ou découvertes nouvelles... l'application nouvelle de moyens connus pour *l'obtention d'un résultat ou d'un produit* industriel. »

Le loi belge ne s'explique pas sur la question dans son texte, mais la même solution résulte suffisamment des travaux préparatoires.

L'art. 1$^{er}$ de l'avant-projet disait : « Tout inventeur de nouveaux... moyens, procédés *ou applications*... pourra s'en réserver l'exploitation exclusive en prenant un brevet. » On lit dans le rapport fait par la commission spéciale sur cet article : « L'expression de moyens, procédés et applications ne présente, ce nous semble, aucune difficulté : on appelle... *applications,* l'emploi qui se fait d'un principe ou d'une matière connue *pour obtenir un résultat nouveau.* » (*Ann. parl.* 1851-52, p. 666, col. 2.)

Enfin la section centrale s'est approprié ces termes en disant : « Par application on doit comprendre l'emploi qui se fait d'un principe ou d'une matière connue *pour obtenir un résultat nouveau.* (Ann. parl.* id. n° 986, col. 1$^{re}$.)

**88. Ils sont brevetables alors même que le produit ou le résultat qu'ils amènent ne seraient pas nouveaux.** — Certes, quand le produit ou le résultat que ces procédés engendrent sera nouveau, ils n'en seront que plus dignes d'être brevetés, leur caractère d'invention brevetable n'en sera que plus énergique. C'est ce qui fait sans doute que dans beaucoup d'arrêts on mentionne cette circonstance. Mais ce n'est pas là un caractère indispensable. La loi qui, nous l'avons vu, brevète les procédés en général, ne fait nulle part d'exception pour ceux qui n'amènent pas un résultat ou un produit nouveau. Il est vrai que dans les passages des travaux préparatoires que nous avons cités au numéro précédent on semble l'exiger; mais on y envisage le cas le plus général. La loi française adopte notre opinion. Cela résulte clairement de l'art. 2, al. 3, qui ne dit pas que le produit ou le résultat obtenu doit être nouveau. (RENDU et DELORME, 330.) Il n'y a aucune bonne raison pour soutenir le contraire, tandis que l'on doit reconnaître que le procédé nouveau par lui-même, ou dont on fait une application nouvelle, peut être une invention digne d'être protégée, alors même qu'elle amène, par une méthode nouvelle, un résultat déjà connu.

**89. Ne sont pas brevetables les procédés qui dérivent uniquement de qualités personnelles.** — Remarquons toutefois que si un produit déjà connu, ou un résultat connu ou nouveau, ont été amenés par plus d'habileté, d'activité, d'intelligence, ou par toute autre qualité individuelle, le procédé employé ne sera pas brevetable. En effet est-il admissible que la loi ait voulu breveter comme procédés les qualités personnelles des individus? Cela répugne évidemment, et il y aurait quelque chose de contraire aux bonnes mœurs à défendre à un homme d'être aussi habile, aussi actif, aussi intelligent que son voisin dans la confection d'un produit.

**90. Jurisprudence conforme.**

a) *Intelligence.* Jugé qu'il n'y a pas invention brevetable lorsque le breveté se borne à employer, dans la même industrie, *avec plus d'intelligence,* les procédés déjà usités. (Cass., Fr., 20 mars 1854, Falguière c. Auzet, *Le Droit,* 1854, n° 68.)

b) *Habileté.* Un procédé qui consiste seulement dans *l'emploi plus habilement fait* de moyens connus n'est pas susceptible d'être breveté. (Paris, 21 janvier 1860, Rhodé c. Royer et Roux., *la Prop. industr.,* n° 110.)

*Les soins* apportés au triage de la manne, à sa cuisson, à sa pulvérisation, à son blutage, même quand ils ont pour effet d'améliorer la qualité des produits, ne sont pas une invention brevetable. (Paris, 21 février 1861, Sengée c. Montéage, *prop. industr.,* n° 157 et 172.)

**91. Appréciation de la cour de cassation.** — Il peut arriver que les juridictions inférieures qualifient inexactement des inventions en appelant Produit ce qui est un Résultat, Procédé ce qui est un Organe, et arrivent ainsi à des conséquences juridiques erronées. Quel est l'empire de la cour de cassation sur de pareilles décisions? Nous examinerons cette question ci-après dans le titre second, lorsque nous traiterons du droit des cours d'appel et des tribunaux d'apprécier les descriptions jointes aux demandes des brevets.

## SECTION DEUXIÈME.

### Il faut que l'homme ait participé à l'invention ou à la découverte.

(SOMMAIRE.)

92. Les découvertes ou inventions sont naturelles ou humaines. — 93. Division des découvertes naturelles en substances et agents. — 94. Il n'y a de brevetables que les inventions auxquelles l'homme a participé. Démonstration. — 95. Exemples et décisions conformes. — 96. Peu importe le degré d'intelligence ou d'activité humaines qu'il a fallu. — 97. Il y aura invention brevetable, même quand l'homme aura inventé par hasard. — 98. Combinaison de ces principes avec la division des choses brevetables en inventions et découvertes. — 99. Les matières premières, les forces et les formes premières ne sont pas brevetables. — 100. Les phénomènes naturels ne sont pas brevetables. — 101. Mais ils sont brevetables quand on en indique des applications industrielles.

**92. Les découvertes ou inventions sont naturelles ou humaines.** — Les inventions et découvertes sont *humaines* ou *naturelles*, selon que l'on trouve dans l'objet ou l'effet qu'elles ont amené ou mis en lumière, une part d'intervention humaine ou la seule intervention de la nature. Ainsi le papier est d'invention humaine, parce que c'est l'homme qui le fabrique; mais le bois ou la paille que l'on emploie souvent pour sa confection sont des produits naturels, et celui qui les a observés pour la première fois a fait une découverte naturelle.

Ce qu'il faut considérer dans la découverte pour bien saisir la division que nous venons de faire, c'est l'objet découvert lui-même, et non pas les moyens employés pour y arriver, sinon toutes les découvertes deviendraient humaines. Ainsi quelque ingénieux, quelque compliqués qu'aient pu être les efforts et les moyens employés pour découvrir dans le sein de la terre un nouveau métal, celui-ci, si la nature seule l'a produit, n'en restera pas moins une découverte naturelle.

**93. Division des découvertes naturelles en substances et agents.** — La division que nous avons signalée au numéro précédent peut-être combinée avec celle que nous avons donnée sup. n° 54 et s. en découvertes corporelles et incorporelles. Quand elle est corporelle, la découverte due à la nature se nomme *Substance*, peu importe du reste qu'elle soit un produit ou un organe. Quand elle est incorporelle, elle se nomme de préférence *Agent*, qu'elle soit résultat ou simple moyen. « La plupart des inventions, disait M. Delespaul, lors de la discussion de la loi française, ne sont autre chose que des applications nouvelles de principes, d'agents, d'éléments, de substances *naturels*, élaborés par l'homme de manière à obtenir des produits, des effets, des résultats nouveaux. Les mots moyens connus, ne paraissent pas embrasser tout cela dans leur généralité. Prenons pour exemple l'application de la vapeur au blanchiment du linge, de la dentelle : dira-t-on que la vapeur est un moyen connu ? Non ; c'est un principe, *un agent* connu qui reçoit une application nouvelle. Même observation pour la paille, le bois, les feuilles d'arbre que l'on appliquerait par exemple à la fabrication de la pâte à papier par les moyens en usage pour la conversion du chiffon en pâte. La paille, le bois, les feuilles ne sont pas des moyens, mais *des substances* naturelles et connues qui n'auraient pas encore reçu la destination nouvelle de la pâte à papier. Il faut en dire autant de l'air chaud et de l'application nouvelle qu'en a faite l'Écossais Neilson pour activer la combustion dans la fonte du minerai. L'air est un principe, un agent : ce n'est pas un moyen. »

**94. Il n'y a de brevetables que les inventions auxquelles l'homme a participé. Démonstration.** — Ces divisions établies, nous devons nous demander si toutes les inventions et découvertes peuvent faire l'objet d'un brevet valable, sans distinction entre celles qui sont humaines et celles qui sont naturelles, entre les agents et les autres moyens, entre les substances et les autres produits.

Pour résoudre ces questions nous devons remonter aux principes de la loi. Ce que la loi a voulu protéger et récompenser ce sont les combinaisons de l'activité humaine. Elle n'a pu vouloir donner à l'homme une récompense pour ce que la nature seule avait produit. On peut donc poser en règle générale qu'il n'y a de choses brevetables que celles où l'activité humaine entre comme élément Si cela ne résulte pas d'un texte précis, cela résulte du bon sens, et si cela n'a pas été dit, c'est que cela était évident. « Tout produit, dit M. Tillière, n° 11, n'est pas susceptible d'un brevet. Il faut que le travail, la main de l'homme en soit la cause, par la transformation qu'il fait subir à la matière première. Je découvre un sel nouveau gisant dans un certain sol, il existait indépendamment de mon intervention ; je n'ai rien inventé. Mais je découvre que, par une transformation que je ferai subir à telle matière première, connue ou ignorée, j'obtiendrai un sel nouveau : j'ai fait une invention. Par exemple, je brûle du varech, j'obtiens de la soude par la transformation résultant de l'action du feu : j'ai fait une invention. » Il est vrai que souvent la découverte d'une chose déjà existante exige les plus grands travaux, les plus pénibles efforts ; mais ce sont ces travaux et ces efforts qui mériteraient alors la récompense de la loi, et non pas la découverte à laquelle ils aboutissent. Ce sont les moyens seuls qui portent l'empreinte de l'activité humaine.

Qu'on n'objecte pas à cette doctrine qu'elle est contraire au texte de notre loi; qu'il dit en effet que *les découvertes* pourront être brevetées aussi bien que *les inventions;* que cependant cette doctrine exclut toutes les découvertes, puisque celles-ci, d'après la définition que nous-mêmes en avons donnée ne supposent l'intervention de l'homme que dans les efforts faits pour les amener et les mettre en lumière. En effet, comme nous le verrons ci-dessous, n° 98, il est des découvertes, notamment toutes celles qui portent sur des moyens, qui supposent l'intervention humaine, même en prenant le mot dans son sens rigoureux; et du reste ce mot découverte est le plus souvent employé par la loi, pour désigner les inventions aussi bien que les découvertes (voy. sup. n° 42), ce qui ôte sa valeur à l'argument tiré du texte.

L'opinion que nous soutenons est au surplus confirmée par l'examen des travaux préparatoires de notre loi.

La commission instituée par l'arrêté royal du 29 mai 1848 pour la révision des lois sur les brevets d'invention, avait rédigé un projet qui a servi de base aux travaux ultérieurs, et dont l'art. 1er était ainsi conçu :

« Tout inventeur de nouveaux produits, moyens, procédés ou applications, susceptibles d'être exploités comme objets d'industrie ou de commerce, peut s'en réserver l'exploitation exclusive en prenant un brevet d'invention. » (*Ann. parl.* 1851-52, p. 676 col. 1.)

Le rapport de cette commission expliquait ainsi quelques termes de cet article : « L'expression de produits nouveaux exclut les matières premières parce qu'elles ne sont pas des produits ou du moins *les produits du travail humain.* Elle admet, au contraire, les matières composées, les alliages, les mélanges, *quand c'est au travail de l'inventeur qu'ils sont dus.* » (*Ann. parl.* p. 666, col. 1, in fine.)

Voilà certes des explications qui ne peuvent laisser aucun doute sur la nécessité de l'intervention humaine dans l'invention. Mais on sait que le projet de la commission n'a point passé entièrement dans la loi définitive. Ces termes n'auraient donc qu'une valeur doctrinale, si nous ne faisions pas voir que les idées qu'ils expriment ont pénétré dans la loi de 1854.

Or, nous les retrouvons à peu près textuellement dans le rapport fait le 20 mars 1852, à la Chambre des représentants, par M. Vermeere, au nom de la section centrale. On y lit en effet : « L'art. 1$^{er}$ accorde des droits exclusifs et temporaires pour toute découverte... exploitée comme objet d'industrie ou de commerce. Une découverte suppose un produit nouveau : mais comme il est subordonné à l'exploitation d'objets d'industrie ou de commerce, il est évident que les matières premières ne peuvent être brevetées, parce qu'elles ne sont pas des produits ou du moins *les produits du travail humain.* » (*Ann. parl.* p. 986, col. 1.)

Cet article ainsi interprété, a passé dans la loi sans discussion.

**95. Exemples et décisions conformes.** — Ainsi, pour citer M. Nouguier, n° 399 : « Lorsque des procédés employés dans l'industrie, donnent nécessairement un résultat, qui, quoique complétement ignoré, existe réellement, découvrir le premier ce résultat inconnu, le décrire dans un brevet et signaler les causes qui le produisent, ce n'est pas faire une découverte brevetable. » Par exemple, les sels métalliques employés pour la désinfection des fosses d'aisance ont le double effet de désinfecter les matières et d'opérer la séparation des solides et des liquides. Celui qui s'est borné à découvrir ce second effet ne peut obtenir un brevet valable. (Cass. Fr. 20 décembre 1851, Pal. 1853, 1,295, QUESNEY). De même, (ib. n° 400), une couche de bitume préserve le fer de la rouille. Celui qui découvre que de plus cette couche de bitume consolide le fer, ne peut être valablement breveté (Et. Blanc, *Contrefaçon*, p. 446.) En effet, dans ces deux cas, l'intervention humaine, telle que la loi l'entend, fait défaut de la part de l'inventeur. Celui-ci se borne à constater un fait, qui se produit sans lui et malgré lui.

**96. Peu importe le degré d'intelligence ou d'activité humaine qu'il a fallu.** — Il importe peu du reste quel est le degré d'intelligence ou d'activité humaine qui est intervenu dans l'invention ou la découverte. La loi n'a nulle part distingué à cet égard. Nous ne pouvons faire plus qu'elle. Au surplus une invention due à peu d'intelligence est quelquefois d'une extrême importance dans ses conséquences; tous les jours dans les arts ou l'industrie on s'étonne, en présence de la simplicité de certaines découvertes, de ne pas les avoir faites antérieurement. (Nouguier, 387; Blanc, *Inventeur breveté*, p. 431.)

**97. Il y aura invention brevetable, quand même l'homme aurait inventé par hasard.** — Par conséquent, alors même que l'invention serait la découverte du hasard, elle sera brevetable, pourvu que la main de l'homme y ait participé. Un ouvrier, en manipulant machinalement des matières, voit surgir entre ses doigts un produit chimique nouveau, il y aura invention. (Nouguier, 387).

**98. Combinaison de ces principes avec la division des choses brevetables en inventions et découvertes.** — Nous avons dit précédemment (n° 47) que la découverte différait de l'invention en ce que la première était la mise en lumière d'une chose existante, mais non encore observée, tandis que la seconde consistait dans la réalisation par l'homme d'une chose qui n'existait pas auparavant. A prendre donc les termes dans leur sens rigoureux, il semblerait que si les inventions peuvent toujours être brevetées parce qu'elles supposent toujours le concours de l'activité humaine, les découvertes au contraire ne peuvent jamais l'être. Mais cette dernière règle n'est vraie que lorsqu'il s'agit de découvertes portant sur des *effets,* et non lorsqu'il s'agit de découvertes portant sur des *moyens.* En effet tout moyen suppose l'application d'une chose pour arriver à un but; or cette application peut être le fait de l'homme, et cela suffit pour qu'il y ait participation humaine suffisante. Ainsi découvrir la force de la vapeur, c'est faire une découverte naturelle ; mais appliquer cette force comme moyen pour atteindre un but, c'est faire une découverte humaine.

**99. Les matières premières, les forces et les formes premières ne sont pas brevetables.** — Conformément aux principes que nous venons de signaler, les matières premières, qui ne sont au fond que de simples découvertes de produits, ne peuvent être brevetées. (TILLIÈRE, n° 15). Voyez ci-dessus n° 94 in fine les passages cités des discussions préparatoires.

Nous pouvons y ajouter le suivant, extrait du rapport de la commission qui a rédigé l'avant-projet : « Il est des inventions qui ont pour objet des matières, des forces ou des formes premières que la nature a destinées à l'usage de tout le monde, et celles-là non plus ne peuvent être brevetées, parce qu'elles constituent pour ainsi dire, les éléments de toute industrie. »

**100. Les phénomènes naturels ne sont pas brevetables.** — Les phénomènes naturels ne sont pas brevetables, parce qu'ils se produisent spontanément, sans l'intervention de l'homme. Aussi il a été jugé que l'on ne peut obtenir légitimement un brevet pour la revivification des oxydes de fer qui ont servi à l'épuration du gaz, c'est-à-dire pour le phénomène en vertu duquel ces agents chimiques, transformés en sulfure par l'épuration, reprennent leurs qualités premières par l'absorption spontanée de l'oxygène de l'air. (Paris, 20 janvier 1855, Laming c. Cavaillon, Rendu et Delorme, 325.)

**101. Mais ils sont brevetables quand on en indique des applications industrielles.** — Mais, comme nous l'avons dit, dès qu'on les applique, l'intervention humaine, qui faisait défaut, apparaît. Aussi, a-t-il été jugé que bien qu'on ne puisse en général faire breveter un phénomène se produisant spontanément et nécessairement suivant les lois de la nature, il n'en est pas ainsi de l'application nouvelle d'une loi de la nature à l'industrie. (Paris, même affaire, Rep<sup>e</sup> Huard, p. 415, n° 52.)

C'est ce qu'on a reconnu lors des discussions de la loi française. Dans le projet, l'art. 2 déclarait brevetable notamment l'application nouvelle de moyens connus. M. Delespaul proposa de mettre de moyens et d'agents connus, soutenant que moyens *ne comprenait pas les applications nouvelles de principes, d'agents, de substance naturels,* qui, disait-il avec raison, sont brevetables. Son amendement ne fut pas adopté parce que l'on fut d'avis que moyens comprend tout cela dans sa généralité. (Dalloz, n° 45).

## SECTION TROISIÈME.

**Il faut que la chose soit susceptible d'être exploitée (comme objet d'industrie ou de commerce).**

(SOMMAIRE.)

102. Il n'y a que les choses susceptibles d'être exploitées comme objets d'industrie et de commerce qui puissent être régulièrement brevetées. — 103. Qu'est-ce qu'une chose susceptible d'être exploitée comme objet d'industrie et de commerce? — 104. Sens du mot industrie, sens du mot commerce. — 105. Que signifient les mots « susceptibles d'être exploités? » — 106. Les théories, systèmes, notions, méthodes, principes, règles ou formules abstraites, ne peuvent être brevetés. — 107. Il en est autrement quand on indique leur application à l'industrie. — 108. Les plans financiers, économiques et administratifs ne peuvent être brevetés. — 109. Quid des méthodes d'enseignement? — 110. Quid des instruments de science? — 111. Les inventions qui touchent à la santé et à la salubrité ne sont pas brevetables. — 112. C'est la destination du produit qu'il faut considérer pour déterminer s'il y a remède. — 113. Quid d'une invention qui est à la fois un médicament et un objet utile à l'industrie? — 114. Quid des inventions servant d'enveloppes aux médicaments? — 115. Quid des instruments médicaux et chirurgicaux? — 116. Quid des médicaments destinés aux animaux? — 117. Quid des cosmétiques? — 118. Quid des systèmes d'embaumement? — 119. Quid des denrées alimentaires? — 120. Quid lorsque l'aliment est transformé en médicament? — 121. Les objets qui touchent à l'agriculture peuvent-ils être valablement brevetés? — 122. Les productions artistiques et littéraires ne peuvent être brevetées. — 123. Quid de la photographie? — 124. Appréciation souveraine des tribunaux. Exception. — 125. Pourquoi certaines inventions ne sont pas brevetables. — 126. Pourquoi les remèdes ne sont pas brevetables.

**102. Il n'y a que les choses susceptibles d'être exploitées comme objets d'industrie et de commerce qui puissent être régulièrement brevetées.** — La nécessité de cette troisième condition résulte du texte de l'art. 1$^{er}$ de la loi qui dit :

« Il sera accordé des droits... sous le nom de brevet...

pour toute découverte... *susceptible d'être exploitée comme objet d'industrie ou de commerce.* »

Ce texte est restrictif. Cela résulte de la nature même des brevets qui sont d'exception. Le rapport de la section centrale (*Ann. parl.*, 1851-52, p. 986, col. 2) le confirme : « L'art. 1er, dit-il, *ne parle que d'objets industriels et commerciaux*, c'est-à-dire d'objets réunissant ces deux conditions. » Donc aucune autre découverte ne peut être brevetée. Le caractère commercial ou industriel est essentiel. Ce point n'a jamais fait aucun doute.

**103. Qu'est-ce qu'une chose susceptible d'être exploitée comme objet d'industrie et de commerce?** — Mais que faut-il entendre par cette expression : « *Susceptible d'être exploitée comme objet d'industrie ou de commerce?* »

Cette phrase a été textuellement empruntée à l'art. 1er de l'avant-projet de la commission. (*Ann. parl.*, loc. cit., p. 676 col. 1.)

La loi ne donne aucune explication à ce sujet. Les travaux préparatoires ne nous fournissent pas non plus de renseignements clairs et précis sur ce point. Il ne nous reste dès lors qu'à combiner le sens grammatical des mots avec celui qu'ils avaient dans le langage juridique à l'époque où la loi a été faite, et à mettre à profit les quelques inductions que nous pourrons trouver dans les documents législatifs.

**104. Sens du mot industrie, sens du mot commerce.** — Le propre de *l'industrie* c'est de fabriquer; le propre du *commerce* c'est d'échanger. L'une confectionne les choses, l'autre les fait passer de main en main selon les besoins de chacun. La première augmente la somme des richesses sociales, le second fait circuler ces richesses. Ce sens des mots industrie et commerce est rigoureux, connu, usuel. Rien ne prouve que la loi n'ait pas voulu l'adopter. Dès lors *un objet d'industrie* c'est celui que l'industrie fabrique, *un objet de commerce* c'est celui que le commerce fait circuler.

La particule *ou* qui sépare dans l'art. 1ᵉʳ de notre loi le mot industrie du mot commerce, fait croire à première vue qu'il suffit que la découverte soit susceptible d'être exploitée *de l'une ou de l'autre façon.* Mais ce n'est qu'une apparence.

Remarquons d'abord qu'il n'est pas possible qu'il y ait de découverte brevetable qui soit uniquement un objet de commerce. Il faut en effet, pour que l'invention soit brevetable, que l'homme y soit intervenu pour quelque chose, et dès lors le caractère industriel apparaît. Ce dernier est donc de ce côté inséparable du caractère commercial. Mais d'un autre côté ce qui est industriel est presque toujours commercial. Pourquoi fabrique-t-on en effet si ce n'est pour vendre? Il n'y a d'exception que dans le cas assez rare où l'on fabrique exclusivement pour son usage personnel.

De là une double conséquence. La première c'est que la particule *ou* dans l'art. 1ᵉʳ est inexacte, à moins qu'elle n'indique non pas une alternative dont chacun des termes exclut l'autre, mais, ce qui est parfaitement possible, une double qualité d'une seule chose envisagée à deux points de vue différents; on peut dire en effet d'un produit qui est cumulativement industriel et commercial, qu'il est l'un ou l'autre, comme on peut dire d'un arbre qu'il est tronc, racines ou feuilles. Cette particule devrait plutôt être remplacée par la copulative *et*, et cela est si vrai qu'on trouve celle-ci dans le rapport de la section centrale interprétant l'article rédigé tel qu'il est dans la loi : « L'art. 1ᵉʳ ne parle que d'objets industriels *et* commerciaux, c'est-à-dire les objets *réunissant ces deux conditions.* » (*Ann. parl.*, 1851-52, p. 986, col. 2 princ.). Sur cette explication, l'article a été adopté sans discussion.

La seconde conséquence que nous pouvons déduire des considérations que nous avons présentées, c'est que l'objet industriel étant en général commercial, il est presque permis de dire que le mot *commerce* est de trop dans l'art. 1ᵉʳ. Aussi l'omet-on dans l'exposé des motifs. On y lit en effet : « Cette disposition (l'art. 1ᵉʳ) établit le principe de la concession des brevets *pour les inventions industrielles.* » (*Ann. parl.*, loc. cit., p. 652, col. 1.) Des inventions commerciales, pas un mot.

La loi du 25 janvier 1817 dans son art. 1ᵉʳ mentionnait aussi l'industrie, sans parler du commerce. Quant à la loi française de 1844, elle a fait de même, car son art. 1ᵉʳ s'exprime dans les termes suivants : « Toute nouvelle découverte ou invention *dans tous les genres d'industrie...* » (Comp. TILLIÈRE, n° 29).

**105. Que signifient les mots « susceptibles d'être exploités » ?** — Recherchons maintenant ce que veulent dire ces mots, qui semblent assez vagues au premier abord, *susceptibles d'être exploités...*

Ces mots, pris dans leur sens usuel, ont une double signification. D'une part, une chose est susceptible d'être exploitée comme objet d'industrie quand elle est *de nature à être fabriquée et vendue*. D'autre part, une chose est encore susceptible d'être exploitée comme objet d'industrie, quand elle est *de nature à être employée par l'industrie,* alors même que celle-ci ne la fabriquerait pas. Dans le premier cas, l'objet est industriel par lui-même, dans le second, il est industriel par l'objet auquel il s'applique. C'est ainsi notamment que la soude est un produit industriel parce qu'on l'obtient par la fabrication ; c'est ainsi, d'un autre côté, que la combustion qui existe indépendamment de toute industrie, devient industrielle quand l'industrie l'emploie, quand notamment elle s'en sert pour obtenir de la soude en brûlant le varech. Nous ne faisons en cela que suivre les usages de la langue.

Il ne faut donc pas voir dans le mot *susceptible* un terme vague, indiquant que la découverte est brevetable alors même qu'elle ne se rattacherait à l'industrie que d'une manière éloignée et ne pourrait lui servir qu'après avoir subi en quelque sorte une appropriation. Elle doit entrer dans le domaine de l'industrie directement, immédiatement, par elle-même, abstraction faite de toute préparation. Il faut qu'elle y entre par sa propre nature. Cette thèse est d'accord avec la raison, car une invention aussi éloignée de l'industrie demeure purement scientifique par sa généralité. De plus, à cause même de cette généralité qui peut embrasser des milliers d'applications particulières, un seul brevet aurait pu tarir sur une échelle considérable l'esprit de découverte.

**106. Les théories, systèmes, notions, méthodes, principes, règles ou formules abstraites, ne peuvent être brevetés.** — C'est comme conséquence de cette règle que les nouvelles théories, systèmes, notions, méthodes, principes, règles ou formules abstraites, ne peuvent être brevetés. Ces diverses choses sont quelquefois comprises sous la dénomination générale *d'inventions scientifiques,* parce qu'elles sont encore dans le pur domaine de la science, d'où il faut les faire descendre dans celui de l'industrie. S'il est vrai en effet qu'on peut les appliquer à l'industrie, ce n'est pas directement par elles-mêmes. Elles sont abstraites, tandis que les créations de l'industrie sont concrètes. Il faut pour les appliquer qu'on indique de quelle façon elles doivent être réalisées dans un cas déterminé. Il faut donc qu'on les approprie, qu'on y ajoute quelque chose. Ainsi par exemple la découverte de la compression de la vapeur et de la force qui en résulte ne peut être brevetée par elle-même, abstraction faite des applications qu'on en peut faire à l'industrie.

L'art. 30, n° 3, de la loi française a admis cette vérité en termes exprès, car il déclare « nuls et de nul effet les brevets délivrés, si les brevets portent sur des principes, méthodes, systèmes, découvertes et conceptions théoriques ou purement scientifiques... »

De son côté, le rapport de la commission spéciale belge déclare que ces inventions ne peuvent être brevetées. Nous y lisons en effet : « Il est des inventions qui trouvent leur récompense dans l'honneur de les avoir faites, dans les avantages réels qui en résultent pour la profession de l'inventeur, dans l'influence politique ou morale qu'elles donnent et qui est souvent une source de fortune. Telles sont les découvertes qui ont pour objet des théories, des systèmes, des méthodes... des principes, des règles, des formules et en général toutes les inventions qu'on nomme scientifiques... La loi peut les encourager...; mais elle ne pourrait breveter les inventions scientifiques sans tarir la source de toutes les inventions industrielles. » Et plus loin : « Ces trois catégories d'inventions (notamment celles dont nous parlons) se trouvent donc exclues par le projet de la commission. »

**107. Il en est autrement quand on indique leur application à l'industrie.** — Mais nous le répétons, il en est autrement quand on indique les applications industrielles de ces méthodes ou théories. Alors elles deviennent de véritables procédés. Qu'importe qu'elles restent incorporelles, puisqu'il est de la nature du procédé d'être incorporel. Il ne leur faut aucun organe extérieur : une recette, une formule sont brevetables dès qu'elles sont nouvelles et qu'elles servent à l'industrie. Nous renvoyons à cet égard à la théorie des procédés que nous avons développée ci-dessus n^{os} 83 et suiv. C'est ainsi qu'il a été jugé le 21 avril 1854 (Cass. F. Revel c. Mathieu) que si l'indication d'une proportion géométrique ne peut être en elle-même l'objet d'un brevet, et s'il en est de même d'un triangle, d'un ovale, d'une équerre, ou de toute autre figure en planche, leur combinaison pour obtenir des produits industriels peut être une invention brevetable. — Dans le même ordre d'idées, il faudrait dire qu'il y a eu mal jugé par l'arrêt de la même cour du 21 avril 1840 (Heintz c. Thadomme), où elle a déclaré qu'il n'y avait pas invention brevetable dans l'application qu'avait faite un tailleur des calculs mathématiques à la coupe des vêtements de façon à avoir moins de déchets. C'est ce que pensent MM. Rendu et Delorme (321).

L'art. 30, n° 3, de la loi française a résolu textuellement la question qui nous occupe; après avoir déclaré non brevetables les principes, règles, etc., il termine en disant : « dont on n'a pas indiqué les applications industrielles. » Cette phrase a été ajoutée à la demande de M. Arago.

La loi belge ne s'explique pas en termes formels sur la question, mais la solution affirmative dérive directement de son texte comme des principes généraux. L'art. 1^{er} dit en effet que le brevet peut être accordé pour toute découverte *susceptible d'être exploitée comme objet d'industrie.* Or, c'est précisément ici le cas ; l'application industrielle d'un principe scientifique est susceptible d'être exploitée directement par elle-même comme objet d'industrie. Le principe est alors sorti du domaine de la science pour entrer dans celui de l'industrie, et s'y réaliser sous une forme déterminée.

**108. Les plans financiers, économiques et administratifs ne peuvent être brevetés.** — C'est pour des motifs analogues que les plans financiers, économiques et administratifs, ne peuvent non plus être brevetés. Ils sont compris dans l'énumération que nous avons empruntée au rapport de la commission spéciale (sup. n° 106). Si nous les en avons exclus, c'est pour les mentionner ici particulièrement.

L'art. 3 de la loi française contient une disposition spéciale en ce qui concerne les plans financiers : « Ne sont pas susceptibles d'être brevetés, dit-il, les plans et combinaisons de finances. » Cette disposition a été empruntée à une loi des 20-25 septembre 1792 qui, complétant la loi de 1791, défendait au pouvoir exécutif de concéder des brevets d'invention aux établissements de finance. Les inconvénients des brevets accordés à des théories abstraites et qui consistent à empêcher d'un seul coup les découvertes pour une innombrable quantité de cas particuliers, ont paru ici, où il s'agit du crédit public, plus dangereux qu'en toute autre matière. De là cette défense expresse et énergique de la loi. Mais ce n'est qu'une application d'un principe général; en l'indiquant isolément la loi n'a pas voulu autoriser toutes celles qu'elle passait sous silence : elle s'est bornée à donner un exemple. (TILLIÈRE n° 33.)

**109. Quid des méthodes d'enseignement?** — Les méthodes d'enseignement sont dans le même cas. Au surplus elle ne sont pas des objets d'une nature industrielle. (TILLIÈRE. n° 34, al. 2 et ET. BLANC, *Contrefaçon*, p. 490.)

Ainsi il est de jurisprudence en France « qu'une méthode pour rendre l'enseignement de l'écriture ou de la lecture plus prompt et plus facile ne saurait, quels que soient ses avantages, être l'objet d'un brevet valable » (NOUGUIER, n° 558 et les arrêts nombreux qu'il cite.)

**110. Quid des instruments de science?** — Mais les instruments de science participent-ils du caractère non brevetable des notions scientifiques ?

A première vue on peut hésiter à répondre négativement. Les instruments de science ne sont-ils pas une part de celle-ci? Mais quand on se souvient que pour qu'une chose ait le caractère industriel, il ne faut pas qu'elle serve à l'industrie, mais qu'il suffit qu'elle soit fabriquée par l'industrie, le doute disparaît, et il devient évident que les instruments de science peuvent être brevetés.

**III. Les inventions qui touchent à la santé et à la salubrité ne sont pas brevetables.** — Nous venons de faire connaître que toute découverte ou invention industrielle était brevetable, pourvu bien entendu qu'elle réunît les autres conditions requises pour le brevet. Pourtant les règles que nous avons données sont trop générales. La loi y a fait quelques exceptions.

Ainsi *les inventions qui touchent à la salubrité publique, telles que les remèdes, les compositions médicamentaires et généralement tous les moyens préservatifs ou curatifs qui intéressent la santé ou la vie des hommes* ne peuvent être brevetés.

Certes les remèdes et compositions pharmaceutiques sont le plus souvent des objets d'industrie, puisque c'est l'industrie qui les fabrique. Aussi ne disons-nous pas qu'ils ne sont point des objets industriels, mais qu'ils sont, quoique tels, exclus des inventions brevetables.

L'art. 2, 1°, de la loi française contient sur ce point une disposition spéciale : « Ne sont pas susceptibles d'être brevetés les combinaisons pharmaceutiques ou remèdes de toute espèce. »

En Belgique la question est résolue par les travaux préparatoires de la loi. C'est d'abord le rapport de la commission spéciale (*Ann. parl.* 1851-52 p., 666 col. 1) auquel nous avons emprunté l'énumération que nous venons de faire. C'est ensuite le rapport de la section centrale dans lequel on lit (ib. p. 986 col. 1) : « Elle (la 6ᵉ section) demande encore s'il pourra être accordé des brevets pour des compositions pharmaceutiques ou autres remèdes. » Et plus loin : « Examinant la question soulevée par la 6° section par rapport aux brevets à accorder pour les compositions pharmaceutiques ou autres remèdes, la section centrale pense que ces compositions, dans l'esprit de la présente loi, ne sont pas brevetables. » L'art. 1ᵉʳ ainsi expliqué, a été adopté sans discussion. Cependant on trouve dans les discussions encore une phrase qui confirme la solution que nous adoptons. Le Ministre a dit, alors qu'on discutait la question de l'examen préalable : « Je ne crois pas que le gouvernement doive dans tous les cas accorder un brevet; il ne le pourra pas lorsque l'exploitation ou la vente sera contraire à la loi. Ainsi il ne pourra breveter les objets qui tiennent à l'art de guérir, *puisque la loi le défend.* »

M. Tillière (n° 41), adopte l'opinion contraire. Il s'efforce d'abord d'écarter les arguments qu'offrent les travaux préparatoires. Mais il semble ne pas soupçonner l'existence du rapport de la commission spéciale et du rapport de la section centrale. Il est vrai que prise isolément l'opinion du ministre n'est pas suffisante. Mais quelle force elle acquiert quand on la met en relation avec les deux rapports! Il y a là un ensemble d'opinions concordantes qui écarte toute hésitation et qui est rendu plus décisif encore par l'exemple de la loi française, par ce principe d'interprétation que dans le doute il faut se prononcer contre les brevets et enfin par cette considération que fait valoir le rapport de la commission (*Ann. parl.*, loc. cit. p. 666) que « cette matière a toujours été réglée par une législation spéciale et qu'elle a dû dès lors la considérer comme étrangère à sa tâche, » c'est-à-dire comme étrangère à la matière des brevets d'industrie.

M. Tillière passe ensuite à la justification de son système ; mais tous ses arguments se bornent, d'une part, à alléguer « que c'est une dérogation au droit commun et que pareille dérogation ne se trouve pas dans notre législation, » et, d'autre part, à dire avec M. Dupin : « Une grande industrie, une industrie respectable et savante ne doit pas être déshéritée du privilége des inventeurs. » Le premier de ces deux arguments tombe devant la pensée du législateur clairement manifestée dans les travaux préparatoires. Quant au second il n'a pas de valeur quand on réfléchit qu'entre protéger la vie humaine et protéger les pharmaciens la loi n'avait pas à hésiter.

**112. C'est la destination du produit qu'il faut considérer pour déterminer s'il y a remède.** — Ce qu'il faut surtout considérer pour décider s'il y a remède, c'est moins le produit en lui-même que la destination qu'il doit recevoir. Ainsi un médicament analogue au papier d'Albespeyre, employé pour vésicatoire, est un objet qui ne peut être breveté. C'est en effet surtout le but que la loi a en vue : elle veut écarter tout obstacle à la pleine indépendance de l'art de guérir, pour que la santé publique n'en souffre nullement. (DALLOZ, n° 91, al. 1.) Dès qu'un produit a pour but de rétablir la santé altérée, de chasser une maladie ou une indisposition, en un mot, de guérir, il y a remède. C'est ainsi qu'il a été jugé que *l'eau de mélisse des carmes* est un remède. (Trib. corr. du Hâvre, 7 mai 1839, *Rép.* Huard, p. 455, n° 3.) Ce sera au besoin par une expertise confiée aux hommes de l'art qu'il faudra, en cas de doute, s'en remettre pour décider si un produit constitue un remède.

Peu importe aussi, pour les mêmes motifs, que l'usage du remède soit interne ou externe. (DALLOZ, ib.)

**113. Quid d'une invention qui est à la fois un médicament et un objet utile à l'industrie.** — « Je suppose, a dit M. Bureaux de

Puzy, lors des discussions de la loi française (Dalloz, n° 87), que le sulfate de quinine n'étant pas encore connu, un industriel demande un brevet pour sa fabrication. Ce brevet ne peut être refusé puisqu'il ne s'agit pas d'employer en médecine un nouveau produit. Le lendemain de la concession du brevet, un médecin découvre que le sulfate de quinine guérit les fièvres intermittentes et en prescrit l'emploi à ses malades; à qui achètera-t-on ce sulfate? Tous les pharmaciens pourront-ils en préparer, et retirerez-vous le brevet accordé, dès l'instant qu'on pourra faire usage en médecine du produit breveté? »

Nous croyons que la solution de la question est complexe. Tout ce que la loi a voulu empêcher c'est que l'on entravât l'art de guérir par le monopole des médicaments, cause ordinaire de la rareté et de la cherté de ces médicaments. Tout ce qui tendra à créer des entraves dans ce domaine particulier devra être de nul effet. Par conséquent, quiconque voudra fabriquer le sulfate de quinine, afin de l'employer comme remède, en aura le droit. Les médecins, les pharmaciens, au besoin les particuliers, resteront libres à cet égard. Mais à cela devra se borner l'effet de la disposition de la loi. Pour tous les autres cas, le brevet sera valable. Quiconque fabriquera du sulfate de quinine pour l'industrie sera contrefacteur. Nous reconnaissons que beaucoup de difficultés pourront naître dans certains cas du point de savoir s'il y a eu fabrication pour la médecine ou pour l'industrie, mais ce n'est pas un problème plus difficile à résoudre que la plupart de ceux qui sont soumis journellement aux tribunaux. Ceux-ci le videront dans leur sagesse.

Mais il faudra que la demande de brevet et le brevet lui-même mentionne qu'on le réclame pour un produit industriel. Si cela était omis, si le brevet ne parlait que de l'emploi comme remède, il serait nul. S'il parlait de l'emploi dans la médecine et dans l'industrie, il serait nul pour le premier. (Comp. Dalloz, n° 87.)

**114. Quid des inventions servant d'enveloppes aux médicaments.** — Certaines compositions sont destinées à servir d'enveloppes aux médicaments. Elles peuvent être valablement brevetées, car elles ne rentrent pas dans l'exception qui ne s'applique qu'aux médicaments. Autre chose est le contenant, autre chose le contenu. Si cependant le médicament était tel qu'il ne pût être administré sans l'enveloppe, alors celle-ci ne pourrait être valablement brevetée, car elle serait une entrave véritable à l'art de guérir, et le but de la loi qui est de laisser celui-ci dans sa liberté, serait manqué.

Ainsi il a été jugé que les capsules gélatineuses qui sont destinées à servir d'enveloppes aux médicaments et à en déguiser l'amertume aux malades, peuvent être l'objet d'un brevet valable. (Cass. Fr., 12 novembre 1839. Duval c. Mothes, rapporté par Dalloz, n° 91, al. 2.)

**115. Quid des instruments médicaux et chirurgicaux ?** — Sous la loi française on admet en général que les instruments de ce genre peuvent être valablement brevetés. (Nouguier, 551, Cass. F.; 30 mars 1853, Guérin et C$^{ts}$, c. Hochard) où l'on examine la question en ce qui concerne les appareils orthopédiques). Cette décision se conçoit en présence de l'art. 3 de la loi française qui n'exclut que *les compositions pharmaceutiques et les remèdes*. Mais sous la loi belge nous croyons devoir admettre l'opinion contraire. En effet les termes des discussions préparatoires que nous avons cités plus haut sont beaucoup plus généraux. Le rapport de la commission spéciale dit en effet : « Les inventions *qui touchent à la salubrité publique,* telles que les remèdes, les compositions médicamentaires *et généralement tous les moyens* *préservatifs et curatifs qui intéressent la santé ou la vie des hommes.* Dans les sections on s'est expliqué d'une façon moins précise, mais la tendance a été d'adopter les principes du rapport. Du reste, les motifs sont les mêmes : il est aussi contraire à l'intérêt et à la moralité publics de rendre inabordables par le monopole les instruments qui peuvent sauver la vie humaine, que les remèdes qui peuvent produire le même résultat. M. Tillière, n° 36, admet l'opinion contraire, mais nous avons déjà eu l'occasion de montrer qu'il n'avait sur ce sujet qu'une connaissance imparfaite des sources. (Supra n° 111.)

**116. Quid des médicaments destinés aux animaux ?** — Nous pensons que les médicaments destinés aux animaux ne peuvent être brevetés. Il est vrai que le rapport de la commission spéciale semble ne parler que des remèdes *qui intéressent la vie humaine;* mais celui de la section centrale qui exprime mieux la pensée de la loi est général : remèdes, compositions pharmaceutiques. N'oublions pas que dans le doute il faut au surplus se prononcer contre les brevets. Ce sens a été donné aux mêmes mots dans la loi française. Cela a été reconnu dans la discussion. « Les hommes et les animaux, a-t-on dit, sont égaux devant la pharmacie. » (Dalloz, n° 89).

**117. Quid des cosmétiques ?** — Les cosmétiques peuvent être valablement brevetés, car ils rentrent dans la règle générale, à moins qu'ils ne soient sérieusement des remèdes, auquel cas ils seraient régis par la règle du numéro précédent. Nous disons : « A moins qu'ils ne soient sérieusement des remèdes, » parce que la plupart du temps les propriétés médicinales qu'on leur prête sont fictives. (Tillière, n° 42, al. 1.) En France, un amendement ayant pour but de leur étendre l'interdiction qui s'applique aux compositions pharmaceutiques a été repoussé. (Nouguier, n° 546.)

Pour s'assurer si un cosmétique est un véritable remède, il ne faudra pas s'en tenir uniquement aux déclarations souvent empreintes de charlatanisme que les inventeurs font tantôt dans leurs descriptions, tantôt dans leurs réclames. Ces simples déclarations pourraient tout au plus être considérées devant les tribunaux comme des présomptions, qui jointes à d'autres circonstances constitueraient une preuve. Annuler le brevet sur leur seule foi serait créer arbitrairement une nullité que la loi n'a pas consacrée, à moins cependant, s'il s'agit d'énonciations contenues dans la description jointe à la demande du brevet, qu'elles ne soient de nature à altérer la clarté de celle-ci. (Art. 24, *litt.* b.)

**118. Quid des systèmes d'embaumement ?** — On a voulu rattacher aux inventions médicales les systèmes d'embaumement du corps humain. Les procédés de cette catégorie peuvent-ils être brevetés ?

Dans la cause Gannal le tribunal correctionnel de Paris a donné entre autres raisons pour invalider le brevet, que le procédé qui consistait à injecter un liquide dans le cadavre, par une incision de la carotide, constituait *une opération chirurgicale*. (Voyez les motifs du jugement rapporté par Nouguier 560.) Nous pensons que c'est exagérer la portée de la disposition qui défend de breveter ce qui touche à la médecine. Au moins en Belgique il résulte de l'esprit de la loi que cette défense ne porte que sur l'art de guérir proprement dit, sur ce qui touche à la santé; or on ne guérit que les corps vivants.

Mais le même jugement ajoute avec raison : « Attendu que le procédé d'embaumement par injection ne peut faire l'objet d'un brevet, à raison même du sujet, le corps humain ne pouvant soit avant, soit après le décès, être réputé marchandise et rangé dans la classe des objets d'industrie, quelque latitude que l'on veuille donner aux mots, marchandise, industrie. » Ce deuxième considérant est exact; mais il ne met peut-être pas assez la vérité en relief. Nous avons vu que les choses pouvaient être industrielles, *par elles-mêmes,* quand c'était l'industrie qui les avait fabriquées, ou *par l'objet auquel elles s'appliquent,* quand elles étaient utilisées par l'industrie sans que celle-ci les eût fabriquées. Or dans le cas du procédé Gannal, ce procédé n'était industriel ni par lui-même puisqu'il consistait dans une incision et l'introduction d'un liquide, opération dont on ne peut dire que l'industrie la fabrique, ni par l'objet auquel il s'applique, lequel est également étranger à l'industrie, comme le dit avec raison le jugement. Celui-ci, après avoir examiné cette hypothèse, aurait dû, pour être complet, porter son attention sur l'autre.

**119. Quid des denrées alimentaires?** — Quant aux denrées alimentaires, la question peut paraître douteuse. On lit dans le rapport de la commission spéciale : (*Ann. parl.* 1851-52, p. 666 col. 2 *in fine*) «.Le chocolat, le macaroni, le pain d'épice et une foule d'autres matières composées ne seraient pas brevetables, *parce que ce sont des aliments...*» Cette phrase n'est pas sans importance quand on considère que le rapport de la commission spéciale s'il a été écarté dans d'autres matières, a été suivi d'assez près par les sections et notamment par la section centrale, dans l'interprétation de l'art. 1er. On peut s'en assurer aisément en comparant les deux rapports. (*Ann. parl.,* 1851-52, p. 666 et 986.) Mais cette phrase isolée ne fournit pas, croyons-nous, un argument suffisant. Il ne faut pas perdre de vue que l'art. 2 de notre loi brevète *tous les objets d'industrie,* sauf exception ; or beaucoup de denrées alimentaires sont des objets d'industrie, parce que l'industrie les fabrique. Pour les déclarer non brevetables l'exception devrait être bien démontrée; le rapport de la commission spéciale ne suffit pas à cet égard, d'autant plus que si celui de la section centrale l'a suivi en ce qui concerne les remèdes, il est resté muet en ce qui concerne les denrées.

En France, un amendement qui tendait à établir l'opinion contraire a été rejeté. (NOUGUIER, n° 546.) Cette circonstance n'est pas sans valeur pour notre opinion, puisqu'il est certain que la législation française a en partie servi de modèle à la nôtre.

M. Tillière adopte cette opinion n° 42 al. 2.

**120. Quid lorsque l'aliment est transformé en médicament?** — Dès lors le brevet sera nul, faute d'objet brevetable, puisque les médicaments ne peuvent être brevetés. (CASS. F. 14 décembre 1855, LARBAUD c. DURAND, *Le Droit*, 1855, 315.) Toutefois, quand l'aliment ne servira de remède que dans certaines circonstances, ce ne sera que dans ce dernier cas que la contrefaçon sera permise. (Voyez à cet égard la distinction que nous avons faite *supra* n° 113.)

**121. Les objets qui touchent à l'agriculture peuvent-ils être valablement brevetés?** — Quoiqu'on dise quelquefois *l'industrie agricole* pour l'agriculture, les produits de celle-ci ne rentrent pas dans l'industrie. Les fruits de la terre ne sont pas des objets industriels; aussi ne pourront-ils jamais être brevetés, quoiqu'ils puissent souvent être dus à l'intelligence et à l'intervention humaine. A cet égard, il importe de ne pas confondre les denrées alimentaires agricoles, avec celles auxquelles l'agriculture est étrangère, par exemple, le chocolat, le pain d'épice que nous avons cités plus haut.

Il en est autrement des moyens que l'agriculture emploie. Mais ici une distinction est nécessaire. Ou bien il s'agit d'objets qui sont des corps certains et déterminés, en d'autres termes d'organes ou de moyens proprement dits ; ceux-ci pourront être brevetés si c'est l'industrie qui les a fabriqués ; tels sont, par exemple, les instruments de culture et les engrais artificiels dont l'industrie s'est beaucoup préoccupée dans les derniers temps. Ou bien il s'agit de simples procédés pour l'ensemencement, la culture, un mode de greffer, de planter et, dans ce dernier cas, les inventions ne peuvent être brevetées, parce que le caractère industriel leur manque ; ils ne sont pas industriels par eux-mêmes, puisque l'industrie ne les a pas fabriqués ; ils ne sont pas industriels par l'objet auquel ils s'appliquent, puisque l'agriculture n'est pas une industrie. (Comp. TILLIÈRE, n° 31.)

**122. Les productions artistiques et littéraires ne peuvent être brevetées.** — Ces productions sont régies par une législation spéciale. (*Décret des* 19-24 *juillet* 1793 *relatif aux droits de propriété des auteurs d'écrits en tous genres, compositeurs, peintres et dessinateurs.*) Ce motif est décisif et suffirait alors même que l'on ne pourrait y ajouter que les productions artistiques et littéraires n'ont jamais été considérées, dans le langage, comme des objets industriels.

C'est conformément à ces principes qu'il a été jugé que les produits de la *sculpture ornementale et industrielle* n'ont pas besoin d'être protégés par un brevet d'invention, que les dispositions de la loi du 19 juillet 1793 leur sont applicables. (Trib. com. de la Seine, 15 octobre 1858, BION c. WENDEL, *La prop. indust.* n° 51.) En effet il est de jurisprudence que la loi de 1793 s'applique à la sculpture.

**123. Quid de la photographie ?** — Mais il faut que le caractère artistique ou littéraire soit réel. Nous faisons cette remarque parce qu'il est certains domaines où règne le doute. Nous pourrions au besoin renvoyer sur ce point aux commentaires du décret de 1793 précité. Cependant nous ferons remarquer, à cause de l'actualité de la question, qu'il a été jugé par la cour de cassation de France qu'en règle générale les productions photographiques sont des productions industrielles parce qu'on y arrive par des procédés matériels et mécaniques auxquels le génie et l'esprit de l'homme n'ont pas imprimé leur marque, ce qui est le signe des compositions artistiques. Mais si ces photographies peuvent ainsi être tenues pour des objets industriels dans un grand nombre de cas, cela ne veut pas dire qu'elles puissent être brevetées, parce qu'elles peuvent manquer des autres caractères de l'invention brevetable. On peut poser en principe que le brevet pourra porter sur les instruments qui servent au photographe, de même que sur les procédés qu'il met en usage, mais qu'il en est autrement pour la photographie elle-même; celui qui a photographié le portrait de quelqu'un ou bien un paysage ne peut prétendre au monopole du droit de faire ce paysage ou ce portrait; tout autre pourra dresser ses instruments et les photographier à son tour. En effet si les photographies sont de véritables produits, le droit de représenter les scènes de la nature a toujours été dans le domaine public et nul ne peut soutenir avoir le droit exclusif de le faire.

**124. Appréciation souveraine des tribunaux. Exception.** — Les tribunaux apprécient souverainement le caractère industriel de l'invention dans les différentes hypothèses qui se présentent. Mais si une décision des juridictions inférieures avait indiqué avec précision les détails de l'invention, ou bien si la description résultait de documents réguliers versés au procès, la cour de cassation prenant cette décision pour base, pourrait apprécier si aucune des règles que nous avons données ci-dessus pour l'appréciation du caractère industriel n'a été violée. (NOUGUIER, n° 557.) Ainsi, par exemple, si un arrêt après avoir reconnu que l'invention consiste en une nouvelle charrue, la déclarait non brevetable comme étant une invention agricole qui manque du caractère industriel, cet arrêt pourrait être cassé, car si la charrue n'a pas le caractère industriel par l'objet auquel elle s'applique, elle l'a par elle-même. (*Supra*, n° 105.)

**125. Pourquoi certaines inventions ne sont pas brevetables.** — Il résulte de tout ce qui précède que les brevets sont strictement renfermés dans le domaine de l'industrie et que, même dans ce domaine, il est des choses qui sont en dehors de leur empire. Ce n'est point qu'ailleurs il n'y ait à stimuler le génie de la découverte, mais la loi y a organisé d'autres encouragements, (comme les droits de propriété artistique et littéraire,) ou bien a cru y trouver des encouragements naturels. Citons à ce sujet un passage du rapport de la commission spéciale (*Ann. parl.*, p. 666, col. 1re) : « Il y a des inventions qui trouvent leur récompense dans l'honneur de les avoir faites, dans les avantages réels qui en résultent pour la profession de l'inventeur, dans l'influence politique ou morale qu'elles donnent et qui est souvent une source de fortune. Telles sont les découvertes qui ont pour objet des théories, des systèmes, des méthodes... et en général toutes les inventions qu'on appelle scientifiques. Celles-là se produisent et se multiplient par les autres causes que nous venons d'indiquer. Quelquefois même elles naissent spontanément, soit parce que l'esprit cède, sans le savoir, au besoin de connaître et de se manifester, soit parce que l'émulation l'y pousse malgré lui, soit parce que l'amour de l'humanité est ordinairement le partage des grandes intelligences. La loi cependant peut les encourager, et elle les encourage, notamment par le droit exclusif qu'elle réserve aux savants de publier leurs écrits... » Voilà pour les compositions artistiques et littéraires ; on pourrait ajouter : pour les inventions agricoles.

Voici pour les remèdes : « Il en est d'autres qui touchent à la salubrité publique... Celles-là n'ont pas besoin non plus d'être stimulées : le sentiment qui porte l'homme à soulager les souffrances d'autrui suffit à les produire. »

**126. Pourquoi les remèdes ne sont pas brevetables ?** — Pourtant en ce qui regarde les remèdes la question a été vivement controversée lors de la discussion de la loi française. Elle a donné lieu à la tribune et dans la presse à la plus vive polémique. Les compositions médicales sont en effet, dans une toute autre situation que les créations artistiques et littéraires. Celles-ci sont protégées par le décret de 1793, qui en assure la propriété à leurs auteurs; sa protection est même plus efficace que celle qui est accordée aux brevets. Les compositions médicales au contraire sont dépourvues de toute protection. Les arguments que l'on a fait valoir pour justifier le refus de brevets au profit de leurs inventeurs, c'est d'une part, la crainte que le charlatanisme n'en abusât en faisant sonner bien haut et comme valant garantie d'efficacité, l'octroi du brevet; et, d'autre part, ce qu'il y a d'inhumain et de dangereux à rendre, par le monopole, inaccessible à la bourse des pauvres les sources de la santé et de la vie. (Voir la controverse plus développée dans DALLOZ, n° 86).

Il est assez étrange que cette discussion qui a tant passionné nos voisins ait à peine été effleurée chez nous. Nos législateurs ont, comme on l'a vu, adopté l'opinion que les compositions pharmaceutiques ne peuvent être brevetées. Cette opinion, M. Dalloz la croit peut-être regrettable, (n° 86, al. final). Pour nous, nous sommes d'un avis opposé.

D'un côté, l'intérêt de la santé publique est évident et capital. D'autre part, si l'on considère que les inventions appartiennent à tous dès qu'elles sont sorties de l'esprit de l'homme ; si l'on considère que le stimulant qui résulte des brevets est en somme peu efficace, on comprendra que nous ne sacrifions pas un intérêt majeur pour une utilité équivoque obtenue au moyen d'une atteinte portée au patrimoine de l'humanité.

## SECTION QUATRIÈME.

### Il faut que l'invention soit licite.

(SOMMAIRE.)

127. D'où résulte la nécessité du caractère licite de l'invention. — 128. Une invention ou une découverte est illicite dans trois cas. — 129. Quand une invention est-elle prohibée par la loi ? — 130. Quand une invention est-elle contraire aux bonnes mœurs ? — 131 Quand une invention est-elle contraire à l'ordre public ? — 132. Quid lorsque l'invention licite au moment de la délivrance du brevet devient illicite plus tard ?

**127. D'où résulte la nécessité du caractère licite de l'invention.** — Il ne suffit pas pour qu'il y ait un brevet régulier et valable que l'objet de ce brevet soit une invention ou une découverte industrielle, il faut encore qu'il consiste en une chose licite. Cela ne résulte d'aucun texte précis de la loi, mais est suffisamment établi par les principes généraux du droit qui excluent naturellement de son domaine tout ce qui est illicite, et par les discussions de la loi de 1854. L'irrégularité d'une pareille invention a même paru tellement forte à nos législateurs, qu'ils ont fait pour elle, et pour elle seule, une exception à la rigueur du principe du non examen préalable. Nous verrons en effet, plus tard que le gouvernement peut refuser la délivrance d'un brevet quand il croit l'invention illicite.

**128. Une invention ou une découverte est illicite dans trois cas.** — Ce n'est pas uniquement en matière de brevet que la loi a employé les mots *licite et illicite*. On les retrouve dans le Code civil et notamment à l'article 1133, où il est traité de la cause des obligations. Cet article est ainsi conçu : « La cause est illicite *quand elle est prohibée par la loi, quand elle est contraire aux bonnes mœurs ou à l'ordre public.*

Nous pouvons adopter en matière de brevets la définition que le Code civil a donnée du mot illicite à propos de la cause des obligations. Les raisons en effet, sont les mêmes ; on ne comprendrait pas pourquoi, lorsqu'il s'agit des brevets, la loi se serait montrée plus sévère ou plus facile que lorsqu'il s'agit des conventions. Du reste, nous serions fort embarrassés pour distinguer, puisque nulle part il n'y a de traces d'une distinction.

Nous devons donc admettre qu'une invention sera illicite dans trois cas : 1° quand elle sera prohibée par la loi ; 2° quand elle sera contraire aux bonnes mœurs ; 3° quand elle sera contraire à l'ordre public. C'est ainsi que, dans son art. 30, la loi française déclare le brevet nul et de nul effet : « 4° Si la découverte, invention ou application est reconnue contraire à l'ordre ou à la sûreté publique, aux bonnes mœurs et aux lois du royaume. »

**129. Quand une invention est-elle prohibée par la loi ?** — Une invention sera prohibée par la loi lorsqu'on découvrira dans celle-ci une disposition qui la défend expressément ou tacitement ; telle est par exemple la défense de breveter les compositions pharmaceutiques, les simples résultats, etc. ; ou bien lorsqu'elle contrariera une disposition légale, comme si par exemple il s'agissait d'un appareil destiné à procurer l'avortement (art. 317 Code pénal). Il est évident que si l'invention constituait par elle-même une infraction punis-

TITRE 1er.—PERSONNES ET INVENTIONS BREVETABLES. 193

sable, l'inventeur pourrait être poursuivi devant la justice répressive. Aucune impunité n'est en effet attachée à la qualité d'inventeur. Après avoir déclaré non brevetables dans son art. 30 4° les inventions illicites, la loi française ajoute : « Sans préjudice..... des peines qui pourraient être encourues pour la fabrication ou le débit d'objets prohibés. »

**130. Quand une invention est-elle contraire aux bonnes mœurs ?** — Une invention sera contraire aux bonnes mœurs lorsque sans contrarier aucune règle légale, elle sera en opposition avec les principes de morale et d'honnêteté du temps et du peuple au sein desquels elle se sera produite. Les juges auront à cet égard une grande latitude d'appréciation, car le législateur n'a pas défini les bonnes mœurs, comprenant qu'elles varient avec les progrès ou la décadence d'un peuple.

**131. Quand une invention est-elle contraire à l'ordre public ?** — Une invention sera contraire à l'ordre public quand, sans violer une disposition de la loi, sans contrarier la morale publique, elle sera de nature à porter atteinte à la paix et à la sécurité des citoyens. Ici encore les tribunaux apprécieront. Il faudra nécessairement que pour s'éclairer, ils ne tiennent compte en Belgique que des lois et des usages belges.

**132. Quid lorsque l'invention licite au moment de la délivrance du brevet devient illicite plus tard ?** — Il peut arriver qu'une invention, au moment où le brevet est accordé, soit parfaitement régulière, mais que par le changement des mœurs ou la promulgation d'une loi nouvelle, elle devienne illicite. Est-ce que, dans ce cas, l'objet breveté pourra être considéré comme illicite ?

Cette question touche au principe de la non rétroactivité des lois.

Supposons d'abord le cas d'une loi nouvelle. Les lois nouvelles peuvent être divisées en deux catégories. Ou bien, sans déclarer qu'une institution existante est une iniquité, une injustice, elles l'abolissent ou la modifient pour créer un état de choses que l'on croit plus avantageux, plus régulier, mieux ordonné. Ou bien elles détruisent en tout ou en partie une institution parce qu'elles la considèrent comme une injustice, comme une iniquité. Dans le premier cas, la loi nouvelle ne peut avoir d'effet rétroactif, le principe de l'art. 2 du Code civil doit être observé. Il n'y a en effet aucune raison pour le transgresser. La société n'éprouve aucun dommage sensible à voir subsister encore dans le patrimoine de quelques citoyens des droits acquis qui ne sont pas sensiblement inférieurs au nouvel état de choses. Si demain, par exemple, on décrétait que les inventions relatives à l'industrie métallurgique ne peuvent plus être brevetées, tous les anciens brevets relatifs à cette industrie resteraient licites et devraient continuer à sortir leurs effets.

Dans le second cas, au contraire, la loi étant de celles qui ont, pour employer le langage de la doctrine, un caractère impératif absolu, les brevets existants deviendraient illicites et leurs effets devraient cesser. L'intérêt privé est alors sacrifié à l'intérêt public qui ne peut tolérer plus longtemps une situation reconnue éminemment préjudiciable.

Ces principes peuvent nous servir à résoudre les hypothèses où il s'agit des bonnes mœurs ou de l'ordre public. Si la violation qui résulte du brevet est considérable, si elle est choquante, intolérable, il faudra déclarer l'invention illicite et annuler le brevet. Mais les tribunaux doivent à cet égard se montrer difficiles et scrupuleux, car il ne faut pas oublier qu'arrêter les effets d'un brevet que son titulaire a l'espoir légitime de voir durer pendant un temps fixé par la loi, c'est faire de la rétroactivité. Or, la rétroactivité est contraire aux principes généraux du droit, notamment au principe d'après lequel une loi ne peut être obligatoire avant d'être connue; elle est en outre dangereuse pour la liberté individuelle et la sécurité des citoyens.

On pourrait objecter à la doctrine de non rétroactivité que nous venons d'exposer que le brevet est une simple récompense que l'on peut enlever à volonté et sans violer aucun droit à celui auquel on l'a conférée. Mais outre que le brevet est un droit véritable qui a un caractère moins précaire qu'une récompense honorifique par exemple, notre loi qui dans son article 27 al. 1 déclare « que les brevets qui ne seront ni annulés ni expirés à l'époque de sa publication *continueront d'être régis par la loi en vigueur au moment de leur délivrance* » manifeste clairement sa volonté de soumettre les brevets aux règles ordinaires de la non rétroactivité.

---

## SECTION CINQUIÈME.

**Il faut que l'invention soit nouvelle.**

(SOMMAIRE.)

133. Preuve que la nouveauté est un élément essentiel de l'invention brevetable. — 134. Principe général de la matière. — 135 Différence entre la nouveauté légale et la nouveauté dans le sens ordinaire. — 136. Une invention peut être nouvelle quoiqu'elle ne soit pas récente. — 137. Pourquoi la nouveauté est-elle un des éléments essentiels de l'invention brevetable? — 138. Il n'y a pas nouveauté quand elle n'existe que pour un individu isolé. — 139. Des conditions requises pour que la nouveauté soit détruite. Division.

**133. Preuve que la nouveauté est un élément essentiel de l'invention brevetable.** — Comme nous avons déjà eu occasion de le dire, la loi belge de 1854 semble avoir eu l'intention d'énumérer dans son art. 1er les conditions requises pour qu'il y ait invention brevetable. Mais cette énumération est incomplète ; il n'y est rien dit du caractère licite de l'invention, dont nous avons parlé dans la section précédente ; il n'y est rien dit non plus de la nouveauté, dont nous nous occupons maintenant. Ce n'est que d'une manière indirecte que l'on peut en constater la nécessité. En effet, si la loi déclare le brevet nul dans certains cas parce qu'il manque de nouveauté, on peut évidemment en conclure que la nouveauté est un élément essentiel de l'invention brevetable. Or, c'est précisément ce que nous voyons dans les art. 24, *litt.* a et c, et 25.

**134. Principe général de la matière.** — Si la loi de 1854 prononce que dans certains cas la nouveauté n'existera plus, il faut remarquer qu'elle précise ces cas. Or comme tout ce qui touche aux nullités est, en droit, de stricte interprétation, et qu'il s'agit ici précisément de nullités, nous devrons rigoureusement borner les cas de défaut de nouveauté à ceux formellement indiqués, et dès lors admettre qu'il y a nouveauté légale suffisante dès que nous ne nous trouvons dans aucun des cas indiqués.

**135. Différence entre la nouveauté légale et la nouveauté dans le sens ordinaire.** — Il ne faut par conséquent pas confondre *la nouveauté légale* telle qu'elle résulte des articles que nous venons de citer, avec *la nouveauté commune,* telle que la comprend le langage ordinaire. Il ne peut être pour nous question que de la première. Remarquons que le mot « nouveauté » avec ce sens spécial n'est pas de création doctrinale. On le trouve dans l'art. 2 de notre loi : « La concession des brevets se fera... sans garantie... *de la nouveauté...* de l'invention. »

**136. Une invention peut être nouvelle quoiqu'elle ne soit pas récente.** — Au premier abord ces deux qualifications semblent s'exclure. Mais au fond elles peuvent coexister. En effet, comme nous le verrons plus tard, une invention très-ancienne, mais qui est toujours restée un secret, ou plutôt qui n'est tombée dans aucun des cas destructifs de la nouveauté, est encore nouvelle; tandis que, tout au contraire, une invention très-récente, peut être déjà frappée par une des causes destructives de cette nouveauté.

**137. Pourquoi la nouveauté est-elle un des éléments essentiels de l'invention brevetable?** — Le brevet confère à celui qui l'obtient des droits exclusifs sur l'objet breveté; c'est ce qui résulte expressément du texte de l'art. 2 de notre loi. Or, il serait injuste de conférer à quelqu'un des droits exclusifs si l'on ne pouvait les lui donner qu'en préjudiciant à des droits acquis à des tiers, soit que ces droits acquis dépendissent du *domaine public,* soit qu'ils fissent partie d'un *patrimoine privé*. Quand l'objet breveté appartient déjà, avant la demande du brevet, à l'un ou à l'autre de ces domaines, on ne peut lui accorder de brevet; et de plus, on ne peut dire que l'invention est nouvelle, puisqu'elle existait déjà et s'était répandue. Le défaut de nouveauté coïncide donc toujours avec des droits acquis à des tiers sur l'invention; il en est même la conséquence nécessaire. Il était par suite raisonnable de faire de la nouveauté une des conditions essentielles de l'invention brevetable et de déclarer nuls les brevets où elle ne se rencontrerait pas.

**138. Il n'y a pas de nouveauté quand elle n'existe que pour un individu isolé.** — Ce que nous venons de dire démontre que la nouveauté devra exister non pas *pour un individu isolé,* mais pour la société entière. Ainsi, pour nous faire mieux comprendre, il peut arriver qu'un homme travaille dans la solitude et découvre une chose qu'il croit nouvelle, mais qui en réalité existe depuis longtemps. Sa découverte sera nouvelle, mais pour lui seul, et non pour le public. Elle ne pourra être brevetée, car elle est tombée dans le domaine public, elle est acquise à celui-ci.

**139. Des conditions requises pour que la nouveauté soit détruite. — Division.** — Pour que la nouveauté soit détruite il faut deux conditions : 1° qu'il y ait identité entre l'invention prétendûment nouvelle et une chose existante antérieurement. Cette condition est même suffisante pour détruire la nouveauté d'après le langage ordinaire. Comme néanmoins il s'agit ici, non pas de la nouveauté d'après le langage ordinaire, mais de la nouveauté légale, il faudra de plus : 2° qu'il y ait une des circonstances qui d'après la loi, l'identité étant donnée, détruisent la nouveauté. Nous allons examiner la question à ce double point de vue dans les deux paragraphes suivants.

§ 1$^{er}$.

DE L'IDENTITÉ ENTRE L'INVENTION PRÉTENDUE NOUVELLE
ET UNE INVENTION ANTÉRIEURE.

(SOMMAIRE.)

140. La nouveauté ne peut être détruite que si l'invention est identique à une invention antérieure. — 141. Sur quels éléments de l'invention faut-il que l'identité porte ? — 142. L'identité de qualification ne suffit pas pour établir l'identité des inventions. — 143. L'utilité de la nouvelle invention, les efforts qu'elle a coûtés, sont sans influence sur la nouveauté. — 144. Il en est de même de l'habileté de l'inventeur. — 145. Quel changement devra présenter l'invention postérieure pour être nouvelle ? — 146. L'appréciation pourra-t-elle être parfois moins sévère ? — 147. Il ne peut jamais y avoir d'identité entre un produit et un résultat, entre un organe et un procédé. — 148. Quand y a-t-il identité entre produit

# TITRE Ier. — PERSONNES ET INVENTIONS BREVETABLES.

et produit, entre résultat et résultat, entre moyen et moyen. — 149. Une simple amélioration suffit-elle pour détruire l'identité et constituer la nouveauté ? — 150. Quid d'une simple modification, de quelques changements ? — 151. Quid lorsque quelques-unes des opérations dont se compose l'invention étaient antérieurement connues ? — 152. Quid lorsqu'il y a plus de fini, plus de perfection ? — 153. Quid lorsqu'il y a simple économie dans la fabrication ? — 154. Quid lorsque l'idée nouvelle repose sur une idée ancienne ? — 155. Quid s'il y a simple combinaison nouvelle d'éléments connus ? — 156. Quand il y a combinaison, la découverte doit être appréciée dans son ensemble ? — 157. Y a-t-il nouveauté quand il y a substitution d'une matière à une autre ? — 158. Quid quand il y a simple changement de forme ou de proportion ? — 159. Quid des ornements ? — 160. Quid des applications de moyens ? Tout moyen suppose une application. — 161. Il y a nouveauté quand on applique comme moyen ce qui n'était qu'un produit ou un résultat. — 162. Division en quatre catégories des applications de moyens ? — 163. Il n'y a pas nouveauté quand le moyen et son application sont connus. — 164. Il y a nouveauté quand le moyen et l'application sont nouveaux. — 165. Quid si le moyen est nouveau et l'application ancienne ? — 166. Quid de l'application nouvelle de moyens connus ? — 167. Y a-t-il nouveauté, quand il y a application nouvelle d'un moyen connu pour l'obtention d'un effet connu également. — 168. Quand le produit ou le résultat est nouveau on en peut conclure en général que l'application est nouvelle. — 169. Y a-t-il nouveauté quand on applique à une autre industrie des moyens connus ? — 170. Différence entre l'emploi et l'application. — 171. Quid de l'application à une autre branche de la même industrie ? — 172. Quid de l'application d'un moyen connu à une industrie similaire ou analogue ? — 173. Pour apprécier la nouveauté les tribunaux pourront recourir aux expertises. — 174. Dans l'appréciation de la nouveauté on ne peut fractionner l'invention. — 175. Pourtant on peut fractionner dans un cas. — 176. Brevets divisibles et indivisibles. Nouveauté partielle. — 177. L'importance du résultat qu'amène un moyen doit rester sans influence sur sa nouveauté.

**140. La nouveauté ne peut être détruite que si l'invention est identique à une invention antérieure.** — Chaque fois qu'il s'agira de déterminer si une invention est nouvelle ou non, il est évident qu'il y aura lieu de faire une comparaison entre cette invention et l'objet d'où on prétendra faire résulter la preuve que l'invention était déjà connue. Cette comparaison aura pour but de déterminer si les deux objets *se ressemblent*. Comment en effet pourrait-on dire avec raison qu'une invention n'est pas nouvelle en alléguant pour tous motifs l'existence d'une autre invention qui ne serait pas la même ?

**141. Sur quels éléments de l'invention faut-il que l'identité porte ?** — Quand peut-on dire qu'une invention récente est la même qu'une invention antérieure ? En d'autres termes, quand pourra-t-on admettre qu'il y a *identité* suffisante au vœu de la loi ? Faudra-t-il une identité absolue jusque dans les moindres détails, ou suffira-t-il d'une identité relative, reposant sur la ressemblance des éléments principaux ? Voilà tout un ordre de questions qui ont préoccupé à juste titre la doctrine et la jurisprudence.

Le texte de la loi de 1854 étant muet sur l'identité nous devons recourir aux principes généraux.

**142. L'identité de qualification ne suffit pas pour établir l'identité des inventions.** — Un arrêt de Liége du 16 juillet 1859, GAUTHY-WAUCOMONT c. DUBOIS (inédit), a jugé avec raison qu'une simple qualification analogue à celle d'un produit breveté donnée à un produit ancien, ne suffit pas pour établir que celui-ci est identique à celui sur lequel porte le brevet ; que spécialement on ne peut induire de ce qu'un tissu est connu sous le nom de *velours-laine* qu'il est le même que celui connu sous le nom de *drap-velours* ou drap Montagnac.

**143. L'utilité de la nouvelle invention, les efforts qu'elle a coûtés, sont sans influence sur la nouveauté.** — La loi a eu la volonté d'accorder l'avantage du brevet à toutes inventions, à toutes découvertes, aux plus importantes comme aux plus insignifiantes, pourvu, bien entendu, qu'elles présentassent les autres caractères de l'invention brevetable. Conformément à cette règle, nous avons reconnu précédemment qu'un brevet pouvait être obtenu quelque légères qu'eussent été les peines qu'avait coûtées l'invention, quels que fussent son mérite ou son utilité. A moins de se montrer plus rigoureux pour l'invention postérieure que pour l'invention primitive, ce que rien ne justifierait, il faudra donc déclarer que la première est susceptible d'être valablement brevetée si elle est nouvelle, abstraction faite de toute question d'efforts ou d'utilité. C'est donc à tort, pensons-nous, qu'un arrêt de la cour de Metz du 14 août 1850, rapporté en note par M. Tillière, n° 13 al. fin., dit entre autres motifs : « Attendu que s'il y a des cas où la substitution d'une matière à une autre pour obtenir un résultat industriel peut n'être pas considérée comme une idée brevetable, c'est seulement quand cette substitution *est chose facile et de peu d'importance;* mais qu'il en est autrement quand la substitution n'a été reconnue possible qu'*après de patientes recherches et des expériences scientifiques.* » Nous ne dirons même pas que le juge pourrait équitablement admettre plus aisément la nouveauté quand on n'aura obtenu l'invention qu'après de longs et pénibles labeurs (*infra* n° 146).

Jugé conformément à ces principes que l'utilité plus ou moins grande d'un appareil breveté est sans la moindre influence sur la validité du brevet. (Paris, 30 mai 1857, Milliet c. Vernier, *Rep.* Huard, p. 430, n° 127.)

Jugé encore que la validité du brevet ne peut dépendre ni de l'importance, ni de l'utilité de l'invention. (Cass. F., 30 décembre 1845, Coubaux c. Gosdemberg; — Paris, 8 juillet 1846, Guérin c. Fland, *le Droit,* 1846, 653.)

**144. Il en est de même de l'habileté de l'inventeur.** — Nous avons également démontré ci-dessus (n° 89) que la seule habileté était sans influence pour donner à une invention le caractère d'invention brevetable. Elle ne devra donc pas non plus entrer en ligne de compte pour l'appréciation de la nouveauté.

**145. Quel changement devra présenter l'invention postérieure pour être nouvelle?** — Il y a dans une invention ou une découverte des éléments qui sont complétement étrangers aux points de vue que nous venons d'envisager notamment ce qui concerne la matière, l'élégance, la forme, les proportions, la beauté, les qualités, les propriétés, etc. Quand un changement portant sur ces divers éléments sera-t-il de nature à détruire l'identité?

Il est difficile de donner à cet égard des règles précises pour tous les cas. La plupart du temps, ce sera une question de fait à décider selon les circonstances. Tel changement de forme peut être d'une importance si grande que l'objet doit être regardé comme nouveau ; tel autre peut être si peu de chose que personne ne dira que l'objet sur lequel il porte soit changé au point d'être nouveau. Ce sera au juge à examiner chaque espèce qui se présentera. (CASS. B., 12 avril 1862, LIEUTENANT PELZER et C$^{ts}$ c. GRIVEGNÉE, *Pas.* 1862 p. 177).

Il faudra aussi que le juge distingue avec soin le changement qui n'est qu'un perfectionnement de l'invention primitive, qui s'ajoute à elle comme un élément séparé, du changement qui influe si puissamment sur l'invention qu'elle en fait une chose nouvelle dans son ensemble. Nous examinerons ce point délicat quand nous traiterons des brevets de perfectionnement. Cette distinction produit, comme on le verra alors, des effets importants relativement aux droits respectifs des deux inventeurs, notamment en ce qui concerne l'exploitation (art. 15, loi belge).

**146. L'appréciation pourra-t-elle parfois être moins sévère?** — Bon nombre d'arrêts admettent que dans son appréciation le juge peut tenir compte non-seulement des changements pris en eux-mêmes, mais aussi de certaines circonstances qui, en général, ne suffisent pas, quand on les isole, pour constituer l'invention brevetable; qu'ainsi, il pourra à la rigueur se montrer plus facile pour admettre la nouveauté quand les changements auront coûté un grand travail, de pénibles efforts, de longues recherches, ou quand les changements rendront le produit moins cher, ou quand les avantages obtenus seront considérables, ou quand l'inventeur aura montré plus d'habileté. « Attendu, dit l'arrêt de Metz que nous avons cité *supra* n° 143, que s'il y a des cas où la substitution d'une matière à une autre pour obtenir un résultat industriel peut n'être pas considérée comme une idée brevetable... *il en est autrement quand la substitution... a procuré à l'industrie des avantages dont la valeur a été généralement reconnue par des hommes compétents.* »

Mais cette doctrine est contraire au principe qu'il ne faut tenir compte dans l'appréciation de la nouveauté d'une découverte, ni de l'habileté de son inventeur, ni de son utilité, ni des peines qu'elle a coûtées (*sup.* n° 143 et n° 144). Elle ne repose que sur une tendance à l'équité qui caractérise souvent la jurisprudence. Au fond cette équité est mal placée, car les brevets sont des priviléges, et en les favorisant on oublie qu'à côté de l'inventeur qui réclame un monopole, se trouve le public qui a intérêt à ce qu'on ne concède ce monopole que le moins souvent possible. Être équitable pour le public est au moins aussi méritoire qu'être équitable pour l'inventeur.

**147. Il ne peut jamais y avoir d'identité entre un produit et un résultat, entre un organe et un procédé** — Les produits et les moyens étant corporels, les résultats et les procédés ne l'étant pas, ils diffèrent par leur essence même, et dès lors il est impossible qu'il y ait jamais d'identité entre eux.

**148. Quand y a-t-il identité entre produit et produit, entre résultat et résultat, entre moyen et moyen?**—Cette question ne peut être clairement résolue que par l'examen séparé des nombreuses hypothèses qui se présentent.

Une remarque générale qu'il importe de faire avant d'y procéder, c'est que les règles sur la nouveauté ne doivent pas faire perdre de vue les autres caractères nécessaires à l'invention brevetable. Telle invention nouvelle au vœu de la loi, peut ne pas être brevetable parce qu'elle constitue par exemple un simple résultat ou parce qu'elle est illicite. L'examen de la question de savoir si tel élément existe ne dispense pas de rechercher si les autres ne font pas défaut. Un observateur attentif devra porter son attention successivement sur chacun d'eux.

**149. Une simple amélioration suffit-elle pour détruire l'identité et constituer la nouveauté?** — Comme nous l'avons déjà dit, cela dépend des circonstances. C'est une question de fait. Tantôt l'amélioration peut être si petite que l'on ne saurait voir dans la chose améliorée une invention nouvelle, tantôt le contraire peut se présenter, tantôt il peut s'agir non pas d'une invention tout à fait nouvelle, mais d'un simple perfectionnement.

C'est ainsi notamment qu'on a pu décider qu'il y avait invention nouvelle dans le fait d'améliorer des moyens déjà connus pour percer les matières destinées à recevoir des œillets métalliques.

« Attendu (dit un arrêt de Paris, 15 novembre 1841, DESLANDES, Dalloz, n° 53, al. 2 et la note), qu'il résulte des débats et des documents produits que si les moyens employés par Deslandes pour percer les matières destinées à recevoir les œillets métalliques et pour les y river, étaient connus antérieurement aux brevets par lui demandés en

1840 et par lui obtenus, ces moyens étaient isolés *et plus ou moins réguliers* lorsque Deslandes a imaginé *de les perfectionner* et de les réunir dans un ensemble propre à produire une régularité, une rapidité et une économie telles qu'on doit y voir une véritable et sérieuse invention. »

**150. Quid d'une simple modification, de quelques changements ?** — Cela dépend des circonstances. On peut déclarer qu'il n'y a pas nouveauté quoiqu'il y ait une légère différence. (Comp. DALLOZ, n° 64).

Ainsi jugé qu'il n'y a pas invention brevetable dans l'application au trombone d'un système à piston antérieurement connu, avec une différence peu importante dans le placement. (BRUXELLES, 21 octobre 1850, DERETTE c. SAX et MAHILLON, Pas. 51 p. 179).

**151. Quid lorsque quelques-unes des opérations dont se compose l'invention étaient antérieurement connues ?** Cela dépend encore des circonstances (voir *supra* n° 145). Ainsi il a été jugé qu'il n'y a pas nouveauté dans le procédé quand tout le changement consiste dans la *répétition des lavages* ou bains de la soie, ce qui amène un effet plus considérable. (PARIS, 21 janvier 1860, ROUX et ROYER c. BUER, B. J. 21, 629).

Mais jugé que pour faire prononcer, sous prétexte de défaut de nouveauté, la nullité d'un brevet pris pour la cuisson des briques, il fallait prouver que tous les moyens brevetés étaient antérieurement connus, tant ceux relatifs à l'emploi des escarbilles et du charbon de terre, que ceux relatifs au mode de cuisson, au broyage et au séchage des matières, et à la forme des constructions, des outils et machines nécessaires à la fabrication. (Tribunal de la Seine, 14 février 1853, rapporté par DALLOZ, n° 57 et la note).

**152. Quid lorsqu'il y a plus de fini, plus de perfection ?** — Même réponse qu'aux numéros précédents.

Ainsi jugé que le plus ou moins de souplesse ou de solidité des produits de deux systèmes doivent rester sans influence sur la solution de la question de contrefaçon. (Liége, 1re chambre, 15 mars 1860, Lauge c. Georges et Ce, inédit).

**153. Quid lorsqu'il y a simple économie dans la fabrication ?** — Cela revient à demander si l'on peut breveter l'économie. Nous avons déjà eu occasion de dire que le fait de rendre un produit moins cher n'est qu'un simple résultat qui ne peut être breveté ; à cet égard la question de nouveauté est donc superflue. Mais nous avons ajouté que le même principe n'est pas applicable aux procédés (n° 83) et nous saisissons l'occasion de préciser ce que nous avons dit alors.

Ou bien les moyens de fabrication (organes ou procédés) et les effets qu'ils amènent (produits ou résultats) restent les mêmes. Dans ce cas l'économie, semble-t-il, ne peut résulter que de l'habileté, que de l'ordre du fabricant, et l'on sait que ces qualités toutes personnelles ne peuvent être brevetées (*sup.* n° 89). De plus l'économie prise en elle-même ne peut jamais former la matière d'un brevet : outre qu'il y aurait quelque chose de choquant dans le fait de donner à quelqu'un le droit exclusif de fabriquer à tel prix déterminé, il faut ne pas perdre de vue que de tout temps le droit d'augmenter ou de réduire à tous les degrés le prix des choses a appartenu au domaine public.

Ou bien l'économie résulte d'un changement dans les moyens de fabrication. Dans ce cas c'est ce changement seul qu'il faut envisager pour apprécier la nouveauté. On ne pourra pas plus tenir compte de l'économie prise en elle-même qu'on ne peut dans d'autres circonstances, comme nous l'avons démontré ci-dessus n° 143, tenir compte de l'utilité de l'invention ou des efforts qu'il a fallu pour l'obtenir.

Ou bien enfin les moyens restent les mêmes tout en étant plus économiques, mais par le seul fait de cette économie ils amènent un effet nouveau. Cette hypothèse est assez difficile à concevoir; mais si elle était possible, on tomberait dans l'application nouvelle d'un moyen connu : l'économie, moyen connu, produirait un effet industriel nouveau et dès lors elle serait brevetable dans cette application déterminée.

Ces mêmes distinctions devraient être faites s'il s'agissait de la *durée* de la fabrication. La durée en elle-même n'est également jamais brevetable : elle appartient au domaine public dans toutes ses manifestations. Mais si par elle-même elle produisait un effet nouveau, elle serait brevetable comme application nouvelle d'un moyen connu.

**154. Quid lorsque l'idée nouvelle repose sur une idée ancienne ?** — La plupart du temps il n'y aura pas identité. Lors des travaux préparatoires de la loi française, on a proposé à la Chambre des députés de substituer à ces mots : « Toute nouvelle découverte ou invention... » ceux-ci : « Toute découverte ou invention reposant sur une idée nouvelle... » L'amendement a été rejeté après avoir été combattu par le rapporteur dans les termes suivants : « Il y a beaucoup d'inventions qui reposent, non pas sur une idée nouvelle, mais sur une idée ancienne. Ainsi la vapeur appliquée à la locomotion n'est pas une idée nouvelle, et tous les jours elle donne lieu à des inventions et à des découvertes. Une invention ou une découverte peut donc reposer sur une idée ancienne à laquelle on apporte un perfectionnement. » (DALLOZ, n° 41).

Il résulte de là que pour se trouver dans le cas que nous examinons, il faut deux conditions : *a*) qu'il y ait une idée ancienne, *b*) qu'on la développe, qu'on la perfectionne ou qu'on la change, de façon à produire une chose nouvelle.

**155. Quid s'il y a simple combinaison nouvelle d'éléments connus ?** — En pareil cas il y aura le plus souvent nouveauté. Ainsi il a été jugé qu'un mode de réunion de divers systèmes de serrure est nouveau quand l'ensemble offre plus de garantie et de sécurité qu'aucun de ces système pris isolément. (Trib. de BRUXELLES, 26 janvier 1859, MATHYS-DECLERCQ c. VAN ORSHOVEN, B. J. 17, 312.) — Jugé encore qu'un système de double porte résultant de la combinaison de moyens qui peuvent, chacun séparément, n'être pas nouveaux, mais dont l'ensemble et l'agencement constituent un perfectionnement, est une invention nouvelle et peut être breveté. (BRUXELLES, 15 juin 1861, DEVISSER c. GODEFROY, Pas. 1862, 416.) Ce point est de jurisprudence; *voyez* les autorités citées par Huard, *Rép.* p. 409, n°s 21 à 35 incl.

**156. Quand il y a combinaison, la découverte doit être appréciée dans son ensemble.** — Toutes les parties prises isolément peuvent être parfois anciennes et parfaitement connues, et leur ensemble présenter un caractère prononcé de nouveauté. N'en doit-il pas être ainsi quand on considère que tout dans la nature n'est qu'une combinaison d'éléments toujours les mêmes ? (LIÉGE, 13 février 1847, VANDENBOSCH et C$^{ts}$ c. MELAERTZ et C$^{ts}$, Pas. 59). Ce point est de jurisprudence (*Rép.* Huard, p. 432, n°s 141 à 146 incl.).

**157. Y a-t-il nouveauté quand il y a substitution d'une matière à une autre ?**
— En général il n'y aura pas nouveauté en pareil cas.

(Décisions conformes dans Huard, *Rép.*, p. 421, n°ˢ 85, 86, 87, 92, 93, 94.) C'est en ce sens qu'il a été jugé que la substitution du fer au bois dans la construction des bâches et châssis ne saurait être considérée comme une invention nouvelle. (PARIS, 20 mars 1847, PEYEN rapporté par TILLIÈRE, n° 13 et la note.)

Mais d'un autre côté il a été jugé qu'il y a nouveauté dans l'application aux feux ouverts d'un revêtement de glace au lieu d'un revêtement de fer. (Trib. d'Anvers, 15 février 1862, RAMBOUX c. MARKELBACH, B. J. 20, 913).

Jugé encore que l'emploi d'une matière première à la fabrication de produits pour la confection desquels elle n'avait pas été employée précédemment, par exemple la substitution, dans la confection des cordages, de la filasse, d'aloës et d'agave aux matières employées jusqu'alors peut être brevetée. (BRUXELLES, 21 novembre 1857, Pas. 247).

**158. Quid, quand il y a simple changement de forme ou de proportion?** — C'est aussi une question de fait. La plupart du temps il n'y aura pas une invention nouvelle. La loi du 25 mai 1791 avait même généralisé la règle d'une manière absolue dans son tit. 2, art. 8, en déclarant que pareils changements ne pourraient jamais être brevetés. Lors des travaux préparatoires de la loi française, M. Barthélemy a dit dans son rapport que cette disposition n'était pas reproduite à cause de son évidence même. Nonobstant ces déclarations qui n'engagent du reste en rien les commentateurs de la loi belge, nous persistons à dire que c'est une question de fait.

Ainsi jugé que le changement de forme d'un instrument de chirurgie, alors même qu'il en peut résulter une commodité pour l'opérateur n'est pas brevetable. (PARIS, 15 août 1861, GARIEL et C$^{ts}$ c. BERGUERAUD et C$^{ts}$, *la Prop. ind.*, n° 205).

Jugé encore que l'emploi d'une trame ou d'une chaîne plus forte dans une étoffe ne saurait constituer une invention. (Trib. civ., Lyon, 13 juin 1860, Chavant c. Fontaine, *la Prop. ind.*, n° 72.)

Jugé encore, que le simple changement de dimension ne peut constituer une invention. Spécialement qu'on ne peut se faire breveter pour des bagues identiques à des bracelets tombés dans le domaine public. (Paris, 10 décembre 1857, Cavy c. Murat. *la Prop. ind.*, n° 8.)

Mais jugé d'autre part qu'un paillasson peut être breveté quand sa forme et ses dimensions sont nouvelles. (Paris, 26 juillet 1861, Guyot c. Calais, *la Prop. ind.*, n°s 171 et 196.)

**159. Quid des ornements?** — Les mêmes considérations peuvent être appliquées aux simples ornements, qui sont compris dans l'article de la loi de 1791 et dans le rapport de M. Barthélemy. (*Sup.* n° 158.)

**160. Quid des applications de moyens? Tout moyen suppose une application.** — Un moyen suppose toujours une application. Il n'a en effet de valeur, de signification que parce qu'il s'applique à quelque chose; il est de son essence de s'appliquer à quelque chose sinon actuellement au moins éventuellement. On pourrait donc, chaque fois que le mot moyen se présente, dire application de moyen, au lieu de moyen purement et simplement. Mais ce serait en général une sorte de pléonasme, et voilà pourquoi on s'en abstient. Mais parfois il y a nécessité d'employer cette expression et de mettre l'application en relief. C'est quand il s'agit de faire connaître une qualité propre à l'application seule à l'exclusion du moyen auquel elle est indissolublement liée. Supposez, par exemple, que le moyen soit connu, mais que l'application que l'on en fait soit nouvelle. On ne pourra dire *nouveau moyen,* car ce serait prêter au moyen une qualité qu'il n'a pas puisqu'il est ancien. Il faudra dire *application nouvelle d'un moyen*. Quand au contraire le moyen et l'application seront nouveaux, il n'y aura aucun inconvénient à dire nouveau moyen ; les éléments compris dans ce dernier mot participent en effet tous deux du même caractère de nouveauté.

**161. Il y a nouveauté quand on applique comme moyen ce qui n'était qu'un produit ou un résultat.** — Jamais il n'y a identité si de deux inventions, l'une est effet (produit ou résultat), l'autre moyen (organe ou procédé).

N'est-ce pas, en effet, une découverte éminemment nouvelle que de faire servir par exemple, comme moyen destiné à atteindre un but, une chose qui n'avait jamais jusque-là été employée comme telle ?

Il en résulte que lorsqu'un produit ou un résultat est appliqué comme moyen, il n'y aura pas identité entre l'invention récente et l'invention du résultat ou du produit lui-même, quoiqu'il y ait identité absolue entre le produit tel qu'il est quand on le prend isolément, et tel qu'il est quand il sert de moyen. La différence résidera toute entière, entre le défaut d'application comme moyen, et l'existence de cette application, et elle suffira pour détruire l'identité.

**162. Division en quatre catégories des applications de moyens.** — C'est sur les considérations que nous avons présentées *sup.* n° 160 qu'est fondée la division des moyens ou plutôt des applications de moyens : 1° en moyens où le moyen et l'application sont anciens ; 2° en moyens où le moyen et l'application sont nouveaux ; 3° en moyens où le moyen est nouveau et l'application ancienne ; 4° en moyens où le moyen est ancien et l'application nouvelle.

Nous allons examiner au point de vue de la nouveauté ces quatre hypothèses.

Constatons d'abord qu'une application quelconque doit, pour être brevetable, amener un produit ou un résultat. Cette conséquence en effet, est de son essence comme nous l'avons dit précédemment. L'application vise le but à obtenir, plutôt que le point de départ de l'applicateur pour arriver à ce but. Pourquoi breveterait-on ce qui ne donne aucun résultat, ce qui, en d'autres termes, ne sert à rien?

**163. Il n'y a pas nouveauté quand le moyen et son application sont connus.** — En premier lieu lorsque le moyen et son application sont anciens ou connus, il est évident que la nouveauté fait totalement défaut et que l'invention n'en sera en réalité pas une. Aussi n'avons-nous cité ce cas que pour mieux faire comprendre la division, en n'en omettant aucun terme.

**164. Il y a nouveauté quand le moyen et l'application sont nouveaux.** — Lorsque le moyen et l'application sont nouveaux, ce qui est l'hypothèse diamétralement opposée, la nouveauté sera arrivée à son plus haut degré, et il est évident que l'invention sera brevetable.

**165. Quid si le moyen est nouveau et l'application ancienne?** — Le moyen nouveau et l'application ancienne est une hypothèse qui ne peut se présenter, et nous ne la mentionnons que pour la forme. Quand en effet le moyen est nouveau, son application doit l'être nécessairement et nous retombons dans le deuxième cas. Il ne peut pas y avoir eu d'application d'une chose avant qu'elle fût connue.

**166. Quid de l'application nouvelle de moyens connus?** — Les explications dans lesquelles nous venons d'entrer ont déjà dû faire comprendre que, dans ce cas, il y a nouveauté et que dès lors il pourra y avoir brevet. C'est en effet souvent une découverte inappréciable que celle de l'application jusqu'alors ignorée d'un moyen connu pour atteindre un but avec lequel on ne lui soupçonnait aucun rapport. C'est dans ce domaine qu'ont été faites les plus belles inventions. Pendant combien de siècles les hommes ont ressenti la chaleur bienfaisante du soleil sans soupçonner l'emploi que l'on pourrait en faire au daguerréotype! Pendant combien de siècles les ménagères ont vu la vapeur s'élever au-dessus de l'eau bouillante sans soupçonner la machine de Watt!

En théorie donc la nouveauté est suffisante. La loi vient confirmer ce principe.

Faisons d'abord remarquer que la loi française résout expressément la question dans son art. 2 : « Sont considérées comme inventions ou découvertes nouvelles... *l'application nouvelle de moyens connus.* »

Le texte de la loi belge est muet sur ce point, mais les travaux préparatoires l'éclairent.

En effet l'art. 1er de l'avant-projet disait : « Tout inventeur *de nouveaux* produits, moyens, procédés *ou applications...* » (*Ann. parl.* 1851-52, p. 676, col. 1.) Le rapport expliquait cet article en disant (ib. p. 666, col. 2) : « L'expression de moyen, procédés et application, ne présente, ce nous semble, aucune difficulté : on appelle ici... applications *l'emploi qui se fait d'un principe ou d'une matière connus pour obtenir un résultat nouveau.* » Enfin le rapport de la section centrale s'est approprié cette doctrine en disant (ib. p. 986, col. 1 in fine) d'une part : « Toute découverte de produit nouveau, moyen, procédé *ou application* est brevetable » et plus loin : « Par application on doit comprendre l'emploi qui se fait d'un principe ou *d'une matière connue pour obtenir un résultat nouveau.* »

Ces divers passages prouvent qu'au fond l'intention du législateur a été de suivre le système de la loi française, car l'art. 1er de notre loi ainsi expliqué a été adopté sans discussion.

**167. Y a-t-il nouveauté, quand il y a application nouvelle d'un moyen connu pour l'obtention d'un effet connu également?** — Oui. Cela rentre dans les termes généraux de la loi. Il y a en effet application nouvelle d'un moyen connu. Or, cela suffit. De plus l'avantage social peut être immense puisque l'application nouvelle peut multiplier le produit d'une manière considérable. Seulement ce produit restera dans le domaine public, s'il s'y trouve. Ce n'est pas en effet en lui que consiste l'invention; ce n'est pas pour lui que peut être pris le brevet. C'est l'application seule qui se présente avec les caractères de la nouveauté.

Il en est de même quand c'est, non plus *un produit* connu, mais *un résultat* connu que l'on obtient par l'application nouvelle de moyens connus.

Ainsi jugé que bien que la combinaison du carbonate de potasse ou de soude avec une dissolution d'or fût dès longtemps connue, celui qui le premier en a fait l'application à la dorure qui, elle aussi, était depuis longtemps connue, a fait une invention brevetable. (Cass. Fr. 13 août 1845, BÉDIER, D. P., 45, 1, 408.)

**168. Quand le produit ou le résultat est nouveau, on en peut conclure en général que l'application est nouvelle.** — S'il est vrai que l'application nouvelle est brevetable quoiqu'elle n'amène qu'un produit ou qu'un résultat connus, disons cependant que l'existence d'un produit ou d'un résultat nouveaux aura cet avantage qu'elle pourra souvent servir d'élément de constatation pour découvrir s'il y a application nouvelle. En effet, si la société appliquait déjà ce moyen, comment se fait-il que le produit ou le résultat nouveaux ne s'étaient pas encore manifestés? N'est-ce point parce que l'application nouvelle n'existait pas encore, et n'est-ce pas celui qui apporte ce produit ou ce résultat qui l'a découverte? (Comp. Nouguier, n° 410.)

**169. Y a-t-il nouveauté quand on applique à une autre industrie des moyens connus ?** — Pour décider s'il y a nouveauté quand on applique des moyens connus à une autre industrie dans laquelle ils n'étaient pas encore employés, une distinction est nécessaire. Si les moyens (organes ou procédés) remplissent exactement les mêmes fonctions que dans l'industrie primitive et amènent le même effet, ils ne sont pas brevetables; où donc, en effet, voit-on alors dans leur emploi quelque chose de nouveau? Ainsi, par exemple, la scie, le marteau sont employés par l'ébéniste pour scier le bois des meubles qu'il fabrique, pour enfoncer des clous; un fabricant les utilise un jour dans une industrie nouvelle dont il est l'inventeur, mais il leur fait remplir les mêmes fonctions de scier du bois, d'enfoncer des clous. Il n'y a pas de nouveauté. Il serait absurde de prétendre que tout emploi d'un instrument quelconque dans une industrie nouvelle peut être breveté : cela irait à l'infini.

Mais si l'emploi est nouveau, si l'effet que les instruments amènent était inconnu jusqu'alors, si le marteau sert à autre chose qu'à son usage banal d'enfoncer des clous, l'application nouvelle apparaît, le brevet est possible.

Conformément à ces principes, il a été jugé que les moyens connus et employés dans une industrie ne sont susceptibles d'être brevetés dans leur application nouvelle à une autre industrie *qu'autant que le résultat produit diffère de celui obtenu dans l'industrie primitive*. Spécialement l'application aux étoffes de soie des moyens employés jusqu'alors pour le calandrage et le moirage des étoffes de coton ne peut être breveté. (Lyon, 23 juin 1860, Vignet c. Cantillon, *La Prop. indust.* n° 159.)

Il résulte de là cette règle importante, trop souvent méconnue dans la jurisprudence, que pour apprécier la nouveauté d'une application de moyens connus à une autre industrie, il ne faut pas considérer la différence des deux industries, ni rechercher si elles sont analogues ou éloignées, mais uniquement s'il y a oui ou non un effet nouveau.

**170. Différence entre l'emploi et l'application.** — On a quelquefois nommé *emploi* l'application sans nouveauté, telle que nous venons de l'expliquer au numéro précédent, en conservant le nom d'*application* à celle qui était véritablement nouvelle. Nous nous bornons à citer le fait sans recommander l'exactitude des qualifications. Ainsi jugé que la loi de 1844 protége les applications nouvelles, mais non les emplois nouveaux : spécialement l'emploi de la vis pour les pieds de pianos ne peut pas être valablement breveté, lorsque cet emploi pour le pied des tabourets de pianos et pour les pieds de billard appartient au domaine public. (Trib. corr. de la Seine, 7 décembre 1858, Oostermann c. Westermann, *La Prop. industr.* n° 58.)

**171. Quid de l'application à une autre branche de la même industrie ?** — C'est une question à décider d'après les principes exposés au n° 169.

Ainsi, par exemple, le découpoir était déjà connu et appliqué à plusieurs des matières nécessaires pour la fabrication des éventails. Cependant on ne l'avait pas encore appliqué au bois qui est une de ces matières. Quelqu'un imagine de l'y appliquer et prend un brevet pour application nouvelle d'un moyen connu. Il a été jugé que son brevet n'était pas valable comme manquant de nouveauté. (Duvelleroy, Cass. Fr., 11 juillet 1846, D. P., 46, 1, 287.)

Ainsi encore, il n'y a pas de nouveauté dans l'application aux pierres dures de *grande dimension* d'un burin déjà appliqué au rabotage des pierres dures de *petite dimension*. (Paris, 21 juin 1860. Bigot c. Barrère, B. J. 21, 703.)

**172. Quid de l'application d'un moyen connu à une industrie similaire ou analogue ?** — Il faut également appliquer ici les principes exposés *supra* au n° 169. Ainsi jugé sous la loi du 25 janvier 1817, que l'addition du schiste houillier stérile au fondant calcaire pour réduire en fonte le minerai de fer étant indiquée littéralement et d'une façon générale dans l'ouvrage de Mushett, publié en 1840, un plaideur était mal venu à prétendre qu'il a fait une invention nouvelle, en l'appliquant au minerai de fer olégiste et à d'autres minerais riches, isolés ou mélangés. (Liége, 1re chambre du 8 mars 1855. Société Cockerill c. Albert Behr, inédit).

**173. Pour apprécier la nouveauté les tribunaux pourront recourir aux expertises.** — On a pu s'assurer par tout ce qui précède que dans la plupart des cas la nouveauté est une question de fait et de plus un problème industriel ou scientifique. C'est pourquoi les tribunaux pourront s'aider des lumières d'une expertise faite par des hommes compétents. Toutefois en cette matière comme dans toutes les autres, ils ne seront pas liés par le rapport des experts.

**174. Dans l'appréciation de la nouveauté on ne peut fractionner l'invention.** — Fractionner l'invention c'est prendre un à un tous les éléments dont elle se compose et démontrer que chacun d'eux était déjà connu. C'est là un procédé très-irrégulier. Une invention comprend non-seulement les détails, mais encore l'ensemble. L'identité des premiers n'entraine pas l'identité des seconds. Il peut y avoir combinaison nouvelle, etc. Par conséquent établir que chacun des organes qui concourt à cet ensemble était, en particulier et pris isolément, parfaitement connu et appliqué, ce ne serait pas démontrer que l'invention, c'est-à-dire la combinaison nouvelle était connue. (Comp. Nouguier, 488.) Aussi a-t-il été jugé en France que l'arrêt qui se livre à l'appréciation des diverses parties de l'invention *sans rechercher en outre si le système en lui-même et dans son ensemble* ne constituait pas un procédé industriel nouveau susceptible d'être breveté, viole les lois de 1791 et 1844. (Nouguier, n° 489 et les autorités en note.)

**175. Pourtant on peut fractionner dans un cas.** — Cependant il ne faut pas aller trop loin dans cet ordre d'idées. Le fractionnement est quelquefois légitime, ou plutôt il n'est quelquefois qu'apparent, et en réalité, il consiste, non pas à démembrer une invention unique, mais à considérer isolément diverses inventions qui ont été mises l'une à côté de l'autre sans former un ensemble. Souvent, nous l'avons dit, cet ensemble existe; mais parfois aussi le contraire se présente. Malgré la disposition de l'art. 3 al. 1 *in fine* du règlement qui restreint chaque demande à un objet principal, ou bien en exécution de cette disposition qui ajoute : avec les applications qui auront été indiquées, un brevet comprend parfois des inventions parfaitement distinctes. Dans ce cas, nonobstant la réunion, qui n'est que fictive, de plusieurs inventions dans un même brevet, on pourra, pour en apprécier la nouveauté, considérer chacune d'elles isolément. (Nouguier, n° 536.)

**176. Brevets divisibles et indivisibles. Nouveauté partielle.** — Par conséquent on peut dire qu'il y a des brevets divisibles et indivisibles, et qu'il y a parfois nouveauté partielle. Dans ce cas le brevet ne sera pas nul pour le tout, mais seulement pour une partie. *Utile per inutile non vitiatur;* c'est un vieux principe de droit que la loi des brevets n'a pas voulu écarter. La partie valable produira tous ses effets; la partie nulle disparaîtra. (Nouguier, 537 et 538.)

Ainsi, par exemple, le mécanisme pour faire ouvrir et fermer les ombrelles se compose de diverses parties. Si quelqu'un ajoute un perfectionnement aux parties connues et prend un brevet pour le tout, il sera primé par un brevet antérieur pour les parties connues, mais son brevet restera valable pour le perfectionnement. (Paris, 29 décembre 1855, Abadie, cité par Nouguier en note 539.)

Ainsi encore l'alcali peut être extrait directement des eaux ammoniacales. Cette extraction directe est chose connue. Celui qui invente un nouvel appareil pour la produire, et qui prend un brevet, d'abord pour avoir découvert l'extraction directe, ensuite pour son appareil, prend un brevet qui doit être annulé pour la première partie, mais qui reste valable pour la seconde. (Cass. Fr. 21 juin 1856, de Cavailhon, cité par Nouguier, en note 539 *bis*.)

**177. L'importance du résultat qu'amène un moyen doit rester sans influence sur sa nouveauté.** — Nous avons dit précédemment que lorsqu'un moyen amenait un résultat nouveau, c'était presque toujours le signe que le moyen lui-même était nouveau, au moins dans son application (n° 168). Mais il ne faut pas conclure de là que l'importance du résultat doit influer sur l'appréciation de la nouveauté du moyen. Il doit au contraire y rester étranger, comme les efforts que la découverte a pu coûter. Si le moyen n'était pas nouveau en soi ou dans son application, en vain ses résultats seraient considérables, il ne pourrait être breveté.

Mais comme la loi a eu la volonté de breveter les inventions, même les plus insignifiantes, on y trouve un correctif à la rigueur de la règle que nous indiquons. Grâce à cela, les petits moyens, source de grands résultats pourront être brevetés.

Ainsi, par une avance à opérer dans la marche du tiroir qui donne ou empêche l'accès de la vapeur dans le cylindre des machines, on a considérablement augmenté la puissance des machines et diminué la consommation du combustible. Cette simple modification dans les proportions, connue sous le nom d'avance linéaire a lieu sans l'adjonction d'aucun moteur, d'aucune pièce, l'avance n'est que de 4 à 5 millimètres. Cependant il y a nouveauté. — De même quelqu'un, dans un procédé de teinture se borne à intervertir l'ordre des opérations auxquelles sont soumises les étoffes; par ce simple changement il obtient une teinture moins altérable et plus belle, il atténue l'action corrosive de telle matière employée. Il y aura procédé nouveau.

## § 2.

### DES CAUSES DESTRUCTIVES DE LA NOUVEAUTÉ.

(SOMMAIRE.)

174. Textes où sont mentionnées les causes qui détruisent la nouveauté. — 175. Il y a trois causes destructives de la nouveauté. — 176. Caractère commun à ces trois causes. — 177. L'énumération des circonstances élisives de la nouveauté est limitative. — 178. Différence entre la loi française et la loi belge en matière de nouveauté.

**174. Textes où sont mentionnées les causes qui détruisent la nouveauté.** — Comme nous l'avons vu il ne suffit pas pour que la nouveauté disparaisse, qu'il y ait identité entre l'invention prétendue nouvelle et une invention précédente. Cela résulte de ce que le sens légal du mot nouveauté n'est pas le même que le sens usuel. Il faut de plus que l'on se trouve dans un des cas où, l'identité étant établie, la loi déclare que la nouveauté n'existe pas.

Ces cas sont mentionnés dans certaines dispositions des articles 24 et 25 ainsi conçues :

« ART. 24. Le brevet sera déclaré nul par les tribunaux pour les causes suivantes :

» a) Lorsqu'il sera prouvé que l'objet breveté aura été employé, mis en œuvre ou exploité par un tiers, dans un but commercial, avant la date légale de l'invention, de l'importation ou du perfectionnement.

. . . . . . . . . . . . . . . . . .

» c) Lorsqu'il sera prouvé que la spécification complète et les dessins exacts de l'objet breveté ont été produits antérieurement à la date du dépôt, dans un ouvrage ou recueil imprimé et publié, à moins que, pour ce qui concerne les brevets d'importation, cette nullité ne soit exclusivement le fait d'une prescription légale.

» Art. 25. Un brevet d'invention sera déclaré nul par les tribunaux, dans le cas où l'objet pour lequel il a été accordé aura été antérieurement breveté en Belgique ou à l'étranger.

» Toutefois si le demandeur a la qualité requise par l'art. 14 (*auteur de l'invention ou ayant droit de l'auteur*), son brevet pourra être maintenu comme brevet d'importation aux termes de cet article. »

**175. Il y a trois causes destructives de la nouveauté.** — De ces dispositions légales il résulte qu'il y a trois cas où la nouveauté est détruite par la loi : 1° lorsqu'il y a eu exploitation, emploi ou mise en œuvre; 2° lorsqu'il y a eu impression et publication; 3° lorsqu'il y a eu brevet antérieur. Nous les examinerons tantôt séparément.

**176. Caractère commun à ces trois causes.** — Ces trois cas ont un caractère commun. Il consiste en ce que tous trois supposent qu'il y a eu *publication*. Le second cas seul, il est vrai, parle de publication, mais elle existe implicitement dans les deux autres. La publicité voilà ce qui, pour la loi, détruit la nouveauté, mais la publicité restreinte, telle que la loi l'entend et la décrit. Nous aurons lieu de revenir ci-dessous sur cette vérité.

**177. L'énumération des circonstances élisives de la nouveauté est limitative.** — Cette énumération est limitative. Cela résulte de ce que la loi présente ces trois causes sous forme de nullité des brevets et qu'il est de principe incontestable en droit que tout ce qui touche aux nullités est de stricte interprétation. On ne pourra donc admettre qu'il y a défaut de nouveauté ailleurs que dans les trois cas spécialement prévus par la loi. Tout argument d'analogie tiré de ces trois cas pour les étendre à d'autres serait un abus d'interprétation.

**178. Différence entre la loi française et la loi belge en matière de nouveauté.** — La loi française se montre beaucoup plus difficile pour admettre la nouveauté. Aussi faudra-t-il se garder d'appliquer chez nous à la légère les décisions de la doctrine et de la jurisprudence de nos voisins. L'art. 31 de leur loi est en effet ainsi conçu : « Ne sera pas réputée nouvelle toute découverte, invention ou application qui, en France ou à l'étranger, et antérieurement au dépôt de la demande, aura reçu *une publicité suffisante pour pouvoir être exécutée.* » Des termes aussi généraux comprennent non-seulement les trois cas de la loi belge mais encore beaucoup d'autres.

*1° Exploitation, emploi, mise en œuvre antérieurs de l'invention.*

(SOMMAIRE.)

179. Texte de l'art. 24 litt. A. de la loi belge. — 180. Système irrationnel de la loi du 7 janvier 1791. — 181. Loi néerlandaise de 1817. — 182. Loi française de 1844. — 183. Cinq conditions sont nécessaires pour constituer ce premier cas de destruction de la nouveauté. — 184. 1°) Mise en œuvre, emploi ou exploitation. Que faut-il entendre par ces mots ? — 185. La mise en œuvre doit être complète. — 186. Des essais infructueux constituent-ils l'emploi, la mise en œuvre ou l'exploitation ? — 187. Quid de la conception antérieure de l'invention ? — 188. Quid de la communication confidentielle ou publique ? — 189. Quid de la mise en œuvre, de l'exploitation ou de l'emploi clandestins ? — 190. Un seul fait d'emploi, d'exploitation ou de mise en œuvre suffit-il ? — 191. Détruit-on la nouveauté d'un procédé de fabrication en mettant les fabricats en vente ? — 192. 2°) La mise en œuvre, l'emploi, l'exploitation doivent avoir été le fait d'un tiers. — 193. Motifs de cette disposition. — 194. Peut-on opposer au cessionnaire la mise en œuvre du cédant ? — 195. Les ouvriers et autres personnes placées sous les ordres de l'inventeur sont-ils des tiers ? — 196. Quid de l'exploitation par celui qui a surpris le secret de l'inventeur ? — 197. Il importe peu que l'exploitation par le tiers ait eu lieu de bonne ou de mauvaise foi. — 198. Peu importe le moment où la divulgation a eu lieu. — 199. 3°) La

224  1re PARTIE. — CONDITIONS REQUISES POUR LE BREVET.

fabrication, l'emploi, la mise en œuvre doivent avoir eu lieu dans le royaume. — 200. But de cette disposition. — 201. Législation française et néerlandaise. — 202. Que faut-il entendre par les mots « dans le royaume? » — 203. Quid de l'hôtel d'un agent diplomatique? — 204. 4°) La fabrication, l'emploi, l'exploitation doivent avoir eu lieu dans un but commercial. — 205. But du législateur. — 206. De simples essais n'impliquent pas le but commercial. — 207. Peu importe le lieu où les essais ont été faits. — 208. Peu importe que les essais soient anciens ou récents. — 209. Quid de l'usage privé ou domestique? — 210. Quid du don de l'invention? — 211. Quid de l'expertise publique? — 212. Quid de l'exposition publique? — 213. 5°) La mise en œuvre doit avoir eu lieu avant la date légale de l'invention.

**179. Texte de l'art. 24 litt. A. de la loi belge.** — Reproduisons la disposition de l'art. 24 qui mentionne la première cause qui détruit la nouveauté.

« Le brevet sera déclaré nul :

» *a*) Lorsqu'il sera prouvé que l'objet breveté a été employé, mis en œuvre ou exploité par un tiers dans le royaume, dans un but commercial, avant la date légale de l'invention, de l'importation ou du perfectionnement. »

**180. Système irrationnel de la loi du 7 janvier 1791.** — Sous l'empire de la loi du 7 janvier 1791, la mise en œuvre ne détruisait pas la nouveauté. Son art. 10 § 3 n'admettait la destruction que si la découverte *avait été consignée et décrite dans des ouvrages imprimés et publiés*. Mais l'inconséquence de la loi avait amené ce résultat bizarre que, tout en maintenant la validité du brevet, la jurisprudence repoussait l'action en contrefaçon, sous prétexte qu'on ne pouvait priver le public d'une invention que la mise en œuvre avait fait tomber dans son domaine. (Comp. NOUGUIER, 504.)

**181. Loi néerlandaise de 1817.** — L'art. 24 de la loi de 1817 disait déjà : « La concession des brevets... sera nulle, s'il est prouvé que l'invention ou le perfectionnement pour lesquels quelqu'un aura été breveté, ont été employés, mis en œuvre ou exécutés par un autre dans le royaume, avant l'obtention du brevet.

**182. Loi française de 1844.** — La loi française comprend aussi le cas que nous examinons dans la généralité des termes de son art. 31. Il est connu dans la doctrine chez nos voisins par l'expression : *Destruction de la nouveauté par l'usage.* (Comp. Nouguier, 503.)

**183. Cinq conditions sont nécessaires pour constituer ce premier cas de destruction de la nouveauté.** — Du texte de la loi belge il résulte que cinq conditions sont requises pour constituer cette première cause destructive de la nouveauté : 1° qu'il y ait mise en œuvre, emploi ou exploitation ; 2° qu'ils aient eu lieu par un tiers ; 3° qu'ils aient eu lieu dans le royaume ; 4° que ce soit dans un but commercial ; 5° que ce soit avant la date légale de l'invention.

**184. 1°) Mise en œuvre, emploi ou exploitation. Que faut-il entendre par ces mots ?** — Les premiers mots qui se présentent à nous dans l'examen de la disposition de la loi belge sont les suivants : « Lorsqu'il sera prouvé que l'objet breveté *aura été employé, mis en œuvre ou exploité...* »

En prenant ces mots dans leur sens usuel, celui que nous devons admettre sauf preuve contraire, il faut reconnaître :

*a)* Que *mise en œuvre* veut dire réalisation, fabrication d'une chose. Ainsi, quand à propos de l'invention qui fait l'objet du brevet on dit que cette invention, que cette idée a été mise en œuvre, on veut dire par là que l'invention a été réalisée, traduite en fait, fabriquée.

S'il s'agit d'un procédé, il n'y aura pas à proprement parler de mise en œuvre ; elle se confondra avec l'emploi, l'application du procédé. (Comp. Tillière, n° 314.)

*b)* Qu'il y a *emploi d'une chose,* quand cette chose, après avoir été mise en œuvre, est appliquée à la réalisation d'un effet quelconque.

*c*) Qu'il y a *exploitation* quand, mise en œuvre, et même au besoin déjà employée, elle devient l'occasion d'un bénéfice, ou d'un transfert d'une personne à une autre, par vente, achat, échange, louage ou autrement.

Il y a comme on le voit gradation, et l'ordre logique de la phrase eût été de dire : lorsqu'une chose aura été mise en œuvre, employée ou exploitée.

**185. La mise en œuvre doit être complète.** — Quelques questions délicates se présentent à propos de la mise en œuvre, de la fabrication et de l'exploitation.

Ainsi constatons d'abord que la mise en œuvre suppose une fabrication complète. Par conséquent, construire en relief une machine sans qu'elle puisse marcher ou qu'on puisse sérieusement la faire fonctionner n'est pas une fabrication suffisante. Tels seraient par exemple des jouets représentant imparfaitement la machine nouvellement découverte. Ainsi, jugé qu'un essai rudimentaire et grossier d'un appareil qui n'a jamais été exécuté en grand, ni appliqué industriellement, ne détruit pas la nouveauté. (Paris, 30 mai 1857, Gougy c. Voegtlin, Huard, *Rep.* p. 485, n° 19.) Mais il ne faut pas cependant se montrer trop rigoureux sur ce point, et c'est ainsi qu'il a été jugé qu'un produit n'est plus brevetable quand il a été fabriqué, peu importe qu'il n'ait pas présenté d'abord le degré de perfection que la pratique devait nécessairement amener. (Trib. civ. Troyes, 9 mars 1859, Gillet c. Berthelot, *La Prop. industr.*, n° 75.)

**186. Des essais infructueux constituent-ils l'emploi, la mise en œuvre ou l'exploitation ?** — Des essais infructueux peuvent-ils être considérés comme une mise en œuvre, un emploi, une exploitation ?

Non. En effet par cela même que les essais ont été

infructueux, il y a preuve que la mise en œuvre de la découverte, son emploi ou son exploitation n'ont pas été complets, et, dès lors la nouveauté sera conservée. (Voy. le numéro précédent.)

Jugé conformément à ce principe que l'on ne peut, sans méconnaître la lettre et l'esprit de la loi de 1817, admettre que de simples essais puissent être assimilés à l'emploi, à la mise en œuvre d'un procédé de fabrication. (Cass. B. 3 mars 1854. Cocq et C$^{ts}$ c. Degée, Pas. 169.)

Jugé de même, sous la loi française, que de simples essais demeurés sans résultat ne constituent pas une antériorité pouvant enlever à une invention son caractère de nouveauté. (Lyon, 13 novembre 1861, Renard c. Depouilly et c$^{ts}$, *La Prop. Ind.* n° 208).

**187. Quid de la conception antérieure de l'invention?** — La simple conception antérieure de l'invention ne détruit pas la nouveauté. Il faut en effet de plus la mise en œuvre, l'emploi ou l'exploitation. Le texte de l'art. 24 est précis.

**188. Quid de la communication confidentielle ou publique?** — De là il résulte que la communication verbale, de l'invention, confidentielle ou même publique, à une ou plusieurs personnes, ne détruit pas non plus la nouveauté, sous l'empire de la loi belge. (Comp. Nouguier, 526 pour la loi française.)

**189. Quid de la mise en œuvre, de l'exploitation ou de l'emploi clandestins?** — La nouveauté est-elle détruite quand il y a eu mise en œuvre, emploi ou exploitation, tenus secrets, clandestins?

A ne consulter que les termes de la loi belge, il faut répondre affirmativement. La loi ne distingue pas; s'il est vrai qu'il ne faut pas étendre les nullités, il est vrai d'autre part que rien n'autorise à les restreindre et que ce serait le faire que de distinguer là où le législateur ne l'a pas fait. La mise en œuvre, l'emploi ou l'exploitation clandestins n'en sont pas moins une exploitation, un emploi ou une mise en œuvre.

Cette interprétation est aussi d'accord avec le sens usuel du terme nouveauté. Il est certain que ce n'est plus une chose nouvelle que celle qui est identique à une autre antérieurement fabriquée quand même la fabrication eût été secrète. Or, à moins de preuve contraire, c'est le sens usuel des mots qu'il convient d'adopter.

Cette interprétation est aussi d'accord avec le principe de notre loi. Une découverte ne peut plus devenir la chose exclusive de quelqu'un, dès qu'étant tombée dans le domaine public ou privé, on ne peut plus concéder de droits exclusifs sur elle qu'au détriment de droits déjà acquis à des tiers. Or, ceux qui ont fabriqué, même en secret, ont des droits acquis et on ne saurait concéder un brevet sans les violer.

N'oublions pas enfin que, dans le doute, il faut se prononcer contre le brevet.

On dit quelquefois pour justifier l'opinion contraire « que la société ne connaît et ne protège que les industries qui s'exercent au grand jour et qui profitent à tous, soit par les produits qu'elles livrent à la consommation, soit par les procédés dont elles popularisent l'application, soit par les améliorations que leur publicité appelle. Que signifie, ajoute-t-on, une invention qui, fonctionnant en secret, échappe à la loi du progrès et ne profite qu'à un seul? » (Nouguier, 507.) — Mais c'est faire une confusion, car il ne s'agit pas de protéger l'industrie clandestine; celle-là restera sans protection, sans brevet. Il s'agit de protéger l'invention prétendûment nouvelle sans accorder aucun droit à l'autre. Si la loi, ce qui est vrai, refuse d'accorder un brevet à une invention qu'on veut tenir secrète, si elle exige sa description comme condition du brevet, et immédiatement après avoir concédé celui-ci, publie cette description, c'est là une toute autre question que celle de savoir si la mise en œuvre clandestine ne sera pas suffisante pour détruire la nouveauté d'une invention postérieure. Il importe de ne pas perdre de vue cette distinction.

Il ne faut pas au reste attacher trop d'importance à l'autorité de M. Nouguier parce qu'elle se rapporte à la loi française et que, pour celle-ci, le doute est moins sérieux, son texte étant plus explicite. L'art. 31 dit, en effet : « Ne sera pas réputée nouvelle, toute invention qui aura reçu *une publicité suffisante pour pouvoir être exécutée.* » Or, comme la clandestinité de la fabrication sera la plupart du temps exclusive d'une publicité suffisante pour que l'on puisse exécuter l'invention, il en résulte que sous le régime de la loi française, la clandestinité ne détruira pas d'ordinaire la nouveauté. Cette loi ne se contente pas, comme on le voit, d'une invention entrée dans le domaine privé ; elle veut qu'elle soit tombée dans le domaine public. Tout autre est le texte de la nôtre qui a évité cette violation du principe qu'une découverte ne doit être brevetée au profit de quelqu'un qu'autant qu'elle n'est encore un droit acquis pour personne autre.

**190. Un seul fait d'emploi, d'exploitation ou de mise en œuvre suffit-il ?** — La solution que nous venons de donner répond déjà à la question de savoir si un seul fait de fabrication, d'emploi ou d'exploitation, notamment un *seul fait de vente*, suffit pour détruire la nouveauté. Nous devons répondre affirmativement sous le régime de la loi belge. Sous le régime de la loi française, on a jugé le contraire, mais toujours à cause des termes de l'art. 31. Ainsi la Cour de Paris a décidé qu'un seul fait de vente d'un produit fabriqué suivant un procédé nouveau ne peut être considéré comme ayant donné à ce procédé une notoriété suffisante pour invalider le brevet ultérieurement obtenu. (PARIS 3 juillet 1845, CROIZAT, rapporté par DALLOZ, n° 68 al. 2).

Remarquons que chaque fois qu'il s'agira de vente, d'échange, etc., il y aura un double motif pour déclarer la nouveauté détruite. Tout fait de vente ou d'échange, suppose en effet un fait antérieur de fabrication. Or, celui-ci suffisait déjà.

Sous la loi de 1817, on s'est prononcé dans un sens opposé à celui que nous adoptons. Jugé en effet, que sous l'empire de la loi du 25 janvier 1817, le fait d'avoir fabriqué, avant l'obtention du brevet, un seul pistolet analogue, ou même semblable à celui pour lequel le brevet a été obtenu, ne constitue pas la mise en œuvre destructive de la nouveauté, quand même le pistolet fabriqué aurait été remis à quelqu'un comme modèle, si la fabrication a été complétement abandonnée et que l'invention est restée inconnue à tout le monde. (LIÉGE, 1re chambre, 28 mai 1857, COLT c. CHARLIER, inédit). Cette décision est contestable.

**191. Détruit-on la nouveauté d'un procédé de fabrication en mettant les fabricats en vente?** — Sous la loi française on soulève la question de savoir si répandre ou vendre le produit, c'est détruire la nouveauté du procédé par lequel on l'a fabriqué.

Ainsi, quand un brevet a été pris pour un produit nommé sumac, malaga indigène, si l'on met ce produit en vente, détruit-on la nouveauté du procédé de fabrication? (Exemple tiré d'un arrêt Cass., fr. 24 déc. 1833, ENDIGNOUX.) — Ainsi le perruquier qui a pris un brevet pour un nouveau mode d'implantation des cheveux et de confection des raies de chair, détruit-il la nouveauté du procédé qu'il emploie, en mettant ses perruques en vente. (Exemple tiré d'un arrêt de Paris, 5 juillet 1845, CROIZAT et CAPLAIN.) — Ainsi encore un fabricant de fleurs artificielles qui découvre un procédé chimique pour les fabriquer et qui les met en vente, détruit-il la nouveauté de son procédé? (PARIS, 2 décembre 1853, FLORIMOND. — Comp. NOUGUIER, qui cite ces arrêts 533 à 535).

En France, la question se résout par une distinction. Si l'aspect du produit permet de découvrir le secret de la fabrication et de le reproduire, la nouveauté est détruite. Elle ne l'est pas dans le cas contraire. (NOUGUIER, 552). Cela est conforme au texte de l'art. 31 qui dit : La nouveauté est détruite *s'il y a publicité suffisante* pour exécuter l'invention.

Mais en Belgique, le texte de la loi est tout différent. Il n'exige que la mise en œuvre, ou l'emploi, ou l'exploitation alors même qu'ils ne permettraient pas de reproduire le secret. Par conséquent, dans les trois exemples cités plus haut on devrait dire chez nous que la nouveauté est détruite. Notre loi est plus sévère contre l'inventeur que la loi de 1844.

**192. 2°) La mise en œuvre, l'emploi, l'exploitation doivent avoir été le fait d'un tiers.** — Continuant l'examen que nous faisons de l'article de la loi belge, nous voyons qu'elle exige que la mise en œuvre, l'emploi ou l'exploitation ait eu lieu *par un tiers*.

Par tiers il faut entendre une personne autre que le breveté, quelle qu'elle soit du reste.

Quand c'est donc le breveté seul qui a mis en œuvre, employé ou exploité l'invention, la nouveauté ne sera pas détruite.

La règle que la nouveauté n'est pas détruite, devrait être

observée alors même que l'exploitation aurait eu lieu dans un but commercial.

**193. Motifs de cette disposition.** — Cette disposition de la loi s'explique. Il faut en effet, laisser à l'inventeur la possibilité de faire des essais. Or, ces essais nécessitent toujours la fabrication de la chose à essayer et son emploi, quelquefois même, quoique plus rarement, son exploitation.

**194. Peut-on opposer au cessionnaire la mise en œuvre du cédant?** — Lorsque l'inventeur a cédé son invention, peut-on opposer au cessionnaire, comme émanant d'un tiers, la mise en œuvre, l'emploi ou l'exploitation de son cédant?

Non, car le cessionnaire est une même personne avec le cédant, il en est l'ayant cause, il n'est pas pour lui un tiers d'après les principes généraux du droit. Or, rien ne prouve que la loi aurait voulu donner ici au mot tiers, une signification dérogatoire à celle du droit commun. Le cessionnaire reçoit la chose du cédant telle qu'elle est, il jouit des mêmes droits et est soumis aux mêmes obligations. Or entre les mains du cédant l'exploitation était restée inoffensive; il faut donc qu'elle arrive ainsi dans les mains du cessionnaire. Du reste, remarquons que le système contraire aboutirait à ce résultat d'empêcher souvent la cession d'une invention ou découverte. Rien ne peut nous faire croire que la loi aurait voulu produire cette conséquence fâcheuse pour le progrès de l'industrie.

Il n'y a pas lieu au surplus de considérer si la cession a été secrète ou publique, ou si elle a été faite à un seul ou à plusieurs.

**195. Les ouvriers et autres personnes placées sous les ordres de l'inventeur, sont-ils des tiers?** — Il faut distinguer. Non, s'ils ont exécuté les ordres de l'inventeur pour la mise en œuvre ou l'emploi; ces auxiliaires sont parfois indispensables pour les essais. Ils ne sont alors, en quelque sorte, que des annexes à la personne de l'inventeur, que des instruments intelligents dont il se sert. Si au contraire ils ont agi spontanément, on tombe dans le cas que nous allons expliquer au n° suivant.

**196. Quid de l'exploitation par celui qui a surpris le secret de l'inventeur.** — Lorsque les subalternes ont agi de leur autorité privée en dehors des fonctions qu'ils exerçaient pour l'inventeur, on tombe dans le cas de la mise en œuvre, de l'emploi ou de l'exploitation frauduleux par celui qui a surpris le secret de l'inventeur. Ce cas peut être généralisé et s'appliquer à toute personne qui a surpris le secret, quand même elle ne serait ni un ouvrier, ni un employé.

La question est controversée. M. Tillière (319), admet qu'en pareil cas, la nouveauté ne sera pas détruite. « Il serait injuste, dit-il, d'attribuer pareille conséquence à une usurpation, à un vol; il répugne à l'interprétation d'une loi qui veut avant tout assurer une protection efficace aux inventeurs, d'admettre que le breveté, victime d'une odieuse infidélité, soit désarmé dans une action en nullité intentée par l'auteur même de la spoliation. L'industriel le plus vigilant, le plus discret peut se voir enlever son invention par une fraude; le domaine public ne peut pas s'enrichir à des sources si impures. « Et il ajoute : « Cette solution que nous reconnaissons *n'être pas en harmonie avec le texte de la prescription formelle de l'art.* 24, nous semble préférable et commandée par les principes d'équité naturelle. M. Blanc, p. 547, professe la même opinion... »

Nous ne pouvons adopter l'avis de M. Tillière. Il reconnaît, que son opinion viole une prescription formelle de la loi, et il ne s'arrête pas! Cela peut se comprendre d'un commentateur qui favorise le breveté partout et toujours, mais cela ne peut être accepté ni par un interprète impartial, ni surtout par celui qui a constaté que tout brevet était une clause dérogatoire au droit commun.

Comme M. Tillière l'avoue, le doute n'est pas possible, le texte étant clair et exprès. La loi dit *tiers*, or ce terme a en droit une signification connue et s'applique parfaitement à ceux qui ont surpris le secret de l'invention. N'étendons pas les nullités, mais ne les restreignons pas non plus.

Ce serait à tort que l'on voudrait appliquer les principes en matière de vol. S'il y a un acte coupable ce n'est pas un vol. Qu'arrive-t-il, en effet? Un tiers exécute une pensée qu'il a surprise à l'inventeur, il ne lui enlève du reste rien de matériel, de palpable. Or, on ne vole pas des idées, dans le sens au moins de nos lois pénales. L'ouvrier qui aura commis cette action, répréhensible du reste, ne pourra jamais être poursuivi comme voleur.

Il est vrai que le public aura la libre disposition de l'invention, et que ce sera par l'effet d'un acte illicite, mais on ne peut dire que le domaine public *se sera enrichi*. Il aura évité une perte et non pas fait un gain, car en thèse générale le droit de reproduction appartient à tout le monde, et c'est par un privilège que le breveté en obtient le monopole. Nos lois ne répugnent pas à faire produire parfois des conséquences juridiques à des actes illicites ou immoraux. C'est ainsi, par exemple, que la prestation même d'un faux serment litis decisoire, attribue définitivement à celui qui l'a prêté l'objet du litige, et ce quand même il serait plus tard condamné comme parjure. C'est ainsi encore que la prescription trentenaire opposée par le possesseur de mauvaise foi, est une exception péremptoire contre la revendication du véritable propriétaire et écarte pour toujours son action.

L'inventeur n'est pas sans défense, car c'est à lui à

choisir ceux qu'il emploie, à bien placer sa confiance, à agir avec prudence et mystère.

L'inventeur n'est pas non plus sans compensation, puisqu'en vertu du principe que tout fait de l'homme qui cause du dommage à autrui oblige celui qui l'a commis à le réparer, il aura une action en dommages-intérêts contre l'auteur de l'infidélité.

Sous le régime de la loi française, dont le texte est moins précis que le nôtre, la solution que nous adoptons est de doctrine et de jurisprudence. (Voyez Nouguier, n° 510 et les nombreuses autorités citées en note, notamment deux arrêts de la Cour de cassation de France.) M. Blanc seul (*Contrefaçon*, p. 474), rompt ce concert avec un arrêt de la Cour de Paris du 18 mai 1856. (Chevalier-Appert c. Salles, cité par Nouguier, 513 et la note) qui décide que l'emploi d'un appareil breveté pour la conservation des substances alimentaires fait même publiquement par un ouvrier qui s'est frauduleusement emparé du secret de l'invention, ne constitue pas la publicité suffisante entraînant la nullité du brevet. Mais ces autorités isolées ne donnent pas de motifs acceptables pour justifier leur divergence. En outre, M. Blanc distingue et admet que la nouveauté ne sera pas conservée si l'inventeur s'est livré, autrement que pour faire des essais, à une exploitation clandestine. Cette distinction même, que la loi ne fait pas, rend suspecte sa doctrine. Au surplus, son principal argument (*Contrefaçon*, p. 475), est un argument tiré d'un texte de la loi française qui manque aux commentateurs de la loi belge.

**197. Il importe peu que l'exploitation par le tiers ait eu lieu de bonne ou de mauvaise foi.** — Nous admettons donc que la nouveauté disparaît sans qu'il faille distinguer si l'exploitation par un tiers a eu lieu *de mauvaise foi ou de* *bonne foi.* Le premier cas se présentera quand il y aura délit ou fraude calculée ; le second, lorsque le tiers aura cru que l'invention était tombée dans le domaine public ou que, par la longue inaction de l'inventeur à la faire breveter, il aura pu croire que celui-ci voulait l'abandonner. La bonne ou la mauvaise foi influera seulement, d'après les principes généraux, sur la fixation des dommages-intérêts. (Art. 1150 et 1151 Code civ.)

De même, il n'y a pas lieu d'examiner si c'est par l'imprudence, la faute, le manque de soins de l'inventeur que la divulgation a été faite.

**198. Peu importe le moment où la divulgation a eu lieu.** — De même, il ne faut pas faire une distinction, comme M. Blanc (*Inventeur breveté*, p. 548), entre la période pendant laquelle se font d'ordinaire les essais et le temps qui suit.

**199. 3°) La fabrication, l'emploi, la mise en œuvre doivent avoir eu lieu dans le royaume.** — La loi dit ensuite que la mise en œuvre, l'emploi ou l'exploitation doit avoir eu lieu *dans le royaume.*

La loi a adopté ici le principe rigoureux que tout ce qui se passe hors du royaume est réputé non existant et par suite inconnu pour la souveraineté belge. C'est là une fiction qui nous montre une fois de plus combien il importe de distinguer le sens légal du mot nouveauté de son sens grammatical. On conçoit très-bien en effet qu'une invention mise en œuvre, employée ou exploitée à l'étranger n'est plus par cela même une invention nouvelle, et qu'il peut en résulter même qu'elle soit parfaitement connue en Belgique ; mais la loi ne tient pas compte de cette considération.

**200. But de cette disposition.** — Le but de la loi en consacrant cette fiction, a été d'attirer sur le sol belge par l'appât d'un privilége toutes les inventions dont on fait usage en pays étranger, même celles qui seraient déjà ailleurs tombées dans le domaine public.

**201. Législation française et néerlandaise.** — Cette disposition n'a pas été admise dans l'art. 31 de la loi française, mais elle existait déjà dans l'art. 24 de la loi de 1817.

Jugé, sous l'empire de cet article, que la circonstance qu'une découverte faite en pays étranger y aurait été rendue publique avant le brevet accordé pour cette même découverte en Belgique, n'était pas au nombre des causes de nullité déterminées par ladite loi ; qu'il résultait au contraire des art. 1 et 2 qu'aussi longtemps qu'une invention faite en pays étranger n'avait pas *été introduite, employée, mise en œuvre ou exercée dans le royaume,* cette invention pouvait faire en Belgique l'objet d'un brevet valable. (Cass., 5 décembre 1858, Pas. 413. — Dans le même sens Bruxelles, 26 février 1844, Bernus c. Motte, Pas. 97.)

**202. Que faut-il entendre par les mots « dans le royaume ? »** — Les mots « dans le royaume » s'expliquent d'eux-mêmes. Ils comprennent tout ce qui constitue le territoire d'après le droit des gens.

**203. Quid de l'hôtel d'un agent diplomatique ?** — L'hôtel d'un agent diplomatique belge résidant à l'étranger, doit-il être considéré comme faisant partie du royaume, en ce qui concerne les brevets d'invention ? Si une découverte y est mise en œuvre, employée ou exploitée, perdra-t-elle son caractère de nouveauté ? Et réciproquement, qu'arrivera-t-il de l'exploitation dans l'hôtel d'un agent diplomatique, étranger résidant en Belgique ?

La maison qu'habite un ministre étranger jouit, d'après les principes du droit des gens moderne, d'une entière franchise, en ce qu'elle est considérée comme étant hors du territoire.

Mais cette prérogative de l'exterritorialité n'est qu'une fiction qu'il faut, comme telle, se garder d'étendre ; c'est ainsi qu'en diverses matières des exceptions y ont été reconnues, et qu'on n'admet plus aujourd'hui ni le droit d'asile dans l'hôtel d'un ambassadeur étranger, ni l'exemption de l'impôt au profit de ses propriétés mobilières; c'est un premier motif pour hésiter à appliquer le principe spécial de l'exterritorialité à la matière des brevets d'invention.

Ce qui démontre de plus près qu'il faut l'écarter, c'est qu'il n'a été établi que pour conserver aux ministres étrangers l'indépendance de leurs personnes et de leurs biens, que pour leur laisser les moyens de remplir leur mission, et qu'on ne voit pas en quoi l'impossibilité où un tiers se trouvera de se faire breveter pour une invention qui aura été détruite par l'emploi dans l'hôtel d'un ministre empêchera celui-ci de remplir sa mission.

N'oublions pas non plus que si la loi a déclaré que l'exploitation en pays étranger ne détruisait pas la nouveauté, c'est qu'elle a pu croire que l'on resterait en Belgique, ignorant de cette invention, à cause de la distance, motif qui disparaît quand l'emploi a lieu dans un hôtel situé sur le territoire.

Une opinion contraire produirait des conséquences absurdes, puisqu'il faudrait admettre que l'exploitation faite en Chine par exemple d'une invention dans l'hôtel d'un envoyé belge suffirait pour détruire la nouveauté en Belgique, tandis que l'exploitation dans l'hôtel d'un ambassadeur étranger en Belgique ne la détruirait pas.

Nous écartons donc la fiction de l'exterritorialité en matière de brevets. Il faudra résoudre par les mêmes principes les autres cas d'extension fictive du territoire, celui par exemple des navires de guerre étrangers mouillés dans les eaux belges et réciproquement.

**204. 4°) La fabrication, l'emploi, l'exploitation doivent avoir eu lieu dans un but commercial.** — La quatrième condition requise, c'est que la mise en œuvre, l'emploi ou l'exploitation aient eu lieu *dans un but commercial*.

Que faut-il entendre par ces mots qui s'appliquent, remarquons-le, à chacune des trois hypothèses prévues par la loi.

*Mettre en œuvre* dans un but commercial, c'est fabriquer un objet dans l'intention de le livrer au commerce, de le vendre, de l'échanger.

*Employer* dans un but commercial, c'est se servir d'une chose pour les besoins ou l'avantage d'un commerce quelconque.

*Exploiter* dans un but commercial, c'est vendre, échanger une chose, la faire passer à titre onéreux et avec une idée de spéculation ou de lucre du patrimoine de l'un dans le patrimoine de l'autre, en trafiquer d'une manière quelconque.

Toutes ces définitions sont importantes et rigoureuses, car nous nous trouvons en présence d'un texte que nous ne pouvons étendre, parce qu'il crée une nullité.

**205. But du législateur.** — Le motif par lequel on justifie d'ordinaire cette disposition, c'est qu'il ne faut pas que de simples essais qui, lorsqu'ils sont complets constituent de véritables mises en œuvres ou emplois, puissent détruire la nouveauté. Ce serait empêcher le brevet d'invention par les actes mêmes qui sont le commencement de l'invention. On lit à cet égard dans l'exposé des motifs : « J'appellerai notamment l'attention de la chambre sur les termes *dans un but commercial* insérés au litt. *a*, et dont le but est d'empêcher que l'on ne vienne contester la validité d'un brevet, en se fondant *sur des essais de laboratoire*, ou sous d'autres prétextes spécieux: » Toutefois ce motif est insuffisant, car on peut imaginer plus d'un emploi non commercial qui ne soit pas un essai.

**206. De simples essais n'impliquent pas le but commercial.** — Plusieurs conditions se rattachent à cette disposition.

Ainsi, comme nous venons de le dire, de simples essais préparatoires ne détruisent pas la nouveauté. L'inventeur qui s'y livre n'agit pas dans un but commercial. C'est du reste, précisément pour protéger les essais que la disposition que nous examinons a été faite. (Voyez *supra*, n° 193.

**207. Peu importe le lieu où les essais ont été faits.** — Il importe peu du reste, dans quel lieu les essais préparatoires ont été faits.

Ainsi communiquer à une société d'encouragement de l'industrie une invention, faire des essais dans le local de cette société, ou chez plusieurs de ses membres afin d'obtenir son patronage, ce n'est pas détruire la nouveauté légale. (Exemple tiré d'un jugement du tribunal civil de Paris, 6 octobre 1827, LHOMOND cité par NOUGUIER, 517 en note. Voir aussi les autres autorités qu'il indique.)

**208. Peu importe que les essais soient anciens ou récents.** — Il importe peu aussi si les essais sont anciens ou récents. Il y a du reste des inventions pour lesquelles de longs essais sont indispensables. Ainsi notamment comment connaître l'efficacité d'un procédé pour la conservation des denrées alimentaires, sans laisser écouler un temps considérable?

**209. Quid de l'usage privé ou domestique?** — Le simple usage privé ou domestique ne détruit pas non plus la nouveauté. Le caractère commercial y fait évidemment défaut. Aussi lit-on dans le rapport de la commission spéciale (*Ann. parl.*, 665, col. 2 in fine) : « Remarquons le bien, exploiter c'est faire acte d'industrie ou de commerce. Cet article (l'art. 1ᵉʳ de l'avant projet) ne préjudiciera donc pas au simple usage, à l'usage purement personnel ou domestique... »

**210. Quid du don de l'invention?** — Le don purement gratuit qu'on ferait de l'invention après l'avoir fabriquée, laisserait aussi intacte la nouveauté, puisqu'il exclut tout caractère mercantile. Peu importe que le don soit fait à des parents ou à des étrangers. (Comp. Nouguier, n° 521.)

**211. Quid de l'expertise publique?** — L'expertise publique par une administration ou autrement ne détruit pas non plus la nouveauté. En France la question a été décidée en sens contraire, parce que la nouveauté est détruite, non pas quand il y a eu exploitation commerciale, mais dès qu'il y a publicité suffisante ; or l'expertise publique peut remplir cette condition. (Comp. Nouguier, 528).

**212. Quid de l'exposition publique?** — Il en est de même de l'exposition publique de la découverte réalisée, pourvu qu'elle ne soit pas accompagnée d'une mise en vente. (Comp. Nouguier, 529.) Si cependant l'exposition avait lieu moyennant un droit d'entrée au profit de l'inventeur, si, en d'autres termes, elle devenait une spéculation, on pourrait y voir un but commercial, et la nouveauté serait détruite.

De ce qui précède il résulte que, pour apprécier s'il y a but commercial il ne faut se décider exclusivement ni par le lieu où la mise en œuvre, l'emploi ou l'exploitation se sont produits, ni par le nombre des personnes présentes.

**213. 5°) La mise en œuvre doit avoir eu lieu avant la date légale de l'invention.** — Enfin la cinquième condition c'est que la mise en œuvre ait eu lieu avant la date légale de l'invention, de l'importation ou du perfectionnement.

Nous ferons connaître plus tard en détail ce que c'est que la date légale de l'invention. Bornons-nous à dire ici, qu'aux termes de l'art. 8 de notre loi, c'est celle du procès-verbal de dépôt de la demande du brevet au greffe provincial ou au secrétariat du commissariat d'arrondissement.

Cette date légale précède parfois de longtemps la délivrance de l'arrêté de brevet, elle est antérieure, à la date de cet arrêté. Mais cela importe peu puisque ce n'est pas cette dernière date dont la loi tient compte. Aussi le brevet sera-t-il valable, quand même l'invention aurait été exploitée avant la délivrance du brevet, pourvu que ce soit après le dépôt.

## 2° *Impression et publication.*

(SOMMAIRE.)

214. Texte de la loi belge. — 215. Législation antérieure et législation française. — 216. Motif de cette disposition. — 217. Cinq conditions sont nécessaires pour que la nouveauté soit détruite. — 218. 1°) Il faut qu'il y ait eu spécification et dessins. — 219. Que faut-il entendre par spécification et dessins? — 220. Il suffit quelquefois de la spécification sans dessins ou réciproquement. — 221. 2°) Il faut que la spécification soit complète et les dessins exacts. — 222. Le juge ne doit tenir compte que de l'intelligence ordinaire des hommes compétents. — 223. Il ne suffit pas qu'il y ait une publicité suffisante pour exécuter la découverte. — 224. Il importe peu que l'inventeur n'ait pas eu l'intention de faire connaître sa découverte. — 225. La nouveauté n'est pas détruite si la publication ne porte que sur quelques-uns des éléments de l'invention. — 226. De même quand la publication porte sur tous les éléments, mais pris isolément. — 227. La seule annonce dans les journaux, mais sans description, ne détruit pas la nouveauté. — 228. La langue dans laquelle la description a été faite, l'échelle sur laquelle les dessins ont été dressés importent peu. — 229. 3°) Il faut que les descriptions ou dessins aient été produits dans un ouvrage ou recueil. — 230. 4°) Il faut que l'ouvrage ou le recueil aient été imprimés et publiés. — 231. Qu'est-ce qu'un ouvrage ou un recueil imprimé? — 232. Quid des ouvrages lithographiés, autographiés, photographiés où

gravés ? — 233. Quid de la peinture ou du dessin ? — 234. Quid de la reproduction par l'écriture ? — 235. Quid de la reproduction par la sculpture ? — 236. Que faut-il entendre par ouvrage publié ? — 237. Il ne suffit pas que l'ouvrage soit sous presse ou déjà imprimé. — 238. La description jointe à une demande de brevet abandonnée ou écartée n'équivaut pas à une publication. — 239. Peu importe le nombre d'exemplaires vendus. — 240. Peu importe que l'invention ait été mise en pratique ou non. — 241. Quid de la publication dans le recueil spécial de l'administration ? — 242. Quid si une invention a été révélée au cours d'une instance ? — 243. La simple notoriété publique ne suffit pas. — 244. Il ne faut pas considérer de qui émanent l'impression et la publication. — 245. Quid de la publication frauduleuse au préjudice de l'inventeur ? — 246. Peu importe que la publication ait eu lieu en Belgique ou à l'étranger. — 247. Il y a un cas où la nouveauté n'est pas détruite nonobstant la publication. Motifs. — 248. Cette exception ne concerne que les brevets d'importation. — 249. Il faut que la publication soit imposée par la volonté du prince. — 250. Système contraire de la loi française. — 251. 5°) La publication doit être antérieure à la date de l'invention.

**214. Texte de la loi belge.** — La seconde cause destructive de la nouveauté est exprimée dans les termes suivants par l'art. 24 litt. c.

« Lorsqu'il sera prouvé que la spécification complète et les dessins exacts de l'objet breveté ont été produits antérieurement à la date du dépôt dans un ouvrage ou recueil imprimé et publié. »

Et l'article ajoute comme exception à cette règle : « A moins que, pour ce qui concerne les brevets d'importation, cette publication ne soit exclusivement le fait d'une prescription légale. »

**215. Législation antérieure et législation française.** — On trouve dans l'art. 8, litt. b. de la loi de 1817 une disposition analogue.

« S'il paraissait que l'objet pour lequel le brevet aurait été accordé fût déjà décrit antérieurement à cette époque dans quelque ouvrage imprimé et publié. »

On voit que la disposition de la loi nouvelle offre plus de précision.

Cette cause est également admise, au moins dans ses

éléments principaux, par la loi française, non pas en termes exprès, mais par la disposition générale de l'art. 31 ainsi conçu : « Ne sera pas réputée nouvelle toute découverte, invention ou application qui, en France ou à l'étranger, et antérieurement au dépôt de la demande, *aura reçu une publicité suffisante* pour pouvoir être exécutée. »

La législation de 1791 admettait aussi cette cause destructive de nouveauté. Son art. 16, § 3 disait : « Tout inventeur ou se disant tel, qui sera convaincu d'avoir obtenu une patente pour des découvertes déjà renseignées et décrites dans des ouvrages imprimés et publiés sera déchu de sa patente. »

**216. Motif de cette disposition.** — Le motif de la disposition que nous examinons ici est facile à saisir. Nous avons déjà vu que la loi ne pouvait et ne devait accorder la récompense du brevet qu'aux découvertes nouvelles ; qu'elle avait pour cela un double motif : d'une part qu'il eût été inconséquent de récompenser quelqu'un pour avoir découvert ce qui était déjà connu, et, d'autre part, qu'on ne pouvait, dans ce cas, accorder de brevet sans ravir des droits soit au domaine public soit au domaine privé. La précédente cause destructive de la nouveauté, c'est-à-dire, la mise en œuvre, l'emploi ou l'exploitation, nous a offert l'exemple d'une invention qui appartenait surtout *au domaine privé*, puisqu'elle était entrée dans le patrimoine de celui qui l'exploitait ou l'avait mise en œuvre. Ici nous nous trouvons en présence d'une invention qui appartient plutôt *au domaine public*, c'est-à-dire au domaine de tous. Tel est en effet le résultat ordinaire de l'impression suivie de publication.

**217. Cinq conditions sont nécessaires pour que la nouveauté soit détruite.** — La disposition de l'art. 24, litt. c. exige cinq conditions : 1° qu'il y ait spécification et dessins ; 2° que la spécification soit complète et les dessins exacts ; 3° qu'ils aient été produits dans un recueil ou ouvrage ; 4° que ce recueil ou cet ouvrage soient imprimés et publiés ; 5° qu'ils y aient été produits antérieurement à la date légale de l'invention. Nous allons les examiner successivement.

**218. 1°) Il faut qu'il y ait eu spécification et dessins.** — La loi veut qu'il y ait spécification et dessins.

La loi, comme nous l'avons vu, exclut des inventions brevetables toutes celles qui sont tombées dans le domaine public. Or, elle considère comme telles celles que l'on a fait connaître au public sans se réserver aucun droit sur elles. En cela elle agit sagement puisqu'on a pour ainsi dire jeté ces choses dans le patrimoine commun.

Mais la loi n'attribue pas cet effet à tous les moyens qui ont pu avoir pour résultat de mettre le public au courant de la découverte ou de l'invention. Se mettant au contraire en opposition avec la loi française qui déclare que la nouveauté est détruite dès qu'il y a eu publicité suffisante pour que l'invention puisse être exécutée, elle précise les moyens de publication, elle les limite et les restreint, et ici encore nous devons l'interpréter sans l'étendre, puisque les dispositions en présence desquelles nous nous trouvons créent des nullités.

**219. Que faut-il entendre par spécification et dessins ?** — La loi parle d'abord, de spécification complète et de dessins exacts. Que faut-il entendre par ces expressions ?

Parmi les moyens de faire connaître une invention ou une découverte, un des plus simples est d'en répandre la description. Or, cette description peut, selon les circonstances, se composer de deux parties nécessaires l'une et l'autre pour l'intelligence de l'invention à vulgariser. La première c'est la description proprement dite qui se fait par l'intermédiaire du langage écrit ou parlé ; la seconde, ce sont les dessins qui servent de complément à la description proprement dite, qui la rendent plus claire, plus intelligible. Ce sont ces deux parties dont la loi a voulu respectivement parler quand elle a dit spécification et dessins.

**220. Il suffit quelquefois de la spécification sans dessin ou réciproquement.** — Pour que la condition dont nous nous occupons puisse détruire la nouveauté, il ne faut pas qu'il y ait toujours description et dessin. L'un ou l'autre peut suffire, pourvu bien entendu que, pris isolément, ils fassent connaître l'invention de façon à ce qu'elle puisse être mise en œuvre, employée ou exploitée. M. Forgeur avait dit au Sénat : « On a dit que le brevet sera nul lorsqu'il sera prouvé que la spécification complète et les dessins exacts de l'objet breveté ont été produits... dans un ouvrage ou recueil imprimé. De sorte que lorsqu'un ouvrage contiendra la spécification complète sans les dessins, ou les dessins complets sans la spécification, le brevet... serait reconnu valable. Or, je ne pense pas que ce soit là ce que peut vouloir le Sénat, la spécification peut suffire sans les dessins et les dessins sans la spécification : il faut laisser ce point à l'appréciation des tribunaux ; il est des inventions tellement simples qu'il suffit de la spécification pour les saisir. » Le ministre répondit : « Pour faire droit à ces observations il suffit de s'en rapporter au rapport de la commission. » Or, le rapporteur s'exprimait comme suit : « Il doit être entendu que par la spécification complète et les dessins exacts de l'objet breveté, il faut comprendre soit une description complète, soit une description avec dessins, suivant la nécessité, pourvu que les documents soient assez explicites pour permettre la construction ou la fabrication sans devoir recourir aux spécifications, détails et plans du brevet dont on prétendrait s'appareiller. »

**221. 2°) Il faut que la spécification soit complète et les dessins exacts.** — La loi ajoute que cette spécification doit être complète et que ces dessins doivent être exacts.

Que faut-il entendre par là? Faut-il notamment que la description et les dessins soient *tels que l'on puisse exécuter l'invention !*

Oui, mais ajoutons immédiatement, sauf à y revenir tantôt, que cela ne suffit pas. (Voy. ci-dessous n° 223.) Oui, disons-nous, et cela résulte de l'esprit de notre loi sinon de son texte. En effet notre loi part de ce principe que si une chose est tombée dans le domaine public, il n'est plus permis de l'en retirer pour en faire, par un brevet, l'objet d'un monopole. Or, peut-on dire qu'une découverte est tombée dans le domaine public alors que le public n'est pas à même de l'employer, de l'exécuter. Il faut évidemment plus, car sinon elle reste un secret au moins dans l'une ou l'autre de ses parties. Elle est un problème dont on possède toutes les inconnues sauf une et qui par cela même demeure insoluble.

Cette doctrine n'est pas contredite par le texte de notre loi, car il répugne à la logique de croire que jamais des dessins pourront être réputés *exacts,* ou une description *complète,* s'ils ne sont pas de nature à permettre l'exécution. Les documents législatifs que nous citions au numéro précédent confirment du reste cette solution ; rappelons en effet cette phrase : « Il doit être entendu que, par la spécification complète et les dessins exacts de l'objet breveté il faut comprendre soit une description complète soit une description avec dessin suivant la nécessité, *pourvu que les documents soient assez explicites pour permettre la construction ou la fabrication...* »

C'est conformément à ces principes que la loi française a déclaré dans son art. 31 : « Ne sera pas réputée nouvelle toute découverte... qui... aura reçu une publicité suffisante *pour pouvoir être exécutée.* » (Comp. Nouguier, n° 486.)

**222. Le juge ne doit tenir compte que de l'intelligence ordinaire des hommes compétents.** — La question de savoir si la description ou le dessin de la découverte sont tels, qu'après en avoir pris connaissance on peut exécuter celle-ci est abandonnée à l'appréciation souveraine du juge du fait. Il faudra qu'il tienne compte, non pas de l'intelligence ordinaire du public pris en général, mais de *l'intelligence ordinaire des hommes compétents.* (Comp. Nouguier, n° 486.) La loi affectionne ce juste milieu qui lui a fait adopter le *bonus pater familias* comme type de la diligence dont on doit tenir compte pour apprécier la faute qui entraîne une responsabilité. Il y aurait excès, dans la matière qui nous occupe, à ne considérer que l'extrême ignorance ou le comble du génie; à la première tout échappe, tandis que le second peut tout pénétrer. Ce n'est point en vue de ces cas exceptionnels que les lois sont faites.

**223. Il ne suffit pas qu'il y ait une publicité suffisante pour exécuter la découverte.** — Si une publicité suffisante pour exécuter la découverte peut suffire sous la législation française (art. 31), ce n'est pas assez sous la nôtre. En effet celle-ci exige des dessins exacts, une description complète. Or, il peut arriver quelquefois qu'une description même incomplète, qu'un dessin même inexact suffise pour qu'on puisse exécuter la découverte. Nos voisins ont admis que c'était assez et ils ont eu raison puisque ce que l'on doit considérer avant tout c'est si la découverte est tombée dans le domaine public par l'appropriation que s'en sont faite les esprits. Mais, nous le répétons, cette théorie doit céder devant le texte précis de notre loi. Les dessins doivent être *exacts*, c'est-à-dire que s'il s'y présente quelque lacune, quelque erreur, quelque imperfection la nouveauté ne sera pas détruite; la description doit être *complète*, c'est-à-dire que si l'on a omis l'une ou l'autre de ses parties, la nouveauté subsistera alors même que dans l'un et l'autre cas, l'invention pourrait à la rigueur être exécutée.

Ici encore les tribunaux doivent apprécier et ils le feront souverainement. Il conviendra qu'ils ne montrent ni trop de facilité, ni trop de minutie. Trop de facilité serait violer le texte de la loi; trop de minutie serait prêter à cette loi un excès ridicule. Ils doivent s'efforcer de garder un juste milieu.

**224. Il importe peu que l'inventeur n'ait pas eu l'intention de faire connaître sa découverte.** — Pour déterminer si la description est complète et si les dessins sont exacts d'après les règles que nous venons de donner, il ne faut pas rechercher si l'inventeur a eu l'intention de faire connaître sa découverte. C'est là un détail dont notre texte ne dit rien; et c'est avec raison, car il est sans influence sur le point de savoir si la découverte est tombée dans le domaine public, point dont la loi a dû se préoccuper avant tout.

**225. La nouveauté n'est pas détruite si la publication ne porte que sur quelques-uns des éléments de l'invention.** — Que si la publication ne porte que sur un des éléments de l'invention qui est un problème complexe, l'invention n'est pas réputée connue, et la nouveauté n'est pas détruite. (Arrêt de Metz, 14 août 1860, Alcan et Péligot, cité par Nouguier, 486 et la note.)

Ajoutons pourtant que cette règle ne fera pas obstacle à ce que la nouveauté soit détruite partiellement pour ceux des éléments de l'invention qui auraient été publiés; telle description inexacte, incomplète pour l'invention prise dans son ensemble, peut être parfaite pour l'un de ses éléments; la nouveauté n'existera plus alors pour celui-ci.

De même, quand la description ne porte que sur quelques-uns des éléments de la découverte : « Attendu qu'il ne résulte nullement de l'enquête faite devant le juge de paix que les procédés employés par Sargent auraient été connus en France avant 1824; — que des faits et documents de la cause il résulte au contraire que le mode de fabrication et de cuisson usité dans les fabriques de l'Angleterre n'avait été que *très-imparfaitement indiqué dans les ouvrages* publiés en France; — *que de simples énonciations avaient été consignées* à l'égard de l'emploi des cendres de minerai et de charbon de terre, pour dégraisser les terres propres à la fabrication des briques; — attendu qu'en admettant même *que quelques-uns des procédés de Sargent auraient été usités dans quelques établissements de briqueteries,* il faudrait qu'il fût prouvé par Nesbitt *que tous les moyens décrits dans les dits brevets,* et relatifs non-seulement à l'emploi des escarbilles et du charbon de terre, mais encore au mode de cuisson, au broyage et au séchage des matières et à la forme de construction des outils et machines nécessaires pour la fabrication étaient connus et employés en France, etc. (Tribunal de la Seine, 14 février 1853, Sargent rapporté par Dalloz, n° 57 et la note.)

**226. De même quand la publication porte sur tous les éléments, mais pris isolément.** — Il en est de même quand la publication porte sur tous les éléments de l'invention mais pris isolément et non dans leur ensemble. Cela se rattache à la règle que l'invention ne peut être fractionnée. (*Supra,* n° 174.) Mais, comme nous l'avons dit au numéro précédent, la nouveauté de chaque élément isolé sera détruite.

**227. La seule annonce dans les journaux, mais sans description, ne détruit pas la nouveauté.** — Il a été jugé avec raison que la nouveauté d'une invention consistant dans la substitution de l'air chaud à l'air froid dans les machines soufflantes, à l'effet d'activer la combustion, n'a pas été détruite, alors même que la découverte avait été annoncée par les journaux, mais sans description des moyens d'exécution. (Cass. Fr., 13 février 1839; Amiens, 18 mai 1839, cités par Dalloz, 62 et la note de 61.)

De même ne peut être considéré comme ayant divulgué son invention, l'inventeur qui a fait insérer une annonce dans un bulletin d'encouragement, avant la prise de son brevet, alors que cette annonce, tout en indiquant le problème, n'indique nullement la solution et ne fournit tout au moins aucune donnée précise pour l'exécution de l'idée émise. (Lyon, 31 décembre 1856, Gache c, Gérin, *Rép.* Huard, p. 494, n° 74.)

**228. La langue dans laquelle la description a été faite, l'échelle sur laquelle les dessins ont été dressés importent peu.** — Il n'y a pas lieu de considérer dans quelle langue la description a été publiée, nationale ou étrangère, vivante ou morte, ni sur quelle échelle les dessins ont été dressés. En cela l'art. 24, litt. c. de notre loi qui règle le cas de nullité diffère de l'art. 17 qui indique comment la description jointe à la demande devra être faite. Celui-ci seul exige que la description soit faite dans l'une des langues usitées dans le pays et que les dessins soient dressés sur une échelle métrique. La différence des textes dont l'un est muet, tandis que l'autre est explicite, est le motif de l'opinion que nous adoptons. En outre on sait qu'il est de principe qu'il faut quand on le peut, interpréter la loi plutôt dans un sens défavorable à la validité du brevet. Remarquons enfin qu'il se peut très-bien qu'un Belge connaisse la langue étrangère dans laquelle le brevet a été décrit, et que cela suffit pour qu'en fait la découverte tombe dans le domaine public.

Cette doctrine est celle qu'a admise la loi française. (Comp. Nouguier, 492.)

**229. 3°) Il faut que les descriptions ou dessins aient été produits dans un ouvrage ou recueil.** — Il faut ensuite que les descriptions et les dessins *aient été produits... dans un ouvrage ou recueil*.

Le mot *ouvrage* a dans notre langue un sens large qui comprend toute œuvre quelque minime, insignifiante ou passagère qu'elle soit.

Le mot *recueil* a une signification plus restreinte; il suppose une réunion, une collection plus ou moins étendue. Il était déjà compris dans la généralité du mot ouvrage et on eût pu le supprimer sans rien enlever à la portée de la loi.

**230. 4°) Il faut que l'ouvrage ou le recueil aient été imprimés et publiés.** — Il faut que l'ouvrage ou le recueil aient été *imprimés et publiés*.

Ces derniers mots sont importants et ne laissent pas que de présenter des difficultés.

**231. Qu'est-ce qu'un ouvrage ou un recueil imprimé ?** — Un ouvrage ou un recueil imprimé est celui qui a été produit par la presse. Ici il ne peut y avoir d'équivoque.

Mais par ouvrage imprimé, la loi n'a pas voulu entendre

seulement les ouvrages obtenus par le moyen de l'imprimerie seule. Ce qui le démontre, c'est qu'elle suppose que ces ouvrages contiennent des dessins selon les circonstances, ou que même parfois il n'y aura que des dessins. Or, pour ceux-ci, l'imprimerie n'est pas le plus important des modes de reproduction. L'impression n'est dans notre article qu'une expression énonciative. Il faut dire que la pensée de la loi a été de parler en outre de tout moyen analogue de reproduire une description ou des dessins ; nous attirons l'attention sur le mot *analogue,* qui indique qu'il faudra un moyen où la reproduction d'un certain nombre d'exemplaires soit possible.

Quoique nous soyons en présence d'un texte qui prononce une nullité, l'interprétation restrictive doit tomber devant l'évidence. Or, l'argument que nous venons de tirer des dessins ne peut laisser aucun doute sur l'esprit de la loi. N'y aurait-il pas absurdité à dire qu'un dessin imprimé détruira la nouveauté et qu'un dessin lithographié ne la détruira pas ?

**232. Quid des ouvrages lithographiés, autographiés, photographiés ou gravés ?** — Par conséquent nous dirons que la nouveauté sera détruite quand il y aura description ou dessins *lithographiés.*

Ou quand ils auront été reproduits par l'*autographie.*

Ou quand il y aura reproduction par la *photographie,* car aujourd'hui cette dernière industrie remplit parfaitement l'office des deux autres et tend de plus en plus à les supplanter.

Ou quand il y aura reproduction par la *gravure.*

Dans tous ces cas, en effet, si l'intervention humaine se présente à un degré plus prononcé que lorsqu'il s'agit de la simple impression, cependant il faut reconnaître que la reproduction mécanique y prend aussi sa place à un certain moment des opérations successives, et que ces différents procédés tendent tous à la reproduction multipliée.

**233. Quid de la peinture ou du dessin?** — Mais la reproduction à la main par la peinture ou le dessin, même à un grand nombre d'exemplaires ne suffirait pas. Dire le contraire, serait évidemment contrarier le texte de la loi.

**234. Quid de la reproduction par l'écriture?** — Il en est de même de la reproduction à la main par l'écriture. Ainsi notamment la description de l'invention dans une correspondance ne détruit pas la nouveauté à moins cependant que la correspondance ait été rendue publique par la voie de la presse. Sous la loi française, la décision peut être différente. (Comp. NOUGUIER, 497.)

**235. Quid de la reproduction par la sculpture?** — Il en serait encore de même de la reproduction en relief, même mécanique, par la sculpture en pierre, en bois ou autrement. Car ces procédés n'ont aucune analogie même éloignée avec l'imprimerie. Seulement si ces reproductions consistaient en une mise en œuvre de la découverte, alors la nouveauté serait détruite en vertu d'une cause destructive de la nouveauté que nous avons examinée précédemment.

**236. Que faut-il entendre par ouvrage publié?** — Il ne suffit pas que l'ouvrage ou le recueil ait été imprimé, la loi veut de plus *qu'il ait été publié*.

La publication est la mise d'un ouvrage imprimé à la disposition du public. Elle existe notamment quand un ouvrage étant imprimé et les annonces étant faites, le libraire ou l'inventeur le met en vente dans des magasins ouverts au public, l'expose aux regards des curieux et l'offre aux acheteurs. Elle n'exige pas cependant la mise en vente; il suffit que l'ouvrage soit à l'inspection du public.

**237. Il ne suffit pas que l'ouvrage soit sous presse ou déjà imprimé.** — La loi a eu raison d'exiger qu'il y ait eu publication, car un livre sous presse ou même déjà imprimé peut encore être parfaitement secret. De là il résulte que la nouveauté n'est pas détruite quand même l'ouvrage serait sous presse ou quand même il serait déjà imprimé. (Comp. Nouguier, 499, même décision sous la loi française.)

**238. La description jointe à une demande de brevet abandonnée ou écartée n'équivaut pas à une publication.** — La nouveauté n'est pas détruite quand il y a eu une première demande de brevet qu'on a abandonnée, parce que alors même que la description et les dessins qu'on y aurait joints auraient été lithographiés, gravés, ou que la description aurait été imprimée ou autographiée, la demande ne pourrait être considérée comme équivalant à une publication.

De même quand la demande a été renvoyée pour irrégularité. Les motifs sont identiques. La publication fait défaut; si l'irrégularité consiste dans l'inexactitude des dessins ou l'insuffisance de la description, il y a une raison de plus pour déclarer que la nouveauté subsiste. (Comp. Nouguier, 501; il raisonne dans l'hypothèse de la loi française différente de la nôtre sur ce point.)

**239. Peu importe le nombre d'exemplaires vendus.** — Du reste, dès qu'il y a eu publication, il importe peu de savoir si le livre a été peu ou point vendu. Tout ce que la loi exige en effet, c'est la publication. Elle ne dit pas un mot de la vente.

**240. Peu importe que l'invention ait été mise en pratique ou non.** — Il n'y a pas lieu de rechercher si la publication a eu pour résultat d'amener la mise en pratique de l'invention. L'impression suivie de publication se suffit à elle-même comme cause destructive de nouveauté. Exiger toute autre condition serait ajouter à la loi.

**241. Quid de la publication dans le recueil spécial de l'administration.** — Que décider lorsque le brevet a été publié dans le recueil spécial de l'administration ? Cela peut soulever une question de nouveauté, lorsque, par exemple, le brevet est frappé de déchéance après la publication dans le recueil, pour défaut de paiement de la taxe ou pour toute autre cause.

Si le recueil est imprimé la nouveauté est détruite, parce que la publication n'exige pas la mise en vente, comme nous l'avons vu. Cela résulte du texte même de l'art. 20 qui nomme « publication » l'insertion dans le recueil spécial. Voyez aussi l'art. 16 du règlement. Du reste on peut invoquer à l'appui de cette thèse un argument *a contrario* tiré de l'art. 24, litt. *c*. Après avoir dit, en effet, que l'impression et la publication détruisent la nouveauté, l'article ajoute : « A moins que, *pour ce qui concerne les brevets d'importation,* cette publication ne soit exclusivement le fait d'une prescription légale. » Or, comme nous le verrons plus tard, cette disposition a précisément en vue le cas d'une publication dans les recueils que presque tous les gouvernements communiquent au public.

En France on a décidé que cette publication par l'autorité ne constituait pas une publicité suffisante, qu'il fallait que la publication émanât de l'initiative privée. (Comp. Nouguier, n° 498.) Mais cette opinion critiquée par Nouguier (loc. cit.) sous la loi française, ne peut évidemment être admise sous l'empire de notre loi, d'après les arguments que nous venons de faire valoir.

**242. Quid si une invention a été révélée au cours d'une instance?** — Quand une invention a été révélée au cours d'une instance et pour les besoins de la cause, il n'y a pas impression et publication, à moins que l'invention n'ait été décrite dans des mémoires livrés au public ou dans des décisions rapportées dans les recueils de jurisprudence.

**243. La simple notoriété publique ne suffit pas.** — La simple notoriété publique ne suffit pas quand elle n'a pas été précédée d'impression et de publication, ou qu'elle n'a pas été suivie de mise en œuvre, d'emploi ou d'exploitation. En France, il en est autrement parce qu'il ne faut qu'une publicité suffisante pour qu'on puisse exécuter l'invention, et que cette publicité peut résulter de la notoriété.

**244. Il ne faut pas considérer de qui émanent l'impression et la publication.** — Il ne faut pas considérer de qui émanent l'impression et la publication. Peu importe que ce soit l'inventeur, une personne qu'il aura commise à cet effet, ou un tiers quelconque. La loi ne fait aucune distinction à cet égard. Ce serait ajouter à son texte que d'en établir une, et il faut d'autant moins l'admettre que l'on arriverait à étendre le texte au profit des brevetés.

**245. Quid de la publication frauduleuse au préjudice de l'inventeur.** — L'impression et la publication qui ne proviennent pas de l'inventeur peuvent avoir eu lieu contre sa volonté. Elles peuvent même être frauduleuses et constituer une soustraction à son préjudice. La nouveauté n'en sera pas moins détruite. Nous ne pouvons à cet égard que renvoyer aux explications que nous avons données précédemment en parlant de la première cause destructive de la nouveauté. Mais l'inventeur aura, naturellement, une action en dommages-intérêts contre son spoliateur, en vertu des principes généraux du droit. (Art. 1382 C. civ.)

**246. Peu importe que la publication ait eu lieu en Belgique ou à l'étranger.** — Il importe peu aussi que l'impression et la publication aient eu lieu dans le royaume ou à l'étranger. La loi ne distingue pas comme lorsqu'il s'agit de la mise en œuvre de l'emploi ou de l'exploitation. L'opposition entre l'art. 24 litt. *a* et l'art 24 litt. *c* est caractéristique à cet égard. En outre l'art. 24 litt. *c* prévoit la publication à l'étranger dans ses derniers mots et ne faisant qu'une exception à la règle générale que nous venons de formuler, consacre par cela même cette règle.

Il en est ainsi sous la loi française (art. 31).

Une disposition contraire eût fait tort à l'industrie nationale puisque l'invention aurait été dans le domaine public à l'étranger, que l'industrie étrangère en eût profité et que jouissant de toute sa liberté elle eût pu faire tort à l'industrie nationale soumise encore aux restrictions du brevet.

**247. Il y a un cas où la nouveauté n'est pas détruite nonobstant la publication. Motifs.** — Il y a cependant un cas où la nouveauté n'est pas détruite quoiqu'il y ait eu publication. La loi dit en effet, art. 24, litt. *c* : « A moins qu'en ce qui concerne les brevets d'importation, cette publication ne soit exclusivement le fait d'une prescription légale. »

Il peut arriver en effet que les lois étrangères n'accordent un brevet que si l'inventeur consent à la divulgation de la découverte. C'est ce qui arrive chez nous ; c'est ce qui arrive aussi en France. Dès lors, si cette exception n'avait été inscrite dans la loi, l'obtention d'un brevet d'importation fût devenue impossible pour tous les brevets obtenus dans les pays où la divulgation par impression et publication aurait été la conséquence inévitable de l'obtention d'un brevet.

**248. Cette exception ne concerne que les brevets d'importation.** — Remarquons d'abord que cette exception favorable ne concerne que les brevets d'importation, d'après le texte comme d'après l'esprit de la loi.

**249. Il faut que la publication soit imposée par la volonté du prince.** — Remarquons ensuite que la publication doit avoir été le résultat d'une force majeure et que cette force majeure doit être la volonté du prince, c'est-à-dire une disposition impérative de la loi; peu importe du reste qu'elle se trouve dans la loi des brevets ou dans toute autre loi. Une publication résultant des habitudes, des usages, des convenances, etc., anéantit la nouveauté.

**250. Système contraire de la loi française.** — Sous le régime de la loi française la publication résultant même d'une force majeure, même d'une prescription légale, détruit la nouveauté et empêche le brevet. (NOUGUIER, n° 379.) C'est là une décision plus conforme aux principes, car, en effet, peu importe la cause de la publication; l'invention publiée est entrée dans le domaine public, et dès lors il ne faut pas l'en retirer.

**251. 5°) La publication doit être antérieure à la date de l'invention.** — Il faut enfin que l'impression et la publication aient eu lieu antérieurement à la date légale de l'invention. La loi française contient la même disposition (art. 31). Cette date est comme nous avons déjà eu occasion de le dire, celle du dépôt de la demande au greffe provincial ou au secrétariat d'un commissariat d'arrondissement. C'est à partir de ce moment que naissent les droits exclusifs du breveté. Une publication postérieure ne peut plus y porter atteinte.

### 3° *Existence d'un brevet antérieur.*

(SOMMAIRE.)

252. Siége de la matière : art. 25 de la loi belge. — 253. Motif de cette disposition. — 254. Trois conditions sont nécessaires pour que la nouveauté soit détruite. — 255. 1°) Il faut que l'invention soit brevetée. — 256. La nouveauté n'est pas détruite quand le premier brevet est nul. — 257. Quid si le premier brevet est frappé de déchéance? — 258. 2°) Il faut que le premier brevet soit antérieur. — 259. Que faut-il entendre par le mot « antérieurement? » — 260. Quid si la date des deux brevets est la même? — 261. 3°) Le premier brevet peut avoir été obtenu même à l'étranger. — 262. Exception dans le cas où le second brevet est un brevet d'importation. Renvoi.

**252. Siége de la matière : art. 25 de la loi belge.** — L'art. 25 de la loi qui est le siége de la matière est conçu comme suit :

« Un brevet d'invention sera déclaré nul par les tribunaux dans le cas où l'objet pour lequel il est accordé aurait été antérieurement breveté en Belgique ou à l'étranger. »

**253. Motif de cette disposition.** — Faisons d'abord connaître les motifs de cette disposition. Dans les deux cas précédents de destruction de la nouveauté, nous avons vu que le législateur refusait d'accorder un brevet parce que l'objet pour lequel on le demandait était tombé dans le domaine public; que c'était en effet le résultat soit de sa mise en œuvre, de son emploi ou de son exploitation, soit de son impression et de sa publication. Dans le présent paragraphe au contraire, il s'agit d'une invention ou d'une découverte tombée dans le domaine privé parce qu'elle a été brevetée antérieurement. Le brevet confère en effet, comme le dit en termes clairs l'art. 1er de la loi, des droits exclusifs. L'invention brevetée est momentanément attribuée au titulaire du brevet à l'exclusion de tous autres. Conférer les mêmes droits à un tiers serait porter atteinte aux droits du breveté. Du reste le fait même que l'invention a été antérieurement brevetée prouve qu'elle n'est pas nouvelle.

**254. Trois conditions sont nécessaires pour que la nouveauté soit détruite.** — Trois conditions sont nécessaires pour former la cause destructive de nouveauté que nous examinons ici : 1° que la découverte prétendûment nouvelle soit brevetée au profit d'un autre ; 2° qu'elle le soit antérieurement à la seconde invention ; 3° qu'elle le soit en Belgique ou à l'étranger. Nous allons les examiner successivement.

**255. 1°) Il faut que l'invention soit brevetée.** — L'art. 25 commence par dire : « Un brevet d'invention sera déclaré nul… » Sa disposition ne semble donc à première vue applicable qu'aux brevets d'invention. Mais l'article répare plus loin cette apparente inexactitude en disant : « Ces dispositions seront appliquées le cas échéant aux brevets de perfectionnement. »

L'article continue dans les termes suivants : « Un brevet d'invention sera déclaré nul dans le cas où l'objet pour lequel il est accordé aurait été… breveté. »

Il faut donc identité entre les découvertes des deux brevets. Cette question d'identité devra être résolue d'après les principes que nous avons fait connaître. (N°s 140 et s.)

Pour savoir en quoi consistent les inventions il faudra recourir aux descriptions, dessins, échantillons, modèles qui doivent d'ordinaire être joints à la demande ; s'il s'agissait d'une législation étrangère il faudrait recourir aux documents ou faits par lesquels on constate sous son empire l'objet du brevet.

L'invention antérieure doit avoir été brevetée. Le texte de notre article est formel : « Dans le cas où l'objet pour lequel il est accordé aurait été… breveté. » En outre, le seul fait de l'existence antérieure d'une découverte ne fait tomber celle-ci ni dans le domaine public, ni dans le domaine privé, puisqu'il faut pour cela mise en œuvre ou publication, c'est-à-dire que l'invention sorte de la pensée de son inventeur pour être traduite en fait et livrée au public.

**256. La nouveauté n'est pas détruite quand le premier brevet est nul.** — Par conséquent la nouveauté ne sera pas détruite si le premier brevet est nul, parce que ce qui est nul ne peut produire aucun effet. (Comp. Tillière, 330, al. 1 in fine.) Il y aura cependant lieu de rechercher si la nouveauté n'a pas été détruite par la publication qui a dû suivre l'obtention du premier brevet, ou par l'exploitation que le breveté a faite de l'invention. Cependant la règle que nous venons de donner ne fait aucun préjudice à ce que le premier brevet produise tous ses effets jusqu'au moment où son annulation aura été régulièrement prononcée. Ainsi par exemple si un second brevet a été annulé par une décision judiciaire fondée sur l'existence d'un premier brevet qui plus tard est annulé à son tour, il n'y aura plus de recours contre cette décision, si elle est passée en force de chose jugée.

**257. Quid si le premier brevet est frappé de déchéance?** — Mais il n'en est pas de même de la déchéance du premier brevet. Un brevet déchu n'en a pas moins existé. Il a été valable jusqu'au jour de la déchéance, il a pu produire des effets. Comme nous le verrons plus tard, la déchéance amène la cessation du brevet de la même manière, sauf la durée, que l'expiration du temps légal.

**258. 2°) Il faut que le premier brevet soit antérieur.** — Il faut ensuite que l'objet du second brevet ait été antérieurement breveté.

Le mot antérieurement apparaît ici comme une nouvelle application de ce principe de bon sens que nous avons déjà vu appliqué dans les deux paragraphes précédents, à savoir que ce qui n'existe pas encore ne peut avoir de l'influence sur ce qui existe déjà ; c'est aussi une application de cet autre principe qu'un brevet ne doit être déclaré nul que lorsqu'il porte atteinte à des droits acquis, c'est-à-dire à des droits antérieurs.

**259. Que faut-il entendre par le mot « antérieurement. »** — La loi est ici moins explicite que dans les deux cas précédents de destruction de nouveauté. Elle disait en effet dans la litt. *a* de l'art. 24 : « Avant la date légale de l'invention, » et dans la litt. *c* du même article : « Antérieurement à la date du dépôt. »

Est-ce de la même manière qu'il faut entendre ici le mot « antérieurement » ?

Oui, car c'est au moment du dépôt, c'est-à-dire au moment de la date légale de l'invention que commencent les droits du breveté ; c'est ce qui résulte clairement de l'art. 3 de la loi ainsi conçu : « La durée des brevets... prendra cours à dater du jour où aura été dressé le procès-verbal mentionné à l'art. 18. » Or, l'art. 18 s'exprime comme suit : « La date légale de l'invention est constatée par le procès-verbal qui sera dressé lors du dépôt de la demande du brevet. » Enfin l'art. 1er du règlement organique dit : « Toute personne qui voudra prendre un brevet d'invention... ou de perfectionnement devra déposer une demande à cet effet au greffe de l'un des gouvernements provinciaux du royaume, ou bien de l'un des commissariats d'arrondissement hors du chef-lieu de la province. » Donc les droits du breveté commencent à compter du jour où est dressé le procès-verbal du dépôt ; par suite, tous droits antérieurs à ce procès-verbal ne peuvent être lésés par le nouveau brevet, mais de son côté, celui-ci ne peut être lésé par aucun droit postérieur.

**260. Quid si la date des deux brevets est la même.** — Qu'arrivera-t-il si deux brevets sont demandés en même temps ? Deux inventeurs peuvent en effet se présenter le même jour à la même heure dans deux commissariats d'arrondissement différents.

Dans ce cas la nouveauté ne sera pas détruite. L'art. 25 dit en effet : « Dans le cas où l'objet... aurait été antérieurement breveté : » Or, la simultanéité n'est pas l'antériorité. Les deux brevets seront donc valables, car leur position est égale et n'autorise la préférence ni pour l'un ni pour l'autre; chacun des brevetés pourra exploiter en toute liberté. Ils seront libres l'un à l'égard de l'autre, mais le public ne le sera pas envers eux.

**261. 3°) Le premier brevet peut avoir été obtenu même à l'étranger.** — Notre article dit ensuite : « Un brevet... sera déclaré nul... dans le cas où l'objet pour lequel il a été accordé aurait été... breveté en Belgique ou à l'étranger. »

Le législateur a cru devoir se départir ici du principe que tout ce qui ne se passe pas sur le territoire doit être considéré comme n'existant pas, principe qu'il avait appliqué dans la litt. *a* de l'art. 24 quand il s'était agi de la mise en œuvre, de l'emploi ou de l'exploitation. En cela, le législateur a eu raison, car le principe précité est une pure fiction que l'on peut admettre dans des matières rigoureuses comme les lois pénales où la territorialité est un bienfait, mais non dans une matière de privilége, comme les brevets où le principe de la territorialité aboutit à étendre les priviléges.

**262. Exception dans le cas où le second brevet est un brevet d'importation. Renvoi.** — Telles sont les trois conditions requises pour constituer la troisième cause destructive de la nouveauté. Mais on ne peut cependant les prendre dans leur généralité. Elles subissent une exception. Parfois l'existence d'un brevet antérieur ne détruit pas la nouveauté. Le second paragraphe de l'art. 25 contient en effet la disposition suivante :

« Toutefois, si le demandeur a la qualité requise par l'art. 14, son brevet pourra être maintenu comme brevet d'importation aux termes dudit article. »

Cela revient à dire que la troisième cause destructive de la nouveauté, ne produira pas son effet ordinaire, chaque fois que le second brevet sera un brevet d'importation.

Nous sommes donc amenés à rechercher ce que c'est qu'un brevet d'importation, et nous renvoyons à cet égard à la partie de notre ouvrage où il en sera traité.

# TITRE SECOND.

### DES FORMALITÉS RELATIVES A LA DÉLIVRANCE DES BREVETS.

(SOMMAIRE.)

263. Notions générales, division. — 264. Le brevet ne dispense pas des autres formalités prescrites par la loi.

**263. Notions générales, division.** — Le brevet consiste, comme nous avons déjà eu occasion de le dire, dans un arrêté du ministre de l'intérieur, contenant certaines énonciations prescrites par la loi. Mais cet arrêté n'est rendu qu'après l'accomplissement d'une série de formalités qui le préparent et qui l'amènent, et il doit être suivi de l'accomplissement de certaines autres formalités. Nous devons donc faire connaître en premier lieu *les formalités nécessaires à l'obtention*, ensuite exposer *ce que c'est que le titre du brevet*, en troisième lieu décrire *les formalités qui suivent l'obtention*. C'est à quoi nous allons consacrer les trois chapitres qui vont suivre. Nos sources sont sur ce point la loi du 24 mai 1854, l'arrêté royal du 12 septembre 1861, et surtout celui du 24 mai 1854.

**264. Le brevet ne dispense pas des autres formalités prescrites par la loi.** — L'accomplissement même régulier des formalités que nous allons indiquer ne dispense pas le breveté des formalités ou obligations prescrites par d'autres lois ou règlements.

Ainsi, par exemple, si l'exploitation de son brevet est

une industrie qui est rangée dans la classe des établissements dangereux ou insalubres, il devra, nonobstant son brevet, se soumettre aux enquêtes *de commodo et incommodo* et aux autres prescriptions légales.

De même il devra prendre *patente* si son industrie y est soumise. Mais comme la patente est un impôt, et que comme telle elle se rattache plutôt à la taxe, nous en parlerons quand nous traiterons de celle-ci.

Ces solutions reposent sur ce que les formalités spéciales que nous venons de rappeler, sont fondées sur des motifs absolument différents de ceux des brevets, et que dès lors elles ne sont pas absorbées par ces dernières et ne font pas double emploi.

---

## CHAPITRE PREMIER

**Des formalités nécessaires pour l'obtention d'un brevet.**

(SOMMAIRE.)

265. Division.

**265. Division.** — Ces formalités peuvent être classées en divers groupes qui en rendent l'étude plus facile. Elles concernent en effet soit le document qui constitue la demande proprement dite, soit les pièces et objets annexés à cette demande, soit sa transmission au ministère de l'intérieur, soit son examen dans ce ministère. Nous examinerons chacun de ces groupes de formalités dans les sections qui vont suivre.

## SECTION PREMIÈRE.

#### De la demande proprement dite.

(SOMMAIRE.)

266. Textes de la législation belge. — 267. Toute personne, sans distinction, peut demander et obtenir un brevet. — 268. L'administration n'a pas à se préoccuper de la capacité personnelle du demandeur. — 269 On peut demander un brevet par mandataire. — 270. La demande doit être sur timbre. — 271. La demande peut être sous forme de mémoire, requête, lettre, etc. — 272. La demande doit être adressée au ministre de l'intérieur. — 273. La demande doit contenir les nom, prénoms, profession de l'impétrant. — 274. Elle doit contenir un domicile réel dans le royaume, ou élu dans le royaume. — 275. La demande doit contenir un titre. — 276. Qu'est-ce que le titre de l'invention? — 277. Pourquoi la loi exige-t-elle un titre? — 278. Législation antérieure. — 279. Le titre doit présenter une désignation sommaire et précise. — 280 Chaque demande ne peut contenir qu'un seul objet principal avec les applications dont il est susceptible. — 281. Explication de ce principe. — 282. Pourquoi la demande ne peut-elle contenir qu'un objet principal? — 283. La demande doit être datée et signée. — 284. Formalités nouvelles prescrites par l'arrêté de 1861. — 285. Dans quelle langue la demande doit-elle être rédigée? — 286. Importance de la rédaction de la demande. — 287. La demande peut-elle contenir des conditions, des restrictions ou réserves? — 288. Quelquefois les conditions et réserves ne sont qu'apparentes. — 289. Ratures, altérations, surcharges dans la demande. — 290. Demandes de brevets d'importation ou de perfectionnement.

**266. Textes de la législation belge.** — Le premier paragraphe de l'art. 1er de l'arrêté réglementaire du 24 mai 1854, s'exprime comme suit : « Toute personne qui voudra prendre un brevet d'invention, d'importation ou de perfectionnement, devra déposer une demande à cet effet... »

L'art. 3, § 1er ajoute :

« La demande sera rédigée sur papier timbré ; elle indiquera les nom, prénoms, profession et domicile réel ou élu de l'inventeur, dans le royaume. Elle énoncera un titre renfermant la désignation sommaire et précise de l'objet de l'invention. Chaque demande ne comprendra qu'un seul objet principal avec les détails qui se rattachent à cet objet et les applications qui auront été indiquées. »

Enfin, l'art. 6 *ib*. qui contient des prescriptions communes à la demande et aux pièces annexées dont il sera question plus loin, dit : « Toutes les pièces devront être datées et signées par le demandeur ou par son mandataire.... »

Telles sont les conditions prescrites pour l'accomplissement de la première formalité imposée à celui qui veut obtenir un brevet, et ce sont ces conditions que nous allons analyser.

**267. Toute personne, sans distinction, peut demander et obtenir un brevet.**—Remarquons d'abord que le texte dit : « *Toute personne.* » Celui qui veut obtenir un brevet n'a donc pas à se préoccuper de sa capacité juridique personnelle. Il sera accueilli par l'administration sans distinction d'âge, de sexe ou de nationalité, et obtiendra un brevet pourvu qu'il puisse accomplir les autres formalités voulues. Notons que le mot brevet est pris ici dans sa signification étroite de titre ou d'instrument consistant dans un arrêté du Ministre de l'Intérieur ou dans l'expédition de cet arrêté, et que ce fait n'implique nullement que le brevet ainsi obtenu ne puisse être ultérieurement l'objet d'une action en nullité fondée sur l'incapacité du titulaire. Il ne faut en effet pas confondre la capacité nécessaire pour l'accomplissement des prescriptions de forme que nous examinons ici, et celles nécessaires pour le fond que nous avons analysées dans le titre précédent.

Le principe que toute personne qui demande un brevet a le droit de voir sa demande accueillie n'est lui-même qu'une conséquence du principe plus élevé du non-examen préalable dont il sera traité par la suite.

Ce principe que le brevet doit être délivré à toute personne qui le demande est également admis par la loi française dans son article 5. Voici, en effet, comment il s'exprime : « Quiconque voudra prendre un brevet... » Ce mot *quiconque*, dit Nouguier (26), doit être pris dans le sens le plus étendu et le plus général.

**268. L'administration n'a pas à se préoccuper de la capacité personnelle du demandeur.** — L'administration n'a donc pas le droit de rechercher si l'impétrant est l'auteur de l'invention ;

Ni s'il a la capacité civile ;

Ni s'il est belge ou étranger.

En un mot, il suffit qu'il y ait une personne qui se présente. Ce que la loi veut protéger, c'est l'invention et non la personne. Et ceci est raisonnable, car l'invention est utile à la société par elle-même, abstraction faite de l'inventeur. Du reste l'inventeur aura le droit de subrogation si un tiers a usurpé son brevet.

**269. On peut demander un brevet par mandataire.** — De ce que nous venons de dire il résulte que l'on peut demander un brevet soi-même ou par procureur. Cela résulte du reste également du texte de l'art. 6 du règlement qui admet l'intervention d'un mandataire.

**270. La demande doit être sur timbre.** — Celui qui veut prendre un brevet doit rédiger sa demande sur papier timbré (art. 3, § 1, arrêté régl.). La demande se distingue en cela des pièces annexées (description, dessins, duplicata de la description et bordereau) qui, toutes, sauf la procuration du mandataire de l'impétrant, s'il y en a un, peuvent être écrites sur papier libre.

Le timbre à employer est celui de dimension au choix de la partie intéressée parmi les catégories autorisées par la loi, à l'exception du timbre de 25 centimes, réservé aux quittances. (Art. 1ᵉʳ, loi du 21 mars 1839.)

**271. La demande peut être sous forme de mémoire, requête, lettre, etc.** — Les demandes ne sont soumises à aucune règle spéciale en ce qui concerne la façon dont elles doivent être formulées. Elles peuvent être faites par mémoire, requête ou simple lettre. (DALLOZ, n° 116, comp. NOUGUIER, n° 74.) Il suffit qu'elles expriment sous une forme quelconque que l'impétrant demande un brevet.

**272. La demande doit être adressée au ministre de l'intérieur.** — La demande doit être adressée au ministre de l'intérieur. Cela résulte implicitement de l'art. 19 de la loi et de l'art. 13, § 2, du règlement. Voici le texte de ces deux dispositions : « Un arrêté du ministre de l'intérieur... sera délivré sans retard au déposant (à celui qui dépose la demande) et constituera son brevet. » Il est clair que si c'est le ministre de l'intérieur qui accorde l'objet de la demande, c'est à lui qu'il faut adresser celle-ci.

**273. La demande doit contenir les nom, prénoms, profession de l'impétrant.** — La demande doit contenir les nom, prénoms, profession de l'inventeur (art. 3, § 1ᵉʳ, arrêté régl.), ou plutôt du prétendu inventeur, puisque le premier venu, quand même il n'aurait rien inventé, peut faire une demande et obtenir un brevet, sauf à se voir éventuellement évincé par l'action en subrogation.

**274. Elle doit contenir un domicile réel dans le royaume, ou élu dans le royaume.** — Elle doit aussi contenir l'indication du domicile réel ou élu dans le royaume, ajoute le même paragraphe. Ces derniers mots sont en rapport aussi bien avec l'expression « domicile réel » qu'avec l'expression « domicile élu. » Ce qui le prouve, c'est d'abord le but apparent de cette disposition qui semble avoir été de faciliter dans tous les cas les poursuites relatives aux brevets, et surtout la position de la virgule qui dans le texte précède les mots « dans le royaume. » Elle n'eût pas été mise si ces mots ne se reliaient qu'à « domicile élu. » Il ne suffit donc pas qu'un étranger indique dans une demande son domicile réel à l'étranger, il doit nécessairement élire domicile en Belgique.

Il ne faut pas au surplus que ce domicile soit pris dans la province ou l'arrondissement au bureau duquel la demande sera présentée; il suffit que ce soit quelque part, sur le territoire belge, le texte n'exige rien de plus.

**275. La demande doit contenir un titre.** — La demande doit également énoncer, « un titre renfermant la désignation sommaire et précise de l'objet de l'invention. » (Art. 3, § 1er *ib.*)

Remarquons que les mêmes motifs qui nous faisaient remplacer plus haut le mot « inventeur » par « prétendu inventeur » nous autorisent à remplacer ici « invention » par « prétendue invention. »

**276. Qu'est-ce que le titre de l'invention?** — Le mot « titre » présente quelque chose d'équivoque, plus peut-être pour le jurisconsulte que pour tout autre, parce qu'il est habitué à attribuer à ce terme la signification précise de document servant à constater un fait juridique; c'est pour lui l'*instrumentum* des jurisconsultes romains.

Or ce n'est là en aucune façon le sens du mot « titre » dans l'article qui nous occupe.

« *Titre* » est pris ici dans sa signification commune d'inscription qui fait connaître la matière d'un livre, d'un ouvrage, et, de même, par application aux brevets, la matière d'une invention quelconque. « Le titre est à un brevet ce que sont le sommaire ou la table à un ouvrage, » dit Nouguier, n° 92. C'est ce qui n'est pas douteux quand on considère que cette partie de l'article 3 est la reproduction littérale du § 3 de l'article 6 de la loi française du 3 juillet 1844, sur le sens duquel les discussions qui en ont précédé l'adoption à la chambre des pairs ne peuvent laisser aucune équivoque. (Huard, p. 112 et s.) Le rapporteur disait notamment à la séance du 25 mars 1844 : « Par titre on doit entendre *un exposé sommaire qui indique brièvement l'objet auquel l'invention se rapporte.* » (Id., p. 113 *in fine*.)

**277. Pourquoi la loi exige-t-elle un titre?** — Quelle est l'utilité de ce titre et pourquoi en a-t-on fait l'objet d'une mention spéciale?

Il a pour but de faciliter les recherches de ceux qui veulent, dans les recueils que publie l'administration, examiner si une invention a déjà été brevetée, ou en quoi consiste une invention qui est tombée dans le domaine public. Le titre par sa brièveté frappe immédiatement la vue, il rend la matière plus saisissable en la condensant.

**278. Législation antérieure.** — Cette formalité est nouvelle. Sous la législation hollandaise, quand l'administration voulant rendre ses recueils plus faciles à consulter désirait avoir pour chaque invention une désignation claire et brève, elle devait la chercher elle-même en analysant les descriptions, à moins que le breveté n'en eût par hasard indiqué une.

**279. Le titre doit présenter une désignation sommaire et précise.** — Le titre doit, dit l'art. 3 renfermer une désignation de l'objet de l'invention, et il ajoute que cette désignation doit être sommaire et précise : que faut-il entendre par ces différents termes?

La désignation doit être *sommaire* c'est-à-dire courte,

brève, sinon elle manquerait son but qui est, nous l'avons dit, de faciliter, en les rendant plus rapides, les recherches que l'on doit faire dans les recueils administratifs.

La désignation doit être *précise*, c'est-à-dire exacte dans sa brièveté, rigoureusement fidèle ; le breveté ne doit pas essayer d'y donner le change au public.

L'inexactitude même frauduleuse dans le titre n'est pas un cas de nullité du brevet à moins qu'elle ne rende obscure la description de l'invention. En effet la loi ne le mentionne point parmi les cas de nullité. La loi française au contraire dans son art. 30, § 3 fait un cas de nullité du titre frauduleux. (Nouguier, 563.) Il faut donc s'abstenir de recourir sur ce point aux dispositions de la loi française.

Quant à la question de savoir si le breveté peut changer le titre qu'il a donné à son invention, et si le gouvernement peut en imposer un à l'impétrant, nous nous en occuperons plus tard.

**280. Chaque demande ne peut contenir qu'un seul objet principal avec les applications dont il est susceptible.** — L'art. 3, § 1er continue en disant : « Chaque demande ne comprendra qu'un seul objet principal avec les détails qui se rattachent à cet objet et les applications qui auront été indiquées. »

Ici encore le règlement belge a fait un emprunt à la loi française dont l'article 6 en son § 1er est ainsi conçu : « La demande sera limitée à un seul objet principal avec les objets de détail qui le constituent et les applications qui auront été indiquées. »

**281. Explication de ce principe.** — Dans l'absence complète de documents belges de nature à éclaircir pour nous la disposition susdite du règlement, nous ne pouvons mieux faire que de recourir aux documents législlatifs de la loi française, dont il est permis de présumer que l'on a adopté l'esprit en en adoptant le texte.

Or, il résulte des discussions de cette loi que, par les mots « *objet principal avec les objets de détail qui le constituent* » il faut entendre, il est vrai, un seul produit, mais alors même qu'il comprendrait plusieurs inventions distinctes. (HUARD, p. 114 et suiv.) Ainsi, pour nous servir d'un exemple pris dans les discussions prérappelées (id., p. 114), pour une machine à vapeur d'un poids plus léger, d'une facture beaucoup moins embarrassante et moins coûteuse, réalisant une grande économie de combustible, et réunissant à ces avantages l'inexplosibilité, il ne faudra faire qu'une seule demande de brevet pour le poids qui est moindre, pour la facture moins dispendieuse, pour l'inexplosibilité et l'économie du combustible.

Et de même si ce produit unique peut recevoir une ou plusieurs *applications*, comme si cette machine pouvait s'adapter à un véhicule qui irait sur les routes ordinaires ou les voies ferrées, une seule demande de brevet, dans laquelle seraient comprises ces applications, ou toutes autres, n'en serait pas moins suffisante. En effet, notre article dit textuellement : *avec les applications qui auront été indiquées.* Cette disposition est très-importante, car rien n'est plus fréquent qu'une invention qui peut recevoir de très-nombreuses applications. Or, quelque multipliées qu'elles soient, elles pourront être comprises dans la même demande et être garanties par un brevet unique. Il importe aux inventeurs de ne pas perdre cela de vue, parce que d'une part, en mentionnant ces applications ils en conservent le monopole et que, d'autre part, ils n'augmentent pas la taxe.

Citons sur ce point les paroles de Nouguier (n° 84) qui nous paraissent de nature à éclaircir la solution :

« Dans quel cas déclarera-t-on que la demande n'a pas

été limitée à un seul objet principal? Lorsqu'on a réuni dans une même demande deux ou plusieurs inventions qui n'ont point entre elles un lien intime et nécessaire, lorsque ces inventions qui ne dépendent pas l'une de l'autre, ont une existence propre et peuvent fonctionner simultanément sans se prêter un mutuel concours. Mais lorsqu'une de ces inventions est la conséquence de l'autre, ou sert à son usage, ou n'est employée que pour faciliter son application et son fonctionnement, alors la demande ne contient pas deux objets principaux. — Ainsi une machine à battre le blé est composée de deux éléments distincts et qui pourraient être séparés : la machine proprement dite qui sépare le grain de l'épi, et le manége qui met la machine en mouvement; réunir tout à la fois dans un même brevet et une machine nouvelle et un nouveau manége ce ne sera pas enfreindre la disposition du § 1er de l'art. 6, car le manége n'est que l'accessoire de la machine et facilite son exploitation. »

Citons encore l'exemple de Blanc p. 268 :

« Lorsque le législateur a voulu que le brevet fût limité à un seul objet, il a entendu proscrire la réunion de plusieurs inventions ayant nécessairement une existence séparée. Mais lorsque l'une d'elles peut être appliquée à l'usage de l'autre, il n'y a plus qu'un tout composé de deux parties. Ainsi le dévidoir pour tordre la soie se compose des bobines et du moteur. Chacun de ces objets, pris séparément, peut constituer un système brevetable, mais comme, dans la conception du breveté, l'un s'applique à l'autre, il y a là une réunion licite. Il en est de même lorsqu'un brevet est pris pour un procédé nouveau, par exemple pour une mécanique nouvelle à l'aide de laquelle l'inventeur obtient un produit nouveau spécifié au brevet. Il est bien certain que le brevet protège à la fois le moyen et le résultat. Cependant, la réunion des deux inventions n'est pas contraire à la loi parce que l'une découle de l'autre. Elles sont nécessairement et strictement liées. »

Aux termes de cette disposition du règlement il serait donc inexact de vouloir faire ici une application de la division des inventions et découvertes en produits, résultats, moyens et applications de moyens connus, en admettant que chacun constitue un objet principal et exige une demande distincte. Il ne faut en effet qu'une seule demande quand même un objet réunirait, par exemple, la qualité de produit et celle de moyen, quelque nombreuses que fussent ses applications comme moyen.

Jugé conformément à ces principes qu'un breveté peut, dans un brevet pris pour l'épuration du gaz, signaler les produits accessoires, tels que la soude et l'alun, qui dérivent des procédés et des matières qu'il emploie pour l'épuration ; ce sont des applications de ces procédés. (Paris, 20 janvier 1855, Laming c. Cavaillon, et Cass. F, 4 mai 1855, même affaire, *Gaz. des Trib.* 5 mai.)

**282. Pourquoi la demande ne peut-elle contenir qu'un objet principal ?** — Quel est le motif de la règle que nous venons d'examiner ?

Pour l'apprécier, il faut se souvenir que tout brevet est soumis à une taxe annuelle (art. 3 de la loi). C'est par brevet que se paye cette taxe et non par invention. En effet, l'art. 3 dit : « Il sera payé *pour chaque brevet,* une taxe... » Or, la loi de 1854 avait omis de déclarer que chaque brevet ne pourrait contenir qu'une invention. Dès lors, il y aurait eu un moyen facile de se libérer de la taxe en réunissant plusieurs inventions dans le même brevet. Cela eût été contraire à l'esprit de la loi qui est de frapper d'un impôt chaque concession d'un nouveau monopole. C'est pourquoi le gouvernement usant du droit que le législateur lui avait confié dans l'art. 17, que, s lit : « Quiconque voudra prendre un brevet sera tenu de déposer..., *en suivant les formalités qui seront déterminées par un arrêté royal...,* » a exigé que chaque brevet ne comprît qu'un seul objet principal.

La disposition dont nous parlons, empruntée par le législateur belge au législateur français, l'avait déjà été par celui-ci à la loi de 1791, dans laquelle on lit à l'article 4 tit. Ier : « Les directeurs des départements, non plus que le directoire des brevets d'invention, ne recevront aucune demande qui contienne plus d'un objet principal avec les objets de détail qui pourront y être relatifs. »

**283. La demande doit être datée et signée.** — Enfin la demande devra, aux termes de l'art. 6 du règlement, être datée et signée par le demandeur ou par son mandataire. Nous pourrions soulever ici plusieurs questions plus ou moins importantes sur les conditions que doit réunir la procuration de ce mandataire, mais nous les réservons pour le moment où nous examinerons les pièces annexées à la demande, parmi lesquelles cette procuration trouve plus naturellement sa place.

**284. Formalités nouvelles prescrites par l'arrêté de 1861.** — Aux dispositions que nous venons de faire connaître, l'arrêté royal du 12 septembre 1861 en a ajouté d'autres. Voici en effet comment est conçu son article 1er :

« La demande de brevet, mentionnée aux art. 1 et 3 de l'arrêté royal du 24 mai 1854 devra, à partir du 1er octobre 1861, être faite en double expédition. »

» L'une de ces expéditions sera écrite sur papier timbré, l'autre sur papier libre. »

Cette disposition ne présente guère de difficultés, nous nous bornons donc à la mentionner.

**285. En quelle langue la demande doit-elle être rédigée ?** — Nous venons d'examiner les questions qui se produisent relativement à la demande en présence des textes légaux. Mais indépendamment de celles-là, il en est qui se présentent dans la pratique et qu'il importe de résoudre.

Demandons-nous d'abord dans quelle langue la demande doit être rédigée.

Tandis que la loi a expressément exigé dans son art. 17, l'emploi de l'une des trois langues usitées en Belgique pour la description de l'invention qui constitue une des pièces annexées à la demande, elle est restée silencieuse sur la langue dans laquelle cette demande elle-même devra être formulée. M. Tillière (n° 238), est d'avis que ce silence de la loi autorise le demandeur à employer la langue qu'il lui plaît de choisir. Mais nous ne pouvons admettre cette opinion et nous croyons, au contraire, que, pour la demande comme pour la description, les seules langues autorisées, sont celles usitées en Belgique et dont l'usage facultatif est consacré par l'article 23 de notre Constitution.

Voici nos raisons. D'abord en principe général dans le silence de la loi, l'administration belge créée pour le service des citoyens belges n'est tenue de connaître que les langues que parlent ceux-ci ; il faudrait une disposition expresse de la loi pour étendre cette obligation.

Ensuite l'art. 17 de la loi semble confondre sous la désignation unique de description, ce que l'arrêté décompose en demande et description. Nulle part, en effet, la loi ne parle d'une demande distincte, et elle n'appelle que description ce dont elle ordonne, dans ledit article 17, le dépôt au greffe provincial ou au bureau du commissariat d'arrondissement, alors que, évidemment, la chose déposée comprend la demande. Enfin, les motifs qui, dans les discussions, ont fait proscrire pour la description, toute autre langue que celles usitées en Belgique, s'appliquent à la demande, et c'est là une analogie que M. Tillière lui-même ne méconnaît pas. Un de ces motifs consistait à faire ressortir ce qu'il y aurait d'absurde à exiger de l'administration la connaissance du chinois, par exemple, si une description chinoise lui était remise; or, cela est également absurde pour la demande. Du reste, ne perdons pas de vue que, dans le doute, la loi doit être interprétée contre le breveté.

**286. Importance de la rédaction de la demande.** — On ne saurait assez signaler aux inventeurs l'importance de la rédaction de la demande. De là demande dépend en effet l'étendue du brevet, comme nous aurons lieu de le démontrer plus tard : autant demandé, autant obtenu, tel est le principe de la matière. La demande doit contenir, nous l'avons vu *sup*. n° 281, l'objet principal, avec les détails qui le constituent et ses applications (art. 3, règl.). Omettre l'un ou l'autre de ces termes dans la demande s'est s'exposer à ne pas les voir protéger par le brevet. En vain la description et les dessins en feraient-ils mention, s'ils ne sont pas sommairement reproduits dans la requête, on pourrait répondre à l'inventeur : « Vous avez décrit cela, il est vrai, mais vous n'avez pas demandé de brevet; il en est de cela comme de beaucoup d'autres détails que l'on insère forcément dans toutes les descriptions et sur lesquels le brevet ne porte pas. »

Les imperfections dans les demandes sont d'autant plus dangereuses pour les brevetés, qu'en vertu du principe que les brevets sont des priviléges on doit les interpréter restrictivement; ce sera surtout à l'interprétation littérale que les tribunaux devront s'en tenir, et dans le doute ils se prononceront contre les inventeurs.

Un arrêt de la cour de Cassation de France du 21 août 1846 (DALLOZ, n° 195) a fait une application importante et fort exacte de ces principes. Un industriel avait fait breveter un appareil pour opérer la condensation de la vapeur. Dans la description il avait mentionné l'apposition au haut de la chaudière de lentilles de verre qui permettaient d'observer l'ébullition des liquides. La cour décida que cette disposition de la lentille était indifférente à la condensation de la vapeur, objet de la découverte principale, et qu'elle formait une invention particulière pour laquelle il n'avait été ni demandé, ni accordé de brevet.

Nous le répétons, cette décision est exacte. En effet la lentille était un détail de l'invention; on ne pouvait la considérer comme comprise dans cette énonciation générale : appareil pour opérer la condensation, car elle ne contribuait pas à cette condensation. Il eût fallu la mentionner spécialement dans la demande après l'avoir indiquée dans la description.

**287. La demande peut-elle contenir des conditions, des restrictions ou réserves ?** — Une autre question est celle de savoir si la demande peut contenir des restrictions, conditions ou réserves. Le doute s'élève surtout lorsque l'on considère que la loi française dans son art. 6, al. 2 a cru nécessaire de les proscrire expressément, tandis que la loi belge en n'en parlant pas, semble les autoriser.

Par restriction, condition ou réserve, on entend, entr'autres, la demande faite par l'impétrant que son brevet ne lui soit délivré qu'après deux ou trois mois; ou que le brevet ne lui sera délivré que si une autre personne fait une demande pour le même objet; ou encore que sa jouissance pourra être prolongée d'une ou de plusieurs années.

Nous croyons que la proscription de ces clauses accessoires ressort du principe de la loi en matière de brevets. Pour elle le brevet est une récompense qu'elle accorde à l'inventeur; or, il faut que l'inventeur prenne cette récompense telle qu'elle a été organisée par le législateur ou qu'il s'en passe. Toute modification serait une violation de la loi puisqu'elle tendrait à créer une récompense plus avantageuse ou plus onéreuse suivant le cas, c'est-à-dire une récompense qui n'existe pas dans la loi. Le gouvernement à qui seul l'inventeur peut s'adresser, n'a aucun droit à cet égard ; il peut délivrer la récompense, mais aucun texte ne l'autorise à la changer. En un mot, c'est pour l'inventeur à prendre ou à laisser. On comprend que dans le système de la loi française où l'octroi du brevet est censé se faire par suite d'un contrat entre l'inventeur et la société, on ait cru utile de stipuler dans un article spécial qu'il ne pourrait y avoir ni restrictions, ni conditions, ni réserves; en effet, l'idée du contrat était de nature à faire croire à une certaine liberté entre les contractants; mais, chez nous, cette disposition était inutile dès qu'on admettait le système de la récompense. Répétons enfin que la loi, dans le doute, doit être interprétée désavantageusement pour celui qui veut obtenir un brevet. Toute demande de brevet devra donc être pure et simple.

**288. Quelquefois les conditions et réserves ne sont qu'apparentes.** — Comme on a pu s'en assurer par les exemples que nous avons donnés dans le numéro précédent, il faut entendre par conditions, restrictions ou réserves, tout ce qui tend à modifier les éléments ordinaires du brevet, à changer quelque chose à la récompense organisée par la loi.

Il faut éviter de confondre ces modifications avec des clauses licites exprimées sous forme de réserve, de condition ou de restriction, mais qui n'en ont que l'apparence. Ainsi, par exemple, il est certain que l'inventeur peut, dans sa demande, indiquer autant d'applications qu'il lui plaît. Supposons qu'au lieu de dire tout simplement qu'il demande à être breveté pour une série d'applications qu'il énumère, il commence par n'en signaler qu'une seule et ajoute qu'il demande le brevet sous la réserve d'avoir le monopole de telles et telles autres qu'il indique. Il est évident que ce n'est qu'une autre manière d'exprimer la même idée. Il en serait de même si après avoir demandé le brevet pour une machine construite en fer, il ajoutait que c'est sous la réserve qu'il aura également le droit de la fabriquer en bois, en caout-chouc, etc.

Nous examinerons plus tard quel est l'effet de l'existence dans une demande de conditions, restrictions ou réserves, tant au point de vue du droit qu'a le gouvernement de faire changer cette demande, qu'au point de vue de la validité du brevet délivré par inadvertance sur une demande irrégulière.

**289. Ratures, altérations, surcharges dans la demande.** — Faut-il appliquer à la demande les règles du § 3 art. 4 du règlement relatif à la description, sur les altérations, surcharges et ratures? Nous croyons que oui, moins à cause de l'analogie, qu'à cause des principes généraux en matière d'actes destinés à être produits en justice. Si l'on n'admettait pas notre opinion, il suffirait de la mauvaise foi d'un employé pour changer certains éléments essentiels de la demande, par exemple le titre, le domicile ou le nom de l'impétrant; il n'y aurait en effet aucun contrôle. Or, ce point est capital, quand on réfléchit que le brevet dépend pour beaucoup des termes de la demande. La loi française a admis la règle que nous adoptons. (Art. 6, al. 4.)

**290. Demandes de brevets d'importation ou de perfectionnement.** — Les formalités de la demande telles qu'elles viennent d'être exposées, sont en tous points applicables aux brevets de perfectionnement et d'importation. L'art. 3, § 2 du règlement contient cependant une disposition spéciale à ces derniers.

Elle est ainsi conçue : « Lorsqu'il s'agira d'un brevet d'importation, la requête fera connaître la date et la durée du brevet original et le pays où il a été concédé. »

Le brevet original : c'est celui que l'on importe.

## SECTION DEUXIÈME.

### Des pièces et objets annexés à la demande.

(SOMMAIRE.)

291. Textes applicables aux annexes — 292. 1°) Pourquoi faut-il qu'il y ait description et dessins ? — 293. Qu'est-ce que la description ? — 294. Il faut que la description soit claire et complète. — 295. Toutefois la description ne doit être que suffisante. — 296. Il suffit que la description soit à la portée de l'intelligence ordinaire des hommes compétents. — 297. Est insuffisante la description qui exige des recherches supplémentaires. — 298. La bonne ou la mauvaise foi importent peu. — 299. Quid lorsque la description ne mentionne pas les moyens les meilleurs ? — 300. Quid lorsque la description ne mentionne qu'un seul moyen ou un seul effet ? — 301. Quid lorsque le moyen amène un effet différent de celui qui est décrit ? — 302. Il n'y a pas de termes sacramentels pour la description. — 303. Exemples et applications des principes qui précèdent. — 304. La description insuffisante peut être complétée par les dessins. — 305. Quid si la description manquait totalement ? — 306. Dans quelle langue la description doit-elle être rédigée ? — 307. Quid lorsque l'inventeur n'est pas domicilié dans le royaume ? — 308. On peut insérer dans la description des mots techniques en langue étrangère. — 309. Ratures et surcharges. — 310. La description doit être terminée par l'énonciation précise des caractères de l'invention. — 311. La description ne doit pas être sur timbre. — 312. 2°) Des dessins, modèles et échantillons. — 313. Les dessins ne font qu'un avec la description. — 314. Quand les dessins nuisent-ils à la description ? — 315. Les dessins doivent être tracés à l'encre ; peuvent-ils être autographiés, etc.? — 316. Autres formalités relatives aux dessins. — 317. 3°) Du duplicata de la description. — 318. 4°) De la quittance de la première annuité. — 319. 5°) De la procuration du mandataire. — 320. La procuration doit être légalisée ; — doit-elle être spéciale ? — 321. La procuration doit-elle être authentique ? — 322. 6°) Du bordereau des pièces. — 323. Toutes les pièces doivent être signées. — 324. Toutes les pièces doivent être réunies sous pli cacheté. — 325. Brevets de perfectionnement et d'importation.

### 291. Textes applicables aux annexes.

— L'art. 1ᵉʳ, § 2 et s., du règlement s'exprime comme suit :

« A cette demande seront joints sous enveloppe cachetée :

1° La description de l'objet inventé ;

2° Les dessins, modèles ou échantillons qui seraient nécessaires pour l'intelligence de la description ;

3° Un duplicata certifié conforme de la description et des dessins ;

4° Un bordereau des pièces et objets déposés. »

L'art. 4 et l'art. 5 ajoutent :

» Art. 4. La description devra être rédigée en langue française, flamande ou allemande.

« La description qui ne serait pas rédigée en français devra être accompagnée d'une traduction en cette langue, lorsque l'auteur de la découverte ne sera pas domicilié en Belgique.

» La description devra être écrite sans altération ni surcharge ; les mots rayés comme nuls seront comptés et constatés, les pages et les renvois paraphés.

» La description fera connaître d'une manière claire et complète l'invention, et elle se terminera par l'énonciation précise des caractères constitutifs de celle-ci. »

« Art. 5. Les dessins devront être tracés à l'encre et sur échelle métrique. Ils représenteront, autant que possible, l'appareil ou machine à breveter, en plan, coupe et élévation. Les parties des dessins qui caractérisent spécialement l'invention, auront une teinte différente de celle des autres parties. »

Ces dispositions des art. 4 et 5 du règlement ne sont que la réglementation de l'art. 17 de la loi ainsi conçu :

» Quiconque voudra prendre un brevet sera tenu de déposer, sous cachet en double... en suivant les formalités qui seront déterminées par un arrêté royal ; la description claire et complète, dans l'une des langues usitées en Belgique, et le dessin exact et sur échelle métrique de l'objet de l'invention. »

**292. I°) Pourquoi faut-il qu'il y ait description et dessins ?** — Dans quel but la loi a-t-elle exigé l'annexion à la demande, de la description de l'objet inventé et des dessins, modèles ou échantillons qui sont nécessaires pour l'intelligence de la description ? En précisant ce but nous rendrons plus facile l'interprétation des textes.

Les droits du breveté ne sont que temporaires (art. 1er de la loi); la durée la plus longue des brevets est fixée à 20 ans (art. 3, ib.); à l'expiration de ce laps de temps l'invention brevetée tombe dans le domaine public. Or, il faut que ce public soit mis à même de profiter de l'invention qui lui fait retour; pour y parvenir, il faut qu'il puisse la connaître clairement et complétement : c'est la description avec les dessins, modèles, etc., qui l'accompagnent, qui amène ce résultat. Les diverses annexes devront dès lors réunir toutes les conditions nécessaires pour amener l'entière divulgation de l'invention. A ce but principal il s'en joint un autre : c'est la nécessité de bien connaître l'objet de chaque brevet pour le distinguer des brevets analogues que l'on pourrait prendre, pour empêcher les hommes de bonne foi de tomber dans une concurrence illicite, et aussi pour punir les contrefacteurs, s'il y a lieu.

**293. Qu'est-ce que la description ?** — La loi veut d'abord qu'il y ait *description ;* cette condition était déjà exigée par l'art. 4, 2° de la loi du 7 janvier 1791. Par conséquent il ne suffira pas d'énoncer l'invention ou la découverte, il faudra l'expliquer, la développer, la détailler, en un mot la décrire. En effet, une simple énonciation ne saurait avoir pour résultat ni de permettre l'exécution de la découverte par tous les citoyens après l'expiration du brevet, ni de faire connaître au public pendant sa durée ce qu'il doit s'abstenir de fabriquer, ni de faire découvrir le cas échéant s'il y a contrefaçon.

**294. Il faut que la description soit claire et complète.** — La loi exige ensuite dans son art. 17 que la description soit *claire et complète*. Que faut-il entendre par ces mots?

Il faut que la description soit telle qu'elle suffise pour permettre l'exécution de l'invention. Le but de la loi est en effet d'avoir tous les éléments nécessaires pour que le public puisse plus tard exécuter l'invention, quand le monopole du brevet aura cessé. « Il faut, dit Nouguier (n° 110), que la description soit claire, précise, loyale et suffisante. »

« Attendu, dit un arrêt de Liége, du 2 décembre 1852, Houzet c. Laoureux, Pas. 1855, p. 76, que la matière des brevets est de droit étroit et que pour jouir du privilége il faut nécessairement que le brevet ne laisse aucun doute sur l'invention ou le perfectionnement nouveau; qu'il le spécifie, le décrive et l'explique de manière que les tiers intéressés ne puissent être induits en erreur, et soient à même de connaître, par la seule inspection du brevet, ce à quoi ils s'exposent en confectionnant et en fournissant des objets analogues. »

Par conséquent, on manque au principe de la loi quand on omet quelque chose qui est nécessaire pour divulguer pleinement l'invention.

On y manque aussi quand on ajoute quelque chose qui peut faire naître une équivoque, une obscurité.

**295. Toutefois la description ne doit être que suffisante.** — Mais la description ne doit être que suffisante. Ainsi, il peut arriver que la description laisse quelque chose à désirer; qu'un esprit rigoureux et puriste trouve qu'elle contient quelque chose de trop ou de trop peu; que, pour la rendre parfaite, il conviendrait d'en enlever ou d'y ajouter quelque chose. Tout cela importe peu, pourvu que la divulgation de la découverte soit complète. Ce que la loi désire, ce n'est pas une description irréprochable au point de vue du style, mais une description qui fait connaître l'invention.

**296. Il suffit que la description soit à la portée de l'intelligence ordinaire des hommes compétents.** — Il ne faut pas non plus que la description soit à la portée de toutes les intelligences. L'inventeur ne peut en effet pâtir du défaut d'éducation de certains hommes; la loi n'a pas pu vouloir lui imposer une condition qui eût été impossible à remplir, puisqu'on pourrait toujours découvrir quelque intelligence assez bornée pour ne pas comprendre les choses même les plus claires. Ce ne sera pas même l'intelligence du type légal du bon père de famille, c'est-à-dire du commun des hommes qu'il faudra prendre pour mesure; car ici encore on astreindrait l'inventeur à une obligation impossible, puisque des hommes même bien doués sous le rapport de l'esprit, peuvent être assez ignorants des choses industrielles ou commerciales pour ne pas comprendre une description même excellente. Il faudra se placer au milieu des gens du métier, des hommes spéciaux, et prendre parmi ceux-ci l'intelligence commune, c'est-à-dire ni l'incapacité qui ne comprend rien, ni le génie qui saisit tout à demi mot. Ce point, d'accord avec le bon sens, est de doctrine et de jurisprudence. (NOUGUIER, 125 et les autorités en note, TILLIÈRE, 243, al. 1.)

**297. Est insuffisante la description qui exige des recherches supplémentaires.** — Une description ne sera pas suffisante au vœu de la loi, si on ne peut exécuter l'invention en la suivant à la lettre, s'il faut procéder à des recherches supplémentaires, s'il faut se livrer à des études pour en pénétrer le sens. Ce n'est pas alors, en effet, par la description seule que l'invention peut être mise en œuvre, mais par la description complétée au moyen des efforts personnels d'un tiers.

**298. La bonne ou la mauvaise foi importent peu.** — Il importe peu, du reste, que ce soit avec ou sans intention, c'est-à-dire de bonne ou de mauvaise foi, que l'inventeur ait fait une description insuffisante. La loi ne fait point de distinction. Ce qu'elle veut c'est une description complète, ce qu'elle proscrit c'est une description insuffisante; le but qu'elle veut atteindre, c'est la divulgation. Elle ne tient pas compte du reste. Or, qu'importe au point de vue de la divulgation que la description insuffisante ait été faite par un homme honnête ou déloyal ? Le public en sera-t-il plus instruit ?

**299. Quid lorsque la description ne mentionne pas les moyens les meilleurs ?** — La description est-elle complète si l'inventeur cache ses produits ou résultats, ses moyens ou procédés les meilleurs, les plus efficaces, les plus avantageux pour ne révéler que ceux qui présentent quelque infériorité ?

La question ne peut d'après nous, être résolue exactement, qu'en faisant une distinction. Ou bien la découverte qui a été décrite constitue par elle-même une invention brevetable, toute inférieure qu'elle puisse être à celle que l'inventeur s'est abstenu de décrire. Dans ce cas il y aura description complète, et le brevet sera valable, sauf qu'il ne portera pas sur l'invention plus parfaite que l'on aura dissimulée; il ne protégera que l'invention inférieure qui seule aura été complétement divulguée.

Ou bien la découverte qui a été décrite ne constitue point par elle-même une invention brevetable, elle ne le devient que par les éléments que l'on a négligé de révéler. Dans ce cas il y a description insuffisante.

Nous pensons donc que c'est une erreur de dire comme Nouguier (n° 122) d'une manière absolue « qu'il y a nullité si l'inventeur, soit par une négligence qui rend sa description incomplète, soit par une dissimulation qui la rend déloyale, n'a pas révélé ses moyens les plus efficaces, les plus prompts, les plus économiques, les plus simples; si au lieu de déclarer les matériaux qu'il emploie, il en a iudiqué de plus chers et de plus rares... » Cela peut être vrai dans certains cas, parce que parfois la simple efficacité, la simple promptitude ou économie suffisent pour donner le caractère de la nouveauté à une invention. Mais parfois aussi une invention présente déjà d'autres caractères de nouveauté, et ceux que nous venons de citer ne servent qu'à rendre cette nouveauté plus énergique ; alors on ne peut pas plus faire un grief au breveté de ne pas les avoir fait connaître qu'on ne pourrait lui en faire un de ne pas avoir révélé dans sa description une invention éminemment différente. Ne doit être breveté qui ne veut.

**300. Quid lorsque la description ne mentionne qu'un seul moyen ou un seul effet ?** — La règle qui précède doit être appliquée non-seulement au cas où l'invention consiste dans un produit, un résultat, un moyen ou un procédé pris isolément, mais encore au cas où il s'agit d'un nouveau moyen ou procédé qui amène un nouveau produit ou un nouveau résultat. Par conséquent, la description sera complète alors même que le moyen ou le procédé seraient insuffisamment décrits, si le produit ou le résultat qu'ils amènent le sont d'une manière suffisante, et réciproquement; mais alors le brevet ne portera que sur l'élément qui a été décrit, et nullement sur celui qu'on a passé sous silence. De même si un moyen ou un procédé peuvent amener plusieurs produits ou résultats et qu'on n'en décrive qu'un, ou réciproquement si un résultat ou un produit peuvent être amenés par plusieurs procédés ou moyens et qu'on n'en divulgue qu'un seul, la description n'en sera pas moins complète, parce qu'elle embrasse un ensemble qui forme par lui-même une invention. Les autres moyens, les autres produits, etc., sont des inventions distinctes qui peuvent être envisagées et brevetées isolément.

**301. Quid lorsque le moyen amène un effet différent de celui qui est décrit?** — Quand les moyens ou les procédés, mis en œuvre conformément à la description, donnent des produits ou des résultats différents de ceux énoncés dans la description, celle-ci est incomplète. Elle ne fait pas en effet connaître l'invention dans sa vérité. Toute personne pourra employer le moyen soit pour obtenir le résultat que l'inventeur avait découvert, mais qu'il n'a pas décrit, soit pour obtenir un autre résultat quelconque. En effet, s'il se plaignait, on pourrait lui répondre que l'on fait du moyen une application nouvelle, puisqu'elle diffère, sinon de celle qu'il avait conçue, tout au moins de celle qu'il a décrite.

**302. Il n'y a pas de termes sacramentels pour la description.** — La condition de clarté et de plénitude de la description ne dépend d'aucuns termes sacramentels. La loi n'a prescrit aucune formule à cet égard. Il suffit qu'en fait, en équité, la description soit suffisante. Un mot impropre, un terme inexact, une expression malencontreuse ne font aucun tort à la description si, ce nonobstant, elle reste saisissable pour le commun des hommes compétents. C'est le fond des choses qu'il faut considérer avant tout et ne pas s'attacher au sens littéral des mots. « Ainsi, comme le dit Nouguier, n° 119, l'emploi du mot dentelure, au lieu de rainure et cannelure, dans la description d'une machine, ne saurait être justement reproché à l'inventeur, lorsqu'il est clair que l'un de ces termes a été considéré comme l'équivalent de l'autre. » Ce point est de doctrine et de jurisprudence, voyez les autorités citées par Nouguier, *ib.*

**303. Exemples et applications des principes qui précèdent.** — Des principes qui précèdent, il résulte qu'il faudra considérer comme incomplète la description dans laquelle on aurait omis ne fût-ce qu'un seul élément de l'invention;

Celle dans laquelle on aurait omis la quantité de matière à employer;

Celle dans laquelle aucun des éléments n'aurait été omis, mais où ils auraient été disposés dans un ordre qui produit l'obscurité.

Mais la description sera suffisante quoique une partie ait été traitée avec moins de développement si au surplus l'équivoque n'est pas possible.

Elle le sera, « quoiqu'elle ne fasse pas mention de certains agents mécaniques, de certains effets chimiques dont l'action est connue et implicitement comprise et que l'on omet pour ne pas étendre la description dans des proportions exagérées par des détails superflus qui souvent nuisent à la clarté plutôt qu'ils ne favorisent l'intelligence de la découverte. » (TILLIÈRE, 243, al. 2.)

**304. La description insuffisante peut être complétée par les dessins.** — A ne s'en tenir qu'au texte de l'art. 4, § final du règlement, la description proprement dite de l'objet breveté devrait être claire et complète indépendamment des dessins, modèles et échantillons, c'est-à-dire qu'à elle seule elle devrait remplir le but de la loi qui est de faire connaître sans aucune omission, équivoque ou obscurité, l'objet inventé. Mais ce n'est là qu'une appréciation superficielle que fait disparaître une analyse plus attentive des textes. En effet, l'art. 17 de la loi que le règlement ne peut que commenter et développer, et qui dit aussi que la description doit être claire et complète, comprend dans ce mot « description » auquel il donne une signification très-large et la description en sens restreint, telle que l'entend le règlement, et les dessins, échantillons et modèles. Ce qui le prouve, c'est que nulle part dans la loi la distinction n'est faite entre ceux-ci et celle-là. Or, si la loi que nous devons suivre avant tout, applique les mots « clair et complet » à la description, aux dessins, etc., réunis, nous ne pourrons exiger ces conditions, dans tous les cas, de l'un ou de l'autre de ceux-ci considéré séparément.

Du reste le texte de l'art. 1er du règlement écarte l'interprétation trop rigoureuse que l'on voudrait donner à l'art. 4. § final, car, en disant « les dessins, modèles, ou échantillons, *nécessaires pour l'intelligence de la description,* » il montre à l'évidence que, pour lui, la description peut parfois être inintelligible par elle-même.

Enfin considérons que le but de la loi est de faire connaître l'invention; que ce but est atteint dès que les pièces annexées le font connaître; qu'il eût été puéril d'exiger qu'on la fît connaître par la description à l'exclusion des autres documents. « Les dessins, dit Nouguier, n° 130 in fine, ne sont qu'une annexe de la description, et n'ont qu'un but, celui d'en accroître la clarté. »

Jugé en ce sens qu'il suffit que la description rapprochée du dessin fasse aisément apercevoir en quoi consiste l'invention. (Trib. Anvers, 15 février 1862, Ramboux c. Markelback, B. J. 20, 913.)

**305. Quid si la description manquait totalement?** — Mais si la description manquait totalement, s'il n'y avait que des dessins, modèles ou échantillons?

Commençons par écarter le cas où les dessins, modèles, etc., sont accompagnés d'une légende ou texte explicatif. Dans cette hypothèse, il y a description. Elle consiste précisément dans cette légende ou ce texte explicatif. En effet la loi n'exige aucune formule déterminée pour la description.

Mais quid lorsqu'il n'y a absolument que les dessins modèles ou échantillons?

Nous croyons que cela ne suffit pas. En effet le règlement suppose avec évidence que les dessins, etc. ne sont que les annexes de la description. Ne dit-il pas, dans son art. 1$^{er}$, qu'il faut 1° la description... 2° les dessins...? N'ajoute-t-il pas que ce sont les dessins nécessaires pour l'intelligence de la description? Son art. 4. ne veut-il pas que la description soit écrite, puisqu'il parle de ratures et de pages? N'en est-il pas de même de son art. 6 qui veut que la description soit signée? Tous ces arguments ont de la valeur quoique nous ne les empruntions qu'au règlement, puisque ce règlement a été pris en vertu de l'art. 17 de la loi qui s'en remet au gouvernement du soin de déterminer les formalités nécessaires pour l'obtention d'un brevet. — Du reste la loi elle-même en fournit d'autres. Ne suppose-t-elle pas qu'il faudra qu'il y ait une description écrite et dès lors que les dessins, modèles, etc., ne suffisent pas, quand, dans son art. 20, elle dit que les descriptions... *seront publiées*..., quand elle ajoute qu'elles le seront complétement ou *par extrait*, quand elle dit encore qu'on pourra en prendre *des copies?*

Nous rechercherons plus tard si l'absence de description entraîne la nullité du brevet, car il faut bien distinguer l'irrégularité dans la demande, que nous examinons ici, de la nullité du brevet.

**306. Dans quelle langue la description doit-elle être rédigée?** — Examinons maintenant les conditions de forme que doit réunir la description.

Tandis que pour la demande, la question de savoir dans quelle langue la description doit être rédigée pouvait à première vue, comme on l'a vu déjà, paraître douteuse, elle ne peut l'être ici en présence du texte formel de l'art. 17 et du § 1ᵉʳ de l'art. 4 du règlement qui exigent qu'elle soit rédigée dans une des langues usitées en Belgique, c'est-à-dire en langue française, flamande ou allemande (art. 23 Const. belge). La loi française art. 6 al. 4 exige également que la demande soit écrite en langue nationale.

**307. Quid lorsque l'inventeur n'est pas domicilié dans le royaume ?** — Lorsque l'auteur de la découverte n'est pas domicilié dans le royaume, suffit-il d'annexer à la demande une description rédigée dans l'une des trois langues légales, ou faut-il de plus, comme l'exige expressément l'art. 4, § 2 du règlement, l'accompagner, lorsqu'elle ne sera pas en français, d'une traduction dans cette langue ?

En effet le texte de l'art. 4 al. 2 du règlement porte « que la description qui ne serait pas rédigée en français devra être accompagnée d'une traduction en cette langue, *lorsque l'auteur de la découverte ne sera pas domicilié en Belgique.* »

La question se confond avec celle de la légalité de ce texte. Or, nous croyons qu'il dépasse les limites du pouvoir réglementaire accordé au gouvernement par l'art. 67 de la Constitution. Ce pouvoir se borne à développer les principes contenus dans la loi sans pouvoir les modifier en plus ou en moins. Or, comme l'art. 17 de la loi permet de rédiger la description dans l'une des trois langues usitées en Belgique, sans distinguer entre l'inventeur domicilié dans le royaume et l'inventeur domicilié à l'étranger, le règlement ajoute à la loi quand il contraint indirectement ce dernier à user de la langue française, ou quand il lui impose la formalité supplémentaire d'une traduction dans cette dernière langue.

Disons toutefois que, dans la pratique, pour éviter toute contestation, il vaut mieux se soumettre à la prescription du règlement, quelque arbitraire qu'elle soit. Si cependant on ne voulait pas se soumettre à cette exigence, et si le gouvernement, par les employés que la chose concerne, refusait de passer outre à la délivrance du brevet, il y aurait lieu de recourir contre lui comme dans tous les cas où il aurait causé quelque tort au breveté par l'incomplète exécution des prescriptions légales.

M. Tillière, n° 245 est d'un avis contraire au nôtre; il admet que l'étranger devra toujours écrire sa description en français. Il invoque à l'appui de sa thèse les travaux préparatoires. Mais nous croyons que c'est à tort; il ne résulte nullement des discussions que l'on aurait voulu limiter le bénéfice de la loi aux Belges à l'exclusion des étrangers (*Ann. Parl.* p. 190). L'objection qu'il fait en parlant des dépenses qu'occasionnerait la nécessité d'employer dans les bureaux des brevets des hommes familiarisés avec tous les idiomes vivants, porte à faux, puisqu'il s'agit de descriptions rédigées non pas dans n'importe quel idiome vivant, mais dans l'une des trois langues usitées en Belgique.

Remarquons en terminant que c'est à tort qu'on invoquerait contre notre opinion la disposition de l'art. 17 de la loi qui s'en remet au gouvernement du soin de déterminer les formalités requises pour la demande des brevets. En effet cette délégation de pouvoirs accordée au gouvernement par le législateur ne va pas jusqu'à autoriser le changement d'une disposition nette et précise comme celle de l'art. 17, alors surtout qu'elle est comprise dans le même article que celui où se trouve cette disposition.

**308. On peut insérer dans la description des mots techniques en langue étrangère.** — L'obligation d'écrire la description dans l'une des trois langues usitées en Belgique n'empêche pas qu'on puisse y insérer des mots techniques étrangers. Prescrire une règle contraire serait souvent nuire à la clarté au lieu de l'augmenter. Remarquons que ni la loi ni le règlement ne disent que la description devra être écrite *entièrement* dans l'une des langues usitées en Belgique. Ce principe est admis dans la loi française. (Comp. Nouguier, 104.)

**309. Ratures et surcharges.** — La description devra être écrite sans altération ni surcharge, les mots rayés comme nuls seront comptés et constatés; les pages et les renvois paraphés (art. 4, § 3).

Toutes ces prescriptions tendent à la réalisation du but de la loi qui est, comme on l'a vu (sup. N° 292) de faire disparaître tout doute, toute équivoque sur l'objet de l'invention. Nous avons déjà signalé précédemment l'importance de ces exigences, à première vue minutieuses, de notre loi. Citons encore à cet égard ces paroles du rapporteur de la loi française. (Dalloz, 153, in fine). « C'est une des choses les plus importantes que de constater par la signature les mots rayés comme nuls, de parapher les pages et les renvois, de faire signer enfin toutes les pièces par le demandeur ou son mandataire. Il arrive en effet que lorsqu'une description ne porte pas toutes ces garanties, elle donne lieu à des procès ruineux dans lesquels on incrimine la sincérité des pièces produites. Ces garanties ont pour but d'éviter un grand nombre de difficultés qui s'élèvent sur la validité des brevets d'invention. »

**310. La description doit être terminée par l'énonciation précise des caractères de l'invention.** — Aux termes de l'art. 4 § final du règlement, la description se terminera par l'énonciation précise des caractères de l'invention.

Voici l'explication de cette disposition.

Dans le corps de la description se trouvent souvent mêlés les éléments spéciaux à l'invention et des éléments appartenant à une machine, un appareil, un objet quelconque sur lequel l'invention est venue se greffer. Ce mélange est amené par les nécessités mêmes du style. Or, par le § susdit, le règlement veut, qu'après avoir satisfait dans le corps de la description aux exigences du style et de l'exposition, on sépare dans la conclusion les éléments connus des éléments nouveaux pour ne mentionner que ceux-ci. Cette disposition n'existe pas sous la loi française, Nouguier en déplore l'absence (n° 109).

On peut à juste titre mettre cette disposition en rapport avec cette partie de l'art. 5 du règlement qui veut que dans les dessins les parties qui caractérisent spécialement l'invention aient une teinte différente des autres parties. On résume en effet ici par la couleur, ce qu'on résume par les mots dans la conclusion qui termine la description.

**311. La description ne doit pas être sur timbre.** — La description doit-elle être écrite sur papier timbré? Non. La loi est muette sur les questions de timbre, tant en ce qui concerne la demande qu'en ce qui concerne la description. Mais le règlement est plus explicite. Dans son art. 3 où il détermine les conditions de la demande, il exige qu'elle soit rédigée sur papier timbré. Dans son art. 4 qui suit immédiatement et où il détermine les conditions de la description, il ne parle plus de papier timbré. Cette différence de rédaction est concluante surtout quand on considère que le règlement est entré dans les plus minutieux détails. Elle se justifie, si l'on remarque que la loi a frappé les brevets d'un impôt, la taxe, et que ce serait y ajouter un nouvel impôt variable et souvent considérable que d'exiger que la description soit écrite sur timbre, puisqu'elle peut être souvent très-longue. La demande est au contraire toujours la même.

**312. 2°) Des dessins, modèles et échantillons.** — A la description doivent être joints les dessins, modèles ou échantillons qui seraient nécessaires pour l'intelligence de l'objet inventé.

Cette annexe n'est pas exigée dans tous les cas. On peut en effet, comme nous l'avons vu, la délaisser quand la description se suffit à elle-même, quand rien n'est nécessaire pour son intelligence. (Voy. *supra* n° 303. — Comp. Nouguier, n° 132.)

Dans la pratique il vaudra mieux joindre les dessins à la description que les écarter. En cette matière le trop nuit moins que le trop peu, car la moindre insuffisance dans la description peut quelquefois entraîner la nullité du brevet, tandis qu'une description double ou triple ne peut nuire.

**313. Les dessins ne font qu'un avec la description.** — De ce que nous avons dit au n° 303 il résulte que les dessins, modèles et échantillons ne font qu'un avec la description; que s'il y a un doute, une obscurité dans la description, avant de la déclarer incomplète ou dépourvue de clarté, il faut recourir aux dessins, modèles, etc. Très-souvent il est difficile de rendre une invention par la parole; sa nouveauté même est cause que les termes manquent; alors les dessins en seront l'expression la plus éloquente. (Nouguier, 134 et les autorités qu'il cite en note.)

C'est ainsi qu'il a été jugé que lorsqu'un brevet pris pour une invention relative aux cartouches, porte sur le renflement du carton dans la direction du passage de la broche des cartouches, la description est suffisante, quand même elle ne fait pas mention du renflement, si le dessin indique clairement l'existence de celui-ci. (Cass. F., 30 décembre 1852, CHAUDUN, cité par NOUGUIER, 135.)

**314. Quand les dessins nuisent-ils à la description?** — Mais nous avons dit précédemment (n° 304) que cependant les dessins ne pouvaient suppléer à l'absence de la description. Ajoutons que si les dessins sont souvent utiles à l'intelligence de la description, quelquefois aussi ils peuvent nuire à celle-ci. Une description, claire par elle-même peut devenir obscure à cause de dessins inexacts. Cela se présente notamment quand les dessins contredisent le texte de la description, quand ils donnent telle position à un organe tandis que le texte lui en donne une autre. Ce sera une question de fait à résoudre par les tribunaux.

**315. Les dessins doivent être tracés à l'encre; peuvent-ils être autographiés, etc?** — Les dessins doivent être tracés à l'encre (art. 5 règl,) pour mieux en assurer la conservation.

Pourront-ils être gravés, lithographiés, photographiés, etc.? Oui, non point parce que la gravure et la lithographie emploient de l'encre, comme le dit Nouguier, n° 142, ce qui exclurait la photographie, mais par identité de raison. Tout ce que la loi désire, c'est que les reproductions de l'invention soient claires et complètes. Or ne le seront-elles pas autant et même plus par la gravure, la lithographie ou la photographie que par le dessin?

**316. Autres formalités relatives aux dessins.** — Les dessins devront être tracés sur échelle métrique. (Art. 17 de la loi.) Ils représenteront, autant que possible, l'appareil ou machine à breveter, en plan, coupe et élévation. (Art. 5 règl.) Les parties des dessins qui caractérisent spécialement l'invention auront une teinte différente de celle des autres parties. (*Ib.*) Cette disposition est corrélative à celle qui oblige de résumer dans la description les caractères essentiels de l'invention que nous avons vue supra n° 310.

**317. 3°) Du duplicata de la description.** — Après la description, après les dessins, modèles, etc., doit aussi être annexé à la demande un duplicata de la description et des dessins (art 1ᵉʳ, 3°, du règl.). Cette obligation était déjà prescrite par l'art. 17 de la loi qui impose le dépôt en double. Il ne faut pas la confondre avec l'obligation de déposer la demande en double expédition l'une sur timbre, l'autre sur papier libre : ces deux obligations se distinguent en effet l'une de l'autre comme la demande et les pièces annexées. Ce duplicata doit être conforme et certifié tel. Il est joint au titre que le gouvernement délivre au breveté; il sert à celui-ci à faire connaître la nature de son brevet dans ses relations avec le public. (Loi française art. 6 al. 6.)

**318. 4°) De la quittance de la première annuité.** — L'art. 2 du règlement contient la disposition suivante : « Le dépôt des pièces mentionnées à l'art. 1ᵉʳ ne sera reçu que sur la production d'une quittance constatant le paiement de la somme de dix francs formant la première annuité de la taxe. (Comp. Loi française art. 7.)

« Cette quittance sera jointe aux autres pièces. » (Voy. aussi l'art. 17 § 2 de la loi.)

Nous ne mentionnons cette disposition, dont on comprendra mieux la portée plus tard quand nous nous occuperons de la taxe, que pour son dernier paragraphe qui nous révèle la nécessité d'une nouvelle annexe, celle de la quittance dont il y est parlé.

**319. 5°) De la procuration du mandataire.** — Il résulte de l'art. 6 du règlement que si les pièces et leurs annexes, ou bien quelques-unes d'entre elles, sont signées par un mandataire de l'inventeur, ou bien encore si elles sont signées par l'inventeur mais que son mandataire se présente pour faire le dépôt, la procuration du dit mandataire devra également rester annexée.

**320. La procuration doit être légalisée; — doit-elle être spéciale?** — Cette procuration devra être dûment légalisée dit l'art. 6 du règlement.

Mais devra-t-elle être spéciale?

Non, aucun texte ne l'exige. En outre la demande de brevet n'est pas un de ces actes pour lesquels la procuration doit être spéciale d'après les principes généraux du droit. En effet une pareille demande est un simple acte d'administration. Or les pouvoirs peuvent être généraux en ce qui touche aux actes de cette espèce. Au surplus et pour éviter toute difficulté, mieux vaudra donner un mandat spécial.

**321. La procuration doit-elle être authentique?** — La procuration doit-elle être authentique?

Non, aucun texte ne l'exige. La règle en droit c'est que les actes sous seing privé suffisent. L'authenticité n'est exigée que dans certains cas exceptionnels qui doivent être indiqués expressément.

Ce que nous venons de dire est admis en France ainsi que cela résulte d'une circulaire du ministre de l'agriculture et du commerce en date du 1$^{er}$ octobre 1844. (NOUGUIER, n° 148.)

**322. 6°) Du bordereau des pièces.** — Enfin il faudra encore joindre à la demande un bordereau, c'est-à-dire un inventaire des pièces et objets déposés. (Art. 1$^{er}$, 4° du règlement; comp. loi française, art. 5 n° 4.)

**323. Toutes les pièces doivent être signées.** — L'art. 6 du règlement mentionne une formalité commune à toutes les pièces dont il vient d'être parlé : elles doivent être sans exception datées et signées par le demandeur ou son mandataire.

Quid, si l'impétrant ne sait pas signer ?

D'après les principes généraux du droit il devra alors passer par devant notaire toutes les pièces qu'il doit déposer. Il ne pourrait pas faire mentionner sur chacune d'elles son impossibilité de signer par le fonctionnaire qui reçoit le dépôt, ainsi que Nouguier semble l'admettre n° 149. En effet, d'après les principes généraux, pareille mention ne peut être faite par un officier public que pour les actes qu'il a mission de dresser. Or, ceux qui reçoivent le dépôt n'ont mission que de dresser l'acte de dépôt et nullement les autres actes. Mais il serait très-régulier de faire signer toutes les pièces par un mandataire de l'impétrant ; ce sera le mode le plus simple et le moins coûteux.

**324. Toutes les pièces doivent être réunies sous pli cacheté.** — L'art 17 de la loi exige aussi que toutes ces pièces, avant d'être déposées comme il sera expliqué dans la section suivante, soient mises sous cachet de manière à former un paquet, pour nous servir du terme de l'art. 7, § 1ᵉʳ du règlement. A ces pièces doit naturellement être jointe la demande. Mais la quittance de la première annuité (Sup. n° 318) ne doit pas être comprise dans ce paquet, car ainsi que nous le verrons plus loin, il faut l'exhiber au moment même où ce paquet est déposé.

**325. Brevets de perfectionnement et d'importation.** — Les formalités relatives aux documents annexés à la demande, que nous venons de décrire dans les numéros qui précèdent, sont communes aux brevets de perfectionnement et d'importation.

## SECTION TROISIÈME.

**Du dépôt de la demande et de ses annexes.**

(SOMMAIRE.)

326. Du lieu dans lequel le dépôt doit être fait. — 327. Est irrégulier le dépôt au greffe du tribunal de commerce. — 328. Ou au secrétariat du conseil des prudhommes. — 329. Différence entre l'invention et les dessins de fabrique. — 330 Du dépôt chez les agents diplomatiques. — 331. Heures auxquelles le dépôt peut être fait. — 332. Le déposant doit exhiber la quittance de la première annuité. — 333. Textes énonçant les formalités du dépôt. — 334 Le procès-verbal doit être dressé sur un registre. — 335. Le procès-verbal doit mentionner la date et l'heure du dépôt. — 336. Le procès-verbal doit énoncer le titre de l'invention. — 337. Les fonctionnaires ne peuvent refuser de recevoir le dépôt — 338. Le procès-verbal doit être dressé gratis. — 339. Un récépissé doit être délivré au déposant. — 340. Brevets de perfectionnement et d'importation.

**326. Du lieu dans lequel le dépôt doit être fait.** — On a vu dans la section précédente que la demande et les pièces annexées devaient être réunies en un paquet cacheté; ce paquet doit être déposé au greffe de l'un des gouvernements provinciaux du royaume, ou au bureau de l'un des commissariats d'arrondissement situés hors du chef lieu de la province. (Art. 1er règl., art. 17 de la loi).

Ainsi notons bien que dans le chef-lieu de la province c'est uniquement au greffe provincial que le dépôt doit être fait. On ne pourrait l'effectuer au commissariat d'arrondissement.

Ces dispositions relatives au lieu où le dépôt doit se faire ne sauraient être étendues, car pour admettre qu'il est encore d'autres lieux où le dépôt peut se faire, il faudrait un texte de la loi s'appliquant directement à l'espèce, ou, tout au moins, un texte que l'on pourrait appliquer par analogie. Or, l'un et l'autre manquent.

**327. Est irrégulier le dépôt au greffe du tribunal de commerce.** — Par conséquent est irrégulier le dépôt au greffe du tribunal de commerce, quoiqu'il soit permis pour les actes de société et pour les dessins et marques de fabrique.

**328. Ou au secrétariat du conseil des prudhommes.** — Est également irrégulier le dépôt au secrétariat du conseil de prud'hommes, quoiqu'il soit également autorisé pour les marques et dessins de fabrique. (Loi 18 mars 1806, art. 14 et s.).

**329. Différence entre l'invention et les dessins de fabrique.** — Ce point est important parce qu'il arrive parfois que des inventeurs se trompent sur la véritable nature de leur découverte et qu'ils croient, par exemple, qu'elle constitue un dessin de fabrique.

Nous n'avons pas à nous étendre ici sur les différences essentielles qui existent entre une invention brevetable et un dessin de fabrique. Disons seulement que le dessin de fabrique est toute composition obtenue soit par l'arrangement des lignes, soit même par la combinaison des couleurs, et qui est destinée à être appliquée sur une surface par l'impression, le tissage, la broderie ou autres procédés industriels analogues. Ce qui le caractérise, c'est surtout ce dernier élément, car dans les inventions proprement dites on peut aussi rencontrer des combinaisons de lignes ou de couleurs; mais dès que celles-ci constituent un dessin dont la destination est d'être reproduit par l'industrie sur une matière quelconque, non pas en relief, mais à plat, elle devient un dessin de fabrique.

**330. Du dépôt chez les agents diplomatiques.** — On aurait pu agiter la question de savoir si le dépôt chez les agents diplomatiques belges à l'étranger est régulier, si elle n'avait pas été résolue dans un sens négatif lors des discussions. Le dépôt chez les agents diplomatiques avait été proposé par la section centrale (*An. Parl.* p. 989) mais il n'a point passé dans la loi.

**331. Heures auxquelles le dépôt peut être fait.** — L'art. 9 du règlement nous apprend que « les bureaux des greffiers provinciaux et ceux des commissariats d'arrondissement seront ouverts pour les demandes de brevets, tous les jours, les dimanches et fêtes exceptés, de dix à deux heures de relevée. »

**332. Le déposant doit exhiber la quittance de la première annuité.** — Le paquet présenté n'est point par cela seul reçu : « Aucun dépôt ne sera reçu, dit en effet l'art. 17, § 2 de la loi, que sur la production d'un récépissé constatant le versement de la première annuité de la taxe du brevet. » (Voy. aussi règl. art. 2). Le déposant devra donc exhiber sa quittance qu'il aura eu soin de ne pas enfermer dans le paquet cacheté.

**333. Textes énonçant les formalités du dépôt.** — Quand le paquet contenant la demande et ses annexes a été présenté aux lieux et heures sus-indiqués, il est procédé aux formalités suivantes :

Art. 7 (règl.). « Un procès-verbal dressé par le greffier du gouvernement provincial ou par le commissaire d'arrondissement, constatera la remise de chaque paquet aux jour et heure qu'elle aura été effectuée. L'invention y sera désignée sous le titre sommaire et véridique que le demandeur aura indiqué.

» Le procès-verbal contiendra les nom, prénoms, qualité et domicile du demandeur ou de son mandataire.... mention y sera faite du paiement de la première annuité.

» Ce procès-verbal sera signé par le déposant et par le rédacteur et sera fixé sur l'enveloppe du paquet contenant les pièces relatives à la demande du brevet. »

Nous reproduisons également ici le § 3 de l'art. 17 de la loi parce qu'il contient quelques prescriptions qui ne se trouvent pas dans le règlement :

« Un procès-verbal dressé sans frais par le greffier provincial ou par le commissaire d'arrondissement, sur un registre à ce destiné, et signé par le demandeur, constatera chaque dépôt… »

**334. Le procès-verbal doit être dressé sur un registre.** — En combinant les dispositions des articles qui précèdent, dispositions en apparence contradictoires dans quelques-unes de leurs parties, on doit dire que conformément au § 3 de l'art. 17 de la loi, le procès-verbal doit d'abord être enregistré sur un registre à ce destiné; qu'ensuite, conformément à l'art. 7 § 3 du règlement, il doit en être fixé une expédition sur l'enveloppe du paquet contenant les pièces relatives à la demande.

Cette dernière formalité nous démontre que ce n'est pas aux fonctionnaires de la province ou du commissariat d'arrondissement qu'il appartient d'ouvrir les paquets cachetés qui contiennent les pièces relatives aux brevets. Ils doivent en effet laisser intacte l'enveloppe de ces pièces en se bornant à y attacher une copie du procès-verbal du dépôt. Leur immixtion dans les pièces n'aurait du reste aucune utilité.

**335. Le procès-verbal doit mentionner la date et l'heure du dépôt.** — La mention la plus importante de ce procès-verbal est celle du jour et de l'heure de la remise du paquet, car, ainsi que nous le verrons plus tard, elle sert à fixer la date légale de l'invention. Elle mérite donc d'attirer l'attention toute particulière des intéressés. Le fonctionnaire public, qui reçoit les demandes de brevets n'est pas tenu de les enregistrer dans l'ordre de leur présentation, car aucun texte de loi ne l'y oblige, mais quand il intervertit cet ordre, il n'en doit pas moins dans chaque procès-verbal mentionner l'heure exacte du dépôt. Cela suffit pour qu'un brevet n'en prime pas injustement un autre et c'est tout ce que l'équité exige.

**336. Le procès-verbal doit énoncer le titre de l'invention.** — L'invention, dit l'art. 7 § 1er du règlement, sera désignée sous le titre sommaire et véridique que le demandeur aura indiqué. Il s'agit ici du titre dont nous avons expliqué la nature (sup. n° 276), et qui doit être mentionné dans la demande. Le rédacteur du procès-verbal devra se contenter de l'affirmation du déposant en ce qui concerne ce titre. Il ne peut, pour en contrôler la vérité, examiner la demande, car cette demande est enfermée dans le paquet cacheté qu'il ne peut ouvrir. (Sup. n° 334). C'est ce que démontre le texte même de l'art. 7 § 1er qui dit : « Le titre... *que le demandeur aura indiqué.* » Du reste, s'il y a mensonge, c'est le demandeur seul qui en pâtira.

**337. Les fonctionnaires ne peuvent refuser de recevoir le dépôt.** — Les personnes qui doivent dresser le procès-verbal, sont aux termes du § 3 de l'art. 17 de la loi, respectivement les greffiers provinciaux et les commissaires d'arrondissement. Les greffiers provinciaux et les commissaires d'arrondissement ne peuvent refuser de recevoir le dépôt des pièces. Ce n'est pas à eux en effet qu'incombe la mission de vérifier la régularité des pièces, mais au ministre de l'intérieur seul. L'unique cas où ils peuvent refuser le dépôt est celui où on ne leur exhiberait pas la quittance de la première annuité exigée par l'art. 17 al. 2 de la loi.

# TITRE II. FORMALITÉS DE LA DÉLIVRANCE DES BREVETS.

**338. Le procès-verbal doit être dressé gratis.** — Le procès-verbal, tant en ce qui concerne l'original qui se trouve sur le registre, qu'en ce qui concerne la copie à mettre sur l'enveloppe, doit être dressé gratis. Le règlement garde le silence à cet égard, mais l'art. 17 § 3 de la loi s'en explique clairement et sans distinction. Disons au surplus, une fois pour toutes, qu'il n'y a aucuns frais à payer soit aux bureaux de la province, soit à ceux du commissariat d'arrondissement, pour toutes les formalités relatives aux brevets qui rentrent dans leur département

**339. Un récépissé doit être délivré au déposant.** — L'art. 7, § final du règlement ajoute qu' « une expédition du procès-verbal sera délivrée sans frais au déposant. » (Voy. aussi art. 18, § 2 de la loi). C'est donc avec l'inscription au registre et celle sur l'enveloppe du paquet, la troisième rédaction qui intervient. Mais l'arrêté du 12 septembre 1861 a introduit un changement dans cette disposition. Cet arrêté est ainsi conçu :

« Considérant que l'expédition du procès-verbal de dépôt mentionnée à l'art 7 (de l'arrêté du 24 mai 1854) peut être remplacée par un récépissé qui en tiendra lieu jusqu'au moment où le déposant croira devoir réclamer l'expédition même, en conformité du dernier paragraphe du dit art. 7.

» Nous avons arrêté et arrêtons :

» Art. 1er. La demande de brevet... devra, à dater du 1er octobre 1861, être faite en double expédition.

» L'une de ces expéditions sera écrite sur papier timbré; l'autre sur papier libre sera remise au déposant et lui servira de récépissé après que le fonctionnaire, chargé de recevoir le dépôt, y aura fait l'annotation suivante :

» N° ... La demande de brevet indiquée dans la présente

requête a été déposée au greffe du gouvernement provincial de ... ou au bureau du commissaire de l'arrondissement de ... le ... à ... heures, ... minutes.

» Cette pièce sera en outre revêtue du cachet de l'administration et du parafe du fonctionnaire qui reçoit le dépôt.

» Art. 2. Nonobstant la remise du récépissé ci-dessus mentionné, il sera délivré au déposant qui en fera la demande, une expédition du procès-verbal de dépôt en conformité du dernier paragraphe de l'art. 7 de l'arrêté du 24 mai 1854.

**340. Brevets de perfectionnement et d'importation.** — Les formalités relatives au dépôt qui viennent d'être analysées sont, sans exception, communes aux brevets de perfectionnement et d'importation, sauf que, pour ce dernier, le procès-verbal de dépôt doit contenir une mention de plus; voici en effet ce que nous lisons dans l'art 7, § 2 du règlement : « Il (le procès-verbal) indiquera également, lorsqu'il s'agira d'un brevet d'importation la date et la durée du brevet d'invention dans le pays d'origine et le nom du breveté. »

---

## SECTION QUATRIÈME.

### Transmission de la demande et de ses annexes au ministère de l'intérieur.

(SOMMAIRE)

341. Que transmet-on au ministère de l'intérieur? — 342. Délai de la transmission. — 343. A leur arrivée au ministère les demandes sont enregistrées. — 344. Des rectifications à faire aux demandes. — 345. Que faut-il entendre par omission ou irrégularité dans la forme? — 346. Qu'est-ce que la forme de la demande? — 347. Qu'est-ce que la forme des pièces annexées? — 348. Qu'est-ce que la forme du dépôt? — 349. Principe général de la matière. — 350. L'impétrant peut-il prendre l'initiative des rectifica-

TITRE II. FORMALITÉS DE LA DÉLIVRANCE DES BREVETS, 311

tions? — 351. Distinction entre la demande irrégulière et la demande nulle. — 352. Importance de cette destination. — 353. Quand la demande est-elle nulle? — 354. Quand la demande est-elle irrégulière? — 355. Qui doit faire procéder aux rectifications? — 356. La date des rectifications doit être portée sur un registre

**341. Que transmet-on au ministère de l'intérieur?** — Les formalités du dépôt dont nous avons parlé dans la section précédente ont pour théâtre le gouvernement provincial ou le commissariat d'arrondissement. Nous allons aborder une série de formalités qui se passent au ministère de l'intérieur.

L'art. 10 règl. porte : « Toutes les pièces relatives aux demandes de brevets seront transmises dans les cinq jours au département de l'intérieur. »

La place qu'occupe cet article dans le règlement marque suffisamment que cet envoi doit être fait par les employés du gouvernement provincial ou du commissariat d'arrondissement.

Ce que l'on envoie, c'est le paquet cacheté contenant les pièces relatives au brevet, l'expédition du procès-verbal de dépôt attaché à l'enveloppe, la quittance de la première annuité, etc. Les fonctionnaires respectifs ne doivent rien conserver que le registre spécial sur lequel le dépôt a été enregistré en premier lieu.

**342. Délai de la transmission.** — La transmission au département de l'intérieur doit être faite dans les cinq jours, sous peine d'engager la responsabilité de ceux qui sont cause du retard. On voit que la loi désire la célérité. (Comp., loi française, art. 9.)

**343. A leur arrivée au ministère les demandes sont enregistrées.** — « A l'arrivée des pièces au département de l'intérieur, les demandes seront enregistrées dans l'ordre de date de leur entrée, sur un registre spécial que le public pourra consulter tous les jours, les dimanches et fêtes exceptés, de dix heures du matin à deux heures de relevée. » (Art. 11 règl.)

Ainsi, à l'arrivée du paquet au ministère de l'intérieur, nouvel enregistrement. Comme les demandes convergent au ministère de l'intérieur de tous les gouvernements provinciaux et de tous les commissariats d'arrondissement, ce nouveau registre présente une nomenclature de toutes les demandes présentées dans le royaume.

Ce registre peut être consulté par le public aux jours et heures marqués dans l'article ci-dessus transcrit, tandis qu'il ne peut exiger qu'on lui communique ceux qui sont tenus par les greffiers provinciaux ou par les commissaires d'arrondissement, car aucune disposition ne prescrit cette dernière communication.

**344. Des rectifications à faire aux demandes.** — « En cas d'omission ou d'irrégularité dans la forme, dit l'art. 12 § 1$^{er}$ du règlement, les demandeurs sont invités à faire les rectifications nécessaires. »

Cet article nous montre d'abord qu'au département de l'intérieur les paquets contenant les pièces relatives aux demandes de brevets sont ouverts. (Comp. art. 10 loi française.) En France on avait proposé d'ajouter que l'ouverture des demandes aurait lieu en présence du demandeur ou de son fondé de pouvoir. Mais, ajoute Dalloz, n° 140, cette disposition dont l'expérience n'avait nullement révélé l'utilité a été retirée par son auteur. » En l'absence de tout texte qui exige cette présence, nous devons admettre la même solution en Belgique.

Cet article nous montre ensuite que les fonctionnaires du département de l'intérieur que la chose concerne, se livrent à un examen des pièces.

**345. Que faut-il entendre par omission ou irrégularité dans la forme?** — Le règlement dit : « En cas d'omission ou d'irrégularité dans la forme... » : que faut-il entendre par ces mots?

Il importe de bien se pénétrer qu'il ne s'agit ici que de la demande et que dans une demande il y a la forme et le fond, les formalités extrinsèques et les formalités intrinsèques. Le mot « forme » a donc ici un sens restreint : il faut se garder de croire qu'il s'applique à toutes les formalités requises pour l'obtention du brevet, par opposition aux conditions intrinsèques de l'invention brevetable. Non, il ne s'agit ici que de la demande. Cela résulte du texte même de l'art. 12 que nous commentons : « En cas..... d'irrégularité dans la forme, *la demande*... »

Ce point étant établi, la solution devient plus facile. En effet, on distingue assez aisément la forme de la demande de son contenu.

**346. Qu'est-ce que la forme de la demande?** — Ainsi, par exemple, c'est une irrégularité de forme que de ne pas inscrire la demande sur papier timbré.

C'en est une aussi que de ne pas l'adresser au ministre de l'intérieur.

C'en est une encore que de ne pas y inscrire les nom, prénoms et profession de l'impétrant ; mais ce serait une question de fond, échappant au contrôle de l'administration, que de rechercher si ces nom, prénoms et profession sont bien ceux de l'impétrant.

Il en est de même de l'indication d'un domicile réel ou élu ; c'est une question de forme que de savoir s'ils ont été indiqués, c'est une question de fond que de rechercher s'ils sont exacts.

C'est encore une question de forme que d'examiner si l'on a mentionné dans la demande un seul objet principal ou plusieurs.

De même s'il y a un titre ; mais c'est une question de fond que celle de savoir si le titre s'applique à l'invention.

Ce sont enfin des questions de forme que celles de savoir si la demande est datée et signée;

Si elle est faite en double expédition;

Si elle est écrite dans l'une des trois langues usitées en Belgique;

Si elle contient des conditions, restrictions ou réserves;

Si elle présente des ratures, surcharges, renvois.

**347. Qu'est-ce que la forme des pièces annexées?** — En ce qui concerne les pièces et objets annexés :

C'est une question de forme que de savoir s'il y a une description jointe à la demande; mais c'est une question de fond que de rechercher si la description est claire, complète, suffisante. (Voy. art. 2 loi belge.)

Par conséquent ce sera toujours une question de fond que celle de savoir si des dessins, modèles ou échantillons doivent être joints à la demande, puisque les dessins, etc., ne sont nécessaires que pour compléter la clarté de la description et que cette question de clarté n'est pas de la compétence de l'administration.

C'est une question de forme que celle de savoir si l'on a joint à la demande un duplicata de la description et des dessins;

Que celle de savoir si l'on y a joint la quittance de la première annuité;

Ou la procuration du mandataire;

Ou le bordereau des pièces;

Ou si les pièces ont été empaquetées et mises sous cachet.

**348. Qu'est-ce que la forme du dépôt?** — En ce qui touche au dépôt de la demande et de ses annexes c'est une question de forme que de savoir si le dépôt a eu lieu dans une des administrations fixées par la loi, gouvernement provincial ou bureau d'un commissaire d'arrondissement;

Ou si le procès-verbal de dépôt a été régulièrement dressé et enregistré ;

Ou si une expédition en a été fixée sur l'enveloppe du paquet ;

Ou si le procès-verbal, en ce qui concerne les brevets d'importation, contient l'indication d'une date et d'une durée du brevet d'origine ; mais ce serait une question de fond que de rechercher si cette date et cette durée sont exactes.

**349. Principe général de la matière.** — Les solutions que nous venons d'indiquer suffisent, croyons-nous, pour permettre de résoudre toutes les hypothèses qui pourront se présenter. Elles sont toutes fondées sur ce principe qu'il faut soigneusement distinguer entre la forme et le fond de la demande, principe qui résulte du texte même de l'art 12 du règlement et des principes généraux tant du droit que de la loi des brevets. En effet, en général quand une procédure est suivie devant une autorité quelconque, c'est cette autorité qui est juge de sa régularité. Il s'agit ici d'une demande portée devant le ministre de l'intérieur par la voie d'une procédure administrative, c'est le ministre qui doit être juge de sa régularité : admettre un système contraire ce serait forcer l'administration à statuer même sur des demandes absolument informes, sur des demandes qui ne méritent pas ce nom. Mais on ne peut aller au delà. En effet les brevets sont une matière de droit civil, qui échappe comme telle à l'administration et appartient toute entière au pouvoir des tribunaux. C'est ce qui a été consacré par le non examen préalable. Il est bien permis de faire une dérogation à celui-ci, quand il est impossible de l'éviter sans tomber dans les conséquences inadmissibles que nous signalions tantôt. Mais il faut se restreindre à cette dérogation et se montrer d'autant plus rigoureux dans l'interprétation du texte qui la consacre, qu'il contient une exception à un principe supérieur.

De ce que nous venons de dire il résulte que ce serait sans raison qu'on prétendrait que le règlement de 1854 est contraire à la loi qui prescrit le non-examen préalable, ou tout au moins que la loi a eu tort en dérogeant au principe de ce non examen en ce qui touche aux formalités extrinsèques de la demande. En effet cette dérogation était indispensable. et elle l'était si complétement qu'on ne peut supposer que le législateur n'ait pas voulu l'autoriser. (Comp. Nouguier, n° 172).

La question que nous venons d'examiner nous paraît avoir été insuffisamment traitée par M. Tillière, n° 253. Il est resté dans les généralités et n'a pas mis en relief la distinction que nous avons adoptée. Cette question se présente aussi dans la loi française qui paraît en général consacrer notre doctrine, mais il faut se garder d'admettre à la légère les autorités qui s'y rapportent, parce que cette loi énumère les formalités qui peuvent être considérées comme des irrégularités donnant ouverture au rejet de la demande par le ministre. (Art. 12).

**350. L'impétrant peut il prendre l'initiative des rectifications ?** — Nous venons de voir que dans certains cas le gouvernement a le droit d'examiner la demande et de la renvoyer à l'impétrant pour rectification si elle lui paraît irrégulière. L'impétrant pourrait-il prendre l'initiative et demander que la demande et ses annexes lui soient provisoirement rendues pour y faire des modifications ?

Nous croyons qu'il faut se prononcer pour l'affirmative. L'impétrant n'est pas lié à l'Etat par la demande au point qu'il ne puisse plus la retirer; il pourrait se faire rendre une demande régulière parce que nul ne doit être breveté qui ne veut; à fortiori peut-il se faire rendre une demande irrégulière. Ce que la loi désire, c'est que la demande soit régulière. Or, qu'importe à ce point de vue de qui vient l'initiative?

**351. Distinction entre la demande irrégulière et la demande nulle.** — Le mot rectification employé par la loi n'est pas toujours exact pour indiquer ce que doit faire l'impétrant, qui a formé une demande incomplète ou irrégulière, pour réparer les vices de cette demande. En effet, une rectification suppose une chose existante mais qui contient une imperfection que l'on corrige, plutôt qu'une chose absolument nulle qu'il faut recommencer; elle suppose que la chose primitive est maintenue sauf quelques changements, et qu'on ne l'anéantit pas. Or, il y a des cas où la demande est absolument nulle dès le principe, d'autres où les changements qu'on lui fait subir sont tels qu'ils l'anéantissent.

**352. Importance de cette distinction.** — Cette distinction est très-importante parce que si la demande est nulle dès le principe, il faudra la recommencer complétement, provoquer un nouveau procès-verbal de dépôt, etc., tandis que si elle est simplement irrégulière, il suffira de la rectifier. Il y aura dans ce dernier cas rectification dans le sens rigoureux du mot.

Or, cela aura une influence capitale sur la date du brevet; elle prend cours en effet du jour où le dépôt de la demande a été fait. Celle-ci est-elle nulle, le dépôt lui-même disparaît parce qu'il manque d'objet; il ne peut plus servir à déterminer la date. Il subsiste au contraire avec toutes ses conséquences, lorsque la demande est maintenue et ne subit que quelques modifications accessoires.

**353. Quand la demande est-elle nulle?** — On peut poser en principe général que la demande sera nulle dès le principe, quand il manquera dans ce qui la compose un des éléments dont l'absence ainsi que nous le verrons plus tard, entraîne la nullité du brevet après sa délivrance, et qu'une demande valable sera anéantie chaque fois qu'un de ces mêmes éléments sera remplacé.

Cette double règle peut être aisément justifiée. En ce qui concerne sa première branche, n'est-il pas évident que la demande qui n'est qu'une forme, qu'un accessoire, ne peut avoir de valeur alors que le fond lui manque, alors que la chose qui constitue son objet est considérée comme légalement inexistante, attendu que la loi la déclare nulle? Et, en ce qui touche sa seconde branche, la disparition d'un des éléments essentiels de cet objet, la substitution d'un élément nouveau à l'un de ceux-ci, n'est-il pas l'anéantissement de la demande, son remplacement par une demande nouvelle?

Par application de ces principes, il faut dire que la demande est nulle dès le principe, au point de vue du fond, quand l'objet du brevet est inexistant;

Quand il n'est pas une invention de l'homme;

Quand il n'est pas susceptible d'être exploité comme objet d'industrie ou de commerce;

Quand il n'est pas licite;

Quand il n'est pas nouveau.

Et au point de vue de la forme :

Quand la description est insuffisante;

Quand le procès-verbal du dépôt contient une nullité substantielle.

Et de même il est des cas où la demande primitivement valable est anéantie par un changement que l'on y introduit. Supposons, par exemple, que l'administration ait renvoyé une demande à son auteur ou que cet auteur prenant les devants ait demandé qu'elle lui soit retournée, et que ce soit une autre personne qui demande le même brevet, sans être ni le mandataire, ni l'ayant droit, ni l'ayant cause de l'impétrant primitif. Il est clair que la demande primitive a disparu et qu'elle est remplacée par une demande absolument nouvelle, ayant seulement avec elle certains points de ressemblance.

Supposons dans le même ordre d'idées que l'impétrant primitif reste le même, mais qu'ayant retiré sa demande il en présente une autre pour une invention différente de celle qui formait l'objet de sa première requête. Ici encore il n'y aura pas simple rectification d'une demande ancienne, mais disparition de celle-ci et présentation d'une demande complètement nouvelle.

**354. Quand la demande est-elle irrégulière ?** — Mais dans tous les autres cas la demande sera simplement irrégulière. C'est ce qui arrive quand on se borne à rectifier les noms, qualités ou domiciles, quand on éclaircit la description, quand on complète les dessins, quand on ajoute un titre à l'invention, quand on la décrit dans une autre langue ; quand en un mot, on ne fait qu'une rectification dans le sens propre du mot, un changement, qui ne touche qu'à la forme, aux détails, sans toucher au fond, aux éléments essentiels.

**355. Qui doit faire procéder aux rectifications ?** — Parmi les formalités dont nous parlons, les unes, comme on l'a vu, émanent de l'impétrant lui-même et sont celles qui concernent la demande et les annexes. Les autres émanent des greffiers provinciaux et des commissaires d'arrondissement, ce sont celles qui concernent le dépôt. Quand il y a omission ou irrégularité dans les premières ou dans les secondes, ce sont toujours les demandeurs qui doivent être invités à effectuer les rectifications nécessaires ou à les faire effectuer. Cette invitation ne doit jamais être adressée aux greffiers provinciaux ou aux commissaires d'arrondissement, quand même il s'agirait de formalités qui doivent être accomplies par eux.

Cela résulte d'abord du texte de l'art. 12 § 1er du règlement qui ne parle que des demandeurs, ensuite de ce fait que les formalités à accomplir par les fonctionnaires exigent sans exception le concours et la présence des intéressés, de telle sorte qu'il n'y aurait aucun avantage à ne pas s'adresser exclusivement à ceux-ci; enfin, cela résulte de ce que le demandeur étant le principal intéressé à faire rectifier toute omission ou irrégularité, c'est lui, avant tout, qu'il convient d'avertir.

**356. La date des rectifications doit être portée sur un registre.** — L'art. 12 règl. ajoute dans son § 2 : « Il sera tenu note de la date de ces rectifications sur le registre spécial mentionné à l'article précédent. » Ce registre est celui sur lequel les demandes de brevets sont inscrites au fur et à mesure de leur arrivée au département de l'intérieur. (Sup. n° 343.) Il est important de tenir note de ces rectifications parce qu'elles peuvent être de diverses natures et que, selon leur importance, elles peuvent avoir une influence très-différente sur la valeur des brevets. (Sup. n° 352.)

## SECTION CINQUIÈME.

### Du non examen préalable

(SOMMAIRE.)

357. Siége de la matière. — 358. Motifs du non examen préalable. — 359. Système contraire de la loi de 1817. — 360. Principe général. — 361. 1re exception : le gouvernement peut examiner la forme de la demande. — 362. 2e exception : il peut rechercher si l'invention est licite. — 363. Applications du principe général. — 364. Le gouvernement peut donner des avertissements amiables. — 365. Le brevet pourra être annulé quoique délivré par l'administration. — 366. De même le breveté pourra être, le cas échéant, poursuivi criminellement. — 367. Le brevet, quoique délivré, ne garantit rien.

**357. Siége de la matière.** — C'est l'art. 2 de la loi qui est le siége du principe de non examen préalable. Cet article est ainsi conçu :

« La concession des brevets se fera *sans examen préalable*, aux risques et périls des demandeurs, sans garantie soit de la réalité, soit de la nouveauté ou du mérite de l'invention, soit de l'exactitude de la description et sans préjudice des droits des tiers. »

Ce principe avait déjà été consacré par l'art. 11 al. 1er de la loi française ainsi conçu : « Les brevets dont la demande aura été régulièrement formée seront délivrés sans examen préalable, aux risques et périls des demandeurs, et sans garantie, soit de la réalité, soit de la nouveauté ou du mérite de l'invention, soit de la fidélité ou de l'exactitude de la description. »

**358. Motifs du non examen préalable.** — Comme nous le verrons tantôt, le sens de l'art. 2 de la loi belge, est de soustraire complétement à l'administration l'examen de la question de savoir si l'invention qui forme la base de la demande est brevetable, pour la déférer toute entière aux tribunaux, sauf une exception. Ce système est parfaitement logique et d'accord avec les principes fondamentaux de nos institutions. En effet, notre constitution consacre la séparation des pouvoirs, défend l'immixtion du pouvoir exécutif dans les fonctions du pouvoir judiciaire, et prononce dans son art. 92 que « les contestations qui ont pour objet des droits civils sont exclusivement du ressort des tribunaux. » Or, comme les brevets sont une matière de droit civil, on ne pouvait faire dépendre leur concession du pouvoir exécutif.

A ces raisons que nous pouvons appeler constitutionnelles, il est possible d'en ajouter d'autres toutes pratiques, et que Nouguier, n° 154, résume en ces termes : « Le législateur de 1844 a cru prudent de dégager la responsabilité morale de l'administration et de laisser aux tribunaux la plus entière liberté. Les tribunaux sont éclairés par les parties toujours si vigilantes dans la défense de leurs intérêts; si besoin est, ils sont en outre édifiés par les expertises confiées aux hommes de l'art spécialement consultés sur des questions déterminées; ils sont dès lors en mesure mieux que l'administration, de séparer les inventions nouvelles et sérieuses de celles qui ne sont que des emprunts faits au domaine public, ou qui ne reposent que sur des éléments futiles. »

**359. Système contraire de la loi de 1817.** — La loi de 1817 faisait au contraire dépendre la concession des brevets du bon plaisir de l'administration. En effet le règlement du 26 mars 1817 voulait que toute demande, après avoir été transmise au commissaire général de l'instruction, des arts et des sciences (art. 3), fût présentée par celui-ci au Roi avec son avis (art. 4) et lorsque le Roi *jugeait convenable* de ne point accorder la demande ou de l'envoyer à l'avis de l'institut royal ou de l'académie, il en était donné avis au demandeur (art. 5). Néanmoins le gouvernement n'était pas plus responsable qu'aujourd'hui, car l'art. 6 mentionnait que « le gouvernement en accordant le brevet, ne garantit en rien, ni la priorité, ni le mérite de l'invention. » On voit que ces dispositions ne laissaient pas que de se contredire quelque peu.

**360. Principe général.** — Revenons à l'examen du texte de notre article.

Le principe général c'est que le gouvernement n'a pas le droit d'examiner la demande. Cependant ce principe subit deux exceptions.

Quant à la généralité du principe, elle résulte à l'évidence des discussions de la loi et du texte de l'art. 2. Les mots « *sans examen préalable* » sont en effet absolus;

l'énumération qui les suit n'en détruit nullement la portée, elle n'est qu'exemplative, sinon elle eût rendu inutiles les mots « sans examen préalable. »

**361. Ire exception : le gouvernement peut examiner la forme de la demande.** — Quant aux deux exceptions : la première consiste dans le droit qu'a l'administration d'examiner les conditions extrinsèques de la demande. Nous nous sommes longuement expliqués à ce sujet dans la section précédente. (*Supra,* n° 344 et *s.*)

**362. 2e exception : il peut rechercher si l'invention est licite.** — La seconde consiste dans le droit qu'a l'administration de rechercher si l'invention a un caractère licite; ces mots pris dans le sens que nous leur avons attribué dans le titre premier (n° 127 et *s.*).

Cette exception n'a pas été admise en France. « Le principe que les brevets sont délivrés sans aucun examen préalable du fond de l'invention est si absolu, dit M. Nouguier, n° 156, que l'administration devrait, quand la demande a été régulièrement formée, procéder à la délivrance des brevets, même quand l'invention porterait atteinte à l'ordre public, à la morale et aux lois. »

En Belgique on a été effrayé des conséquences d'une pareille règle; on a redouté que son application ne compromît le gouvernement en le forçant à donner suite à des demandes contraires aux bonnes mœurs. La question a été discutée dans nos Chambres, mais le système de l'exception a triomphé. (*Ann. Parl.*, p. 187 et *s.*) C'est là, selon nous, une mesure fâcheuse par laquelle on a sacrifié à la bonne renommée du gouvernement, quelque peu exposée, nous en convenons, un principe bien plus respectable, celui de la séparation du pouvoir judiciaire et du pouvoir administratif. Il y aurait lieu peut-être d'examiner si cette restriction n'est pas inconstitutionnelle comme violant l'art. 92 de notre loi fondamentale qui défère aux tribunaux toutes les contestations relatives aux droits civils. Mais cette controverse ne regarde pas le pouvoir judiciaire puisqu'il est généralement admis que si une loi viole la constitution, le pouvoir judiciaire ne doit pas moins l'appliquer, sauf à la législature à revenir sur ce qu'elle a fait.

**363. Applications du principe général.** — En dehors des deux exceptions que nous venons de faire connaître, le principe du non examen préalable doit être appliqué sans restriction. Par conséquent, nous pourrons dire :

Que le ministre de l'intérieur n'a pas le droit de rechercher si la personne qui demande un brevet a les conditions requises pour cela. Il doit accorder le brevet à quiconque le demande, alors même qu'au fond cette personne n'aurait nullement qualité à cet effet. C'est cette vérité que consacre l'art. 1er du règlement quand il dit : « *Toute personne* qui voudra prendre un brevet... »

Que le gouvernement n'a pas non plus le droit de rechercher si l'objet pour lequel on demande un brevet existe; c'est ce que dit l'art. 2 de la loi : « ... La concession se fait ... sans garantie ... *de la réalité* ... de l'invention.

Qu'il ne peut pas davantage rechercher si l'invention est ou n'est pas insignifiante; « ... Sans garantie ... *du mérite* ... de l'invention » dit l'art. 2.

Ni si la découverte est une invention de l'homme.

Ni si elle est susceptible d'être exploitée comme objet d'industrie ou de commerce. C'est donc une erreur que l'opinion suivante exprimée au Sénat par le ministre :
« Le système des concessions de brevet n'est pas aussi absolu qu'on l'a dit. On a laissé au gouvernement l'appréciation des choses destinées à devenir la matière des bre-

vets. Ainsi, sans qu'il ait le droit de refuser d'une manière absolue, ainsi que cela existait sous la loi de 1817, le gouvernement a néanmoins l'obligation d'examiner si l'objet pour lequel on demande un brevet *peut être exploité comme objet d'industrie ou de commerce.* » Du reste le ministre paraît avoir eu surtout en vue les objets industriels ou commerciaux *illicites,* car il a continué en disant : « Dans une autre enceinte on a demandé si tout objet quelconque pouvait devenir matière à brevet ; mais évidemment cela ne se peut pas. Ainsi il est des objets qui ne font partie *ni du commerce ni de l'industrie licite :* les uns sont prohibés par la loi, les autres sont contraires aux mœurs ; ces objets ne peuvent pas devenir matière à brevet et si des demandes sont faites pour des objets de cette nature, il est du devoir du gouvernement d'examiner si telle ou telle demande n'est pas contraire à la loi. »

Le gouvernement ne pourra pas non plus rechercher si l'invention est nouvelle : « ... Sans garantie ... *de la nouveauté...* » lit-on dans l'art. 2.

Ni si l'impétrant est l'auteur de l'invention.

Le brevet doit être délivré alors même que dans la demande le titre serait inexact (Nouguier, 96). L'administration aurait tort de s'en plaindre ; car ainsi qu'on l'a dit dans les discussions de la loi française : « On rendrait un fort mauvais service au ministère en le faisant censeur des qualifications données aux inventions nouvelles (*ib*). »

Le gouvernement devra encore délivrer le brevet alors même que les nom, prénoms, profession, domicile de l'impétrant seraient à leur tour inexacts ;

Alors même que la description serait évidemment incomplète ;

Alors même qu'on aurait négligé d'y joindre les dessins, modèles et échantillons qui sont nécessaires pour son intelligence.

Tous les cas que nous venons de citer ne sont que des exemples qui ne restreignent nullement la généralité du principe; nous le répétons, ce principe est absolu, sauf les deux exceptions que nous avons indiquées plus haut.

**364. Le gouvernement peut donner des avertissements amiables.** — L'obligation pour l'État de ne pas refuser les brevets dès qu'on les demande, n'empêche pas cependant qu'il ne puisse par de sages avis avertir les impétrants des vices de leur demande. Le faire sera même de sa part une obligation d'humanité et un bon office, puisque l'administration est uniquement créée pour les besoins du public. Il paraît qu'en France cette doctrine des conseils officieux donnés par l'administration est parfaitement comprise. Nouguier en fait l'éloge n° 183 (voy. aussi n° 97). Mais si nonobstant ces conseils l'impétrant persiste, l'administration devra finalement lui accorder son brevet, sauf à l'inventeur à en subir les conséquences.

**365. Le brevet pourra être annulé quoique délivré par l'administration.** — Les tribunaux conservent le droit d'annuler les brevets chaque fois qu'ils renferment un vice suffisant. L'administration ne pouvant rien contrôler ou à peu près rien, l'invention n'acquiert aucune garantie en passant par ses mains. C'est la conséquence logique du principe du non examen préalable.

**366. De même le breveté pourra être, le cas échéant, poursuivi criminellement.** — De même la concession du brevet, toujours en vertu du même principe, ne fera pas obstacle à ce que l'impétrant ne soit, le cas échéant, poursuivi devant les tribunaux répressifs, si son invention constituait une infraction punissable. (Nouguier, n° 156 et les autorités qu'il cite.)

**367. Le brevet, quoique délivré, ne garantit rien.** — La loi a mentionné expressément dans l'art. 2 qu'elle ne garantissait rien. Tout le monde est censé connaître la loi, par conséquent chacun sait quelle est la valeur de la concession du brevet; chacun sait notamment qu'il peut avoir été accordé à une invention nulle, absurde, ridicule, qui n'est recommandable sous aucun rapport. Cela n'empêche pas cependant les charlatans de faire grand bruit de l'octroi d'un brevet et de tenter de faire croire au public que, par cela seul, leur invention est approuvée par l'État. Pour se mettre en garde contre ces manœuvres, la loi française dans son art. 33, et le règlement belge dans son art. 14 exigent que l'arrêté de brevet contienne une mention que nous ferons mieux connaître quand nous examinerons les formalités relatives à cet arrêté. (Ci-après n° 373.)

## CHAPITRE SECOND.

**Du brevet proprement dit.**

(SOMMAIRE.)

368. Division.

**368. Division.** — Les règles que nous allons exposer concernent soit la délivrance de l'arrêté de brevet lui-même, soit la délivrance des expéditions de cet arrêté. C'est pourquoi nous diviserons la matière en deux sections.

## SECTION PREMIÈRE.

### Du brevet proprement dit.

(SOMMAIRE.)

369. Textes. — 370. La délivrance des brevets doit se faire sans retard. 371. Le brevet consiste dans un arrêté du ministre de l'intérieur. — 372. L'arrêté doit mentionner que toutes les formalités ont été accomplies. — 373 L'arrêté doit mentionner que la concession est faite sans examen préalable. — 374. Autres énonciations de l'arrêté de brevet. — 375. Peut-on former opposition à la délivrance d'un brevet. — 376. Le ministre doit suivre la qualification donnée par l'impétrant à sa découverte. — 377. Comment prouve-t-on les brevets ? — 378. Peut-on être forcé de produire son brevet contre soi ? — 379. Appréciation des termes du brevet au point de vue de la cassation.

**369. Textes.** — L'art. 15 du règlement s'exprime comme suit :

« Il sera procédé sans retard à la délivrance des brevets qui auront été demandés d'une manière régulière. »

« Un arrêté de notre ministre de l'intérieur constatant l'accomplissement des formalités prescrites sera délivré au demandeur et constituera son brevet. »

Puis vient l'art. 14 du règlement : « Le brevet mentionnera expressément que la concession en est faite, sans examen préalable, aux risques et périls des demandeurs, sans garantie soit de la réalité, soit de la nouveauté ou du mérite de l'invention, soit de l'exactitude de la description, et sans préjudice aux droits des tiers. »

Nous allons examiner ces dispositions :

**370. La délivrance des brevets doit se faire sans retard.** — Constatons d'abord que les mots « *sans retard* » qui se trouvent dans l'art. 19 de la loi et que reproduit le § 1$^{er}$ de l'art. 13 du règlement, montrent que la volonté du législateur est que l'on use de célérité dans la délivrance des brevets, célérité qu'il a du reste voulu que l'on observât dans l'accomplissement par les fonctionnaires publics de toutes les formalités relatives à la matière. Ce point qui est important au point de vue de la responsabilité de ces fonctionnaires dont nous traiterons ci-après, a déjà été mis par nous en lumière quand nous avons parlé du délai de cinq jours accordé aux greffiers provinciaux et aux commissaires d'arrondissement pour transmettre les demandes de brevets au département de l'intérieur (n° 342).

Cette célérité a son importance. En effet, la durée du brevet est limitée. Elle a pour point de départ le dépôt de la demande. De plus ce point de départ est en même temps celui du paiement de la taxe. Aussi longtemps que le brevet n'est pas délivré, l'invention est en quelque sorte stérile entre les mains de l'inventeur. Cependant le temps de son monopole court déjà et il doit payer la taxe. Il importe donc qu'on le mette le plus tôt possible à même de jouir d'un avantage dont il ne supporte encore que les inconvénients.

**371. Le brevet consiste dans un arrêté du ministre de l'intérieur.** — L'art. 13, § 2 du règlement dit qu'un arrêté du ministre de l'intérieur *sera délivré*; il importe de ne pas se méprendre sur le sens de ces derniers mots; ils ne veulent pas dire que l'on remettra aux mains du demandeur l'original de l'arrêté, mais seulement que l'on rendra à son profit un arrêté dont la minute restera aux archives du ministère de l'intérieur, sauf à lui en délivrer expédition. Le mot « délivrance » a donc une toute autre signification selon qu'il s'applique à arrêté ou à expédition.

La portée de l'art. 13, § 2 ainsi éclaircie, il résulte des textes que nous avons transcrits en tête de cette section, que la première chose à faire pour délivrer un brevet, consiste à rendre un arrêté émanant du ministre de l'intérieur. Sous la législation de 1817, le brevet était conféré par arrêté royal. C'est M. d'Anethan qui, en Belgique, a provoqué l'introduction dans la loi du texte qui a opéré cette modification : « Il n'y a, a-t-il dit, dans la législation française qu'un arrêté ministériel qui constate la régularité de la demande, qui tient lieu du brevet. Cette déclaration je puis l'admettre, il y a en effet des formalités à remplir, et cette déclaration du ministre de l'intérieur n'a d'autre portée que de déclarer que ces formalités ont été remplies. Ce système me paraît préférable, il fait cesser l'inconvénient que je signalais quant à la confusion des pouvoirs : dans ce système, on ne verrait plus les tribunaux venir paralyser si pas annuler un arrêté royal. »

**372. L'arrêté doit mentionner que toutes les formalités ont été accomplies.** — Cet arrêté doit d'abord contenir la mention que toutes les formalités prescrites ont été accomplies (art. 13, § 2 règl., art. 19 loi).

Il faut se garder de donner à ces mots une portée trop considérable. Ils ne veulent pas dire que désormais on ne pourra plus soulever aucune contestation au sujet des formalités qui précèdent la délivrance des brevets. Une distinction est indispensable pour vider la question et pour la faire bien comprendre il convient de se reporter à ce que nous avons dit *supra* aux n[os] 345 et s.

Nous avons alors séparé les formalités dont le gouvernement pouvait se constituer le juge de celles qui restent en dehors de ses attributions ; nous avons dit qu'en ce qui concernait les premières, il pouvait apprécier leur régularité et renvoyer au besoin la demande à l'impétrant pour rectification. Or, ce ne sera qu'à ces dernières que s'appliquera la mention inscrite dans l'arrêté que *toutes les formalités prescrites ont été accomplies*. Le gouvernement n'a pas à s'occuper des autres : il ne peut attester ni leur absence, ni leur accomplissement.

Mais dans les limites de ses attributions, le ministre décide souverainement et il n'appartient plus à aucune autorité de rechercher si les formalités sur lesquelles pouvait porter son examen et qu'il a déclarées accomplies le sont véritablement. Admettre le contraire serait violer le principe de la séparation des pouvoirs. Ainsi tout ce qui touche à la forme de la demande (sup. n° 346) ou du dépôt (sup. n° 348) est irrévocablement jugé : les tribunaux ne peuvent plus y revenir.

Ainsi jugé que si le ministre a le droit de rejeter une demande où l'on a mentionné plus d'un objet principal, une fois le brevet délivré ce vice de complexité est couvert et ne peut être invoqué par le prévenu de contrefaçon (Cass. Fr., 4 mai 1855, LAMING c. CAVAILLON, *Gaz. des Trib.* 5 mai).

Jugé encore que si aux termes de l'art 12 de la loi française, le ministre du commerce peut et doit rejeter comme irrégulière une demande de brevet qui, contrairement à l'art. 6, comprend plusieurs objets principaux, dès qu'il a admis la demande et délivré le brevet, l'arrêté de délivrance a pour effet, aux termes de l'art. 11 de constater la régularité de la demande. — Mais cette constatation ne fait pas obstacle au droit de la juridiction civile de rechercher si l'un des objets brevetés est nouveau, et de prononcer la nullité du brevet en ce qui concerne ce dernier point. Cette annulation fondée sur *le défaut de nouveauté* et non sur la *complexité* de la demande, ne viole pas l'autorité de la constatation faite par le ministre de la régularité de la demande (Cass. F., MALLET c. CAVAILLON, 4 mars 1856, *Gaz. des Trib.* 6 mars).

**373. L'arrêté doit mentionner que la concession est faite sans examen préalable.** — L'arrêté devra contenir ensuite la mention expresse que la concession est faite sans examen préalable aux risques et périls des demandeurs, sans garantie, soit de la réalité, soit de la nouveauté ou du mérite de l'invention, soit de l'exactitude de la description (art. 14 règl.). Cette disposition est puisée dans l'art. 2 de la loi qui contient une disposition analogue. La nécessité de cette mention a pour but, comme nous l'avons déjà dit, de mettre le public en garde contre ce préjugé que la seule délivrance du brevet implique la préexistence d'un examen fait par le gouvernement qui s'est, croit-on souvent, assuré que l'invention était vraiment recommandable. Cette mention équivaut à la formule connue : « Sans garantie du gouvernement » prescrite par la loi française.

**374. Autres énonciations de l'arrêté de brevet.** — Enfin l'arrêté de brevet doit encore contenir la déclaration que le brevet est accordé à telle personne (nom, prénoms, profession, domicile), pour telle invention (indication du titre); si c'est un brevet d'importation, il faut de plus mentionner la date et la durée du brevet d'invention dans le pays d'origine et le nom du breveté primitif. Ces dernières mentions ne sont pas explicitement prescrites par la loi ou le règlement, mais elles dérivent suffisamment de la nature même des choses et des dispositions analogues (art. 7, § 2 règl.). Pour le brevet de perfectionnement, les formalités sont identiques à celles du brevet d'invention.

Cet arrêté ainsi conçu constitue le brevet (art. 13, § 2 règl., art. 19 loi). Ce n'est donc pas l'expédition de cet arrêté, c'est-à-dire la pièce remise à l'inventeur, qu'il colporte et qu'il exhibe et dont nous allons parler, qui constitue ce brevet. L'arrêté est la pièce originale unique, sur laquelle seront délivrées toutes les expéditions.

**375. Peut-on former opposition à la délivrance d'un brevet?** — Il peut arriver qu'une demande soit formée par un individu qui a usurpé l'invention. Le véritable inventeur ou toute autre personne qui prétend avoir un droit à obtenir le brevet, peut alors avoir intérêt à empêcher qu'il ne soit délivré à l'usurpateur. Pourra-t-elle faire opposition entre les mains du ministre de l'intérieur ?

Cette question n'est pas expressément résolue par le texte de notre loi; il n'en a rien été dit dans les discussions. Les documents législatifs français présentent le même silence. Aussi la question est-elle controversée.

M. Étienne Blanc, (*Inventeur breveté*, p. 512), et le Rep. du *Journal du Palais* n° 169 admettent l'affirmative. Voici comment raisonne M. Blanc : « Les parties intéressées peuvent former opposition, entre les mains du ministre à la délivrance d'un brevet. La loi spéciale aux brevets ne le défend pas, et la faculté de former opposition se trouve dans le droit commun. Mais cette opposition ne peut avoir d'autre effet que d'empêcher la délivrance du titre jusqu'à ce que l'autorité judiciaire ait statué sur la constestation et prononcé, s'il y a lieu, la subrogation du demandeur opposant aux droits de celui qui sera déclaré avoir indûment pris le brevet. La main-levée peut être, comme l'opposition elle-même, signifiée par acte d'huissier. »

Nous ne pouvons admettre cette opinion. Remarquons d'abord que sous la loi belge on peut invoquer une raison particulière. L'avant-projet de la commission spéciale contenait un ensemble de dispositions relatives aux oppositions. Ces dispositions n'ont pas passé dans la loi. Cela doit faire présumer qu'on a voulu les écarter.

D'autre part, M. Blanc se fait une fausse idée des lois de la procédure quand il s'imagine qu'une simple opposition peut paralyser un droit. Il est en effet, élémentaire en procédure qu'une simple opposition, une défense, comme on dit d'ordinaire, est un acte que celui auquel on le signifie est libre de respecter ou de tenir pour non avenu. On y a souvent recours dans la pratique parce que les gens peu au courant du droit lui attribuent parfois plus d'effet qu'il n'en a, mais pareille erreur ne peut avoir d'influence pour le jurisconsulte : l'acte est pour lui sans portée et restera sans portée nonobstant tout préjugé contraire. Faire une défense, une opposition, est un droit qui appartient à tout le monde; en ce sens, on peut dire qu'elle est de droit commun; mais il n'est au pouvoir de personne d'en faire un acte ayant une valeur juridique sérieuse. Tout le monde peut signifier au ministre des oppositions à la délivrance d'un brevet, nous le reconnaissons; en cela M. Blanc a raison. Mais le ministre est libre de ne pas en tenir compte. Nous ne pourrions admettre le contraire que si M. Blanc nous citait un article de loi qui attribue quelque effet à une pareille opposition.

Il y a, il est vrai, dans nos lois, d'autres mesures qui, certaines conditions étant données, peuvent amener des résultats plus efficaces. On les emploiera avec utilité dans des cas où la simple opposition serait restée sans influence. Telles sont la saisie-arrêt, la saisie conservatoire, la saisie revendication. Mais utiles ailleurs, aucune d'elles ne pourra servir en matière de brevets. On va pouvoir s'en assurer.

En ce qui concerne d'abord la *saisie-arrêt*.

Toute saisie-arrêt suppose deux dettes; l'une du débiteur saisi envers le saisissant, c'est-à-dire, dans le cas qui nous occupe, de l'impétrant envers l'opposant, l'autre du tiers saisi envers le débiteur saisi, c'est-à-dire du ministre envers l'impétrant. Or, ici toutes deux font défaut. En effet, l'impétrant ne doit rien à l'opposant. Il est vrai qu'il demande peut-être un brevet qui ne lui revient pas; mais cela n'en fait pas un débiteur. D'un autre côté, qu'est-ce que le ministre doit à l'impétrant? Il ne peut refuser le brevet, mais ce n'est pas là l'obligation dans le sens de dette.

En ce qui concerne la *saisie conservatoire*.

Pareille saisie suppose une dette du débiteur saisi envers le saisissant, de l'impétrant envers l'opposant. Or, nous venons de démontrer qu'elle n'existe pas. Elle suppose aussi que le débiteur saisi est propriétaire de la chose ou a tout au moins un droit sur elle. Or, l'impétrant n'a aucun droit sur le brevet, puisque celui-ci n'étant pas encore délivré, n'existe pas encore. Il n'a non plus aucun droit sur l'invention, puisque, d'après les principes généraux, l'inventeur n'a aucun droit spécial sur sa découverte avant la délivrance du brevet.

Reste la *saisie revendication* : Elle suppose que le revendiquant est propriétaire de la chose revendiquée. Or, l'opposant n'a aucun droit particulier, ni sur le brevet qui n'existe pas encore, ni sur l'invention, quand même il en serait l'inventeur, comme nous le disions il n'y a qu'un instant.

Aux arguments que nous venons de présenter, nous pouvons encore ajouter cette considération : c'est qu'il est permis de dire qu'en imposant à l'administration l'obligation de délivrer le brevet sans examen préalable, sauf les exceptions que nous avons fait connaître, la loi a voulu empêcher l'examen même de la question de savoir si des oppositions existent. La loi est impérative : elle contraint l'administration à délivrer le brevet à l'impétrant. Ne dit-elle pas en effet, art. 2 : « La concession *se fera*... » — et dans son art. 19 : « Un arrêté... *sera* délivré... » (Comp. Tillière, n° 254, Nouguier n° 185).

L'art. 2 de la loi reproduit par l'art. 14 du règlement confirme aussi l'opinion que l'opposition à la délivrance n'est pas efficace, quand il dit que l'arrêté de brevet, outre les énonciations que nous avons déjà fait connaître, doit mentionner qu'il est délivré « *sans préjudice aux droits des tiers.* » En effet, cette disposition empêche que l'impossibilité de faire une opposition valable cause du tort à qui que ce soit. Les droits restent entiers. On peut les faire valoir devant les tribunaux après la délivrance.

**376. Le ministre doit suivre la qualification donnée par l'impétrant à sa découverte.** — Les arrêtés délivrés conformément aux règles qui précèdent peuvent être divisés, et ces divisions devraient, d'après la rigueur des principes, avoir pour bases les inventions auxquelles ils s'appliquent. Ainsi puisque les découvertes et inventions peuvent se diviser en inventions primitives et en perfectionnements, en inventions indigènes et en inventions importées, les brevets devraient être, selon qu'ils se rapportent aux unes ou aux autres, des brevets d'invention proprement dits, des brevets de perfectionnement et des brevets d'importation. Mais en fait, en vertu du principe du non-examen préalable qui défend au ministre de se préoccuper de la véritable nature de l'invention, ce qu'il devra rechercher pour qualifier le brevet dans son arrêté, c'est non pas s'il s'agit en réalité d'une invention, d'un perfectionnement ou d'une importation, mais seulement la qualification que l'impétrant a donnée à sa découverte. Fût-elle inexacte, le ministre doit l'adopter. Tout au plus pourrait-il avertir officiellement l'impétrant de son erreur.

La fausse qualification donnée à une invention entraîne-t-elle la nullité du brevet ? Peut-on se faire délivrer valablement un brevet d'invention pour un perfectionnement, ou de perfectionnement pour une invention, ou d'importation pour un perfectionnement, etc. Ce sont des questions que nous examinerons plus tard quand nous traiterons des nullités de brevets.

**377. Comment prouve-t-on les brevets ?** — Lorsque quelqu'un affirme qu'il a obtenu un brevet, c'est naturellement à lui à le prouver. Cette preuve ne peut se faire, en règle générale, que par l'arrêté qui confère le brevet. Elle ne pourra avoir lieu ni par témoins, ni par la preuve littérale ordinaire. L'arrêté est, en effet, une des conditions essentielles du brevet et non pas simplement un instrument de preuve; le brevet ne peut en être séparé ; si l'arrêté n'existe pas, le brevet n'existe pas non plus. Par conséquent, comme celui qui réclame un droit, doit en prouver tous les éléments essentiels, on devra, en matière de brevet, établir que l'arrêté a été rendu et on sera ainsi amené par la force même des choses à produire l'arrêté comme preuve.

Cela ne veut pas dire que l'arrêté lui-même devra être exhibé; il suffira d'une expédition régulière, sauf l'application, s'il y a lieu des art. 1334 et suivants du Code civil sur les copies des titres, car, de même que toute copie, l'expédition ne fait foi que de ce qui est contenu dans l'original.

Si la première expédition est égarée, il faudra s'en procurer une seconde, ce que permet l'art. 15 du règlement.

Si l'arrêté lui-même est perdu ou détruit, l'expédition régulière fera pleine foi, quand elle existe (art. 1335 Code civ.). Si en pareil cas, l'expédition elle-même a disparu, il faut admettre que le brevet pourra être prouvé par tous moyens de droit, même par témoins. On se trouve, en effet, alors devant un cas fortuit et il y a lieu d'appliquer par analogie les dispositions des art. 1348, 4° et 46 du Code civil.

Remarquons aussi que si le demandeur produisait un écrit de son adversaire contenant reconnaissance que le brevet existe, cette preuve suffirait contre le signataire de la reconnaissance. Mais celui-ci conserverait dans tous les cas, et nonobstant sa signature, le droit de faire la preuve contraire en prouvant que le brevet n'existe pas, car rien ne peut prévaloir contre cette inexistence, et il n'appartient à aucun particulier de conférer à quelqu'un un brevet directement ou indirectement. Tout au plus, pourrait-on voir dans cette reconnaissance, suivant les cas, un engagement de ne pas exploiter l'invention au préjudice de l'inventeur, et de se conduire envers lui comme s'il avait un brevet.

**378. L'existence du brevet vaut présomption que l'invention est brevetable?** — En principe général, il faudrait dire que celui qui réclame le bénéfice d'un brevet devant prouver tous les éléments essentiels de son droit, est obligé non-seulement d'établir que l'arrêté existe, mais encore que son invention réunit tous les caractères de l'invention brevetable, qu'elle est, par exemple, nouvelle, licite, susceptible d'être exploitée comme objet d'industrie, etc.

L'économie de notre loi n'a pas admis cette théorie. D'après elle, dès qu'on exhibe un arrêté régulier conférant un brevet, il y a présomption que l'invention est brevetable, et c'est à celui qui soutient qu'elle n'en présente pas tous les caractères à le prouver.

Cela résulte clairement des dispositions admises en matière de nullité des brevets. L'article 24 s'exprime comme suit : « Le brevet sera déclaré nul par les tribu» naux, pour les causes suivantes : *a) Lorsqu'il sera* » *prouvé* que l'objet breveté a été employé, mis en œuvre » ou exploité, etc..... *c) Lorsqu'il sera prouvé* que la spé» cification complète, etc. » Ainsi donc la loi admet en principe que tout brevet est valable, mais qu'il peut être annulé dans certains cas; or, c'est à celui qui allègue une nullité à la prouver, et le législateur consacrant lui-même cette règle, dit en termes exprès « *lorsqu'il sera prouvé.* »

Cette solution a été consacrée par la jurisprudence. Ainsi jugé que le brevet entraîne une présomption de découverte ou de perfectionnement qui ne peut être détruite que par la preuve que le système a été décrit dans des ouvrages imprimés et publiés ou qu'il a été mis antérieurement en usage. (LIÉGE, 13 février 1847, VANDENBOSCH et c$^{ts}$ c. MELAERTZ et c$^{ts}$, *Pas.* 59.)

**379. Peut-on être forcé de produire son brevet contre soi ?** — C'est une règle de droit que personne n'est tenu de produire contre soi : *Nemo tenetur edere contra se.* Ce principe est-il applicable en matière de brevet ?

La question n'offre plus aujourd'hui un grand intérêt pratique, parce que tout le monde peut prendre communication des minutes et se faire délivrer des copies des demandes, descriptions et dessins. Cependant elle peut encore avoir de l'utilité d'abord, parce que ce n'est que le breveté et ses ayants cause qui ont le droit d'obtenir des expéditions de l'arrêté lui-même, ensuite parce que les copies des descriptions et dessins peuvent parfois coûter fort cher.

La question a été vidée, sous la loi de 1817, par un arrêt de principe rendu par la cour de Bruxelles, le 16 juin 1851. (LESCHEVIN c. FAVIER, *Pas.* p. 326.) Voici les considérants qui sont encore d'application sous la loi de 1854 :

« Attendu que les brevets d'invention ne sont pas des titres particuliers ou privés, puisqu'ils émanent de l'autorité publique et confèrent aux brevetés un privilége qui les autorise à poursuivre les contrefacteurs.

» Attendu que les descriptions, plans et dessins que les inventeurs sont tenus de joindre à leur demande, et sur l'examen desquels l'autorité publique délivre les brevets ne sauraient être non plus considérés comme des titres ou papiers privés, puisqu'ils se lient intimement aux brevets eux-mêmes et en forment tout à la fois la base et le complément.

» Attendu que dès lors la maxime : *Nul n'est tenu de produire contre soi*, ne peut s'appliquer aux actes de l'espèce.

» Attendu que l'intérêt d'une bonne justice exige qu'en cas de contestation entre deux brevetés, ou entre un breveté et des particuliers poursuivis pour contrefaçon, le juge puisse, au besoin, consulter non-seulement les brevets sur lesquels se fondent les poursuites, mais encore les descriptions, plans et dessins qui servent à en déterminer le sens et la portée ; d'où il résulte qu'à moins d'une disposition prohibitive dans les lois spéciales à la matière, le juge peut et doit en ordonner la production toutes les fois qu'elle est utile ou nécessaire à la manifestation de la vérité. »

Ajoutons qu'en autorisant le public à prendre au ministère communication de tous les documents relatifs au brevet, trois mois après son obtention, la loi de 1854 a consacré plus énergiquement encore ce principe que les brevets sont des actes publics.

**380. Appréciation des termes du brevet au point de vue de la cassation.** — Commençons par bien poser la question. Nous entendons parler d'une interprétation que fait le juge de l'arrêté de brevet lui-même ; c'est sur cet arrêté seul et sur ses annexes qui le complètent et l'expliquent qu'a porté son attention, et après en avoir examiné le contenu, les termes, les énonciations, le texte, en un mot, il déclare qu'il porte sur telle invention qu'il indique dans sa décision. Cependant, en consultant le brevet on s'assure qu'il est certain que le juge s'est trompé et que le brevet porte sur une autre invention que celle qu'il y a vue.

Ce cas est différent de celui où le juge devant comparer une invention qu'on soutient être une contrefaçon à celle qui est mentionnée dans le brevet, saisit exactement cette dernière, mais se trompe sur l'autre, et la déclare identique à celle qui est brevetée, quoiqu'elle ne le soit pas. Il en diffère essentiellement, et il n'y a certes pas lieu à cassation, car l'interprétation porte non pas sur le brevet lui-même, mais sur une invention étrangère; c'est là une interprétation toute en fait, qui a été dirigée non pas sur un acte, non pas sur un arrêté, sur une loi ou une convention, mais sur une machine, un instrument, etc. Ce point est admis en doctrine et a été consacré par la jurisprudence. (Voir Nouguier, 752 et les nombreuses autorités qu'il cite.)

Ce cas n'est pas non plus le même que celui où le juge appréciant, également sans se tromper, les termes du brevet, décide que l'invention est ou non industrielle, nouvelle, en un mot, brevetable. Ceci est encore en général une question de fait, échappant à la censure de la cour de cassation, et ne violant au surplus en rien les termes du brevet, puisque nous supposons qu'il a été exactement apprécié. Il ne pourrait y avoir alors ouverture à cassation que si dans l'appréciation de la nouveauté, du caractère industriel ou licite de l'invention, et dans les autres questions que peut soulever le point de savoir si l'invention est brevetable, le juge violait une loi ou en faisait une fausse application. Cela pourra surtout se présenter quand on aura recherché si l'invention est contraire à une loi, question qui rentre dans l'examen du caractère licite de l'invention. (Comp. Nouguier, n° 585.) Cela se présentera aussi en matière de nouveauté si par exemple une décision passée en force de chose jugée et constatant le défaut de nouveauté avait été rendu entre deux personnes, que plus tard un nouveau procès eût surgi sur le même point, entre les mêmes parties et que le juge eût méconnu la première décision désormais irrévocable; l'art. 1351 du Code civil serait en effet violé.

Mais faut-il dire comme Nouguier, n° 479, que s'il s'agit de détruire la nouveauté en alléguant que l'invention a été antérieurement publiée « on ne saurait admettre que l'on
» ait le droit d'invoquer contre le brevet des indices plus
» ou moins vraisemblables, des documents dépourvus du
» caractère de certitude et d'authenticité; qu'on ne saurait
» se contenter de cette formule vague et générale empruntée
» aux circonstances de la cause : qu'on devrait exiger des
» preuves formelles, directes et authentiques comme l'acte
» qu'il s'agit d'annuler? » Peut-on, en d'autres termes, soutenir comme il le fait, qu'en pareil cas, à savoir quand il s'agit de prouver la publicité antérieure, ce n'est que par exception qu'il faut reconnaître le droit souverain des juges du fait?

Excluons d'abord le cas où les motifs donnés par le juge sont insuffisants et doivent être considérés comme équivalant à un défaut de motifs. Cela se présentera, nous le reconnaissons volontiers, quand le juge aura employé cette formule vague et générale, que Nouguier critique avec raison : Attendu qu'il résulte des faits et circonstances de la cause qu'il y a eu publicité antérieure. L'art. 97 de la Constitution est alors violé.

Il y aurait aussi violation de la loi, si le juge admettait comme publicité antérieure suffisante pour détruire la nouveauté, une publicité qui ne présenterait pas les caractères précis énumérés dans l'art. 24, litt. *c* de notre loi.

Mais que résoudre quand, tout en donnant des motifs détaillés, tout en observant cet article, le juge attribue à certains faits plus de portée qu'ils n'en méritent; comme si par exemple, il trouve complète une description qui de fait ne l'est pas, exacts des dessins qui ne sont pas tels; s'il affirme que l'ouvrage a été publié, quand au fond il n'en est rien; s'il dit que la publication est antérieure au brevet alors qu'en réalité elle est postérieure?

Nouguier soutient que la cour de cassation pourra apprécier les preuves données par le juge, et casser sa décision s'il trouve ces preuves insuffisantes en fait. Nous croyons que c'est là une erreur, explicable tout au plus en France où la cour de cassation a notoirement une tendance à s'immiscer dans les questions de fait. Nouguier allègue « qu'il s'agit de détruire un titre authentique que » le breveté a acquis moyennant finance; de mettre à » néant un contrat que l'inventeur a passé avec l'adminis- » tration agissant dans l'intérêt de la société. » Mais s'il fallait accepter des motifs pareils, que de questions de fait recommandables par leur importance on devrait soumettre à la cour suprême. Est-ce une question de fait, est-ce une question de droit, voilà le seul point dont on puisse légalement tenir compte.

Nouguier reconnaît du reste lui-même le vice de sa doctrine quand il dit : « Néanmoins, on ne saurait, sans absurdité, pousser ce principe jusqu'à l'extrême, » et qu'il y fait des exceptions.

Non, nous ne pouvons admettre son opinion, pas même, sur la question de la date de la publication, si par exemple, le juge se contente, pour en proclamer l'antériorité, de la date inscrite en tête de l'ouvrage et qui peut avoir été imprimée après coup. (Exemple cité par NOUGUIER, *loc. cit.*). Qu'on n'allègue pas que le juge viole alors l'art. 1328 du Code civil qui énumère limitativement les cas où la date est certaine à l'égard des tiers. En effet, cet article concerne les actes sous seing privé énonçant des conventions, et non pas les ouvrages imprimés et publiés; on ne pourrait sans exagération l'appliquer dans la loi des brevets, aux ouvrages dont parle l'art. 24 litt. *c*.

Revenons maintenant à la question que nous avons posée au commencement de ce numéro. Le juge interprète les termes de l'arrêté du brevet et il les interprète mal. Il viole les termes de cet arrêté. Quelque erreur qu'il commette sur ce point il n'y aura pas lieu à cassation. Ainsi pour faire disparaitre toute équivoque, et poussant les choses à l'extrême, supposons qu'un brevet porte clairement qu'il s'applique à une machine à vapeur et qu'une décision judiciaire déclare qu'il s'applique à un remède : il n'y aura pas de recours recevable auprès de la cour suprême.

C'est en effet une simple question de fait. La cour de cassation n'est instituée que pour réparer les violations de la loi proprement dite ou de la loi des contrats. Or, l'arrêté de brevet ne rentre ni dans l'une, ni dans l'autre. Ce n'est pas une loi proprement dite : c'est un simple arrêté ministériel, pris dans un intérêt purement privé et individuel, puisqu'il n'accorde de droits qu'au breveté : or, il est de principe que la cour de cassation n'est pas instituée pour réformer les fausses applications des arrêtés du pouvoir exécutif, à moins que leur violation ne soit du même coup une violation de la loi. Ce n'est pas non plus un contrat, parce que le système du contrat a été écarté par nos législateurs et a fait place à celui de la récompense. A ce point de vue on comprend que notre opinion peut ne pas être acceptée sous la loi française car celle-ci voit dans tout brevet un contrat entre la société et l'inventeur.

Mais il faut soigneusement distinguer le cas où le juge se borne à interpréter, erronément ou exactement, les termes d'un arrêté de brevet, de celui où sous un prétexte quelconque il modifie ou remplace ces termes. Ainsi par exemple, il peut arriver que le juge s'aperçoive que par suite d'une erreur l'impétrant a demandé un brevet pour une invention dans laquelle il représente l'organe principal comme perpendiculaire alors qu'il eût dû le représenter comme horizontal. Si en pareil cas, mû par un sentiment d'équité, il déclarait qu'il faut appliquer le brevet comme si le mot était rectifié, il n'interpréterait plus le brevet, mais le changerait; il ferait un brevet nouveau, et sa décision pourrait être cassée, car il aurait violé la loi qui lui défend d'empiéter sur les prérogatives du pouvoir administratif auquel seul appartient le droit de délivrer des brevets. (Comp. NOUGUIER, n° 114 et les autorités qu'il cite.)

Cette thèse nous paraît certaine; le seul point délicat qu'elle présente, c'est de savoir quand il y a interprétation, quand il y a modification. Pour cela il faudra avant tout rechercher quelle a été l'intention du juge. A-t-il trouvé le brevet obscur alors même qu'il ne l'était pas; a-t-il déclaré qu'il interprétait ses termes; s'est-il livré à une argumentation pour appuyer la manière dont il les a compris, il y a interprétation. A-t-il au contraire reconnu que le texte du brevet était clair, qu'il ne pouvait y avoir aucune équivoque sur ce qu'il disait, mais laissant de côté ce texte sur la portée duquel aucun doute n'était possible, a-t-il prétendu le changer, y substituer un mot à un autre pour lui faire dire autre chose que ce qu'il dit en réalité, il y a modification.

Cette thèse peut être quelquefois fort rigoureuse pour le breveté, quand il y a par exemple, dans le brevet une erreur involontaire, une faute de plume, mais elle peut aussi lui être avantageuse si l'erreur tourne à son avantage; dans tous les cas elle est conforme à la loi. Du reste le breveté n'a qu'à s'imputer à lui-même sa négligence. Il y a lieu de se montrer d'autant plus sévère à cet égard que tout ce que les tiers connaissent ce sont les termes du brevet, avec ou sans erreur.

## SECTION DEUXIÈME.

### De la délivrance des expéditions.

(SOMMAIRE)

381. Combien peut-on délivrer d'expéditions? — 382. A qui peut-on délivrer les expéditions? — 383. Les expéditions doivent-elles comprendre les dessins? — 384. Qui délivre les expéditions?

**381. Combien peut-on délivrer d'expéditions?** — Les expéditions peuvent être plus ou moins nombreuses. La première se délivre d'ordinaire immédiatement après l'arrêté de brevet. Elle est délivrée sans frais (art. 15 règl.). Les autres sont délivrées au fur et à mesure que la demande en est faite. Pour toutes celles-ci les frais doivent être remboursés (art. 15 règl. *in fine*). Ces frais sont variables. En France ils forment un droit fixe de 25 francs (art. 11 al. 6).

**382. A qui peut-on délivrer les expéditions?** — Les expéditions peuvent être délivrées aux brevetés eux-mêmes ou à leurs ayants cause; cela résulte de l'art. 15 in fine du règlement. Mais peuvent-elles être également délivrées à des tiers? Nous croyons que non. Cela peut se déduire d'abord du texte de l'art. 15 du règlement qui ne parle que *du breveté et de ses ayants cause*. C'est également le système admis par la loi française (art. 11 al. 5). Enfin une opinion contraire favoriserait les fraudes, le détenteur d'une expédition ayant par cela même un moyen assez facile de faire croire qu'il est le titulaire véritable du brevet.

**383. Les expéditions doivent-elles comprendre les dessins?** — Les expéditions doivent-elles comprendre les dessins? Oui, lorsque l'impétrant l'exige, ce qui peut être utile, puisque l'expédition doit lui servir à faire connaître sur quoi porte son brevet et que parfois les dessins sont indispensables pour donner cette connaissance. La loi française (art. 11 al. fin) prévoit textuellement le cas. Seulement en cas de seconde expédition les frais deviendront plus considérables.

**384. Qui délivre les expéditions?** — Les expéditions sont délivrées par les agents de l'administration, sinon on ne pourrait leur attribuer aucun caractère officiel, puisqu'on n'aurait aucune garantie de leur exactitude et de leur sincérité.

---

## CHAPITRE TROISIÈME.

### Des formalités qui suivent l'obtention du brevet.

(SOMMAIRE.)

385. Notion et division. — 386. 1°) De l'insertion au *Moniteur*. — 387. L'insertion doit être faite par extrait. — 388. 2°) De l'insertion dans le recueil spécial. — 389. Le recueil spécial doit être publié. — 390. La publication doit avoir lieu dans les trois mois de l'octroi du brevet. — 391. La publication peut être textuelle ou en substance. — 392. L administration peut compléter l'extrait proposé par l'impétrant. — 393. 3°) De la communication des minutes au public. — 394. La communication ne peut avoir lieu qu'après trois mois. Motifs de ce délai. — 395. Après les trois mois tout le monde peut se faire délivrer des copies des minutes. — 396. Les particuliers peuvent-ils prendre des copies eux-mêmes? — 397. De la responsabilité des fonctionnaires préposés à la délivrance des brevets.

**385. Notion et division.** — Dans les deux chapitres qui précèdent nous avons vu comment l'inventeur parvient à obtenir un brevet; toutes les formalités que nous y avons décrites tendent à amener ce résultat qui n'est qu'à son avantage. Nous allons maintenant examiner une série de formalités qui ont pour but l'intérêt du public.

Ces formalités sont relatives 1° à l'insertion au *Moniteur*, 2° à l'insertion dans le recueil spécial, et 3° à la communication au public.

**386. 1°) De l'insertion au Moniteur.** — L'art. 19 in fine de la loi exige que l'arrêté ministériel de brevet décrit ci-dessus (n° 371), soit inséré par extrait dans le *Moniteur*. Cette insertion a pour but d'informer le public qu'un nouveau brevet vient d'être accordé et qu'il pourra en prendre plus ample connaissance dans le délai et sur le registre dont il va être parlé.

**387. L'insertion doit être faite par extrait.** — Insérés *par extrait,* dit la loi. Cela doit s'entendre d'une insertion en substance, c'est-à-dire sommaire. Publication en substance ou par extrait sont considérés comme synonymes par le règlement (art. 16 al. 1 et 2). La loi n'a pas exigé que la publication fût toujours faite en entier parce que certaines inventions sont d'une évidente futilité et certaines descriptions sont d'une longueur excessive. Les frais eussent pu devenir considérables.

**388. 2°) De l'insertion dans le recueil spécial.** — L'art. 16 du règlement contient la disposition suivante :

« Les descriptions des brevets concédés seront publiées textuellement ou en substance, à la diligence de l'administration, dans un recueil spécial, trois mois après l'octroi du brevet.

» Lorsque le breveté requerra la publication complète ou d'un extrait fourni par lui, il devra en donner avis à l'administration au moins un mois avant l'expiration du terme fixé au paragraphe précédent et consigner la somme qui serait nécessaire pour couvrir les frais de cette publication. »

Cet article est la reproduction développée de l'art. 20 de la loi.

## TITRE II. FORMALITÉS DE LA DÉLIVRANCE DES BREVETS. 349

Ces textes nous montrent qu'après la publication au *Moniteur*, la loi institue comme second moyen de publication des brevets l'insertion *dans un recueil spécial*.

Sous la loi de 1817 aucune publication immédiate n'était prescrite. Suivant les articles 15 et 18 du règlement du 25 septembre 1840, la publication ne devait avoir lieu qu'à la fin des brevets. Jusque-là le public ne pouvait se renseigner qu'en allant consulter les minutes au ministère.

En France la publication n'a lieu qu'après le paiement de la deuxième annuité, c'est-à-dire après un an. (Art. 24.)

**389. Le recueil spécial doit être publié.** — Ce recueil spécial doit-il être un ouvrage imprimé, livré par le gouvernement à qui de droit pour être vendu au public? Les mots « seront publiées » sont équivoques; ils s'appliquent aussi bien à une publication qui se fait dans les bureaux du ministère par la communication au public, que de l'impression suivie de mise en vente. Ce dernier mode serait préférable puisqu'il procurerait aux particuliers cet avantage de pouvoir consulter les brevets chez eux sans devoir se transporter au ministère.

**390. La publication doit avoir lieu dans les trois mois de l'octroi du brevet.** — Remarquons que la loi a fixé un délai de trois mois endéans lequel l'insertion dans le recueil spécial doit avoir lieu. C'est *endéans* ces trois mois que l'insertion doit être faite et non pas à partir de l'expiration de ces trois mois. C'est ce qui résulte du texte de l'art. 17 du règlement: En effet, il faut, d'après cet article et comme nous le verrons plus amplement tantôt (n° 394), qu'après ces trois mois le public soit admis à prendre connaissance des descriptions dans le recueil spécial. Il faut donc qu'avant l'expiration de ce délai les employés du département de l'intérieur aient pris soin de les y inscrire. Nous verrons ci-dessous pourquoi ce délai a été établi par le règlement.

**391. La publication peut être textuelle ou en substance.** — L'insertion dans le recueil spécial peut être faite de deux manières : « en substance » ou « textuellement. » (Art. 16 § 1ᵉʳ règl.)

La publication textuelle aussi bien que la publication en substance, que l'art. 16 § 2 du règlement nomme aussi publication par extrait, peut émaner soit de l'administration agissant spontanément, soit de l'inventeur. Mais quand celui-ci veut intervenir soit pour obtenir l'insertion entière de sa description dans le recueil spécial, soit pour obtenir l'insertion d'un extrait rédigé par lui, il devra en donner avis à l'administration, en lui envoyant, s'il y a lieu, ledit extrait au moins un mois avant l'expiration du délai de trois mois fixé pour la publication dans le recueil ; il devra de plus consigner la somme qui serait nécessaire pour couvrir les frais de cette publication (art. 16 § 2). Cette somme doit être fixée par l'administration. Il faut la verser également un mois avant l'expiration du délai de trois mois.

Le breveté peut avoir intérêt à publier son invention en entier ou par un extrait qu'il a rédigé lui-même. Il lui importera parfois de faire bien connaître son invention au public, ce qui peut ne pas arriver s'il n'en est fait qu'une publication incomplète, ou si l'extrait publié, rédigé par les employés du ministère, est défectueux.

L'obligation pour le breveté de donner avis de sa résolution de publier sa découverte en entier ou par extrait qu'il fournit lui-même, deux mois au plus après l'octroi du brevet, le place dans une position irrégulière. « Il y a ici une lacune qui fait au breveté une position équivoque, dit M. Tillière, n° 261 al. fin. En effet, pour juger si l'extrait que publiera l'administration aux frais du gouvernement répond aux vues de l'inventeur, il faudrait que celui-ci la connût, et qu'il sût si l'on est d'avis de publier la description en entier ou par extrait. »

**392. L'administration peut compléter l'extrait proposé par l'impétrant.** — Mais l'inventeur ne peut imposer à l'administration sa volonté en ce qui concerne la publication textuelle ou en substance, car cette publication dans le recueil spécial est faite, non dans l'intérêt de l'inventeur, mais dans l'intérêt du public; or, comme ces deux intérêts sont le plus souvent opposés, celui du public étant de connaître l'invention et celui de l'inventeur de la cacher, il y aurait péril à confier exclusivement à ce dernier la réglementation des mesures qui ont pour but d'amener la publicité. L'administration, tout en ne pouvant refuser l'insertion demandée, puisque l'art. 20 de la loi dit d'une façon impérative que l'insertion *se fera,* en n'y mettant que la restriction des frais, doit donc rester maîtresse de compléter ce que l'extrait du breveté pourrait avoir d'incomplet.

**393. 3°) De la communication des minutes au public.** — La publication dans le recueil spécial que nous venons de décrire n'aurait pas été suffisante; elle ne constitue en effet qu'un assemblage de simples copies; quelquefois même les descriptions ne s'y trouvent qu'incomplétement, seulement en substance; il fallait autoriser le contrôle de la copie par la minute. C'est pourquoi le public est admis à consulter ces minutes. Cette dernière mesure qui complète ce qui est nécessaire pour obtenir la publicité, est prescrite par l'art. 17 du règlement et par l'art. 20, al. 2 de la loi. Ces articles sont ainsi conçus :

Art. 20. « Après le même délai (trois mois après l'octroi du brevet), le public sera également admis à prendre communication des descriptions, et des copies pourront en être obtenues moyennant le payement des frais. »

L'art. 17 est identique.

Cette communication au public a un double but : d'abord faire connaître à chacun quelle invention il doit respecter et établir ainsi les bases de l'action en contrefaçon; ensuite, en révélant l'invention, mettre chacun au courant d'un secret qui, à l'expiration du brevet, doit tomber dans le domaine public.

Cela existait déjà sous la loi de 1817.

**394. La communication ne peut avoir lieu qu'après trois mois. Motifs de ce délai.** — La communication du recueil au public ne peut avoir lieu qu'après les trois mois alloués à l'administration pour faire l'insertion. Ce délai n'a pas été fixé pour lui laisser le loisir de vaquer à ce soin; la loi a eu en vue un intérêt plus important : souvent l'inventeur, pressé de prendre un brevet de crainte qu'un autre plus diligent ne le précède, fait sa demande à la hâte avant d'avoir embrassé tous les perfectionnements dont le nouveau produit est susceptible. Si la description en était immédiatement livrée au public, un tiers à l'esprit plus prompt pourrait de suite deviner un perfectionnement et prendre un brevet de ce chef. Ce serait profiter de la nécessité fâcheuse où l'inventeur a été de se hâter. Afin d'éviter cela, la loi a voulu que ce dernier eût un délai pour reprendre haleine, mieux envisager son produit, le perfectionner s'il était possible, en comprendre les nouvelles applications et demander au besoin de nouveaux brevets. Le délai lui servira aussi à prendre, s'il le veut, des brevets à l'étranger sans être exposé à se voir distancer par un autre. « Par cette disposition, disait l'exposé des motifs, on a voulu réserver au breveté le temps nécessaire pour s'assurer à l'étranger les avantages de la priorité de la découverte. Ce délai a été fixé à trois mois. Pendant ce temps la description reste secrète pour le public. »

Sous la loi de 1817 le délai de trois mois n'existait pas. Aucun délai n'était indiqué. On pouvait prendre communication des descriptions dès le lendemain de l'octroi des brevets. Cela exposait l'inventeur à être devancé par un usurpateur dans la demande de brevets à l'étranger ou de brevets de perfectionnement.

**395. Après les trois mois tout le monde peut se faire délivrer des copies des minutes.** — Dès que le délai de trois mois est expiré, tout obstacle à la communication disparaît. Le public peut prendre connaissance du recueil spécial, et se faire délivrer copie, moyennant d'en rembourser le coût à fixer par l'administration, tant des descriptions du recueil que des descriptions originales qui n'y auraient été inscrites que par extrait. (Art. 17.) Notons bien qu'il s'agit ici de délivrer des expéditions *des descriptions* et non pas des copies *du brevet* lui-même. Nous avons vu précédemment, en effet, que celles-ci ne pouvaient être remises qu'au breveté en personne ou à ses ayants cause.

**396. Les particuliers peuvent-ils prendre des copies eux-mêmes?** — Est-il défendu aux parties qui obtiennent communication des descriptions au ministère de l'intérieur de les copier elles-mêmes ou d'en prendre des extraits ou notes? Ceci n'est, croyons-nous, qu'une question d'ordre intérieur à résoudre par l'administration. Rien ne s'y oppose dans la loi. En effet, son système est celui de la publicité la plus large. Les intéressés peuvent obtenir des expéditions et peuvent consulter le recueil spécial. Cependant la copie par les intéressés peut donner lieu à des inconvénients et à des détériorations. A ce point de vue l'administration peut trouver utile de les proscrire. C'est ce qui se faisait avant la loi de 1854. Nous ne croyons donc pas pouvoir adopter sur ce point, du reste tout secondaire, l'opinion de M. Tillière, n° 262, al. 2.

**397. De la responsabilité des fonctionnaires préposés à la délivrance des brevets.** — Nous avons vu dans les trois chapitres qui précèdent, que des fonctionnaires de diverses catégories sont préposés à la délivrance des brevets et que la loi leur impose des obligations nombreuses. L'inobservation de ces devoirs ou leur exécution imparfaite peuvent causer du tort aux intéressés. C'est ce qui arrivera par exemple, quand un greffier provincial refusera de recevoir le dépôt d'une demande, quand le ministre refusera la délivrance du brevet; ou bien encore lorsque le procès-verbal du dépôt ou le brevet contiendra une nullité radicale par suite de la négligence des employés de l'administration. Pourra-t-on vaincre ces résistances injustes? Pourra-t-on obtenir réparation du dommage que l'on aura souffert? Ces questions et d'autres analogues pourraient donner lieu à de longs développements dans lesquels nous n'entrerons pas, soit parce que dans la pratique ces cas de responsabilité sont assez rares, soit parce qu'ils touchent plus au droit civil et au droit administratif qu'à la loi des brevets. Nous nous bornerons à quelques principes généraux.

Les difficultés de cet ordre, peuvent être rangées sous trois chefs; d'abord quels sont les faits imputables aux fonctionnaires; ensuite quelles peuvent en être les conséquences; enfin devant quelle autorité doit s'exercer le recours et dans quelles formes.

En ce qui concerne d'abord l'imputabilité, nous pouvons renvoyer au Code civil; les fonctionnaires sont des employés salariés responsables de toute faute résultant de leur imprudence ou de l'ignorance de leurs fonctions; il faudra distinguer avec soin dans les formalités à accomplir, celles où l'impétrant intervient seul, de celles où l'administration intervient seule, et de celles où ils interviennent tous deux. On ne pourrait rendre l'administration responsable des fautes commises par l'impétrant, ou faire peser sur elle seule le dommage résultant d'une faute commune.

Toute faute commise par un fonctionnaire peut donner lieu à une triple conséquence; d'abord à une répression disciplinaire, ensuite au payement des dommages-intérêts s'il y a lieu, enfin à la réparation de l'irrégularité commise si elle est possible.

La répression disciplinaire est de la compétence de l'administration; c'est une affaire d'ordre intérieur. Les dommages-intérêts rentrent dans les attributions des tribunaux ordinaires. Quant à rectifier l'irrégularité, c'est l'administration seule qui en décide; les tribunaux n'ont pas le pouvoir de l'imposer, car ils violeraient le principe de la séparation du pouvoir judiciaire et du pouvoir administratif; tout au plus, peuvent-ils signaler l'irrégularité; l'impétrant s'adressera alors par requête au gouvernement pour obtenir qu'on la fasse disparaître. C'est l'administration qui est exclusivement chargée des formalités qui précèdent la délivrance des brevets ou qui l'accompagnent; c'est elle seule qui peut les accomplir et elle seule qui doit dès lors *à fortiori* être en droit de les rectifier ou de les compléter.

# DEUXIÈME PARTIE.

## DES DROITS ET OBLIGATIONS QUI DÉRIVENT DES BREVETS.

(SOMMAIRE.)

398. Notion. Division.

**398. Notion. Division.** — Nous supposons que le brevet a été obtenu : quels effets produira-t-il ? Tel est l'objet de cette seconde partie.

Elle se divise, comme son intitulé le montre, en deux ordres d'idées : *les droits* d'une part, les *obligations* d'autre part. Mais avant de passer à leur examen nous devons nous occuper de certains points qui leur sont communs. C'est pourquoi nous diviserons la matière en trois titres. Dans le premier nous traiterons des dispositions communes aux droits et aux obligations, dans le second des droits, dans le troisième des obligations.

## TITRE PREMIER.

### DISPOSITIONS COMMUNES AUX DROITS ET AUX OBLIGATIONS — DATE ET DURÉE.

(SOMMAIRE.)

399. Subdivision.

**399. Subdivision.** — Nous avons examiné dans la première partie quelles conditions de forme et de fond étaient nécessaires pour qu'un brevet se produisît, pour qu'en d'autres termes il prît naissance. Mais tout brevet doit périr un jour, son existence a donc *une certaine durée*. De plus toute durée limitée suppose non-seulement un point qui la termine, mais un point auquel elle commence. Ce dernier est connu sous le nom de *date du brevet*.

Il faut que nous nous expliquions sur l'un et l'autre. C'est ce que nous allons faire dans les deux chapitres suivants.

## CHAPITRE PREMIER.

### De la date du brevet.

**(SOMMAIRE.)**

400. Textes relatifs à la date. — 401. La date du brevet est celle du procès-verbal de dépôt. — 402. Motifs de cette disposition. — 403. Quid en cas d'irrégularité dans les formalités de la demande? — 404. Les tribunaux ne peuvent changer la date en se fondant sur les irrégularités de la demande. — 405. Exceptions à ce principe — 406. Date du brevet quand le procès-verbal de dépôt n'existe pas. — 407. Date du brevet en cas de rectifications à la demande. — 408. Quand y aura-t-il nullité substantielle dans les formalités? — 409. Nullités du procès-verbal lui-même. Enumeration. — 410. Nullités de la demande et de ses annexes. — 411. Appréciation de la date au point de vue de la cassation. — 412 A quoi sert la mention des rectifications sur un registre. — 413. Brevets d'importation et de perfectionnement

**400. Textes relatifs à la date.** — L'art. 3 al. 1er de la loi belge est ainsi conçu :

« La durée des brevets est fixée à 20 ans...; elle prendra cours à dater du jour où aura été dressé le procès-verbal de dépôt mentionné à l'article 17. »

Telle est la disposition que nous allons analyser.

Ce que nous appelons la date du brevet est aussi parfois nommé point de départ de la durée.

**401. La date du brevet est celle du procès-verbal de dépôt.** — La date du brevet, dit l'article 3, est celle *où aura été dressé le procès-verbal de dépôt* mentionné à l'art. 17.

L'examen de cet art. 17 démontre que ce procès-verbal est celui qui est dressé soit par le greffier provincial, soit par le commissaire d'arrondissement, lorsqu'un inventeur ou même une personne quelconque se présente à eux, porteur d'une demande de brevet et de pièces ou objets annexés. Les fonctionnaires reçoivent cette demande et dressent procès-verbal du dépôt qui leur en est fait. Ce procès-verbal doit être daté; l'art. 17 dit en effet expressément qu'il énoncera le jour et l'heure de la remise des pièces; cette date est en même temps celle du brevet.

**402. Motifs de cette disposition.** — Cette disposition peut paraître bizarre : elle assigne en effet une date au brevet avant qu'il existe, puisque le brevet consiste non pas dans le procès-verbal de dépôt, mais seulement dans un arrêté du ministre de l'intérieur qui ne sera pris qu'ultérieurement. Aussi la Chambre des représentants avait-elle admis comme point de départ de la durée du brevet le jour où cet arrêté avait été rendu. C'était évidemment plus logique. Mais la commission du Sénat modifia l'article dans le sens où il existe maintenant, et cette modification fut acceptée. On a voulu mettre l'inventeur à l'abri de l'arbitraire administratif qui aurait pu, sans tenir compte de la date du dépôt, première démarche de l'inventeur, accorder le brevet à une demande postérieure en date. A ce point de vue, nous ne pouvons que louer la disposition. Mais elle a cet inconvénient de faire courir le brevet avant qu'il ait été accordé, et pour peu que l'administration y mette de la lenteur, il y aura une période assez longue pendant laquelle le demandeur devra payer la taxe et pendant laquelle le brevet courra sans qu'on en jouisse complétement. Mieux eût valu disjoindre la question de priorité de celle de durée; faire dépendre la première de la date du procès-verbal de dépôt, l'autre de celle de l'arrêté, en prononçant que la priorité appartiendrait toujours à celui qui aurait le premier déposé sa demande, et que la durée ne commencerait qu'au jour où l'arrêté aurait été rendu.

La loi française contient dans son art. 8 une disposition identique à celle de notre loi.

L'art. 7 al. final du règlement exige qu'une expédition du procès-verbal de dépôt soit délivrée sans frais au déposant; il est en effet important pour lui de connaître et de pouvoir justifier le point de départ de ses droits.

**403. Quid en cas d'irrégularité dans les formalités de la demande?** — On voit que cette question de la date ne présente pas de difficultés quand le procès-verbal de dépôt existe et est régulier. Mais il se peut qu'il présente des irrégularités plus ou moins graves. Il se peut aussi que des irrégularités existent non dans le procès-verbal de dépôt lui-même, mais dans la chose déposée, c'est-à-dire dans la demande et dans ses annexes. Il se peut même que le procès-verbal de dépôt n'existe pas et que le brevet soit délivré nonobstant son absence. A quel moment, dans ces diverses hypothèses, faudra-t-il reporter la date du brevet?

**404. Les tribunaux ne peuvent changer la date en se fondant sur les irrégularités de la demande.** — Les irrégularités de la demande, une fois le brevet délivré, ne pourront en général, avoir devant les tribunaux aucune influence sur la date du brevet. Cela peut à première vue paraître inexact, parce que la loi donnant pour date au brevet celle du procès-verbal de dépôt, il semble que si ce procès-verbal présente une nullité substantielle, il ne peut plus être admis comme point de départ de la durée. Mais cette première impression disparait quand on se souvient que c'est l'administration seule, à l'exclusion du pouvoir judiciaire, qui peut apprécier si les formalités de la demande ont été observées, et lorsqu'elle a, conformément à l'art. 19 de la loi, déclaré dans l'arrêté de brevet que *toutes les formalités prescrites ont été accomplies,* un tribunal ne pourrait, sans empiéter sur l'autorité administrative, rechercher si cette déclaration est vraie.

Quelque irrégulier qu'ait été un procès-verbal de dépôt, il échappe donc au contrôle des juges. Ce ne sont pas eux qui pourront rechercher, pour en tirer des conséquences au point de vue de la date, s'il a été dressé par le fonctionnaire compétent, s'il a été signé par celui-ci et par l'impétrant, si une demande a été réellement déposée, si le procès-verbal a été inscrit sur le registre à ce destiné ou sur une feuille volante, si en un mot, les formalités prescrites ont été observées. L'arrêté de brevet le constate et cela doit suffire; même informe le procès-verbal doit être accepté comme régulier, parce que la seule autorité compétente pour décider cette question l'a irrévocablement vidée.

**405. Exceptions à ce principe.** — Cependant quelque vrai, quelque général qu'il soit, le principe que nous avons exposé au n° précédent subit des exceptions imposées par la nature même des choses.

Ainsi, par exemple, c'est en vain que l'arrêté de brevet aurait déclaré que toutes les formalités prescrites ont été accomplies si un procès-verbal de dépôt n'avait pas été dressé. Comment, en effet, prétendre en pareil cas que la date du brevet est celle de ce procès-verbal inexistant. Quelque bonne volonté que le juge y mette, il se heurte à une impossibilité matérielle.

Il en serait de même si le procès-verbal, tout en ayant été dressé, ne mentionnait aucune date. On ne devrait pas autoriser l'impétrant à suppléer à ce défaut de date par d'autres moyens de preuve, car il est en faute de ne pas en avoir exigé la mention, puisque le procès-verbal est soumis à son approbation et à sa signature. Tout au plus pourrait-on admettre une antériorité résultant de ce que d'autres procès-verbaux, ayant une date postérieure, se trouvent mentionnés sur le registre après l'arrêté non daté.

**406. Date du brevet quand le procès-verbal de dépôt n'existe pas.** — Quand le procès-verbal de dépôt n'existe pas ou qu'il n'est pas daté, on doit admettre que le brevet prendra cours à compter de l'arrêté du ministre de l'intérieur qui le concède. En effet, l'absence du procès-verbal ou d'une date dans ce procès-verbal n'est pas une cause de nullité du brevet. Or, si le brevet existe, il faut qu'il ait un point de départ. Quoi de plus logique que de lui donner celui qui résulte de la nature même des choses, la date de l'arrêté de brevet, à laquelle, ainsi que nous l'avons vu plus haut n° 402, la loi n'a substitué que par une fiction la date du procès-verbal de dépôt? Du reste, en est-il une autre qui soit certaine? L'impétrant se trouvera dans une position relativement désavantageuse, puisque l'inventeur qui pourra invoquer un procès-verbal antérieur lui sera préféré, quand même son brevet aurait été délivré postérieurement. Mais l'impétrant sera le plus souvent en faute, car c'était à lui à remplir les formalités prescrites; si on les a violées malgré ses protestations, il a son recours en dommages-intérêts contre les fonctionnaires (*supra* n° 597). Mais il ne pourrait demander qu'on répare l'omission commise en rétablissant le brevet à sa véritable date, car cela porterait atteinte aux droits acquis par le second breveté.

**407. Date du brevet en cas de rectifications à la demande.** — Nous avons vu antérieurement que si à l'arrivée des pièces au ministère de l'intérieur on constatait que certaines irrégularités avaient été commises, on pouvait renvoyer la demande à l'impétrant pour rectifications (n° 344). Or, ces rectifications peuvent influer sur la date du brevet, et les tribunaux ont relativement à elles un certain pouvoir d'appréciation.

Remarquons, en effet, que lorsque des rectifications ont eu lieu, la mention de l'arrêté de brevet *que toutes les formalités ont été accomplies* peut viser aussi bien la demande rectifiée que la demande primitive. Si le procès-verbal de dépôt, par exemple, était nul, qu'on en eût dressé un nouveau sur l'invitation du gouvernement, et que celui-ci eût seulement alors déclaré que les formalités prescrites ont été observées, il est évident que cette déclaration ne pourrait être appliquée qu'au second procès-verbal, que celui-ci seul fixerait la date du brevet, et que c'est là un point que les tribunaux pourraient apprécier.

Chaque fois donc qu'une question de ce genre se présentera, il importera de rechercher ce que le gouvernement a définitivement approuvé : ceci seul devra être rigoureusement respecté par le juge ; il ne devra pas tenir compte du surplus.

Qu'on ne croie pas cependant que toute rectification a pour effet de modifier le point de départ du brevet et de le reporter au moment où elle a été faite. La date du brevet est celle du procès-verbal de dépôt et aussi longtemps que celui-ci subsiste cette date est conservée. Ce n'est que lorsqu'il n'a pas existé primitivement soit en totalité, soit par suite d'une nullité substantielle, et qu'on en dresse un autre régulier plus tard, que la date subit l'influence du changement. Elle devient alors celle du second procès-verbal.

Pour les tribunaux tout se réduit donc à rechercher s'il y a eu plusieurs procès-verbaux de dépôt et quel est celui qui a été définitivement approuvé. Car ne perdons pas de vue qu'alors même que le premier aurait renfermé une nullité substantielle, si l'administration n'y voyant qu'une simple irrégularité secondaire, la faisait rectifier et, maintenant le premier procès-verbal, déclarait que les formalités ont été accomplies, le juge devrait s'incliner.

La question de savoir s'il y a nullité substantielle ou non dans les formalités du dépôt intéresse donc avant tout l'administration ; selon qu'elle en constatera une ou qu'elle ne découvrira qu'une irrégularité accessoire, elle devra exiger un procès-verbal nouveau ou ne procéder qu'à une simple rectification inoffensive au point de vue de la date.

**408. Quand y aura-t-il nullité substantielle dans les formalités ?** — Mais quand le procès-verbal de dépôt devra-t-il être considéré comme entaché d'une nullité radicale? Quand sera-t-il simplement irrégulier ?

Remarquons qu'il ne faut pas confondre cette nullité du procès-verbal, qui a pour résultat de changer seulement la date du brevet, avec la nullité du brevet lui-même. Cette dernière ne peut résulter d'aucune irrégularité du procès-verbal de dépôt, quelque grave, quelque radicale qu'elle soit, car la délivrance du brevet suppose que toutes les formalités voulues ont été accomplies, et couvre toutes les irrégularités antérieures.

Deux hypothèses peuvent se présenter : ou il s'agit du procès-verbal pris en lui-même, abstraction faite des choses déposées; ou il s'agit des vices des choses déposées, c'est-à-dire de la demande et de ses annexes.

**409. Nullités du procès-verbal lui-même. Énumération.** — Examinons d'abord le procès-verbal proprement dit.

Le procès-verbal de dépôt sera frappé d'une nullité substantielle quand il n'émanera pas *de l'officier compétent*, c'est-à-dire d'un greffier provincial ou d'un commissaire d'arrondissement, ou même s'il émane d'un greffier provincial ou d'un commissaire d'arrondissement autres que ceux dans les bureaux desquels le dépôt aura été reçu. En effet, à moins d'une exception, qui n'est pas mentionnée dans l'espèce, la compétence des fonctionnaires est territoriale ; en dehors de leur ressort ils sont sur le même rang que les premiers venus.

Il y aura encore nullité substantielle si le procès-verbal n'est *pas signé par le fonctionnaire* chargé de le recevoir. On se trouve en effet, dans la même situation que si un dépôt avait été fait sans qu'il en eût été dressé acte.

Quant à la *signature de l'impétrant,* quoique la question puisse paraître plus douteuse, nous admettons également que son absence est une nullité substantielle, en vertu des principes généraux sur les actes authentiques, notamment sur les actes notariés, principes auxquels rien ne montre que le législateur de la loi des brevets ait voulu déroger.

Mais il est clair que si l'impétrant ne sait pas signer, la mention qui sera faite de l'empêchement suffira, conformément aux mêmes principes.

Il n'y aura pas nullité du procès-verbal, si l'invention n'y est *pas désignée sous le titre sommaire et véridique* que le demandeur aura indiqué (art. 7, al. 1ᵉʳ règl.)

De même on ne doit pas regarder comme nullité substantielle l'*absence des nom, prénoms, qualité ou domicile* du demandeur ou de son mandataire (art. 7 règl., al. 2), pourvu qu'ils puissent dans tous les cas être reconnus.

De même quand le demandeur aura omis d'indiquer, s'il s'agit d'un brevet d'importation, *la date et la durée du brevet d'invention* dans le pays d'origine et le nom du breveté (ib.).

Ce n'est pas non plus une nullité substantielle que le *défaut de mention du paiement de la première annuité* (ib.). Cette mention n'est pas de l'essence de l'acte, elle n'est au fond qu'un accessoire. Il en est ainsi, soit que la première annuité ait été versée, soit que le fonctionnaire ait négligé de l'exiger sous peine du refus de passer outre que lui permet d'opposer l'alinéa 2 de l'art. 17 de la loi de 1854.

Si le procès-verbal omet de mentionner *le jour et l'heure auxquels le dépôt aura été effectué,* il n'y aura pas nullité substantielle, mais l'administration ne pourra faire ajouter une date après coup. Dans ce cas on pourra donner à l'impétrant la faculté de faire dresser un nouveau procès-verbal, ou de laisser les choses dans l'état où elles sont sauf à courir la chance de la preuve telle que nous l'avons exposée dans un des numéros précédents.

Quid si au mépris de l'art. 17 al. 5 de la loi, *le procès-verbal n'a pas été inscrit sur le registre à ce destiné?* C'est alors le cas d'un procès-verbal inscrit sur feuille volante. La nullité n'est pas substantielle. En effet, l'acte n'en existe pas moins ; seulement il peut présenter moins de sécurité qu'un acte régulièrement dressé sur le registre. L'administration appréciera, en faisant usage de son droit avec réserve, s'il faut recommencer le procès-verbal.

Il n'y aura évidemment pas de nullité, si, au mépris de l'art. 17 de la loi, *le fonctionnaire faisait payer le procès-verbal.* On ne peut pas tourner contre le demandeur la violation d'une règle établie en sa faveur.

Les *formalités qui suivent le procès-verbal de dépôt* ne peuvent influer sur sa validité : il est en effet complet sans elles. Aucune nullité ni irrégularité ne pourra donc résulter notamment du défaut de délivrance d'une expédition au demandeur (art. 7 al. final règl.)

**410. Nullités de la demande et de ses annexes.** — Passons maintenant à l'examen des irrégularités de la chose déposée qui peuvent influer sur la date du brevet.

La chose déposée se compose de la demande et de ses annexes.

Pour que le procès-verbal de dépôt puisse servir de point de départ à un brevet *il faut qu'il y ait une demande déposée*. En effet, il n'y a pas de brevet valable sans demande. Comment le procès-verbal de dépôt pourrait-il servir de point de départ, alors que la condition préalable à la naissance du brevet fait défaut. Du reste, ne peut-on pas dire que le procès-verbal de dépôt est radicalement nul, attendu que la chose à déposer n'existe pas?

Au cas d'absence de demande il faut assimiler les cas où *la demande est inefficace au fond*.

La demande est inefficace au fond quand on ignore à quelle invention elle s'applique ou par qui elle a été faite. Comment, en effet, pourrait-on alors l'appliquer à telle invention ou à telle personne déterminées? Aucune invention, aucune personne ne peut la revendiquer, et comme elle reste inutile pour tout le monde, autant vaut dire qu'elle n'existe pas; on retombe dans le cas précédent, et le procès-verbal qui s'y rapporte ne peut servir de point de départ à aucun brevet. On devra le faire recommencer.

Mais *les vices de forme* ne peuvent annuler la demande. Toutes les irrégularités, grandes ou petites, totales ou partielles, qui se rapportent à la forme de la demande, n'empêchent donc pas que le procès-verbal de dépôt ne puisse servir de point de départ au brevet.

Quant aux *annexes*, qui sont également comprises parmi les choses à déposer, les irrégularités de forme qui laissent intact le fond sont aussi sans influence; la date prendra cours au moment ordinaire, celui du dépôt.

Si au contraire leur absence ou leurs vices sont tels qu'ils aient pour résultat de rendre incertaine la question de savoir de qui la demande émane ou à quelle invention elle se rapporte, alors on retombe dans l'hypothèse que nous avons exposée ci-dessus.

**411. Appréciation de la date au point de vue de la cassation.** — Si une cour d'appel ou un tribunal admettait expressément comme point de départ de la date du brevet un autre moment que l'un de ceux que nous avons indiqués ci-dessus, sa décision serait sujette à cassation. Mais il en serait autrement si l'arrêt ou le jugement parlaient en termes généraux et absolus d'une antériorité de procédés sans déterminer l'époque où commence l'exercice du droit privatif; on ne pourrait les casser comme ayant admis l'existence d'une priorité par rapport au jour de la délivrance et non au jour de la demande de brevet (Cass. F., 12 juin 1858, *Claudin c. Moutier-Lepage, Prop. Indust.* n° 29). En effet, la généralité des termes de la décision autorise en pareil cas l'une et l'autre hypothèse, celle qui respecte la loi aussi bien que celle qui la viole.

**412. A quoi sert la mention des rectifications sur un registre?** — On sait que l'art. 12 du règlement autorise des rectifications aux formalités qui précèdent la délivrance des brevets, quand ces formalités ont été irrégulièrement accomplies, et que l'alinéa 2 de cet article ordonne que la date de ces rectifications sera portée sur un registre spécial.

Cette date des rectifications n'a pas d'influence sur celle des brevets, qu'on ne s'y trompe pas. Car, ou bien les rectifications ont eu pour but de faire renouveler le procès-verbal, et dans ce cas la date du brevet est celle du procès-verbal nouveau, ce qui rend superflue la mention du registre; ou bien elles ont eu pour but de corriger des irrégularités étrangères au procès-verbal, et dans ce cas, celui-ci étant maintenu, demeure le point de départ du brevet, sans que la date des rectifications puisse y changer quelque chose.

Quand le règlement dans son art. 12 al. 2 prescrit qu'il sera tenu note de la date des rectifications sur un registre spécial, il n'entend pas vouloir constater le moment nouveau où le brevet rectifié prendra cours. Il n'y a, nous le répétons, que deux moments auxquels il peut prendre cours : la date du procès-verbal ou celle de l'arrêté. Le registre susdit et ses énonciations ne servent qu'à maintenir le bon ordre dans les bureaux de l'administration.

**413. Brevets d'importation et de perfectionnement.** — Tout ce que nous venons de dire des brevets d'invention s'applique également aux brevets d'importation ou de perfectionnement.

## CHAPITRE SECOND.

### De la durée du brevet.

(SOMMAIRE.)

414. Texte relatif a la duree. — 415. La durée des brevets est limitée à 20 ans. — 416 Comment compte-t-on les 20 ans ? — 417. La durée du brevet est unique sous la loi belge. — 418. Sous la loi française la durée est variable. — 419. Durée exceptionnelle du brevet d'importation. — 420. Critique du système belge. — 421. Durée des brevets de perfectionnement,

**414. Texte relatif à la durée.** — Après avoir fixé la date, point de départ de la durée du brevet, il nous reste à préciser cette durée elle-même.

L'art. 3 al. 1er de la loi, est ainsi conçu :

« La durée des brevets est fixée à 20 ans, sauf le cas prévu à l'art. 14... »

**415. La durée des brevets est limitée à 20 ans.** — Le législateur a limité la durée des brevets à 20 ans. Cette limitation qui est une violation des principes pour ceux qui admettent, à tort d'après nous, la propriété de l'inventeur sur sa découverte, et qu'on ne peut dès lors expliquer qu'en invoquant le passé et l'autorité des faits accomplis ou reçus dans toutes les législations. (Comp. Tillière n° 76), est au contraire naturelle et légitime dès qu'on admet le système de la récompense qui est le nôtre.

**416. Comment compte-t-on les 20 ans ?** — Comment faut-il compter les 20 années ? A partir du jour du dépôt et non compris ce jour. En effet, la loi de 1854, ne s'explique pas sur cette question. Dès lors, il faut admettre la computation ordinaire dans laquelle le *dies a quo* ne compte pas : *dies termini non computatur in termino*. Cela est confirmé par le texte de l'art. 3 qui dit : « Elle prendra cours *à dater du jour* où aura été dressé le procès-verbal de dépôt. » Par conséquent, si aux termes de l'art 17. al. final, le procès-verbal doit mentionner l'heure du dépôt, ce n'est pas en vue de la durée ; c'est uniquement pour établir la priorité des diverses demandes. Les années se comptent de date à date, selon le calendrier grégorien. Le brevet expire à la dernière heure du dernier jour des 20 ans.

**417. La durée du brevet est unique sous la loi belge.** — La durée de 20 ans est unique en règle générale. Quoique le brevet soit un avantage pour le breveté et que l'on puisse en général renoncer à un avantage, cependant le gouvernement ne pourrait pas, faisant droit à une demande du breveté, déclarer dans l'arrêté de brevet qu'il sera de moins de 20 ans. Cela résulte de ce que la loi a repoussé les systèmes antérieurs où la durée des brevets était variable ; ce serait rétablir indirectement ces systèmes que d'admettre l'opinion contraire.

Cependant, d'un côté, par des modes exceptionnels qui sont la prorogation pour augmenter la durée, et la déchéance pour la diminuer, le breveté pourra arriver à modifier cette durée, soit en plus, soit en moins.

**418. Sous la loi française la durée est variable.** — Le système de durée uniforme admis par la loi belge n'est pas celui de la loi française qui prononce dans son art. 4 que « la durée des brevets sera de cinq, dix, ou quinze années. » C'est à l'inventeur à choisir et à indiquer dans sa demande à laquelle de ces trois durées il veut s'en tenir. (NOUGUIER, 235). Ce dernier système était aussi celui de la loi de 1817 et de la loi de 1791 art. 8. Voici comment Nouguier (236), justifie cette durée différente des brevets : « Cette division des brevets, quant à leur durée, en trois classes est fort utile. Chaque inventeur peut, suivant la nature et l'importance de l'invention et aussi suivant ses ressources pécuniaires, proportionner la durée de son brevet, dans les limites ci-dessus indiquées, aux expériences qu'il conçoit et au but qu'il veut atteindre. » Mais il est évident qu'il était superflu pour cela d'indiquer ces trois étapes de cinq, dix et quinze années, puisque l'inventeur peut, quand il le veut, en négligeant, par exemple, de payer la taxe, amener la déchéance du brevet. Le système de la loi belge est donc aussi élastique que possible malgré son uniformité.

**419. Durée exceptionnelle du brevet d'importation.** — La durée des brevets est fixée à 20 ans, *sauf le cas prévu par l'art. 14*, dit l'art. 3 précité :

Or, l'art. 14 est ainsi conçu :

« La durée de ce brevet (le brevet d'importation) n'excédera pas celle du brevet antérieurement concédé à l'étranger pour le terme le plus long, et dans aucun cas la limite fixée par l'art. 3. »

La réserve de l'art. 3 concerne donc les brevets d'importation.

Cet art. 14 contient deux règles distinctes qu'il faut combiner dans chaque cas particulier.

D'abord il faudra rechercher quel est parmi tous les brevets qui ont été obtenus à l'étranger, celui dont la durée est la plus longue. C'est à celui-là qu'il faut s'arrêter en délaissant provisoirement les autres. Il faudra ensuite poser en principe que le brevet belge devra cesser en même temps que ce brevet étranger, ce qui résulte de ces mots : « La durée du brevet belge *n'excédera pas celle du brevet antérieurement concédé à l'étranger,* » — à moins que la durée ainsi réglée ne dépasse 20 années, auquel cas il faudra la réduire à ce dernier chiffre; en aucun cas, en effet, dit l'art. 14, la durée ne pourra excéder ces 20 ans.

En résumé, le brevet d'importation ne peut jamais être concédé pour plus de 20 ans; mais il peut l'être pour une durée moindre dans deux cas : 1° lorsque le brevet le plus long antérieurement concédé est d'une durée moindre; 2° lorsque le brevet antérieurement concédé, tout en étant d'une durée égale ou plus longue, a déjà couru pendant un certain temps.

Notons bien que les brevets étrangers qui doivent ainsi servir à régler la durée des brevets d'importation, sont les brevets réellement concédés (art. 14) et non pas ceux qui auraient pu être concédés.

Ce système de la loi belge est également celui de la loi française. (Nouguier 251 et 252).

**420. Critique du système belge.** — Ce système a soulevé des critiques assez vives dans nos chambres. On lui reprochait, en adoptant comme règle la durée du brevet concédé pour le temps le plus long, d'arriver à maintenir encore sous le monopole en Belgique une invention déjà tombée dans le domaine public chez tous les peuples où la durée des brevets était plus courte, ce qui devait être préjudiciable à l'industrie nationale. On a essayé de le justifier en disant qu'il fallait attirer les inventions dans le pays en leur accordant une large protection. Mais il est évident que la protection eût été suffisante pour atteindre ce but, même si l'on s'était borné à adopter la durée la plus courte, puisque si cette durée a pu tenter le breveté dans un autre pays, on ne comprend pas pourquoi elle ne l'eût pas aussi tenté en Belgique. On eût évité ainsi les inconvénients que nous signalions tantôt. Dans tous les cas, la possibilité d'une prorogation était là pour corriger ce que le système aurait pu avoir d'inique dans certaines hypothèses.

**421. Durée des brevets de perfectionnement.** — Quant aux brevets de perfectionnement, citons l'art. 15 : « ... Il pourra être obtenu un brevet de perfectionnement *qui prendra fin en même temps que le brevet principal.* »

Cette disposition toute claire qu'elle paraisse de prime abord, a cependant fait naître une controverse assez épineuse. Pour bien la faire comprendre faisons remarquer que les brevets de perfectionnement peuvent être divisés en deux catégories : ou bien le brevet de perfectionnement est demandé par le breveté primitif ou ses ayants droit et ayants cause, ou bien par un tiers. Or on s'est demandé si dans l'un et l'autre cas la règle de la durée était la même; si le brevet de perfectionnement mourrait toujours avec le brevet principal. M. Tillière, n° 223, se prononce pour la négative; il soutient que la règle du premier alinéa de l'art. 15 n'est applicable qu'au brevet de perfectionnement obtenu par le breveté primitif; que pour celui obtenu par un tiers il faut appliquer la durée normale de 20 années.

Nous ne pouvons admettre cette opinion en présence du texte clair et précis de l'art. 15. Le premier alinéa déclare, sans distinguer, que tout brevet de perfectionnement prendra fin en même temps que le brevet principal; et le second alinéa qui dit : « Toutefois si le possesseur du nouveau brevet *n'est pas le breveté principal...* » prouve à l'évidence, par la restriction qu'il croit nécessaire de faire, que le premier alinéa renferme aussi bien le cas où le breveté est l'inventeur primitif que celui où c'est un tiers.

Pour essayer d'écarter ce texte dont il reconnaît du reste lui-même la force, M. Tillière invoque divers arguments ; mais nous croyons pouvoir dire que tous reposent sur des équivoques et des incertitudes, et ne forment pas un ensemble assez résistant pour détruire la force de termes aussi clairs, aussi précis que ceux de l'art. 15 de notre loi, surtout quand on considère que dans le doute, si doute il y avait, il faudrait se prononcer contre le breveté. Nous allons du reste en faire juge le lecteur. Voici l'argumentation de M. Tillière :

*a*) La loi belge, prétend-il, a ici voulu copier la loi française. Cet emprunt est évident : d'abord parce que beaucoup d'autres dispositions ont passé de cette législation dans la nôtre...; ensuite parce que la rédaction de l'article est à peu de chose près la même que celle de l'art. 17 de la loi française ; enfin parce que la disposition de la loi belge qui lie, dans certains cas, la durée du brevet de perfectionnement à celle du brevet primitif, ne se rencontre dans aucune loi étrangère autre que la loi française ; partout ailleurs on donne aux brevets de perfectionnement la même durée qu'aux brevets d'invention... (*ib.* 223, al. 2). Et plus loin (al. 3), il fait remarquer que l'al. 2 de l'art. 15 est emprunté à l'art. 19 de la loi française.

Cette déduction est erronée dans une de ses parties, chancelante dans une autre.

Erronée d'abord : en effet M. Tillière reconnaît lui-même *loco citato,* que la distinction de la loi française n'est pas celle qu'il préconise. En effet, cette loi qui classe les brevets de perfectionnement en brevets de perfectionnement proprement dits et certificats d'addition, ne fait pas dépendre cette classification du point de savoir si le brevet est demandé par un tiers ou par le titulaire du brevet primitif, mais uniquement du point de savoir si la nouvelle invention est oui ou non un accessoire de la première. « Il est des changements, perfectionnements ou additions, dit Nouguier, n° 204, *qui ont une telle importance* que, bien qu'ils se rattachent, par leur objet, au brevet principal, ils méritent *d'avoir une existence indépendante et une vie qui leur soit propre.* Souvent le perfectionnement produit plus, mieux ou autrement que l'invention première. Le breveté est donc libre de s'assurer la jouissance exclusive des changements, perfectionnements ou additions qu'il fait à son invention primitive non pas seulement *à l'aide de certificats d'addition, mais à l'aide d'autres brevets principaux.* » (Art. 17 de la loi française.)

Comment dès lors M. Tillière peut-il prétendre que la loi belge a admis sa distinction en disant qu'elle a copié la loi française qui ne l'admet pas?

Du reste, le fait même de cette imitation ne résulte pas des autres arguments qu'invoque M. Tillière.

Si la loi belge a parfois copié la loi française, plus souvent elle ne l'a pas suivie ; c'est incontestable pour ceux qui ont comparé les deux législations. Il faudra donc dans chaque cas déterminé prouver l'emprunt. Or cet emprunt est moins probable qu'ailleurs dans la matière des brevets de perfectionnement, puisque notre loi a repoussé la terminologie française des brevets de perfectionnement et des certificats d'addition. M. Tillière invoque, il est vrai, la ressemblance des textes ; or rien n'est plus différent, quant à la rédaction, que l'art. 15 de notre loi et les art. 17 et 19 de la loi française : la seule lecture le démontre. Quand on veut adopter une loi étrangère on en prend l'esprit et le texte, et quand ce texte est bon on ne le remplace point par un texte au moins équivoque; il serait plus juste de dire que si notre législateur s'est emparé de la loi de nos voisins et en a changé le texte, c'est qu'il a voulu faire autre chose. Et ceci repousse la raison tirée des autres législations; car il ne serait nullement étrange que tout en abandonnant celles-ci on n'eût pas voulu adopter purement et simplement celle de la France.

*b)* M. Tillière fait ensuite remarquer que notre loi admet dans son art. 3 la distinction entre le brevet de perfectionnement pris par l'inventeur primitif et celui qui est pris par un tiers : qu'elle fait payer en effet la taxe au second et en dispense le premier (*ib.*, al. 3).

Mais de ce que le législateur a admis cette distinction pour les questions de taxe, on ne peut qu'arbitrairement en conclure qu'il l'a admise pour les questions de durée qui touchent à un ordre de choses tout différent.

*c)* L'art. 3, ajoute-t-il, prononce que la durée des brevets est fixée à 20 ans, sauf le cas prévu par l'art. 14. Donc la règle générale est la durée de 20 ans ; pour admettre une exception il faut un texte formel.

Soit, mais le texte formel existe : c'est celui de l'art. 15. Du reste, il est évident que l'art. 3 est incomplet, puisqu'il ne mentionne pas l'exception de l'art. 15, al. 1, pour les brevets de perfectionnement pris par le breveté principal qui, de l'aveu même de M. Tillière, devant finir en même temps que le brevet principal, peuvent avoir une durée moindre que 20 ans. On ne peut donc attacher une grande importance à cet art. 3.

*d)* M. Tillière puisant en dernier lieu dans l'esprit de la loi, soutient que le sens que nous donnons à l'art. 15 irait à l'encontre de cet esprit puisqu'il ne stimulerait pas le génie des recherches; en effet, chaque fois que le temps qui resterait à courir du brevet principal serait court, nul ne croirait qu'il valût la peine de faire encore des travaux et des recherches (*ib.*, al. final).

Mais outre qu'on peut répondre à cela qu'en fait on a toujours considéré les perfectionnements comme devant se produire dans un temps rapproché de la découverte principale qui met sur la voie de nouveaux moyens et fait surgir immédiatement une foule d'idées et de conséquences, l'argument prouve trop. En effet, s'il était vrai, on aurait éteint l'esprit de recherche au moins chez l'inventeur principal, dont le brevet de perfectionnement, M. Tillière lui-même l'admet, s'éteint toujours avec le brevet d'invention.

Le système de M. Tillière prête à la loi une théorie illogique. Il aboutit, en effet, à admettre que le perfectionnement est ou n'est pas un accessoire qui doit subir le sort de l'invention principale, suivant qu'il émane de l'inventeur ou d'un tiers. Or en quoi la personne de l'inventeur peut-elle influer sur la nature principale ou accessoire de l'invention? C'est ce dont s'est gardée la loi française en ne considérant, pour faire cette classification, que la nature de l'invention et non les personnes brevetées.

## SECTION DEUXIÈME.

### Durée exceptionnelle.

(SOMMAIRE.)

422. De la prorogation de durée des brevets. — 423. La prorogation ne peut avoir lieu qu'en vertu d'une loi. — 424. Effets de la prorogation. — 425. La prorogation profite-t-elle au brevet de perfectionnement? — 426. La prorogation peut-elle nuire au brevet de perfectionnement?

**422. De la prorogation de durée des brevets.** — Dans les numéros précédents on a vu quelle était la durée normale des brevets d'invention, d'importation et de perfectionnement, quelle était en d'autres termes la règle générale de durée pour chacun de ces trois cas. Il peut arriver mais exceptionnellement que la durée soit plus longue ou plus courte. La première hypothèse se présente lorsqu'il y a prorogation.

Notre loi est muette sur la question de prorogation des brevets.

Il en est autrement de la loi française dont l'art. 15 est ainsi conçu : « La durée des brevets ne pourra être prolongée que par une loi. »

L'art. 8 de la loi du 25 mai 1791 avait déjà déclaré que la durée du brevet ne pourrait jamais être prolongée au delà du terme de quinze années que par un décret particulier du Corps législatif, et cette prolongation ne devait être accordée que pour des cas très-rares.

Enfin l'art. 4 de la loi de 1817 prévoyait aussi le cas; on y lisait : « Le brevet d'invention accordé pour l'espace de cinq ou dix ans pourra être prolongé à l'expiration de ce terme, s'il existe des raisons majeures pour accueillir la demande à cet effet; mais sa durée totale ne pourra jamais excéder le terme de quinze années. »

**423. La prorogation ne peut avoir lieu qu'en vertu d'une loi.** — Le silence de notre loi démontre qu'aucune prolongation n'est possible en vertu de ses dispositions. Mais comme le pouvoir législatif conserve toujours le droit de modifier une loi existante soit en général, soit pour un cas particulier, il est évident qu'il pourra, quand il le voudra, prolonger la durée d'un brevet existant. C'est le même système que celui de la loi française, c'est une vérité banale de droit constitutionnel : la loi peut prolonger un brevet, comme elle peut le faire revivre, comme elle peut l'éteindre, comme elle peut tout dans les limites de la constitution.

*Le pouvoir exécutif*, autrement dit, l'administration ne pourra donc jamais accorder une prolongation de délai.

Il en est de même *du pouvoir judiciaire.*

Il conviendra même que le pouvoir législatif n'use qu'avec réserve de la faculté qui lui appartient. Cette faveur exceptionnelle accordée à quelqu'un choque en effet les principes de l'égalité. Il faudra donc que les cas de prorogation restent rares comme le disait la loi de 1791, et qu'on ne l'accorde que pour des raisons majeures comme le disait la loi de 1817.

**424. Effets de la prorogation.** — La prorogation aura pour effets de continuer au breveté tous ses droits, mais aussi de laisser subsister toutes ses obligations. Nous examinerons plus tard si, en pareil cas, la taxe doit continuer à subir la progression arithmétique annuelle de l'art. 3.

La prorogation accordée au titulaire ne lui est pas personnelle ; elle porte sur l'invention et non sur l'inventeur ; elle passera donc à ses ayants droit et à ses ayants cause.

**425. La prorogation profite-t-elle au brevet de perfectionnement ?** — En cas de prorogation du brevet principal, le brevet de perfectionnement dont il n'a été fait aucune mention ni dans la demande, ni dans la loi, jouira-t-il de la prolongation de durée ?

Nous pensons que non. C'est une idée inexacte que de considérer le brevet de perfectionnement comme un accessoire du brevet principal ; ce sont deux brevets indépendants par leur nature, puisqu'ils portent sur deux inventions différentes. Ils ne peuvent être rattachés l'un à l'autre que par un fait spécial ou une disposition légale qui, nous le reconnaissons, devrait être respectée, toute inexacte qu'elle pourrait être. Or, ni l'un ni l'autre ne se présentent dans l'espèce. En effet, quant à la demande de prorogation d'abord et à la loi qui la suit, elles ne portent que sur l'invention principale, puisque nous supposons que toutes deux sont restées muettes sur le perfectionnement. Quant à la disposition légale, ce n'est pas celle de l'art. 15 qui prononce que le brevet de perfectionnement prendra fin avec le brevet principal, car elle ne considère que le cas où il faut réduire la durée et non pas celui où il faut l'augmenter, ce qui est d'autant plus vrai que la loi ne s'est nullement occupée de la prorogation.

M. Tillière, n° 226, distingue entre le cas où le brevet de perfectionnement a été demandé par le breveté principal et celui où il a été demandé par un tiers. Dans le premier cas, il fait profiter le perfectionnement de la prorogation; dans le second, il l'en prive. Cette opinion, comme nous l'avons précédemment démontré, repose sur une double erreur; d'abord que notre loi admettrait pour la durée, la distinction entre les brevets de perfectionnement obtenus par l'inventeur primitif et ceux obtenus par un tiers; ensuite que le brevet de perfectionnement est l'accessoire du brevet principal.

**426. La prorogation peut-elle nuire au brevet de perfectionnement?** — Pour ceux qui admettent contrairement à notre opinion que le brevet de perfectionnement peut durer (voyez ci-dessus, n° 421) plus longtemps que le brevet primitif, se soulève la question de savoir si la prorogation du brevet principal qui ne peut profiter au brevet de perfectionnement, ne pourra pas tout au moins lui nuire? En d'autres termes faudra-t-il continuer à appliquer à ce brevet la disposition de l'art. 15, al. 2, qui dit : « Si le possesseur du nouveau brevet n'est pas le breveté principal, il ne pourra, sans le consentement de ce dernier, se servir de la découverte primitive... »

Cette question se présente aussi sous la loi française, où il résulte des textes législatifs eux-mêmes que le brevet de perfectionnement proprement dit, qui, comme tel, s'oppose au certificat d'addition, peut durer plus longtemps que le brevet primitif.

Nous allons l'examiner succinctement pour ceux qui ne seraient pas de notre avis sur la question préalable.

En France la question est peu controversée. On admet en général (sauf CALMELS, *propriété et contrefaçon* n° 457) que la prorogation du brevet principal ne peut nuire au titulaire du brevet de perfectionnement; que celui-ci par conséquent pourra exploiter tout comme si la prolongation n'avait pas eu lieu. « Comme la loi n'a point d'effet rétroactif dit Nouguier, n° 257, la prorogation qui est un acte de faveur, ne saurait avoir pour conséquence de ravir aux tiers des droits qu'ils ont régulièrement acquis. » Et quelques lignes plus bas il ajoute : « Interpréter autrement la loi, ce serait ruiner ceux qui, sur la foi d'un brevet de perfectionnement, auraient préparé leurs moyens industriels, formé des établissements commerciaux, contracté des engagements et engagé dans ces opérations une partie de leur fortune. » Il cite en note, à l'appui de sa thèse un arrêt de Paris du 10 octobre 1832.

M. Tillière, n° 227, al. 3 se prononce contre cette doctrine. Il soutient que le perfectionneur n'a pas un droit acquis, mais une simple espérance. Il ajoute que les déceptions commerciales qui le frappent sont communes à tous les citoyens qui pouvaient compter que l'invention tomberait dans le domaine public par l'expiration du délai légal, et qui ont fait des préparatifs et des dépenses pour l'exploiter. L'argument dit-il, prouve donc trop.

Nous croyons que M. Tillière se fait une idée inexacte du droit du perfectionneur quand il soutient qu'il n'a pas ce qu'on est convenu en doctrine de nommer *un droit acquis*.

Analysons en effet de près les éléments de la question.

Il est vrai d'abord que le seul fait de l'installation par le perfectionneur d'un établissement pour l'exploitation de l'invention et des dépenses qu'elle a pu lui coûter, n'est pas une circonstance juridique suffisante pour que l'on se décide en sa faveur. L'inutilité de ces dépenses serait un malheur à déplorer, mais ne serait pas un argument au point de vue du droit. En cela M. Tillière a raison, comme il a raison quand il fait judicieusement observer que la prorogation peut mettre une foule de gens appartenant au commun du public, dans le même cas, et que cependant nul n'admet que pour ceux-là du moins la prorogation doive être considérée comme inexistante.

Mais portons notre attention non plus sur des circonstances prises en dehors du droit du perfectionneur, mais sur ce droit lui-même. Un des éléments de ce droit c'est la durée; cette durée existe, au moins en puissance, dès que le brevet est concédé; elle appartient toute entière au perfectionneur. Or, elle comprend deux périodes bien distinctes : d'abord une période d'asservissement, s'il nous est permis de nous exprimer ainsi, pendant laquelle l'exploitation du perfectionnement est liée à celle de l'invention principale; elle dure jusqu'au moment, connu du reste d'avance, où le brevet qui protége celle-ci prendra fin; — ensuite une période d'indépendance qui suit immédiatement la première. Ces deux éléments existent dès le principe dans le droit conféré au perfectionneur; ils en sont des éléments, ils lui sont *acquis*. Dès lors, la prorogation ne pourrait *sans effet rétroactif* les lui enlever. En cela la position du perfectionneur diffère de celle du commun du public, car aucun droit spécial n'ayant été conféré à celui-ci la prorogation ne peut rien lui enlever.

# TITRE DEUXIÈME.

## DES DROITS QUI DÉRIVENT DU BREVET.

(SOMMAIRE.)

427. Loi du 24 mai 1854. — 428. Législation de 1791. — 429. Loi du 25 janvier 1817. — 430. Loi française de 1844. — 431. Les droits du breveté sont au nombre de trois. — 432. Ces droits se retrouvent dans les législations antérieures. — 433 Le droit de cession du brevet peut être considéré comme un quatrième droit. — 434. Division.

**427. Loi du 24 mai 1854.** — L'article 4 de la loi du 24 mai 1854, détermine la nature et l'étendue du privilége assuré à l'inventeur par notre législation.

« Les brevets confèrent à leurs possesseurs ou ayants droit, le droit exclusif :

*A.* D'exploiter à leur profit l'objet breveté ou de le faire exploiter par ceux qu'ils y autoriseraient.

*B.* De poursuivre devant les tribunaux ceux qui porteraient atteinte à leurs droits, soit par la fabrication de produits ou l'emploi de moyens compris dans le brevet, soit en détenant, vendant, exposant en vente ou en introduisant sur le territoire belge un ou plusieurs objets contrefaits. »

**428. Législation de 1791.** — La loi du 7 janvier 1791, s'exprimait ainsi dans son article 12 :

« Le propriétaire d'une patente jouira privativement de l'exercice et des fruits des découverte, invention ou perfection, pour lesquelles ladite patente aura été obtenue; en conséquence, il pourra, en donnant bonne et suffisante caution, requérir la saisie des objets contrefaits et traduire les contrefacteurs devant les tribunaux. »

L'article 14 ajoutait :

« Tout propriétaire de patente aura droit de former des

établissements dans toute l'étendue du royaume, et même d'autoriser d'autres personnes à faire l'application et l'usage de ces moyens et procédés, et dans tous les cas, il pourra disposer de sa patente comme d'une propriété mobilière. »

**429. Loi du 25 janvier 1817.** — La loi du 25 janvier 1817, disposait comme suit :

« Article 6. Les brevets d'invention donneront à leurs possesseurs ou leurs ayants droit, la faculté :

*a.* De confectionner et de vendre exclusivement par tout le royaume pendant le temps fixé pour la durée du brevet, les objets y mentionnés ou de les faire confectionner et vendre par d'autres qu'ils y autoriseraient.

*b.* De poursuivre devant les tribunaux ceux qui porteraient atteinte au droit exclusif qui leur aura été accordé et de procéder contre eux en justice à l'effet d'obtenir la confiscation, à leur profit, des objets confectionnés par la partie mentionnée au brevet d'invention, et non encore vendus, et du prix d'achat des objets qui seraient déjà vendus, ainsi que d'instituer une action en dommages et intérêts en tant qu'il y aura lieu. »

**430. Loi Française de 1844.** — La législation établie en France par la loi du 5 juillet 1844, proclame le principe suivant :

« Toute nouvelle découverte ou invention dans tous les genres d'industrie, confère à son auteur, sous les conditions, et pour le temps ci-après déterminés, le droit exclusif d'exploiter à son profit ladite découverte ou invention. (Art. 1.)

« Toute atteinte portée aux droits du breveté, soit par la fabrication de produits, soit par l'emploi de moyens faisant l'objet de son brevet, constitue le délit de contrefaçon. » (Art. 40.)

**431. Les droits du breveté sont au nombre de trois.** — Les droits du breveté sous la loi belge, sont au nombre de trois : 1° Droit exclusif d'exploiter l'objet du brevet; 2° droit exclusif d'autoriser pareille exploitation par autrui; 3° droit de poursuivre devant les tribunaux ceux qui portent atteinte à leur privilége.

**432. Ces droits se retrouvent dans les législations antérieures.** — Ces droits se retrouvent avec quelques nuances dans toutes les législations antérieures.

La loi de 1791 et celle de 1817 spécifiaient le droit d'exploitation accordé aujourd'hui au breveté, en permettant à l'inventeur, l'une de jouir privativement de l'exercice et des fruits de sa découverte, l'autre de confectionner et de vendre exclusivement l'objet breveté.

La loi française de 1844 a la première généralisé cette prérogative sous le nom de droit d'exploitation, et le législateur belge a calqué sur elle la disposition qui nous régit.

Le pouvoir d'autoriser des tiers à user de la même faculté que le breveté, existait aussi antérieurement.

Quant au droit de poursuivre les contrefacteurs, corollaire et sanction des précédents, il a dû de tout temps être accordé au breveté, mais il a successivement subi dans son étendue et dans son exercice de profondes modifications sur lesquelles nous aurons à nous appesantir plus tard en traitant de la contrefaçon.

**433. Le droit de cession du brevet peut être considéré comme un quatrième droit.** — La loi accorde ces priviléges au breveté et à ses *ayants droit*. D'où il résulte que le brevet est susceptible de transmission, que les droits qui en résultent sont dans le commerce et ne sont pas attachés exclu-

TITRE II. — DES DROITS QUI DÉRIVENT DU BREVET. 385

sivement à la personne du titulaire primitif du brevet. Ce droit de cession peut être considéré comme un quatrième droit à ajouter à ceux que nous avons énumérés.

**434. Division.** — De ce que nous venons de dire résulte la division de la matière en cinq chapitres : les quatre derniers seront consacrés chacun à l'un des droits qui dérivent du brevet ; dans le premier nous exposerons quelques notions générales.

---

## CHAPITRE PREMIER.

### Notions générales.

(SOMMAIRE.)

435. Nature juridique du brevet ; c'est une restriction apportée aux droits du public. — 436. Le droit de poursuivre les contrefaçons est le plus important de tous. — 437. Sous la loi de 1817 les droits du breveté étaient variables. — 438. Sous la loi actuelle, tous les brevets concèdent les mêmes droits. — 439 Le droit de brevet est mobilier et incorporel. — 440. Le brevet est le gage commun des créanciers, mais il peut être donné en nantissement. — 441. L'exercice des droits du breveté se règle d'après la loi commune, en ce qui touche la capacité du titulaire. — 442. Du privilége du propriétaire sur les objets brevetés placés dans les lieux loués. 443. Le brevet est susceptible de co-propriété. — 444. Le pouvoir administratif peut seul modifier les noms des titulaires. — 445. Le brevet tombe dans la communauté conjugale. — 446. Le brevet peut être exploité par actions — 447. De l'apport d'un brevet en société. Conséquence de la liquidation. Distinction. — 448. Le produit des licences appartient à la société, sauf réserve expresse. — 449. De l'apport d'un brevet déclaré nul. — 450. Le brevet protège l'invention dans son ensemble et dans ses détails. — 451. Couvre-t-il les détails qui n'ont point de rapport avec l'invention principale ? — 452 Les droits du breveté sont circonscrits par les termes du brevet.

**435. Nature juridique du brevet ; c'est une restriction apportée aux droits du public.** — La loi de 1791 était partie du principe de la propriété industrielle, la loi de 1817 considérait le brevet comme une récompense, tandis que la loi française de 1844 le regarde comme le prix de la publication de la découverte, acquitté en vertu du contrat fait entre l'inventeur et la société. Notre loi a maintenu, comme nous l'avons vu (pages 84 et suivantes), le principe de la loi de 1817. Mais malgré ces divergences sur le point de départ, au fond toutes ces législations arrivent au même résultat.

Le droit d'exploiter l'objet de l'invention ne dérive pas du brevet mais du principe de la liberté du travail. Chacun est maître de réaliser ce qu'il a conçu, chaque homme doit pouvoir exercer comme il l'entend l'empire que la nature lui a donné sur la matière. Le brevet n'apporte aucune extension sous ce rapport aux droits de son titulaire, il se borne à restreindre la liberté des tiers, qui en principe aurait le droit, dès que l'invention est sortie du cerveau de l'inventeur et devient ainsi susceptible d'être conçue et réalisée par d'autres, d'exécuter en toute liberté cette invention. Ce n'est pas une faveur ajoutée au patrimoine de l'individu, mais une défense imposée à autrui : c'est une obligation de ne pas faire quelque chose d'analogue à la servitude *non altius tollendi*, qui frappe le domaine public. Le droit de poursuivre les contrefacteurs est pour ainsi dire le seul côté sous lequel se révèle activement le privilége du breveté, absolument comme le bénéficiaire d'une servitude négative ne manifeste son droit que du jour où on enfreint la défense qui grève les tiers. Qu'on se garde cependant de croire que c'est une servitude véritable, un droit réel : non c'est un droit d'obligation consistant à *ne pas faire*.

**436. Le droit de poursuivre les contrefaçons est le plus important de tous.** — Le pouvoir de réprimer les contrefaçons constitue donc le privilége le plus important pour ne pas dire l'unique privilége des inventeurs. Sans lui le droit d'exploitation exclusive ne se conçoit point ; en dehors de ses limites le brevet n'accorde rien au breveté qui ne soit également l'apanage du public; il n'est pas seulement la sanction du précédent, il en est la mesure. Ce sera sur lui que nous aurons par conséquent à nous étendre surtout.

**437. Sous la loi de 1817 les droits du breveté étaient variables.** — Il est à remarquer que sous le régime de la loi de 1817 le gouvernement était maître de refuser la délivrance d'un brevet ou d'en limiter les effets à certaines parties de la demande. L'article premier, en effet, ne décidait pas que tout inventeur aurait droit à l'octroi d'un brevet, il disposait seulement que des droits exclusifs *pourraient être accordés* par le roi aux auteurs d'une découverte. L'arbitraire qui devait présider dès lors à la distribution de ces priviléges avait permis à l'administration d'imposer des conditions ou des restrictions à l'exercice des droits énumérés dans l'article 6 (*sup.* n° 31 *in fine*).

**438. Sous la loi actuelle, tous les brevets concèdent les mêmes droits.** Depuis la législation nouvelle, qui a rendu l'octroi des brevets obligatoire lorsqu'ils sont réclamés dans les formes voulues, le ministre n'aurait plus la liberté de modifier les effets attachés à ces titres.

Dès l'instant qu'un brevet est obtenu, il emporte de plein droit les avantages dont parle l'article premier. Les restrictions qui y seraient apportées seraient illégales aussi bien que les extensions de ces mêmes droits. Dans les deux cas il y aurait de la part du pouvoir administratif, usurpation sur l'office du législateur ; dans les deux cas le pouvoir judiciaire devrait méconnaître et considérer comme non avenues les clauses d'un titre qui ne seraient pas rigoureusement conformes à la mission confiée par la loi au gouvernement. C'est là une application de l'art. 67 de la Constitution qui ne permet au pouvoir exécutif de faire des règlements que pour autant qu'ils ne suspendent et ne violent pas les lois.

**439. Le droit de brevet est mobilier et incorporel.** — Le privilége conféré par le brevet est un droit essentiellement mobilier. Ce n'est certes pas un immeuble, or tout ce qui n'est pas immeuble est meuble. (Arg. art. 516 C. civ.) Déjà, en effet, la loi du 7 janvier 1791 avait déclaré dans son article 14, que le propriétaire d'une patente pourrait en disposer « comme d'une propriété *mobilière*. » C'est le droit commun en matière de meubles qui doit donc le régir dans tous les points non traités par la législation spéciale, et quand la nature particulière de ce droit ne fait pas obstacle à l'application des règles générales. N'oublions pas non plus que c'est aussi un droit incorporel, et que l'acte de brevet n'est que le titre de ce droit, la preuve matérielle de son existence, l'acte de son état-civil, pourrait-on dire.

**440. Le brevet est le gage commun des créanciers, mais il peut être donné en nantissement.** — Comme tous les autres biens du débiteur, le brevet sera le gage des créanciers (art. 8 loi hyp. du 16 décembre 1851); ceux-ci seront maîtres de le saisir et d'en opérer la vente dans les formes ordinaires, car il ne se présente nullement comme un droit exclusivement attaché à la personne.

Le brevet peut être donné en nantissement comme tout autre droit, pourvu que le contrat réunisse les conditions exigées par la loi. Ainsi, l'acte de gage doit être public ou sous seing privé et dûment enregistré, et le titre du brevet doit être remis au créancier. On s'est demandé si conformément à l'art. 2075 du Code civil la signification commandée pour le nantissement de tout droit incorporel, n'était pas de rigueur aussi en matière de brevet. Un arrêt de la Cour de Paris en date du 29 août 1865 (Cauchy et Salvador contre le syndic Loiseau, *Gaz. des Trib.* 10 septembre 1865) tranche la question dans le sens de la négative, attendu qu'il n'y a point de débiteur à qui cette signification puisse être faite. Le même arrêt décide avec raison que le nantissement d'un brevet n'est pas assimilable à une cession, qu'il n'opère aucune mutation de propriété, que c'est contre le titulaire du brevet que les actions en nullité ou en déchéance doivent continuer à être intentées. En cas de faillite du breveté, le créancier gagiste se fera autoriser par justice à vendre le brevet, et il se payera sur le prix, de préférence aux autres intéressés.

**441. L'exercice des droits du breveté se règle d'après la loi commune, en ce qui touche la capacité du titulaire.** — L'exercice des droits conférés par le brevet se règlera suivant le droit commun en ce qui concerne la capacité du breveté. Si celui-ci est mineur ou interdit, cet exercice appartiendra au tuteur (*sup.* n° 19).

Si le breveté tombe en faillite, le curateur lui succèdera, et celui-ci agira selon l'intérêt de la masse et d'après les pouvoirs qui lui seront conférés, soit en continuant l'exploitation, soit en aliénant le privilège pour en réaliser immédiatement la valeur

**442. Du privilége du propriétaire sur les objets brevetés placés dans les lieux loués.** — Des appareils brevetés garnissant des lieux loués sont, comme objets mobiliers, soumis au privilége du bailleur. Mais il en est autrement du droit de se servir de ces appareils. Le privilége du propriétaire, réglé par l'art. 20 de la loi du 16 décembre 1851, ne frappe que les meubles *garnissant* les lieux loués : il ne se conçoit donc que sur des choses matérielles. Or, le droit de se servir des appareils brevetés est essentiellement incorporel, il ne garnit pas la maison, il se dérobe par sa nature au privilége du bailleur. En cas de saisie-gagerie, il y aura lieu d'ordonner que les objets brevetés seront vendus comme objets matériels, sans que la vente puisse transmettre à l'acquéreur le droit d'en faire usage. (Lyon, 24 déc. 1863. Pal., 1864 p. 1132.)

Quant au brevet lui-même, il échappe au privilége du propriétaire, bien que le titre soit déposé dans les lieux loués, car ce privilége ne frappe que les meubles qui garnissent la maison, et la doctrine refuse avec raison ce caractère aux titres des droits incorporels. (Comp. Duranton, t. 19, n° 79.)

**443. Le brevet est susceptible de co-propriété.** — Comme la législation spéciale qui régit notre matière n'a point dérogé aux règles ordinaires sur la propriété des biens meubles, rien ne s'oppose à ce que les droits résultant des brevets reposent sur plusieurs têtes. Il est même des circonstances où cette co-propriété découle des principes généraux, par exemple si le titulaire d'un brevet vient à décéder et que ses héritiers trouvent ce privilége dans la succession. Ils seront dès lors tous propriétaires du brevet, chacun pour sa part et portion, à moins que par suite d'un partage il n'entre dans le lot de l'un deux.

De même, le brevet peut avoir été demandé primitivement par divers individus et accordé à tous collectivement; ou bien celui qui l'a obtenu a pu le céder soit à une société, soit à une réunion de plusieurs personnes (comp. *sup.* n° 21),

La jurisprudence a consacré enfin un quatrième cas de co-propriété d'un brevet, celui où un tiers établirait sa coopération dans l'invention et revendiquerait sa part dans le privilége. (Cass. fr., 1er déc. 1858, Pal. 1859, 1139.)

**444. Le pouvoir administratif peut seul modifier les noms des titulaires.** — Les contestations relatives à la propriété des brevets sont du domaine exclusif des tribunaux comme tous les débats sur les droits civils des citoyens. Si un inventeur voulait revendiquer soit la totalité, soit une partie de la propriété d'un brevet, en soutenant par exemple que c'est par suite d'un dol que la demande a été déposée sous un autre nom que le sien, ou en établissant sa collaboration à la découverte, ce serait devant le pouvoir judiciaire que le procès devrait être porté. Si un arrêt intervenait en faveur du réclamant, le droit d'exploitation exclusive lui serait attribué à partir de ce moment, sans préjudice des dommages-intérêts qui pourraient lui être dus pour le passé.

Mais les tribunaux ne pourraient imposer au gouvernement l'obligation de changer le nom du titulaire sur le brevet qui aurait été délivré indûment à un usurpateur. Chaque pouvoir est essentiellement libre dans la sphère de ses attributions, et s'il convenait à l'administration de ne point se conformer sur ce point à la décision judiciaire, personne n'aurait le droit de l'y contraindre. (Rouen, 28 janvier 1847, Pal. 49. 1. 39.)

Remarquons que dès lors si l'autorité administrative n'a point modifié le nom du breveté dans les formes ordinaires pour la concession du brevet, le véritable inventeur ne sera point recevable à agir contre les tiers en vertu d'un droit personnel. Il n'aurait à invoquer qu'une subrogation des droits du breveté, et il serait passible des mêmes exceptions que celui-ci.

**445. Le brevet tombe dans la communauté conjugale.** — Le brevet pris pendant le mariage tombe en communauté comme tous les autres biens résultant du travail des époux. Il en est de même du brevet qui a été délivré à l'un des conjoints avant l'union conjugale, car la loi est générale et n'excepte aucun droit mobilier de la règle tracée par l'article 1401 du Code civil. Après la dissolution de la communauté il y aura lieu à partage ou à licitation comme après la mort du titulaire, sans que l'époux qui a obtenu le brevet jouisse du droit de le prélever.

Cette conséquence a paru rigoureuse à Renouard (n° 107). Aussi s'est-il efforcé de soustraire le brevet à l'actif de la communauté en le considérant comme une faveur purement personnelle à l'inventeur et dont les fruits seulement deviennent communs pendant le mariage. Mais c'est là créer un droit spécial sur lequel la législation est muette, et nous ne pensons pas que la généralité des règles ordinaires ait à fléchir devant des considérations d'équité auxquelles les parties avaient d'ailleurs pour devoir de veiller elles-mêmes, en stipulant dans le contrat une dérogation à la loi commune.

Cette opinion, qui est celle de la généralité des auteurs, est conforme à un jugement du tribunal de la Seine, du 1ᵉʳ mars 1853 (Huard, art. 1, n° 13, Baudry c. Baudry.).

La règle que nous venons d'énoncer n'est pas applicable au cas où l'invention n'a pas été brevetée, et où le conjoint qui l'a conçue s'est borné à en apporter l'exploitation en communauté sans communiquer son secret ; ce secret de fabrication ne fait pas alors partie de l'avoir commun ; admettre le contraire serait violer la liberté de manifester sa pensée. C'est ce qui a été décidé par arrêt de Bruxelles, du 16 février 1856 (B. J. xiv, 277).

**446.**[1] **Le brevet peut être exploité par actions.** — A la différence de la législation de 1791, rien ne fait obstacle aujourd'hui à ce qu'un brevet soit exploité par actions. La crainte d'un monopole trop puissant avait inspiré jadis cette défense : on a compris depuis que la liberté d'association des capitaux était une condition favorable au progrès de l'industrie, et cette restriction a heureusement disparu dès 1806.

**447. De l'apport d'un brevet en société. Conséquence de la liquidation. Distinction.** — Lorsqu'un brevet est apporté en société, il faut distinguer soigneusement si c'est la propriété qui en est transmise ou si c'est simplement son usage. Dans le premier cas, à la dissolution de l'association, le brevet fait partie de l'actif à partager, dans le second, il revient à son titulaire primitif. Si la société était déclarée nulle, par exemple pour défaut de publication régulière, chaque associé reprendrait son apport et le brevet retournerait à son ancien propriétaire.

**448. Le produit des licences appartient à la société, sauf réserve expresse.** — Le produit des licences accordées pendant l'exploitation sociale appartient, sauf réserve expresse et sauf le cas de nullité sus-indiqué, dans l'une et l'autre hypothèse, à la société. Par cela seul que le breveté s'est dessaisi de l'exercice de son privilège en faveur de l'être moral, il s'est dépouillé en faveur de celui-ci de toute participation aux bénéfices quelconques qui en résultent. Or, le produit des autorisations données à des tiers fait partie des avantages procurés par le brevet. Ajoutons que ces exploitations concurrentes viennent réduire les fruits de l'exploitation exclusive accordée à la société, et qu'il est juste de lui allouer une compensation pour les pertes qu'elle supporte par des octrois de ce genre. Il y aurait exception à cette règle dans le cas où l'associé n'eût pas mis en commun l'usage de son brevet, mais aurait seulement, à titre d'apport, accordé à la société comme à un tiers quelconque la permission de se livrer à l'industrie brevetée.

**449. De l'apport d'un brevet déclaré nul.** — Si le brevet apporté en société vient à être déclaré nul comment envisagera-t-on cet apport ?

Lorsque c'est la propriété du brevet qui aura été mise en commun, la nullité du brevet entraîne la nullité de l'apport, alors même qu'elle n'eût été déclarée qu'après la dissolution de la société et que celle-ci en aurait joui paisiblement pendant toute sa durée, car le brevet n'ayant aucune valeur, ne pourrait faire partie de l'actif à partager ; n'ayant pas pu être transmis, la société ne l'a pas eu à sa disposition, l'associé a promis un apport qui n'existait pas. (Cassation Fr., 15 janvier 1858, D. P. 58, 1. 455.) Les droits de l'associé à la liquidation se détermineront dans cette hypothèse par les règles applicables aux communautés de fait.

Lorsqu'au contraire l'usage seul aura été apporté, l'apport sera valable si la nullité n'est prononcée que postérieurement à la dissolution. (Cass. Fr., 3 mars 1865, D. P. 65, 1. 228. Ballard c. Lahore).

**450. Le brevet protége l'invention dans son ensemble et dans ses détails.** — Le privilége du breveté couvre l'invention tout entière dans son ensemble et dans chacun de ses détails.

Tous les moyens qui concourent au même but que l'invention principale et qui se trouvent mentionnés dans la demande, participent de la faveur accordée à la découverte.

Ainsi, le dévidoir pour tordre la soie se compose des bobines et du moteur. Chacune de ces parties prise isolément est susceptible de devenir l'objet d'un brevet. Mais l'invention ne comprend pas seulement leur conception individuelle, elle comprend aussi l'idée de leur réunion dans un but commun ; elles se complètent mutuellement pour arriver au résultat désiré ; le brevet qui couvrira la machine protégera également chacun de ces deux systèmes pris isolément, c'est-à-dire les moyens nouveaux et la combinaison qui en a été imaginée (*sup.* n° 281).

**431. Couvre-t-il les détails qui n'ont point de rapport avec l'invention principale ?** — Si au contraire il s'agissait d'une innovation de détail qui n'eût pas de relation directe avec l'invention principale, le brevet accordé pour celle-ci ne s'étendrait pas à cet accessoire. Expliquons-nous.

Lorsque cette amélioration particulière est indépendante de la découverte, qu'elle réalise un avantage spécial, qu'elle peut se concevoir isolément, la mention qui en serait faite non dans la demande, mais dans le mémoire descriptif, ne suffirait point pour l'envelopper d'une égale faveur. Du reste, c'est la demande et non la description qui règle l'étendue du brevet. — La cour de cassation de France a rendu une décision dans ce sens le 21 août 1846. (DEGRAND, DALLOZ, V°. *Brev. d'inv.* n° 193.) Un industriel avait fait breveter un appareil pour opérer la condensation de la vapeur, et dans la description il avait mentionné l'apposition au haut de la chaudière de lentilles de verre qui permettaient d'observer l'ébullition des liquides. La demande n'en parlait pas d'une façon spéciale. La cour d'appel saisie d'une poursuite en contrefaçon de ces lentilles, décida que cette disposition était indifférente à la condensation de la vapeur, objet de la découverte principale, et qu'elle composait une innovation particulière, pour laquelle il n'avait été *ni demandé ni accordé* de brevet. Conformément aux principes que nous venons de rapporter, la cour suprême rejeta le pourvoi dirigé contre cet arrêt (comp. *supra* n° 286). Si la demande eut mentionné cette invention particulière, l'administration eut pu la rejeter en alléguant que la lentille n'était pas un détail constitutif de l'invention principale et devait dès lors donner lieu à une demande séparée. Mais si elle l'eût accueillie telle quelle et eût concédé le brevet, la contrefaçon de la lentille eut été défendue, car dès qu'un brevet est concédé, même sur une demande irrégulière, il n'est plus au pouvoir de personne de le critiquer sous prétexte d'inobservation des formes prescrites. (*Comp. supra* n° 405.)

**452. Les droits du breveté sont circonscrits par les termes du brevet.** — Le breveté n'a pas de droit en dehors du brevet. Il en résulte que c'est le brevet qui est la loi du débat dans toutes contestations entre l'inventeur et les tiers. Les tribunaux ne peuvent ni étendre, ni restreindre la portée qu'ils ont reconnue aux termes du brevet, et s'ils sont souverains dans l'interprétation de ces termes, il est de leur devoir de les interpréter dans le sens rigoureux des mots et non d'après la pensée présumée du breveté. Les tiers ne connaissent que la manifestation du privilége renfermé dans le brevet, ils ne sont tenus de respecter que cette manifestation.

Ainsi, il est interdit aux tribunaux de dénaturer les brevets, et la cour de cassation peut, comme nous l'avons déjà dit sup. n° 380, rechercher par la comparaison des termes des brevets avec ceux des jugements, s'il n'y a pas eu modification au lieu d'une simple interprétation. La cour de Cassation de France a cassé un arrêt qui à propos d'un procédé pour triturer du bois de teinture en le plaçant dans une situation *parallèle* (d'après les termes du brevet) à l'axe d'un cylindre, avait substitué le mot *perpendiculaire* à ce mot parallèle, sous prétexte que ce dernier aurait été employé par erreur. — « Attendu, a dit la Cour, que le droit d'interpréter un brevet qui peut appartenir aux tribunaux ne va pas jusqu'à substituer un procédé à un autre, *ou à changer la condition que le breveté s'est faite à lui-même*, et qui est la seule que les tiers soient obligés de respecter. » (C. cass. Fr., 24 mars 1842. Rowcliffe, Dalloz, n° 194.). En vertu du même principe, la même cour a prononcé la cassation d'un jugement pour avoir dénaturé les brevets et violé leur autorité légale, en décidant que le droit exclusif du breveté ne portait que sur l'application de la force centrifuge au raffinage du sucre, alors qu'*en fait* les brevets comprenaient en outre divers procédés ou appareils spécialement décrits. (C. cass. 17 janvier 1852, Crespel de Lisse, Rendu et Delorme, n° 348.)

Mais nous le répétons, les termes d'un brevet ne sont pas sacramentels et il est permis aux tribunaux de déterminer souverainement et à leur manière le sens qu'il faut attribuer aux expressions employées, de décider par exemple que dans un brevet où il est question de *dentelures* d'un appareil, ce mot tel qu'il est employé est synonyme de rainures et de cannelures. (C. cass. 12 mai 1842, Dietrich, et 4 mai 1855, Cavaillon, ib.)

---

## CHAPITRE DEUXIÈME.

### Du droit exclusif d'exploitation.

(SOMMAIRE.)

453. La loi belge a imité la loi française de 1844. — 454. La loi de 1854 est plus favorable au breveté sur ce point que la loi de 1817. — 455. Sens du mot *exploiter*. — 456. L'exploitation exclusive de l'invention se restreint dans les bornes de l'action en contrefaçon. — 457. Le brevet n'affranchit pas des obligations du droit commun pour l'exploitation d'une industrie. — 458. Le droit d'exploitation appartient à chaque co-propriétaire du brevet. — 459. De l'usufruit d'un brevet. Règlement des droits du nu-propriétaire. — 460. Les autorisations d'exploiter s'appellent communément licences. — 461. Formalités des licences. — 462. Chaque co-propriétaire peut délivrer des licences. — 463. Distinction entre la cession du brevet et l'autorisation d'exploiter. — 464. Caractère civil du contrat, sauf en certains cas pour le cessionnaire. — 465. La concession de l'exploitation exclusive oblige le breveté à poursuivre les contrefacteurs.

**453. La loi belge a imité la loi française de 1844.** — L'article 4 de la loi de

1854 accorde « aux possesseurs d'un brevet ou à leurs ayants-droit, le droit exclusif d'exploiter à leur profit l'objet breveté. » Cette rédaction est évidemment calquée sur celle de la loi française de 1844, laquelle concède aussi au titulaire d'un brevet « le droit exclusif d'exploiter à son profit la découverte ou invention. »

**454. La loi de 1854 est plus favorable au breveté sur ce point que la loi de 1817.** — Sous ce rapport, la loi nouvelle est plus favorable au breveté que celle de 1817, dont l'article 6 portait : « Les brevets d'invention donneront à leurs possesseurs ou ayants droit la faculté : *a*, de confectionner et de vendre exclusivement par tout le royaume, pendant le temps fixé pour la durée du brevet, les objets y mentionnés ou de les faire confectionner et vendre par d'autres qu'ils y autoriseraient. »

Le privilége réservé à l'inventeur par la législation antérieure consistait donc uniquement dans la faculté de fabriquer et de vendre l'objet breveté. L'usage des moyens compris dans le brevet n'était point notamment considéré par la généralité de la jurisprudence comme une usurpation des droits de l'inventeur; le détenteur qui n'avait ni confectionné, ni exposé en vente l'objet contrefait échappait à toute poursuite.

De pareilles conséquences, commandées par le texte de la loi, rendaient souvent le brevet complétement illusoire, puisqu'il suffisait par exemple de se procurer à l'étranger une machine conforme à l'appareil breveté, pour faire à l'inventeur une concurrence couverte par l'impunité la plus absolue.

**455. Sens du mot exploiter.** — La loi de 1854 s'est modelée sur la loi française de 1844 en accordant à l'inventeur le droit exclusif *d'exploiter* sa découverte. Ces termes sont plus généraux que ceux de la loi de 1817, ils laissent moins de prise à l'équivoque et à la controverse, car ils ont un sens usuel sur lequel il est difficile de se méprendre. La loi de 1791 (article 12) concédait au breveté *l'exercice et les fruits* de son invention. C'est à peu près la même idée qui a été traduite dans les législations modernes par le terme exploitation. Par là on entend pour le breveté la faculté de réaliser matériellement sa conception, de la mettre en œuvre, d'en faire l'objet d'un négoce, d'en retirer tous les bénéfices industriels dont elle est susceptible. Ce droit appartient *a priori* à tout le monde en vertu de la liberté de l'industrie, nous l'avons vu plus haut. Le privilége attaché à la qualité d'inventeur breveté consiste dans le caractère exclusif de ce pouvoir en ce qui touche l'objet du brevet.

**456. L'exploitation exclusive de l'invention se restreint dans les bornes de l'action en contrefaçon.** — Les termes actuels dévoilent donc la pensée du législateur qui a désiré attribuer au breveté seul les bénéfices industriels de la découverte.

Si absolu que soit néanmoins le texte de la *littera a* de l'article 4, il vient forcément se circonscrire, en ce qui touche le caractère exclusif du privilége, par la *littera b* qui énumère en quelles circonstances le breveté peut poursuivre la violation de ses droits. En effet, là où la sanction disparaît on peut dire que le droit s'évanouit. Le privilége se restreint dans les bornes au delà desquelles son titulaire ne peut plus atteindre ceux qui se permettent de l'enfreindre. Or, les tiers auront à s'interdire de fabriquer les produits ou d'employer les moyens compris dans le brevet, de détenir, de vendre, d'exposer en vente ou d'introduire sur le sol belge un ou plusieurs objets contrefaits. Cette énumération des cas où le droit de poursuite est conféré à l'inventeur est certainement limitative : nous aurons occasion de le démontrer plus loin en nous occupant de la contrefaçon. C'est dans ces limites que les droits exclusifs du breveté se conçoivent et se mesurent.

Cette désignation est assez complète d'ailleurs pour renfermer, à quelques exceptions près, tous les modes possibles d'exploitation industrielle d'une invention.

**457. Le brevet n'affranchit pas des obligations du droit commun pour l'exploitation d'une industrie.** — L'article 4 en autorisant l'exploitation de l'invention a établi des limites à l'action des tiers, mais elle n'a pas affranchi le breveté des conditions du droit commun. Si l'exploitation de la découverte se rattachait à une industrie dont l'exercice ne fût pas libre, la possession du brevet ne serait pas un titre à une dispense des formalités ordinaires. Ainsi, la vente des substances médicamenteuses est interdite à celui qui n'est pas pharmacien, alors même qu'il aurait obtenu un brevet relatif à un mode particulier d'administrer ces drogues. (Paris, 14 novembre 1838, MOTHES rapporté dans Blanc, Invent. p. 414.) Mais l'incapacité dont serait frappé le breveté ne relèverait pas les tiers de l'obligation de respecter ses droits privatifs, et il serait recevable à poursuivre les contrefacteurs, bien qu'il ne réunît pas lui-même, à d'autres points de vue, toutes les conditions requises pour exploiter son invention conformément aux prescriptions de la loi.

**458. Le droit d'exploitation appartient à chaque co-propriétaire du brevet.** — Dans les différents cas de co-propriété, quels sont les droits des titulaires en ce qui touche l'exploitation de la découverte?

Si des conventions particulières ont amené cette communauté, les intéressés auront le plus souvent réglé leurs droits respectifs. Mais en cas de silence des parties sur ce point, ou en cas de co-propriété établie par la loi, que faut-il résoudre?

Nous croyons que tous ceux qui possèdent une part dans la propriété du brevet, si minime qu'elle soit, ont le droit d'exploiter la découverte chacun pour son compte. La co-propriété, en effet, n'entraîne pas la nécessité d'une exploitation en commun dans laquelle aucun des co-propriétaires ne pourrait agir sans le concours des autres. C'est ainsi il est vrai que l'indivision se présente d'ordinaire, mais c'est le résultat d'une nécessité matérielle et non d'un principe juridique; pour un immeuble ou un meuble corporel, l'exploitation entière par un des communistes aboutirait à empêcher complétement l'exploitation par les autres; pour conserver à chacun une part du droit, il faut restreindre les prérogatives de tous. Mais il en est autrement quand il s'agit d'un brevet; l'exploitation peut se faire complétement par chaque co-propriétaire; les droits des autres ne seront point par cela seul paralysés. La propriété dès lors doit conserver son véritable caractère, celui d'être la jouissance de la chose d'une manière absolue; elle doit échapper à ces restrictions qui altéraient sa nature et que nécessitait seule une situation exceptionnelle. Si ces exploitations multiples ont parfois des inconvénients, ceux qui s'en plaignent n'ont qu'à s'en prendre à eux-mêmes de n'avoir pas prévenu les difficultés par des stipulations particulières dans l'acte qui a créé leur indivision. Le plus souvent d'ailleurs il y aura possibilité de mettre un terme aux inégalités qui peuvent résulter de l'application de cette règle; nul n'étant tenu de rester dans l'indivision s'il ne s'y est formellement obligé, la licitation du brevet pourra être poursuivie et ordonnée. Nous savons qu'en matière de propriété littéraire, la solution n'est pas identique, mais il existe pour les collaborateurs d'une œuvre de ce genre des raisons de dignité et d'honneur toutes spéciales qui proscrivent les exploitations séparées. (*Voir* dans notre sens Paris, 4 déc. 1845, *Gaz. des Tribun.*, 7 déc.; BLANC, Contref. p. 503).

N'oublions pas de faire remarquer avec Rendu et Delorme, (n° 344) que la faculté de licitation accordée par le droit commun à tout co-propriétaire doit être interprétée équitablement dans notre matière. « Ce principe appliqué à la rigueur pourrait devenir, de la part d'un co-propriétaire bailleur de fonds, un moyen déloyal d'exproprier le véritable inventeur dénué, comme il arrive fréquemment, des moyens d'exploiter par lui seul sa découverte. Les tribunaux rejetteront sans doute comme frauduleuse, une demande en licitation formée dans de telles circonstances. »

Nous aurons occasion d'examiner plus tard, l'influence que la co-propriété d'un brevet exerce sur les poursuites en contrefaçon et sur les actions en nullité.

**459. De l'usufruit d'un brevet. Règlement des droits du nu-propriétaire.** — Le brevet est susceptible d'usufruit comme tous autres droits qui ne sont pas attachés exclusivement à la personne de leurs titulaires. Des complications délicates peuvent surgir pour le règlement des droits respectifs du nu-propriétaire et de l'usufruitier, notamment, lorsque la durée du privilége expire avant la fin de l'usufruit. Ainsi, quand un mineur de 18 ans hérite d'un brevet, comment se régleront les droits des parents sur les biens de leurs enfants alors surtout qu'à la majorité de l'héritier, l'invention sera tombée dans le domaine public?

Nous pensons qu'il faut considérer le brevet comme un capital dont l'usufruitier ne pourra réclamer que les intérêts. Expliquons-nous. Si le privilége est aliéné, si des concessions plus ou moins étendues sont accordées à des tiers, le prix intégral de ces cessions ou de ces licences devra être représenté au propriétaire du brevet à la cessation de l'usufruit. Si l'usufruitier exploite lui-même l'invention, ainsi qu'il en a le droit, il y aura lieu d'opérer une ventilation sur les bénéfices de l'exploitation, d'apprécier selon les circonstances ce qui dans cette exploitation appartient au travail de l'usufruitier ou aux matières premières qu'il a achetées ou mises en œuvre, et ce qui appartient à l'idée brevetée. L'augmentation de valeur donnée aux produits par cette dernière devra être attribuée seule, mais tout entière au nu-propriétaire, sous réserve des intérêts dont l'usufruitier pourra jouir. L'usufruitier sera à peu près dans la position d'un tiers qui aurait obtenu l'autorisation d'exploiter la découverte à charge de payer une redevance au titulaire du brevet.

Le tribunal de Grenoble a suivi cette manière de voir dans un jugement du 29 janvier 1851, rendu en cause des mineurs Jouvin contre la veuve Jouvin. Il a décidé que le brevet n'est qu'un capital industriel qui doit trouver sa représentation dans les produits de l'exploitation, et comme mesure d'application dans l'espèce qui lui était soumise, il a attribué les deux tiers des produits de l'exploitation aux mineurs et le surplus à l'usufruitière. (Voir BLANC, Contref., p. 505).

L'opinion que nous venons d'adopter peut à première vue paraître contraire aux principes en matière d'usufruit. Ne peut-on pas dire en effet que les produits de l'exploitation d'un brevet en sont les fruits et que dès lors ils doivent revenir tout entiers à l'usufruitier sauf à celui-ci à conserver la substance du brevet, c'est-à-dire le titre ; que si le brevet vient à cesser par l'expiration du terme fixé par la loi, c'est un fait dont l'usufruitier ne peut souffrir puisqu'il arrive sans sa faute ? Ne pourrait-on pas aussi établir une analogie entre l'usufruit d'un brevet, chose qui meurt naturellement par l'arrivée d'un terme, et l'usufruit d'un animal qui lui aussi cesse par la perte fatale de la chose au bout d'un temps donné ? or, dans ce dernier cas le croît appartient à l'usufruitier.

Mais un pareil système aboutirait à des conséquences difficiles à admettre parce qu'elles choquent l'équité. Prenons en effet l'exemple de l'affaire Jouvin que nous avons citée plus haut. Supposons que l'inventeur fût mort après avoir exploité son brevet pendant dix années ; le brevet eût donc eu encore à courir pendant dix ans sous la loi belge où la durée est de vingt ans. Si le plus âgé des enfants eût eu six ans seulement au décès de son père, comme toute mère survivante a l'usufruit légal des biens de ses enfants jusqu'à ce qu'ils atteignent dix-huit ans, le brevet, dans un système contraire au nôtre n'aurait profité en rien aux mineurs ; en effet, il aurait été éteint au jour où ils auraient pu en jouir, et antérieurement la mère usufruitière en eût touché tous les bénéfices.

Cela nous paraît si grave qu'il y a lieu d'après nous de se montrer fort rigoureux pour l'admettre. Or, quelles raisons a-t-on pour cela. L'analogie de l'usufruit d'un animal ? Mais on conviendra qu'elle est très-éloignée. Les règles générales de l'usufruit ? Mais on doit reconnaître qu'elles sont assez variables et que la loi se décide plus tôt d'après chaque cas donné. Ainsi l'usufruit des objets mobiliers ordinaires, des bois, des mines, des troupeaux, du trésor est soumis à des règles différentes. Dès lors on ne pourrait, surtout quand il s'agit d'amener un résultat qui heurte l'équité, les appliquer par analogie. Puisque la loi est muette sur l'usufruit des brevets, il faut cependant la compléter. Est-il rien de mieux à faire en pareil cas que d'admettre une solution qui semble conforme au droit naturel par la répartition équitable qu'elle fait des bénéfices de l'exploitation ?

**460. Les autorisations d'exploiter, s'appellent communément licences.** — A côté du droit d'exploitation, l'art. 4 accorde aux brevetés la faculté de laisser exploiter la découverte par des tiers.

Les autorisations de cette nature s'appellent licences.

Elles se distinguent de la cession totale ou partielle du brevet, en ce que le titulaire demeure propriétaire du privilége.

**461. Formalités des licences.** — Aucune formalité n'est prescrite pour la délivrance de ces permissions, qui peuvent être octroyées par correspondance, par acte sous seing-privé ou même verbalement. Néanmoins pour se mettre à l'abri de toutes contestations de la part de cessionnaires ultérieurs, les porteurs de licences agiront sagement en procédant à l'enregistrement de leur titre, ce qui leur donnera date certaine.

Si le droit d'exploitation n'a été transmis que pour un temps déterminé, le concessionnaire cessera d'exploiter à l'époque indiquée, mais il aura un délai suffisant pour écouler les produits confectionnés par lui antérieurement. (Nouguier, n° 521.) L'article 1135 du Code civil permet en effet de suppléer dans les conventions les clauses d'usage ou qui découlent de l'équité.

**462. Chaque co-propriétaire peut délivrer des licences.** — En cas de co-propriété d'un brevet, nous estimons que chacun des titulaires aura le droit de délivrer valablement des autorisations s'il n'y a convention contraire. Les raisons que nous avons invoquées pour admettre au profit de chacun des co-propriétaires le droit d'exploitation de la découverte militent avec la même force pour le droit de concession des licences. Celui-ci est le corollaire, la conséquence du premier : qui a le pouvoir de fabriquer par lui-même doit avoir celui de faire fabriquer par autrui; si le concours de tous les intéressés était nécessaire, il suffirait du refus de l'un d'eux pour anéantir l'un des effets principaux que la loi attache aux brevets. Les titulaires ont chacun la jouissance pleine et entière de l'invention, ils sont maîtres d'en retirer tous les profits qui leur conviennent, ils ont des droits égaux et parallèles et non pas subordonnés à leur consentement réciproque. Telle est en effet la nature du droit de l'inventeur sur sa découverte que plusieurs personnes peuvent ensemble exercer ce droit dans sa plénitude sans que l'action de l'une limite l'action de l'autre, circonstance digne de remarque et qui dépose hautement contre la prétendue analogie qu'on a voulu chercher entre la propriété ordinaire et la prétendue propriété industrielle. (*Comp. supra* n° 458.)

**463. Distinction entre la cession du brevet et l'autorisation d'exploiter.** — Nous avons vu qu'il fallait se garder de confondre les licences d'exploitation avec la cession totale ou partielle du brevet. Alors même que le tiers obtiendrait la concession exclusive du droit d'exploitation, soit dans une localité isolée, soit même dans tout le pays, le contrat n'attribuerait pas au concessionnaire une part de la propriété du titre. Comme le remarque Nouguier (n° 274), il ne vaudrait que contre le breveté, comme une obligation personnelle de faire ou de ne pas faire. Les juges du fait, saisis de l'interprétation d'une convention de ce genre, font un usage légitime de leur droit souverain d'interprétation, en décidant qu'il n'y a pas eu cession partielle du brevet, mais simple concession de la faculté d'exploiter. (Cass. fr., 8 mars 1852. Pal. 1852. 2. 266. LEBRUN-BOHMÉ c. PICQUIRIAUX.)

**464. Caractère civil du contrat, sauf en certains cas pour le cessionnaire.** — En principe, la convention en vertu de laquelle le breveté donne aux tiers des autorisations de cette nature, constitue un contrat essentiellement civil. Toutefois, l'acquisition d'une licence faite par un négociant, dans un but de spéculation, pour en faire l'objet d'une exploitation, constitue dans son chef un acte commercial. (Conf. Bourges, 5 février 1853. Pal. 1853. 1. 357. Gendarme c. Martin.) Le caractère commercial n'existe bien entendu que pour lui-même et non pour son cédant. Nous nous étendrons d'ailleurs plus amplement sur ce point quand nous traiterons de la cession des brevets.

**465. La concession de l'exploitation exclusive oblige le breveté à poursuivre les contrefacteurs.** — Le porteur d'une licence ne jouit point du droit de poursuivre les contrefacteurs : nous le démontrerons plus tard. Lorsque le breveté a accordé à un tiers la concession exclusive d'exploiter l'objet du brevet, il doit s'interdire de délivrer à d'autres personnes des licences semblables. Il ne pourrait même tolérer les contrefaçons qui lui seraient dénoncées par le porteur de la licence, et serait astreint à les poursuivre à peine de dommages-intérêts. Cette obligation découle du contrat primitif en vertu duquel il a concédé une autorisation exclusive : comme tout vendeur il est tenu de garantir l'objet du marché, d'observer les conditions de la vente. Il ne serait pas admis à laisser faire tacitement par son abstention ce qu'il ne pourrait accorder expressément par une inaction nouvelle. Lui seul est d'ailleurs en possession de l'action, et son inaction rendrait illusoire la permission exclusive qu'il aurait octroyée.

## CHAPITRE TROISIÈME.

### Du droit de transmission du brevet.

(SOMMAIRE.)

466. Les droits dérivant du brevet sont cessibles par leur nature. — 467. La loi de 1854 admet ce principe. — 468. La cession du brevet n'est pas la cession de l'invention. — 469. Division de la matière.

**466. Les droits dérivant du brevet sont cessibles par leur nature.** — Beaucoup de brevets deviendraient illusoires si l'on imposait aux personnes qui les ont obtenus l'obligation de les exploiter elles-mêmes. Il y a des inventeurs qui s'adonnent exclusivement à la théorie et seraient impuissants ou inhabiles sur le terrain de la pratique : savants de premier ordre, ils peuvent faire de détestables fabricants. Il est des découvertes qui par leur essence exigent qu'elles soient répandues en un grand nombre de mains; d'autres ne sont réellement fructueuses que pour certaines personnes déterminées qui n'en sont point les auteurs. Enfin, le droit qui dérive du brevet est, comme nous l'avons vu, un droit mobilier, qui à moins de raisons spéciales, doit suivre le sort commun des droits de cette nature : or, ce droit ne renferme en soi rien de personnel à celui qui l'a obtenu, rien qui en commande l'inaliénabilité. C'est du reste augmenter la valeur d'une richesse que de la placer dans le commerce. On comprend donc pourquoi toutes les législations ont permis au breveté de transmettre son privilége à des tiers.

**467. La loi de 1854 admet ce principe.** — La loi de 1854 a consacré ce principe quand dans son article 4 elle accorde les mêmes droits au breveté et à ses *ayants droit*. D'autre part, son article 2 présuppose également la faculté de cette cession lorsqu'il dit : « *Toute transmission* de brevets par acte entre vifs ou testamentaire sera enregistrée au droit fixe de 10 francs. »

**468. La cession du brevet n'est pas la cession de l'invention.** — Il faut se garder de confondre la cession totale ou partielle d'un brevet déjà délivré avec la cession de l'invention avant l'octroi de tout brevet. Dans ce dernier cas, le cessionnaire pourra se faire valablement breveter en son nom, ses droits seront fixés par les conventions particulières qui seront intervenues entre lui et l'auteur de la découverte; ce que nous allons dire s'applique exclusivement aux transmissions de brevets déjà concédés.

**469. Division de la matière.** — Nous diviserons la matière en quatre sections : dans la première nous traiterons des conditions requises pour la transmission des brevets; dans la seconde, des différentes espèces de transmissions; la troisième sera consacrée aux effets et obligations qui en dérivent; nous parlerons enfin dans la quatrième de l'action en revendication du brevet exercée par le véritable inventeur.

---

## SECTION PREMIÈRE.

**Conditions générales pour la transmission des brevets.**

(SOMMAIRE.)

470. Législation de 1817. — 471. Législation française de 1844. Enregistrement administratif et enregistrement fiscal. — 472. Loi de 1854 : travaux préparatoires. — 473. Sous la loi belge, les transmissions de brevets sont régies par le droit commun. — 474. Art. 19 de l'arrêté royal du 24 mai 1854. — 475. Portée restreinte de cette disposition reglementaire. — 476. Conditions de la transmission : capacité des parties. — 477. Formes du contrat : un acte authentique n'est point nécessaire. — 478. La remise

410   IIᵉ PARTIE. — DROITS ET OBLIGATIONS DU BREVETÉ.

du titre n'est pas obligatoire pour la validité du contrat. — 479. De la notification au ministère de l'intérieur. Formalités. — 480. Publication dans le recueil des brevets. — 481. L'enregistrement de l'acte n'est pas obligatoire. — 482 Quand une cession de brevets peut-elle être opposée aux tiers ? — 483. Si la cession a date certaine aucune formalité spéciale n'est requise. — 484. Le cessionnaire devra notifier l'acte de cession à celui contre qui il voudra agir. — 485. Le payement total des annuités à courir n'est exigé que par la loi française. — 486. Opinions erronées des commentateurs de la loi belge. — 487. Pour quels actes le droit fixe est-il dû ? — 488. Le droit fixe s'applique aux cessions partielles. — 489. Quel est le caractère obligatoire de l'art. 21 ?

**470. Législation de 1817.** — La loi de 1817 gardait le silence sur cette matière. Mais l'article 11 du règlement du 26 mars 1817, modifié dans sa rédaction par l'arrêté du 25 septembre 1840, organisait le droit de cession et en subordonnait l'exercice à l'autorisation du roi. Les cessionnaires étaient tenus, en outre, de faire enregistrer les mutations au greffe du gouvernement provincial. Ces mesures n'étaient pas en désaccord avec la loi de 1817, car celle-ci avait abandonné la délivrance des brevets à l'entière disposition du gouvernement, ce qui permettait à l'administration de soumettre cet octroi aux conditions qu'elle jugeait convenables. L'observation de ces diverses formalités était d'ailleurs prescrite à peine de nullité.

**471. Législation française de 1844. Enregistrement administratif et enregistrement fiscal.** — La loi française de 1844 a compris la nécessité de donner aux mutations dont les brevets sont l'objet, un caractère de publicité aussi complet qu'à l'octroi des brevets. Il faut, en effet, que les tiers soient avertis du nom du véritable titulaire du privilége : n'est-ce pas contre lui qu'ils doivent intenter les actions en nullité ou en déchéance, n'est-ce pas de lui seul qu'ils peuvent valablement recevoir des licences d'exploitation, de lui seul qu'ils peuvent se procurer les objets brevetés ? Pour éviter les inconvénients graves des transmissions clandestines, le législateur français a disposé que toute cession d'un brevet devrait être faite par acte notarié, et il a déclaré non valables à l'égard des tiers, celles qui ne seraient pas enregistrées au secrétariat de la préfecture, transmises par extrait au ministère, et publiées au bulletin des lois dans la forme ordinaire des brevets. (Articles 20, 21 et 22.)

C'est là ce qu'on nomme l'enregistrement *administratif*. Mais il ne fait nul obstacle à l'existence de l'enregistrement ordinaire, autrement dit *fiscal*.

« L'enregistrement du contrat à la préfecture, dit Nouguier, n° 298, est un enregistrement administratif, essentiellement distinct du droit dû à la régie pour la cession elle-même, et qui est un enregistrement fiscal. Ce droit est de 2 fr. par 100 fr. du prix porté dans l'acte. Loi du 22 frim. an VII, art. 69, § 5, 1°; — délibération de la régie, 22 mai 1832, D. P., 34, 3, 57. »

L'enregistrement administratif de la loi de 1844 est imité de la loi du 25 mai 1791, qui portait à l'article 15 du titre 2 :

« Lorsque le propriétaire d'un brevet aura cédé son droit, en tout ou en partie, les deux parties contractantes seront tenues, à peine de nullité, de faire enregistrer ce transport au secrétariat de leurs départements respectifs... »

**472. Loi de 1854 : travaux préparatoires.** — La loi belge s'est malheureusement écartée de ces sages dispositions. L'avant-projet contenait un chapitre spécial sur la cession et l'enregistrement administratif, qui a disparu dans le projet du gouvernement.

« La commission, disait l'exposé des motifs, a consacré un grand nombre de dispositions à ce qui concerne la transmission des brevets. Pour celles de ces dispositions qui sont fondamentales, le gouvernement n'a pas trouvé nécessaire de sortir du *droit commun*; et quant aux formalités administratives, il lui a paru préférable de les réserver pour des règlements d'administration générale. » (Ann. Parl. 1851, p. 652.)

Nous lisons ensuite dans le rapport de la section centrale : « La section centrale pense que le brevet doit être transmis d'après le mode observé *pour la transmission des objets mobiliers.* » (Ann. Parl. ibid. p. 988.)

Au milieu de la discussion à la Chambre, un membre a proposé la disposition qui est devenue l'article 21 de la loi :

« Toute transmission de brevet par acte entrevifs ou testamentaire, sera enregistrée au droit fixe de dix francs. » Mais les développements qui furent donnés à l'appui de cette proposition ne laissent aucun doute sur la portée fort restreinte qu'on doit lui attribuer.

« Dans le projet primitif de la commission spéciale, disait M. T'Kint de Naeyer, l'auteur de l'amendement, un chapitre était consacré à la transmission des brevets. Le gouvernement a supprimé ces dispositions. Je crois qu'il a bien fait, car il vaut mieux en pareille matière éviter toute complication et s'en rapporter *au droit commun.* Mais si les transactions auxquelles les brevets donneront lieu, *ne sont soumises à aucune règle spéciale,* il importe cependant de les faciliter et d'en favoriser la transmission par acte public. C'est à ce point de vue que je me suis placé en proposant un article nouveau, d'après lequel toute transmission de brevet par acte entre vifs sera enregistrée au droit fixe de 10 francs. Il est permis d'espérer que ce sera un moyen efficace de prévenir les transmissions clandestines, sources de tant de chicanes et de procès. »

**473. Sous la loi belge, les transmissions de brevets sont régies par le droit commun.** — La conclusion à tirer des travaux préparatoires est claire et nette. On a voulu laisser les transmissions de brevets *dans le droit commun,* sans créer pour la mutation de ces droits aucune législation spéciale. Aucune formalité n'a été prescrite pour valider à l'égard des tiers un changement dans la propriété de ce privilége; ce sont les principes ordinaires qui règlent les formes et les effets de ces substitutions de personnes. Seulement, le législateur a voulu encourager l'enregistrement de ces actes de mutation, à l'effet de leur donner une date certaine et d'éviter ainsi les abus qui pourraient se produire si le breveté cédait successivement ses droits à plusieurs individus, sans qu'il y eût moyen de constater l'antériorité de ces transmissions l'une sur l'autre. Aussi, sans ordonner que les cessions se fissent par acte public, il a favorisé ce mode de transport, en substituant un droit fixe au droit proportionnel d'enregistrement qui frappait autrefois ces contrats.

La loi belge diffère donc essentiellement de la loi française. Celle-ci admet deux enregistrements distincts par leur nature, leurs formalités et leur but; celle-là, dans son art. 21, n'en admet qu'un seul, l'enregistrement ordinaire, l'enregistrement du fisc. Nous verrons dans le n° suivant que l'arrêté règlementaire a essayé de combler cette lacune, mais au moins, quand on ne considère que l'art. 21, cette lacune existe toute entière.

C'est ce que n'ont aperçu ni M. Tillière (n° 274 et s.), ni M. Vilain (n° 97 et s.) Nous reviendrons tantôt sur leur doctrine (*infra* n° 486.)

**474. Article 19 de l'arrêté royal du 24 mai 1854.** — Toutefois, on a semblé comprendre après coup combien était regrettable la lacune que nous signalons. L'arrêté royal du 24 mai 1854 organise un enregistrement administratif et prescrit certaines mesures qui paraissent devoir parer à une partie de ces inconvénients.

L'article 19 de cet arrêté dispose ainsi :

« Art. 19. Toute cession ou mutation totale ou partielle du brevet devra être notifiée au département de l'intérieur.

« La notification de la cession ou de tout autre acte emportant mutation devra être accompagnée d'un extrait authentique de l'acte de cession ou de mutation. »

Et l'article 21 ajoute : « Les concessions de brevet, les actes de cession ou de mutation, ainsi que les déclarations mentionnées dans l'article précédent seront publiées au recueil spécial de brevets. »

**475. Portée restreinte de cette disposition réglementaire.** — Quel est le but et la portée de ces prescriptions ? Nous y lisons, à la vérité, l'obligation d'accomplir une certaine formalité, mais nous ne voyons nulle part quelles seraient les conséquences de l'oubli qui en serait fait.

L'arrêté ne dit pas, comme le règlement du 26 mars 1817 (art. 11), ni comme la loi française (art. 20), que l'omission de ces notifications frappe de nullité les mutations vis-à-vis de tiers. D'ailleurs pouvait-il le dire ? N'oublions pas que cet arrêté a été rendu en exécution de la loi, et non pas pour la compléter ou la réformer. Lorsqu'il résulte clairement du texte et des discussions que le législateur a voulu pour ce qui regarde la cession des brevets s'en rapporter au droit commun, il n'appartient pas au pouvoir exécutif d'imposer pour la validité de ces contrats entre les particuliers des conditions spéciales, étrangères aux rapports des intéressés avec l'administration.

L'arrêté du 24 mai a eu simplement pour but de permettre au gouvernement de s'assurer des véritables propriétaires du brevet, à l'effet de connaître quels étaient les obligés vis-à-vis du trésor, à qui devait être expédié l'avertissement de payer la redevance annuelle, qui pouvait profiter des brevets de perfectionnement sans acquitter de taxe nouvelle. Les publications faites au recueil spécial des brevets, la communication du registre tenu au ministère, donnent également au public le moyen de s'assurer jusqu'à un certain point des mutations dont les brevets sont l'objet; elles permettent quelquefois aux tiers de se mettre en garde contre des mutations successives, contre des licences émanées de titulaires actuellement désunis. C'est une commodité que l'administration nous fournit, ce n'est ni une formalité indispensable, ni une restriction aux droits du breveté ; un simple arrêté royal eût été impuissant à les établir valablement. L'absence même de caractère obligatoire enlève à cette notification tout résultat sérieusement pratique.

**476. Conditions de la transmission : capacité des parties.** — Recherchons les conditions requises pour la transmission des brevets, en ne perdant pas de vue que ces mutations sont actuellement régies par le droit commun.

Relativement aux personnes qui interviennent dans les contrats de ce genre, il faudra suivre les règles ordinaires pour la capacité des individus. En ce qui concerne la femme mariée, le mineur, l'interdit, le failli, l'absent, nous nous bornons donc à renvoyer aux principes du Code civil sur le droit qu'ont les incapables d'aliéner des biens mobiliers incorporels. Nous n'avons rien à ajouter à ces règles spéciales.

**477. Formes du contrat : un acte authentique n'est point nécessaire.** — Quant à la forme de l'acte, il y aura lieu de distinguer. Lorsqu'il s'agira d'une aliénation par contrat de mariage ou d'une donation, la forme authentique sera nécessaire conformément au droit commun, à moins que dans le second cas la donation ne soit indirecte ou déguisée. Lorsque la transmission s'opère par la voie d'un autre contrat, au sujet duquel nos lois ordinaires n'ont point tracé de règles spéciales, on pourra soulever la question de savoir si la forme authentique n'est pas de rigueur.

Nous croyons devoir trancher la question dans le sens négatif. La nécessité de l'authenticité est une exception en matière de convention. En général, une convention est parfaite par le seul consentement des parties, abstraction faite de tout acte même sous seing privé. L'acte n'est qu'un mode de preuve, ce n'est point un élément de validité du contrat. L'intention du législateur s'est d'ailleurs clairement manifestée dans les discussions. Rappelons les paroles de M. T'Kint de Nayer : « Si les transactions auxquelles les brevets donnent lieu ne sont soumises à *aucune règle spéciale*, il importe cependant de les faciliter et d'en *favoriser* la transmission *par acte public...* » Ainsi, s'il était dans le vœu du législateur que les transmissions de brevets se fissent par acte authentique, il n'entendait formuler aucune règle obligatoire à cet égard.

Il est vrai que l'article 19 du règlement laisse supposer que l'acte doit être authentique, car il s'exprime ainsi : « Toute cession ou mutation, totale ou partielle, du brevet, devra être notifiée au département de l'intérieur. La notification de la cession ou de tout autre acte emportant mutation, devra être accompagnée *d'un extrait authentique* de l'acte de cession ou de mutation. » Mais rien n'empêche de fournir un extrait authentique d'un acte sous seing-privé. S'il fallait interpréter autrement cette disposition, on devrait décliner sa force obligatoire, car il n'appartiendrait point au pouvoir exécutif de prescrire un acte authentique là où le législateur aurait déclaré se contenter d'un acte sous seing-privé. Cette conclusion est d'autant plus exacte que l'article 17 de la loi autorise seulement le gouvernement à régler les formalités de la

TITRE II. — DES DROITS QUI DÉRIVENT DU BREVET.  417

demande des brevets, mais est muet sur celles de la cession de ces droits.

La loi française exige au contraire un acte notarié. Son article 20 al. 2, est ainsi conçu : « La cession totale ou partielle d'un brevet, soit à titre gratuit, soit à titre onéreux, ne pourra être faite que par acte notarié. » L'article 15 titre II de la loi du 25 mai 1791, renfermait une disposition identique.

**478. La remise du titre n'est pas obligatoire pour la validité du contrat.** — Faut-il pour que la cession soit valable que le titre soit remis à l'acquéreur? Non, d'après les principes généraux. La remise du titre est une obligation du cédant : elle fait partie de la délivrance, mais elle est sans influence sur la validité du contrat. Le cessionnaire est du reste maître de se faire délivrer directement une expédition du brevet. (*Supra* n° 382.)

**479. De la notification au ministère de l'intérieur. Formalités.** — Nous avons vu que les formalités prescrites par les articles 19 et 21 de l'arrêté royal du 24 mai 1854 étaient purement administratives, qu'elles concernaient uniquement les rapports du breveté avec le gouvernement, que leur inobservation n'entraînait aucune espèce de nullité. L'article 19 exige la notification de l'acte de cession au département de l'intérieur. Lorsque la mutation a lieu par suite d'une succession *ab intestat,* il faudra notifier ou l'acte de décès ou un extrait de l'inventaire, ou plus tard, s'il y a lieu, un extrait de l'acte de partage.

Cette notification a lieu pour la cession partielle comme pour la cession totale. Elle se fait dans les formes ordinaires, par un huissier ou par un notaire.

Elle est adressée au département de l'intérieur et nullement au siège du gouvernement provincial. Elle doit être *accompagnée* d'un extrait, c'est-à-dire qu'il ne suffira pas de donner en tête de l'exploit copie de l'extrait : on exige un acte séparé. Cet extrait sera authentique, c'est-à-dire qu'un notaire devra affirmer l'extrait, s'il s'agit d'un acte ordinaire, et qu'un greffier devra procéder dans les formes, généralement usitées, s'il s'agit d'un jugement.

**480. Publication dans le recueil des brevets.** — Lorsque l'administration, après l'accomplissement des formalités susdites, a pris connaissance des cessions, elle doit les faire connaître au public, en les insérant dans le recueil spécial des brevets. (Art. 21.) Ces diverses formalités sont empruntées à la législation française. (*Supra* n° 388.)

**481. L'enregistrement de l'acte n'est pas obligatoire.** — Quelle est sous notre législation l'importance de l'enregistrement de l'acte de cession? Nous avons vu que l'article 21 de la loi établissait un enregistrement de dix francs sur les actes de transmission de brevets. Cet enregistrement qui est purement fiscal, n'est nullement obligatoire, et ce droit fixe ne se perçoit que lorsque l'acte est présenté volontairement à l'administration de l'enregistrement, dans le but notamment de donner à ce document une date certaine. Les discussions que nous avons rapportées plus haut révèlent à la dernière évidence l'intention du législateur, qui a désiré substituer le droit fixe au droit proportionnel de 2 p. c. auquel les transmissions de brevets étaient autrefois soumises par application de la loi du 22 frimaire an VII, art. 69 § 5 n° 1. La validité de la cession est indépendante de cette circonstance, et l'acte peut acquérir date certaine par tout autre moyen ordinaire, ainsi par la mort de son signataire. A côté de cet enregistrement fiscal se place l'enregistrement administratif prescrit par l'article 19 de l'arrêté royal du 24 mai 1854. Mais nous avons vu que l'inobservation de cette formalité n'entraînait aucune nullité, et qu'elle ne concernait au surplus que les rapports du breveté avec le gouvernement.

**482. Quand une cession de brevets peut-elle être opposée aux tiers?** — Cela nous force à nous poser cette question : sous notre législation, quand une transmission de brevet est-elle valable vis-à-vis des tiers?

La loi des brevets ne la résolvant pas, nous devons recourir aux principes généraux, d'autant plus que d'après les discussions, la cession des brevets est régie par le droit commun.

En principe, c'est à celui qui acquiert le premier un droit, que ce droit doit revenir. Mais les fraudes seraient aisées à propos des transmissions. D'une part, au moyen d'antidates, le cédant pourrait faire passer comme antérieures des cessions beaucoup plus récentes que d'autres. D'autre part, le cédant pourrait revendre plusieurs fois le même droit, dans l'ignorance où se trouveraient les acquéreurs de ces mutations successives. De là deux ordres de précautions édictées par le législateur.

D'abord, il pose en règle générale et absolue, que les actes n'auront de *date certaine* vis-à-vis des tiers que du jour où ils auront été enregistrés, du jour de la mort de celui ou de l'un de ceux qui les ont souscrits, ou du jour où leur substance est constatée dans des actes dressés par des officiers publics, tels que procès-verbaux de scellé ou d'inventaire (art. 1328 C. civ.). Ce principe est applicable aux cessions de brevets avec toutes les extensions, modifications et explications qu'y donne la loi civile commune.

Ensuite, le législateur prend des mesures de diverses natures pour prévenir les fraudes de la seconde catégorie que la certitude de la date ne suffirait même pas à empêcher. Ainsi, quand il s'agit d'immeubles, il prononce que l'acte restera sans effet à l'égard des tiers, tant que le contrat n'aura pas été transcrit au bureau des hypothèques (art. 1 de la loi du 16 décembre 1851); quand il s'agit de meubles corporels, il exige la tradition (art. 2279 et 1141 C. civil). En ce qui touche les droits incorporels, le législateur est moins explicite. Il se borne à disposer que les *créances* n'auront d'effet à l'égard des tiers qu'à compter du jour de la notification faite au débiteur cédé, ou du jour où il a accepté le transport dans un acte authentique (art. 1690 C. civil). Toutes ces mesures sont de droit étroit, parce qu'elles sont de législation positive. On ne peut les étendre aux cas non prévus.

Or, le brevet est précisément un droit mobilier incorporel; ce n'est pas une créance, c'est un droit d'une nature spéciale pour lequel le droit commun n'a rien prescrit de particulier. Dès lors, revenant aux principes purs, nous devons dire que la cession existera vis-à-vis des tiers, dès le jour où elle aura acquis date certaine par l'un des trois moyens indiqués dans l'article 1328 du Code civil, sans autre formalité.

**483. Si la cession a date certaine aucune formalité spéciale n'est requise.** — Quant à la notification, de quel droit la prescrirait-on? La loi commune ne l'exige que pour les droits de créances, la loi spéciale n'en parle point, le règlement traite d'une notification dont il ne précise ni le but ni les effets quant aux tiers, dont il ne détermine pas la sanction et qui du reste serait, comme nous l'avons vu *sup.* n° 475, illégale si elle ajoutait à la loi en faisant dépendre de son observation l'effet d'une cession à l'égard des tiers. Au surplus, à qui notifier? Quand il s'agit de cession de créances, la chose est fort simple : on se trouve en présence d'un débiteur cédé. Mais rien d'analogue n'existe dans le brevet où il ne se présente point de débiteur à qui l'on puisse faire de signification. (Comparez l'arrêt de Paris du 29 août 1865, *Gazette des tribunaux* du 10 septembre, qui en matière de nantissement de brevet, affranchit le créancier gagiste de la signification au débiteur, ordonnée par l'art. 2075, C. civ.).

D'ailleurs, cette formalité est tout à fait insuffisante même pour les créances, car en quoi la notification au débiteur cédé ou son acceptation de la cession dans un acte authentique, avertit-elle un second créancier que la créance est déjà cédée? Ce qu'il eût fallu, c'était l'imitation de l'enregistrement administratif français, celui que l'article 19 du règlement a tenté d'introduire, celui qui, en exigeant comme condition de validité de toute cession l'inscription sur des registres publics analogues à ceux des hypothèques, eût permis à tous les intéressés de s'assurer des mutations consenties par le breveté.

Il faut donc reconnaître que le cessionnaire est saisi à l'égard des tiers par le seul fait de la cession, pourvu qu'elle ait acquis date certaine, par l'un des moyens décrits dans nos lois civiles. Cette règle est applicable aux transmissions quelconques, qu'elles aient lieu entre vifs ou à cause de mort, à titre gratuit ou onéreux, etc.

**484. Le cessionnaire devra notifier l'acte de cession à celui contre qui il voudra agir.** — Comme tout individu qui se prétendra acquéreur d'un brevet devra en justifier, il faudra que tout cessionnaire, désireux d'agir en cette qualité vis-à-vis des tiers, fasse signifier son acte de cession à celui contre qui il veut agir.

**485. Le payement total des annuités à courir n'est exigé que par la loi française.** — La loi française, outre l'acte notarié et l'enregistrement à la préfecture, exige une troisième condition pour la validité des transmissions de brevet. Elle veut

18.

que lors de la cession on acquitte immédiatement au trésor l'intégralité des annuités à courir. La taxe sur les brevets devient donc exigible pour le tout. Cette disposition, assez peu justifiable d'ailleurs, n'existe point chez nous.

**486. Opinions erronées des commentateurs de la loi belge.** — Comme nous l'avons déjà signalé, M. Tillière s'est étrangement mépris sur la nature de l'enregistrement dont parle la loi sur les brevets. Trop imbu des principes de la législation française, il attache à la formalité dont parle l'art. 21, les mêmes causes et les mêmes effets que ceux de l'enregistrement administratif à la préfecture. Ainsi, au n° 265 il considère l'enregistrement comme *imposé* par l'art. 21. Il y déclare que cette formalité répond à toutes les nécessités que nous avons signalées. C'est, dit-il, un moyen pour le public d'acquérir la connaissance du transfert de ces droits. Il refuse tout effet aux cessions à l'égard des tiers si elles ne sont pas enregistrées (n° 282). « Jusqu'à ce moment, ajoute-t-il au n° 283, l'acquéreur, le donataire et même le légataire, sont sans qualité pour poursuivre les contrefacteurs. » Il rappelle à ce propos la jurisprudence française qui s'applique à la loi de 1791 et à la loi de 1844, c'est-à-dire à l'enregistrement administratif, et sans faire aucune réserve, sans se douter des différences, il adopte les conséquences de décisions rendues sous une législation tout à fait différente. (N° 284 et suiv.)

M. Vilain partage la même erreur (n° 97 et suiv.). Ces opinions sont suffisamment réfutées par ce qui précède.

**487. Pour quels actes le droit fixe est-il dû?** — — Pour quels actes le droit fixe de dix francs est-il dû? Ce droit, d'après l'art. 21, frappe toute transmission de brevets. Il n'est donc applicable ni à la cession d'une invention non brevetée, ni à l'octroi de licences ou autorisations qui ne constituent point de cessions partielles du brevet. Les actes ou contrats qui contiennent de semblables stipulations sont taxés suivant les règles ordinaires du droit fiscal lorsqu'on les présente à l'enregistrement.

**488. Le droit fixe s'applique aux cessions partielles.** — Les cessions partielles du brevet paraissent se ranger sous la disposition de l'article aussi bien que les cessions totales, car le texte est absolu et parle de *toute transmission...* » Les motifs de la loi sont d'ailleurs les mêmes. On a voulu favoriser les mutations par acte public et éviter les transmissions clandestines : l'intérêt du public proteste également contre la clandestinité des cessions partielles. M. Tillière, n° 266, semble adopter une opinion contraire sans donner aucun motif à l'appui de sa manière de voir. Toujours préoccupé de l'assimilation avec l'enregistrement administratif français, il se pose (n°s 277 et suiv.) une série de questions dont l'application est sans portée sous notre loi. L'enregistrement est-il obligatoire, se demande-t-il, en cas de rétrocession du brevet, d'annulation d'un acte de transmission, de partage entre héritiers et associés? Les créanciers peuvent-ils s'opposer à l'enregistrement d'une cession de brevet consentie par leur débiteur? Il résout ces divers points par des distinctions qui peuvent être très-justes, mais qui ne sont légitimes que sous la loi française.

**489. Quel est le caractère obligatoire de l'article 21?** — Lorsque l'enregistrement d'une transmission quelconque de brevets serait, d'après les règles ordinaires, passible d'un droit proportionnel, c'est le droit fixe qui seul est dû aujourd'hui. Lorsqu'au contraire aucun droit ne serait dû d'après les lois fiscales ou qu'il ne serait dû qu'un droit moindre, le trésor aurait mauvaise grâce de vouloir s'armer de l'article 21 pour tenter de percevoir la taxe de dix francs. La position du breveté a été améliorée mais non aggravée par la loi. Elle a voulu encourager l'enregistrement en le rendant moins onéreux ; on violerait cette intention en l'empirant. Le texte a beau être général, il faut l'interpréter par l'esprit qui l'a dicté. N'oublions pas du reste l'adage *in dubiis contra fiscum*. Ainsi, si un brevet est mis en société à titre d'apport, le fisc pourra percevoir le droit fixe ordinaire de 6 fr. 60 c. sur l'acte de société, mais il ne saurait prétexter de l'article 21 pour exiger un droit de dix francs à l'occasion de la transmission du brevet.

## SECTION DEUXIÈME.

### Des différentes espèces de transmission.

(SOMMAIRE.)

490. Divisions diverses des transmissions. — 491. Des cessions totales et des cessions partielles. — 492. Distinction entre les cessions partielles et les concessions de licences. — 493. Éléments de la différence. — 494. Pouvoir d'interprétation des tribunaux. — 495. Formes de la saisie des brevets. — 496. Expropriation forcée des brevets. — 497. La cession d'un brevet est un contrat civil. — 498. Exceptions à cette règle. — 499. L'acquisition d'un brevet peut être réputée commerciale. Jurisprudence. — 500. Caractère des sociétés formées pour l'exploitation d'un brevet.

**490. Divisions diverses des transmissions.** — Les transmissions de brevets sont susceptibles de se diviser à divers points de vue. On distingue tout d'abord les cessions totales ou partielles, puis celles qui se font à titre onéreux ou à titre gratuit, ensuite, les transmissions volontaires ou forcées, enfin, celles qui se font entre vifs ou à cause de mort.

**491. Des cessions totales et des cessions partielles.** — La cession du brevet peut être totale ou partielle (art. 19 du règlement, art. 20, al. 2 de la loi française.)

La cession est totale, lorsque le titulaire abandonne l'intégralité des droits qui dérivent du brevet, sans aucune restriction. Elle est partielle, lorsque le breveté se dessaisit seulement d'une partie de ses droits et se réserve le surplus.

On peut citer de nombreux exemples de cessions partielles : lorsque le breveté transmet le droit exclusif de vendre et se réserve le droit de fabriquer; lorsqu'il abandonne l'exploitation d'une partie de son invention dans le cas où celle-ci est susceptible de se décomposer; lorsqu'il renonce à son droit pour un temps déterminé, en se réservant de le reprendre à l'expiration du délai convenu; lorsqu'il s'associe un tiers pour l'exploitation en stipulant que la propriété du brevet sera désormais commune.

**492. Distinction entre les cessions partielles et les concessions de licences.** — Il importe de distinguer soigneusement entre la cession totale ou partielle du brevet et la concession d'autorisations ou de licences. Cette distinction mérite d'être relevée à divers titres, notamment en ce qui concerne le droit fixe d'enregistrement qui n'est applicable qu'aux cessions proprement dites; et surtout au point de vue de l'action en contrefaçon qui est refusée aux simples porteurs de licences.

**493. Éléments de cette différence.** — Il y a cession de tout ou partie du brevet, quand le breveté se dépouille en faveur d'un tiers de tout ou partie de ses droits sur le brevet lui-même. Il y a concession d'une licence quand le breveté conserve vis-à-vis du public l'intégralité de son privilége, et qu'il se borne à lever ou à alléger à l'égard d'un individu déterminé la défense qui pèse sur la généralité du public par suite du monopole.

Dans le premier cas, il transmet un droit sur la chose même, que l'acquéreur peut faire reconnaître par tout le monde, qu'il peut faire valoir contre le premier venu. Dans le second, il n'attribue au concessionnaire qu'un droit purement personnel, qui ne peut être invoqué qu'entre parties. Pour mieux nous faire comprendre encore, rappelons que dans tout droit on peut distinguer entre le droit proprement dit et les effets, les conséquences dont il est la source. La concession porte-t-elle sur tout ou partie du droit proprement dit, il y a cession dans le sens propre du mot; ne porte-t-elle au contraire que sur tout ou partie des effets, tout se réduit-il dans l'autorisation de les faire valoir et de profiter des bénéfices qu'ils peuvent amener, il y a licence.

Ainsi il y aura licence et nullement cession du brevet, lorsque le breveté autorisera un industriel à exploiter l'invention, par exemple à la vendre, ou à la fabriquer; lorsque cette autorisation ne vaudra que pour un rayon déterminé ou pour une période restreinte; lorsque cette autorisation sera même exclusive : le contrat ne change pas de nature, il n'attribue pas au concessionnaire une part de la propriété du brevet, il ne vaut que contre le breveté, comme une obligation de faire ou de ne pas faire. (Nouguier, n° 274.)

**494. Pouvoir d'interprétation des tribunaux.** — Les juges du fait, saisis de l'interprétation d'une convention, font un usage légitime de leur droit souverain en décidant qu'il n'y a pas eu cession partielle du brevet, mais simple concession de la faculté d'exploiter. (Cass. fr., 8 mars 1852, Pal. 1852. 2. 266, Pecquiriaux c. Lebrun-Bohmé.) La décision du point de savoir s'il y a cession ou simple licence sera souvent fort délicate, car on ne peut se dissimuler que la nuance déjà difficile à saisir en théorie, devient plus épineuse encore quand il s'agit de discerner ce qu'ont voulu les parties.

**495. Formes de la saisie des brevets.** — Nous avons vu (n° 440) que la transmission du brevet pouvait être forcée en cas de saisie de la part des créanciers.

Dans quelles formes cette saisie doit-elle être faite? La loi des brevets étant muette, cette question doit se résoudre d'après les principes généraux. Or, remarquons que ce qu'il s'agit de saisir c'est un droit incorporel dont le titre, l'arrêté de brevet, se trouve et doit rester entre les mains de l'Etat, dans les archives du département de l'intérieur. Ne perdons pas non plus de vue que le droit, dans l'espèce, est inséparable du titre, que celui-là suppose nécessairement que celui-ci existe ou a tout au moins existé. Le brevet se présente donc en réalité comme un objet appartenant à un débiteur, l'inventeur, et se trouvant entre les mains d'un tiers, le gouvernement. Or, aux termes de l'art. 557 du Code de procédure, cette situation doit donner lieu à une saisie-arrêt, non à une saisie-exécution.

De plus, comme le tiers saisi est le gouvernement, dans la personne du ministre de l'intérieur, c'est-à-dire un administrateur public, il faudra appliquer l'art. 561 qui exige le visa du fonctionnaire saisi sur l'original, et l'art. 569 qui dispense d'assigner les fonctionnaires publics en déclaration. Il suffira qu'ils donnent un certificat constatant l'existence du brevet et les noms du breveté. (Trib. de Lyon, 20 juin 1857. Villard, S. V. 58. 2. 24.) Jugé de même que la saisie des brevets tient plutôt de la saisie-arrêt que de la saisie-exécution. (Paris, 28 avril 1859, Pinguet c. Larmausat, *la Prop. ind.*, n° 81.)

**496. Expropriation forcée des brevets.** — Comme tous autres biens, les brevets peuvent être expropriés pour cause d'utilité publique, moyennant une juste et préalable indemnité. L'art. 11 de la Constitution emploie, il est vrai, le mot « propriété » mais il doit être entendu dans un sens large comprenant toute espèce de biens, notamment ce droit spécial qui a nom brevet. Cela est plus clair encore pour ceux qui voient dans ce droit une véritable propriété.

Mais comme d'un côté, ce même article 11 déclare que l'expropriation ne pourra avoir lieu que dans les cas et de la manière établis par la loi, comme d'un autre côté nos lois actuelles sont muettes sur l'expropriation des brevets, ce ne sera qu'en vertu d'une loi nouvelle qu'on pourra procéder.

Cette question n'est pas tout à fait dépourvue d'intérêt pratique, car on conçoit certaines inventions qui seraient si utiles à l'humanité qu'il y aurait le plus grand avantage à en détruire immédiatement le monopole pour les mettre à la libre disposition des hommes.

**497. La cession d'un brevet est un contrat civil.** — Il ne faut pas confondre la question de savoir quel est le caractère civil ou commercial de la concession d'une licence, que nous avons examinée *sup.* n° 464, avec celle de savoir quel est le caractère de la cession d'un brevet que nous examinons ici.

Pareille cession est en général un contrat civil : en effet, aucune loi spéciale ne répute commerciale la cession du brevet ; d'autre part, en ce qui concerne les principes généraux en matière d'actes de commerce, il faut distinguer entre l'invention prise en elle-même, abstractivement en quelque sorte, et les produits fabriqués d'après cette invention. Dans ce dernier cas, on peut voir la mise en œuvre dans l'intention de revendre (art. 632 C. com.), mais non pas dans le premier cas où il s'agit d'une conception en quelque sorte purement intellectuelle.

Il a été jugé en conséquence de ce principe, que la vente d'un brevet d'invention faite par un non-commerçant ne constitue pas un acte de commerce vis-à-vis de lui, alors même que ce brevet est destiné par l'acheteur à une exploitation commerciale, et qu'il est dit, dans le contrat de vente, que le vendeur aidera son cessionnaire dans la mise en œuvre dudit brevet. (Paris, 16 novembre 1852, Pal. 1853. 1. 58. Martin c. Fastier.)

Jugé que la cession d'un brevet, moyennant une prime fixe ou une redevance proportionnelle aux bénéfices que réalisera le cessionnaire est une convention purement civile. En conséquence, le tribunal civil est seul compétent pour connaître des contestations relatives à cette cession. (Douai, 31 janv. 1860, Dehollain c. Dubrunfaut, *La Prop. industr.*, n° 128.)

**498. Exceptions à cette règle.** — Cependant, il serait possible de considérer la vente comme commerciale si elle était faite par un négociant à un autre négociant, et qu'elle se liât aux opérations commerciales antérieures du cédant. (Lyon, 4 janvier 1839, Pal. 1839, I, 638, Rusand c. Périsse; — Cologne, 14 juin 1852, Pal. 1853, I. 61, Parker c. Kurten.) Cela est conforme à l'article 632, al. 7, du code de commerce.

**499. L'acquisition d'un brevet peut être réputée commerciale. Jurisprudence.** — Quant à l'acquisition d'un brevet, elle pourra être réputée commerciale, quand elle sera faite par un négociant dans un but de spéculation et pour l'exploiter. (Bourges, 5 février 1853, Pal. 1853, I. 357. Gendarme c. Martin.). En effet voici les principes en pareille matière : de deux choses l'une : ou l'acquéreur est déjà négociant et le brevet qu'il achète doit, dans son intention, servir à faire valoir son négoce, son industrie, et par cela même son acquisition devient un acte de ce négoce; dans le doute il faudra même présumer que telle est son intention (arg. art. 638 al. 2 c. com.); ou l'acquéreur n'est pas encore négociant, mais il achète avec l'intention non équivoque d'exploiter, de fabriquer pour vendre, et dans ce cas son acquisition est le premier acte d'un commerce qu'il commence.

**500. Caractère des sociétés formées pour l'exploitation d'un brevet.** — La société qui serait formée dans le seul but de prendre un brevet et d'en céder l'exploitation à des tiers serait considérée comme civile. Mais puisque les inventions ne sont brevetables qu'à la condition d'être empreintes d'un caractère industriel ou commercial, la société qui se proposerait d'exploiter elle-même l'invention serait commerciale. (Paris, 8 janvier 1845, Guidecelly c. Dubouchage, — Blanc, Contref. p. 500.)

Le tribunal de commerce de Bruxelles par jugement du 14 févr. 1859, (Dandoy-Maillard c. Gossiaux et C<sup>e</sup>, *La Propr. ind.*, n° 69) a décidé que les tribunaux consulaires sont compétents pour connaître des contestations auxquelles donne lieu la cession d'un brevet, surtout lorsque pareille cession ne constitue pas une simple acquisition de droits privilégiés, mais bien une opération faite dans un but commercial.

Ainsi jugé encore que l'acte par lequel l'inventeur s'associe un tiers, et stipule pour ce fait une prime proportionnelle aux résultats obtenus, doit être réputé un acte de commerce appartenant par sa nature à la juridiction commerciale. (Colmar, 31 juillet 1848, Pal. 1850, I, 353, Broquette c. Dolfus.)

## SECTION TROISIÈME.

### Des effets de la transmission d'un brevet.

(SOMMAIRE.)

501. En cas de cession, qui doit payer la taxe? — 502. Rapports du concessionnaire avec le trésor. — 503. A qui l'avertissement doit-il être donné par le gouvernement? — 504. Le concessionnaire profite-t-il des brevets de perfectionnement? — 505. Responsabilité du cédant en cas de réticence. — 506. Droits des parties entre elles et vis-à-vis des tiers. — 507. Obligation du cédant en ce qui concerne la délivrance. — 508. Obligation de garantie du cédant. — 509. Doit-il garantir l'efficacité de l'invention? — 510. Il doit garantir les effets décrits au brevet. — 511. Obligations du cessionnaire. — 512. Droits du cessionnaire sur l'invention. — 513. Obligations du cédant quand une seule localité est attribuée au cessionnaire.

**501. En cas de cession, qui doit payer la taxe?** — En cas de transmission, qui du cédant ou du cessionnaire, doit continuer à payer la taxe?

Si des conventions particulières ont réglé ce point, il ne se présentera pas de difficultés. Mais à défaut de semblables stipulations, il faudra s'en rapporter au droit commun et statuer d'après l'adage : *Cujus est commodum, etiam incommodum esse debet.* Le cessionnaire de la totalité du brevet acquittera l'intégralité de la taxe, le cessionnaire partiel supportera une part proportionnelle à l'importance de ce qu'il a acquis.

**502. Rapports du cessionnaire avec le trésor.** — La taxe des brevets est un impôt purement volontaire que le breveté peut se dispenser de payer, sauf à subir la déchéance de son privilége. Le trésor ne possède aucun droit de poursuite, aucun moyen de contrainte, en dehors de la sanction de la déchéance.

Il importerait donc peu de s'enquérir de la position du cessionnaire vis-à-vis du fisc. Quel que soit celui qui acquitte la redevance, ce dernier doit se déclarer satisfait (arg.

art. 1236. c. civ.). Quel que soit celui qui est en faute, à défaut de paiement, le gouvernement proclamera la déchéance du brevet.

**503. A qui l'avertissement doit-il être donné par le gouvernement?** — Mais la loi du 27 mars 1857 a introduit un élément nouveau dans la matière, en exigeant un *avertissement* préalable à la déclaration de déchéance. On peut donc se demander aujourd'hui quelle est la personne à qui l'avertissement doit être adressé en cas de cession totale ou partielle du brevet. Remarquons que les formes de cet avertissement ont été abandonnées à la discrétion de l'administration : le projet de la section centrale portait que l'avertissement serait donné par *lettre chargée,* mais ces derniers mots ont été supprimés à la demande du gouvernement, parce que c'étaient des détails administratifs. Observons ensuite que cette formalité n'a pas été considérée, dans la loi nouvelle, comme étant rigoureusement obligatoire. M. le ministre de l'intérieur disait, en effet, au Sénat : « L'honorable baron d'Anethan persiste à croire qu'il faudrait dire dans la loi même comment et par qui l'avertissement sera donné, parce que, dit-il, ce n'est pas un simple détail d'administration mais une clause d'où peut dépendre l'exercice ou la déchéance d'un droit. Je ne suis pas d'accord avec l'honorable membre sur la portée de cet avertissement. Cet avertissement n'est pas obligatoire. Ainsi, si le gouvernement négligeait de le faire, le breveté n'en serait pas moins déchu de ses droits. » (Séance du 24 mars 1857.)

Il suit de là que le gouvernement est maître d'avertir la personne qu'il jugera convenable. Puisque l'absence de tout avertissement ne relèverait pas de la déchéance, à plus forte raison ne sera-t-on pas recevable à critiquer un avertissement irrégulièrement donné.

La loi au surplus déclare que l'avertissement sera donné au *titulaire* du brevet. Or, pour le gouvernement il n'y a de titulaires que le breveté primitif et les cessionnaires qui auront fait notifier la cession au ministère. (Art. 19 du règlement.) Il sera donc prudent, au point de vue de cet avertissement, de suivre les formalités de ce règlement.

N'oublions pas du reste que tout intéressé peut se présenter pour payer la taxe, fût-ce même un simple porteur de licence, mais que s'il a payé au-delà de ce qu'il devait, il aura un recours contre les véritables débiteurs.

**504. Le cessionnaire profite-t-il des brevets de perfectionnement?** — L'article 22 de la loi française est ainsi conçu : « Les cessionnaires d'un brevet et ceux qui auront acquis d'un breveté ou de ses ayants droit, la faculté d'exploiter la découverte ou l'invention, profiteront de plein droit des certificats d'addition qui seront ultérieurement délivrés au breveté ou à ses ayants droit. »

Est-il permis d'admettre sous notre législation par voie d'analogie, que le cessionnaire profite des brevets de perfectionnement ultérieurement délivrés au breveté primitif ?

La négative ne paraît pas douteuse. La disposition de l'article 22 de la loi française est de droit exceptionnel. Car en droit commun, on n'acquiert strictement que la chose cédée ; l'intention de céder le brevet principal n'implique pas celle de céder le brevet de perfectionnement, surtout lorsque ce dernier n'avait même pas d'existence au moment du contrat. Du reste, il n'y a point d'assimilation complète entre les certificats d'addition de la loi française et nos brevets de perfectionnement. Les certificats sont délivrés au titulaire du brevet principal, ils forment l'accessoire, l'annexe de celui-ci, ils ont la même durée et subissent le même sort que lui. Les brevets de perfectionnement, au contraire, sont à la disposition de tout le monde : ils constituent des brevets spéciaux, ayant une existence indépendante du brevet *spécial*. Aussi, même sous la loi française, n'étend-on pas à ces brevets le principe de l'article 22.

Il est à remarquer toutefois que c'est l'intention des parties qui doit avant tout servir de guide (art. 1156 C. civ.) et que l'interprétation de cette volonté est abandonnée aux juges du fait.

**505. Responsabilité du cédant en cas de réticence.** — Remarquons que les brevets sont pris souvent avec beaucoup de précipitation; afin d'obtenir la priorité, on se hâte de demander un privilége pour une invention qui n'est pas mûrie, dont les imperfections disparaissent plus tard au moyen de modifications et de perfectionnements apportés à l'idée première. Or, si un breveté cédait sa découverte primitive, ayant déjà en vue des perfectionnements qui l'amélioreront considérablement au point de rendre difficile sinon impossible la vente de la première, ou de donner aux produits de celle-ci une infériorité notable, et s'il taisait ses projets à l'acquéreur, il y aurait de sa part dol négatif, résultant de son silence et de ses réticences, et la convention pourrait être attaquée de ce chef. (Art. 1116 C. civ., Nouguier, n° 328, Renouard n° 166, Dalloz, n° 226).

**506. Droits des parties entre elles et vis-à-vis des tiers.** — Les droits des parties sont toujours réglés par le contrat : entre le cédant et le cessionnaire, c'est donc la convention qui fait foi, sans qu'aucune formalité supplémentaire soit requise. Vis-à-vis des tiers, il est nécessaire que l'acte ait date certaine : c'est à partir de ce jour seulement qu'il devient obligatoire pour ceux qui n'y ont pas été parties. Il s'ensuit que le cessionnaire devra respecter les licences octroyées par son cédant, si l'on établit l'antériorité de ces licences au jour où l'acte de cession a acquis date certaine, quelle que soit la date portée dans l'acte même. (*Sup.* n° 432.)

**507. Obligation du cédant en ce qui concerne la délivrance.** — Entre les parties, la vente est parfaite par le seul consentement : la remise effective du titre n'est point nécessaire. Mais comme la première obligation de tout vendeur consiste dans la délivrance, il s'ensuit que le breveté sera tenu de faire tradition du titre à l'acquéreur.

A la délivrance se rattache pour le vendeur, l'obligation de fournir à l'acquéreur tous les renseignements nécessaires pour exploiter le brevet. Les conventions doivent en effet être exécutées de bonne foi. (Art. 1134 C. civ.).

Cette conséquence devrait être appliquée, alors même que le vendeur aurait déclaré vendre sans garantie. En effet, s'il n'a pas donné des renseignements suffisants lors de la cession, il a commis une réticence ou une négligence dont il est responsable. Aucune clause de non-garantie ne libère le vendeur de la garantie de ses faits personnels. (Art. 1628 C. civ., Paris, 22 fév., 1845, MARCHAND c. LHUILLIER, *Gaz. des trib.*, 23 fév. 1845.)

**508. Obligation de garantie du cédant.** — La seconde obligation du cédant consiste dans la garantie qu'il doit fournir à l'acquéreur.

Il doit garantir l'existence du brevet au moment de la vente, *nomen verum*. (Arg. art. 1693 C. civ.).

Cette garantie comprend la garantie que le brevet a été pris au nom du vendeur ; que l'invention lui appartenait et qu'un tiers ne pourrait valablement la revendiquer ; que le brevet n'est entaché d'aucun vice ni déchéance ; enfin que sa durée n'est pas expirée.

Il y aura également lieu à la garantie de droit si le brevet a été cédé à un tiers pour une part aliquote quelconque, si même de simples licences ayant date certaine, et dont l'existence était ignorée du cessionnaire, étaient opposées à celui-ci.

C'est ainsi qu'il a été jugé que quelles que soient les questions soulevées par la *brevetabilité* de l'invention, le vendeur en est garant vis-à-vis de l'acheteur, et l'on ne pourrait opposer à ce dernier qu'il est non-recevable parce que par l'achat il aurait reconnu la brevetabilité. En conséquence, si le brevet est annulé, il y a lieu de prononcer la résiliation de la cession. (Trib. civ. de la Seine, 19 déc. 1860, Lefevre c. Pélicart, *La Prop. ind.* n° 162.)

Un arrêt de la Cour de Paris du 6 nov. 1855, (*Journ. des trib. de comm.*, t. de 1856, p. 58, Gaillard c. Roux). dont la doctrine est suivie par Nouguier (n° 333) consacre une exception aux règles exposées ci-dessus. D'après cette décision, lorsqu'un brevet a été reconnu s'appliquer à un objet tombé dans le domaine public, la cession qui en a été faite ne doit pas nécessairement être annulée dans toutes les circonstances; si l'annulation du brevet n'a eu lieu que longtemps après sa date, et si l'acquisition a pendant plusieurs années rapporté au cessionnaire de grands bénéfices, la cession peut être maintenue; mais, dans ce cas, les juges doivent accorder au cessionnaire dépouillé une indemnité proportionnée au gain qu'il aurait pu faire si la durée du brevet n'avait pas été abrégée.

Cet arrêt basé peut-être sur des raisons d'équité particulières à la cause, viole cependant les principes généraux. D'après les règles ordinaires, auxquelles rien dans la matière ne permet de déroger, la vente est nulle en cas d'éviction. La perception des fruits exercera sans doute une influence sur l'évaluation des dommages-intérêts mais elle ne saurait valider la vente qui doit être résolue à défaut d'objet.

**509. Doit-il garantir l'efficacité de l'invention?** — Le cédant ne devra pas la garantie de fait, *nomen bonum*. Ainsi, il ne sera pas tenu à garantie si l'invention est insignifiante, si elle ne donne pas des résultats fructueux, si elle devient sans utilité pratique par suite d'autres découvertes plus ingénieuses. Mais si le vendeur avait formellement annoncé des qualités et promis certains effets, *dicta et promissa*, il serait tenu à garantie si ces résultats ne se produisaient point. (Nîmes, 21 décemb. 1829. S. V. 30, 2, 135, ROCHE c. PELAUD; — Cassat., franç. 15 juin 1842, Pal. 42. 2. 383, FLOURENS c. MORIN; — Cass. franç. 22 août 1844, Pal. 1844, 2. 672, LAFFORE c. ROUJAT; — BLANC, Invent. p. 478 et 533.)

**510. Il doit garantir les effets décrits au brevet.** — Celui qui a cédé la propriété d'un brevet pris pour un produit et pour le procédé propre à l'obtenir, doit garantir l'obtention du produit et l'emploi du procédé tels qu'ils sont décrits au brevet.

En conséquence, si en suivant fidèlement les prescriptions du brevet, on ne peut obtenir le produit énoncé, il y a lieu de prononcer la résiliation de la cession. On ne serait pas admis à opposer au cessionnaire qu'il a reconnu l'efficacité du procédé, même depuis la cession, et qu'il serait ainsi non-recevable à la critiquer. (Paris, 3 décemb. 1860. REY c. DUPOUY-LOUGAT. *La propr. ind.*, n° 159.)

Quand un procédé vendu ne remplit qu'imparfaitement les effets énoncés dans le brevet, la cession de ce brevet peut-elle être annulée comme ayant été faite sans cause? L'affirmative a été jugée avec raison dans une espèce soumise à la Cour de Paris. (Arr. du 2 fevr. 1860, DANIEL c. LANDOIS. *La prop. ind.*, n° 164.)

La Cour de cassation de France, saisie du pourvoi dirigé contre cet arrêt, adopta la doctrine des premiers juges et décida que malgré l'élément aléatoire contenu dans la cession de tout brevet, le contrat n'en restait pas moins une vente pure et simple, qu'il devait donc être annulé, comme étant sans cause et sans objet, lorsque l'invention n'était pas susceptible d'une application industrielle. (Cass. fr., 22 août 1861. *La prop. ind.*, n° 201.)

Mais le recours disparaîtrait si le cessionnaire avait acheté à ses risques et périls ou sans garantie (art. 1627, C. civ.). Mais le cédant reste toujours tenu de la garantie de son fait personnel, quand par exemple il est lui-même l'inventeur et l'auteur des descriptions (art. 1628 *ib.*).

**511. Obligations du cessionnaire.** — — Quant aux obligations du cessionnaire, elles sont évidemment de remplir de son côté les conditions du contrat à peine de résiliation et de dommages-intérêts. Il est à remarquer que jusqu'au moment où la résiliation sera prononcée, il sera considéré comme cessionnaire du brevet, alors même qu'il n'aurait pas payé le prix convenu ; s'il exploite l'invention durant cet intervalle il ne sera pas réputé contrefacteur, mais cette exploitation pourra peser d'un grand poids dans l'appréciation des dommages-intérêts.

**512. Droits du cessionnaire sur l'invention.** — L'acheteur d'un brevet a, par suite de la cession, le droit le plus absolu sur le brevet. Il peut l'anéantir, il peut modifier, même dénaturer l'invention, sans que l'inventeur ait le droit de se plaindre. La chose vendue ayant cessé d'être sienne, il n'a plus qualité pour critiquer l'usage qu'on en pourrait faire. (Orléans, 26 août 1845, Lachaire c. Gache-Lareck ; — Huard, art. 20 n° 1.)

Il peut aussi disposer de son acquisition et la transmettre à son tour à des tiers. Mais si le breveté est resté titulaire du brevet, et n'a cédé à l'acquéreur que le droit de se servir du procédé c'est-à-dire, une simple licence, l'usage cédé doit être, sauf stipulation contraire, limité à la personne à laquelle l'autorisation a été vendue, et cette personne ne peut elle-même la céder à d'autres. (Trib. de Lyon, 23 nov. 1854, Lesobre c. Bonnet et Loisel, Blanc, *Contref.* p. 522.)

**513. Obligations du cédant quand une seule localité est attribuée au cessionnaire.** — Lorsqu'un breveté n'a cédé l'exploitation de son invention que pour une localité déterminée, il doit lui-même s'interdire au dit lieu tout fait de nature à troubler la jouissance exclusive du cessionnaire. Mais il ne répond que des faits qui lui sont personnels et directement imputables. Ainsi, il pourrait être tenu des ventes qu'il ferait directement, mais non des reventes successives à la suite desquelles l'objet breveté serait introduit dans la localité réservée. Sa responsabilité ne serait engagée que s'il était établi que la vente directement opérée par le breveté n'était point sérieuse, et n'avait d'autre but que de dissimuler la violation de la convention. (Paris, 6 avril 1861, Mayer c. Lenormand et Bresson, *La prop. ind.*, n° 175.)

Il y aurait cependant lieu, pensons-nous, à diriger une action en dommages-intérêts contre le breveté, s'il avait négligé de faire connaître à ses acheteurs la localité réservée au premier cessionnaire; ce devoir lui incombe et il est des cas où il peut aisément l'accomplir.

## SECTION QUATRIÈME.

**Revendication de la propriété d'un brevet et subrogation.**

(SOMMAIRE.)

514. Droit de l'inventeur dont le breveté a usurpé la découverte. — 515. La collaboration à une invention donne droit à la communauté du brevet. — 516. L'inventeur peut-il demander la nullité du brevet obtenu par l'usurpateur? — 517. Le pouvoir judiciaire ne peut forcer l'administration à modifier le nom du titulaire. — 518. Le défendeur à l'action en revendication ne peut exciper de la nullité du brevet. — 519. Il ne peut opposer au demandeur que celui-ci n'est pas l'inventeur. — 520. La preuve de l'usurpation peut se faire par tous moyens de droit. — 521. L'action en revendication peut être dirigée contre le cessionnaire du brevet.

**514. Droit de l'inventeur dont le breveté a usurpé la découverte.** — Sous une législation qui a adopté le principe du non-examen préalable, où le brevet est octroyé au premier venu qui en fait la demande, il peut arriver aisément que ce ne soit pas le véritable inventeur qui l'obtienne. Si un tiers qui n'est pas cessionnaire légitime de l'invention s'est emparé de l'idée nouvelle, par abus de confiance, vol, corruption d'employés ou tout autre moyen illicite, l'auteur de la découverte peut saisir les tribunaux d'une demande en revendication du privilége dont il a été dépouillé, et il pourra se faire subroger au titulaire dans tous les droits résultants du brevet.

Ce recours n'est pas textuellement écrit dans la loi, mais il est universellement accepté par la doctrine et la jurisprudence. Il est conforme, en effet, d'abord aux principes généraux qui défendent à quelqu'un de s'enrichir au détriment d'autrui, ensuite au principe de la loi des brevets qui institue une récompense, non pas pour une usurpation, mais pour la conception d'une idée nouvelle.

**515. La collaboration à une invention donne droit à la communauté du brevet.** — Il suffira même qu'une personne ait coopéré à l'invention, ait collaboré avec le breveté, pour qu'elle soit admise à jouir des bénéfices du brevet. Dans ce cas, il y aurait co-propriété au profit de ceux dont le travail réuni aurait amené la découverte. (Cass. fr., 1$^{er}$ déc. 1858. Coquerel. S. V. 59. 1. 763.)

**516. L'inventeur peut-il demander la nullité du brevet obtenu par l'usurpateur ?** — Le recours de l'inventeur peut-il consister en une demande en nullité du brevet obtenu en fraude de ses droits? M. Blanc, *Contref.*, p. 609, opine pour l'affirmative, et cite à l'appui de sa manière de voir un arrêt de la Cour de Paris du 7 juin 1844 (Thollin c. Duport.)

Mais cette opinion ne résiste pas à l'examen lorsqu'on considère que la loi énumère les causes de nullité, qu'il est impossible de les étendre au delà de ses termes, et que nulle part il n'est fait mention de cette prétendue cause de nullité. Du reste, ce mode de procéder serait funeste à l'inventeur. Le premier brevet ayant pu amener une publicité suffisante à l'invention pour la faire tomber dans le domaine public, le brevet pris ensuite par l'auteur véritable de la découverte disparaîtrait en même temps que le premier. Mais lorsque le brevet délivré à l'inventeur réel est le premier en date, il a tout intérêt à provoquer la nullité du second, pris par l'usurpateur, en se fondant sur son antériorité ou sur la publicité donnée à l'objet breveté par le premier brevet. (Paris, 18 juin 1856, Herman c. Bigot-Deunam, *le Droit,* n° du 20 juin 1856. — Comp. n° 32).

**517. Le pouvoir judiciaire ne peut forcer l'administration à modifier le nom du titulaire.** — Lorsque l'inventeur établira son droit sur la découverte, les tribunaux constateront l'usurpation et le subrogeront dans tous les droits résultant du brevet. Toutefois, comme nous l'avons déjà vu (*sup.* n° 444), le pouvoir judiciaire ne peut imposer au pouvoir exécutif de modifier sur le brevet le nom du titulaire. Le gouvernement à qui l'on aura communiqué la sentence sera juge du point de savoir s'il y a lieu d'y obtempérer. Dans le cas où il désire s'y conformer, il devra publier cette substitution de nom dans les formes ordinaires à la délivrance des brevets. Dans le cas contraire, l'inventeur subrogé sera réduit à ne faire valoir vis-à-vis des tiers que les droits du titulaire du brevet, il sera passible des mêmes exceptions que lui, il devra respecter les licences et les concessions faites par ce dernier. (Rouen, 28 janvier 1847, S. V. 48. 2. 582, RODUWICK c. LEFRANÇOIS; — En sens contraire, trib. civ. de Paris, 27 décemb. 1851, POTHIER-LEBRUN c. LEDAMOISEAU;—BLANC, *Contref.*, p. 436 et 609.)

**518. Le défendeur à l'action en revendication ne peut exciper de la nullité du brevet.** — L'action en revendication est indépendante de la question de nouveauté de l'invention. Le défendeur à une action semblable serait mal venu à opposer à la demande une exception de défaut de nouveauté, ou tout autre moyen de nullité ou de déchéance. L'action en subrogation est absolument distincte de la validité intrinsèque du brevet. Si elle est admise, le breveté dépossédé est maître d'agir en nullité, comme bon lui semble, mais par voie d'action séparée. (Bourges, 23 janvier 1841. S. V. 41. 2, 619. TREUILLE DE BEAULIEU c. GEMELLE. — RENOUARD, n° 92.)

**519. Il ne peut opposer au demandeur que celui-ci n'est pas l'inventeur.** — L'usurpateur ne serait pas non plus admis à prouver que le demandeur n'est pas le véritable auteur de l'invention. Il suffit que le demandeur justifie d'un droit quelconque sur la découverte et démontre l'illégitimité de la possession du titulaire. (Rouen, 28 janvier 1847. Pal. 1849. 1. 39. Roduwich c. Lefrançois.)

**520. La preuve de l'usurpation peut se faire par tous moyens de droit.** — La preuve que le brevet a été usurpé peut-être faite par tous moyens de droit, témoins compris. La conduite du breveté tient, en effet, du dol, et en matière de fraude le domaine de la preuve n'est limité que par les lumières et la prudence du magistrat. (Art. 1353 C. civ.)

**521. L'action en revendication peut être dirigée contre le cessionnaire du brevet.** — L'action en revendication du brevet doit être dirigée contre le titulaire actuel, alors même que le brevet aurait passé en d'autres mains et que l'inventeur se trouverait en présence d'un cessionnaire. Celui-ci est passible de toutes les exceptions qui frappent son titre, il a acquis le privilége avec tous les vices qui y sont inhérents. S'il en était autrement, l'usurpateur d'une découverte pourrait facilement se mettre à l'abri de toute poursuite en transmettant son brevet immédiatement après la fraude qu'il aurait commise en se l'appropriant. (Jugé dans ce sens par la Cour de Paris, le 4 juillet 1836, Macé c. Darte, *Rép.* Huard, art. 20 n° 53.)

# CHAPITRE QUATRIÈME.

### De la contrefaçon.

## SECTION PREMIÈRE.

### Notions générales.

(SOMMAIRE.)

522. Définition de la contrefaçon, article 4 de la loi belge de 1854. — 523. Sens du terme *contrefait*. — 524. Loi française de 1844. — 525. Terminologie. Sens propre du mot *contrefaçon*. — 526. La loi de 1817 était moins favorable sur ce point au breveté. — 527. Trois conditions sont requises pour constituer la contrefaçon.

**522. Définition de la contrefaçon, article 4 de la loi belge de 1854.** — Toute atteinte portée aux droits exclusifs résultants du brevet, par l'un des moyens prévus par la loi, constitue une contrefaçon. Le droit de poursuivre les faits de cette nature et d'en obtenir un juste dédommagement, est le corollaire nécessaire du privilége octroyé aux inventeurs. Aussi, immédiatement après avoir proclamé qu'à eux seuls appartenait la faculté d'exploiter la découverte, l'article 4, litt. *b* de notre loi leur a-t-elle conféré le pouvoir :

« De poursuivre devant les tribunaux ceux qui porteraient atteinte à leurs droits, soit par la fabrication de produits ou l'emploi des moyens compris dans le brevet, soit en détenant, vendant, exposant en vente ou en introduisant sur le territoire belge un ou plusieurs objets contrefaits. »

**523. Sens du terme contrefait.** — D'après la terminologie usitée, le terme *contrefait* s'applique à la fois activement et passivement, à l'invention brevetée que l'on méconnaît et à la chose qui a été fabriquée en contravention du monopole. C'est pour éviter cette confusion que M. Renouard a proposé d'appeler *contrefaisant* l'objet confectionné au mépris du brevet. Mais ce néologisme ne paraît pas avoir reçu la consécration de l'usage, bien qu'on le retrouve assez souvent dans les arrêts de la cour de cassation de France. M. Tillière (n° 95, note) se méprenant sur la portée de la réforme proposée par M. Renouard, adopte une autre terminologie; il appelle *contrefaisants,* les procédés, les appareils de production, construits illicitement et il laisse la qualification de *contrefaits* aux produits qui proviennent de ces machines ou de l'emploi de ces agents. Cette distinction fort contestable d'ailleurs au point de vue de la correction, manque essentiellement d'utilité pratique, elle jette une complication nouvelle dans la matière, sans éviter la confusion signalée par Renouard. Elle est au surplus contraire à l'économie de la loi qui dans le texte de l'article 4 désigne clairement par *objets contrefaits* les choses quelconques, produits ou organes, fabriquées en contravention du brevet.

**524. Loi française de 1844.** — La loi française de 1844, dans son article 40, définit ainsi la contrefaçon :

« Toute atteinte portée aux droits du breveté, soit par la fabrication de produits, soit par l'emploi de moyens faisant l'objet de son brevet, constitue le délit de contrefaçon. »

L'article 41 ajoute :

« Ceux qui auront sciemment recélé, vendu ou exposé en vente, ou introduit sur le territoire français un ou plusieurs objets contrefaits, seront punis des mêmes peines que le contrefacteur. »

**525. Terminologie. Sens propre du mot contrefaçon.** — D'après la terminologie employée par la loi française, les fabricants sont seuls réputés contrefacteurs; les recéleurs, vendeurs, importateurs sont considérés comme leurs complices. Bien que la loi belge ne s'oppose point par son texte à ce qu'on attache au mot contrefaçon le sens restreint de la loi française, on a coutume d'étendre ici la portée de ce terme, et d'appeler contrefacteurs les vendeurs, détenteurs et introducteurs, comme les fabricants.

L'article 5 de la loi les range, en effet, tous sur la même ligne, et cette distinction dans les mots n'a d'ailleurs pas chez nous la même valeur qu'en France, où la contrefaçon est un délit et où il peut importer d'en être considéré comme complice seulement et non comme auteur. Toutefois, ne perdons pas de vue que dans le sens rigoureux et rationnel des termes, par contrefaçon on ne doit entendre que la fabrication et l'usage illicite des moyens ou objets brevetés, tandis que les autres faits répréhensibles ne sont que des assimilations à la contrefaçon, des actes de complicité.

**526. La loi de 1817 était moins favorable sur ce point au breveté.** — La loi de 1817 s'était contentée de défendre la fabrication et la vente des objets brevetés.

Le législateur de 1854 s'est montré plus généreux pour le breveté, en assimilant à la contrefaçon, la simple détention ou l'introduction en Belgique d'objets contrefaits. Il eût été trop facile, en effet, de rendre complétement illusoire le droit privatif qui découlait du brevet, s'il n'avait pas été permis d'atteindre le détenteur alors que le fabricant ou le vendeur seraient demeurés inconnus, ou que par leur domicile à l'étranger ils eussent échappé à toute poursuite sérieuse.

**527. Trois conditions sont requises pour constituer la contrefaçon.** — Il résulte du texte de l'article 4 que plusieurs conditions sont indispensables pour constituer la contrefaçon. Il faut d'abord qu'une atteinte soit portée aux droits du breveté;

il faut ensuite que cette atteinte se soit produite par l'un des moyens énoncés dans cet article.

Mais il y a une condition qui se place avant les autres, c'est l'existence d'un brevet valable.

---

## SECTION DEUXIÈME.

**Première condition de la contrefaçon.
Existence d'un brevet valable.**

(SOMMAIRE.)

528. L'existence d'un brevet est indispensable. — 529. Il faut un brevet valable. — 530 Tout brevet valable est suffisant malgré l'insignifiance de l'invention. — 531. La contrefaçon n'est possible que pendant la durée du brevet — 532. L'usage personnel d'un procédé avant la date du brevet n'autorise pas l'exploitation commerciale après cette date.

**528. L'existence d'un brevet est indispensable.** — Il est hors de doute que la contrefaçon suppose une invention brevetée. L'article 4 de la loi belge n'envisage le pouvoir de poursuivre les contrefacteurs que comme un droit *conféré par le brevet*.

Le dépôt au tribunal de commerce ou au conseil des prudhommes ne tiendrait pas lieu de brevet. Tout le monde est donc autorisé à imiter une invention non brevetée, et la reproduction des procédés de fabrication d'un autre industriel ne saurait en ce cas donner naissance à aucune action en dommages-intérêts. Ces divers points ont été maintes fois consacrés par la jurisprudence française, notamment par la Cour de cassation dans un arrêt du 20 avril 1853 (S. V. 53. 1. 375, Fontaine c. Fornion) et par la Cour de Paris le 15 février 1854 (*Gaz. des trib.*, 20 avril 1854, Thirion c. Bonneau-Desroches).

**529. Il faut un brevet valable.** — Il est clair qu'en exigeant un brevet, on exige un brevet valable, c'est-à-dire un brevet que ne puisse atteindre aucune nullité, car ce qui est nul ne peut produire aucun effet. Les brevets ne sont d'ailleurs délivrés que sous réserve des droits acquis par des tiers. Or, le public a le droit d'exploiter toute invention qui n'est pas protégée par un brevet régulier.

**530. Tout brevet valable est suffisant malgré l'insignifiance de l'invention.** — Si un brevet est indispensable, en revanche un brevet quelconque est suffisant, en ce sens que tout brevet valable engendre les mêmes effets pour l'invention qu'il protége. Le peu d'importance de celle-ci ne saurait excuser la contrefaçon (Cass. fr., 24 avril 1856. D. P. 56. 1. 222).

**531. La contrefaçon n'est possible que pendant la durée du brevet.** — Il n'y a dès lors de contrefaçon possible que pendant la durée du brevet. Une fabrication qui remonterait à une époque antérieure à la date légale de celui-ci serait donc à l'abri de toute poursuite. (Cass. fr., 30 mars 1849; Pal. 50, 1. 472, Witz-Meunier c. Godefroy-Muller).

Il y aurait même lieu à annuler le brevet, si l'exploitation qui a précédé son obtention avait eu un but commercial. (*Sup.* n° 179 et suiv.)

Toutefois, l'individu poursuivi comme contrefacteur pour faits postérieurs à la date du brevet, ne pourrait se faire un moyen de défense de ce qu'il se serait simplement occupé de ce procédé et qu'il en aurait même parlé à différentes personnes. (Cass. fr., 11 juillet 1857. Fauconnier c. Yannot, — Huard, art. 40 n° 86). Cela ne suffit pas en effet pour détruire la nouveauté de l'invention.

**532. L'usage personnel d'un procédé avant la date du brevet n'autorise pas l'exploitation commerciale après cette date.** — Lorsqu'une personne a imaginé un procédé pour son usage personnel, et qu'ensuite un brevet vienne à être pris par une autre personne pour la même invention, le breveté pourrait-il interdire au possesseur de ce procédé de s'en servir autrement que pour ses besoins personnels ?

La question n'est point sans difficulté, car d'une part la possession antérieure à la date du brevet constitue en faveur des possesseurs une exception péremptoire qui les met à l'abri de la poursuite en contrefaçon pour l'usage personnel qu'ils font de l'invention après cette date (Nouguier, n° 780); mais on peut objecter d'autre part et avec raison, croyons-nous, qu'en s'abstenant d'exploiter commercialement sa découverte, l'inventeur primitif a par cela même autorisé les tiers à s'emparer de ce droit exclusif; qu'il doit s'en prendre à lui-même s'il a négligé de se saisir d'une faculté qu'il savait pouvoir lui être ravie; que le brevet respecte les droits acquis, mais qu'il ne saurait y avoir ici de droits acquis que dans la mesure des droits déjà exercés; or ce qu'on a exercé c'est uniquement l'usage personnel, et non l'usage commercial.

## SECTION TROISIÈME.

### Deuxième condition de la contrefaçon. — Atteinte portée aux droits du breveté.

(SOMMAIRE.)

533. Il faut qu'une atteinte ait été portée aux droits du breveté. — 534. Les faits doivent impliquer un préjudice pour le breveté. — 535. Le but ou l'intention du contrefacteur sont indifférents. — 536 Les droits du breveté disparaissent devant les droits supérieurs de l'intérêt général. — 537. Exemple en matière de douane. — 538. *Quid* de la simple fabrication pendant la durée du brevet? — 539. La contrefaçon provoquée par le breveté n'est pas punissable. — 540. L'achat des produits contrefaits ne constitue pas toujours une provocation suffisante. — 541. Quand le porteur d'une licence peut-il être contrefacteur? Distinction.—542. La vente d'une

chose brevetée consentie par l'inventeur la met à la disposition entière de l'acheteur. — 543. Les droits du breveté sont limités par le brevet. Application de cette règle. — 544. Il suffit que les droits du breveté aient subi une atteinte quelconque, même partielle. — 545. Application de cette règle. Reproduction du même système dans deux appareils. — 546. Appareils agissant en vertu de la même loi. — 547. Reproduction des conditions essentielles de l'invention. — 548. — Différences de forme. — 549. Les juges ne peuvent modifier le texte d'un brevet. — 550. Pouvoir des juges du fait.

**533. Il faut qu'une atteinte ait été portée aux droits du breveté.** — La deuxième condition ne se justifie pas seulement par les termes de la loi, elle est surtout conforme à son esprit. Le pouvoir d'agir contre les contrefacteurs n'a été attribué à l'inventeur que pour lui assurer la jouissance efficace des droits d'exploitation exclusive dont le brevet est le titre. Tant que ces droits ne se trouvent pas compromis ou violés, aucune sanction n'a de raison d'être.

**534. Les faits doivent impliquer un préjudice pour le breveté.** — Si les faits reprochés au prétendu contrefacteur n'entraînaient pas la possibilité d'un préjudice pour l'auteur de l'invention, il n'y aurait point de poursuite recevable au profit de ce dernier. C'est ce qui a été jugé le 14 décembre 1841 (Pal. 24. 442, BERTREN c. VITTOZ), par la Cour de Paris, en matière de propriété littéraire, et telle serait la solution qui devrait être suivie dans la matière qui nous occupe (NOUGUIER, n° 724.) Le droit auquel il faut que le prétendu contrefacteur ait porté atteinte est, en effet, un droit exclusif d'exploitation. Or, l'idée d'exploitation est inséparable de l'idée d'un lucre à réaliser. M. Tillière (n° 107) est de cet avis. « Le but de la loi, dit-il, est d'assurer à l'inventeur tous les profits qui constituent la valeur vénale de sa découverte. Lors donc qu'un tiers a posé un acte qui n'a pas pour effet de restreindre les bénéfices de l'exploitation privative, le droit du breveté est resté entier dans ses effets; celui-ci n'est pas recevable à se plaindre. »

**535. Le but ou l'intention du contrefacteur sont indifférents.** — On doit par contre s'attacher au résultat de la contrefaçon pour le breveté plutôt qu'au but et à la volonté de celui qui contrevient au brevet. Ainsi, lorsque le reproducteur n'a tiré aucun profit pécuniaire de sa fabrication, qu'il l'a distribuée dans des vues politiques et nationales, et non pas dans des vues commerciales ou industrielles, il n'en est pas moins contrefacteur, car le breveté souffre inconstestablement dans ses intérêts. En effet les objets distribués, quoique donnés d'abord à titre gratuit, peuvent devenir dans les mains de ceux qui les ont reçus des moyens de concurrence au préjudice du breveté, et le fait même de la distribution doit déjà diminuer les ventes que celui-ci pourrait faire. Il importe cependant de prendre cette circonstance en considération pour la fixation des dommages-intérêts. (Paris, 4 décemb. 1857, HUARD, art. 40 n° 36, SANIS c. BOLLIAC.) C'est par conséquent une erreur de dire avec M. Tillière (n° 107, in fine) que le fait non commercial n'est pas réputé contrefaçon. L'usage personnel de l'invention n'a pas été, il est vrai, considéré par la jurisprudence, comme étant punissable, mais il y avait d'autres motifs pour le décider ainsi, nous le verrons plus tard.

**536. Les droits du breveté disparaissent devant les droits supérieurs de l'intérêt général.** — Les droits du breveté sur les objets fabriqués en contravention de son privilége, peuvent se trouver en conflit avec d'autres droits, égaux ou supérieurs, par exemple, ceux qui sont dévolus à l'Etat ou à ses agents dans un but d'intérêt public. L'exercice de ces droits de la part des fonctionnaires ne saurait dès lors présenter les éléments d'une contrefaçon. Le privilége du breveté s'arrête devant l'avantage général, son intérêt se tait devant l'intérêt public. Il est en effet de principe que la loi d'intérêt public l'emporte sur la loi d'intérêt privé ; on ne peut admettre, sans une disposition expresse, que le législateur ait voulu déroger par la loi de 1854 à de nombreuses dispositions d'intérêt général antérieurement existantes : s'il y a, en pareil cas, atteinte aux droits du breveté, c'est une atteinte légitime. Nous verrons plus loin qu'une difficulté de ce genre s'est présentée à l'occasion de la constatation de la contrefaçon dans un établissement militaire, constatation qui a été rendue impossible par le refus de l'autorité compétente de laisser pénétrer dans le bâtiment. Le breveté dans ce cas, souffrit évidemment dans ses droits, mais il dut consentir à ce sacrifice parce qu'il s'agissait d'un intérêt plus considérable et plus précieux, celui de la sécurité du pays.

**537. Exemple en matière de douanes.** — La jurisprudence nous offre un exemple remarquable de l'application de ces principes au fait même de la contrefaçon. Un vérificateur des douanes avait préempté une caisse de marchandises conformément aux art. 254 et 266 de la loi générale du 26 août 1822, et il en avait déjà vendu une partie lorsqu'il fut poursuivi par un breveté qui considérait ces objets comme des contrefaçons. L'importateur de ces produits fut appelé en garantie par l'employé des douanes, et le demandeur ou principal intervint également dans l'action récursoire. Le tribunal de Gand saisi de la cause, décida que la détention et la vente dans le chef du fonctionnaire des douanes ne le soumettait dans ces circonstances à *aucune responsabilité*. (Gand, 11 mai 1863, B. J. t. 21 p. 706, Thompson frères c. Van Laethem et c. de Brabant et Van Ouwerkerke.)

Voici les considérants de cette décision : « Attendu » que l'employé préempteur agit en vertu d'un mandat » de la loi, en exécution des lois douanières, dans un

» intérêt public, et que le bénéfice qui peut résulter
» pour lui de la préemption n'est qu'un stimulant et
» un accessoire; attendu qu'en agissant comme il l'a
» fait, le défendeur ne peut être considéré *comme*
» *ayant porté atteinte aux droits des demandeurs bre-*
» *vetés,* le droit de préemption ayant pour corollaire, aux
» termes de l'art. 266 de la loi générale, celui de détenir et
» de vendre...; qu'il est rationnel de faire prévaloir une loi
» d'impôt ou loi d'intérêt public sur une loi destinée à
» protéger des intérêts particuliers; qu'en portant l'art. 4,
» le législateur n'a pas entendu ni pu entendre abroger ou
» modifier la loi de douanes et d'impôt de 1822...; que le
» préempteur acquiert la marchandise *quitte et libre.* »
Tout cela est fort juste, mais disons en passant que le
tribunal de Gand n'a pas su pousser jusqu'au bout
les conséquences de ces principes. En effet, si la marchandise arrivait entre les mains du préempteur *quitte
et libre* envers les tiers, la disposition de ces objets ne
pouvait constituer désormais de contrefaçon : les droits
du breveté sur ces produits cessaient avec l'exercice du
droit de l'Etat; ces choses échappaient à son domaine tout
comme si elles avaient été matériellement anéanties. C'était
à l'importateur, seul auteur de ce préjudice, à en répondre
en justice, et à acquitter au besoin tous dommages-intérêts. Mais en se bornant à affranchir l'employé de toute
responsabilité et en le maintenant en cause, sans décider *in
terminis* qu'il n'y avait point de contrefaçon possible dans
son chef, comme dans le chef de ceux qui acquéraient
de lui les marchandises saisies, le tribunal s'est exposé aux
inconséquences qu'il a commises plus tard en prononçant
contre l'importateur une double condamnation, du chef
d'une double contrefaçon, à raison de l'introduction dans
le pays et de la vente par le douanier. (*Vide* B. J. t. 21,
p. 997).

**538. Quid de la simple fabrication pendant la durée du brevet ?** — On s'est demandé si la fabrication d'objets brevetés faite par un tiers quelques jours avant l'expiration du brevet, et avec l'intention de ne vendre ces produits qu'après cette dernière date constituait une contrefaçon. Dalloz (n° 294) enseigne la négative, mais M. Blanc opine pour l'affirmative ainsi que M. Tillière (n° 113). Ceux-ci avancent à l'appui de leur opinion, d'abord que le fait matériel de fabrication en temps prohibé suffit pour créer la contrefaçon, ensuite que si le contrefacteur n'avait commencé sa fabrication qu'au jour de l'expiration du brevet, le breveté aurait retiré seul le bénéfice de la fabrication opérée pendant les derniers jours de la durée du privilége.

Nous ne partageons pas la manière de voir de ces derniers auteurs, car il est certain que le fait matériel est insuffisant pour autoriser la poursuite de la part du breveté. Il faut qu'une atteinte soit portée à ses droits et nous croyons que cette condition fait défaut dans le cas actuel. S'il est établi à toute évidence que le contrefacteur n'a pas eu l'intention de verser les produits de sa fabrication dans le commerce avant l'expiration du privilége, le breveté n'a subi aucune lésion dans ses intérêts pendant le temps où ils étaient placés sous la sauvegarde de la loi. Lorsque le brevet a pris fin, l'inventeur est sans titre pour revendiquer à son profit les bénéfices qui surgissent alors de l'exploitation commerciale de sa découverte. Prolonger les effets d'un monopole au-delà de son terme légal, pendant le temps si court qu'il soit qui sera nécessaire à la fabrication d'objets similaires, n'est-ce pas se montrer plus généreux que la loi elle-même ? D'ailleurs, on doit en convenir, le lendemain de l'expiration du brevet, tout le monde pourrait impunément introduire sur le sol belge et y débiter des objets fabriqués antérieurement à l'étranger, là où le brevet n'existait point : n'est-ce pas la preuve manifeste que le titulaire du brevet expiré n'a point de droits acquis aux bénéfices exclusifs de la fabrication du produit pendant les derniers jours du privilége?

La solution que nous adoptons soulève la question de savoir à la charge de qui sera la preuve de l'intention frauduleuse. Elle devrait en principe être à la charge du breveté en sa qualité de demandeur, et non à la charge du prétendu contrefacteur. Mais ce serait ouvrir la porte à de graves abus; il se trouverait trop de gens qui, fabricant ostensiblement sous prétexte qu'ils accumulent pour vendre après l'expiration du brevet, vendraient clandestinement pendant sa durée, et dont on ne pourrait qu'avec peine dévoiler les manœuvres. Aussi faut-il admettre, à moins de circonstances exceptionnelles, que le seul fait de la fabrication fait présumer la fraude et constitue la contrefaçon, mais cette présomption pourra être énervée par la preuve contraire.

**539. La contrefaçon provoquée par le breveté n'est pas punissable.** — Du principe que l'atteinte aux droits du breveté est la condition essentielle d'une contrefaçon quelconque, il suit qu'il n'y aura pas de contrefaçon punissable lorsque les actes qui sont présentés comme la constituant ont été provoqués par le breveté.

Si, par exemple, ce dernier fait commander par un intermédiaire chez un fabricant la confection de l'objet contrefait, dans l'intention d'entraîner cet industriel dans un piége, cette conduite sera une manœuvre frauduleuse que la conscience de chacun répugnera à voir sanctionner et récompenser par un arrêt de condamnation contre la victime d'une semblable machination. D'ailleurs, il serait permis de répondre en droit à ce breveté que s'il a éprouvé un préjudice par cette fabrication, c'est par sa faute, c'est par son fait ; pourquoi se plaindrait-il d'un tort dont il est la première cause ? Quelle atteinte a donc été portée à ses droits, puisque sa volonté a provoqué cette prétendue lésion ? Les tribunaux appliqueront l'adage : *Volenti non fit injuria*, et renverront les contrefacteurs des poursuites. La Cour de cassation de France, a rendu un arrêt dans ce sens le 3 avril 1858. (*La Prop. ind.*, n° 21, Poppard c. Jesson.)

Puisque le fait du breveté qui cherche à entraîner le fabricant dans un piége, doit être considéré soit comme une manœuvre frauduleuse, soit comme un quasi délit, soit dans certains cas, comme un mandat commercial. En conséquence, et nonobstant la disposition de l'art. 1341 du Code civil, qui interdit la preuve testimoniale pour les matières excédant 150 francs, le juge peut tenir un pareil fait pour constant sur la foi d'un témoin et renvoyer le fabricant de la poursuite.

**540. L'achat de produits contrefaits ne constitue pas toujours une provocation suffisante.** — L'achat de produits contrefaits fait par le breveté chez divers débitants, ne le rendrait pas cependant non-recevable dans son action. On ne peut y voir un encouragement directement donné à la contrefaçon, ou une renonciation à l'industrie dont il s'est réservé le privilége. (Trib. civ. de la Seine, 28 mai 1857: *La Prop. indust.*, n° 5, Dubos c. Gaudin). Il faudrait toutefois que les actes d'achat n'eussent pas été isolés, et que ce ne fut pas le breveté qui eût provoqué les ventes par ses instances. L'achat dans ces conditions a le plus souvent pour but de se procurer des éléments d'appréciation pour découvrir s'il y a contrefaçon ; l'intention de l'acheteur est donc alors plutôt de confirmer son droit que d'y renoncer.

Le silence gardé par le breveté à l'égard de la contrefaçon n'est pas non plus un motif pour repousser sa plainte : cette tolérance n'a pas été placée par la loi au rang des déchéances d'un brevet. (Cass. franç., 28 nivôse an 11, Pal. 4. 113, Lange c. Noel.)

**541. Quand le porteur d'une licence peut-il être contrefacteur? Distinction.** — Il arrive fréquemment que le breveté accorde sous certaines conditions des autorisations d'exploiter l'invention. Si le porteur de pareilles licences ne se conforme pas aux conditions du contrat, y aura-t-il contrefaçon? La question revient à se demander quels sont les droits qui subissent une atteinte par la conduite du tiers. Sont-ce les droits qui ont été réservés au breveté sur l'invention, il y aura contrefaçon. S'agit-il au contraire uniquement des droits qu'il a acquis par le contrat sur le porteur de la licence et qui sont des droits d'obligation, il n'y aura lieu qu'à un débat civil ordinaire. Cette distinction qui paraît n'avoir jamais été proposée par la doctrine explique beaucoup de décisions de jurisprudence en apparence contradictoires.

Ainsi on a jugé qu'il ne fallait pas réputer contrefacteur celui-là qui ayant acheté du breveté le droit de se servir de l'invention, use de ce droit sans payer le prix convenu. (Cass. fr., 15 juin 1837, Griollet c. Collier, S. V. 38. 1. 53; Trib. de la Seine, 30 juin 1853—Thomas Laurens c. Dubroca, Huard, art. 40 n° 52).

D'autre part, des arrêts ont condamné comme contrefacteurs ceux qui exploitaient en dehors des limites de leur licence, « attendu que l'inexécution des conditions à l'accomplissement desquelles l'autorisation était subordonnée, met obstacle à ce que cette autorisation puisse être invoquée, comme légitimant l'emploi du procédé, objet du brevet. » (C. cass. fr., 20 août 1851, Alcan c. Cunin-Gridaine. Pal. 1852. 1. 279). Dans le même sens : Metz,

14 août 1850; Pal. 1850. 2. 642, Paris, 14 avril 1859. Dubosc c. Renou, *La Prop. ind.*, n° 61. — Rendu et Delorme, n° 492.

Dans le premier cas, en effet, il n'y avait rien d'illicite dans l'usage de l'invention fait par le tiers : le breveté l'avait autorisé, il s'était dessaisi de son privilége, il n'avait pas été blessé dans son droit d'inventeur, mais seulement dans ses intérêts pécuniaires. Sans doute l'autorisation était subordonnée au payement du prix et à l'accomplissement des autres conditions du contrat; sans doute, dans toute convention synallagmatique, les obligations des parties sont réciproques, mais si le défaut d'exécution de la part de l'un des contractants autorise l'autre à demander la résolution du contrat, il n'empêche pas cette convention de sortir ses effets tant qu'elle reste debout. Or, aussi longtemps que le contrat subsiste, le breveté serait mal venu à se plaindre d'une exploitation qu'il a autorisée, son droit se borne à réclamer le prix et à défaut de payement la résolution de la convention avec dommages-intérêts.

Si, au contraire, le breveté n'a par exemple permis l'exploitation de son idée que dans certaines localités ou pour un certain temps, une exploitation faite en dehors de ces lieux ou de ce temps, serait une véritable contrefaçon. Il serait lésé dans son droit de breveté, dans sa qualité d'inventeur; c'est sur son privilége qu'il se baserait pour condamner les faits de ce genre, ce n'est point sur la convention particulière. Son droit ne se borne pas à réclamer l'exécution de celle-ci, il s'élève au-delà, il va jusqu'à empêcher qu'on ne sorte des limites de ce contrat, car tout ce qui est en dehors de la licence particulière est régi par la loi ordinaire du monopole.

Nous ne pouvons donc nous rallier à un jugement du tribunal de Saint-Étienne du 10 mai 1861 (Grosrenaud c.

la cᵉ de Montieux *La Prop. ind.*, n° 199), qui a décidé que si le droit de se servir d'un appareil breveté a été concédé dans de certaines limites, le concessionnaire ne commet pas le délit de contrefaçon s'il excède les limites de ladite concession.

Nous n'acceptons pas non plus sans réserve les décisions qui ont jugé qu'il y a des circonstances où l'emploi de la chose brevetée s'étant accompli en dehors du temps et du lieu convenus avec le breveté, il n'y avait qu'un fait dommageable donnant seulement ouverture à une indemnité. (Paris, 15 mars 1845, Giraudeau c. Blavanus, Paris, 13 juin 1846, Degrand c. Derosne et Cail, Huard, art. 40 n° 48.) Ces circonstances justificatives ne pourraient se concevoir que s'il y avait doute sérieux sur la portée du contrat et que le débat se réduisît à une question d'interprétation. L'obscurité des termes devrait profiter au tiers tant en vertu de la nature spéciale du privilége résultant du brevet, qu'en vertu du droit commun : l'art. 1602 du Code civil dit en effet, que tout pacte obscur ou ambigu s'interprète contre le vendeur et à l'avantage de l'acquéreur.

Nous préférons donc la jurisprudence contraire aux deux décisions rapportées ci-dessus. C'est ainsi qu'aux termes d'un jugement du tribunal de Cambray du 19 mai 1855 (David-Labbez c. Lenique, Huard, art. 40, n° 45), est coupable de contrefaçon celui qui transporte un outil breveté dans un autre endroit que l'endroit convenu avec le breveté, et l'emploie dans son intérêt personnel, quand il s'était engagé à ne l'employer que dans l'intérêt de la société que le breveté et lui avaient contractée.

**542. La vente d'une chose brevetée consentie par l'inventeur la met à la disposition entière de l'acheteur.** — La vente d'un objet breveté consentie sans restriction par l'inventeur permet à l'acquéreur d'en user comme il lui plaît, de le transporter où bon lui semble, de le transférer à qui il lui plaît de le faire. (NOUGUIER, n° 20.) La Cour de Lyon a jugé le 8 juin 1855 (LESOBRE c. BONNET, HUARD, art. 40, n° 46), que la vente pure et simple d'un appareil breveté emporte le droit de s'en servir partout. Le fait de l'achat pur et simple rend l'acquéreur propriétaire et dès lors il a le droit de jouir de la chose achetée de la manière la plus absolue.

**543. Les droits du breveté sont limités par le brevet. Application de cette règle.** — Les droits du breveté dont la violation constitue une contrefaçon, sont précisés et limités par le brevet qui est son titre. Il est par conséquent nécessaire de mettre l'objet prétendûment contrefait en rapport avec la description du brevet, sans avoir égard aux changements que le breveté pourrait avoir introduits postérieurement dans son invention en la livrant au commerce, si ces modifications ne sont pas elles-mêmes couvertes par un brevet nouveau. (LIÉGE, 2 déc. 1852, B. J. t. 13 p. 583.) Il importe de rapprocher cette règle des explications que nous avons données à ce sujet précédemment (n° 451). Tout ce qui porte sur des choses auxquelles ne s'applique pas le brevet ne peut être considéré comme l'atteinte aux droits du breveté exigés par la loi pour qu'il y ait contrefaçon.

**544. Il suffit que les droits du breveté aient subi une atteinte quelconque, même partielle.** — Il ne faut pas que tous les droits résultant du brevet aient subi une atteinte par le fait du contrefacteur : celui-ci serait condamnable alors même qu'il n'aurait pas violé le privilège dans toute son étendue, et qu'il n'eût reproduit qu'une partie de l'idée brevetée. Ce principe a constamment été appliqué par la jurisprudence ; nous en rapportons ci-dessous quelques exemples.

**545. Application de cette règle. Reproduction du même système dans deux appareils.** — Pour qu'il y ait contrefaçon, il n'est pas nécessaire que l'appareil poursuivi soit complétement identique à l'appareil breveté ; il suffit qu'il soit constaté que la différence est sans importance et que nonobstant cette différence, le contrefacteur a réellement reproduit le système qui fait l'objet du brevet, ou bien que par l'emploi du même procédé il soit parvenu à se procurer le même effet utile. (Cassat. franç., 23 mai 1857, Gache c. Gérin et Masson.—Lyon, 31 déc. 1856, Gache c. Gérin ; Huard, art. 40 n$^{os}$ 11 et 12).

**546. Appareils agissant en vertu de la même loi.** — Lorsque deux appareils agissent l'un et l'autre en vertu de la même loi, et qu'ils réalisent ainsi tous deux l'idée fondamentale pour laquelle il a été pris un brevet, cette circonstance suffit pour constituer une contrefaçon quelle que soit d'ailleurs la différence de forme existant entre les deux appareils. (Lyon, 25 mai 1859, Daubet et Dumarest c. Montagnat, *La Prop. ind.*, n° 89).

**547. Reproduction des conditions essentielles de l'invention.** — Les procédés et applications brevetés doivent être considérés comme ayant été employés, si les conditions essentielles de l'invention ont été reproduites même avec certaines différences (Paris, 20 mars 1862, Brunfaut frères, c. Chagot et C$^e$, *La Prop. ind.*, n° 226).

**548. Différences de forme.**—Quand le défendeur invoque une différence de forme, il faut rechercher si le procédé n'est pas indépendant de la forme de l'appareil ; il faut examiner si la combinaison a été imitée dans ce qu'elle a d'essentiel et de principal au point de vue du but recherché par l'inventeur.

Aussi la cour de cassation de France a-t-elle décidé avec raison que le juge ne pouvait renvoyer un individu de la plainte en contrefaçon par le motif que la reproduction n'était pas absolument identique. (Du 22 déc. 1855, Marchall c. le chemin de fer d'Orléans, Pataille et Huguet 1856, p. 10).

**549. Les juges ne peuvent modifier le texte d'un brevet.** — Les juges saisis d'une action en contrefaçon doivent prendre l'invention telle que le breveté l'a décrite; en la modifiant, ils violeraient la loi. (Cass. fr. 17 janvier 1852, S. V. 52. 1. 66).

La violation du texte clair et précis d'un brevet constitue un moyen de cassation. En conséquence, la déclaration du juge du fait portant qu'il existe sous plusieurs rapports, entre les deux procédés des différences essentielles cesse d'être justifiée, si du texte du brevet il résulte que quelques-unes de ces différences ne sont pas réelles. (Cass. fr., 20 mars 1857, Lanay-Leplay c. Villars, Huard, art. 40, n° 93. — *Supra,* n° 380.)

**550. Pouvoir des juges du fait.** — L'arrêt qui constate que le prévenu de contrefaçon loin de contrefaire le produit breveté a fait un produit particulier, différent, et repousse en conséquence l'action en contrefaçon, échappe à la censure de la Cour de cassation. (Cass. fr., 15 févr. 1851, Pal. 1151. 1. 100.)

Il appartient également aux juges du fond d'apprécier parmi les procédés et moyens à l'aide desquels s'exécute et se met en œuvre le brevet, ce qui constitue réellement la combinaison nouvelle que l'on ne peut reproduire, et ce qui n'est qu'un moyen d'action indifférent dont tout le monde a droit de s'emparer.

Spécialement, bien que deux cheminées soient pourvues

d'une crémaillère, elles peuvent ne pas être considérées par les tribunaux comme la contrefaçon l'une de l'autre, si le moyen de mettre en action la crémaillère est essentiellement différent dans les deux systèmes et forme le principe le plus important de chacune de ces deux cheminées brevetées. (Cass. fr. 30 déc. 1843, Pal. 1843, à sa date, PAINCHAUT c. HUAU et BENOIT). Voyez au surplus sur tous ces points les explications détaillées que nous avons données *supra* n° 452.

## SECTION QUATRIÈME.

**Troisième condition de la contrefaçon.—Moyens légaux**

### § 1.

#### GÉNÉRALITÉS.

(SOMMAIRE.)

551. La contrefaçon suppose rigoureusement un des moyens énoncés par la loi. — 552. Applications diverses de cette règle. — 553. La bonne foi du contrefacteur n'est pas une excuse. — 554. Le droit exclusif d'autoriser l'exploitation par des tiers n'a pas de sanction dans la loi.

**551. La contrefaçon suppose rigoureusement un des moyens énoncés par la loi.** — La troisième condition que nous avons exigée pour constituer la contrefaçon, c'est que l'atteinte aux droits du breveté ait été portée par un des moyens rigoureusement déterminés par la loi. On a contesté quelquefois ce principe et l'on a soutenu que l'énumération contenue dans l'article 4 était simplement énonciative. (TILLIÈRE, n° 109, — BLANC, Contrefaçon, p. 613).

Admettre cette doctrine, c'est s'exposer à tomber dans l'arbitraire le plus complet.

En procédant par voie d'analogie, où sera-t-on sûr de pouvoir s'arrêter ?

S'il faut voir une contrefaçon dans une atteinte portée d'une manière quelconque aux droits des brevetés, quelle ne sera pas l'incertitude jetée dans l'industrie ! Les uns, par excès de réserve, arrêteront l'essor du progrès, les autres par excès de confiance, seront exposés à la ruine pour avoir causé un préjudice qu'ils n'ont pas su deviner, pour s'être livrés à une opération dont nulle part ils n'ont pu lire la défense.

Non, la loi a compris qu'en concédant un privilége il fallait en même temps en tracer clairement les limites.

Toute restriction à la liberté individuelle, toute dérogation au droit naturel est nécessairement de stricte interprétation. Décider autrement, c'est rendre l'énumération de l'article 4 parfaitement inutile, puisqu'à côté des cas qu'elle prévoit, il serait loisible d'en imaginer cent autres qui lui seraient complétement étrangers.

Assurément la loi garantit à l'inventeur l'exploitation privative de son idée, mais en même temps qu'elle proclame ce monopole, elle définit ce que ce privilége pourrait avoir de vague, et précise quelles sont par contre les obligations des tiers.

En dehors et au-delà de ces défenses, qui d'ailleurs embrassent à peu près la généralité des cas, le droit d'exploitation exclusive ne se conçoit ni ne se justifie.

Le législateur de 1854 a du reste étendu notablement les diverses espèces de contrefaçons. Pourquoi se serait-il inquiété d'élargir le cercle tracé par la loi de 1817, s'il avait pensé que l'on pût suppléer à son silence ?

L'opinion que nous adoptons a été consacrée, en ce qui concerne la législation française, par plusieurs arrêts de la Cour de cassation de France, un premier du 24 mars 1848 (S. V. 48. 1. 579), un deuxième du 26 juillet 1850

(S. V. 51. 1, 77) et un autre du 21 nov. 1851 (D. P. 51.
5. 54, Rendu et Delorme, n° 506).

**552. Applications diverses de cette règle.** — Il faudra donc nécessairement pour qu'il y ait contrefaçon que l'on établisse un fait de fabrication, ou d'emploi, ou de détention, ou de vente, ou d'exposition en vente, ou enfin d'introduction sur le territoire (art. 4, lit. b). Conformément à cette manière de voir, nous considérons par exemple que celui qui sans détenir lui-même un objet contrefait en retire certains bénéfices, en en louant l'usage à des tiers, n'est point coupable de contrefaçon, s'il n'a ni fabriqué ni introduit cet objet sur le sol belge. Il en serait de même de l'intermédiaire entre le vendeur et l'acheteur, du courtier, du commissionnaire ou en général de toute personne qui aurait participé à la contrefaçon et s'en serait rendu complice par des moyens étrangers à ceux énumérés dans l'article 4.

Par application de cette règle, la Cour de Paris a jugé que l'usurpation du nom de l'objet breveté donnerait ouverture à une action en concurrence déloyale, mais non à un procès en contrefaçon. Ainsi décidé le 26 décembre 1841, à l'occasion de l'usurpation du titre de *cirage au caoutchouc* qui appartenait à un produit breveté. (Voir aussi, Paris 6 juillet 1854, Madeline c. Morin, Nouguier, n° 774).

Même solution dans le cas où un industriel aurait faussement annoncé que ses produits sont composés des mêmes éléments que des produits analogues brevetés. (Cass. franç., 15 fév. 1851, Pal. 51. 1. 100).

Il n'y aurait pas non plus de contrefaçon dans le fait de celui qui se serait borné à prendre un brevet semblable à un brevet antérieur, sans mettre en pratique les procédés qui y sont décrits. (Cass. franç., 30 déc. 1843, Painchaut c. Huau, Dalloz, v° Brevet d'inv., n° 357).

Le même arrêt décide avec raison que pour constater la contrefaçon il ne faut pas comparer la description du brevet du demandeur avec la description d'un brevet que le défendeur a pris pour la même invention. Ce qu'il faut comparer, c'est la description du brevet du demandeur avec les objets argués de contrefaçon. C'est une conséquence de la règle qu'il ne peut y avoir de contrefaçon que par un des moyens décrits par la loi. Or la loi française pas plus que la loi belge ne range la simple description parmi ces moyens.

La doctrine contraire, évidemment erronée, a cependant été suivie dans une décision de la Cour de Douai du 11 avril 1859, GAILLARD c. BEAUGRAND (*La Prop. ind.,* n° 83).

**553. La bonne foi du contrefacteur n'est pas une excuse.** — La bonne foi du contrefacteur n'est pas une excuse qui l'affranchisse des conséquences de la poursuite. Seulement les condamnations varient d'après l'article 5, selon que le défendeur est de bonne ou de mauvaise foi.

La loi française qui a érigé la contrefaçon en délit a dû nécessairement se montrer plus rigoureuse sur les conditions qui le constituent. D'une part la fabrication de produits ou l'emploi des moyens faisant l'objet du brevet sont punissables dans tous les cas. Mais d'autre part le recel, la vente ou l'introduction sur le territoire français d'objets contrefaits, ne sont assimilés à la contrefaçon que si leur auteur a agi sciemment (art. 40 et 41). En Belgique, le projet de loi, tel que la Chambre l'avait adopté, portait...
« De poursuivre devant les tribunaux ceux qui *sciemment* porteraient atteinte. » Mais comme l'article 5 variait la nature des condamnations prononcées contre le contrefacteur selon que ce dernier se trouvait être de bonne ou de mauvaise foi, le Sénat fit disparaître cette anomalie en

supprimant le mot *sciemment* de l'article. « Vos commissions, disait le rapporteur, ont supprimé le mot sciemment, parce que le breveté doit avoir le droit de poursuite même contre ceux qui font de bonne foi usage de son invention. » Il est donc certain que sous notre législation, l'intention frauduleuse n'est pas une condition nécessaire à la contrefaçon.

**554. Le droit exclusif d'autoriser l'exploitation par des tiers n'a pas de sanction dans la loi.** — Nous avons vu que l'action en contrefaçon était la sanction du droit exclusif d'exploitation concédé au breveté, car tous les moyens de consommer la contrefaçon, limitativement énoncés dans la loi, sont des modes d'exploitation. Mais il est un autre droit que nous avons reconnu au breveté, celui d'autoriser l'exploitation par des tiers : sa violation ne constitue point une contrefaçon. En effet, le législateur n'a pas rangé dans l'énumération de l'article 4, l'usurpation faite par un individu du privilége de l'inventeur en accordant à des tiers des permissions d'user de l'industrie brevetée, et en encaissant le produit de ces licences. Cette hypothèse se présente cependant d'ordinaire lorsqu'un industriel a pris un brevet pour une invention déjà brevetée et que pendant un certain temps, même avec une bonne foi parfaite, il a cru pouvoir jouir du bénéfice de son brevet, soit en exploitant lui-même, soit en concédant des autorisations à autrui. L'exploitation à laquelle il se sera lui-même livré le rendra passible de poursuites, mais il ne pourra être recherché pour les licences qu'il aura octroyées, quel que soit le bénéfice qu'il ait perçu à cette occasion. Toutefois, si des tiers avaient exploité en se confiant à l'autorisation du prétendu inventeur, et qu'ils fussent à leur tour actionnés comme contrefacteurs par le breveté primitif, ils pourraient appeler en garantie celui dont les licences les auraient induits en erreur, réclamer dans tous les cas la restitution du prix comme ayant été acquitté sans cause, et exiger même des dommages-intérêts.

## § 2.

### DE LA CONTREFAÇON PAR FABRICATION.

(SOMMAIRE.)

555. La défense de fabriquer l'objet breveté est le corollaire du monopole de l'exploitation. — 556. La contrefaçon par fabrication constitue la contrefaçon proprement dite. — 557. Renvoi à la division des inventions en produits, résultats, organes et procédés. — 558. Si le brevet porte sur un produit, il est défendu de confectionner ce produit, par quelque moyen. que ce soit. — 559. Jurisprudence conforme. — 560. *Quid* des résultats? Il est permis d'y arriver par des moyens différents. — 561. Jurisprudence. — 562. Il est interdit de confectionner un organe breveté, machine, outil ou appareil. — 563. La contrefaçon existe même si l'on destine l'organe à un autre usage que le breveté. — 564. La défense de confectionner l'objet breveté porte sur les parties comme sur l'ensemble. — 565. Il faut distinguer cependant entre les parties connues et celles qui ont été inventées par le breveté. — 566. La reproduction des parties nouvelles est défendue, quelque usage qu'on leur donne. — 567. Cas où la reproduction d'une partie nouvelle n'est pas défendue. — 568 Interprétation souveraine des cours — 569. La reproduction des parties connues devient illicite lorsque leur agencement reproduit l'idée brevetée. — 570 Il faut considérer l'objet dans son état au moment de ces poursuites. — 571. Si le brevet couvre le produit et le moyen, il peut y avoir double contrefaçon. — 572. Est illicite la fabrication pour l'usage personnel. — 573. Jurisprudence conforme. Application à l'État — 574. La fabrication d'un modèle est une contrefaçon. — 575. Des essais de fabrication ne constituent point la contrefaçon. — 576. *Quid* d'une fabrication non terminée? — 577. Des pièces de rechange dans une machine brevetée. — 578. La confection des pièces séparées d'une machine peut être assimilée à la contrefaçon de l'ensemble. — 579. *Quid* des pièces qui émanent de plusieurs fabricants? — 580. Jusqu'où s'étend pour l'acquéreur le droit de réparer une machine brevetée? — 581. Commander une contrefaçon n'est pas contrefaire. — 582. De la responsabilité respective du maître et de l'ouvrier dans la fabrication illicite. — 583. L'auteur des plans doit être assimilé au fabricant. — 584. Est-ce participer à la contrefaçon que d'associer son nom à celui du contrefacteur?

**555. La défense de fabriquer l'objet breveté est le corollaire du monopole de l'exploitation.** — La fabrication des objets brevetés est l'élément principal du droit d'exploitation. Comme le monopole de l'exploitation a été octroyé par la loi à l'inventeur, il a fallu donner une sanction à ce privilége : aussi le droit de poursuivre les tiers qui confectionnent les objets brevetés a-t-il été accordé à l'inventeur par toutes les législations.

L'article 4 de la loi belge de 1854 concède aux possesseurs de brevets le droit « de poursuivre devant les tribunaux ceux qui porteraient atteinte à leurs droits... *par la fabrication* de produits compris dans le brevet. »

La loi de 1817, article 6, s'exprimait en ces termes :

« Les brevets d'invention donneront à leurs possesseurs ou ayants droit la faculté :

» *De confectionner*... exclusivement par tout le royaume pendant le temps fixé pour la durée du brevet, les objets y mentionnés ;

» De poursuivre devant les tribunaux ceux qui porteraient atteinte au droit exclusif qui leur aura été accordé. »

L'art. 40 de la loi française de 1844 est ainsi conçu :

« Toute atteinte portée aux droits du breveté *par la fabrication* de produits faisant l'objet de son brevet, constitue le délit de contrefaçon. »

**556. La contrefaçon par fabrication constitue la contrefaçon proprement dite.** — Notre loi défend donc, à peine d'être réputé contrefacteur, de confectionner les objets compris dans un brevet. C'est même ce mode de violation des droits de l'inventeur qui constitue, avec l'usage des moyens brevetés, la contrefaçon proprement dite. Les autres modes ne sont que des assimilations à la contrefaçon, les auteurs de ces faits sont plutôt les complices que les auteurs de l'acte; ils supposent tous au préalable un fait de contrefaçon par fabrication des objets ou par usage des moyens brevetés.

20.

**557. Renvoi à la division des inventions en produits, résultats, organes et procédés.** — Pour rechercher comment on peut se rendre coupable de contrefaçon par fabrication, il est nécessaire de se rappeler la division des inventions, car il importe avant tout de considérer l'objet du brevet, si l'on veut savoir quel est l'objet dont la confection est interdite aux tiers.

Or, nous avons vu (n°ˢ 54 et suiv.) que les découvertes se divisent en corporelles et incorporelles, en effets et moyens. La combinaison de ces deux classifications nous donne quatre classes d'inventions : les produits et les résultats d'une part, c'est-à-dire les effets corporels et incorporels ; les organes et les procédés d'autre part, c'est-à-dire les moyens corporels et incorporels. Nous aurons donc à nous occuper successivement des brevets qui portent sur chacune de ces catégories de découvertes.

**558. Si le brevet porte sur un produit, il est défendu de confectionner ce produit, par quelque moyen que ce soit.** — Lorsque le brevet couvre un produit nouveau, il est défendu de confectionner ce produit, quel que soit le mode de fabrication qu'on emploie, quel que soit le moyen par lequel on y arrive.

Cette règle résulte de la généralité des termes de la loi qui autorise les poursuites contre les tiers qui fabriquent les produits compris dans le brevet, sans opérer de distinction d'après la manière dont ces produits auront été obtenus. Le législateur a voulu récompenser ainsi l'inventeur qui enrichit la société d'un objet entièrement inconnu jusqu'alors. Quelque exorbitante que soit souvent cette rémunération, il faut convenir toutefois que le monopole qui eût porté seulement sur les moyens d'arriver à ce produit eût été fréquemment illusoire : les moyens d'obtenir un objet se multiplient parfois à l'infini, et il est rare que du premier coup on arrive aux procédés les plus prompts et les plus économiques. L'inventeur primitif absorbé par les recherches qu'il a concentrées plutôt sur le but à atteindre, serait donc exposé à se voir enlever tous les fruits de sa découverte, si un tiers s'emparant de son idée et découvrant des améliorations dans la confection du produit, rendait par sa concurrence l'exploitation du premier brevet impossible.

**559. Jurisprudence conforme.** — Cette règle est admise par la doctrine et la jurisprudence.

La Cour de Paris a condamné le 31 juillet 1856 (Pal. 57. 101) la reproduction obtenue à l'aide de moyens différents d'une nouvelle espèce de drap sur laquelle portait le brevet Montagnac.

La Cour de cassation de France avait consacré le même principe le 15 mars 1856 (PATAILLE ET HUGUET 1856, p. 97, DELACOUR C. HUGUES et ROLLAND.) au sujet d'une étoffe de piqué avec dessins *relevés en bosse*. Elle décida que l'on ne pouvait pas renvoyer des poursuites l'individu qui avait obtenu des produits similaires par un procédé différent. Il ne suffirait même pas, ajoute la Cour, de déclarer que des différences essentielles dans les procédés créeraient des différences de même nature dans les produits. Cette circonstance pourrait être constitutive d'un perfectionnement, mais ne saurait avoir pour effet de porter aucune atteinte au droit privatif du premier brevet sur le produit dont la nouveauté reste reconnue.

La Cour de Liége, par arrêt du 16 juillet 1859, (GAUTHY-WAUCOUMONT C. DUBOIS, inédit,) a statué dans le même sens.

**560. Quid des résultats ? Il est permis d'y arriver par des moyens différents.** — Nous avons vu que les simples résultats ne sont pas brevetables en eux-mêmes; on ne peut breveter que les moyens qui y conduisent. Il suit de là qu'un brevet qui aura été obtenu pour un résultat industriel sans désignation de moyens nouveaux ne sera pas valable; que l'on pourra dès lors, de quelque manière que ce soit, arriver à ce résultat sans s'exposer à des poursuites en contrefaçon.

Lorsque le brevet porte à la fois sur le résultat et sur certains moyens de le produire, il sera permis d'amener ce résultat par d'autres moyens que les moyens brevetés.

**561. Jurisprudence.** — La jurisprudence a également consacré ce principe. On peut citer en ce sens un arrêt de la Cour de Paris du 6 mars 1860 (Dupuis et Dumery c. Lemercier, *La Prop. ind.*, n° 121).

Celui qui a trouvé un moyen d'arriver à un résultat industriel nouveau, par exemple l'application de la houille à la cuisson de la porcelaine dure, ne peut empêcher un tiers de faire usage de la houille dans cette fabrication, si cet emploi n'est pas fait par les moyens décrits au brevet. (Bordeaux, 28 mars 1856, Pataille et Huguet, *Annales de la Propriété industrielle*, t. de 1856, p. 105, Berard et Bonnichon c. Vieillard.)

On citerait vainement en sens contraire un jugement souvent rapporté par les auteurs. Un individu avait été breveté pour avoir substitué aux bourrelets matelassés des enfants, des bourrelets légers en baleine, qui préservaient des chocs sans exciter la transpiration. On décida que c'était violer les droits du breveté que de confectionner des bourrelets semblables en substituant l'osier à la baleine. (Trib. de la Seine, 10 avril 1829, Fournier c. N.... Dalloz, v° Brev. d'inv. n° 298). L'idée nouvelle qui avait été usurpée consistait à remplacer par une sorte de carcasse à jour, les coiffures pleines qui existaient jusqu'alors dans le commerce. C'était là le moyen à l'aide duquel on obtenait le résultat désiré, c'est-à-dire d'alléger ces coiffures tout en conservant leurs qualités ordinaires. Par conséquent la contrefaçon avait porté non sur le résultat mais sur le moyen, le tribunal ayant du reste décidé avec raison que dans l'espèce la simple substitution de l'acier à la baleine ne suffisait pas pour détruire l'identité et constituer la nouveauté (*Sup.* n° 157).

Lorsqu'au contraire l'invention brevetée consiste uniquement dans la forme nouvelle donnée à l'instrument employé à la production d'un résultat industriel connu, il n'y a point de contrefaçon dans l'obtention du même résultat à l'aide d'un instrument d'une forme différente. (Cass. fr., 4 juillet 1846, D. P. 46. 1. 325). Mais, pour qu'il y ait contrefaçon d'un instrument de musique, il suffit que par l'imitation des proportions, des dispositions ou des combinaisons, un fabricant ait confectionné un instrument donnant exactement la même voix, encore qu'il n'y ait pas similitude de forme. (Cass. fr., 16 août 1860, Pal. 61. 656).

Si au contraire, la même voix, le même résultat avait été obtenu, sans qu'on eût imité les proportions ou les combinaisons de l'objet breveté, il n'y aurait certainement pas eu de contrefaçon, car il n'est pas défendu d'arriver au même résultat par des moyens différents.

**562. Il est interdit de confectionner un organe breveté, machine, outil ou appareil.** — Que décider lorsque l'invention brevetée réside dans un organe, c'est-à-dire dans une machine, dans un outil ou appareil, destiné à arriver à un produit ou à un résultat connu ? A interpréter rigoureusement le texte de l'article 4, il faudrait conclure qu'il n'y aurait pas de contrefaçon dans la confection de cet organe, puisque la loi semble prohiber seulement la confection des *produits* brevetés et ne défend que l'*usage* des moyens. Mais souvenons-nous que le même objet peut être à la fois produit et organe (n° 73). Comme nous l'avons vu, cela dépend de la façon dont on envisage la chose; un nouvel outil est un produit pour celui qui le fabrique, c'est un moyen pour celui qui l'emploie. Il est donc permis de dire que la fabrication de l'objet breveté est toujours réservée à l'inventeur, bien qu'à certains égards, cet objet puisse être considéré comme un moyen, lorsqu'on envisage sa destination, le service auquel on le destine après sa confection.

**563. La contrefaçon existe même si l'on destine l'organe à un autre usage que le breveté.** — La généralité des termes de la loi nous autorise à ajouter qu'il ne faut pas s'inquiéter de la destination qu'on veut donner à l'organe : il y aurait contrefaçon par fabrication, quand bien même on entendrait faire servir cet organe à un autre usage que celui prévu par le breveté.

Remarquons que nous réservons ici la question de savoir si un industriel ne pourrait consacrer à un autre usage un appareil contrefait qu'il n'aurait pas lui-même fabriqué. Nous nous bornons quant à présent à constater que la confection de cet appareil lui serait défendue, car il porterait par là atteinte au droit exclusif de fabrication dévolu à l'inventeur, quelle que fût la destination à donner à l'organe breveté.

**564. La défense de confectionner l'objet breveté porte sur les parties comme sur l'ensemble.** — Nous avons vu précédemment que le brevet couvrait une invention dans toute son étendue, jusqu'au moindre détail. (*Sup.* n° 450.) Il s'ensuit qu'une machine brevetée sera protégée dans son ensemble et dans ses parties : il sera défendu de contrefaire le moins important de ses rouages, aussi bien que l'appareil tout entier.

**565. Il faut distinguer cependant entre les parties connues et celles qui ont été inventées par le breveté.** — Mais il faut se garder de confondre les éléments déjà connus de ceux qui sont issus d'une conception originale de l'auteur de l'ensemble; on pourra sans inconvénient reproduire les parties d'une machine brevetée qui appartenaient déjà au domaine public. Nouguier au n° 733, cite à ce propos l'exemple d'une machine à battre le blé, contenant des dispositions mécaniques nouvelles : à cette machine était adapté un manége depuis longtemps connu. On ne pourra sans contrefaçon fabriquer une machine et un manége semblables, et la contrefaçon portera même sur le manége. Mais si un autre industriel construit une machine à battre le blé, agencée autrement que celle qui a été brevetée, s'il y adapte un manége pareil à celui qui a été employé par le breveté, il n'y aura pas de contrefaçon. (Orléans, 24 avril, 1855, Laurence et Cottel c. Motte. Pal. 55, p. 472.)

**566. La reproduction des parties nouvelles est défendue, quelque usage qu'on leur donne.** — Dalloz, au n° 304, rappelant un arrêt de la Cour de cassation de France du 18 janvier 1845 (Benoit, D. 45, p. 117), prétend que cette décision a autorisé les tribunaux à refuser de punir comme contrefacteur celui qui a imité l'un des organes d'une machine brevetée, s'il a donné à cet organe, dans la machine prétendue contrefaite, un emploi spécial que le breveté n'avait point prévu dans sa spécification. Cet arrêt parait au contraire avoir pris pour point de départ des différences de fait constatées entre les organes de l'un et de l'autre appareil. Si cette décision avait consacré le système prôné par Dalloz, elle serait incontestablement erronée. D'un côté elle aurait violé la règle que le privilége s'étend à toutes les parties de l'invention brevetée; d'un autre côté, elle aurait eu égard pour apprécier la contrefaçon par fabrication, à la destination de l'objet confectionné, ce qui est contraire au texte absolu et précis de la loi.

**567. Cas où la reproduction d'une partie nouvelle n'est pas défendue.** — Lorsque l'organe copié dans la machine brevetée n'est qu'un moyen d'action indifférent au but de l'inventeur, lorsqu'on peut le modifier à volonté, ou même le remplacer sans nuire à l'idée nouvelle, il y aurait de la rigueur à condamner cette imitation. Le préjudice souffert par le breveté serait fort contestable, et d'ailleurs nous ne considérons comme participant au privilége, que les éléments constitutifs de la découverte et nullement les idées accessoires et qui n'ont avec elle aucune relation directe. (Cour de cassation de France, 30 décembre 1843 Pal. t. 1843, Painchault; Renouard, n° 8. — Blanc, Invent. p. 629; Rendu et Delorme, *Droit industr.* n° 499.)

**568. Interprétation souveraine des Cours.** — Cette décision ajoute que les constatations de ce genre appartiennent à l'appréciation souveraine des juges du fait. Ceux-ci ont aussi pour mission de trancher sans recours possible, les questions relatives aux différences signalées entre l'objet breveté et la prétendue contrefaçon. Ce point est certain en jurisprudence. On peut consulter à cet égard les arrêts suivants de la Cour de cassation de France: 5 mai 1848, Pal. 1849, 1. 175 (Dida c. Duchesne);—20 juillet 1849, Pal. 1851. 2. 621 (Brunel c. Duchesne); — 4 mai 1855, Propr. industr. 1855, p. 13 (Cavaillon c. Laming);— 20 mai 1844, Pal. 1844 (Hanoire c. Robert). Voir cependant les distinctions que nous avons signalées, *sup.* n° 380.

**569. La reproduction des parties connues devient illicite lorsque leur agencement reproduit l'idée brevetée.** — Nous avons dit plus haut, que la reproduction des parties d'une machine brevetée qui ne sont pas nouvelles, était parfaitement licite. Or, il peut arriver que toute l'invention consiste dans la combinaison nouvelle d'éléments dès longtemps connus. Alors la reproduction des parties connues de l'objet breveté commencera à être taxée de contrefaçon, lorsque la disposition et l'agencement de ces éléments sera une imitation du système du brevet.

Si c'est la combinaison particulière des éléments tombés dans le domaine public qui constitue l'idée nouvelle, il est clair qu'en disposant ces organes d'après les plans du breveté, on sort des limites du domaine public pour empiéter sur le domaine privatif de l'inventeur.

**570. Il faut considérer l'objet dans son état au moment de la poursuite.** — Notons qu'il ne suffit pas d'une simple éventualité de contrefaçon, qu'il faut au contraire apprécier l'objet dans son état actuel. Si un instrument, au moment de la poursuite, n'est ni proportionné, ni disposé de manière à réaliser le même but qu'un autre instrument analogue breveté, il ne peut être considéré comme une contrefaçon de celui-ci, alors même qu'il serait possible de lui faire produire le même résultat par un simple changement dans ses dimensions (DALLOZ, n° 300). Un arrêt cité ordinairement à l'appui de cette opinion (Paris 5 février 1841, OBERT c. PUJET), ne paraît pas toutefois toucher la question de principe; il se borne dans l'espèce à constater la différence du but et du résultat entre l'objet breveté et l'objet suspect de contrefaçon, sans parler de la possibilité de leur faire produire le même effet à l'aide d'une simple modification.

**571. Si le brevet couvre le produit et le moyen, il peut y avoir double contrefaçon** — Que décider maintenant lorsque le brevet a été pris à la fois pour la machine et pour le produit, c'est-à-dire lorsque le moyen et la chose qu'il amène sont nouveaux? Dans ce cas, il y aura lieu de combiner les règles que nous avons relatées ci-dessus. Ce brevet rendra possible une double contrefaçon par fabrication, soit qu'on confectionne le produit nouveau même par d'autres moyens, soit qu'on fabrique tout ou partie de la machine brevetée même pour un autre but que celui mentionné au brevet.

Un arrêt de cassation de France du 27 décembre 1837, rapporté dans Dalloz n° 48 (RATTIER et GUIBAL c. JANVIER), donne un exemple de la possibilité d'une double contrefaçon. Les sieurs Rattier et Guibal avaient obtenu un brevet pour « l'art de *réduire en fil le caoutchouc,* et d'en *former des tissus élastiques* à l'aide de toute autre matière filamenteuse. » Le brevet portait comme on le voit sur deux objets parfaitement distincts. Le sieur Janvier employa ce fil à la fabrication des bretelles, et sur l'action en contrefaçon, il prétendit que ce fil lui était vendu par un tiers qui y paraissait autorisé par les inventeurs, à en juger par l'enseigne de ses magasins ouverts au public. Le tribunal renvoya le défendeur des poursuites, parce que d'une part, en ce qui concernait l'emploi des fils, il admit la bonne foi, parce que d'autre part, en ce qui concernait la confection des tissus, il déclara que l'art de revêtir un fil *quelconque* pour en former un tissu, n'est point une invention nouvelle. Cette décision fut cassée par la Cour suprême. Celle-ci écarta l'excuse de la bonne foi, comme on l'écarterait encore aujourd'hui, car elle n'est point considérée par la loi comme élisive de la contrefaçon. La Cour décida ensuite que si la proposition sus-énoncée par le tribunal était vraie en général, elle cessait de l'être à l'égard d'un *fil de caoutchouc* ou gomme élastique, « puisque Rattier et Guibal étant légalement, et de l'aveu du tribunal lui-même, les inventeurs de l'art de réduire en fil le caoutchouc ou gomme élastique, il en résultait nécessairement que personne n'en avait tissé avant eux. Le tissu composé avec ce fil constituait donc un produit entièrement nouveau qu'il était défendu aux tiers de confectionner, bien qu'ils n'eussent pas fabriqué eux-mêmes les fils avec lesquels ces tissus étaient obtenus.

**572. Est illicite la fabrication pour l'usage personnel.** — La fabrication de l'objet breveté est défendue quand bien même le tiers allèguerait ne vouloir point en faire un objet de commerce. (Rhodez, 25 fév. 1851, Vachon c. Poujet, Huard, art. 40 n° 54).

Toutes les conditions de la contrefaçon se trouvent, en effet, réunies dans ce cas. L'excuse que l'on tenterait de tirer de la destination de cet objet à l'usage personnel de l'imitateur serait insuffisante. D'abord cette excuse n'est pas indiquée dans la loi, dont le texte est absolu et exclusif de toute distinction de ce genre. Ensuite cette circonstance n'empêche pas qu'une atteinte soit portée aux droits privatifs du breveté : lui seul avait le droit de confectionner ces objets et c'était chez lui que l'on devait se les procurer. Celui qui les a confectionnés lui-même a privé l'inventeur d'un bénéfice légitime, et dans bon nombre d'occasions, lorsqu'il s'agirait de choses usuelles et d'une fabrication aisée, ce serait rendre le brevet illusoire que d'autoriser chacun à se les procurer soi-même.

Il est vrai que l'on ne considère pas comme une contrefaçon la possession ou l'usage d'objets contrefaits consacrés aux besoins personnels de leur détenteur et confectionnés par autrui. Mais la raison de cette exception repose, comme on le verra plus loin, sur des motifs spéciaux non applicables au genre de contrefaçon dont nous nous occupons ici. Disons notamment qu'à l'occasion de l'usage personnel, on a pu invoquer les inconvénients d'exposer les personnes, qui par leur état doivent ignorer quels sont les priviléges d'une industrie étrangère à leurs connaissances, aux inquisitions et aux suites dommageables d'une poursuite : c'est le fabricant, c'est le tiers qui leur a fourni ces objets, qui seul a pu peser les conséquences de la contrefaçon, qui seul doit en assumer la responsabilité. Mais la fabrication est un fait qui n'est imputable qu'à son auteur et dont chacun est à même de mesurer les suites; en s'improvisant fabricant, même accidentellement, on s'immisce par là dans l'industrie, et l'on doit savoir que celle-ci a des devoirs, des limites, des restrictions. Il faut donc s'instruire de ces devoirs comme on apprend les règles professionnelles; il faut connaître à quelles conditions on devient fabricant, comme il faut apprendre par quels moyens on parviendra à fabriquer. Au surplus, fabriquer est un véritable acte industriel, tandis que l'usage personnel ne contient rien d'industriel ni rien de commercial Il ne constitue pas une contrefaçon.

**573. Jurisprudence conforme. Application à l'État.** — Le tribunal de Liége a résolu la question dans ce sens par un jugement en date du 14 août 1857, rapporté dans le recueil de MM. Cloes et Bonjean. t. 10, p. 820. Il s'agissait dans cette espèce d'un fait de contrefaçon reproché à l'État belge, dans la confection des armes destinées aux troupes. L'État soutenait que cette destination était purement personnelle, puisqu'elle servait à remplir la mission confiée au gouvernement de pourvoir à la défense du pays. Mais le tribunal décida qu'en admettant même que l'on dût envisager de la sorte le but de cette fabrication, un fait de fabrication était toujours un acte industriel, quelle que fût la qualité de celui qui s'y livrât. Celui qui n'exerce ni commerce, ni industrie peut être contrefacteur par fabrication, même lorsqu'il confectionne pour son usage personnel. L'État est sous ce rapport sur la même ligne que les particuliers.

**574. La fabrication d'un modèle est une contrefaçon.** — Par la même analogie, il a été décidé qu'il y a contrefaçon alors même que l'objet contrefait est resté chez celui qui l'a fabriqué comme modèle et non comme devant fonctionner. (Tribunal de la Seine, 20 juillet 1834, BATAILLE C. HUDELIN, DALLOZ, n° 296).

C'était chez le breveté que le contrefacteur devait se procurer un modèle s'il avait le désir d'en posséder un.

Il y aurait lieu toutefois, pensons-nous, de faire exception à cette règle chaque fois que la fabrication de ce modèle ne revêtirait pas un caractère commercial ou industriel ; lorsque les proportions seraient modifiées au point qu'il fût impossible de tirer parti de la machine ainsi confectionnée, lorsqu'on établirait le système avec des réductions telles qu'on ne sût tirer de l'objet aucun effet pratique, lorsque le tiers n'aurait agi que dans un but théorique, pour se rendre compte du procédé, pour l'expliquer, pour le traduire matériellement. Dans ce cas, en effet, il n'y aurait aucun préjudice pour le breveté, aucune atteinte à ses droits d'exploitation, il ne serait pas exposé à souffrir une concurrence commerciale ou industrielle par le fait de cette fabrication, l'un des éléments de la contrefaçon viendrait à disparaître.

**575. Des essais de fabrication ne constituent point la contrefaçon.** — Cependant chacun a le droit de se livrer à des essais ou à des expériences, dans le but de vérifier l'efficacité de l'invention ou de constater l'exactitude de la description du procédé. Cette faculté est le corollaire de la nullité prononcée par la loi elle-même contre le brevet dont le titulaire n'aurait pas exactement renseigné le secret de sa découverte. Que deviendrait cette prescription devant la défense de rechercher si les moyens décrits donnent effectivement le résultat indiqué? Qu'adviendrait-il ensuite de l'esprit de progrès dans l'industrie, si l'on était exposé à une poursuite dans le cas où au milieu des tâtonnements qui préludent à toute découverte nouvelle, on reproduisait par hasard, et sans intention d'en abuser, une invention déjà brevetée?

La constatation du but poursuivi par le prétendu contrefacteur sera à la vérité souvent difficile. Mais elle résultera notamment de ce que les proportions, l'importance, les dimensions, l'imperfection de l'objet fabriqué lui enlèveront tout caractère véritablement industriel. Alors si tout démontre que l'on s'est borné à des essais de fabrication qui ont été abandonnés, qui sont restés sans suite, et qui seraient insuffisants pour amener un résultat industriel fructueux en le comparant avec la fabrication générale, il n'y aura point d'atteinte aux droits du breveté, il n'y aura pas de contrefaçon.

Ainsi l'a décidé la Cour de Paris dans un arrêt du 18 juillet 1859 (*La Propr. industr.*, n° 96, Thomas c. le Ministre de la guerre). On peut consulter d'autre part un arrêt de la même Cour rendu le 11 mars 1857 en matière de propriété littéraire (Dalloz v. *Brev. d'inv.*, n° 297). Enfin, un jugement du tribunal correctionnel de la Seine du 6 déc. 1839 (Dubus c. Péronnet, Dalloz, n° 297) a décidé que des essais informes, faits en vue de vérifier si les procédés décrits dans un brevet donnent effectivement le résultat indiqué, ne constituent pas une contrefaçon.

**576. Quid d'une fabrication non terminée?** — Jusqu'à quel point une fabrication non terminée constituera-t-elle une contrefaçon? La solution dépendra des circonstances. Lorsqu'aucune partie essentielle de l'invention n'aura été reproduite, bien que la fabrication soit en cours d'exécution, il faudra repousser la poursuite, car il n'est pas permis de tenir compte d'une simple éventualité.

La volonté de contrefaire n'équivaut pas au fait matériel : c'est l'état actuel de l'objet qui devra être apprécié (Conf., Paris, 5 fév. 41, Obert c. Pujet, Dalloz, *Brev. d'inv.*, n° 300).

**577. Des pièces de rechange dans une machine brevetée.** — La fabrication séparée de l'un des organes d'une machine brevetée est interdite, comme nous l'avons vu n° 566, si cet organe est par lui-même une conception nouvelle. Que décider au contraire de la confection des rouages d'une machine brevetée, si, pris isolément, ils se trouvent dans le domaine public?

Nous pensons avec un arrêt de la Cour de cassation de France du 5 juillet 1862 (S. V. 63, 1, 108) que l'on doit regarder comme licite pareille fabrication. Mais il faudra constater que l'on ne s'est proposé pour but ni directement ni indirectement, de fabriquer ou de refaire cette machine et qu'on s'est borné à vouloir faire une pièce de rechange.

**578. La confection des pièces séparées d'une machine peut être assimilée à la contrefaçon de l'ensemble.** — Mais si la confection de ces pièces rend possible la formation d'une machine semblable à celle qui est brevetée, et que tel ait été le but du fabricant-poursuivi, il y aura incontestablement contrefaçon.

L'invention, en effet, consiste dans les rapports de ces pièces entre elles. Dès l'instant que ces rapports ont été copiés, l'usurpation des droits du breveté devient palpable. Par cela seul que le contrefacteur n'a pas réuni dans ses ateliers les éléments de l'appareil, pourrait-il nier que sa volonté ait eu en vue leur assemblage? Qu'importe qu'il ait livré ou voulu livrer à l'acheteur les pièces séparées, si ce dernier peut aussitôt en composer la machine! Il a fabriqué et vendu une machine démontée, cela suffit (Voyez Cass. fr., 26 juillet 1861, D. p. 61, 1, 467, Lutz c. Dabé.)

**579. Quid des pièces qui émanent de plusieurs fabricants ?** — Il y aurait aussi contrefaçon alors même que les diverses pièces destinées à composer la machine, auraient été fabriquées chez plusieurs individus différents. Si ceux-ci connaissaient le but du contrefacteur, ils seraient mis sur le même pied que lui. Dans l'ignorance de ce but, au contraire, les fabricants ne seraient point coupables, puisqu'ils se seraient bornés à composer un organe qui était dans le domaine public; ils seraient étrangers à la disposition qui relie ces éléments épars, qui constitue l'idée brevetée, dont la reproduction est réputée une contrefaçon. L'auteur du plan, celui qui aurait commandé la machine, serait seul exposé à une poursuite. (Comparez ci-dessous n° 583.)

**580. Jusqu'où s'étend pour l'acquéreur le droit de réparer une machine brevetée ?** — La question que nous venons de traiter nous mène directement à un autre point qui n'est pas sans difficultés. Jusqu'où s'étend le droit du possesseur d'une machine légitimement acquise du breveté de réparer cette machine ou d'y substituer en cas d'accident des pièces de rechange ? La jurisprudence nous offre à ce sujet des décisions qui semblent limiter assez étroitement les droits de l'acheteur, sous prétexte que la vente d'une machine n'équivaut pas à la cession du brevet ni à une licence de fabrication. (Paris, 19 août 1854, Huard, art. 40, n° 39, Bergerat c. Jullien. — Paris, 11 juillet 1861, *La Prop. ind.*, n° 188, Sax c. Besson.)

Il va de soi que personne n'a le droit de confectionner dans son atelier un organe qui constitue en lui-même une création du breveté. Chacun de ces organes pris à part entre dans le domaine privatif de l'inventeur, qui seul peut les refaire à neuf (Orléans, 26 avril 1855, Pal. 55.472, et Cass. fr., 10 août 1855, PATAILLE et HUGUET 55, p. 69, MOTTE c. LAURENCE.) Mais quant aux réparations qui n'équivalent pas à une reconstruction, quant à la confection des pièces qui ne sont pas nouvelles, nous estimons qu'il serait téméraire d'assigner en principe une borne quelconque aux droits de l'acheteur. Aussi ne pouvons-nous adopter l'opinion de M. Blanc (p. 632), lorsqu'il soutient que la vente de l'objet ne donne que le droit de s'en servir pendant sa durée, et qu'on ne saurait permettre d'en perpétuer l'usage. Si l'usage de cette machine pouvait se prolonger et même se perpétuer au moyen de réparations intelligentes, faites en temps opportun, et qui par l'époque où elles se sont successivement produites, par leur importance individuelle, excluent l'idée de recomposer la machine ou un de ses organes qui n'appartiennent pas au domaine public, nous ne voyons pas en quoi l'inventeur aurait à se plaindre de cette éventualité, qu'il était maître de prévoir et de défendre lors de la vente de l'objet. La solution de la difficulté dépendra donc des circonstances qui seront pesées et appréciées par les juges du fait.

Il importe au surplus de se référer aux termes et aux clauses de l'acte d'achat. (Orléans, 26 août 1845, Pal. 45, 2. 502, LUCHAIRE c. GACHE et LARECK).

**581. Commander une contrefaçon n'est pas contrefaire.** — Jusqu'ici nous nous sommes occupés des fabricants proprement dits. Mais doit-on envisager également comme contrefacteur celui qui commande la fabrication illicite?

En principe, nous n'hésitons pas à répondre négativement.

La simple commande d'une contrefaçon n'est pas

rangée par l'article 4 de notre loi parmi les éléments constitutifs de la contrefaçon. Nous avons vu qu'il ne suffit pas d'avoir porté atteinte aux droits du breveté pour être considéré comme contrefacteur : il faut que le préjudice ait été causé par un des moyens énumérés par la loi, et cette énumération est restrictive comme toutes les limitations apportées par les législations positives à la liberté individuelle de l'homme. Or, quoi qu'on dise, la provocation adressée à un tiers de violer le droit d'autrui n'équivaut pas à cette violation. En matière civile les règles de la complicité criminelle ne sont pas applicables. En France même où la contrefaçon constitue un véritable délit, il a été jugé que c'était la législation spéciale qui seule régissait la matière, et que dès lors il ne fallait pas lui appliquer les règles de la complicité ordinaire. En conséquence la jurisprudence a relaxé des poursuites ceux qui ont sciemment servi d'intermédiaires entre le contrefacteur et le destinataire, et ont commandé chez le premier les objets contrefaits. (Cass. Fr. 24 mars 1848, S. V. 48. 1. 579, Christoffe c. Crignon ; Cass. Fr. 26 juillet 1850, D. P. 51. 5. 54, Gibus c. Duchesne; Cass. Fr. 21 novembre 1851, Duchesne c. Galibert, cité par Nouguier, n° 789.)

M. Tillière, au n° 109, est d'un avis différent. Rejetant la doctrine qui considère l'énumération de l'article 4 comme limitative, il admet que la commande d'un objet contrefait constitue une contrefaçon dans le chef de l'acheteur, parce que d'après l'alinea *a* de l'article 4, le breveté seul a le droit de faire exploiter le produit nouveau par ceux qu'il y autoriserait.

Nous ne reprendrons pas ici la discussion que nous avons entreprise précédemment, à l'effet de démontrer que la loi n'assimile pas à la contrefaçon les faits qui ont causé un préjudice quelconque au breveté, qu'elle exige que ce tort ait été infligé par l'un des moyens strictement déterminés par elle. Nous nous bornerons à repousser toute analogie entre la conduite de l'acheteur et de celui qui aurait autorisé abusivement l'exploitation du brevet.

Lorsque la loi a réservé au breveté seul le droit de donner semblable autorisation, elle a voulu uniquement écarter l'excuse que le contrefacteur essayerait de tirer d'une licence de ce genre accordée par un tiers. L'inventeur seul a le droit d'accorder de semblables permissions, celles qui émanent de lui sont seules valables. Tel est le sens de l'article. Cette proposition est si vraie que ce droit exclusif concédé au breveté, n'a, comme nous l'avons vu précédemment, aucune autre sanction légale : la violation de ce privilége ne constitue pas un cas de contrefaçon, elle expose seulement l'auteur du fait à une action en garantie et en dommages-intérêts de la part de ceux qu'il a induits en erreur. Du reste, il faudrait forcer étrangement le sens des mots pour envisager la demande faite par un acheteur comme une autorisation d'exploiter. Ni le fabricant, ni personne ne se méprendra sur la portée de cette proposition, et l'industriel qui fabrique sait qu'il confectionne toujours à ses risques et périls.

L'acheteur n'usurpe pas la qualité du breveté, il ne fait pas concurrence au droit exclusif de celui-ci d'autoriser une exploitation du brevet, il agit comme tiers en son nom personnel ; et s'il est peut-être l'occasion d'un préjudice pour le breveté, il n'en est pas l'auteur. (Voir en notre sens NOUGUIER n° 739, RENDU et DELORME, n° 506 ; en sens contraire, BLANC, p. 612.) La cour de Cassation de France a jugé qu'il n'y a point de contrefaçon dans le fait de celui qui commande un appareil contrefait dans l'ignorance des procédés employés par le fabricant. (Cass. Fr. 2 juin 1862, D. P. 63. 1. 394. Comparez : Bruxelles, 7 janvier 1852, Pas. 52, 2, 253 FAFCHAMPS, et Cass. B. 15 janvier 1853, Pas. 53, 1, 206.)

**582. De la responsabilité respective du maître et de l'ouvrier dans la fabrication illicite.** — Mais gardons-nous d'inférer de ces principes qu'on ne saurait être contrefacteur par fabrication sans mettre soi-même la main à l'œuvre. Celui qui fait confectionner l'objet par des ouvriers à sa solde est incontestablement un fabricant, au même titre que l'associé, qui chargé seulement de la comptabilité, serait resté complétement étranger à toutes les opérations matérielles de l'atelier. L'ouvrier au contraire ne serait dans ce cas qu'un instrument inintelligent, qui échapperait par conséquent à tout reproche. Mais l'industriel qui confectionne, soit par lui-même, soit par des mains tierces, et pour son compte, assume toute la responsabilité de cette fabrication.

Il a été jugé conformément à ces principes que le bandagiste chez lequel est fabriqué sur la commande d'un médecin, et par l'ouvrier chargé spécialement de l'exécution de ces commandes, un appareil orthopédique breveté, est coupable de contrefaçon. (Cass. Fr. 30 mars 1853, Pal. 2. 159, Guérin c. Hossard.)

**583. L'auteur des plans doit être assimilé au fabricant.** — En sera-t-il autrement de l'individu qui aura commandé chez plusieurs artisans des pièces distinctes d'une machine qu'il se propose d'assembler chez lui?

Ici le plan, les proportions émanent de lui ; c'est lui aussi qui se propose de réunir ces éléments épars pour leur donner leur caractère définitif; c'est lui qui après tout a commencé le délit et qui le consomme.

La conception du plan et des proportions se rattacherait dès lors à cette fabrication à laquelle il a eu l'intention de coopérer, elle devrait être envisagée comme un véritable acte de fabrication. Nous admettons même en thèse générale, que l'on doit assimiler au fabricant celui qui donne, pour la construction, des plans et des indications, car c'est plus qu'un achat ou une commande, plus qu'un acte préliminaire, c'est un commencement d'exécution; or, il n'est pas indispensable d'avoir fabriqué l'objet dans son entier, il suffit de s'être rendu auteur de l'un des faits constitutifs de sa confection, sachant où cet acte tendait.

Ainsi, d'après l'arrêt de la Cour de cassation de France du 30 mars 1853, cité plus haut, le médecin qui ne s'est pas borné à prescrire l'usage d'un appareil orthopédique breveté, mais qui de plus l'a fait fabriquer sur ses indications dans l'établissement d'un tiers, se rend coupable de contrefaçon.

**584. Est-ce participer à la contrefaçon que d'associer son nom à celui du contrefacteur ?** — Il a aussi été jugé que celui qui a su que son nom figurait en qualité de fabricant sur un objet contrefait, par exemple sur une harpe, et qui a consenti à l'emploi de son nom, doit être considéré comme co-auteur de la contrefaçon et condamné à ce titre solidairement avec le fabricant. (Paris, 14 mai 1817, PLANE c. BRIMMEYER, BLANC, Inv. brev. p. 618.)

## § 3.

### DE LA CONTREFAÇON PAR USAGE DES MOYENS COMPRIS DANS LE BREVET.

(SOMMAIRE.)

585. L'usage des moyens doit être réservé à l'inventeur. — 586. Controverse sous la loi de 1817. — 587. Législation actuelle et loi française de 1844. — 588. L'usage d'un produit n'est pas une contrefaçon. — 589. L'usage d'un moyen est une contrefaçon. — 590. Quels sont les moyens dont l'usage est interdit aux tiers? — 591. Jurisprudence. — 592. De l'usage d'une des parties de la chose brevetée — 593. L'usage personnel est licite.

— 594. Discussions parlementaires. — 595. Règles pour constater l'usage personnel. — 596. Distinction entre l'usage commercial, personnel et domestique. — 597. *Quid* des machines et agents de production? — 598. Jurisprudence. — 599. De l'emploi d'un outil par un ouvrier. — 600. Usage par le créancier gagiste ou le dépositaire.

**585. L'usage des moyens doit être réservé à l'inventeur.** — Lorsque la découverte porte sur un moyen, c'est-à-dire soit sur un procédé, soit sur un organe matériel, machine, outil ou ustensile, le monopole de l'inventeur doit incontestablement s'étendre à l'usage exclusif de ce moyen. Réserver uniquement au breveté le droit de fabrication, ce serait d'abord anéantir son privilége lorsque l'objet de ce dernier consisterait en un procédé, chose immatérielle qui s'emploie mais qu'on ne fabrique point; ce serait tout au moins, dans des cas nombreux, rendre le brevet presque illusoire, lorsqu'il couvrirait un appareil ou un instrument; car il suffirait à un industriel de se procurer la machine contrefaite chez un tiers ou à l'étranger, et après avoir justifié ne point l'avoir confectionnée lui-même, il serait autorisé à s'en servir dans ses ateliers et à établir au détriment de l'inventeur une concurrence couverte par une complète impunité. Ces conséquences seraient d'autant plus fâcheuses que l'industriel qui découvre un nouveau moyen de fabrication dans la branche à laquelle il s'adonne, a souvent en vue en prenant un brevet, de se réserver les avantages de ce procédé dans sa propre fabrication, plutôt que de construire et de débiter des machines agencées suivant l'idée nouvelle.

**586. Controverse sous la loi de 1817.** — Sous la loi du 25 janvier 1817, il y avait quelque doute sur le point de savoir si l'usage d'un objet breveté était assimilé à la contrefaçon. L'article 6 de cette loi se bornait, en effet, à accorder au breveté « la faculté de confectionner et de vendre exclusivement par tout le royaume pendant le temps fixé pour la durée du brevet les objets y confectionnés. » D'où l'on avait inféré que l'usage d'un appareil breveté par un acheteur qui ne l'avait pas lui-même confectionné était à l'abri de toute poursuite. On peut voir en ce sens les arrêts suivants : Bruxelles, 7 janvier 1852, Fafchamps, *Pasicr.* 52. 2. 253; Cass. B. 15 janvier 1853, même affaire, *Pasicr.* 53. 1. 206; Bruxelles, 9 juin 1852, Legras. *Pasicr.* 52. 2. 266. D'autre part, il est des décisions qui ont considéré que sous la loi de 1817, l'inventeur pouvait obtenir par son brevet le droit exclusif d'user d'un appareil breveté. (Cass. B. 13 juillet 1850, Barbier-Hanssens, *Belg jud.* VIII p. 888; Cass. B., 23 nov. 1865, Fauconnier c. Carlier et Drion, *Belg jud.*, 1866, p. 1.)

Cette dernière solution n'est peut-être pas à l'abri de toute critique, en présence du texte restrictif de la loi de 1817.

**587. Législation actuelle et loi française de 1844.** — Quoi qu'il en soit de cette controverse sous la législation antérieure, il est certain qu'aujourd'hui le débat ne saurait plus se reproduire. La loi du 24 mai 1854 a précisément substitué le droit exclusif d'exploiter à celui de confectionner et de vendre, pour lever le doute que la loi ancienne pouvait laisser quant à l'usage. (Rapport de la section centrale, *Annales parlementaires*, 1851-52, p. 985.)

C'est pourquoi l'article 4 de notre nouvelle loi considère comme une contrefaçon, « l'emploi des moyens compris dans le brevet. »

La loi française du 5 juillet 1844 (art. 6), contenait déjà une disposition semblable : « Toute atteinte portée aux droits du breveté... par l'emploi de moyens faisant l'objet de son brevet, constitue le délit de contrefaçon. »

**588. L'usage d'un produit n'est pas une contrefaçon.** — La loi réprime l'usage des *moyens* brevetés. Comme ses défenses sont limitatives, il s'ensuit que l'usage d'un objet breveté n'est point punissable lorsque cet objet n'est pas un *moyen*.

Ainsi, lorsque l'invention porte sur un produit nouveau, il ne saurait y avoir de contrefaçon à se servir de ce produit. Toutefois, comme nous le verrons plus tard, la détention de ce produit, abstraction faite de son emploi, a été assimilée à la contrefaçon.

**589. L'usage d'un moyen est une contrefaçon.** — Par moyens on entend les moyens corporels et incorporels, à savoir les organes et les procédés. Donc, quand le brevet protégera une machine nouvelle, il ne sera pas seulement interdit de fabriquer cet appareil, il sera également défendu de l'employer; son usage et sa confection seront punissables au même titre, quand bien même l'industriel qui s'en servirait serait absolument étranger à sa fabrication, ou réciproquement.

**590. Quels sont les moyens dont l'usage est interdit aux tiers ?** — Nous avons vu au n° 73 qu'une même invention peut être à la fois produit ou moyen; ainsi un nouvel outil est un produit pour celui qui le fabrique ou le vend, c'est un moyen pour celui qui l'emploie. Y aura-t-il contrefaçon pour un usage quelconque de cet instrument breveté? De même, le brevet peut porter sur une application nouvelle d'un moyen connu : l'emploi de ce moyen pour une autre destination sera-t-il licite?

Pour résoudre ces questions, il faut se rappeler les éléments constitutifs de la contrefaçon. Une condition essentielle de celle-ci consiste dans une atteinte portée aux droits du breveté. Il s'ensuit que l'usage du moyen breveté sera autorisé chaque fois que cet usage ne sera pas une violation des droits exclusifs réservés à l'inventeur. Or, l'inventeur se crée à lui-même son droit. C'est dans sa demande, c'est dans la spécification jointe au brevet, qu'il détermine les limites de son privilége. S'il s'est borné à se réserver certaines applications de son invention, son monopole sera restreint à celles qu'il a fixées, et tout autre usage de l'objet breveté ne portant pas atteinte à ses droits exclusifs, cessera d'être punissable.

S'il a négligé d'indiquer aucune application de sa découverte, qu'arrivera-t-il? Il aura démontré par là qu'il considérait son idée nouvelle comme un produit ou un résultat, non comme un moyen, et qu'il a seulement entendu se réserver le monopole de la fabrication : l'usage de cet objet, isolé de sa confection, ne constituera pas de contrefaçon. Ainsi, lorsqu'un mécanicien a pris un brevet pour une nouvelle machine, sans indiquer l'application de son appareil, il se réserve la fabrication de cet organe, mais il en abandonne par cela même l'usage au domaine public. Le premier venu sera maître de se servir de ce moyen, et s'il justifie ne pas l'avoir confectionné lui-même, il sera à l'abri de toute poursuite.

Lorsqu'au contraire l'inventeur aura énoncé qu'il entendait considérer son invention comme moyen aussi bien que comme produit, il sera maître du monopole de l'usage, mais dans les limites qu'il aura lui-même tracées. Ce sont les moyens « *compris dans le brevet* » qui d'après le texte de la loi deviennent l'apanage exclusif du breveté. Or, un moyen est un rapport dont le second terme est marqué par le résultat à obtenir. Il sera donc interdit d'arriver avec le même procédé au résultat spécifié dans le brevet, mais on pourra réaliser avec l'appareil breveté une application non prévue par l'inventeur.

Il sera même permis à celui qui aura découvert cette application nouvelle, de prendre un brevet pour son idée.

et le breveté primitif n'aura pas plus de droit que le premier venu à se servir, dans ce but, de son propre appareil.

Toutefois le breveté restera seul maître de la machine, qui est son œuvre, et la personne qui aurait trouvé un emploi nouveau, devrait s'adresser à lui pour se procurer l'appareil. (Voyez dans ce sens TILLIÈRE, n° 130; BLANC, Invent. p. 623.)

**591. Jurisprudence.**—Un arrêt de la cour de cassation de France du 20 juillet 1830 (DALLOZ, V. *Brev. d'inv.* n° 308, GERMAIN c. SEVENE), confirmatif d'un jugement du tribunal de Nancy en date du 20 mars 1827, a consacré cette doctrine. Aux termes de cette décision, pour punir comme contrefacteur celui qui n'a pas fabriqué lui-même l'appareil contrefait, on doit constater qu'il s'en est servi dans le but d'obtenir les produits pour la fabrication spéciale desquels la machine originale a été conçue et imaginée. Il faut établir que la mise en œuvre a eu pour objet « de produire les mêmes résultats que la machine pour laquelle un brevet a été obtenu. »

La cour de Paris a décidé cependant, le 19 juin 1858, (VILLARD c. DESS) que lorsqu'un brevet porte sur des procédés et appareils pour l'obtention d'un produit connu, mais dans des conditions meilleures, les différences qui peuvent exister entre les produits et les résultats obtenus par l'inventeur breveté et ceux du fabricant poursuivi comme contrefacteur, ne sauraient mettre obstacle à la déclaration de contrefaçon, s'il y a eu emploi des mêmes procédés, ou d'appareils reposant sur le même principe, et pouvant donner des résultats identiques (*La Prop. ind.*, n° 55).

Nous ne saurions nous rallier à cette solution, que pour autant qu'il fût constaté que malgré les différences signalées, il y a eu identité de résultats dans l'emploi des mêmes procédés.

La cour de Lyon a également touché cette matière dans un arrêt du 22 février 1860. (Gèvre c. Auclair, *La Prop. ind.*, n° 123.) Lorsqu'avec un appareil nouveau destiné à produire un tissu nouveau, mais pouvant produire aussi un tissu connu, un fabricant a obtenu seulement ce dernier tissu, il doit, aux termes de cette décision, être condamné comme contrefacteur pour l'obtention d'un produit ancien à l'aide d'un procédé nouveau. Cette solution ne serait justifiable qu'au cas où le breveté se serait réservé l'emploi de sa machine pour l'obtention de produits connus.

**592. De l'usage d'une des parties de la chose brevetée.** — Nous avons vu que le brevet protégeait l'invention dans son ensemble et dans ses détails. La fabrication d'un organe nouveau d'une machine brevetée est interdite aux tiers au même titre que la confection de la machine entière. Ce principe s'applique également à l'usage des moyens brevetés. L'emploi analogue d'une partie quelconque de l'invention constitue une contrefaçon. Le texte de l'article 4 de la loi belge parle, il est vrai, de l'usage *des moyens* compris dans le brevet, mais c'est là une incorrection de langage à laquelle il n'appartient pas de s'arrêter. Il serait absurde, en effet, de prétendre que l'on pourrait impunément se servir des procédés de l'inventeur, pourvu que l'on s'abstînt de faire usage de l'intégralité des moyens qu'il a découverts. On ne trouve nulle part dans les discussions la preuve que le législateur belge a voulu s'écarter ici des principes généraux, ou adopter un système autre que celui de la loi française. Or, cette dernière considère comme contrefaçon l'usage *de moyens* faisant l'objet du brevet. La rédaction de notre article est l'effet d'une inadvertance et non d'une volonté préméditée. (Voyez en ce sens Tillière, n° 129.)

**593. L'usage personnel est licite.** — Des principes généraux en matière de contrefaçon, nous tirons encore une conséquence fort importante au point de vue spécial qui nous occupe : c'est que l'usage fait par un tiers, pour ses besoins personnels, d'un moyen breveté ne saurait être assimilé à une contrefaçon. L'usage commercial, industriel, doit seul être envisagé comme portant atteinte aux droits du breveté. En effet, pour être réputé contrefacteur, il faut se mettre au lieu et place de l'inventeur, et faire ce qu'il avait exclusivement le droit de faire. Or, quel est le droit privatif concédé au breveté? Le privilége d'exploiter à son profit l'objet de la découverte (article 4, al. 1). Mais l'idée d'exploitation est inséparable de l'idée de commerce ou d'industrie, le sens naturel des termes l'indique suffisamment. L'article premier de notre loi le démontre de plus près encore, puisqu'il n'accorde de droits exclusifs qu'aux découvertes susceptibles d'être exploitées comme objets d'industrie ou de commerce. Le législateur a ainsi clairement dévoilé son intention de n'octroyer qu'un privilége commercial ou industriel : toute invention étrangère au commerce et à l'industrie, est donc en dehors de la loi des brevets; pourquoi en serait-il autrement des applications non commerciales d'objets valablement brevetés?

Or, si le caractère industriel s'annonce suffisamment dans la simple fabrication d'un objet breveté, où donc découvrirait-on ce caractère ou le caractère commercial dans le simple usage personnel? L'industrie d'abord n'y tient évidemment aucune place, car se servir d'une chose ce n'est pas la fabriquer; et quant au commerce il suppose la transmission ; or, se servir personnellement ce n'est pas transmettre, ce n'est pas faire cette aliénation indispensable pour qu'il y ait commerce.

La raison de la loi est du reste facile à saisir. Ne devait-elle pas prendre souci de la masse des consommateurs qui sont étrangers à tout ce qui ne concerne pas leur profession? Lorsqu'ils se procurent pour leurs propres besoins des objets qui ressortent d'une branche d'industrie à laquelle ils ne se sont jamais adonnés, ils ignorent quels sont les brevets et les priviléges particuliers à cette branche. Si la poursuite du breveté ne s'était pas arrêtée au seuil du domicile privé de chaque citoyen, le monopole serait devenu une vexation, on eût été exposé à tout instant à des recherches et à des inquisitions intolérables, contre lesquelles il eût été impossible de se prémunir.

Pourtant nous avons vu précédemment que la fabrication d'un produit breveté était toujours illicite, alors même qu'on l'aurait confectionné pour ses besoins personnels. Mais la distinction se comprend sans peine : tout acte de fabrication est en effet, par sa nature, un acte industriel. La fabrication est une source de valeur nouvelle, un moyen de production, une cause d'accroissement du patrimoine des fabricants : c'est pourquoi l'on peut affirmer qu'elle a toujours un caractère de lucre ou de spéculation. Au contraire, l'usage personnel que nous faisons d'une chose est plutôt un acte de consommation; il peut augmenter la somme de nos commodités ou de nos jouissances, mais il ne constitue pas une cause directe et nécessaire de bénéfices; il ne saurait dès lors être envisagé comme un fait d'exploitation.

La doctrine est unanime sur la distinction à établir entre l'usage commercial et l'usage personnel. (Voyez sur la question : TILLIÈRE, n°s 131 et suiv.; BLANC, p. 612; RENOUARD, n°s 20 à 23; DALLOZ n°s 308 à 310.)

**594. Discussions parlementaires.** — Nous allons voir la justification de ces principes dans les discussions de la loi Belge. La question fut soulevée à la Chambre des représentants à l'occasion du droit de saisie accordé au breveté. Le projet autorisait celui-ci à saisir les objets contrefaits, à moins qu'ils ne fussent à usage purement personnel. M. Vermeren dit à ce propos : « Autre chose est un objet servant à usage exclusivement personnel, autre chose est une machine ou un appareil au moyen duquel on produit avec plus de perfection ou avec plus d'économie. L'appareil de production doit toujours être saisi; sans cela que devient le privilége de fabrication et de vente exclusive garanti au breveté? En France on a parfaitement compris cette distinction ; aussi est-ce pour ce motif qu'on a adopté l'article 69 qui porte un correctif à l'article 41. » Un arrêt de la Cour de cassation de France du 3 décembre 1841 (D. P. 42. 1. 127; Ganilh c. Viel) l'établit à la dernière évidence. « Attendu, y est-il dit, que si le particulier, qui achète pour son usage personnel un objet contrefait, est à l'abri de toute poursuite, il n'en saurait être de même de celui qui achète une machine contrefaite *pour faire le commerce de ses produits et établir par là une concurrence préjudiciable aux droits du breveté.* »

M. Rogier réclama plus de précision dans l'explication du rapporteur de la section centrale : « Qu'est-ce que l'usage personnel? S'agit-il d'un objet servant à une seule personne? Je suppose un maître de pension qui a introduit dans sa maison un nouveau système d'éclairage. Ne sera-ce pas un usage personnel? En second lieu, il faut que nous soyons éclairés sur la nature des objets à saisir.

» La saisie ne pourra-t-elle s'appliquer qu'à l'objet contrefait; ou bien doit-elle s'étendre au produit même de la machine contrefaite? Je suppose une machine à faire des enveloppes ; si je l'introduis chez moi *pour mon usage personnel, on ne pourra la saisir ;* mais si les enveloppes sont distribuées, pourra-t-on les saisir dans les mains de tiers?

» Je ne le pense pas non plus ; il faudrait que l'on s'en expliquât.

» Est-il bien entendu que la saisie ne peut être opérée

que sur l'objet même contrefait ? En second lieu, est-il bien entendu que l'usage personnel est plus étendu que celui qu'en ferait une seule personne ? »

M. Vermeren répliqua : « La section centrale s'est aussi occupée de ce qu'on entendait par les mots usage purement personnel. Voici ce qu'elle a dit dans son nouveau rapport. Les mots usage personnel ne peuvent point s'appliquer à des machines ou à des appareils de fabrication, mais seulement aux objets dont l'usage n'a point pour but une reproduction industrielle ou un acte mercantile.

» Ainsi, tout ce qui serait dans la maison d'un particulier à l'usage de cette maison, *n'étant pas destiné à une vente ultérieure,* ne pourrait être saisi ; seulement la saisie peut être opérée sur la machine qui fait l'objet de la contrefaçon et sur les objets qui ont été obtenus par ce moyen de production, *du moment que ceux-ci peuvent donner lieu ultérieurement à une opération mercantile.* »

La rédaction de l'article 4 proposée à la séance du 28 novembre 1853 par la section centrale, renfermait une disposition expresse qui exceptait de la saisie les objets à usage personnel. (*Ann. parl.,* p. 162.) Des explications furent échangées à ce sujet entre M. T' Kint de Naeyer et le ministre de l'intérieur à la séance du 8 décembre. (*Ann. parl.,* p. 185) et il en résulte clairement que le principe fut adopté par la Chambre. Si dans les remaniements successifs de cet article cette disposition spéciale a disparu, c'est parce qu'on l'a jugée inutile après les déclarations formelles faites aux séances.

Il appert de ce débat que l'on entendait formellement exclure de la saisie les objets à usage personnel.

Or, d'après le texte primitif de la loi, la saisie devait s'étendre à tout ce qui était soumis à la confiscation, et la confiscation elle-même frappait indistinctement tous les objets réputés contrefaits.

L'article 5 avait été adopté dans les termes suivants :
« Les tribunaux prononceront, même en cas de bonne foi, la confiscation des machines et appareils de production reconnus contrefaits, qui seraient fabriqués ou dont il serait fait usage *dans un but commercial* par une personne non autorisée, ainsi que des instruments et ustensiles destinés spécialement à la confection des objets contrefaits. »

Il est donc certain que dans l'esprit de la législature l'usage à titre personnel n'était pas assimilé à la contrefaçon.

Le Sénat restreignit la confiscation au cas où la mauvaise foi du contrevenant serait démontrée.

Mais en même temps il défendit au possesseur de bonne foi « d'employer dans un but commercial les machines et appareils de production reconnus contrefaits, et de faire usage dans le même but, des instruments et ustensiles pour confectionner les objets brevetés. » C'est l'article 5 de notre loi. On voit que la distinction y est restée écrite en toutes lettres. L'usage des appareils de production est donc toléré après la poursuite pourvu qu'il n'ait plus un but commercial.

N'est-ce pas décider par cela seul, que ce même usage est toujours licite, qu'il ne constitue jamais une contrefaçon ; car est-il permis de supposer que la loi eût autorisé après le jugement ce qu'elle aurait condamné antérieurement ?

**595. Règles pour constater l'usage personnel.** — La plupart des auteurs n'ont pas précisé ce qu'il fallait entendre par usage personnel; beaucoup l'ont confondu avec l'usage domestique, et plusieurs excluent de notre règle l'emploi des machines et appareils de production, même quand leurs produits sont destinés à la consommation de leur détenteur.

Avant de préciser les cas que nous assimilons à l'usage personnel, il importe de constater que les principes que nous allons énoncer sont communs à divers autres modes de contrefaçon, à la détention d'objets contrefaits, et à l'introduction en Belgique de contrefaçons fabriquées à l'étranger.

Cela posé, voici les règles que nous pensons pouvoir tracer :

Quand le brevet porte sur un produit, il n'y aura jamais de contrefaçon par l'usage, mais il pourrait y en avoir par détention. Or, lorsque cette détention n'implique pas chez le possesseur l'intention de revendre cet objet, d'en faire l'objet d'un trafic quelconque, elle ne sera pas punissable, quelle que soit la qualité en vertu de laquelle on détienne cette chose.

Si le monopole s'étend à un moyen, l'usage de ce moyen sera exclusivement personnel, lorsque la chose qu'aura produite ou à laquelle aura été appliqué le procédé ou l'appareil, ne sera pas destinée à la jouissance ou à la consommation du public, ni à aucun trafic commercial.

La détention d'une machine dans les mêmes conditions cessera d'être licite, lorsque son possesseur aura la volonté d'en verser les produits dans la consommation publique, d'en faire une spéculation ou d'en trafiquer d'une manière quelconque.

**596. Distinction entre l'usage commercial, personnel et domestique.** — On peut encore définir de plus près ce qu'il faut entendre par usage personnel. Quelques-uns ont envisagé ces mots comme synonymes de ceux-ci : *usage privé, usage domestique,* et ils se sont bornés à mettre à l'abri de l'action du breveté les objets contrefaits dont se servirait un particulier pour les besoins de la vie. C'est là, à notre avis, une confusion.

Et d'abord, pour ne parler que de la signification ordinaire des mots, une chose cesse-t-elle d'être consacrée à notre usage personnel, parce qu'il nous arrive d'en jouir non pas seulement à titre purement privé, pour les nécessités domestiques, mais dans l'exercice de notre profession, dans le cours d'une fonction, ou en vertu de toute autre qualité dont nous pourrions être revêtus ?

L'usage personnel est plus étendu que l'usage privé. Il désigne l'emploi que fait un individu d'une chose dont il retire lui-même, et directement, les avantages. L'usage commercial ou industriel au contraire, est celui qui destine l'objet ou ses produits à la consommation ou à la jouissance du public.

L'usage que fait un négociant des meubles qui garnissent sa maison, est purement privé. Mais le mobilier qui se trouvera dans son magasin sans être destiné à la vente, est aussi consacré à son usage personnel. Il en retire non pas le lucre provenant d'une spéculation, mais les avantages qu'ils procurent à un consommateur ordinaire. Toutes les raisons invoquées ci-dessus ne militent-elles pas dans ce cas, aussi bien que dans le précédent, en faveur de l'exception ? Le marchand qui se livre à un commerce entièrement étranger à celui des meubles, et qui s'est procuré comme le premier venu chez un fabricant, quelques chaises dont il avait besoin pour ses bureaux ou ses magasins, est-il au courant des procédés brevetés relatifs à ces objets, et par cela seul qu'il se livre à un négoce, est-il obligé de s'enquérir des détails de fabrication pour toutes les choses dont il se sert et qui n'ont cependant aucun rapport avec l'industrie qu'il exerce ? Non, le législateur a dû consacrer la même solution là où se présentaient les mêmes raisons de justice et d'équité, et les discussions que nous avons rapportées ci-dessus (n° 594) démontrent à l'évidence que les auteurs de la loi se sont gardés de la confusion que nous reprochons à nos contradicteurs.

**597. Quid des machines et agents de production?** — Quant aux machines et agents de production, la disposition de l'article 5 lève entièrement le doute que pourraient jeter sur la question certains passages des discussions.

Si après un jugement qui constate la contrefaçon, mais admet la bonne foi, l'usage de ces agents est autorisé dans un but non commercial, il est impossible de condamner l'emploi qui en serait fait pour les besoins personnels de celui qui s'en servirait.

D'ailleurs M. Vermeren s'exprimant au nom de la section centrale, n'a-t-il pas tout d'abord conformément à notre opinion, défini ce qu'il entendait par usage commercial ou industriel, lorsqu'il s'est référé à l'arrêt de la Cour de cassation de France du 3 décembre 1841, où on lit la condamnation d'un individu qui avait acheté une *machine contrefaite « pour faire le commerce de ses produits, et établir par là une concurrence préjudiciable aux droits du breveté?* » (*Sup* n° 594.)

Et plus tard, répondant à l'interpellation de M. Rogier, il ajoute que les mots : « usage personnel », s'appliquent seulement aux objets qui ne sont pas destinés à une vente ultérieure, ou aux appareils de production dont les produits ne peuvent donner lieu ultérieurement à un acte mercantile? M. Rogier présente l'exemple d'un procédé d'éclairage placé dans un établissement d'éducation pour démontrer que l'usage appelé personnel n'est pas restreint nécessairement à une seule personne. Puis, citant le cas d'une machine à confectionner des enveloppes, il estime qu'on ne pourra la saisir si elle est uniquement employée aux besoins de son possesseur. Il s'enquiert seulement de la solution à donner à la difficulté alors que les produits obtenus à l'aide de cet instrument seront distribués, c'est-à-dire lorsqu'ils seront vendus, lorsqu'ils seront versés dans la consommation publique.

Qu'il nous soit permis d'insister sur ce dernier exemple parce qu'il se rapporte précisément à un appareil de production, et parce que nous trouvons dans les divers emplois dont il est susceptible, le triple caractère que nous avons signalé dans l'usage d'un appareil breveté. Le particulier qui avec cette machine façonne des enveloppes pour sa correspondance privée, le négociant qui se procure de cette manière les enveloppes nécessaires à ses lettres d'affaires, enfin, l'industriel qui fabrique par ce moyen des produits qu'il livre au commerce, voilà les trois degrés parfaitement définis.

Or nous maintenons d'après ce qui précède que le dernier usage seul pourrait constituer une contrefaçon.

**598. Jurisprudence.** — La jurisprudence sainement entendue a presque constamment consacré l'opinion que nous suivons. Nous avons déjà cité l'arrêt de la Cour d'appel de Bruxelles du 7 janvier 1852 (Fafchamps) et celui de la Cour de cassation du 15 janvier 1853 (idem) qui considèrent comme consacrée à l'usage personnel une machine destinée à exhaure les eaux d'une mine. Le résultat obtenu par la machine se rattache, il est vrai, plus ou moins directement, à l'exploitation de la mine, mais cette exploitation n'est pas un acte commercial. En effet, le commerce, d'après les principes du droit, n'a rien à voir dans tout ce qui touche aux produits des immeubles; la conduite du propriétaire de la mine est analogue à celle du propriétaire d'une terre qui voudrait en opérer le drainage ou le desséchement. L'espèce tranchée par la Cour de Bruxelles le 9 juin 1853 (Legras) présentait au contraire l'exemple d'un usage franchement commercial, et sous la loi de 1854 le possesseur d'un appareil destiné à la fabrication d'une pâte qu'il livrerait au commerce serait inévitablement condamné.

Un arrêt de la Cour de cassation de France du 3 décembre 1841 considère comme contrefacteur un vitrier qui a employé une machine contrefaite pour couper des cylindres de verre dont il fait commerce. Diverses autres décisions de cette Cour s'appliquent à des appareils servant à la production, saisis dans les ateliers du contrefacteur, alors qu'il voulait faire ou faisait un commerce des produits ainsi obtenus. L'usage est, en effet, en pareil cas commercial.

Constitue l'usage commercial l'usage d'un appareil posé dans un café pour l'exploitation de cet établissement et destiné à la préparation de bières. « Attendu que de cet appareil ainsi établi, on a tiré des produits industriels identiques à ceux que donne l'appareil breveté : que c'est donc pour une exploitation commerciale. » (Cass. Fr. 27 fev. 1858, D. P. 58. 1. 337, VALLÉE C. GOUGY.)

La Cour de Paris a décidé par contre le 30 avril 1847 (D. P. 47, 2 p. 93, CHRISTOFFLE C. CRIGNON), ainsi que la Cour suprême le 24 mars 1848 (Pal. 49. 1. 436), que l'emploi fait par un limonadier de couverts Ruolz contrefaits n'était pas condamnable, « attendu que le prévenu n'avait ni vendu ni exposé en vente ces couverts, et que l'usage qui en avait été fait par lui pour les besoins d'un commerce tout à fait étranger à l'industrie du plaignant ne saurait constituer le fait du recelé ».

L'arrêt de la Cour de cassation de France du 12 juillet 1851 cité dans les discussions de la loi Belge ( S. V. 52. 1 145, VACHON C. CHAUVEAU), ne voit pas de contrefaçon dans le fait d'un cultivateur qui achète des instruments aratoires contrefaits et s'en sert pour les besoins de son fonds. Il s'agissait d'ustensiles propres au nettoyage et au triage du blé, et la cour décida que malgré l'intention du propriétaire de vendre sa récolte, l'amendement des produits ne se présente pas comme ayant le caractère commercial.

L'hôtelier qui a acheté des boules inflammables pour allumer les feux des voyageurs, ne peut soutenir qu'il fait de ces objets un usage personnel, car un tel achat constitue un achat pour revendre. (Paris, 18 nov. 1859, BLONDEL c. JUDAS, La Propr. industr. nos 74 et 102.)

On peut citer encore de nombreuses décisions sur cette question. Voir entre autres : Douai, 5 août 1851; JEROSME c. GOMEL. (S. V. 52. 25. 16); Paris, 6 mai 1857, (Huard art. 40 n° 55, SOREL c. BILLIARD); Cass. Fr. 20 juillet 1830, (Pal. 23. 697. GERMAIN c. SÉVÈNE); Cass. Fr. 28 juin 1844 (S. V. 44. 1. 794, MANSSON MICHELSON c. HUYARD CANTREL et LAMY.)

**599. De l'emploi d'un outil par un ouvrier.** — L'emploi d'un outil contrefait par un ouvrier ou un artisan, est-il susceptible d'assimilation avec la contrefaçon ? Il faut, pensons-nous, appliquer les règles ci-dessus et décider la question par les circonstances. Si l'ouvrier se propose de trafiquer lui-même des objets qu'il confectionne, il agit incontestablement dans un but commercial, et il sera réputé contrefacteur au même titre que le spéculateur ordinaire qui se livre à une exploitation illicite de l'objet breveté.

L'outil ou l'ustensile peuvent constituer le moyen ou le procédé breveté tout aussi bien qu'une machine ou un appareil plus compliqué. L'article 5 ne laisse d'ailleurs aucun doute à cet égard. Mais si l'ouvrier s'est contenté de travailler pour son patron, n'ayant d'autre but que de recueillir le salaire de son labeur, il est impossible de considérer sa conduite comme ayant eu un but commercial. Fournir ses bras et ses services pour un prix déterminé, ce n'est pas se lancer dans une spéculation commerciale, c'est louer son industrie, c'est accomplir un acte purement civil.

Le patron qui tient l'ouvrier à sa solde, serait seul passible en ce cas de l'action en contrefaçon.

Ainsi, il a été décidé qu'un directeur, contre-maître ou chef d'atelier, ne saurait être actionné, soit directement, soit par voie d'appel en garantie comme contrefacteur, à raison d'objets qu'il a fabriqués pour compte du propriétaire de l'établissement auquel il est attaché. (Paris, 12 juillet 1856, FOURNEAUX c. BRUNI, HUARD, article 40, n° 61. — Comparez : Cass. fr. 3 avril 1858, POPART, *Gaz. des Trib.* du 4 avril.)

Mais l'ouvrier en chambre qui aurait confectionné et vendu des objets contrefaits ne serait pas recevable à opposer qu'il n'a agi que sur commande d'un tiers qui n'est ni son maître ni son patron.

**600. Usage par le créancier gagiste ou le dépositaire.** — La contrefaçon par usage des moyens compris dans le brevet serait possible, alors même que la confection de la machine dont on se serait servi eût été parfaitement licite. Si par exemple cette machine avait été dérobée à l'auteur de la découverte, le détenteur n'aurait pas le droit de s'en servir pour un usage commercial. Celui qui aurait reçu en dépôt de l'inventeur un appareil breveté, ne violerait pas seulement la défense de l'article 1930 du Code civil en usant de l'objet de ce dépôt, mais il aurait à répondre à une action en contrefaçon, si cet usage devenait industriel. Il faudrait adopter la même solution pour le créancier gagiste qui sans observer les formes légales pour exproprier le propriétaire, aurait utilisé l'objet breveté que l'inventeur lui aurait remis à titre de garantie de sa dette.

Ce n'est donc point l'origine de l'objet qu'il faut considérer, c'est la légalité de l'usage qui en est fait.

Le texte de l'article 4 déclare illicite, en effet, l'usage des moyens « *compris dans le brevet,* » sans exiger que ces moyens aient été contrefaits, tandis que pour la détention, la vente et l'importation, la loi veut que les objets aient été « *contrefaits* ». Ainsi, si un objet breveté a été volé à l'inventeur, il n'y aura point de contrefaçon dans la détention de cet objet, mais il sera interdit d'en faire un usage commercial à peine d'être réputé contrefacteur.

Tant que l'inventeur n'aura pas manifesté par sa conduite, soit expressément, soit implicitement, qu'il entend autoriser un tiers à jouir du fruit de sa découverte, cette jouissance illicite sera considérée à bon droit comme une véritable contrefaçon. La vente pure et simple d'un appareil breveté emporte au contraire le droit de s'en servir partout. (Lyon, 8 juin 1855, HUARD, art. 40, n° 46, LESOBRE c. BONNET.)

§ 4.

DE LA CONTREFAÇON PAR DÉTENTION.

(SOMMAIRE.)

601. La détention doit être punie. — 602. Loi française de 1844. — 603. Première condition : Objet contrefait. — 604. Deuxieme condition : Détention. — 605. Troisième condition : Destination commerciale ou industrielle. — 606. Détention d'un organe destiné à un usage non breveté. — 607. *Quid* du dépositaire et du créancier gagiste?

**601. La détention doit être punie.** —
En assimilant le simple détenteur au contrefacteur, la loi a entendu réprimer l'atteinte portée aux droits du breveté par l'individu qui sans être l'auteur d'une fabrication illicite, sans faire usage des moyens compris dans le brevet, possède néanmoins une chose contrefaite, dans un but de spéculation, pour en faire l'objet d'une entreprise in-

dustrielle ou commerciale. Lorsque l'objet contrefait n'est ni un procédé ni un agent de production, celui qui l'a entre les mains, qui l'utilise même, ne saurait cependant être poursuivi en vertu de la deuxième disposition de l'article 4 : se servir d'un produit n'est pas faire usage d'un moyen. D'autre part, la personne chez qui l'on trouverait une machine ou appareil contrefaits échapperait à l'application de la loi, s'il était impossible de prouver qu'elle en eût fait usage.

C'est pour prévenir cette impunité que la loi a condamné la simple détention des objets contrefaits. Elle punit celui qui sans avoir exploité l'objet de l'invention, se propose de se livrer à cette exploitation. Elle atteint ainsi en quelque sorte la tentative des autres genres de contrefaçon. lorsque cette tentative se révèle par la possession matérielle de l'instrument de l'exploitation.

**602. Loi française de 1844.** — L'article 41 de la loi française de 1844 assimile aux contrefacteurs « ceux qui auront sciemment recélé un ou plusieurs objets contrefaits. »

Cette législation est donc différente de la nôtre en deux points : d'abord, elle exige la connaissance de l'origine illicite de l'objet, la mauvaise foi du contrefacteur ; ensuite, elle frappe le recel et non la simple détention, c'est-à-dire qu'elle ne se contente pas du fait, elle veut de plus l'intention.

**603. Première condition : objet contrefait.** — Les conditions de cette nouvelle espèce de contrefaçon sont au nombre de trois : la première, inscrite dans le texte de l'article 4, réside dans la nature de la chose possédée, qui doit être contrefaite, c'est-à-dire fabriquée par une personne autre que le breveté ou ses ayants droit.

Le vice originelle qui l'a entachée la suit dans toutes les mains où elle passe, et personne ne sera admis à la convertir en un instrument de lucre et de spéculation. Si au contraire un individu détenait sans titre ni droit une chose fabriquée par le breveté et qui aurait été enlevée à celui-ci, à la suite d'un vol ou d'un autre délit, il y aurait lieu peut-être à un débat civil, mais nullement à une action en contrefaçon, car il n'y aurait pas d'objet contrefait.

**604. Deuxième condition : détention.** — La deuxième condition est la détention. Or, qui dit détention dit possession matérielle, mais ne dit rien de plus.

D'une part donc celui qui détient pour autrui, sera passible de la poursuite, tout aussi bien que celui qui a l'*animus possidendi*, qui possède pour son propre compte.

D'autre part, celui qui a remis à un tiers la chose contrefaite et s'en trouve matériellement dessaisi, échappera à la poursuite. Quelque élasticité que l'on donne aux mots, il est impossible de considérer quelqu'un comme détenteur parce qu'il l'aurait été autrefois ou qu'il pourrait le devenir de nouveau, en retirant l'objet des mains d'autrui. L'action en contrefaçon ne doit pas reposer sur une éventualité, mais sur une réalité.

Le texte est d'ailleurs ici, comme partout dans cette matière, de stricte interprétation; en cas de doute, c'est contre le privilége et en faveur de la liberté que la difficulté doit se résoudre. Les droits du breveté souffrent-ils au surplus de cette solution? N'est-il pas maître de rechercher et d'actionner le véritable détenteur, ne lui avons-nous pas reconnu le droit de poursuivre celui qui aurait la garde effective de l'objet? (*Contr.* Tillière n° 136).

Il faut cependant assimiler au détenteur, l'individu qui aurait confié la chose à ses ouvriers, à des préposés à sa solde, même à des voituriers qui la transporteraient pour son compte ou en son nom. Quant à ces derniers, ils seraient envisagés comme des agents inintelligents et irresponsables, représentants de leur maître ou de leur mandant; leurs actes ne seraient imputables qu'à celui-ci.

**605. Troisième condition : destination commerciale ou industrielle.** — La troisième condition est commune à tous les genres de contrefaçon. Le fait du détenteur doit porter atteinte au privilége concédé au breveté d'exploiter exclusivement l'invention, d'en retirer seul les bénéfices commerciaux et industriels. Il en résulte que toute détention qui ne constitue pas un acte mercantile, ou qui ne se rattache pas directement à une spéculation ou à un trafic, ne tombe pas sous l'application de notre article. La distinction entre la destination personnelle et la destination commerciale, se reproduit ici avec la même importance que précédemment.

Nous renverrons donc simplement à ce que nous avons dit à ce sujet, en traitant de la contrefaçon par usage des moyens compris dans le brevet, n°s 593 et suiv.

Comme conséquence de cette règle, sera réputé contrefacteur, celui qui détient une machine contrefaite dans le but d'en livrer les produits au commerce, alors même qu'il n'en aurait fait jusqu'alors aucun usage. Il en serait autrement, si son intention était seulement de consacrer cet appareil à ses besoins personnels, soit comme particulier, soit même comme négociant. Ainsi, l'acquéreur d'un instrument propre à confectionner des enveloppes, et qui ne s'en serait pas servi, serait réputé contrefacteur par simple détention, s'il avait le projet de livrer ces enveloppes à la consommation publique; il serait à l'abri de toute poursuite, si son intention consistait uniquement à obtenir les enveloppes nécessaires à sa propre correspondance, soit dans ses relations privées, soit dans ses affaires.

L'individu chez lequel on trouvera un produit contrefait qui ne constitue pas un agent de fabrication, sera justement poursuivi s'il entend consacrer cet objet à une entreprise industrielle ou commerciale. Ainsi, le possesseur d'appareils d'éclairage ou d'un matériel de décoration, qui aurait pour profession de les donner en location au public, serait certainement soumis à l'action du breveté. Mais la personne qui aurait pris ces objets en location et qui s'en servirait pour ses besoins particuliers, ou même dans ses magasins ou ses ateliers, ne devrait pas être placée sur la même ligne. La détention, dans ce dernier cas, n'a pas pour effet de causer une concurrence commerciale dont le breveté éprouve un préjudice, l'avantage que cette personne retire de l'objet contrefait est celui qu'en obtient un consommateur ordinaire, le droit privatif d'exploitation n'est pas usurpé par elle.

**606. Détention d'un organe destiné à un usage non breveté.** — Nous avons vu qu'on considère comme licite l'emploi d'un moyen breveté à un usage non compris dans le brevet. Lorsque, par exemple, l'invention porte sur une machine à filer la laine, il ne sera pas interdit aux tiers de se servir de cet appareil pour filer le coton, et s'ils justifient ne pas avoir eux-mêmes confectionné l'instrument contrefait, ils ne seront exposés à aucune poursuite de la part du breveté. Mais du moins, ce dernier ne sera-t-il pas recevable à les considérer comme détenteurs d'un objet contrefait et à les actionner comme tels ? La négative nous paraît certaine, car cette détention ne porte pas atteinte aux droits exclusifs du breveté, le premier élément de toute contrefaçon vient donc à disparaître. Lorsque le possesseur de l'objet contrefait établit qu'il ne le détient pas dans un but d'exploitation illicite, où serait donc la lésion dont le breveté aurait à se plaindre, où verrait-on un empiétement sur le domaine qui lui est réservé ?

**607. Quid du dépositaire et du créancier gagiste ?** — Le créancier gagiste qui possède une chose contrefaite pour garantie de ses droits, le dépositaire qui n'ayant point pour but l'exploitation du dépôt, s'oblige purement et simplement à le conserver et à le restituer au déposant, ne seront pas non plus assimilés à des contrefacteurs. Il n'y aura de contrefaçon que là où la possession de l'objet sera constitutive d'une spéculation commerciale dont cet objet soit un élément.

§ 5.

### DE LA CONTREFAÇON PAR LA VENTE OU L'EXPOSITION EN VENTE.

(SOMMAIRE.)

608. Nécessité de réprimer la vente des contrefaçons. — 609. Première condition : Objet contrefait. — 610. Seconde condition : Vente. — 611. La donation ou l'échange ne sont pas assimilables à la vente. — 612. Vente par l'ouvrier en cas de non-paiement. — 613. De la vente pour l'exportation. — 614. De l'exposition en vente.

**608. Nécessité de réprimer la vente des contrefaçons.** — La vente est généralement le but de toute exploitation industrielle ou commerciale. Il est donc facile de comprendre pourquoi la loi a réservé au breveté le privilége de débiter les objets obtenus à l'aide de sa découverte.

Ce droit est avec le droit exclusif de fabrication le plus important et le plus efficace pour assurer à l'inventeur les bénéfices et les fruits de son idée.

Aussi, la loi de 1817 avait-elle cru lui octroyer une garantie suffisante en se contentant de lui attribuer exclusivement le pouvoir de confectionner et de vendre les objets mentionnés au brevet.

Ce genre de contrefaçon constitue une contravention

aux droits du breveté tout à fait spéciale, indépendante de celle dont le fabricant lui-même s'est rendu coupable.

Dès lors, l'action sera valablement exercée contre le débitant, alors même que l'auteur primitif de la contrefaçon n'aura pas été poursuivi.

**609. Première condition : objet contrefait.** — Le demandeur doit nécessairement établir que les objets vendus sont contrefaits, car le premier élément de la contrefaçon qui nous occupe, réside dans la fabrication illicite des objets vendus. L'article 4 énonce formellement cette condition dans son texte. Il s'ensuit que la vente irrégulière d'un objet confectionné par le breveté ou avec son assentiment pourra donner lieu à un débat civil, mais jamais à une action en contrefaçon.

**610. Seconde condition : vente.** — La loi exige ensuite une *vente* de l'objet contrefait. Ce terme trouvé dans la loi française a été choisi à dessein, en opposition au mot *débit,* qui aurait pu ne s'appliquer qu'à une succession de faits de vente.

Un seul acte de ce genre est suffisant pour caractériser la contrefaçon. L'article 4 s'exprime d'ailleurs clairement à cet égard en disant : « Soit en vendant *un* ou plusieurs objets contrefaits. »

Il importe peu que le contrefacteur n'ait pas retiré de bénéfice de sa spéculation, qu'il ait même vendu à perte ou au dessous du cours. Le breveté revendique les profits dont il a été privé, plutôt qu'il ne réclame ceux qui ont pu être frauduleusement recueillis par autrui. La vileté de prix est du reste susceptible de causer à l'inventeur un préjudice considérable, lorsqu'elle entraîne la dépréciation du produit sur le marché.

**611. La donation ou l'échange ne sont pas assimilables à la vente.** — Toutefois, il ne faut pas se laisser entraîner trop loin par cette considération, et voir avec certains auteurs une véritable contrefaçon dans toute aliénation préjudiciable au breveté, même si elle ne réunissait pas les caractères constitutifs d'une vente. Ainsi l'échange, le louage, la donation d'un objet contrefait, ont été regardés comme des contraventions au brevet. (M. BLANC, p. 349; GOUJET et MERGER, v° contrefaçon, n° 64; M. TILLIÈRE, n° 140.)

Le résultat de tous ces actes, a-t-on dit, est le même au point de vue de l'exploitation privative du breveté; ils enlèvent à celui-ci des bénéfices qui n'appartenaient qu'à lui.

Nous croyons cette opinion erronée.

Nous ne répéterons pas ici ce que nous avons déjà eu l'occasion de démontrer, touchant la nature restrictive de l'énumération faite par l'article 4. Nous savons qu'il ne suffit pas, pour constituer la contrefaçon, qu'une atteinte soit portée aux droits du breveté : il faut encore que cette atteinte ait été occasionnée par l'un des moyens spécialement indiqués dans la loi. Or, si le texte parle de vente il n'est pas permis d'y lire échange, donation ou un autre terme prétendûment équivalent.

Nous dirons ensuite avec Nouguier, n° 806 : « De ce que le breveté subit un préjudice aussi bien par une donation, qui livre au commerce l'objet contrefait, que par une vente, ce n'est pas une raison pour changer la signification des expressions légales et pour comprendre le donateur dans la catégorie des vendeurs. » En France, où la contrefaçon est un délit, on a vainement essayé de considérer le donateur comme complice : la cour de cassation a décidé que l'on ne devait pas élargir les faits de complicité énumérés dans la législation spéciale aux brevets d'invention. Cette solution doit être adoptée à plus forte raison en Belgique, où l'argument tiré des articles 59 et 60 du Code pénal échappe à nos contradicteurs. (Comparez Cass. fr.,

21 novembre 1851, D. P. 51. 5. 54, RENDU et DELORME, n° 506.) Au surplus, si le législateur de 1854 avait entendu parler d'une aliénation ou d'une mutation de propriété quelconque, pourquoi n'aurait-il pas employé au lieu du terme vente, une expression plus générale qui répondît à cette idée ?

N'a-t-il pas plutôt jugé inutile de se préoccuper des cas assez rares où le produit contrefait changerait de mains, par une opération autre que la vente? N'a-t-il pas, pour ces éventualités, regardé comme une ample sauvegarde pour le breveté, le pouvoir de poursuivre le fabricant et le détenteur actuel de l'objet contrefait ?

Du reste, les tribunaux ne doivent pas admettre à la légère l'allégation d'une donation. Les circonstances guideront leur décision, mais il importe d'observer que la présomption générale étant contraire aux libéralités, ce sera au défendeur à établir l'absence de toute mutation à titre onéreux, et l'on se montrera sans doute plus difficile à cet égard, s'il exerce un commerce ou une profession en rapport avec le genre d'opérations dont il méconnaît l'existence.

Ajoutons que l'individu qui se livre à une distribution gratuite d'objets contrefaits, connaissant leur origine illicite, pourra bien échapper à une poursuite en contrefaçon, mais il éviterait difficilement une action en dommages-intérêts fondée sur l'article 1382 du Code civil, en réparation du préjudice qu'il aurait sciemment et méchamment porté au breveté. (NOUGUIER, *loc. cit.*).

Il ne faut pas confondre ce cas avec celui que nous avons traité au n° 555, et dans lequel il s'agissait d'une distribution gratuite d'objets contrefaits opérée par le fabricant. Dans cette dernière hypothèse il y a contrefaçon, mais par fabrication, car le caractère illicite de celle-ci n'est pas couvert par la donation qui la suit.

**612. Vente par l'ouvrier en cas de non-payement.** — Lorsque le breveté a commandé sa machine chez un tiers, et qu'il se trouve en défaut d'en payer le prix, jusqu'où s'étendent les droits du fabricant? M. Blanc admet qu'une mise en demeure suffit pour autoriser celui-ci à vendre l'appareil. M. Tillière exige un jugement qui constate au préalable l'inexécution des obligations du breveté.

Un arrêt de la Cour de Paris du 4 novembre 1853, confirmé le 10 février 1854, par un arrêt de rejet de la Cour de cassation (GARIEL c. FRITZ-POLLIER, D. P. 54, 5, 80), a refusé de voir une contrefaçon dans le fait d'un artisan qui chargé par l'inventeur de lui construire un appareil breveté, avait éprouvé des contestations sur le compte, puis après avoir mis le breveté en demeure de prendre livraison, avait vendu la machine pour se rembourser de ce qui lui était dû.

Nous pensons qu'il faut signaler soigneusement la limite qui sépare le débat civil proprement dit de l'action en contrefaçon. Lorsque l'objet est fabriqué avec le consentement du breveté, il ne peut naturellement pas être regardé comme contrefait. Il s'ensuit que la vente de cet appareil exécutée par le constructeur, ne pourra jamais être assimilée à la contrefaçon. Le point de savoir si toutes les formalités nécessaires ont été accomplies pour assurer à l'artisan toute sécurité, est étranger à notre matière. Lorsque le fabricant se contente d'une mise en demeure et procède immédiatement à la vente, il agit à ses risques et périls, en ce sens qu'il pourrait être passible de dommages-intérêts, dans le cas où les tribunaux déclareraient cette sommation inopérante, et si l'on jugeait que le breveté n'était pas en faute et avait raison de résister à des prétentions intempestives ou exagérées. Mais une vente opérée dans ces circonstances ne sera pas envi-

22.

sagée cependant comme un acte de contrefaçon, car l'article 4 ne parle que de la vente d'objets contrefaits, c'est-à-dire d'objets dont la confection est elle-même illicite.

**613. De la vente pour l'exportation.** — Le débitant des produits contrefaits alléguerait vainement que les objets ont été vendus à des étrangers, qu'ils sont destinés à l'exportation, que dès lors, il n'y a pas d'atteinte au brevet, puisque ce dernier n'est inviolable qu'en Belgique. L'atteinte a été complète par la vente, non par la consommation de la marchandise. Si l'étranger n'avait pas trouvé chez le contrefacteur les choses dont il avait besoin, ne se serait-il pas adressé au breveté? La vente indûment opérée par un tiers a donc privé ce dernier d'un bénéfice légitime, elle lui a causé un préjudice, elle constitue une usurpation formelle de ses droits.

**614. De l'exposition en vente.** — L'exposition en vente a été assimilée à la vente par le législateur.

Suivant le Dictionnaire de l'Académie *exposer* signifie *mettre en vue*. Mais le législateur de 1854, à l'imitation de la loi française, n'a pas eu égard au sens restreint et usuel de ce mot. La loi n'exige pas la publicité de l'exposition; il n'est donc pas nécessaire que l'objet figure à l'étalage, ou vienne frapper les regards des chalands dans un endroit apparent du magasin. Il est néanmoins indispensable que ces objets se trouvent dans les lieux consacrés par le commerçant au placement des marchandises destinées à être débitées : sinon, il y aurait détention illégitime, mais pas exposition en vente.

## § 6.

### DE LA CONTREFAÇON PAR INTRODUCTION DANS LE PAYS.

(SOMMAIRE.)

615. Motifs de la loi. — 616. Première condition : Objet contrefait. — 617. Importation contraire aux clauses d'une licence. — 618. *Quid* des objets fabriqués sans fraude a l'étranger? — 619. Deuxième condition : Introduction sur le territoire. — 620. Marchandises en transit et en douane. — 621. Qui doit être réputé introducteur? — 622. Troisième condition : But commercial.

**615. Motifs de la loi.** — L'article 426 du Code pénal applicable aux matières d'art et de littérature, punit celui qui importe sur notre territoire des ouvrages contrefaits à l'étranger.

La loi de 1817, pas plus que celle de 1791 en France, ne contenait de semblables dispositions pour la contrefaçon industrielle. La vente en Belgique d'objets confectionnés à l'étranger en contravention du brevet, était assimilée à la contrefaçon, car le breveté avait le monopole de ce débit dans tout le royaume. Mais l'individu qui avait introduit ces objets dans le pays échappait à toute poursuite.

Le législateur belge de 1854 a suppléé à cette lacune.

L'importateur est condamnable au même titre que le vendeur, que le fabricant, que le détenteur. Comme le fabricant, en effet, il verse dans le commerce des objets que le breveté seul avait le droit de lui livrer en Belgique : le préjudice est égal de part et d'autre, on pourrait dire même que la conduite de l'importateur est souvent plus dommageable que celle du marchand qui débite des objets contrefaits fabriqués en Belgique. Dans ce dernier cas, le breveté a un double recours contre le négociant et contre le fabricant. Dans l'autre hypothèse, le fabricant domicilié à l'étranger peut plus facilement demeurer inconnu, il peut habiter une contrée où l'institution des brevets n'est pas en vigueur, comme en Suisse, ou dans laquelle l'inventeur belge n'a pas obtenu de brevet.

**616. Première condition : objet contrefait.** — Les conditions de ce genre de contrefaçon sont au nombre de trois, un objet contrefait, une introduction dans le pays, un but commercial.

La première de ces conditions porte sur la nature de l'objet qui doit être contrefait. On entend par là tout produit breveté ou obtenu à l'aide d'un moyen breveté, si la confection n'émane pas du titulaire du brevet ou d'une personne duement autorisée par lui. Il en résulte que l'on pourra avec pleine sécurité importer en Belgique des fabricats d'origine étrangère, si leur confection a été ratifiée au lieu d'origine par l'assentiment du breveté.

**617. Importation contraire aux clauses d'une licence.** — Mais qu'arrivera-t-il si l'inventeur s'est borné à autoriser la fabrication pour la consommation d'un pays déterminé, ou si dans un contrat il s'est expressément réservé le marché belge ? Nous estimons qu'il faut opérer une distinction, selon que la restriction apportée à la vente a pu être connue ou non de l'acheteur. Si celui-ci ignorait complétement l'interdiction qui frappait la destination des marchandises qu'il se procurait, s'il n'a pu raisonnablement être instruit de la défense qu'il a plu au breveté d'imposer au concessionnaire, ne serait-il pas contraire à l'équité élémentaire de le condamner et de l'assimiler à un contrefacteur ? Il n'a commis aucune faute, puisqu'il ne pouvait savoir qu'il contrevenait à une convention purement privée, demeurée pour lui *res inter alios acta*. La publicité donnée au brevet a été jugée nécessaire pour établir à l'égard du public tout entier une présomption de connaissance de l'existence du monopole, de son étendue et de ses limites. Comment étendre le bénéfice de cette publicité à une convention particulière intervenue entre le breveté et un industriel, et qui n'a jamais été divulguée? N'est-il pas plus juste de dire au contraire que c'est le breveté qui est en faute, que c'est lui qui par sa conduite a provoqué le fait dont il se plaint et que par conséquent il ne sera pas recevable à invoquer une atteinte portée à ses droits? En accordant une licence, il devait faire en sorte que les conditions restrictives des droits du public fussent connues du public ; il devait insérer dans son contrat l'obligation pour le concessionnaire de donner la plus grande publicité à la réserve apportée à son octroi, il devait en outre veiller à l'exécution rigoureuse de cette obligation. S'il a laissé annoncer le fait pur et simple de l'autorisation, il a attiré les consommateurs dans un piége dont il leur était impossible de se préserver, il n'a qu'à supporter les conséquences de ses propres actions.

Qu'arriverait-il si l'introducteur connaissait la prohibition d'importer ces produits en Belgique, ou si l'on établissait qu'il avait été suffisamment mis à même de s'instruire de cette défense? Nous pensons qu'il faudra considérer alors l'objet comme contrefait, à partir de l'instant où il aura touché le territoire belge. En effet, l'existence de cet objet dans le pays provient d'une source étrangère au breveté. Or, la loi a assuré au breveté le privilége exclusif d'exploiter l'invention dans le royaume, elle en a défendu aux tiers la fabrication à l'intérieur et l'importation du dehors, elle a ainsi suffisamment indiqué que le breveté avait seul le droit de fournir cet objet à la consommation du pays. Il y aura violation de ce privilége si l'on introduit sur notre sol une chose brevetée contre la volonté de l'inventeur. Assurément l'inventeur était maître de renoncer à cette partie de son monopole, et il doit vis-à-vis du public être présumé y avoir renoncé en autorisant un fabricant d'une contrée voisine à confectionner cet objet, sans avoir stipulé de réserve quant à la vente ou à l'introduction en Belgique ou sans avoir suffisamment éclairé les tiers sur les limites de cette autorisation. Mais lorsque l'acheteur n'a pas dû croire à l'intention du breveté de renoncer à son monopole, il doit conformer sa conduite au droit commun résultant du brevet.

**618. Quid des objets fabriqués sans fraude à l'étranger?** — Des raisons identiques sont applicables à une autre hypothèse que la pratique peut offrir. Il est possible que le breveté belge n'ait pas pris de brevet à l'étranger et que la fabrication de son invention dans cette contrée y soit dès lors parfaitement licite. Comme ces produits ne seront point des contrefaçons au lieu d'origine, sera-t-il permis de les introduire en Belgique? La négative paraît certaine, car ces objets deviennent contrefaits précisément au moment où ils touchent le territoire belge. On doit, en effet, réputer contrefaites les choses brevetées qui se trouvent dans le pays sans provenir de l'inventeur ou d'une personne qu'il a autorisée, car la loi a assuré au breveté le monopole de l'exploitation en Belgique, par conséquent le privilége d'y fournir exclusivement à la consommation l'objet de la découverte. Il eût été dérisoire de proclamer ce droit privatif d'exploitation, puis de tolérer une concurrence alimentée par l'industrie étrangère.

M. Tillière au n° 143 traite longuement cette dernière question et conclut dans le même sens.

**619. Deuxième condition : introduction sur le territoire.** — La deuxième condition de ce mode de contrefaçon consiste, ainsi que nous le lisons dans l'article 4, dans « une introduction sur le territoire belge. » Pour qu'il y ait introduction il faut que l'objet ait déjà touché un point quelconque de notre sol. On tenterait vainement d'assimiler à cette hypothèse celle où la commande aurait été faite sans que l'expédition eût déjà eu lieu, celle où la marchandise serait déjà en route, mais n'eût pas déjà passé la frontière.

**620. Marchandises en transit et en douane.** — Mais en revanche, le seul fait de la présence de la chose contrefaite sur notre sol suffit pour consommer la contravention, alors même que l'objet se trouverait encore en douane. Il y a lieu néanmoins de faire exception pour les marchandises destinées à l'exportation et qui ne se trouvent en Belgique qu'en transit. On peut dire en effet, qu'il n'y a point dans ces circonstances d'atteinte portée aux droits du breveté, puisque celui-ci n'a reçu qu'un privilége d'exploitation pour le pays. Or, ces marchandises sont étrangères par leur origine et par leur destination ; comment le breveté verrait-il son monopole entamé parce qu'elles ont traversé notre sol, alors que ni leur fabrication, ni leur vente ne violent son privilége ? Comment pourrait-on même soutenir qu'elles sont soumises à nos lois ?

Elles passent sur notre territoire, elles ne sont réellement pas introduites chez nous. N'y aurait-il pas une contradiction flagrante à les affranchir des droits d'entrée, d'une part, et à les considérer comme nationalisées à un autre point de vue ? M. Blanc (p. 620), cite deux arrêts de la cour de Paris à l'appui de l'opinion contraire, l'un du 20 novembre 1850 (Jouvin c. Letimbre), l'autre du 14 juillet 1854 (Gaupillat). Mais ces décisions ont été rendues au sujet de l'usurpation des noms du fabricant, *délit* prévu par la loi française du 28 juillet 1844, combinée avec l'art. 423 du Code pénal.

Il est aisé de voir que la déclaration de transit ne peut

soustraire à l'action de la justice l'objet d'un *délit* saisi sur le territoire. Mais dans notre matière, il ne s'agit que d'intérêts privés, et lorsque ceux-ci ne sont lésés ni par le fait, ni par l'intention du prétendu contrefacteur, il y aurait de l'inconséquence à admettre une action en réparation d'un dommage qui n'existait pas.

Le tribunal de Liége, saisi de cette question, l'a tranchée en principe dans le sens de la négative, par un jugement du 10 décembre 1862, rapporté dans le recueil de Cloes et Bonjean, t. 11, p. 704. « Considérant qu'il serait contraire à la raison et à l'esprit de la loi, de considérer comme introduite en Belgique, une caisse d'armes confiée à l'administration des chemins de fer, pour en opérer le transport d'un pays étranger dans un autre royaume étranger, en traversant seulement la Belgique, parce que, dans ce cas, il est vrai de dire que la marchandise n'a fait que glisser sur la surface du territoire, sans pensée et sans fait réel d'introduction. »

Cette même décision, statuant en fait, porte toutefois, que le transit ne saurait se prouver par le seul fait du dépôt de la caisse à l'entrepôt d'une douane, car l'article premier de la loi du 4 mars 1846 n'envisage ce lieu comme un territoire étranger, que sous le rapport des droits dus à l'État.

Ces questions ont d'ailleurs donné lieu en France à des décisions contradictoires. On cite dans le sens de la non-existence de la contrefaçon : Tribun. civ. de la Seine, 25 juin 1860, Lépée c. Bolviller (La Propr. industr. n° 133).

Dans le sens contraire, Trib. corr. de la Seine, 30 mai 1861, Debain. (La Propr. industr. n° 184).

On juge d'ailleurs que la marchandise est réputée introduite dès qu'elle est trouvée dans le pays et qu'elle peut être saisie même en douane, à la requête du breveté poursuivant. (Trib. de la Seine, référé, 11 mars 1856, Huard, art. 41, n° 6, HUTCHINSON c. SOLÉLIAC.)

**621. Qui doit-être réputé introducteur.** — Qui faut-il considérer comme l'introducteur : est-ce le fabricant étranger, est-ce l'acheteur, est-ce au contraire le voiturier chargé du transport qui pourra être poursuivi ?

Le fabricant étranger ne sera considéré comme l'auteur de l'introduction que s'il expédie les marchandises pour son propre compte, à ses risques et périls, sans que la vente soit parfaite, car dès l'instant que la vente est effectuée, l'objet est réputé la propriété de l'acheteur, et voyage pour le compte de ce dernier (Art. 100 C. Com.).

Une interpellation a été faite au Sénat relativement au voiturier. A la séance du 5 avril 1854, M. d'Hoop s'exprimait en ces termes : « Au litt. *b*, de l'article 4, je lis ces mots : « ou en introduisant sur le territoire belge un ou plusieurs objets contrefaits. » Je voudrais savoir si ces mots s'appliquent non-seulement aux industriels qui auraient fait une commande à l'étranger, ou bien si on compte les appliquer aussi aux voituriers qui introduiraient ces objets dans le pays. S'il en était ainsi, on irait évidemment beaucoup trop loin. » (Ann. Parl. p. 221).

Le procès-verbal de la séance ne mentionne pas quelle fut la réponse à cette observation. Mais il est permis de présumer l'opinion de la Chambre par l'absence de toute contradiction aux paroles que nous venons de citer; n'a-t-elle pas dû penser comme l'orateur, qu'on irait beaucoup trop loin en poursuivant le voiturier ? On peut dire au surplus, à l'appui de cette manière de voir, que le voiturier n'est qu'un agent qui transporte pour le compte de son mandant et qu'il n'y aurait pas plus de motifs de le poursuivre pour le concours qu'il fournit, que de punir l'ouvrier qui travaille sur les ordres de son patron. (V. *sup.*, n° 582).

Il serait d'ailleurs absurde d'exiger des entrepreneurs de transport, une connaissance universelle des brevets, pour les mettre à même de refuser, le cas échéant, des objets contrefaits, et d'exercer un contrôle ou un examen que repousse la nature des choses.

**622. Troisième condition : But commercial.** — La troisième condition du genre de contrefaçon dont nous nous occupons réside dans la nature commerciale de l'importation. Nous croyons que le particulier qui se procurerait un objet à l'étranger pour son usage personnel ne devrait pas être poursuivi comme contrefacteur. M. Tillière, au n° 142, soutient que l'usage personnel est une excuse pour le détenteur et pour celui qui emploie un moyen breveté, mais il se refuse, sans donner de motifs, à étendre cette règle au cas de l'introduction sur le territoire. M. Vilain (n° 196) paraît adopter la solution contraire, mais sans exposer non plus les raisons de son opinion. Quant à la jurisprudence, elle ne fournit jusqu'ici aucun monument sur la question.

A la première vue, la solution que nous combattons pourrait s'étayer sur un passage du rapport de la section centrale, où nous lisons ce qui suit :

« Une discussion s'engage sur l'interprétation des droits conférés au breveté par le § *a* de l'article 4. Ces droits sont doubles : le premier, celui de confectionner ; le deuxième, celui de vendre... En présence de ce texte, un particulier pourra-t-il pour son propre usage et sans qu'il l'expose en vente, faire venir d'un pays étranger l'objet breveté en Belgique ? Cette question est résolue négativement, parce qu'il résulte de la combinaison de l'article 5 avec l'article 4, que ce ne sont que les objets brevetés d'importation qui peuvent être tirés de l'étranger pour un usage particulier, et qu'ainsi ceux brevetés d'invention sont exclus de cette faveur ; pour lever tout doute à cet égard,

on en fera mention dans la rédaction de l'article de la loi. »
(*Ann. parlem.*, p. 988.)

Mais l'opinion de la section centrale reposait uniquement sur un argument de texte qui a disparu aujourd'hui. L'article 5 du projet primitif du gouvernement était, en effet, rédigé de la manière suivante : « Les brevets d'importation sont délivrés à ceux qui introduisent dans le pays une découverte brevetée ou exploitée à l'étranger. Ils confèrent le droit exclusif de fabrication et de vente pour la consommation du pays, sans préjudice de la faculté réservée aux tiers de pouvoir fabriquer pour l'exportation les objets brevetés, ou de les faire venir de l'étranger pour leur usage particulier. »

Avec un texte semblable, on pouvait à la rigueur argumenter de la différence de langage de la loi relativement aux brevets d'importation et d'invention. Mais aujourd'hui la loi dispose dans son article 16 : « Les brevets d'importation et de perfectionnement confèrent les mêmes droits que les brevets d'invention. »

Remarquons ensuite que la section centrale regardait comme nécessaire l'adoption d'une disposition formelle destinée à lever tout doute sur la question, et que malgré ce vœu le législateur a gardé le silence. Toutefois, les remaniements successifs subis par ces articles 4 et 5 permettent de juger de l'esprit de la loi.

A la séance du 28 novembre 1853 (*Ann. parlem.*, p. 162), la section centrale déposa un nouveau rapport, où elle proposa pour la première fois l'assimilation des brevets d'importation avec les brevets d'invention. Or, elle étendit clairement aux brevets d'invention le régime qui d'abord semblait ne s'appliquer qu'aux autres. L'article 4 était rédigé de la manière suivante :

« Les possesseurs des brevets ou leurs ayants-droit pourront faire opérer la saisie de l'objet contrefait partout où il se trouvera, *à moins qu'il ne soit à usage purement personnel.* » Immédiatement après, comme article 5, on lisait ce qui suit : « Les brevets d'importation confèrent les mêmes droits que ceux d'invention. »

A la séance du 8 décembre 1853 (*Ann. parl.*, p. 185), l'article 4, mis en discussion, provoqua de la part de M. T'Kint de Naeyer une déclaration qui ne rencontra aucun contradicteur : « Il doit être bien entendu que le droit de saisie pourra s'exercer dans les fabriques et dans les magasins, mais non dans les maisons particulières. *Les infiltrations individuelles des produits étrangers ont peu d'importance.* Il dépendra, d'ailleurs, du breveté de les rendre tous les jours plus rares en faisant aussi bien ou mieux qu'à l'étranger. Je ne sais s'il est nécessaire de modifier la rédaction de l'article.

» Mais il est bon dans tous les cas, que la discussion ne laisse aucun doute sur sa véritable portée. Les maisons particulières doivent, dans mon opinion, rester en dehors du droit d'investigation. Nos mœurs admettent les circonstances de bonne foi qui peuvent se rencontrer, et nos lois n'ont jamais revêtu un caractère odieux ou vexatoire. »

M. le Ministre de l'intérieur s'expliquant sur cette interpellation, disait dans la même séance : « S'il s'agit d'un négociant, d'un fabricant, la saisie (dans une maison particulière) pourra être autorisée. Dans les autres cas, elle sera interdite. Il me semble qu'en s'inspirant de ces considérations, la Chambre peut se borner à l'énoncé du principe dans la loi, et laisser à l'appréciation des tribunaux ce qu'il convient de faire en pareille circonstance. »

M. T'Kint de Naeyer répliqua : « Il suffit que ce soit bien entendu. »

Depuis, il ne fut plus question de cette difficulté au sein de la législature, et si dans les modifications réitérées subies pour d'autres causes par notre article, la disposition expresse relative à l'usage personnel est venue à disparaître, c'est sans aucun doute parce qu'on aura regardé comme suffisantes les déclarations faites dans le cours du débat et auxquelles il serait impossible de rien opposer.

Il paraît donc résulter des discussions, qu'on a entendu permettre à chacun de se procurer au dehors des objets pour son usage personnel, tant à cause des inconvénients des saisies dans les maisons particulières que par suite du peu d'importance de *ces infiltrations individuelles* de produits étrangers.

Du reste, il serait difficile de trouver une raison de traiter l'importation autrement que la détention ou l'usage des moyens brevetés. Que l'usage personnel ne soit pas une excuse pour le vendeur, cela se conçoit : qu'importe l'intention de l'acheteur, si le vendeur s'est livré à un acte mercantile en ce qui le concerne? Qu'il soit interdit à chacun de confectionner même pour ses besoins particuliers, un objet protégé par un brevet, soit encore! Quiconque se livre à une fabrication, sur un pied si modeste qu'il soit, accomplit un acte industriel; il doit s'informer au préalable des restrictions qui pèsent sur cette fabrication, il en a le devoir, il en a la possibilité, il pâtira de sa mauvaise foi ou de son incurie. Mais en est-il ainsi du consommateur ordinaire, qui achète soit en Belgique, soit à l'étranger une chose dont il a besoin? Pourquoi sa conduite deviendrait-elle plus répréhensible, parce que cette acquisition aurait été faite hors des frontières? Tout le monde s'accorde à proclamer l'impunité d'un achat de ce genre, accompagné même de mauvaise foi, s'il est effectué en Belgique : et l'on voudrait incriminer un acte qui se serait passé aux portes de notre territoire dans des conditions de bonne foi beaucoup plus favorables peut-être!

C'est l'ignorance de la foule des consommateurs relativement aux brevets et aux procédés de fabrication des choses étrangères à leur profession et à leurs aptitudes, qui avec les inconvénients pratiques des poursuites de cette espèce, ont déterminé la doctrine à justifier dans certains cas les actes préjudiciables au breveté, lorsqu'ils ont pour objet la satisfaction des besoins personnels de leur auteur. Toutes ces raisons n'exercent-elles pas leur influence dans le cas de l'importation dont nous nous occupons? Exigera-t-on qu'aussitôt après avoir posé le pied en France, nous devions connaître les brevets Belges que nous sommes censés ignorer en Belgique?

On invoquera enfin le tort qui pourrait être causé à l'inventeur Belge, si chacun allait se pourvoir à l'étranger. Mais nous répondrons que les droits de douane, les frais de transport, le coût du voyage protégent suffisamment le breveté, et que s'il aspirait à des bénéfices plus considérables, l'intérêt public s'opposerait à ce que ces prétentions excessives trouvassent un appui dans la loi.

## SECTION CINQUIÈME.

### De l'action en contrefaçon.

(SOMMAIRE.)

623. — Division de la matière.

**623. Division de la matière.** — Après avoir examiné dans quels cas il y a contrefaçon, nous avons à voir comment se règle la poursuite de ces contraventions. La présente section traitera donc de l'action en contrefaçon; elle se divisera en six paragraphes où nous nous occuperons successivement des personnes qui peuvent poursuivre la contrefaçon, de celles qui sont passibles de l'action, des tribunaux compétents, de la procédure, de la défense à l'action et enfin de la répression de la contrefaçon.

§ 1.

QUI PEUT POURSUIVRE LA CONTREFAÇON.

(SOMMAIRE.)

624. Poursuite par le breveté et les copropriétaires du brevet. — 625. Du cas où le brevet appartient à une société. — 626. *Quid*, quand la jouissance seule a été mise en commun? — 627. Le défendeur peut se prévaloir d'une cession du brevet. — 628. L'expiration d'un brevet postérieur portant sur la même invention ne constitue pas une fin de non-recevoir. — 629. A partir de quelle date le droit de poursuite s'exerce-t-il? — 730. Du droit de poursuite quand le brevet a pris fin.

**624. Poursuite par le breveté et les copropriétaires du brevet.** — L'article 4, attribue l'action en contrefaçon au breveté et à ses ayants droit.

Par breveté, il faut entendre le titulaire du brevet, celui au nom duquel le titre a été délivré.

Qu'arrivera-t-il en cas de copropriété d'un brevet? Nous avons vu (n° 458) que chacun des copropriétaires, jouissait pleinement de tous les droits attachés au privilége. Il faudra donc décider que chacun d'entre eux pourra agir contre les contrefacteurs, de même que chacun jouit du droit d'exploitation et du droit de conférer des licences (NOUGUIER, n° 826.) Mais tous les intéressés ne pourront successivement intenter un procès en raison des mêmes faits. Chacun sera maître de l'action, mais comme à l'égard des créanciers solidaires, la chose jugée contre l'un sera opposable à tous les autres. Quand l'un aura saisi les tribunaux. ses cointéressés seront recevables à intervenir dans l'instance, car on ne les admettrait pas, après le jugement de l'affaire, à renouveler le débat en leur nom personnel.

**625. Du cas où le brevet appartient à une société.** — Le brevet obtenu par une société confère le droit d'action à l'être moral, à la firme sociale, et c'est en son nom que les poursuites doivent être dirigées. Aussi comprendrions-nous difficilement la solution adoptée par la Cour de cassation de France dans un arrêt du 26 février 1840, si comme l'affirme M. Tillière (n° 186), elle avait accueilli une demande intentée par un M. Robertson, en son nom personnel, tandis que le brevet appartenait à la société Robertson et C$^{ie}$. « Considérant, dit l'arrêt, que si le brevet a été pris au nom de Robertson et C$^{ie}$, il est représenté et a été exploité par Robertson; que si l'identité de l'individu qui se présente sous le nom de Robertson avec celui qui a obtenu et exploité le brevet est contestée, ce défaut d'identité n'est nullement établi ; qu'ainsi la citation est régulière. » Le débat paraît avoir porté uniquement sur une question d'identité entre le demandeur, agissant comme représentant de la société, et l'associé en nom, à la diligence duquel les actions sociales pouvaient être intentées.

Nous maintenons avec un arrêt de la Cour de Paris du 22 avril 1853 (*Le Droit*, numéro du 24 avril 1853), que l'inventeur qui a mis son brevet en société, n'a pas qualité pour poursuivre seul et en son nom personnel les contrefacteurs de sa découverte. Cette doctrine est conforme aux principes généraux, et rien ne nous ordonne de nous en départir dans la matière spéciale qui nous occupe.

Elle a été confirmée récemment par un arrêt de la Cour de cassation de France. (Du 24 mars 1864, Pal. 64, p. 1108.)

## TITRE II. — DES DROITS QUI DÉRIVENT DU BREVET.

**626. Quid, quand la jouissance seule a été mise en commun ?** — Mais si l'inventeur n'avait mis en commun que le droit d'exploiter l'invention, ce serait à lui seul, et non à la société, qui n'est pas titulaire du brevet, qu'appartiendrait le droit de poursuivre la contrefaçon. (Nouguier n° 829.)

L'action en contrefaçon, dans le cas d'usufruit d'un brevet, pourrait être intentée au nom de l'usufruitier, comme au nom du nu-propriétaire, car l'usufruitier n'a pas reçu une simple licence : il jouit de la chose comme le propriétaire lui-même (C. Civ., art. 578).

**627. Le défendeur peut se prévaloir d'une cession du brevet.** — Nous venons de voir que l'intérêt ne donne pas qualité. Mais le contraire est vrai dans notre matière, comme partout ailleurs. Dès l'instant où le défendeur démontre que celui qui a intenté le procès n'a plus intérêt à agir, celui-ci doit être déclaré non-recevable.

Le défendeur peut donc argumenter de la cession du brevet consentie par le breveté et opposer à sa poursuite le défaut d'intérêt résultant de cette cession. La personnalité des parties n'est nullement indifférente, et il importe particulièrement au défendeur à une action de ce genre d'avoir tel ou tel adversaire : ainsi, une demande reconventionnelle en dommages-intérêts est souvent opposée par lui. N'a-t-il pas intérêt à l'articuler contre un individu solvable ?

**628. L'expiration d'un brevet postérieur portant sur la même invention ne constitue pas une fin de non-recevoir.** — La déchéance ou l'expiration d'un brevet fait tomber son objet dans le domaine public. Il en serait autrement si un brevet antérieur valable portait sur la même invention.

Le breveté primitif serait recevable à agir contre les contrefacteurs de son idée, malgré l'inaction dans laquelle il serait resté contre le possesseur du brevet postérieur, quand bien même il aurait été cessionnaire des deux brevets et n'aurait jusqu'alors poursuivi les contrefacteurs qu'en vertu du second. Ce point a été décidé en ce sens dans une instance à laquelle avaient donné naissance les brevets Ruolz et Elkington, et qui se termina par un arrêt de rejet de la Cour de cassation du 13 août 1852. Le 28 décembre 1840, le sieur Elkington avait obtenu en France un brevet d'importation de quinze années pour l'argenture au galvanisme, par une solution d'argent dans le prussiate de potasse ou autres prussiates solubles. Le 15 février 1841, le sieur Ruolz avait pris un brevet de 10 ans pour l'exploitation du même procédé à l'aide du prussiate jaune. Le sieur Christophle était devenu cessionnaire des deux brevets. A l'expiration du brevet Ruolz, un sieur Delahausse crut pouvoir se servir du procédé au prussiate jaune. Il fut condamné comme contrefacteur sur la poursuite de Christophle faite en vertu du brevet Elkington, « attendu que l'expiration d'un brevet n'enlève pas à ceux qui auraient des droits contraires à faire valoir, la faculté de discuter la valeur et la portée de ce brevet ; attendu qu'au moment où un brevet tombe dans le domaine public, il ne peut apporter à la société, en échange de la jouissance privilégiée qu'elle lui accorde pendant la durée du brevet, que ce que renfermait le brevet réellement ; attendu que Christophle n'a pas demandé la nullité ni la déchéance des brevets de Ruolz, mais qu'il a demandé seulement à en faire apprécier la valeur... » Cette valeur fut, dès lors, appréciée par la Cour et le premier brevet maintenu avec tous ses effets, comme renfermant l'idée mère du second.

**629. A partir de quelle date le droit de poursuite s'exerce-t-il ?** — Il nous reste à examiner à partir de quel jour le breveté peut poursuivre la contrefaçon; est-ce à partir de la demande, est-ce seulement à partir de la délivrance du brevet?

La plupart des auteurs admettent la première solution. (BLANC, Contrefaç., p. 642; RENDU, *Droit industriel*, n° 518.)

Nous pensons toutefois avec Nouguier (n° 818), que l'opinion contraire est la seule qui soit juridique. Le titre qui doit servir de base à l'action, émane du gouvernement, et non pas de la volonté du particulier. La demande crée il est vrai, une éventualité de droit, un droit conditionnel, si l'on veut. Mais est-il permis d'agir avant l'accomplissement de la condition absolument comme si elle était accomplie? Celui qui, par exemple, a fait la demande d'un port d'armes, est-il libre de chasser avant d'être muni du permis? Lorsque le brevet est délivré, les droits du titulaire, dit-on, remontent au jour du dépôt de la demande. Qu'importe! Cette conséquence est celle qui se remarque dans tous les droits conditionnels où la condition a également un effet rétroactif, mais seulement après sa réalisation. Or, ici, cette réalisation, si présumable qu'elle soit, n'est toutefois pas certaine. Bien que la doctrine de l'examen préalable ait été rejetée par notre législation, les demandes ne peuvent-elles pas être repoussées pour un vice de forme? Doit-on constituer l'inventeur juge provisoire de la régularité de sa pétition?

M. Tillière, au n° 184, combat cette opinion en soutenant qu'elle consacre une impunité temporaire au profit du contrefacteur; que le privilége doit durer vingt années entières et doit par conséquent avoir pour point initial, la date légale de l'invention.

Mais nous sommes loin de proclamer cette impunité, puisqu'à partir du dépôt des titres, tout fait attentatoire aux droits du breveté sera réputé contrefaçon, et pourra être poursuivi comme tel, aussitôt que le brevet sera délivré. Le droit de poursuite est suspendu, mais l'inventeur n'en souffre rien, car il est maître de poursuivre pendant 30 ans, tous les faits contraires à son droit privatif qui se seront commis pendant les 20 années de la durée de son privilége.

Observons d'ailleurs que conformément aux principes généraux, l'impétrant est libre de prendre des mesures provisoires pour la conservation de ses droits. Il peut, comme le remarque Nouguier, *loc. cit.*, acheter un des objets contrefaits et s'en faire remettre facture, ou recueillir des témoignages qui plus tard déposeront devant l'autorité judiciaire, ou faire faire des constatations matérielles, qui sans avoir la force d'une preuve positive, seront des documents importants. Nous verrons plus loin, si comme le pense cet auteur, le président du tribunal peut autoriser une saisie-description avant la délivrance du brevet.

**630. Du droit de poursuite quand le brevet a pris fin.** — Lorsque le brevet a pris fin soit par l'expiration du terme, soit par l'effet d'une nullité ou d'une déchéance, l'inventeur voit tomber son privilége, le droit commun reprend son empire, et couvre du voile de la légalité tous les faits postérieurs. Quant aux faits antérieurs, il importe de distinguer : si le brevet cesse d'exister parce que la nullité absolue en a été prononcée, aucune poursuite n'est recevable contre les faits consommés antérieurement, puisque le vice du brevet démontre le caractère licite de ces actes. Au contraire, les contrefaçons antérieures à une déchéance sont soumises à l'action du breveté. (Voir en ce sens, Cass. franç., 7 juin 1851, Gérosme c. Gomel, S. V. 52. 1. 68.) Lorsque le brevet prend fin par l'expiration du terme, l'inventeur peut poursuivre les contrefacteurs, pourvu que le fait soit antérieur à l'expiration du brevet et ne soit point prescrit au moment où la poursuite est intentée. (Cass. franç., 20 août 1851, S. V. 51. 1. 648, ALCAN c. BACOT.)

**631. Incapacité du titulaire.** — C'est d'après le droit commun qu'il faudra, du reste, régler l'exercice de l'action lorsque le brevet appartient à un incapable, à un mineur, à une femme mariée, à un failli. Dans ce dernier cas, c'est incontestablement le curateur qui jouira du droit d'action, car la loi sur les brevets n'a point dérogé au droit commun consacré par la loi sur les faillites du 18 avril 1851 (art. 444 et 452). M. Blanc, p. 644, cite toutefois un jugement du tribunal de la Seine, du 5 septembre 1817 (ERARD), rendu en sens contraire. Cette décision isolée ne doit pas être suivie.

Ajoutons qu'aux termes de l'art. 452 de la loi sur les faillites, le failli peut être reçu partie intervenante dans les actions soutenues ou exercées par son curateur.

**632. Poursuite par les ayants droit.** — A côté du breveté se placent ses ayants droit qui, aux termes de l'article 4 de notre loi, jouissent au même titre que lui de l'action en contrefaçon. Par ayants droit, il faut entendre les cessionnaires du brevet, ceux à qui l'inventeur a transmis la propriété même du titre, ses héritiers, etc. Nous avons vu (nos 470 et suiv.), quelles étaient les formalités requises pour la validité des transmissions de brevets. Nous savons notamment que le cessionnaire est régulièrement saisi à l'égard des tiers dès le jour où la cession a acquis date certaine. A partir de ce moment, il sera maître de l'action en contrefaçon. Comme le législateur n'a tracé aucune règle spéciale pour assurer la publicité de ces mutations, et que le défendeur doit être réputé ignorer la transmission qui constitue le titre du demandeur à agir, il convient, avons-nous vu, que l'on signifie l'acte de cession en intentant l'action. (*Supra.* n° 484).

Les cessionnaires partiels du brevet jouissent-ils également de l'action en contrefaçon? Il est permis de trancher la question affirmativement, car la loi est générale, elle parle des ayants droit quelconques, et les cessionnaires partiels ont certainement cette qualité; ils sont titulaires d'une part de la propriété du brevet, et ils sont recevables à la faire reconnaître vis à vis du tiers. Toutefois, ils n'exerceront l'action en contrefaçon, que dans les limites de leurs droits. Ainsi, dans le cas où l'invention aurait été subdivisée et qu'ils ne seraient devenus propriétaires que d'une partie de celle-ci, si on leur avait abandonné le brevet, par exemple, relativement à un organe nouveau et spécial d'une machine brevetée, ils ne seraient point admis à poursuivre la contrefaçon d'une autre partie de l'invention, d'un autre organe de l'appareil, ou même de l'ensemble de la machine.

Nous avons vu (n$^{os}$ 492 et suiv.), qu'il fallait distinguer entre la cession du brevet et la concession des licences d'exploitation; celles-ci ne confèrent qu'un droit purement personnel, qui ne peut être invoqué qu'entre parties. Il s'en suit que le porteur d'une licence ne possède point l'action en contrefaçon.

La jurisprudence a maintes fois consacré ce principe : (Voir Paris, 1$^{er}$ mars 1855, BLÉTRY c. LAMIRELLE, BLANC, Contrefaçon, p. 640, en note; Cass. franç., 8 mars 1852, LEBRUN-BOHMÉ c. PICQUIRIAUX, Pal. 1852. 2. 266; RENDU, *Dr. industriel*, n° 519). Toutefois, la cour de Metz a jugé que la licence conférant à une personne le droit exclusif d'exploiter le brevet dans une localité déterminée, associait partiellement cette personne au monopole, et l'associait également au droit de poursuivre les contrefacteurs dans cette localité, surtout quand l'inventeur s'est borné à garantir la validité du brevet. (Metz, 6 juillet 1865, D. P., 65, 2, p. 143, CARBONNIER c. MONTAGNAC.)

L'arrêt de la Cour de Paris, que nous venons de citer,

décide que l'on ne pourrait soutenir la recevabilité de l'action en alléguant que le demandeur agit comme fondé de pouvoirs du breveté. « Attendu que c'est une maxime du droit français que nul en France, excepté le souverain, ne plaide par procureur ; que l'art. 61 du Code de procédure civil, déclare que tout exploit d'assignation doit à peine de nullité, contenir les nom, prénoms, profession et domicile du demandeur ; que semblable cessionnaire n'aurait pu valablement intenter l'action en contrefaçon, en son nom propre, comme procureur du breveté ; que s'il avait entendu intenter l'action au nom de celui-ci, à sa simple diligence, il aurait dû l'exprimer de manière à ce que le jugement pût être opposé au breveté partie au procès, et l'exploit d'assignation eût dit les nom, prénoms, profession et domicile du breveté, qui ne s'y trouvaient pas et dont l'absence rendrait nul cet exploit, suivant l'art. 61 du Code de procédure civil. »

M. Blanc (p. 647) estime que celui qui a reçu une tolérance exclusive d'exploiter l'objet de l'invention, a le droit d'intenter l'action, car il a intérêt à poursuivre les contrefacteurs. C'est confondre précisément l'intérêt et la qualité ; assurément, nul ne peut agir en justice, s'il ne démontre son intérêt, mais il ne s'en suit pas que tous ceux qui ont intérêt aient par cela même qualité. Lorsque la loi a accordé le droit de poursuite au breveté et à ses ayants droit, elle n'a pas voulu créer une action cumulative, elle n'a pas entendu placer le contrefacteur sous le coup d'une double instance. Comment concevoir un ayant droit du breveté, lorsque celui-ci a conservé tous ses droits par devers lui ? Tant qu'il s'est borné à accorder une permission d'exploiter la découverte, il a seulement affranchi un individu d'une restriction, sans abandonner lui-même aucun de ses droits vis à vis du public ; il demeure donc le véritable titulaire du brevet, il reste le maître de l'action.

M. Tillière (n° 178), donne à la personne qui a obtenu une semblable licence, sinon l'action en contrefaçon, du moins une action en dommages-intérêts en vertu de l'article 1382 du Code civil. Nous regardons cette opinion comme erronée. Les principes de droit commun n'ont rien à voir là où règne une législation spéciale. Le préjudice qui résulte du fait de la contrefaçon, doit être poursuivi et réparé conformément à la loi sur les brevets, et uniquement en vertu de cette loi. Tout ce qui concerne notre matière est l'application du principe général de l'art. 1382 à une catégorie particulière de quasi-délits : les règles et les conditions de cette poursuite sont rigoureusement tracées, et quand le terrain de la loi de 1854 paraît fléchir, on aurait mauvaise grâce de recourir à un Code qui n'est point fait pour la contrefaçon.

Si la personne qui a obtenu le droit d'exploitation, souffre de la concurrence illicite des contrefacteurs, elle doit s'imputer à elle-même de n'avoir pas pris ses mesures dans son traité avec le breveté pour que celui-ci s'engageât à réprimer ces usurpations. Nous croyons d'ailleurs que si le breveté s'était engagé à ne point accorder de semblables autorisations à d'autres individus, il serait par cela même tenu de poursuivre les contrefacteurs dont aurait à se plaindre celui qui aurait obtenu la licence. Cette obligation est la conséquence de l'obligation de garantie imposée à tout vendeur. De même qu'il ne pourrait concéder expressément à personne une autorisation de ce genre, après l'avoir délivrée au profit exclusif d'un seul, de même il ne pourrait par son silence ou sa complaisance, permettre des exploitations analogues, au détriment de son cessionnaire. Dans l'une comme dans l'autre hypothèse, le cédant serait passible d'une action en dommages-intérêts, et serait même exposé à une demande en résiliation de la cession consentie à titre onéreux. (Comparez *supra*, n° 513).

## § 2.

### DE CEUX QUI SONT PASSIBLES DE L'ACTION EN CONTREFAÇON.

(SOMMAIRE.)

633. Qui peut-on poursuivre? — 634. Contrefaçon commise par une société. — 635. Quid, en cas de faillite? — 636. Le breveté qui a cédé ses droits peut devenir contrefacteur.

**633. Qui peut-on poursuivre?** — L'action en contrefaçon doit être dirigée contre tous ceux qui ont coopéré au fait constitutif de la contrefaçon. Il n'est pas nécessaire qu'ils aient su qu'ils contrevenaient au brevet, car la bonne foi n'enlève pas le caractère illicite des actes attentatoires aux droits du breveté. Ainsi, d'une part, ceux qui ont donné des instructions ou des plans pour consommer la violation du brevet, peuvent être considérés comme de véritables usurpateurs, et en certains cas, comme les seuls usurpateurs du privilége. D'autre part, l'ouvrier qui fabrique pour le compte d'un tiers, du patron à la solde duquel il se trouve, lorsqu'il n'a pas lui-même l'intention de verser directement dans le commerce le fruit de son travail, échappe à toute action. (Comparez *supra*, n° 599). Nous nous contenterons de retracer ici quelques principes qui ont été consacrés par la jurisprudence dans des cas spéciaux.

**634. Contrefaçon commise par une société.** — Lorsque la contrefaçon a été commise par une société anonyme, la poursuite doit-elle être dirigée contre les administrateurs? L'affirmative a été jugée par la Cour de Paris, le 8 juin 1855 (HUARD, art. 40, n° 66, BESSAS-LAMEGIE.)

Un arrêt précédent de la Cour de Rouen, du 26 juillet 1853 (idem, n° 64, BESSAS c. les administrateurs du chemin de fer d'Orléans), confirmé par la Cour de cassation de France le 21 novembre 1856 (ibid. n° 65), avait déjà déclaré personnellement responsables les administrateurs d'une compagnie anonyme qui, par une délibération prise en conseil, avaient autorisé la contrefaçon, sans les admettre à invoquer ni l'art. 32 du Code de commerce, ni les statuts sociaux, ni à se retrancher derrière leur qualité de mandataires.

Si les motifs de cette décision ne paraissent pas être applicables en Belgique, il en est d'autres qui doivent faire adopter une conclusion analogue.

En matière de délit, dit-on, celui qui l'a commis en est toujours personnellement responsable; il importe peu qu'il l'ait commis dans l'intérêt de son mandant. Comme la législation belge n'envisage pas la contrefaçon comme un délit, la même solution peut-elle être donnée ici à la question? Il va de soi que la société pour le compte de laquelle les administrateurs ont agi est civilement responsable de leur conduite, qu'il sera donc loisible de la poursuivre directement à la diligence de ses représentants. Mais l'action sera-t-elle recevable contre ces derniers personnellement? Nous croyons que les circonstances de fait influeront beaucoup sur la décision, et qu'en cas de mauvaise foi, lorsque comme dans l'exemple cité plus haut, les administrateurs ont ouvertement et sciemment prêté la main à la contrefaçon, ils ne sauraient s'affranchir de la responsabilité qui pèse en général sur la conduite de chacun, sans avoir égard à la qualité en laquelle il agit. Qu'ils cherchent une garantie auprès de la société s'ils croient pouvoir justifier leurs actes et les faire rentrer dans les limites de leur mandat, mais les tiers qui ont été lésés par leur fait, doivent pouvoir demander une réparation à la main qui les frappe sans aller rechercher celui pour le compte duquel le coup a été porté.

Les associés commanditaires ne sont valablement compris dans les poursuites que s'ils se sont immiscés dans l'administration de la société. (Trib. de la Seine, 30 juin 1853, Thomas-Laurence.)

Si la société qui s'est rendue coupable de contrefaçon, est en liquidation au moment où l'action est intentée, on peut comprendre les liquidateurs dans la poursuite. (Cass. Fr. 19 août 1853, Thomas-laurence c. Riant, D. P. 53, 5, 57.)

**635. Quid, en cas de faillite ?** — Il en serait de même d'un curateur si le contrefacteur était tombé en faillite : la masse au surplus est éminemment intéressée au procès, puisque celui-ci tend à enlever une partie de l'actif, soit par la confiscation, soit par les dommages-intérêts. Le curateur qui dans l'administration de la faillite, se serait rendu lui-même coupable de contrefaçon, serait dans la même position que les administrateurs des sociétés anonymes. Dans certaines circonstances, il pourrait être poursuivi personnellement.

**636. Le breveté qui a cédé ses droits peut devenir contrefacteur.** — Le breveté qui a cédé ses droits devient un véritable tiers étranger au brevet. Il est donc susceptible d'être poursuivi, le cas échéant, comme contrefacteur, car la contrefaçon réside dans une atteinte portée au privilège résultant du brevet, et non aux droits de l'inventeur. « Cette solution est d'autant plus juste, dit Nouguier (n° 726), que par son nom, par sa connaissance parfaite de l'invention, par la confiance qu'il inspirerait à l'industrie, il retiendrait le privilége dont il s'est dessaisi, et dont il a reçu le prix. Or, *donner et retenir ne vaut..* »

## § 3.

### DES TRIBUNAUX COMPÉTENTS.

(SOMMAIRE.)

637. La contrefaçon industrielle n'est pas un délit.—638. Les tribunaux civils sont seuls compétents, à l'exclusion des tribunaux de commerce. — 639. Quid des justices de paix? — 640. Quid d'un tribunal arbitral? — 641. Quel est le tribunal civil compétent? — 642. Cas spécial d'une saisie ou d'une description préalable.

**637. La contrefaçon industrielle n'est pas un délit** — En Belgique, la contrefaçon ne constitue pas un délit comme en France. Notre législation a regardé avec raison les faits de ce genre, comme de simples atteintes portées aux droits civils du breveté, comme une question de tien et de mien, où la société n'était pas intéressée. C'est à celui qui a reçu un privilége à veiller pour le mettre à l'abri des violations de la part des tiers.

Au point de vue de la société, il n'y a pas plus d'intérêt à agir contre l'auteur d'une contrefaçon que contre le premier venu qui aurait lésé un particulier dans ses droits civils.

Au point de vue du breveté, que lui importe l'auxiliaire du ministère public dont l'appui n'ajoute rien aux réparations qu'il revendique? Enfin, en ce qui regarde le contrefacteur, n'y aurait-il pas injustice à voir un délit, là où souvent il y a à peine une faute légère, alors que la plus entière bonne foi n'exclut pas une condamnation? Il en est autrement, à la vérité, en matière de contrefaçon littéraire. Mais la contrefaçon littéraire ou artistique suppose nécessairement la reproduction de l'original, tandis qu'un individu peut se rendre coupable de contrefaçon industrielle, même lorsqu'il n'a emprunté qu'à lui-même l'idée qu'il exécute, si un autre avait déjà été inventeur avant lui.

Au surplus, les questions si graves et parfois si compliquées qui se rattachent aux déchéances et aux nullités des brevets, se débattent malaisément dans les audiences affairées des tribunaux correctionnels. Puis dans ce système, quelles difficultés ne présente pas le règlement de la chose jugée ! Le conflit des principes qui régissent les matières criminelles et les matières civiles, a provoqué en France sur ce sujet, une foule de distinctions et de théories subtiles et confuses que la législation Belge a eu le bon esprit d'éviter.

**638. Les tribunaux civils sont seuls compétents, à l'exclusion des tribunaux de commerce.** — Ainsi, c'est devant les tribunaux civils que doit être portée l'action en contrefaçon.

Les tribunaux de commerce eux-mêmes, sont incompétents pour connaître de ces affaires. Le droit de l'inventeur, en effet, est essentiellement un droit civil, et quelle que soit la spéculation où vise le contrefacteur, la violation de ce privilége revêt le même caractère que le privilége lui-même.

La compétence de la juridiction consulaire est d'ailleurs de stricte interprétation. L'article 631 du Code de commerce dit : « Les tribunaux de commerce connaîtront 1° de toutes contestations relatives aux engagements et transactions entre négociants, marchands et banquiers ; 2° entre toutes personnes des contestations relatives aux actes de commerce. »

Or, en ce qui touche le droit exclusif, le breveté n'est qu'un simple particulier et nullement un négociant : c'est à l'inventeur comme tel que le privilége est conféré, non pas au commerçant. Ensuite, aucune disposition législative n'a expressément envisagé comme un acte de commerce, ni la prise d'un brevet, ni les droits ou obligations qui en résultent. En France, la doctrine s'est divisée sur cette question. Pour la compétence des juges consulaires, on cite : Renouard, n° 218, Rendu et Delorme, n° 514, Dalloz, n° 330 ; — En sens contraire, Blanc, Contref., p. 664, Nouguier, n° 908.

Mais les discussions de la loi Belge ne laissent point de doute sur la question. Lorsqu'il s'est agi de savoir quel serait le magistrat qui autoriserait la saisie préalable aux poursuites, tout le monde s'est trouvé d'accord pour désigner le président du tribunal de première instance « puisque, disait le rapporteur de la section centrale, c'est ce tribunal qui devra connaître des contestations qui peuvent survenir entre le breveté et le contrefacteur. » M. Lelièvre s'exprima en ces termes : « Ce ne sera pas le juge de paix (qui autorisera la saisie préalable) lui qui ne peut autoriser les saisies que contre les débiteurs forains ou contre les locataires et fermiers, dans les limites de la loi du 25 mars 1841. Ce ne sera pas non plus le président du tribunal de commerce, puisqu'il s'agit d'une affaire du ressort des tribunaux civils et déférée à ceux-ci par la loi en discussion. » M. Roussel enfin émit un avis semblable. « N'est-il pas naturel que vous confiiez la mission de donner l'autorisation au juge auquel sera attribuée ultérieurement la connaissance du fond du droit de la partie réclamante! Ce magistrat est le président du tribunal de première instance. »

Ajoutons que l'article 13 serait une superfétation dans la loi si l'on admettait la compétence des tribunaux de commerce, car il était inutile dans ce cas d'ordonner par un texte spécial que la procédure fût sommaire, puisque telle est toujours la nature de la procédure devant la juridiction consulaire.

**639. Quid des justices de paix?** — Par tribunaux civils, faut-il aussi comprendre en certains cas les justices de paix? M. Tillière (n° 181) ne fait pas de difficulté de répondre affirmativement à cette question, lorsque la demande est inférieure à 200 francs. Nous n'oserions pas être aussi catégoriques sur ce point. Il n'y a rien dans la loi, ni dans les discussions, qui laisse supposer que le législateur ait jamais songé à déférer le jugement d'une action en contrefaçon au juge de paix.

Si telle avait été sa pensée, aurait-il eu besoin de prescrire d'une manière générale la procédure sommaire? Aurait-il confié à un juge inférieur, le soin de valider une saisie ordonnée par le président du tribunal de première instance? Il est difficile, croyons-nous, d'envisager l'action en contrefaçon comme une action personnelle et mobilière ordinaire, qu'il soit possible de réduire au dessous du taux de 200 francs. Sous chaque procès de ce genre se cache une question qui intéresse l'ordre public, celle de savoir si l'objet du brevet appartient au domaine de tous, ou au domaine privé de l'inventeur.

Comment les droits du défendeur seraient-ils sauvegardés, s'il opposait la nullité du brevet, et si le juge usant de la faculté à lui laissée par la loi du 25 mars 1841 (art. 22) s'avisait de retenir l'action principale, et se refusait à la renvoyer avec la demande reconventionnelle, au tribunal de première instance? Le montant de la taxe, seul, suffit pour démontrer que la valeur d'un brevet est toujours supérieure à 200 francs; pourquoi dès lors abandonner à un juge d'exception, à compétence restreinte et limitée, un objet de cette importance?

**640. Quid d'un tribunal arbitral?** — Les parties pourraient-elles soumettre à un tribunal arbitral volontairement constitué, une action en contrefaçon?

M. Blanc (Contref. p. 666), adopte l'affirmative. A la vérité, il repousse la compétence des arbitres en matière de nullité ou de déchéance, « mais, dit-il, vainement objecterait-on que toute poursuite en contrefaçon soulève, de la part du poursuivi, des questions de nullité ou de déchéance. Cela est vrai, mais les arbitres ne devront pas prononcer la nullité du brevet. Ils se borneront à accueillir, mais comme moyen d'exception seulement, les griefs de nullité, s'ils les trouvent fondés, parce qu'il est de principe que le juge de l'action est aussi juge de l'exception. Enfin, et cette raison est décisive, la loi ne soumet pas les poursuites en contrefaçon à la communication au ministère public. »

Nouguier (n° 909) est d'un avis opposé. « La demande est en elle-même et au fond la revendication de la propriété du brevet qui a été usurpée, et qui se convertit pour la partie lésée en dommages-intérêts. A ce titre, elle doit être communiquée au ministère public. La défense à cette demande est le plus souvent fondée sur la déchéance ou la nullité du brevet, exception sur laquelle le ministère public doit nécessairement donner ses conclusions. Or l'art. 1004 du Code de procédure, défend de compromettre sur les causes communicables. »

La question dépend évidemment du point de savoir si le ministère public doit être entendu dans les procès en contrefaçon, car l'article 1004 du Code de procédure défend le compromis dans les causes communicables. Or, cette dernière question est très-controversée : nous aurons à la traiter ultérieurement. Pour le moment nous nous bornons à énoncer les conclusions auxquelles nous sommes arrivés. Le ministère public ne doit pas être entendu en thèse générale, dans les procès de cette nature, à moins que l'on ne mette en cause la validité du brevet. Il s'en suit que l'on pourra soumettre à la juridiction arbitrale tous procès en contrefaçon, aussi longtemps que le défendeur ne soulèvera pas d'exception de nullité ou de déchéance. Mais les arbitres sont radicalement incompétents pour s'occuper de ces dernières contestations : on ne saurait donc appliquer le principe, que le juge de l'action est juge de l'exception, principe qui perd de sa force absolue devant les juridictions extraordinaires. Les arbitres auront donc à surseoir à la décision du fond, jusqu'à ce que les parties se soient pourvues devant les tribunaux civils, pour y faire trancher la validité du brevet.

**641. Quel est le tribunal civil compétent?** — Le tribunal civil compétent, est comme en matière ordinaire, celui du domicile du défendeur. Lorsque plusieurs personnes ont concouru au même fait de contrefaçon, on peut les envelopper dans la même poursuite, et les assigner toutes devant le tribunal du domicile de l'une d'elles. Toutefois, il n'y a pas de connexité et il n'y a même pas lieu à jonction de causes, lorsque des faits de contrefaçon commis à l'égard du même breveté sont personnels à leur auteur respectif, distincts l'un de l'autre, et ne sont pas le résultat d'un concert préalable. C'est ce qu'a jugé la cour de cassation de France le 24 août 1854 (D. P. 54. 1. 295). Il en résulte qu'un breveté ne pourrait réunir dans un même procès plusieurs individus qui agissant chacun pour son compte, auraient par exemple vendu des objets contrefaits; celui des défendeurs qui serait domicilié hors du ressort du tribunal serait en droit dans ce cas d'en décliner la compétence. Par application de ces principes la cour de cassation de France a encore décidé le 10 novembre 1855 (D. P. 56. 1. 29), que la solidarité, même en ce qui concerne les frais, ne peut être prononcée contre plusieurs défendeurs compris dans la même poursuite, qu'autant qu'ils sont condamnés à raison d'un fait auquel chacun a coopéré, ou de faits dont la perpétration est le résultat d'un concert préalable. Le 16 août 1861, la même cour statua qu'en l'absence de tout concert, un vendeur ne peut être réputé le complice d'autres marchands qui ont concouru à répandre dans le commerce les mêmes produits, le délit de ces marchands étant un délit de même nature, mais non le même délit (D. P. 62. 1. 55). Rien n'empêche toutefois de poursuivre à la fois le fabricant et le vendeur, si ce dernier a écoulé les produits du premier, car ici les faits ont une corrélation qu'il serait difficile de nier.

**642. Cas spécial d'une saisie ou d'une description préalable.** — La loi semble avoir dérogé pour un cas à la compétence à raison du domicile. L'article 12 dispose, en effet, que si le breveté a jugé convenable de procéder à une saisie ou à une description préalable, il est obligé, dans la huitaine de cette formalité, *d'assigner devant le tribunal du ressort duquel la description a été faite*. Or, si le défendeur est domicilié dans un autre arrondissement, si la saisie a été opérée dans un magasin, dans un local servant de dépôt, dans un endroit quelconque où le prétendu contrefacteur n'habite point, c'est néanmoins le tribunal dans le ressort duquel la description aura été effectuée, qui devra connaître de l'action. L'article 12 est général, et son texte ne permet de faire aucune distinction. Le législateur a sans doute pensé que le tribunal de la situation des lieux était mieux à portée d'ordonner les mesures nécessaires pour constater la contravention, et procéder aux vérifications et expertises que nécessitent presque toujours ces sortes d'affaires. Les juges voisins de l'endroit du délit seront plus à même aussi d'apprécier l'étendue des conséquences dommageables de la contrefaçon.

Il convient d'ailleurs que la cause soit déférée au tribunal dont le président a autorisé la saisie, et nul plus que le magistrat local, ne saura mesurer les précautions à prendre, tant pour la constatation du fait que pour prémunir les tiers contre le tort que causerait une saisie inconsidérée. Il calculera aisément l'importance de l'exploitation, il supputera immédiatement le préjudice que la mesure pourra engendrer pour l'industriel dont on entrave peut-être ainsi les affaires, il aura ainsi sous les yeux tous les éléments dont il a besoin pour décider si le breveté doit fournir caution et quel en sera le montant.

Ajoutons que si la demande était dans ce cas portée devant les juges du domicile du défendeur, ce tribunal ne serait pas nécessairement incompétent. Mais alors les déchéances prononcées par l'article 12 seraient encourues, la saisie viendrait à tomber, et l'on devrait procéder comme si l'action en contrefaçon avait été engagée directement sans avoir été précédée d'une description.

## § 4.

PROCÉDURE DE L'ACTION EN CONTREFAÇON.

### A. — *Procédure préparatoire.*

(SOMMAIRE)

643. Double voie pour intenter l'action. — 644. Droit de description et de saisie. — 645. A qui ce droit appartient-il ? — 646. Le droit de saisie peut s'exercer dans le cours de l'instance — 647. Autorisation du président. — 648. Inspection et saisie des livres de commerce. — 649 Formes de la demande. Jonction du brevet à la requête. — 650. Désignation d'experts. — 651. Cautionnement obligatoire pour l'étranger. — 652. Le cautionnement doit être fourni en argent. — 653. Une deuxième ordonnance peut statuer sur le cautionnement. — 654. Signification de l'ordonnance. — 655. Quelles sont les voies de recours contre l'ordonnance? Système divers. — 656. On peut se pourvoir en référé, puis en appel. — 657. Présence du breveté à la saisie. — 658. Du cas où les portes seraient fermées. 659. Apposition des scellés, formes à suivre. — 660. Copie du procès-verbal de description doit être laissée. — 661. Procédure en cas d'absence du saisi. — 662. La saisie est faite aux risques et périls du breveté. — 663. Sur

quels objets la saisie peut-elle porter? — 664. Du lieu où la saisie peut se faire. — 665. L'ordonnance peut autoriser la saisie en tous lieux. — 666. Saisie dans un établissement militaire. —667. Du délai pour pratiquer la saisie. — 668. Effets de la nullité de la saisie sur l'action. — 669. Poursuite fondée uniquement sur la saisie. — 670. Délai pour intenter l'action. — 671. Compétence du tribunal du lieu de la saisie. — 672. Calcul du délai de huitaine. — 673. Peut-on suppléer au défaut de date du procès-verbal? — 674. Quid, en cas de saisie nouvelle pendant le cours de l'instance? — 675. L'ordonnance perd ses effets a défaut d'assignation régulière. — 676. L'inobservation du délai n'entraîne pas la déchéance de l'action.

**643. Double voie pour intenter l'action.** — La loi offre au breveté une double voie pour mettre en mouvement l'action qu'il veut diriger contre les contrefacteurs. Il peut assigner directement devant le tribunal, sauf alors dans le cours de l'instance à établir le fait de contrefaçon comme il le jugera convenable. Il a aussi reçu le moyen de faire constater matériellement les faits de contrefaçon avant d'intenter l'instance : le législateur lui a concédé en quelque sorte un droit de main-mise sur les objets suspects, il lui a permis d'en faire constater l'état, d'en dresser la description, de les faire placer sous scellés et même de les frapper de saisie. Ce droit est subordonné à la permission préalable du président du tribunal de première instance. Il s'explique peut-être au point de vue de l'intérêt de l'inventeur, car le contrefacteur mis en éveil par l'exploit d'assignation, pourrait faire disparaître les éléments de conviction, et par suite rendre fort difficile la preuve de sa contravention. Mais il place dans les mains du breveté un pouvoir redoutable, et dont on ne saurait jamais user avec assez de ménagement. Il n'est pas besoin de faire ressortir les graves conséquences d'une mesure semblable, qui sans examen, sans débat contradictoire, sur les seules allégations d'un intéressé, vient jeter le trouble au milieu d'une exploitation commerciale.

**644. Droit de description et de saisie.** — Les articles 47 et 48 de la loi française ont servi de modèles au législateur belge pour ce qui concerne cette saisie préparatoire. La loi de 1817 était muette sur ce point, et les inventeurs s'étaient plaints souvent de cette lacune. L'article 47 de la loi de 1844 en France, accorde aux propriétaires de brevets, munis d'une ordonnance à cette fin du président du tribunal de première instance, le droit de faire procéder par tous huissiers à la désignation et description détaillées, avec ou sans saisie, des objets prétendus contrefaits. Le projet voté par la Chambre des représentants, concédait au breveté la faculté exorbitante de saisir dans tous les cas, les choses qu'il soupçonnait contrefaites. Le Sénat se soucia davantage de la vieille maxime : « Povre homme dans sa maison roi est », et dans le but de concilier le respect du domicile et les droits des particuliers avec les intérêts des inventeurs, il adopta la disposition qui est devenue l'article 6 de notre loi :

« Les possesseurs de brevets ou leurs ayants-droit, pourront, avec l'autorisation du président du tribunal de première instance, obtenue sur requête, faire procéder, par un ou plusieurs experts, à la description des appareils, matières et objets prétendus contrefaits.

» Le président pourra, par la même ordonnance, faire défense aux détenteurs desdits objets de s'en dessaisir, permettre au breveté de constituer gardien ou même de mettre les objets sous scellés.

» Cette ordonnance sera signifiée par un huissier à ce commis. »

Les droits du breveté se bornent donc en général, à faire dresser une description exacte, par des hommes compétents, des choses qu'il suspecte. Ce n'est que dans des cas exceptionnels, que l'autorisation peut aller jusqu'à permettre la mise sous scellés et la constitution d'un gardien judiciaire.

Le respect de la liberté individuelle a inspiré le Sénat

dans le tempérament qu'il a apporté aux mesures décrétées par la Chambre, et c'est ce principe qui doit guider le magistrat, à la discrétion et à la sagesse duquel a été confié le choix entre ces mesures.

**645. A qui ce droit appartient-il ?** — Quels sont ceux qui sont maîtres de provoquer cette description ? Le texte répond : les possesseurs de brevets ou leurs ayants-droit. La possession du titre est une condition indispensable pour l'octroi de cette faveur. Nous repoussons donc l'opinion qui accorde ce droit à ceux qui ne sont porteurs que d'un duplicata de leur demande. Nous leur avons dénié le droit de poursuite (voir n° 629), à plus forte raison devons-nous leur refuser ce pouvoir exceptionnel qui permet de prendre contre une partie, sans l'avoir entendue, des mesures dont l'effet est souvent désastreux. Cette faculté est exorbitante du droit commun, elle doit être strictement circonscrite dans les limites tracées par la loi. Elle est attachée à la possession du titre, elle ne découle pas d'une simple demande qui peut ne pas aboutir par un vice de forme. On conçoit au surplus que la demande étant dépourvue de toute publicité, il serait inique d'exposer les tiers aux mêmes conséquences qu'après la délivrance d'un brevet, acte public, officiel, et que chacun est appelé à connaître.

Quant aux ayants-droit dont parle l'article 6, ce sont tous ceux qui ont un droit sur le brevet lui-même, qui possèdent l'action en contrefaçon, à l'exclusion, par conséquent, des simples porteurs de licences, qui ne sont pas maîtres de l'action (n° 652).

Mais l'autorisation de saisir peut être accordée sur la production d'un brevet expiré, si les faits incriminés sont antérieurs à l'expiration du privilége. Il importe, en effet, que les contestations soient jugées dans l'état du droit des parties au moment où les faits ont eu lieu. (Metz, 14 août

1850. S. V. 50. 2. 604. Alcan c. Bertèche. — Cass. fr., 20 août 1851, S. V. 51. 1. 648, mêmes parties.)

**646. Le droit de saisie peut s'exercer dans le cours de l'instance.** — Le breveté n'est pas tenu de recourir à cette mesure avant l'intentement de l'action. Il est recevable à l'employer dans le cours de l'instance; la demande de nullité dirigée contre son titre, n'apporterait même pas d'obstacles à la délivrance d'une autorisation de ce genre, car l'effet du titre n'est pas suspendu par cette attaque.

**647. Autorisation du président.** — Le président compétent pour autoriser la saisie est celui du tribunal du lieu de la saisie. C'est, en effet, devant ce tribunal que l'action doit dans ce cas être portée (article 12).

Le projet primitif portait : « Les possesseurs de brevets pourront, en vertu de l'ordonnance du juge de paix du canton où se trouve l'objet contrefait, en faire opérer la saisie. »

On a modifié ensuite la qualité du magistrat, mais non sa compétence à raison de la situation des objets litigieux.

Le président du tribunal ne doit pas nécessairement accueillir les conclusions de la requête qui lui est présentée.

Son intervention a été requise par la loi pour le constituer en quelque sorte le défenseur du tiers absent : aussi se montrera-t-il avare de ses pouvoirs, et ne souscrira-t-il aux demandes du breveté que lorsque la nécessité lui en sera péremptoirement démontrée. La saisie sollicitée peut être inutile à cause de la notoriété de la contrefaçon, elle peut être aussi un moyen de concurrence déloyale dirigé contre un rival heureux que l'on veut entourer dans le public de la défaveur inséparable d'une descente de justice. Souvent la simple description suffira, souvent encore on pourra se contenter de saisir quelques objets, à titre d'échantillons, et d'en confier la garde au saisi ou à un tiers, ou d'en ordonner la remise au greffe du tribunal, avec ou sans apposition de scellés. La saisie de tous les objets contrefaits et de tous les instruments et ustensiles de fabrication, est une mesure extrême qui jette l'interdit sur une industrie. Il ne la permettra que dans les cas de haute gravité, lorsqu'il s'agira clairement d'arrêter un atelier de contrefaçon.

**648. Inspection et saisie des livres de commerce.** — On s'est demandé si le président, dans son ordonnance, pouvait autoriser le breveté à prendre communication des livres et de la correspondance du prétendu contrefacteur, et même à faire pratiquer la saisie de ces documents? Nouguier au n° 852 *bis*, résout la question affirmativement, et il rapporte divers précédents à l'appui de sa manière de voir. Il considère la correspondance et les livres de commerce comme étant en quelque sorte des instruments à l'aide desquels la contrefaçon a été ou préparée, ou commise, ou développée. Il se fonde aussi sur le but de la loi qui a dû permettre au breveté de constater non seulement les preuves matérielles du délit, mais aussi celles qui sont des témoins irrécusables de l'étendue des usurpations dont il se plaint. — Nous ne partageons pas cette doctrine qui repose sur une interprétation beaucoup trop élastique des termes de la loi. L'article 6, à l'imitation de la loi française, parle uniquement des appareils, machines et objets prétendus contrefaits. Or, il est impossible d'assimiler les écritures commerciales d'un négociant, soit à une machine, soit à un appareil. A ce compte, ne faudrait-il pas également prescrire la saisie définitive de ces livres et pièces, lors du jugement sur l'action en contrefaçon? Avec un commentaire aussi arbitraire, où s'arrêterait-on dans la désignation des objets qu'il serait permis de considérer comme un moyen de contrefaçon, parce qu'ils se rattacheraient plus ou moins étroitement à l'exploitation du contrefacteur? Il est préférable de s'en tenir à l'énumération de l'art. 6, et de l'interpréter restrictivement comme toutes les dispositions qui sortent du droit commun. Le breveté pourra pendant le cours de l'instance demander la production des livres du défendeur, il pourra en faire l'objet d'un incident et tirer de puissantes présomptions de l'absence de production de ce genre, mais l'intérêt des inventeurs ne permet pas une mesure aussi exorbitante que celle qui autoriserait le premier venu, porteur d'un brevet, à saisir ou à compulser les écritures commerciales de son concurrent.

**649. Formes de la demande. Jonction du brevet à la requête.** — L'article 7 de la loi règle la forme de la demande.

« Le brevet sera joint à la requête, laquelle contiendra élection de domicile dans la commune où doit avoir lieu la description. Les experts nommés par le président prêteront serment entre ses mains avant de commencer leurs opérations. »

La nécessité de joindre le brevet à la requête a pour but d'empêcher le premier venu de surprendre la foi du président du tribunal, en s'attribuant faussement la qualité de breveté. Le pouvoir de saisir est une faveur intimement liée au titre : il était naturel que la loi exigeât la production de celui-ci. Notons en passant que cette condition est une nouvelle preuve que le possesseur du brevet est seul recevable à solliciter cette mesure : celui qui établirait avoir fait la demande du titre sans l'avoir encore obtenu, serait dans l'impossibilité de remplir la condition voulue par notre article.

Il est convenable que l'ordonnance du président mentionne le fait de la production du brevet. Mais en l'absence d'une mention de ce genre, quels sont les droits du tiers? Nous croyons que la prescription édictée par la loi a eu uniquement pour but d'éclairer la religion du président sur la qualité de l'impétrant. Si le président se croit suffisamment édifié sur la qualité de celui-ci pour accorder l'autorisation sans que le brevet soit joint à la requête, il n'y aura point de nullité de l'ordonnance. Seulement, le saisi pourra introduire une action en référé pour exiger l'exhibition du titre, et à défaut de ce faire, solliciter le rapport de l'ordonnance.

C'est pour faciliter les assignations en référé, ainsi que toutes significations nécessitées par le règlement des incidents qui peuvent survenir, que l'article 7 exige une élection de domicile spécial dans la commune où doit se faire la description. Si l'ordonnance avait été rendue nonobstant l'absence de cette élection de domicile, il y aurait lieu d'en provoquer l'annulation, car tout est de rigueur dans une procédure aussi exceptionnelle : pour profiter de la faveur de la loi, le breveté doit se soumettre à toutes les conditions voulues par celle-ci.

**650. Désignation d'experts.** — La description sera faite par un ou plusieurs experts désignés par le président. Son choix s'arrêtera nécessairement sur les hommes qui par leurs connaissances et leur profession seront le plus à même de donner un signalement exact des objets réputés contrefaits. Le breveté leur signifiera copie de l'ordonnance qui les nomme, avec invitation à comparaître devant le président pour prêter serment. En cas de refus d'un expert de remplir cette mission, le breveté peut solliciter du président par requête nouvelle, la nomination d'une autre personne. Aucune loi n'oblige le breveté à appeler les tiers à cette prestation de serment. C'eût été leur donner l'éveil, tandis que le but de la procédure actuelle est précisément de les surprendre en quelque sorte en flagrant délit. L'article 307 du Code de procédure déclare d'ailleurs en règle générale, que les parties ne doivent pas être présentes à la prestation de serment des experts. Le tribunal de Bruxelles a décidé le 21 juin 1859 (B. J. 1860, p. 25, Milliet c. Guilmard) qu'il n'était pas nécessaire de mentionner le serment des experts dans le procès-verbal de description, dès l'instant que l'on établissait que la formalité avait réellement été remplie.

D'après la loi de 1854 les experts devaient prêter serment entre les mains du président du tribunal. La loi du 27 mars 1857 a modifié cette disposition dans le but d'accélérer la procédure et de diminuer les frais, en autorisant l'expert à prêter serment entre les mains du juge de paix désigné par le président du tribunal. Cette faculté permet ainsi d'éviter un voyage au chef-lieu de l'arrondissement, lorsque l'expert réside dans une commune rurale.

Le choix fait par le président n'est pas inattaquable. Si une partie a des motifs de récusation à faire valoir contre l'expert désigné, elle se pourvoira en référé pour faire révoquer le premier choix. Si par exemple la personne nommée était parente de l'une des parties, si elle avait déjà émis son opinion et donné un certificat dans l'affaire, nul doute qu'on ne dût accueillir le reproche.

**651. Cautionnement. Il est obligatoire pour l'étranger.** — L'article 8 autorise le président à imposer un cautionnement au requérant; il lui ordonne d'en fixer un, lorsque le breveté est étranger.

« Le président pourra imposer au breveté l'obligation de consigner un cautionnement. Dans ce cas, l'ordonnance du président ne sera délivrée que sur la preuve de la consignation faite. Le cautionnement sera toujours imposé à l'étranger. »

Il est inutile de s'appesantir sur les conséquences préjudiciables qu'une saisie de cette nature peut entraîner pour la réputation commerciale, le crédit et les intérêts d'un négociant. Aussi, lorsque les tribunaux décident que cette saisie a été opérée à tort, soit parce qu'il n'existait point de contrefaçon, soit parce que le titre du breveté était nul, accordent-ils presque toujours des dommages-intérêts à celui qui en a été victime. Lorsque la solvabilité du requérant paraîtra équivoque, lorsque des doutes s'élèveront sur le bien fondé de ses droits, lorsque le préjudice causé par cette mesure paraîtra devoir être considérable, le président devra user de la latitude qu'il trouve dans la loi, et ordonner un cautionnement préalable.

L'étranger non domicilié en Belgique en vertu d'un arrêté royal sera toujours soumis à cette obligation, car il présente peu de garanties pour assurer l'exécution des dommages-intérêts qui seraient prononcés contre lui. Il a été jugé, que lorsqu'un étranger breveté a été admis à pratiquer une saisie sans que l'ordonnance lui ait imposé l'obligation de consigner un cautionnement, la saisie était nulle et sans effets. (Tribunal corr. de Paris, 3 mai 1855, PATAILLE et HUGUET, *Annales de la propr. indust.* 1856, p. 46, SAX contre LAOUX).

**652. Le cautionnement doit être fourni en argent.** — La loi a entendu prescrire un cautionnement en argent, comme constituant le mode de garantie le plus efficace et surtout le plus rapide dans sa réalisation. Cette somme d'argent doit être déposée à la caisse des dépôts et consignations. Il n'appartiendrait pas au président de substituer à cette garantie celle d'une caution bonne et solvable. La doctrine des auteurs est conforme à cette opinion. (BLANC, Inv., p. 363. Voir toutefois DALLOZ, v° *Brevet d'invention*, n° 347.)

**653. Une deuxième ordonnance peut statuer sur le cautionnement.** — Si dans son ordonnance le président a omis d'ordonner un cau-

TITRE II. — DES DROITS QUI DÉRIVENT DU BREVET.   561

tionnement, ou si celui qui a été prescrit n'est pas suffisant, la partie saisie peut se pourvoir en référé et solliciter une seconde ordonnance imposant à ce sujet des conditions plus étendues. (Nouguier, n° 855.)

**654. Signification de l'ordonnance.** — L'article 6 ordonne au breveté de signifier copie de l'ordonnance par un huissier à ce commis. Cette signification doit être faite à personne ou à domicile, à peine de nullité, et non pas au lieu de la saisie (Tillière, n° 159). Copie doit aussi être laissée du procès-verbal de consignation, dans le cas où un cautionnement est exigé, à moins que l'ordonnance elle-même ne mentionne l'accomplissement de cette condition. Sans parler de la nullité encourue pour l'inobservation de ces formalités, le saisi pourrait même empêcher qu'il fût passé outre : il lui importe d'avoir connaissance de la raison d'être d'une perquisition semblable qui dépouillée de l'autorisation du président, ne constituerait qu'une odieuse violation de domicile. Il a intérêt aussi à savoir quelle est l'étendue des droits conférés au breveté et sous quelles conditions celui-ci a été autorisé à les exercer.

**655. Quelles sont les voies de recours contre l'ordonnance ? Systèmes divers.** — Quelles sont les voies de recours contre l'ordonnance du président ? Cette question a donné lieu à une foule de systèmes, et à des solutions contradictoires en doctrine et en jurisprudence.

Une première opinion refuse toute voie de recours contre l'ordonnance du président, et accorde à celui-ci un pouvoir d'appréciation absolu, sans limites, sans contrôle. Toutefois, la plupart des auteurs qui partagent cette opinion, estiment que les parties jouissent d'un recours en référé auprès du président lui-même, contre la première ordonnance. Cette théorie est défendue par

Renouard n° 236, Nouguier n° 845, Rendu et Delorme, n° 543, Gouget et Merger v° contrefaçon, n° 92. Elle s'appuie sur plusieurs arrêts de la Cour de Paris, entre autres un arrêt du 11 février 1846 (Pal. 1846, 1, 675, Penzolat c. Caron); et un autre du 30 août 1854, (*Gazette des Tribunaux*, n° du 1ᵉʳ sept. 1854, Darlincourt c. Letrange).

Ces arrêts se fondent sur ce que l'appel n'est permis par aucun texte, sur ce que la juridiction n'est pas contentieuse, sur ce que ce sont des mesures urgentes et provisoires, non susceptibles de recours. Enfin, ils se basent sur une analogie avec l'article 558 du Code de procédure, en matière de saisie-arrêt.

Des décisions plus récentes de la Cour de Paris admettent au contraire l'appel. « Considérant que l'appel est de droit commun, et que les parties n'en peuvent être privées que dans les cas expressément déterminés, ou encore lorsque, sans interdire formellement ce recours, le législateur a investi le magistrat de pouvoirs discrétionnaires, inconciliables avec la faculté de révision par la juridiction supérieure; considérant que non-seulement l'art. 47 de la loi du 5 juillet 1844 (analogue à l'article 6 de la loi Belge), ne refuse point aux parties, la voie d'appel, quand sur une plainte en contrefaçon, le juge a prescrit telle ou telle des mesures indiquées en cet article ; mais que, si l'on envisage l'objet de ces mesures, la nature des intérêts qu'elles se proposent de conserver, la gravité des circonstances qu'elles peuvent engendrer, il n'existe aucune raison, dans le silence de la loi spéciale, de déroger à la règle commune... » (Paris, 9 juillet 1855, D. P. 1856, 5, 47, Cavaillon c. Mallet; Paris, 5 février 1856, Pataille et Huguet, 1856, p. 78, Mallet c. Cavaillon.) Cette solution est celle de Dalloz, v° *Brevet d'invention*, n° 344. Elle est aussi suivie par Blanc, Contrefaçon, p. 647. Toutefois,

cet auteur semble n'énoncer son opinion que dans le cas
de refus fait par le président d'autoriser la saisie. Il insiste
sur l'importance de cette mesure relativement au fond du
droit.

La Cour de Bruxelles a décidé le 22 janvier 1855 (B. J.
t. 13 p. 438), qu'aucune voie de recours n'était ouverte
contre l'ordonnance du président, que l'on n'était pas même
recevable à se pourvoir en référé auprès de ce magistrat,
pour obtenir de lui le retrait ou la modification de son
ordonnance antérieure. Dans l'espèce soumise à la Cour,
le président du tribunal de première instance avait rendu
à l'audience des référés, sur le recours du défendeur, une
seconde ordonnance qui maintenait l'autorisation de saisir,
mais qui d'une part imposait au breveté un cautionnement,
et d'autre part, lui faisait défense d'être présent à la description. La Cour annula l'ordonnance de référé, et décida
que la première devrait sortir tous ses effets « attendu
que la description est destinée d'une part à faciliter la découverte des contrefaçons, et de l'autre, à constater leur
existence pour le juge qui est appelé à en connaître; que
cette mesure manquerait son but, si avant d'être autorisée
elle devait faire l'objet d'un débat contradictoire, ou si,
avant d'être exécutée, elle pouvait faire l'objet d'une opposition ou d'un appel qui en retardât l'exécution ; que, de
sa nature donc, elle est une mesure de conservation,
d'urgence et d'instruction, non susceptible de débat ni de
recours, à moins que la loi n'en décide autrement. »
L'arrêt, invoquant les articles 6 à 10 de la loi, considère le
président comme dessaisi, du moment qu'il a rendu son
ordonnance; les intérêts du défendeur sont, dit-il, sauvegardés par le pouvoir discrétionnaire que le président
puise dans la loi, de restreindre la saisie ou d'exiger un
cautionnement préalable, puis dans tous les cas, par le
recours en dommages-intérêts, qu'on est maître d'exercer

plus tard contre le breveté, si celui-ci échoue dans son action.

M. Vilain (*Guide pratique des inventeurs brevetés*, n° 221), admet un recours en référé, devant le président qui a rendu l'ordonnance, mais il rejette l'appel.

Un arrêt de la Cour de cassation de France du 16 mai 1860 (D. P. 60. 1, p. 432, Torillon c. Nicot), prescrit d'abord le recours en référé et accueille ensuite l'appel de cette nouvelle ordonnance.

« Attendu que l'ordonnance rendue le 18 octobre 1858, par le président du tribunal civil de la Seine, en vertu de l'art. 47 de la loi, bien qu'émanée du pouvoir discrétionnaire, pouvait en cas d'opposition, devenir l'objet d'un référé devant le même magistrat, d'autant plus que l'ordonnance contenait réserve à cet égard, référé qui pouvait lui-même donner lieu plus tard à un appel (art. 809, Proc.). — Que les demandeurs ont laissé exécuter la dite ordonnance sans réclamations ni recours ; — qu'il est de principe qu'on n'est pas recevable à se pourvoir en cassation contre quelque décision que ce soit, si l'on a négligé de recourir au préalable, aux voies de redressement autorisées par la loi. » Cette doctrine avait déjà été adoptée par la Cour de Paris dans l'affaire Mallet c. Cavaillon, le 9 juillet 1855 (Pataille et Huguet, 1856, p. 178).

**656. On peut se pourvoir en référé, puis en appel.** — C'est à ce dernier système que nous nous rallions. L'ordonnance qui autorise la saisie est trop grave dans ses effets, pour qu'elle soit abandonnée à la discrétion d'un magistrat qui n'écoute qu'une des parties intéressées. L'éventualité d'une annulation par le tribunal est trop éloignée à cause des lenteurs inséparables d'une procédure en contrefaçon régulièrement intentée. Pendant cet intervalle le préjudice peut être consommé; l'interdit a été jeté sur une industrie au moment où elle pouvait prendre son essor; qu'importe si ensuite ces entraves sont levées, alors qu'il est peut-être trop tard et que la ruine de l'exploitation est consommée? Qu'importe la réparation qu'allouera un tribunal si le débiteur est insolvable ou échappe par sa nationalité à toute exécution sérieuse? Il faut que le magistrat qui permet la mesure, soit mis à même par un débat contradictoire, d'en apprécier la portée, il ne faut pas qu'il soit victime de l'habileté avec laquelle des brevetés lui auraient par exemple, caché leur insolvabilité ou leur qualité d'étranger, ni de l'ignorance où on l'aurait laissé des suites fâcheuses de la saisie dans l'industrie du prétendu contrefacteur. C'est donc auprès du président lui-même qu'une première voie d'opposition est ouverte, et il y statuera par voie de référé. Ensuite, l'appel qui est de droit commun, est spécialement autorisé contre les ordonnances sur référés par l'art. 809 du Code de procédure.

On objecte, comme l'arrêt de la Cour de Bruxelles cité plus haut, que le but de la loi serait manqué, si l'autorisation de saisir était subordonnée à un débat contradictoire.

Mais il ne s'agit pas de permettre une discussion avant l'autorisation, car le président a certainement le pouvoir et l'obligation de statuer sur la requête du breveté, sans exiger l'intervention de qui que ce soit. L'ordonnance sera donc rendue sans que personne ait pris l'éveil. Nous allons plus loin : nous admettons même qu'elle devra être exécutée selon sa forme et teneur, jusqu'à ce qu'elle soit rapportée ou réformée, et sans que les voies de recours aient un effet suspensif, car aucun texte ne leur attribue cet effet. Si par conséquent une contestation surgit dans le cours de l'exécution, le breveté a le droit de prendre toutes les mesures pour assurer ses droits dans le cas où le défendeur échouerait dans ses tentatives. (Nouguier, n° 859, Blanc. Inv. brev. p. 362.) Le but de la loi n'est donc nullement manqué.

On invoque la garantie du président du tribunal qui, dit-on, prendra en main les intérêts du prétendu contrefacteur. Mais si nous ne suspectons pas sa sagesse, nous nous méfions de ses lumières, car il est impossible qu'en écoutant une seule partie, il puisse sainement apprécier les choses. Ne sera-t-il pas le premier à désirer les éclaircissements qui naîtront d'un débat contradictoire ?

On se rejette sur la possibilité d'une action en dommages-intérêts contre le breveté imprudent. Mais cette condamnation lui donnera-t-elle une solvabilité dont il est peut-être dépourvu, suppléera-t-elle au défaut d'une caution que le défendeur aurait certainement obtenue avant la consommation du dommage, s'il avait joui d'un recours auprès du magistrat auteur de l'ordonnance, et dévoilé la situation précaire du demandeur?

Il n'y a point d'assimilation entre l'ordonnance rendue par le président en notre matière et celle qui statue sur une demande de saisie-arrêt. Il y a un rapport intime entre la première et le fond du droit, tandis que la seconde est une mesure toute conservatoire et dont les effets préjudiciables sont naturellement fort restreints. Au surplus, le point de savoir si en matière de saisie-arrêt les parties jouissent d'une voie de recours contre l'ordonnance du président, est lui-même l'objet d'une vive controverse, et des autorités nombreuses et respectables ont consacré la solution affirmative de cette difficulté. Le recours en référé est d'ailleurs presque généralement admis contre l'ordonnance qui autorise la saisie et la pratique de la plupart des tribunaux confirme cette manière de voir.

Nous estimons donc que l'appel est recevable, mais qu'il doit être dirigé contre l'ordonnance statuant sur le recours en référé. Cette opinion est plus équitable, elle sauve-

# TITRE II. — DES DROITS QUI DÉRIVENT DU BREVET. 567

garde tous les intérêts, elle n'est contraire à aucun texte, elle concorde avec les principes généraux.

**657. Présence du breveté à la saisie.** — L'article 9 dispose que « le breveté pourra être présent à la description, s'il y est spécialement autorisé par le président du tribunal. »

Notre loi s'est formellement exprimée sur ce point, à la différence de la loi française, qui par son silence, laissait quelque doute sur la question. Un texte spécial n'était pas inutile d'ailleurs en présence de l'article 585 du Code de procédure, qui interdit à la partie poursuivante d'être présente à la saisie. Cette mesure du Code de procédure a été prise surtout dans une pensée de conciliation, pour éviter au saisissant et au saisi le danger d'une altercation fort probable dans une semblable occasion. La loi sur les brevets n'a pas cru devoir s'arrêter à ces inconvénients, d'abord parce que la saisie qu'elle autorise est une mesure provisoire qui n'a pas le caractère rigoureux de la saisie-exécution et que dès lors les passions doivent être moins vives ; ensuite, parce que l'intérêt du breveté exige souvent trop impérieusement son assistance à la saisie, pour reculer devant les quelques inconvénients de sa présence. Personne mieux que lui n'est à même de désigner les objets à décrire, de les découvrir, de faire acter les circonstances importantes au procès. Son concours est quelquefois indispensable à l'expert, et lorsque son caractère et sa personne ne permettront pas de suspecter sa modération, le président agira sagement en autorisant sa présence. Il faut toutefois que cette permission soit sollicitée dans la requête, et il y aurait nullité si le breveté assistait aux opérations, sans en avoir spécialement reçu le pouvoir. En matière de saisie-exécution, il a été jugé cependant que la présence du saisissant ne vicie pas la saisie. (Villefranche, 11 février 1847, *Journal des avoués*, t. 72, 169.) Mais nous sommes ici dans une matière où tout est de droit rigoureux : la loi a accordé au breveté des droits qui, il faut le dire, sont exorbitants. A côté de cette faculté exceptionnelle, il y a des conditions qu'il faut remplir, et à défaut d'avoir satisfait à ces obligations, il y a lieu de le déclarer incapable de profiter de cette faveur. (Conforme, M. Tillière, n° 166.)

**658. Du cas où les portes seraient fermées.** — Si les portes sont fermées ou si l'ouverture en est refusée, il sera opéré conformément à l'art. 587 du Code de procédure (Art. 10).

L'article 587 du Code de procédure est ainsi conçu : « Si les portes sont fermées ou si l'ouverture en est refusée, l'huissier pourra établir gardien aux portes pour empêcher le divertissement ; il se retirera sur le champ, sans assignation, devant le juge de paix ou, à son défaut, devant le commissaire de police, et dans les communes où il n'y en a pas, devant le maire, et à son défaut, devant l'adjoint, en présence desquels l'ouverture des portes, même celle des meubles fermant, sera faite au fur et à mesure de la saisie. L'officier qui se transportera ne dressera point de procès-verbal, mais il signera celui de l'huissier, lequel ne pourra dresser du tout qu'un seul et même procès-verbal. »

Si l'huissier chargé d'une saisie-exécution ne trouve personne au domicile du saisi, et que les portes soient fermées, s'il les ouvre pour s'introduire dans le domicile du saisi, sans être assisté d'un officier public, la saisie est nulle, bien que l'ouverture des portes ait été faite sans fracture ni efforts. Cette solution adoptée par Chauveau q. 2019, 4°, a été confirmée par un arrêt de la Cour de Poitiers, du 7 mai 1818. (S. 18, 2; 339.) Elle devrait être suivie également dans notre matière.

Il s'est présenté quelques divergences en jurisprudence

sur le point de savoir s'il fallait s'adresser à toutes les personnes énumérées dans l'article, suivant l'ordre où elles y sont rangées, ou bien s'il était permis de s'adresser d'abord au commissaire de police ou au bourgmestre, sans recourir préalablement au juge de paix. Nous pensons, avec un arrêt de la Cour de cassation de France du 1er avril 1813, qu'il y aurait excès de rigueur, si on annulait une saisie, parce que des officiers publics auraient prêté leur aide, sans qu'on eût constaté l'empêchement du juge de paix. Toutefois, la prudence exige de suivre l'ordre de l'article, toutes les fois que des motifs d'urgence ne commanderont pas de le changer.

**659. Apposition des scellés, formes à suivre.** — Lorsque l'ordonnance a autorisé l'apposition des scellés, il faut suivre les règles ordinaires pour cette formalité tracées par le Code de procédure. Un jugement du tribunal de Bruxelles du 21 juin 1859 (B. J. 1860, p. 25. MILLIET), semble mettre ce point en doute; mais si l'on s'affranchit de ces règles du droit commun, ne se lance-t-on pas dans l'arbitraire le plus complet? Dans cette espèce, il n'avait pas été remis au gardien des scellés de copie du procès-verbal d'apposition. Le tribunal ne s'arrêta pas à cette omission, « Attendu qu'il s'agit d'une matière toute spéciale, et qu'en admettant qu'en matière de saisie-exécution, aux termes de l'article 599 du Code de procédure, la remise de la copie du procès-verbal doive, à peine de nullité, être dans tous les cas laissée au gardien, rien dans la loi du 24 mai 1854 n'autorise à appliquer cette disposition à la saisie avec scellés, faite après description. »

Un arrêt de la Cour de Lyon du 12 janvier 1848 (S. V. 48, 2, 541) décide formellement que la remise de la copie au gardien est une formalité substantielle dont l'inobservation emporte nullité. Or, la loi de 1854 qui n'a pas eu à s'occuper des formes de l'apposition des scellés, a dû nécessairement se référer sur ce point au droit commun.

Le même jugement décide que si la validité du scellé peut être affectée par l'omission de cette formalité, ce point n'exercerait aucune influence sur la validité du procès-verbal de description, qui en est complétement indépendant.

Cette dernière solution est exacte, mais il importe d'observer que la nullité du scellé et de la saisie affranchit le détenteur de l'obligation de reproduire les objets argués de contrefaçon.

Le breveté est toujours maître, toutefois, d'user de la description pour établir la contrefaçon; il peut aussi, durant le cours de l'instance et après l'annulation de la première saisie, faire immédiatement procéder à une seconde.

**660. Copie du procès-verbal de description doit être laissée.** — Copie du procès-verbal de description sera laissée au détenteur des objets saisis. (Art. 11.)

Cette formalité a pour but d'instruire, dès le principe, le prétendu contrefacteur des objets sur lesquels portent les poursuites, afin qu'il puisse préparer sa défense, ou qu'il soit averti de cesser une fabrication ou un commerce illicites. Cette nécessité et cet intérêt commencent avec la saisie elle-même; aussi la loi ordonne-t-elle de *laisser* une copie du procès-verbal, et non pas de le signifier par la suite. Il faudrait donc reconnaître que les droits du saisi sont lésés s'il est resté un certain temps dans l'ignorance de ce qu'on était venu faire chez lui. Une signification postérieure ne couvrirait pas la nullité, alors surtout qu'une instance aurait été engagée et le contrat judiciaire lié entre parties. Lorsque la loi ordonne de laisser copie d'un acte de procédure, la contravention serait assurément manifeste et entière, si on omettait cette formalité : et vainement, plus tard, chercherait-on à signifier une copie, que le défendeur ne serait même pas obligé de recevoir. Nous voyons dans le caractère spécial de la saisie autorisée au profit du breveté, des raisons de nous montrer plus rigoureux encore qu'en matière ordinaire. Aussi désapprouvons-nous un jugement du tribunal de Bruxelles du 21 juin 1859 (B. J. 1860, p. 25, Milliet) qui a refusé d'annuler une description de ce genre dont on n'avait signifié de copie au défendeur qu'après l'introduction de l'instance et sur le vu des conclusions qui se prévalaient de ce moyen. Le jugement se fonde sur ce que l'article 11 n'assigne pas de délai pour l'exécution de cette formalité; mais nous avons déjà fait observer, que la loi ordonnait de laisser une copie du procès-verbal, ce qui implique naturellement la simultanéité de cette formalité avec l'opération à laquelle elle se rattache. Un délai n'eût dû être prescrit que si la loi avait parlé d'une signification.

Sous la loi française qui est entièrement muette cependant sur la nécessité de laisser une copie du procès-verbal de description, les auteurs n'hésitent pas à reconnaître l'obligation de cette formalité, et même à peine de nullité. (Nouguier, n° 861, Renouard, p. 236.)

**661. Procédure en cas d'absence du saisi.** — En cas d'absence de la partie saisie il convient de procéder conformément à l'art. 601 du Code de procédure, c'est-à-dire, de remettre une copie au bourgmestre ou au magistrat qui en cas de refus des portes, aura opéré l'ouverture. Il y a controverse relativement au point de savoir si la remise aux fonctionnaires désignés dans cet article n'est nécessaire qu'en cas d'absence des parents, serviteurs, ou de refus des voisins de signer. (Voir les autorités en sens divers dans les codes annotés de Gilbert, art. 601 et 602 C. proc.)

La saisie a pour but de constater la contrefaçon et aussi

de ménager au breveté une indemnité par la confiscation à son profit des marchandises contrefaites. Quand il a été fait une simple description d'objets argués de contrefaçon, le propriétaire de ces objets peut continuer à s'en servir, mais conserve-t-il la faculté d'en disposer? En France, on décide généralement la négative parce que ces objets sont susceptibles d'être confisqués et que dès lors ils sont frappés d'inaliénabilité provisoire (NOUGUIER, n° 868, qui cite un arrêt de Paris du 8 mars 1845, PARIZOT c. PAUWELS.) Toutefois, sous notre législation, lorsque l'ordonnance du président ne porte pas cette défense, le détenteur ne serait pas obligé de les conserver. Par cela seul que le président n'a pas usé de la faculté que lui laissait la loi, il faut présumer son intention de ne point déroger au droit commun au delà de ce qu'il a expressément décidé.

**662. La saisie est faite aux risques et périls du breveté.** — La saisie est toujours pratiquée aux risques et périls de celui qui y fait procéder. Comme elle peut arrêter toute une exploitation industrielle, elle est susceptible d'entraîner contre son auteur une condamnation à des dommages-intérêts considérables; si elle vient à être annulée dans la suite, même par un vice de forme. S'il y a été procédé d'une manière brutale et vexatoire, l'abus de ce droit engage aussi le breveté. Un arrêt français nous en fournit un exemple remarquable. Une jeune fille portait une ceinture orthopédique présumée contrefaite : on l'obligea à se dépouiller de ses vêtements. La cour d'Angers par un arrêt du 18 février 1841 (D. p. 42, 2, 80, PERRIER c. HOSSARD), condamna l'huissier et son client à des dommages-intérêts, et ordonna la restitution de la ceinture.

**663. Sur quels objets la saisie peut-elle porter?** — Notons d'ailleurs que dans l'espèce de l'arrêt rapporté ci-dessus, indépendamment de l'inconvenance de la perquisition, la saisie aurait dû dans tous les cas être annulée, parce qu'elle portait sur un objet affecté à l'usage personnel de son détenteur. Comme jamais cette possession ne saurait être assimilée à une contrefaçon, la description ne pouvait point en être faite.

La description préliminaire à l'action en contrefaçon, ne doit porter que sur les objets que peut éventuellement frapper une condamnation. Ainsi, on pourra l'étendre non-seulement aux produits contrefaits, mais aux ustensiles et instruments qui ont servi à leur fabrication (argument de l'article 5). Mais elle ne s'appliquera point sans illégalité aux choses destinées à l'usage personnel de leur propriétaire.

On peut saisir tous les objets sur lesquels peut porter la confiscation, par exemple : de l'étoffe, dite nankin, sur laquelle a été appliqué un apprêt breveté (Cassat. franç., 31 décembre 1822, Delonue c. Vermont, S. V. 23, 1, 225) ; des laines dégraissées, mais qui ont été précédemment graissées par le procédé breveté (Cassat. fr., 20 août 1851, Alcan c. Baccot, S. V. 51. 1. 648.)

**664. Du lieu où la saisie peut se faire.** — Rien de précis n'a été inséré dans la loi relativement au lieu où pouvait se faire la saisie. Un orateur disait à la Chambre : « Il doit être bien entendu que le droit de saisie pourra s'exercer dans les fabriques et dans les magasins, mais non dans les maisons particulières, qui doivent rester en dehors du droit d'investigation. Nos mœurs admettent les circonstances de bonne foi qui peuvent se rencontrer, et nos lois n'ont jamais revêtu un caractère odieux et vexatoire. » Le ministre de l'intérieur ajouta : « C'est là une de ces difficultés à l'égard desquelles on ne peut insérer dans la loi des règles précises. Il n'y en a pas dans les législations étrangères. Renouard pose la question et la résout d'après les circonstances. Il cite un arrêt qui a proscrit les visites dans les maisons particulières. S'il s'agit d'un négociant, d'un fabricant, la saisie pourra être autorisée. Dans les autres cas, elle sera interdite. Il me semble qu'en s'inspirant de ces considérations, la Chambre peut se borner à l'énoncé de ce principe dans la loi, et laisser à l'appréciation des tribunaux ce qu'il convient de faire en pareille circonstance. » (Séance du 8 décembre 1855.) En résumé, la question dépend donc des circonstances. La solution en a été abandonnée à la sagesse du président qui règlera les difficultés qui se présenteront, soit dans son ordonnance, soit dans un référé, si l'on recourt à cette voie toute naturelle. En principe, ce n'est pas le lieu où se trouvent déposés les objets argués de contrefaçon qui doit faire obstacle à la description, c'est l'usage auquel ils sont destinés. Il sera défendu de saisir des objets à usage personnel placés dans un magasin, comme il pourra être permis de saisir dans une maison particulière ceux qui ont une destination commerciale.

Lorsque le président du tribunal de première instance a autorisé la description d'un objet suspecté de contrefaçon, au domicile d'un tiers, où il servait à l'usage personnel de ce dernier, la saisie serait-elle nulle? On a soutenu l'affirmative dans une espèce jugée par le tribunal d'Anvers le 15 février 1862 (B. J. t. XX p. 914). Mais cette doctrine a été repoussée avec raison par le motif que ni le tiers, ni la partie défenderesse à qui l'autorisation avait été duement notifiée, n'avaient protesté contre cet acte. Ces raisons sont péremptoires, en effet, si l'on admet un recours contre l'ordonnance rendue par le président sur la requête du breveté. Le tiers, que cette formalité judiciaire vient troubler dans son habitation est le premier intéressé à se plaindre : c'est à lui à se pourvoir soit en référé, soit ensuite en appel contre cette autorisation. Le président éclairé sur le véritable état des choses, rapportera une ordonnance qui viole le respect dû au domicile particulier de chaque citoyen. Si toutefois il croyait dans les circonstances de la cause devoir maintenir sa première décision, et que son ordonnance nouvelle ne fût pas réformée en appel, on ne serait pas recevable à se plaindre de cet acte devant le tribunal saisi de l'action en contrefaçon.

Il ne serait pas exact de dire cependant que les restrictions apportées aux droits de saisie chez les particuliers ne doivent pas être entendues de simples descriptions. Il est vrai qu'au moment où s'agitait cette question, la Chambre n'avait en vue qu'une saisie proprement dite ; ce fut le Sénat qui plus tard gradua les droits du breveté, et introduisit dans la législation la faculté d'opérer une simple description.

Il ne résulte pas cependant de cet amendement que les observations présentées à la Chambre sur le respect dû au domicile des citoyens, doivent nécessairement tomber. Dans un cas comme dans l'autre, les officiers ministériels ou les tiers, qui franchissent le seuil d'un particulier pour y procéder judiciairement, portent atteinte à l'inviolabilité du domicile.

Nous convenons que la simple description sera plus facilement autorisée que la saisie, mais si les inconvénients sont moins graves, ils ne disparaissent pas pour cela ; le magistrat devra donc consulter avec soin les circonstances de la cause et n'accueillir de semblables demandes qu'avec une réserve extrême.

**665. L'ordonnance peut autoriser la saisie en tous lieux.** — Quelque diligence qu'apporte le breveté dans son action, quelle que soit la discrétion dont il couvre ses démarches, il peut arriver que le contrefacteur se dessaisisse en temps utile des objets compromettants, et les dépose chez un tiers avant la saisie. Les perquisitions faites chez le contrefacteur, peuvent aussi mettre sur la trace de l'existence d'autres détenteurs ou débitants des objets contrefaits. Dans cette occurrence, l'ordonnance du président serait insuffisante en général pour autoriser une saisie au domicile de ce tiers, si elle avait été demandée et accordée contre un seul individu et à un domicile déterminé. Aussi le breveté agira-t-il prudemment en sollicitant la permission de saisir non-seulement chez les individus nominativement désignés dans la requête, mais encore à tous autres domiciles où ils pourraient avoir déposé des objets contrefaits. C'est dans ces termes que les ordonnances sont ordinairement rendues à Paris, où le président a toujours soin, au surplus, d'ajouter qu'en cas de contestations il lui en sera référé. (Nouguier, n°ˢ 851 et 859.)

**666. Saisie dans un établissement militaire.** — Il a été jugé en Belgique dans une espèce qui eut un grand retentissement, que la saisie ne pouvait s'opérer dans un établissement militaire dont l'accès était défendu par le ministre de la guerre. Cette décision rendue en cause de Lejeune Chaumont contre l'État belge (Liége, 2 août 1862) au sujet de la fonderie des canons, se base sur des principes étrangers à notre matière spéciale, et dont nous n'avons pas à nous occuper. Les lois du 16-24 août 1790, art. 14, et du 16 fructidor an III, ont proclamé que les fonctions judiciaires sont distinctes et demeurent toujours séparées des fonctions administratives. La division de ces deux pouvoirs et leur indépendance respective ont aussi été consacrées par la Constitution. Or, la loi du 8 juillet 1791 confie au ministre de la guerre tous les établissements militaires, et le décret du 24 décembre 1811 défend d'entrer dans ces établissements sans l'autorisation du commandant d'armes, excepté le cas de flagrant délit. La loi sur les brevets n'a pas dérogé à ces dispositions : les mesures qu'elle autorise ont pour objet, non de constater un flagrant délit, mais de parvenir à sauvegarder un intérêt purement pécuniaire. C'est donc avec raison qu'on a regardé l'ordonnance du président comme insuffisante pour s'affranchir des conditions d'exécution tracées par les lois spéciales pour les établissements de ce genre.

**667. Du délai pour pratiquer la saisie.** — La saisie doit avoir lieu dans le délai et au jour fixé par le président, si ce dernier a disposé à cet égard. Il y aurait nullité, si on y avait procédé un jour férié, sans autorisation spéciale. Lorsque rien n'a été stipulé dans l'ordonnance en ce qui touche le délai, il faut que l'opération se fasse dans une période contemporaine, et pour le cas exposé dans la requête. Ainsi jugé par un arrêt de la Cour de Paris dont les motifs sont conçus comme suit :

« Considérant que la faculté accordée aux propriétaires de brevets, de faire procéder à la désignation et description des objets prétendus contrefaits, en vertu d'une ordonnance délivrée par le président du tribunal, sur requête, ne se peut entendre que d'une ordonnance spéciale à la contrefaçon dénoncée dans la requête ; — qu'autrement, la mesure prévue par l'art. 47 et destinée à protéger les intérêts des brevetés, pourrait devenir dans leurs mains un moyen de persécution contre ceux de leurs concurrents qu'il leur conviendrait de gêner dans l'exercice de leur industrie ; — considérant que c'est dans cet esprit que l'art. 47 de la loi du 5 juillet prévoit le cas où le juge peut, selon les circonstances et le degré de moralité ou de responsabilité relative, soit du breveté, soit du prétendu contrefacteur, subordonner à une caution préalable, l'autorisation de saisir ou décrire les objets argués de contrefaçon ; — considérant que cette disposition deviendrait superflue, si au moyen d'une autorisation générale que le breveté pourrait obtenir dès la prise de son brevet, il pouvait, pendant toute sa durée, opérer discrétionnairement des saisies chez tous les fabricants de produits similaires; — considérant que, quelque larges que soient les termes de l'ordonnance accordée à Duchesne en 1850, ils ne se pouvaient entendre que de saisie ou de description faite à une époque contemporaine de sa date ; d'où il suit que les saisies et les descriptions faites chez les appelants en 1853, bien que s'appuyant sur cette ordonnance doivent être considérées comme faites sans autorisation ; — déclare nulles les saisies et descriptions, ordonne la restitution des objets saisis. » (Du 13 août 1853, DUCHESNE, c. HEROT, NOUGUIER, n° 876; RENDU ET DELORME, n° 549. — En sens contraire, ET. BLANC, *Contrefaçon*, p. 653.)

**668. Effets de la nullité de la saisie sur l'action.** — La nullité de la description n'entraîne pas d'ailleurs la non-recevabilité de l'action. Le breveté a une double voie qu'il est libre de suivre à volonté. Si la saisie préalable tombe, c'est une mesure conservatoire de ses droits qui lui échappe, mais il se trouve alors dans la position de celui qui aurait actionné directement le contrefacteur devant les tribunaux. Il lui sera donc interdit de recourir au procès-verbal de description pour y puiser la preuve de la contrefaçon ; nous pensons même qu'il ne serait pas admis à faire entendre comme témoins les rédacteurs de ce procès-verbal, car ces derniers seraient reprochables aux termes de l'art. 283 Code de Proc. pour avoir donné un certificat par écrit dans l'instance.

**669. Poursuite fondée uniquement sur la saisie.** — Il a été jugé que dans le cas où une saisie pratiquée par un étranger est nulle, comme n'ayant pas été précédée de la consignation du cautionnement prescrit, la poursuite elle-même peut être annulée, si en fait et d'après le libellé même de la citation, cette poursuite a eu pour base unique la constatation résultant de la saisie. (Trib. corr. de Paris, 3 mai 1855, Pataille et Huguet, *Annales de la propr. industr.*, t. de 1856, p. 46, Sax contre Besson).

**670. Délai pour intenter l'action.** — La saisie ou même la simple description, sont des actes graves qui compromettent les intérêts du saisi, ébranlent son crédit, et jettent de l'indécision dans son esprit sur la conduite qu'il a à tenir dans son commerce ou dans son industrie. Il importe donc de faire cesser promptement cet état d'incertitude. C'est pourquoi la loi, dans son article 12, a imposé un délai fatal au breveté pour assigner le prétendu contrefacteur :

« Si dans la huitaine, la description n'est pas suivie d'une assignation devant le tribunal du ressort duquel elle a été faite, l'ordonnance rendue conformément à l'art. 6 cessera de plein droit ses effets, et le détenteur des objets décrits pourra réclamer la remise du procès-verbal original avec la défense au breveté de faire usage de son contenu et de le rendre public, le tout sans préjudice de tous dommages-intérêts. »

Le texte de la loi est tellement absolu et impératif, qu'il faudrait rejeter toute excuse de force majeure invoquée par le breveté à l'appui de son retard. La nullité de l'ordonnance est acquise de plein droit au saisi. Après l'expiration de la huitaine, si la force majeure doit occasionner un préjudice, il n'y a pas de raison pour que ce soient plutôt les droits du tiers, que ceux du breveté qui en souffrent, d'autant plus que celui-ci n'est pas déchu de son action : il peut présenter une nouvelle requête ou actionner directement devant le tribunal. (Douai, 5 août 1851, Pal. 1853, 2. 412, Jérosme c. Gomel.)

**671. Compétence du tribunal du lieu de la saisie.** — L'assignation doit donc être donnée dans la huitaine de la description. L'action doit être portée devant le tribunal du lieu de la saisie, celui auquel appartient le magistrat qui a rendu l'ordonnance. Si le défendeur était domicilié en un autre endroit, ce ne serait pas moins au lieu de la saisie que la cause devrait se plaider, une assignation donnée devant un autre tribunal serait inopérante pour échapper aux déchéances comminées par l'article 12. La loi a sans doute pensé que la juridiction locale était mieux à même d'apprécier les conséquences de la saisie, l'importance de l'exploitation et du dommage causé par la contrefaçon. Les devoirs de preuve pour établir la contrefaçon seront aussi plus aisés et moins coûteux à l'endroit où le fait a été commis.

Cependant, lorsque des saisies auront été pratiquées en divers endroits à charge du même individu, il ne serait pas nécessaire de faire autant de procès distincts qu'il y a de saisies et de s'exposer ainsi à plaider devant des tribunaux différents. Dans ce cas, il faudrait, en raison de la connexité, joindre les causes et porter le débat devant les juges qui en auront été les premiers saisis.

**672. Calcul du délai de huitaine.** — Le délai de huitaine court à partir du jour de la saisie. Si la description durait plusieurs jours, il faudrait prendre le dernier jour pour point de départ du délai. Suivant les règles ordinaires, le jour de la saisie n'est pas compris dans la computation : si l'opération s'accomplit le premier du mois, l'assignation sera donc valablement donnée encore le neuf.

Le délai de huitaine est uniforme, le texte étant général et ne faisant pas de distinction. La loi française y ajoute un jour pour trois myriamètres de distance, entre le lieu où se trouvent les objets saisis ou décrits, et le domicile du contrefacteur. Cette disposition n'a pas trouvé place dans la loi belge.

**673. Peut-on suppléer au défaut de date du procès-verbal ?** — Lorsque le procès-verbal de description ne porte point de date, est-il permis de suppléer à cette omission par la preuve, résultant d'autres actes de la procédure, que l'assignation a été effectivement donnée en temps utile ? Un jugement du tribunal de première instance de Bruxelles, du 24 février 1858 (B. J. t. XVI, p. 699) a décidé l'affirmative, en se fondant sur ce que la date du procès-verbal n'était pas prescrite à peine de nullité, que dès lors, d'après le droit commun, le demandeur était admissible à établir en dehors de ses énonciations, l'époque de sa confection. Dans l'espèce soumise au tribunal, le procès-verbal non daté avait été enregistré le 27 juin. Or la signification de l'ordonnance du président avait eu lieu le 25, et de plus, le procès-verbal dressé par le juge de paix ledit jour, mentionnait que la description avait eu lieu à cette même date. Dans ces circonstances, il était difficile d'invalider l'assignation donnée le 27, puisqu'il résultait du rapprochement des actes prémentionnés, que le point de départ du délai de huitaine se plaçait nécessairement entre le 25 et le 25 du même mois.

**674. Quid en cas de saisie nouvelle pendant le cours de l'instance ?** — Lorsqu'après une première saisie suivie d'une assignation dans les délais, une seconde saisie est faite alors que l'instance est pendante, le plaignant en contrefaçon ne peut voir son action repoussée en tant que fondée sur la seconde saisie, par le motif qu'il n'a pas assigné une seconde fois. En effet, la seconde saisie n'était qu'un incident dans la même instance, destiné à apporter aux juges de nouveaux et plus amples éléments d'appréciation; une nouvelle assignation dans cet état, n'aurait pour objet que d'occasionner des frais frustratoires.

(*Paris,* 8 mars 1860, Brossette c. Deprou, *La Propr. industr.* n° 144.)

**675. L'ordonnance perd ses effets à défaut d'assignation régulière.** — Sous la loi Française, il a été jugé que le breveté pouvait faire procéder à une nouvelle constatation en vertu de la même ordonnance, au cas où il aurait été en défaut de se pourvoir devant les tribunaux en temps utile après la première saisie. Mais si l'art. 48 de la loi du 5 juillet 1844 se contente de prononcer la nullité de la description ou de la saisie, la loi Belge va plus loin : elle déclare que l'ordonnance cesse de plein droit ses effets; il faut donc admettre la nécessité d'une ordonnance nouvelle pour valider une saisie postérieure.

**676. L'inobservation du délai n'entraîne pas la déchéance de l'action.** — Aucune des deux législations ne prononce la déchéance de l'action pour inobservation du délai de huitaine. Lorsqu'une assignation est donnée après l'expiration de ces huit jours, il n'y a pas d'obstacle à ce que le breveté suive son action et établisse la preuve de la contravention en dehors du procès-verbal de saisie. (Cass. Fr. 27 mars 1835, Pal. 26. 564, Hacquart c. Pistole; trib. de la Seine, 3 juillet 1861, Delaporte c. Fleury, *La Prop. indust.*, n° 188. Comparez : Douai, 5 août 1851, Jerosme c. Gomel, S. V. 52, 2, 506.) Si la nullité de la saisie n'empêche pas la poursuite, elle rend néanmoins impossible la confiscation des objets saisis ou décrits et leur attribution au propriétaire du brevet. (Trib. de la Seine, 15 janv. 1862, Masse c. Rattier, *La Prop. industr.*, n° 217.)

**677. Le breveté peut être actionné en nullité de la saisie.** — Si le breveté reste dans une inaction complète, le saisi est libre de prendre l'initiative et de l'actionner, pour réclamer la nullité de la saisie, la remise de l'original du procès-verbal et des dommages-intérêts.

Le tribunal compétent pour statuer sur une instance de ce genre, serait celui où aurait dû se plaider le procès en contrefaçon. L'élection de domicile du breveté au lieu où s'opère la saisie, a précisément pour but de l'obliger à suivre la juridiction de cet endroit.

Le tribunal civil de la Seine a jugé, que celui qui se trouve seulement menacé d'une saisie, n'est pas recevable à assigner le breveté, à l'effet de lui faire interdire d'y procéder, et cela, quand même il y aurait eu de la part de ce dernier, une tentative qui n'aurait été arrêtée que par l'officier public chargé de l'effectuer. (Du 18 avril 1844, PELLERIN c. DEBAISE, DALLOZ, n° 355, RENDU et DELORME, n° 548).

### B. — *Procédure proprement dite de l'action en contrefaçon.*

(SOMMAIRE.)

678. Les actions en contrefaçon sont sommaires et urgentes.—679. Formes de la demande. — 680. Précision du genre de contrefaçon qui sert de base à l'action. — 681. L'étranger doit fournir la caution *judicatum solvi*. — 682. Du recours en garantie exercé par le défendeur. — 683. Intervention du breveté dans l'action récursoire. — 684. Intervention du côté du demandeur. — 685. Intervention de l'inventeur. — 686 Production d'un nouveau brevet. — 687. Devoirs de preuve du demandeur. — 688. Production du brevet et de la description. — 689. Concours de la preuve de la contrefaçon avec la preuve de l'inanité du brevet. — 690. Pouvoir des tribunaux quant aux expertises. — 691. Le ministère public doit-il être entendu? — 692. Des demandes nouvelles en degré d'appel. — 693. Prescription de l'action. — 694. Recours en cassation. — 695. De la chose jugée.

**678. Les actions en contrefaçon sont sommaires et urgentes.** — L'article 15 de la loi dispose ainsi :

« Les tribunaux connaîtront des affaires relatives aux brevets, comme d'affaires sommaires et urgentes. »

Cette législation nouvelle range toutes les contestations concernant les brevets dans les matières sommaires. La procédure de ces causes, plus expéditive que celle des causes ordinaires, est réglée par les articles 404 et suivants du Code de procédure. Les matières sommaires sont jugées à l'audience, après les délais de la citation échus, sur un simple acte, sans autre procédure ni formalités.

La loi envisageant ces actions, non-seulement comme sommaires, mais aussi comme urgentes, il s'ensuit qu'elles sont dispensées des préliminaires de conciliation. (C. Proc. art. 49.)

Nous n'avons pas à nous occuper ici, des règles générales de procédure communes à toutes les actions de cette sorte. Nous nous bornerons à traiter quelques questions qui concernent plus spécialement les procès en contrefaçon.

**679. Formes de la demande.** — Nous avons déjà examiné quelles étaient les personnes qui jouissaient du droit de poursuivre les contrefacteurs. L'assignation devra nécessairement être lancée à leur requête.

Il n'est pas nécessaire de signifier le brevet avec l'assignation pour rendre l'action recevable. Il suffit que le demandeur communique son titre au défendeur dans le cours de l'instance, surtout lorsque personne n'a exigé cette signification. (Trib. de Liége, 14 août 1857, CLOES et BONJEAN, t. 10, p. 820.)

**680. Précision du genre de contrefaçon qui sert de base à l'action.** — Le demandeur est tenu soit dans l'exploit introductif d'instance, soit dans ses conclusions, de préciser le genre de contrefaçon dont il se prévaut contre le défendeur, car celui-ci doit savoir de quoi il a à répondre, sur quoi il a se défendre. Si l'assignation était basée exclusivement et sans réserve sur un mode déterminé de contrefaçon, par exemple sur des faits de fabrication, le breveté ne serait pas admis à modifier le débat, et à accuser ensuite le défendeur, de vente ou de détention illicite. Il aurait lui même circonscrit le terrain du procès, et restreint la portée de la chose jugée. Mais l'insuccès de sa prétention sur un point ne préjudicierait pas à une nouvelle action fondée sur d'autres griefs : s'il était jugé que le défendeur n'avait pas confectionné l'objet contrefait, rien ne s'opposerait à ce qu'on le poursuivît ensuite du chef de vente ou d'importation du même objet.

Le demandeur peut aussi se contenter d'actionner le défendeur pour avoir exploité indûment l'objet de l'invention. Dans ce cas, le breveté sera maître dans le cours de l'instance, et même en degré d'appel, d'invoquer alternativement l'un ou l'autre genre de contrefaçon, car tous constituent des modes particuliers d'exploitation illicite ; en agissant de cette façon il se borne donc à employer un moyen nouveau à l'appui d'une demande, qui demeure la même dans son objet comme dans sa cause. (C. cass. B. 23 novembre 1865, FAUCONNIER c. DRION, B. J. 1866, p. 2.) Mais par contre, la chose jugée sur une action intentée de cette manière, embrasserait tous les cas de contrefaçon, et le breveté ne serait plus recevable à poursuivre de nouveau le défendeur du chef de vente ou de détention, sous prétexte qu'il n'aurait invoqué dans la précédente instance, que la contrefaçon par fabrication ; en effet, ou l'exploitation du défendeur aurait été déclarée licite, ou l'on aurait souverainement décidé qu'il n'exploitait pas.

**681. L'étranger doit fournir la caution judicatum solvi.** — Le demandeur étranger est astreint à fournir la caution judicatum solvi. Cette garantie est assurément indispensable en notre matière.

Il est peu de procès qui soient susceptibles de causer plus de préjudice au défendeur injustement assigné. L'atteinte portée à sa réputation commerciale, le temps d'arrêt subi par son industrie, le discrédit jeté sur toute une exploitation, ce sont là autant de causes de dommages-intérêts dont le demandeur doit répondre, s'il succombe dans ses prétentions.

Il est donc juste de ne pas exposer les habitants du royaume à de telles éventualités sans leur donner les moyens de recouvrer efficacement une juste indemnité après une action téméraire. L'art. 8 de notre loi énonce que cette caution sera toujours exigée de l'étranger qui sollicite l'autorisation de saisir provisoirement les objets prétendus contrefaits. C'est là une application de la règle générale, et que le législateur avait besoin d'édicter, parce que la requête présentée au président ne donnant pas lieu à un débat contradictoire, le défendeur n'eût pas été là pour revendiquer le droit à une caution. Aussi, contrairement aux principes généraux, impose-t-on au juge le soin d'exiger cette garantie d'office. Lorsqu'après une saisie préparatoire l'action est portée devant les tribunaux, le défendeur sera encore recevable et fondé à demander soit une caution nouvelle, soit une majoration de la précédente. En effet, celle-ci n'a pas été évaluée en présence des deux parties intéressées ; il se peut donc qu'elle soit insuffisante et que le défendeur le démontre à l'aide de considérations de fait inconnues du magistrat d'où émane la permission de saisir.

Le tribunal de Bruxelles, par jugement du 8 avril 1857 (B. J., t. 15, p. 758), a décidé en ce sens que la caution judicatum solvi pouvait être exigée de l'étranger demandeur, alors même qu'un premier cautionnement avait été fourni par lui en vertu de l'ordonnance autorisant la description. Mais le même tribunal a déclaré cette demande de caution non-recevable dans une espèce où le défendeur avait préalablement dénoncé au demandeur une demande en garantie dirigée contre le vendeur des objets saisis, avec sommation de suspendre les poursuites jusqu'à l'expiration du délai de l'appel en garantie. La simple dénonciation du recours ne serait pas considérée toutefois comme une exception dilatoire rendant non-recevable la demande de caution.

**682. Du recours en garantie exercé par le défendeur.** — L'individu poursuivi comme contrefacteur jouit-il d'un recours en garantie contre celui qui lui a vendu ou qui lui a commandé l'objet contrefait?

La jurisprudence française résout négativement cette question. Ainsi, un arrêt de la Cour de Lyon du 25 mai 1859 (D. P. 59, 2, 161, DAUBET et DUMAREST, c. MONTAGNAT) décide que le marchand qui a acheté sciemment pour le revendre l'objet contrefait, ne peut, en cas de poursuite de l'inventeur, appeler en garantie le vendeur qui lui a fourni cet objet. « Attendu que la contrefaçon est une fraude, et qu'il serait contraire à la loi et aux bonnes mœurs d'accorder à celui qui l'a commise un recours contre celui qui pourrait y avoir participé. » D'autres décisions ont repoussé l'action en garantie du contrefacteur contre le fabricant auquel il avait commandé l'objet poursuivi. (Trib. de la Seine, 21 août 1860, PILASTRE, c. TESTARD, la Propr ind., n° 143.) Un autre jugement du tribunal de la Seine se fonde sur ce que la loi n'autorise pas en matière pénale, le recours d'un prévenu contre son co-prévenu. (Du 4 mars 1862, MASSARD, c. LIÉTARD, la Propr. ind., n° 227.) Des motifs analogues servent de fondement aux deux arrêts suivants : Colmar, 22 avril 1846, (D. P. 47, 2, 179); Cass Fr., 24 février 1854, (D. P. 54, 1, 103.)

M. Blanc (Contref., p. 674) estime que le bénéfice de l'action en garantie doit être refusé à celui qui a été condamné comme contrefacteur. « En effet, reconnu coupable d'un fait qualifié délit, il agirait en garantie contre son complice, ce qui n'est pas moins contraire à la loi qu'à la morale et au bon sens. »

Cette solution se comprend sous la loi française qui diffère de la nôtre à deux points de vue importants, car d'abord elle considère la contrefaçon comme un délit, et lui applique les règles du droit pénal; ensuite, elle ne frappe le contrefacteur, en cas de vente, détention ou importation d'objets brevetés, que s'il a agi sciemment et de mauvaise foi.

Sous la loi belge, il importe d'opérer une première distinction entre les contrefacteurs de bonne foi et ceux qui ont sciemment contrevenu au brevet. Pour ces derniers, nous estimons qu'il n'existe point de recours recevable : toutes les raisons invoquées plus haut par la jurisprudence française, s'appliquent à cette hypothèse.

Mais lorsque le défendeur est de bonne foi, la question doit-elle être résolue dans le même sens?

Prenons d'abord le cas d'une fabrication illicite : celui qui s'y sera livré, pourra-t-il se retourner contre celui qui lui aura transmis la commande? Nous pensons que ce recours doit lui être refusé, parce que le fabricant est tenu de se mettre au courant des brevets relatifs à la branche d'industrie à laquelle il s'adonne : s'il reçoit une commande, c'est à ses risques et périls qu'il l'exécute, il a même comme premier devoir d'éclairer l'acheteur sur les conséquences de cette fabrication.

Celui qui se serait servi d'une machine achetée chez un tiers, le détenteur, le vendeur d'un objet contrefait, auront-ils un recours contre le fabricant? En général, il faut décider la question négativement, parce que tout le monde est présumé connaître les brevets, spécialement ceux qui concernent le commerce auquel chacun se livre; il y a par conséquent tout au moins une faute à reprocher à celui qui se procure un objet breveté sans s'enquérir du droit de son fournisseur à le confectionner. La faute du fabricant serait donc compensée par celle de l'acheteur : *culpa culpa compensatur*.

Toutefois, il est des circonstances où le recours pourra valablement s'exercer. Ce cas se présentera chaque fois que la conduite du fabricant aura déterminé ou aggravé l'erreur du tiers. Ainsi, si le premier a annoncé faussement qu'il était autorisé par l'inventeur et s'est prévalu d'une licence qui n'existe pas; si lui-même possède un brevet et s'arroge la qualité d'inventeur; si par des conventions spéciales ou même implicitement par ses actes, il a pris sur lui la garantie de la légalité de ses fabricats, dans chacune de ces hypothèses dont l'appréciation est abandonnée à la sagesse des tribunaux, un recours pourra s'exercer.

Pour le cas de l'introduction d'objets contrefaits dans le pays, l'action en garantie sera plus difficilement admise. En effet, au lieu où les marchandises ont été achetées, elles ont pu être valablement fabriquées, si par exemple, dans cette contrée, l'inventeur n'avait point obtenu de brevet. D'ailleurs, l'industriel étranger n'est pas obligé de connaître nos lois, il ignore, sans doute, les brevets qui sont pris chez nous, il ne doit pas savoir si l'importation des objets confectionnés au dehors, est assimilée ici à la contrefaçon. Qu'on le poursuive pour les actes de fabrication perpétrés dans sa patrie, et qui seront jugés d'après ses propres lois, mais qu'on ne le rende pas responsable du fait d'autrui, ni de la violation d'une législation qu'il n'était pas tenu de respecter. La faute, dans cette hypothèse, existe plutôt du côté de l'importateur belge que dans le chef du fabricant étranger.

Cette question a été tranchée en ce sens par la Cour de Liége, dans un arrêt du 24 juin 1865 (KNAPEN c. LEFAUcheux et Funcke et Cⁱᵉ.) Aux termes de cette décision, lorsque l'action en contrefaçon est fondée uniquement sur l'introduction dans le royaume de certains produits prétendûment contrefaits, les auteurs seuls de cette introduction peuvent être poursuivis : ils sont non recevables à appeler en garantie toutes autres personnes qui ont accompli des actes relatifs à ces produits.

**683. Intervention du breveté dans l'action récursoire.** — Dans le cas où l'action en garantie peut s'exercer, le demandeur au principal a-t-il le droit d'intervenir dans l'action récursoire? Lorsque, par exemple, le débitant met le fabricant en cause, le breveté est-il maître de conclure contre ce dernier du chef de la confection des objets contrefaits qui lui est imputable? Nous pensons que ce droit lui est reconnu par les principes généraux. L'intervention constituerait à la vérité, une action principale nouvelle, mais elle ne serait pas introductive d'une seconde instance ; l'intérêt de toutes les parties peut être différent, mais il est concentré pour chacune d'elles sur l'objet de la contestation principale. Les actions ont un point commun, le fait de la fabrication illicite ; c'est aux intéressés à débattre les droits et les conséquences qui se rattachent à ce fait unique : pourquoi exiger un circuit d'actions quand les parties se trouvent déjà en présence? (Gand, 11 mai 1865, B. J. t. 21, p. 706.)

**684. Intervention du côté du demandeur.** — Tous ceux qui ont intérêt et qualité peuvent intervenir dans l'instance à côté du demandeur primitif. Ainsi les co-propriétaires du brevet, les cessionnaires partiels, ceux qui en général ont un droit réel sur le brevet, pourront prendre position au procès. Mais le porteur d'une simple licence n'a pas qualité pour faire une semblable intervention : son titre est purement privé, il est une source de droits et d'obligations à débattre entre le breveté et le concessionnaire, mais où les tiers demeurent étrangers. (Cass. fr., 25 février 1860, D. P. 60, 1, p. 200.) L'intérêt du porteur de licence l'appellerait en vain au procès, son intérêt ne lui donne pas qualité pour conclure vis-à-vis des tiers. Lorsque le brevet est attaqué, le demandeur peut à son tour faire intervenir dans la cause celui dont il est le cessionnaire, pour le faire condamner au besoin à le garantir des dommages-intérêts qui seraient prononcés en cas d'annulation du brevet.

**685. Intervention de l'inventeur.** — L'article 466 du Code de procédure permet l'intervention, même en degré d'appel, de tous ceux qui auraient le droit de former tierce opposition. Faudra-t-il reconnaître ce droit à celui qui se prétendrait véritable propriétaire de l'invention?

L'affirmative a été décidée par la Cour d'Amiens, le 25 avril 1856 (PATAILLE et HUGUET, *Annales de la Prop. indust.*, t. 1856, p. 99, MANCEAUX c. MARES KARCHER et le ministre de la guerre.) La négative est enseignée par Nouguier n° 940, par la raison que le jugement ne préjugerait rien contre le véritable propriétaire, qui serait toujours maître de revendiquer ses droits postérieurement. Ce dernier motif a été souvent regardé comme insuffisant pour invalider l'intervention en matière ordinaire. (Voir entre autres Cass. fr., 6 avril 1830. S. 30, 1, 412, et 28 janvier 1835, S. V. 35, 1, 654.) La première solution nous paraît donc préférable.

**686. Production d'un nouveau brevet.** — Celui qui a poursuivi devant le tribunal de première instance la contrefaçon d'un brevet spécialement désigné ne peut, en cause d'appel, invoquer pour la première fois un autre brevet auquel on aurait porté atteinte. Cette question, évidente en elle-même, a été tranchée dans ce sens, par un arrêt de la Cour de cassation de

France du 8 février 1827 (S. V. 27, 1, 107, ADAM c. PASTRÉ.) Nous estimons même que si devant les premiers juges l'action en contrefaçon avait été intentée en vertu d'un brevet déterminé, le demandeur ne serait pas recevable à argumenter ensuite d'un autre brevet. Il devrait fonder une action nouvelle sur l'atteinte portée à ce dernier.

**687. Devoirs de preuve du demandeur.** — C'est au demandeur qu'incombe la preuve de son action. *Actori incumbit probatio.* Il doit donc établir l'assimilation des objets saisis avec les objets brevetés, puis il doit prouver que le défendeur a exploité son invention par l'un des moyens énumérés dans l'article 4. Ces preuves peuvent se faire par témoins, en vertu de l'article 1348 du Code civil. Presque toujours les tribunaux ordonnent des expertises par des gens de métier. Il va de soi qu'en cette matière pas plus qu'ailleurs, les juges ne sont contraints de suivre l'avis des experts. Remarquons que le demandeur n'a pas à démontrer la validité de son brevet, la nouveauté de son invention, son caractère brevetable. L'octroi du brevet est au contraire une présomption en faveur du titulaire, que le défendeur doit renverser par la preuve contraire : *Reus excipiendo fit actor.*

**688. Production du brevet et de la description.** — Les brevets ne sont pas des titres particuliers et privés, non plus que les descriptions, plans et dessins, que les inventeurs joignent à leur demande et qui en constituent la base et le complément. En conséquence, le défendeur est autorisé à demander la production du brevet et des descriptions, et les tribunaux doivent l'ordonner sans avoir égard à la maxime que nul n'est tenu de produire contre soi. L'inexactitude de la description étant susceptible d'entraîner la nullité du brevet, on conçoit l'intérêt des tiers à en obtenir la communication. (Bruxelles, 16 juin 1851. B. J., t. 11, p. 145.)

**689. Concours de la preuve de la contrefaçon avec la preuve de l'inanité du brevet.** — Lorsque le demandeur offre d'établir la contrefaçon qui est déniée, et que de son côté le défendeur se déclare prêt à prouver que l'objet du brevet est tombé dans le domaine public, quelle est la preuve à laquelle il faut procéder en premier lieu? La Cour de Liége, par arrêt du 10 août 1855 (B. J., t. 14, p. 1127), a donné le pas à la preuve de la contrefaçon, parce que l'offre de preuve du défendeur devenait superflue si le breveté ne démontrait pas au préalable qu'on avait contrevenu à ses droits. (Voir aussi, trib. de Verviers, 25 juin 1862, B. J., t. 21, p. 225.) Toutefois, il n'y aurait pas lieu d'inférer de ces décisions que la personne poursuivie ne serait pas recevable à prouver que l'invention n'était pas brevetable, dans le cas même où le demandeur succomberait dans la preuve de la contrefaçon ou se désisterait de son action. Si le prétendu contrefacteur a demandé reconventionnellement la nullité du brevet, le tribunal doit statuer sur cette demande, quel que soit le sort de l'action principale : bien qu'on n'ait pas porté atteinte au privilége du breveté dans le passé, on peut avoir intérêt à être fixé sur ses droits pour l'avenir.

**690. Pouvoir des tribunaux quant aux expertises.** — En matière de contrefaçon les tribunaux peuvent ordonner d'office des investigations. Spécialement, quand un prétendu contrefacteur demande à prouver que le produit n'est pas nouveau, on peut ordonner des recherches tant sur ce point que sur celui de savoir si en admettant la nouveauté, il y a contrefaçon. Les tribunaux peuvent refuser une enquête quand ils présument qu'une expertise suffit. (Liége, 16 juillet 1859, Gauthy-Waucommont, c. Dubois.)

Est régulière la décision qui ordonne une enquête et

une expertise dans deux hypothèses dont chacune démontrerait la nullité d'un brevet. (Liége, 5 avril 1865, DRISKET c. LEFAUCHEUX.)

Lorsque dans une action en contrefaçon une première expertise ne fournit pas des éléments suffisants pour décider la question de contrefaçon imputée à l'une des parties, ni celle de l'efficacité du brevet de l'autre, les tribunaux peuvent ordonner une seconde expertise. La Cour peut en pareil cas, ordonner l'adjonction d'un nouvel expert à celui nommé par le premier juge. (Liége, 6 juin 1865, MARTIN, c. VERCKEN.)

Lorsque les magistrats sont suffisamment édifiés, quand une expertise ne saurait ébranler leur conviction ou y ajouter, ils ont le droit de se refuser à ordonner une expertise à laquelle les parties ont formellement conclu. (Cass. F. 5 mai 1848, Pal. 1849, I. 175, DIDA c. DUCHESNE.) Toutefois, doit être cassé, comme non motivé, l'arrêt qui a omis de statuer sur les conclusions tendantes subsidiairement à une expertise. (Cass. Fr. 16 fév. 1860, BABŒUF c. RAFFART, la *Prop. ind.*, n° 153.)

**691. Le ministère public doit-il être entendu?** — Les affaires relatives à la contrefaçon sont-elles communicables au ministère public? M. Tillière, n° 206, admet l'affirmative, en se rangeant à la doctrine d'un arrêt de la Cour de Gand du 26 juillet 1847 (CHAUVIÈRE, *Belg. jud.*, tome 7, p. 407.) D'autre part, dans une dissertation insérée dans *la Belgique judiciaire* (1864, p. 417), M. Iweins estime que les affaires concernant les brevets, ne sont jamais communicables, excepté le cas où il s'agirait d'annuler un brevet parce que son objet serait directement contraire aux bonnes mœurs et à l'ordre public.

Nous croyons ces deux opinions trop absolues. L'intervention du ministère public n'est requise que si l'ordre public est engagé dans le débat : l'art. 83 du Code de procédure civile rend alors la communication obligatoire. Or dans un procès en contrefaçon ne s'agitent le plus souvent que des questions d'intérêt privé : il importe peu à l'ordre social que tel inventeur ait à se plaindre des entreprises de tel contrefacteur ; la circonstance que le défendeur a été de bonne ou de mauvaise foi, la quotité des dommages-intérêts à allouer, tout cela n'est après tout qu'une question de tien et de mien, analogue à toutes les contestations civiles ordinaires. Le législateur a d'ailleurs montré combien à ses yeux les violations des priviléges des brevetés intéressaient peu la société, en s'abstenant d'attacher à ces atteintes le caractère d'un délit passible de poursuites correctionnelles.

Mais il en est autrement quand l'existence même du brevet est mise en question. Dès que se produit une demande de nullité ou de déchéance d'un brevet, soit sous forme d'action, soit sous forme de défense à l'action en contrefaçon, le différend cesse de se circonscrire dans le cercle étroit des intérêts des plaideurs. La liberté du travail et de l'industrie est engagée au débat : si le breveté triomphe, ce n'est pas un individu qui succombe, c'est le public qui perd le procès. Quand un monopole est maintenu par une décision judiciaire, tous les industriels en ressentent le contre-coup : de nouveaux procès sont imminents, une solution identique est à redouter, et les plus audacieux, les plus confiants dans le fondement de leurs droits, éprouvent de l'hésitation dans leur exploitation, si leur action n'est même entièrement paralysée. Que serait-ce ensuite si, à côté du public des fabricants, nous parlions de la foule des consommateurs, désireux de voir disparaître les entraves qui amènent la cherté des produits ! Le ministère public dans les instances civiles est constitué le gardien des absents qui ne sont pas à la barre, et qui cependant sont exposés à souffrir du résultat du différend ; en parlant au nom de l'ordre public, il parle au nom de la généralité des citoyens, intéressée à voir jeter la lumière sur un débat dont leurs droits peuvent dépendre. Nous croyons donc que les affaires où se présentent des questions de nullité ou de déchéance des brevets sont toutes communicables au ministère public.

La seule objection sérieuse que cette opinion ait rencontrée, a été tirée de la loi du 20 avril 1810. Celle-ci, dit-on, impose au ministère public le soin d'agir d'office, même en matière civile, dans tous les cas où l'ordre public est intéressé. Or, comme le législateur belge n'a pas permis au ministère public de réclamer la nullité des brevets, il a manifesté par là qu'il ne considérait pas l'ordre public comme engagé dans ces questions.

Mais en supposant à l'abri de toute contestation le droit que l'on veut puiser dans la loi de 1810 en faveur du ministère public, il s'ensuivrait uniquement que la loi spéciale des brevets aurait dérogé, comme elle en avait le pouvoir, à la loi commune. Elle a dépouillé le ministère public de l'action directe. Lui a-t-elle enlevé ses autres attributions, lui a-t-elle interdit de conclure? C'est une question de frais qui paraît avoir déterminé nos législateurs à ne pas accueillir dans notre matière les interventions d'office du parquet, ce n'est pas parce qu'il jugeait qu'aucun intérêt social ne se trouvait en jeu. Au surplus, si la thèse que nous combattons était vraie, ne faudrait-il pas décider que le ministère public n'aurait même pas la faculté de conclure dans une affaire où l'on demanderait la nullité d'un brevet parce que son objet serait contraire aux lois ou aux bonnes mœurs, car dans ce cas encore il ne possède pas l'action directe?

**692. Des demandes nouvelles en degré d'appel.** — Il est permis devant la Cour de former des demandes nouvelles lorsqu'elles constituent un moyen de défense à l'action principale. (Art. 464, C. Pr. C.) Dès lors le prétendu contrefacteur après avoir soutenu devant le tribunal que les objets saisis ne présentaient pas d'analogie avec les objets brevetés, pourrait pour la première fois en appel demander la nullité du brevet, ou opposer le défaut de qualité du demandeur pour avoir cédé ses droits à un tiers.

Celui qui s'est prévalu en première instance de l'expiration du brevet est même recevable à en demander la nullité pour la première fois en Cour d'appel (Bruxelles, 31 décembre 1857. B. J., t. 16, p. 408.)

Il ne faut pas considérer comme une demande nouvelle la demande de réparation du dommage survenu depuis la décision du premier juge. Ainsi, rien ne s'opposerait à une majoration de ce genre, fondée sur ce motif, soit de la part du prétendu contrefacteur, soit de la part du breveté. (Paris, 6 août 1842, DALLOZ, v° *Brev. d'inv.*, n° 591, HAYLAS c. REDOUTE.)

**693. Prescription de l'action.** — La prescription de l'action en contrefaçon dure 30 ans à partir du jour où elle a pris naissance, c'est-à-dire à partir du jour où se sont perpétrés les faits qui servent de base à la poursuite. C'est au demandeur à établir que ces faits ont été commis pendant la durée de son brevet. On a essayé de se baser sur l'article 425 du Code pénal pour soutenir que toute contrefaçon est un délit, qu'en conséquence c'était la prescription de trois ans qui était applicable à l'action civile en réparation du dommage. La Cour de Bruxelles, par arrêt du 12 mars 1856 (B. J. t. 14, p. 445) a écarté cette prétention en décidant avec raison que l'article 425 n'avait aucun rapport avec la contrefaçon industrielle, à laquelle notre législation n'a jamais attaché le caractère d'un délit.

**694. Recours en cassation.** — Le recours en cassation est également ouvert en matière de brevet. Les juges d'appel sont souverains dans l'appréciation de la nouveauté de l'invention et de l'identité des objets contrefaits avec l'objet du brevet. Toutefois la Cour suprême exerce un droit de contrôle sur le point de savoir si les constatations de fait sont conformes aux énonciations du brevet, et si on leur a donné leur véritable portée légale. Elle censurera, si la Cour d'appel a employé des équivalents ou des compensations pour modifier la portée d'une description opposée au breveté. (Cass., fr., 15 février 1859, Taylor, c. Wendel, Blanc. *Contref.*, p. 692.)

**695. De la chose jugée.** — La chose jugée en matière de contrefaçon, est rigoureusement circonscrite, comme en matière ordinaire, aux parties en cause et à l'objet du débat. Celui qui après avoir obtenu un arrêt de condamnation contre le contrefacteur aurait de nouveaux griefs à faire valoir contre lui, ne pourrait pas porter devant la Cour qui a rendu cet arrêt, sa demande en réparation des faits récents. Ce débat ne constituerait pas une difficulté sur l'exécution de l'arrêt, mais une contestation nouvelle, roulant sur des contraventions indépendantes des précédentes, et pour lesquelles il faut suivre la règle des deux degrés de juridiction. (Dalloz, n° 390, Blanc, Inv. p. 693.)

En appliquant l'article 1351 du Code civil, il faudrait décider que le breveté qui aurait échoué dans sa demande, pourrait reproduire son action plus tard à l'occasion de faits nouveaux. D'autre part, le contrefacteur condamné serait encore recevable à soutenir, à l'occasion de nouveaux actes qu'on lui reprocherait dans la suite, que ces faits ne constituent pas une contrefaçon. La décision antérieure ne servira que de préjugé à la question, mais on conçoit que ce préjugé peut être tellement fort que les juges y trouvent des éléments de conviction suffisants pour repousser toutes offres de preuve ou d'expertise nouvelles. (Liége, 19 janvier 1847, B. J. t. 5, p. 598.)

« Ainsi encore, dit fort bien M. Tillière au n° 217, la décision rendue contre un contrevenant qui fabriquait des objets brevetés ne lie pas même à l'égard du point de droit, le recéleur ou le vendeur ou l'introducteur d'objets contrefaits poursuivi postérieurement. Ceux-ci jouissent d'une entière liberté de défense, comme si aucune décision n'était intervenue au sujet des droits du breveté. Outre les motifs de droit, le simple bon sens indique que chacun doit avoir la faculté de défendre sa position qui, à raison des circonstances, de l'aptitude personnelle, de faits nouvellement découverts, peut donner lieu à une décision toute autre que celle antérieurement rendue. Ainsi, par exemple, il peut arriver que le vendeur d'objets prétendûment contrefaits, découvre des ouvrages dans lequel l'invention était décrite avant l'obtention du brevet, il fera prononcer par une demande reconventionnelle, la nullité de ce brevet, sans que le poursuivant puisse invoquer la chose jugée à l'égard du fabricant condamné pour avoir porté atteinte aux droits résultant d'un titre reconnu valable en justice. Ces principes de droit commun sont consacrés par arrêt de la cour de cassation de France, du 15 mars 1825 (Fougerol.) »

## § 5.

### DÉFENSE A L'ACTION EN CONTREFAÇON.

(SOMMAIRE.)

696. Moyens de forme et moyens de fond. — 697. Du droit de se prévaloir de la nullité du brevet. — 698. Le défendeur peut opposer la cession du brevet. — 699. Du consentement donné par le breveté à la contrefaçon — 700. Revendication de la propriété de l'invention. — 701. Preuve de

l'usurpation de l'invention — 702. Peut-on opposer l'existence d'un brevet antérieur? — 703 Possession privée de l'invention antérieure au brevet. — 704. L'annulation partielle d un brevet peut ne pas exclure la contrefaçon. — 705 Évaluation des dommages-intérêts.

**696. Moyens de forme et moyens de fond.** — Le défendeur peut opposer à l'action des moyens de forme et des moyens de fond. Les premiers sont communs à la généralité des instances ordinaires, nous n'avons pas à nous en occuper. La plupart, comme la demande de caution *judicatum solvi*, comme l'incompétence en raison de la personne, doivent être opposés *in limine litis*, ils se couvrent par une défense au fond. La prescription, l'incompétence en raison de la matière, le défaut de qualité, sont opposables en tout état de cause et même pour la première fois en degré d'appel. Au fond, le défendeur peut soutenir qu'il n'y a pas de contrefaçon ou que le brevet du demandeur est frappé de déchéance ou vicié de nullité. Le moyen de nullité est également susceptible d'être invoqué pour la première fois devant la Cour, car il constitue une défense à l'action principale. Il en est encore ainsi, a décidé la Cour de Liége, même lorsque devant les premiers juges le défendeur aurait demandé acte qu'il se réservait de soutenir *ultérieurement* la nullité du brevet. « Attendu qu'on ne peut induire de ces termes qu'il aurait définitivement renoncé à se prévaloir de l'exception dans le cours de l'instance actuelle, qu'il lui est libre de revenir sur une réserve qui lui est toute personnelle, et qu'il n'a formulée que pour mieux conserver ses droits; que s'il n'avait fait aucune déclaration de ce genre devant le tribunal, il est évident qu'il pourrait proposer devant la Cour l'exception de nullité, et qu'on doit encore moins interpréter contre lui la précaution qu'il a prise de faire une réserve. que le silence qu'il aurait pu garder. » (Du 29 décembre 1860, Lhorst c. Colt, inédit.)

**697. Du droit de se prévaloir de la nullité du brevet.** — Le défendeur est recevable à se prévaloir de la nullité du brevet, bien qu'il ait reconnu implicitement le droit du breveté en traitant avec lui. La reconnaissance d'un droit qui n'a jamais existé, ne peut conférer au breveté le titre et la qualité d'inventeur, s'il est certain qu'il n'a rien inventé. (Amiens, 21 décembre 1861. *La Prop. ind.*, n° 212.)

La Cour de Bruxelles a jugé également que la demande d'autorisation adressée au breveté à l'effet d'user de sa découverte, ne constitue pas une fin de non recevoir contre l'exception de nullité du brevet. (Du 15 mai 1864, B. J. 1865, p. 709.) Il résulterait tout au plus, en effet, d'une demande semblable, que le tiers a voulu éviter toute contestation en se concertant avec le breveté dans le doute où l'aurait laissé la validité du brevet. Le même arrêt constate avec raison que l'individu qui a pris un brevet postérieur pour la même invention, ne s'est pas rendu non recevable à critiquer le caractère brevetable de cette découverte.

La transaction intervenue sur une poursuite en contrefaçon, n'empêche pas la partie qui a transigé de faire valoir la nullité du brevet lors d'une autre poursuite, surtout quand la nullité du brevet n'est entrée pour rien dans les stipulations de la transaction. Au surplus, est nulle pour défaut de cause la transaction conclue sur une poursuite en contrefaçon, lorsque le brevet est lui-même nul. En pareil cas, la transaction ne doit pas être attaquée par voie principale; on peut opposer sa nullité en terme de défense à l'action en contrefaçon. (Liége, 1re chambre, 31 mai 1855, COLI c. CHARLIER.)

**698. Le défendeur peut opposer la cession du brevet.** — Nous avons dit que le prétendu contrefacteur pouvait invoquer le défaut de qualité du demandeur, et notamment le fait de la cession du brevet à un tiers. Ce dernier point semble avoir été résolu dans un sens opposé par la cour de Bruxelles dans un arrêt du 21 décembre 1852. (Belg. jud. 1863, p. 376.) Mais nous croyons notre opinion beaucoup plus juridique. Toute personne citée en justice a le droit de s'enquérir de l'intérêt du demandeur à agir : sans intérêt point de qualité; sans qualité, point d'action. Or, si le titulaire primitif du brevet s'est dépouillé de ses droits, comment justifiera-t-il son intervention au procès? Le seul intéressé désormais est le cessionnaire. Que celui-ci se présente donc en personne, car il est défendu de plaider par procureur. Le défendeur a d'ailleurs intérêt à avoir tel adversaire plutôt que tel autre. S'il veut exciper de licences ou d'autorisations, ne doit-il pas les débattre vis-à-vis de celui qui les a fournies? S'il désire opposer une demande reconventionnelle, s'il réclame à son tour des dommages-intérêts, ne doit-il pas préférer, s'il en a le choix, être en présence d'une partie solvable?

**699. Du consentement donné par le breveté à la contrefaçon.** — Le défendeur peut encore justifier sa conduite en se fondant sur l'autorisation du breveté. Les licences de ce genre sont de stricte interprétation comme renfermant une renonciation à des droits. Aucune forme n'est requise pour cette autorisation : dès que son existence est démontrée, elle est opposable même aux cessionnaires du breveté, jusqu'au jour où la cession a acquis date certaine vis-à-vis des tiers. La tolérance du breveté à supporter pendant un certain temps la violation de son privilège, ne saurait être considérée comme une renonciation à son droit de poursuite. (Cass. fr. 28, Niv. an II, Pal. 4. 115, Lange c. Noel.)

**700. Revendication de la propriété de l'invention.** — Celui qui est poursuivi comme contrefacteur, est recevable à revendiquer à son profit la propriété de l'invention, s'il a été victime d'une usurpation, si l'idée première de la découverte lui a été dérobée. Ce qu'il peut réclamer par voie d'action directe (Rouen, 28 janvier 1847, S. V. 48. 2. 582, RODUWICH c. LEFRANÇOIS), il peut le demander par voie d'exception. Mais il faut que ce soit le défendeur lui-même qui fasse valoir des droits de propriété sur l'invention. Ainsi, il ne serait pas admis à soutenir que le brevet reviendrait légitimement à un tiers. Le titulaire du brevet, en effet, a le droit de poursuivre les tiers contrefacteurs tant qu'il est en possession du titre, tant que son nom y figure, tant qu'il n'en est pas dépouillé par décision judiciaire. (Cass. fr. 28 janvier 1856. S. V. 56. 1. 278, MANCEAUX.)

« Attendu que si celui auquel revient la propriété de la découverte est fondé à la revendiquer contre celui qui s'en est fait attribuer indûment le titre, ce droit qui dérive de lui seul, est par cela même un droit purement personnel, qui ne peut dès lors être exercé par des tiers en dehors de lui et sans son intervention par les voies légales ; que tant que cette intervention ne se produit pas, le brevet est un titre légal et probant, auquel provision est due au profit du titulaire, et contre tous ceux qui voudraient s'en attribuer l'objet. »

Le contraire avait été décidé antérieurement par un arrêt de la cour de Paris du 11 juillet 1855 (S. V. 55. 2. 578, Manceaux c. Marés).

La cour d'Amiens saisie du renvoi, accueillit l'intervention du véritable inventeur, bien que celle-ci ne se fût produite dans la cause qu'en degré d'appel. Puis, sur l'acquiescement donné par lui à la fabrication du prétendu contrefacteur, elle renvoya ce dernier des poursuites. (Du 25 avril 1856. S. V. 56. 2. 535.)

Cette décision, en ce qui touche la recevabilité de l'intervention dans l'état de la cause, est vivement critiquée par Nouguier, n° 941. Toutefois l'article 466 du code de procédure nous paraît devoir justifier la solution de la cour d'Amiens, surtout en Belgique, où la contrefaçon ne constitue pas un délit, où les principes de la procédure criminelle ne sont pas applicables. L'art. 466 dispose en effet que l'intervention est recevable en cause d'appel de la part de ceux qui auraient droit de former tierce opposition. Or, il est certain que le véritable auteur de l'invention éprouverait un préjudice d'une sentence qui allouerait à un tiers les objets contrefaits et les dommages-intérêts résultant de la contrefaçon. Il doit donc jouir et de la faculté d'intervenir et de celle de former tierce opposition à l'arrêt.

**701. Preuve de l'usurpation de l'invention.** — Nous avons eu occasion aux n°s 514 et suiv. de traiter de la revendication du brevet par le véritable inventeur. Nous nous bornons à renvoyer à cette partie du livre, en faisant remarquer que les principes développés pour l'action directe en subrogation sont applicables à l'exception que le défendeur en contrefaçon veut tirer de la priorité de la conception de l'idée nouvelle dans son chef. N'oublions pas d'ajouter que la priorité du brevet établit une présomption en faveur du demandeur, et que c'est au défendeur à détruire cette présomption en établissant qu'on l'a spolié de sa propre découverte. (Lyon, 6 avril 1859, CHAMPAGNAC c. GALVIN, *la Propr. ind.*, n° 75.) La jurisprudence nous fournit quelques exemples relativement aux moyens de faire cette preuve. Il est permis de considérer comme étant l'inventeur celui qui prouve que les perfectionnements, objet du brevet, ont été le but constant de ses préoccupations, tandis que son adversaire ne fait aucune preuve des études préparatoires auxquelles il a dû nécessairement se livrer, pour résoudre des problèmes de mécanique dans une industrie à laquelle il est complétement étranger. (Paris, 5 mars 1858, Brocard c. Pain, la *Propr. ind.*, n° 16.)

Le plagiat industriel se révèle, entre autres circonstances, par l'omission dans la description jointe au brevet du plagiaire de certains détails importants. (Amiens, 2 décembre 1858, Dumont c. Dhéruel, la *Propr. ind.*, n° 66.) Il se révèle aussi par un dépôt fait au secrétariat du conseil des prudhommes par le véritable inventeur, qui croyait alors ce moyen suffisant pour lui garantir le monopole de sa découverte. (Paris, 29 janvier 1859, Amuller c. Liénard-Ledentu, la *Propr. ind.*, n° 67.)

**702. Peut-on opposer l'existence d'un brevet antérieur?** — Le prétendu contrefacteur a-t-il le droit d'opposer au brevet de celui qui le poursuit, un brevet antérieur pris par un tiers pour la même invention? En thèse générale, il faut décider la négative ; tant que le second brevet subsiste, il constitue pour son possesseur, comme nous l'avons vu, un titre suffisant pour actionner les contrefacteurs. Ainsi que le disait un arrêt de la Cour de cassation de France du 8 juillet 1848 (Chabrié, Pal. 48, 2, 376), le litige qui pourrait s'élever entre deux brevetés sur l'antériorité d'une invention, ne peut jamais donner ouverture aux droits des tiers ou les autoriser à se prévaloir de ceux qui pourraient être acquis au premier inventeur. Mais le défendeur peut demander la nullité du brevet de celui qui l'attaque en se fondant sur la publicité donnée à la découverte par le premier brevet. Cette exception ainsi présentée est incontestablement recevable. La nullité du titre entraîne dès lors la déchéance du droit de poursuite. Le contraire a été décidé, il est vrai, par la Cour de cassation de France notamment le 7 mai 1851 (Masse et Triboulet c. Poissat, D. P. 51, 5, 62), mais sa doctrine est repoussée par tous les auteurs. (Nouguier, n° 498; Blanc, p. 468; Rendu et Delorme, n° 442; Goujet et Merger, *Contref.*, n° 156.)

**703. Possession privée de l'invention antérieure au brevet.** — Celui qui a été en possession de l'invention avant le brevet, lorsque sa possession a été toute privée et dénuée de tout caractère public et commercial, n'est pas fondé à réclamer la nullité du brevet, mais il peut justifier la continuation de son exploitation en établissant l'antériorité de cette possession, et échapper ainsi à une poursuite en contrefaçon. Cette preuve est admissible par toutes voies de droit, témoins compris. (Cass. Fr., 30 mars 1849, Witz-Meunier c. Godefroy, S. V. 50, 1, 70. — *idem*, 28 décembre 1855, Marchal, Pataille et Huguet, *Annales de la prop. ind.*, 1856, p. 10.) Un autre arrêt de la même cour du 18 avril 1852 (Adam c. Pastré, S. V. 52, 1, 587), a même reconnu ce principe, dans une espèce où le défendeur avait pris un brevet pour la même invention que le demandeur, mais postérieurement à ce dernier. Cette circonstance n'a pas été considérée comme étant de nature à lui enlever le droit d'établir qu'il était en possession de cette invention avant la date légale du premier brevet.

Le dépôt d'une machine au greffe du tribunal de commerce est insuffisant pour réserver la propriété de l'inventeur, mais de la part d'un tiers, ce dépôt le met à l'abri de toute poursuite en vertu d'un brevet postérieur. (Amiens, 21 déc. 1859, Fleury et Lefort c. Bordier, *la Prop. ind.*, n° 115.)

Si en principe, le défendeur poursuivi du chef de contrefaçon a le droit d'opposer, à titre d'exception, qu'il a personnellement fait usage du procédé breveté antérieurement à la délivrance du brevet au plaignant, il ne pourrait se faire un moyen de défense de ce qu'il se serait simplement occupé de ce procédé et qu'il en aurait même parlé à différentes personnes. (Cass. Fr., 11 juillet 1857, Fauconnier c. Yannot, Huard, art. 40, n° 80.)

**704. L'annulation partielle d'un brevet peut ne pas exclure la contrefaçon.** — Lorsqu'un brevet est pris pour une invention complexe, telle qu'un mécanisme pour faire ouvrir et fermer les ombrelles, il peut être sans effet pour l'invention spéciale, si celle-ci est déjà brevetée au profit d'un tiers. Mais son annulation particlle ne l'invalide pas pour les parties réellement nouvelles du mécanisme, et qui en constituent un perfectionnement.

Le titulaire du brevet primitif qui a fait prononcer la nullité particlle du second, est donc lui même exposé à une action en contrefaçon s'il exploite cette partie nouvelle, même lorsque le brevet qui la couvre n'a pas été pris à titre de perfectionnement. (Paris, 29 déc. 1855, Abadie c. Charageat, Pataille et Huguet, *Annales de la prop. industr.* 1856, p. 23).

**705. Évaluation des dommages-intérêts au cas où la demande est rejetée.** — Le demandeur qui succombe est condamné aux dépens. Mais il est en outre passible de dommages-intérêts, même s'il démontre qu'il a agi de bonne foi. Le prévenu de contrefaçon a le droit d'être indemnisé du tort moral et du préjudice matériel que cause presque toujours ce genre de poursuites. L'article 1382 du Code civil s'applique indistinctement à ceux qui ont agi de bonne foi comme à ceux dont la conduite a été inspirée par le dol. Il y a d'ailleurs toujours de l'imprudence dans le fait de celui qui intente un procès téméraire, sans s'être assuré au préalable de la légitimité de ses droits. Par contre, si c'était le défendeur qui avait par sa manière d'être, été cause de la poursuite et de l'erreur du breveté, ce serait à lui à supporter les dépens du procès, même si l'action du demandeur était déclarée non fondée. La Cour de cassation de France a appliqué ce principe d'équité et de justice dans une affaire où un individu avait faussement annoncé que ses produits étaient analogues aux produits brevetés. Un procès en contrefaçon ayant été dirigé contre lui par l'inventeur, les tribunaux reconnurent l'absence d'analogie entre les deux objets, et par suite déclarèrent qu'il n'y avait point de contravention au brevet, mais ils mirent tous les frais à charge du défendeur qui par ses annonces mensongères avait occasionné la poursuite. (Paris, 26 déc. 1841, ROBERTSON c. LANGLOIS, BLANC, Inv. p. 639; Cass. Fr. 15 févr. 1851, VÉRON frères c. MANCHION, Pal. 51, 1,100.)

Le préjudice souffert par celui qui a été injustement actionné comme contrefacteur, peut être très-considérable. Si une saisie a été opérée, une exploitation arrêtée, la perturbation jetée dans une industrie, le prétendu contrefacteur a été lésé dans ses intérêts commerciaux. Les tribunaux auront égard même à la perte des bénéfices de cet industriel, dont les affaires auraient ainsi été entravées. Ils prendront en considération les peines, les soins, les débours qu'il a dû supporter pour assurer sa défense. Ils s'attacheront enfin à réparer efficacement le discrédit qu'une poursuite en contrefaçon jette toujours sur un négociant et sur les produits qu'il offre au public. M. Vilain rapporte à la page 154 de son ouvrage, un jugement du tribunal de Verviers, du 29 mai 1861, où ces divers éléments de dommages-intérêts sont combinés d'une manière remarquable.

Le fait d'avoir intenté à tort une action en contrefaçon engage la responsabilité du demandeur et doit le faire condamner à des dommages-intérêts à libeller par état. Ces réparations ont leur base juridique d'une part dans le préjudice moral qu'une imputation de contrefaçon emporte, et qui donne lieu à la réparation autorisée par l'article 1036 du Code de procédure; et d'autre part dans le préjudice matériel qui résulte de ce qu'en intentant une action en contrefaçon, on fait peser une menace de confiscation sur les objets fabriqués par le prétendu contrefacteur, qui doit nuire à la vente et au crédit de ce commerçant. L'exception de bonne foi ne peut être admise en pareille matière. (Liége, 2ᵉ ch., 20 juin 1857, Bosson c. Biolley et fils.)

## SECTION SIXIÈME.

### Répression de la contrefaçon.

(SOMMAIRE.)

706. Article 5 de la loi belge. — 707. Comparaison avec la loi de 1817 et la loi française de 1844. — 708. Motifs du législateur belge. — 709. Quand y a-t-il bonne foi? — 710. Jurisprudence. — 711. A qui incombe la preuve de la mauvaise foi? — 712. Jurisprudence. — 713. La présomption de bonne foi cède à la preuve contraire. — 714. La confiscation doit être prononcée en cas de mauvaise foi. — 715. *Quid* quand le brevet a pris fin? — 716 Quels objets la confiscation frappe-t-elle? — 717. *Quid* des matières premières et de la fabrication inachevée? — 718. *Quid* des instruments et ustensiles? — 719. La partie contrefaite d'une machine est seule saisissable. — 720. *Quid* dans le cas où l'objet contrefait est joint à un autre d'une matière indivisible? — 721. La confiscation ne peut porter que sur les objets saisis ou décrits. — 722. Droits du propriétaire des lieux loués sur les objets à confisquer. — 723. Conflit avec l'administration des douanes. — 724. De la restitution du prix des objets vendus. — 725. Comment se calcule le prix? — 726. *Quid* en cas d'échange, de donation ou de louage? — 727. Du contrefacteur de bonne foi. — 728. Défense d'employer les appareils de production contrefaits. — 729 Cette défense est restreinte à l'usage commercial. — 730. Appareils destinés à confectionner les objets contrefaits. — 731. Les dommages-intérêts peuvent produire intérêts à partir de la demande. — 732. Les tribunaux ne peuvent fixer de dommages-intérêts pour les contraventions futures. — 733. De la majoration des dommages-intérêts en appel. — 734. La bonne foi du contre-

facteur influe-t-elle sur les dommages-intérêts? — 735. Publication du jugement. — 736. La publication du jugement ne peut avoir lieu sans l'autorisation des tribunaux. — 737. On ne peut dépasser les limites fixées par le jugement. — 738. L'affiche du jugement ne peut être permanente. — 739. Que faut-il entendre par jugement au cas où la publication en est autorisée? — 740. On ne peut faire abus du droit d'insertion du jugement. — 741. On ne peut ordonner l'affiche du jugement s'il n'y a été conclu. — 742. Condamnation aux dépens.

**706. Art. 5 de la loi belge.** — Le législateur belge n'a pas érigé la contrefaçon industrielle en délit : la répression des atteintes portées au monopole est à ses yeux une question d'intérêt purement privé.

L'art. 5 de la loi du 24 mai 1854 règle la répression des contrefaçons :

« Si les personnes poursuivies en vertu de l'art. 4 l<sup>a</sup> b., ont agi sciemment, les tribunaux prononceront au profit du breveté ou de ses ayants droit, la confiscation des objets confectionnés en contravention du brevet, et des instruments et ustensiles spécialement destinés à leur confection, ou alloueront une somme égale au prix des objets qui seraient déjà vendus. Si les personnes poursuivies sont de bonne foi, les tribunaux leur feront défense, sous les peines ci-dessus, d'employer dans un but commercial les machines et appareils de production reconnus contrefaits, et de faire usage, dans le même but, des instruments et ustensiles pour confectionner les objets brevetés. Dans l'un et l'autre cas, des dommages-intérêts pourront être alloués au breveté ou à ses ayants droit. »

**707. Comparaison avec la loi de 1817 et la loi française de 1844.** — La loi de 1817 n'opérait aucune distinction entre le contrefacteur de bonne ou de mauvaise foi. Dans l'un et l'autre cas, elle prononçait outre les dommages-intérêts, la confiscation des objets fabriqués en fraude des droits du breveté, ou la condamnation du contrevenant au payement du prix des objets déjà vendus. Cette généralité entraînait souvent à des conséquences tout à fait iniques; aussi avait-elle soulevé de trop nombreuses protestations pour que le législateur de 1854 s'avisât de la maintenir lors de la réforme.

Il était impossible d'imiter la loi française de 1844, qui ne tient aucun compte, dans la répression, de la bonne foi du délinquant, parce que dans le système de cette loi, le premier élément de la contrefaçon, en cas de recel, d'exposition en vente ou d'introduction dans le pays, consiste précisément dans la mauvaise foi du contrevenant. Quant au fabricant, il est toujours présumé de mauvaise foi.

La loi de 1854 ayant dans son article 4, assimilé au contrefacteur celui qui a agi avec la plus entière bonne foi, a dû cependant mitiger cette rigueur, lorsqu'il s'est agi de déterminer les conséquences de la contravention. Aussi, n'a-t-elle prononcé la confiscation des objets contrefaits et la condamnation au payement du prix des objets vendus, qu'en cas de mauvaise foi du défendeur. Si ce dernier n'a pas été guidé par un esprit de fraude, il est admis à conserver les objets fabriqués en violation du monopole, sous la réserve de n'en plus faire un emploi commercial. Dans les deux hypothèses toutefois des dommages-intérêts peuvent être alloués au breveté.

**708. Motifs du législateur belge.** — Ce système ne passa pas sans difficulté dans la loi nouvelle. La Chambre des représentants avait adopté d'abord un ensemble de dispositions dont l'inconséquence était frappante. D'une part, elle exigeait pour chaque espèce de contrefaçon, que le contrefacteur eût agi sciemment, et d'autre part elle permettait en toutes occasions la confiscation des objets saisis, sauf qu'elle dispensait le contrefacteur *de bonne foi* de payer le prix des objets vendus.

Au fond, ce système qui confisquait dans tous les cas les objets contrefaits au bénéfice du breveté, était basé sur l'idée erronée que les objets contrefaits sont la propriété de l'inventeur, et que ce dernier doit être admis à les revendiquer entre les mains de tout détenteur, à l'exemple du propriétaire d'une chose volée. C'est là une erreur, car en admettant même l'existence de la propriété industrielle, celle-ci repose uniquement sur l'idée qui a présidé à la confection des objets brevetés, mais elle ne s'étend pas au résultat de l'application de cette idée aux choses matérielles. La propriété de cette substance revient à celui qui l'a acquise ; la transformation qu'elle a subie d'après un procédé qui a été découvert par autrui, ne saurait constituer pour ce dernier un titre légitime de propriété, un mode d'acquisition régulier selon nos lois civiles. Nous comprenons la confiscation à titre de peine, mais dans les législations qui ont érigé la contrefaçon en délit; comment la justifier sous une loi qui la considère comme la source d'un tort purement civil? Tout ce que le breveté est en droit d'exiger, ce sont des dommages-intérêts qui l'indemnisent du préjudice causé à son privilège. Or, la solution proposée par la Chambre présentait de grands inconvénients : tantôt elle dépassait le but, tantôt elle était impuissante à l'atteindre. Lorsque le coût de l'objet contrefait était considérable, et que l'exploitation commerciale illicite n'avait encore eu lieu que sur une faible échelle, l'inventeur se trouvait nanti par la confiscation d'une valeur supérieure à l'étendue de la lésion dont il avait souffert. Le défendeur de bonne foi jouissait, à la vérité, d'un recours contre son vendeur, mais ce recours était-il toujours efficace ? Puis, que devenait l'équité lorsque le vendeur ou le fabricant étaient eux-mêmes de bonne foi ? Si au contraire les objets confisqués étaient d'une importance minime, le préjudice causé au breveté se trouvait incomplétement réparé, puisqu'on ne lui allouait pas de dommages-intérêts en dehors de cette confiscation ou de la valeur des objets vendus. Le Sénat suivit une autre voie : il décida d'abord qu'il pouvait y avoir contrefaçon même en cas de bonne foi, puis il modifia les condamnations à prononcer dans les deux cas.

Le système actuel est plus juste, car il indemnise toujours l'inventeur du préjudice réellement souffert : dans les deux hypothèses, il admet la possibilité de dommages-intérêts. Il est plus équitable vis-à-vis du contrefacteur de bonne foi, car en lui épargnant la confiscation, il ne le frappe pas d'une peine quelquefois très-lourde et hors de proportion avec l'atteinte portée au monopole.

La confiscation en l'absence de fraude, se réduit à une défense d'employer l'objet contrefait pour un usage commercial : cette défense diminue sans aucun doute la valeur de cette chose jusqu'à l'expiration du privilége, mais au moins ne la fait-elle pas sortir du patrimoine de son propriétaire.

**709. Quand y a-t-il bonne foi ?** — La loi établissant une distinction entre la bonne foi et la mauvaise foi du contrefacteur, il importe de rechercher tout d'abord ce qu'on entend par ces mots, et à qui incombe la preuve de cette circonstance si importante au procès.

Un contrefacteur doit être réputé de mauvaise foi lorsqu'il a agi sciemment : c'est ainsi que la loi française qualifie la mauvaise foi. Telle est d'ailleurs l'explication qui fut donnée au Sénat par M. d'Anethan, l'auteur de l'amendement qui est devenu l'article 5. « D'après cette rédaction, disait-il, il y aurait confiscation dans le cas où l'individu jouissant de l'objet contrefait *aurait agi sciemment...* » Mais quand le défendeur agit-il sciemment ? C'est lorsqu'il commet les actes constitutifs de la contrefaçon, sachant qu'il contrevient à un brevet. Peu importe qu'il s'imagine que le brevet soit annulable, périmé, nul, sans valeur : il lui est facile de s'assurer de ces circonstances, et s'il ne prend pas ces précautions élémentaires, il commet une faute lourde assimilable au dol. Mais lorsque le contrefacteur est instruit de l'existence du privilége, il peut encore écarter tout soupçon de fraude en invoquant par exemple une erreur d'interprétation sur la portée d'une convention. Il en est ainsi quand des pourparlers ont eu lieu entre lui et le breveté pour la délivrance d'une licence, et qu'il se croit à tort autorisé en vertu de ces conventions, en se méprenant sur leur perfection ou leur signification. Le débitant peut aussi avoir été lui-même trompé par son fournisseur, et s'imaginer que les objets qu'il expose en vente proviennent de la fabrique du breveté.

Remarquons que la mauvaise foi peut survenir après coup, et qu'alors elle influe sur tous les actes postérieurs, sans avoir cependant d'effet rétroactif sur les faits déjà consommés. Un individu peut avoir fabriqué un produit dans l'ignorance d'un brevet, il l'expose en vente, et un jour il est averti que le produit qu'il a confectionné est une contrefaçon. S'il continue à débiter ces objets, il sera alors considéré comme étant de mauvaise foi pour les faits qui sont postérieurs, mais nullement pour les faits de fabrication ou de vente qui ont précédé.

Des auteurs qui ont commenté la loi française paraissent ne considérer comme constituant la bonne foi, que l'erreur sur l'origine des objets. (Nouguier, n° 795; Blanc, p. 671; Cass. fr., 13 août 1852, Delhausse c. Christoffe, Pal. 1855. 1. 485. — En sens contraire, Goujet et Merger, v. Contref., n° 77.) Mais le législateur belge ayant attaché un autre caractère à la contrefaçon a dû suivre d'autres principes.

Dès qu'elle admettait contrairement à la loi française, que le fabricant lui-même pouvait être de bonne foi, elle a dû entendre cette excuse autrement que les auteurs cités ci-dessus : le fabricant ne se méprend pas sur l'origine du produit qu'il confectionne ; or, si l'erreur sur la provenance de ces objets était l'unique source de bonne foi, comment trouver un fabricant qui ne fût pas de mauvaise foi? L'ignorance du brevet est la seule excuse dont il puisse se prévaloir, elle doit donc être aussi une excuse pour les vendeurs et les détenteurs.

Cela posé, remarquons que la bonne foi ne doit pas reposer nécessairement sur une erreur de fait, mais elle peut se baser aussi sur une erreur de droit. (Paris, 11 déc. 1857, GOIN c. GARIEL, *la Prop. industr.*, n° 5.) Les difficultés d'interprétation, l'obscurité des textes, les divergences de jurisprudence serviraient à faire accepter l'excuse tirée de l'erreur de droit, bien qu'on l'invoque en général avec moins de faveur que l'erreur de fait.

**710. Jurisprudence.** — La connaissance du brevet ne suffit pas toujours d'ailleurs pour établir la mauvaise foi. C'est ainsi que le tribunal d'Anvers l'a jugé le 22 novembre 1862 (B. J., t. 21, p. 1191) au sujet de contrefacteurs qui avaient connu le brevet d'importation, mais avaient agi sur la foi d'un arrêt étranger annulant le brevet primitif : ils avaient pu croire en présence de cette décision que l'objet était tombé dans le domaine public.

Le défendeur qui dit avoir été de bonne foi parce qu'il fabriquait en vertu d'une licence, doit être condamné, s'il est prouvé qu'il a cessé depuis longtemps de payer les primes dues, et que les objets argués de contrefaçon ne portent pas le nom de l'inventeur, condition imposée dans la licence; cette dérogation aux conventions, après la cessation de tout payement de permis et au cours d'une fabrication poursuivie à l'insu du breveté, démontre de la part du prévenu l'intention de se livrer à la contrefaçon. (Trib. corr. de la Seine, 11 fév. 1859, DE COSTER C. LA COMPAGNIE DU NORD, *la Prop. indust.*, n° 155.)

La bonne foi d'un débitant n'est pas présumable en présence de la publicité qu'a reçue le brevet du plaignant, par suite des procès auxquels il a donné lieu et des avis répandus dans le public. (Trib. de la Seine, 7 août 1860, BLONDEL c. GERMAIN, *la Prop. indust.*, n° 162. — Paris, 26 mai 1855, BLONDEL et C^e c. ANTRAILLES. S. V. 56, 1, 280.)

Un négociant prétendrait vainement pour se justifier que l'acquisition et la vente des objets contrefaits a été le fait de son commis et non le sien, et qu'au milieu des opérations nombreuses de sa maison, ces acquisitions et vente sont demeurées pour lui inaperçues. (Trib. de la Seine, 5 juin 1860, SCYMANSKI c. TOURNIER, *la Prop. indust.*, n° 132.) Cette circonstance, pensons-nous, ne suffirait pas pour écarter la contrefaçon, mais elle pourrait être utilement invoquée, selon les faits de la cause, à l'appui de l'allégation de bonne foi.

Lorsqu'un individu poursuivi comme contrefacteur avait demandé conseil à des gens experts, et qu'il a pu en résulter pour lui la conviction que les procédés de fabrication par lui employés ne le constituaient pas en contrefaçon, il y a lieu d'admettre sa bonne foi. (Douai, 17 juin 1856, DELACOURT c. ROLLAND, Huard, art. 44, n° 1.) Il en est de même de celui qui dans l'ignorance du droit du breveté avait traité avec un tiers condamné lui-même comme contrefacteur de l'invention brevetée. (Trib. de Bernay, 27 juin 1856, GAILLARD c. BEAUGRAND, Huard, art. 44, n° 2.)

**711. A qui incombe la preuve de la mauvaise foi?** — C'est au poursuivant, pensons-nous, qu'incombe la preuve de la mauvaise foi du défendeur. D'abord, en effet, il est tenu en sa qualité de demandeur, d'établir le fondement de son action, de prouver tous les chefs qu'il invoque, tous les griefs dont il se plaint. Ensuite, on ne saurait obliger une personne à démontrer qu'elle ne connaissait pas l'existence de tel ou tel fait, ce serait lui demander une preuve négative, c'est-à-dire réclamer le plus souvent l'impossible.

Mais on a soutenu que la publication au *Moniteur* de l'arrêté ministériel accordant le brevet et la publicité donnée au Recueil des brevets, où sont relatées les descriptions, sont exclusives de l'ignorance du contrefacteur. Ainsi, M. Tillière (n° 147) commence par dire que « la preuve que le défendeur n'a pas été de mauvaise foi étant une preuve négative, il n'en peut être tenu suivant les principes de la procédure. C'est donc au demandeur à établir la mauvaise foi, à justifier sa demande... » Mais, ajoute-t-il plus loin, « par suite des publications formellement prescrites par la loi, il s'établira une présomption de mauvaise foi contre celui qui contrevient au brevet. » Nous croyons que cette présomption n'existe pas, et qu'au contraire, c'est la présomption de bonne foi qui doit militer à défaut de preuve de la fraude. Sans doute, la publicité donnée aux brevets a eu pour but d'avertir le commerce, et de lui permettre de se mettre en garde contre un empiétement involontaire du privilége d'autrui. Mais en toute justice, serait-il possible d'imposer au négociant ou même au fabricant, l'obligation de consulter et de compulser ces recueils qui ont pris, de nos jours, des proportions tout à fait excessives? Ce n'est pas lorsque des milliers de brevets sont délivrés chaque année que l'on peut sérieusement reprocher à un industriel quelconque d'avoir omis d'en faire l'étude attentive et minutieuse, avant de se livrer à un acte de sa profession. Si cette présomption absolue de mauvaise foi existait d'ailleurs, la preuve de la bonne foi deviendrait si difficile qu'autant vaudrait omettre dans l'article 5 la distinction qu'il consacre et qui constitue une des réformes les plus essentielles de la législation nouvelle.

Au surplus, les discussions ont manifesté l'intention de

la Chambre à cet égard. Le rapporteur de la section centrale s'exprimait ainsi à la séance du 24 février 1854 :

« L'on se trompe fort si l'on croit que la difficulté de fournir la preuve de la contrefaçon sera une cause fréquente d'impunité. Ainsi, la Cour de Paris, chambre correctionnelle, a rendu un arrêt en date du 3 juillet 1839 (Pujet), par lequel elle juge que celui qui était possesseur d'objets contrefaits destinés à être débités, n'est pas fondé à invoquer sa bonne foi, lorsque l'inventeur *a rendu publique* l'obtention de son brevet. Donc, la seule publicité suffit pour écarter la bonne foi ; il est évident que celui qui exposerait en vente des objets portant l'empreinte du nom du breveté, du mot brevet, et de l'année pendant laquelle le brevet a été concédé, ne pourrait plus invoquer la bonne foi en sa faveur. »

Il suit de là que la publication ordinaire de tout brevet, n'a point été considérée comme une mesure suffisante, pour établir une présomption universelle de mauvaise foi chez les contrefacteurs. Il faut que le breveté ait donné lui même à son privilége un supplément de publicité spéciale, extraordinaire ; il faut que la mauvaise foi du contrefacteur se révèle par des constatations matérielles, indépendantes du fait général, et dont le rapporteur de la section centrale nous citait des exemples.

**712. Jurisprudence.** — Les arrêts français, rapportés à l'appui de l'opinion que nous combattons sont loin d'avoir la portée qu'on leur a attribuée. L'arrêt de Paris du 3 juillet 1839 se fonde sur ce que l'obtention du brevet a été rendue publique, non-seulement par les moyens ordinaires prévus par la loi, mais encore par l'affiche des jugements de condamnation rendus contre divers contrefacteurs et par les circulaires et prospectus que le breveté avait eu soin de répandre chez les principaux négociants de la capitale, et dont il avait fait insérer l'extrait dans les journaux (Dalloz, v° *Brevet d'inv.* n° 318.) Notre thèse est absolument la même, car cet ensemble de précautions prises par l'inventeur devrait assurément faire écarter la supposition de l'ignorance du brevet.

Un jugement du tribunal correctionnel de Paris du 29 avril 1845 (Deschamps c. Gouaille, Dalloz *loc. cit.*), invoque la publicité spéciale que le brevet avait reçue dans l'espèce « et les communications de tous les instants qui existent entre le fabricant et les marchands dans chaque branche d'industrie. » Ces communications de chaque instant, n'existent pas dans tous les cas, et il serait dangereux d'affirmer ce principe d'une manière absolue, mais dans telle hypothèse déterminée la preuve de ces communications suffirait pour anéantir la présomption de bonne foi du défendeur.

Un arrêt de la Cour de cassation de France du 27 décembre 1837 (Dalloz, v° *Brev. d'inv.* n° 48, Rattier et Guibal c. Janvier), rendu sous la loi du 7 janvier 1791, annule un jugement qui avait décidé que la bonne foi était entièrement exclusive du délit de contrefaçon; il accorde seulement à la bonne foi l'effet de peser dans la balance du juge lors de l'appréciation des dommages-intérêts.

La même Cour a également décidé le 3 décembre 1841 (Ganilh c. Vieil, Dalloz, n° 308), que sous la loi de 1791, la bonne foi ne suffisait pas pour écarter la poursuite en contrefaçon, parce que celui qui n'a pas consulté le *Bulletin des lois,* est tout au moins coupable de négligence. Ces décisions ne nous sont pas opposables, car elles tendent seulement à établir que la négligence suffit pour constituer la contrefaçon, mais non pas la mauvaise foi du contrefacteur.

Du reste la jurisprudence française ne doit sur ce point être invoquée en Belgique, qu'avec circonspection. En effet, d'après la loi de 1844 la contrefaçon est un délit ; c'est ce qui a fait appliquer à cette matière les principes du droit criminel plutôt que ceux du droit civil. Ainsi, le fait même du recel ou de la vente est regardé comme une présomption légale de culpabilité : c'est à ceux qui en sont les auteurs à mettre en relief l'innocence de leurs intentions. Le fait matériel suffit pour entraîner leur condamnation, s'ils ne justifient pas de leur bonne foi : c'est à eux et non à la partie publique qu'incombe la preuve de cette excuse.

**713. La présomption de bonne foi cède à la preuve contraire.** — Il est de toute évidence que la présomption de bonne foi peut être détruite par la preuve contraire, et le breveté doit toujours être admis à faire cette preuve par toutes voies de droit. L'apposition du nom du breveté sur les objets contrefaits, serait par exemple pour le fabricant un indice certain de fraude. Mais relativement au débitant, ce fait serait plutôt la révélation de sa bonne foi, s'il avait pu par là être induit en erreur sur l'origine des objets achetés par lui, et qu'on lui aurait vendus comme provenant du breveté. La preuve de la mauvaise foi peut s'induire d'une foule de circonstances : c'est là une question de fait laissée à l'appréciation du juge.

**714. La confiscation doit être prononcée en cas de mauvaise foi.** — Le contrefacteur de mauvaise foi est exposé à une triple condamnation, à la confiscation des objets contrefaits, à la restitution du prix des objets déjà vendus, au payement des dommages-intérêts.

La confiscation doit toujours être prononcée, si la mauvaise foi est constatée. Les juges violeraient la loi s'ils en affranchissaient le défendeur, ou s'ils lui donnaient l'option de payer une somme d'argent ou de remettre les objets contrefaits. Ces derniers doivent être remis en nature au breveté ; toutefois, s'ils se trouvaient altérés ou consommés par le fait du défendeur, celui-ci pourrait être condamné à payer leur valeur à titre de dommages-intérêts (NOUGUIER, n° 1016.) Mais comme on l'a fait observer avec raison, la confiscation ne résulte pas de plein droit de la déclaration de mauvaise foi du contrefacteur. Si les tribunaux n'avaient pas prononcé cette confiscation, le breveté ne serait pas admis à se mettre en possession des objets saisis.

**715. Quid quand le brevet a pris fin?** — La confiscation est-elle encore possible lorsque le brevet a cessé d'exister, et que la poursuite est intentée pour des faits antérieurs à l'expiration du privilége? Le tribunal de Charleroi par jugement du 29 janvier 1857 (B. J., p. 1274, t. 15) a décidé la négative, en se basant sur ce qu'après l'expiration du brevet, l'existence de cet objet devient parfaitement légale, qu'il n'y a lieu dès lors qu'à des dommages-intérêts. D'autre part, un arrêt de la cour de cassation de France du 20 août 1851 (ALCAN c. BERTÈCHE, Pal. 52, 1, 279) maintient l'obligation pour les tribunaux de prononcer la confiscation, bien que le brevet ait pris fin entre la poursuite et le jugement. Nous estimons que la solution donnée par la cour de cassation à la question qui lui était soumise doit être généralisée et étendue au cas précédent. En effet le droit des parties doit s'apprécier au temps où il a pris naissance et non au moment où le juge le détermine. L'expiration du brevet livre l'invention au domaine public; mais ce fait regarde l'avenir, il ne rétroagit pas sur le passé. Il donne une existence légale aux fabrications futures, il ne couvre pas le vice des contrefaçons antérieures. A partir du jour où un individu contrevient au brevet, l'inventeur a un droit acquis à la confiscation de ces objets, s'il établit la mauvaise foi de leur auteur. La confiscation au surplus revêt un double caractère dans la loi nouvelle : elle constitue à la fois un gage réel pour l'indemnité allouée au breveté, elle est dans certains cas une peine qui vient s'ajouter au chiffre de la réparation. Or, la cessation du brevet ne porte atteinte ni à l'un ni à l'autre de ces caractères : elle ne saurait atténuer la conduite passée du contrefacteur, ni compromettre le droit du breveté d'obtenir une garantie pour ses dommages-intérêts.

**716. Quels objets la confiscation frappe-t-elle ?** — L'article 5 désigne à cet égard *les objets confectionnés en contravention du brevet et les instruments ou ustensiles spécialement destinés à leur confection.*

La saisie porte donc tout d'abord sur les objets confectionnés en contravention du brevet.

Lorsque le brevet couvre un produit nouveau, les produits analogues obtenus par le contrefacteur sont par conséquent soumis à la confiscation. Il en est de même d'un instrument, d'un organe quelconque, s'il est par lui-même l'objet du monopole. Sur ce point aucun doute n'est possible.

Mais qu'arrivera-t-il des produits qui ne sont pas nouveaux, qui sont dans le domaine public, lorsqu'ils ont été obtenus à l'aide d'un appareil ou d'un procédé brevetés?

A leur égard il y a lieu d'opérer une distinction. Si le breveté a déterminé l'application du moyen qu'il a inventé, il sera défendu d'employer ce moyen à un service identique; les choses ainsi obtenues seront donc confectionnées en contravention du brevet, elles seront saisissables. (Cass. fr., 9 mai 1859, VILLARD c. DESS, la *Pr. ind.*, n° 85.)

Si le breveté n'avait pas pris la précaution d'indiquer les applications industrielles de son moyen ou celles qu'il entendait se réserver, on ne pourrait considérer comme confectionnés en contravention du privilége les objets obtenus à l'aide de ces agents. Le monopole dans ce cas serait restreint à la fabrication et à la vente des organes brevetés, les produits ainsi fabriqués proviendraient d'un usage licite qui ne serait pas une violation du monopole, ils devraient échapper à la confiscation.

Enfin, comme nous l'avons vu encore, le privilége de l'inventeur serait limité à l'usage des moyens spécialement décrits dans le brevet, si quelques-uns de ces emplois y étaient énumérés. Dès lors un produit confectionné avec la machine brevetée mais à laquelle on aurait donné un autre emploi que celui prévu par l'inventeur, ne serait pas saisissable.

N'oublions pas non plus que les produits auxquels ont été appliquées les machines contrefaites doivent pouvoir être considérées comme ayant été « confectionnés » par ces moyens. Ainsi, il ne suffirait pas qu'ils aient été touchés par l'appareil, qu'ils lui aient été soumis dans un but quelconque avant d'être livrés au commerce. Si le procédé breveté ne mène qu'à un simple résultat, l'objet auquel il aura été appliqué ne pourra être envisagé comme ayant été fabriqué à l'aide de ce moyen. Lorsqu'un instrument propre à couper le sucre aura été contrefait, on ne frappera pas de confiscation le sucre qui aura été coupé avec cet appareil. De même, ainsi que le remarque fort justement M. Tillière (n° 150) quand une machine d'épuisement destinée à exhaure les eaux aura fonctionné dans une mine ou carrière, les produits de l'extraction ne seront pas réputés objets contrefaits. C'est le résultat qui est l'émanation de l'agent : or, le résultat est insaisissable de sa nature.

**717. Quid des matières premières et de la fabrication inachevée ?** — Lorsque la fabrication n'est pas complètement terminée, lorsque la poursuite suspend la contrefaçon en cours d'exécution, que décider relativement aux matières premières ou aux produits non encore terminés ? Il faut, pensons-nous, que pour prononcer la confiscation des marchandises ou matières premières auxquelles ont été appliqués les procédés brevetés, les tribunaux constatent préalablement que par cette application ces choses ont subi dans leur nature, leur forme, leur apparence ou leur valeur, une transformation telle qu'on doive déjà les considérer comme contrefaites, comme distinctes sous ce rapport des choses du domaine public. Les juges du fait sont souverains dans cette appréciation, mais ils doivent nécessairement faire cette déclaration pour justifier la confiscation. (Cass. fr., 13 mai et 28 mai 1853, DAVID LABBEZ ET DASTIS, Pal. 54. 2. 54.)

La même Cour a décidé le 11 août 1858 (D. P. 58. 1. 427), que si la matière première a déjà subi une préparation qui permette de considérer l'objet contrefait comme étant en cours d'exécution, elle devient évidemment saisissable puisqu'on y trouve la preuve matérielle de la destination spéciale à laquelle elle était affectée.

Quant aux matières premières qui n'ont pas encore subi d'application spéciale par les procédés brevetés, qui sont encore analogues à celles du domaine public, est-il permis de les saisir ?

La cour de cassation de France a tranché la question affirmativement par deux arrêts, le premier du 14 avril 1859, (D. P. 59. 5. 47), le second du 2 décembre 1859, (D. P. 61. 5. 46.)

Elle considère les matières premières destinées à la confection des objets contrefaits, comme des instruments de contrefaçon, et les enveloppe dans la confiscation à raison de cette affectation spéciale. Elle regarde même la confiscation comme suffisamment justifiée par cette déclaration souveraine du juge du fait, que le contrefacteur confectionne seulement les articles qui ont motivé la saisie, parmi les objets auxquels ces matières pouvaient être employées.

Nous ne partageons pas cette doctrine. La loi belge, à l'imitation de la loi française, autorise, il est vrai, la confiscation des instruments et ustensiles spécialement destinés à la fabrication des objets contrefaits; mais il n'est pas possible d'appeler une matière première un instrument ou un ustensile. Le sens usuel des mots répugne à cette interprétation, et rien n'indique que la loi ait voulu forcer la portée de ces termes. L'interprétation restrictive est de rigueur du reste dans cette matière, d'autant plus qu'il s'agit ici d'une véritable pénalité à prononcer contre l'auteur de la fraude. Ces décisions se concilient fort peu au surplus avec les arrêts antérieurs du 13 mai et du 28 mai 1853 que nous avons cités plus haut, et qui n'autorisent la contrefaçon des matières premières que pour autant qu'on puisse les considérer comme objets contrefaits, par suite des préparations auxquelles elles ont déjà été soumises.

L'arrêt du 14 avril 1859 prononce la confiscation de cercles de fer saisis chez un fabricant de jupons à ressort, et qui n'avaient évidemment chez lui d'autre destination que celle de servir à la confection des jupons contrefaits. Cette solution n'est point justifiable si l'on envisage ces objets comme des instruments de fabrication, ainsi que l'a pensé la Cour. Il eût été plus logique d'y voir les éléments des produits contrefaits, de les assimiler à une contrefaçon déjà commencée : à ce titre, et suivant les circonstances, leur confiscation pourrait être légitime.

**718. Quid des instruments et ustensiles?** — Par instruments et ustensiles, il faut entendre tous les appareils, tous les outils qui sont employés à la fabrication. Mais l'article exige qu'ils soient *spécialement* destinés à la confection des objets contrefaits. Si par conséquent ils sont susceptibles d'être consacrés également à un autre usage entre les mains de leurs possesseurs, ils échappent à la confiscation. Il faut qu'ils soient affectés uniquement à la production des objets contrefaits, et les juges de fait sont obligés de relever cette circonstance pour que la saisie en soit justifiée. (Cass. fr. 9 mai 1859, D. P. 59. 1.205.)

Si la contrefaçon n'a pas porté sur le procédé mais seulement sur le produit, il ne peut y avoir lieu à la confiscation des outils et métiers ayant servi à la fabrication, ces outils et métiers pouvant servir à des fabrications permises. Ainsi jugé par la Cour de Douai, le 17 juin 1836, Delacour c. Rolland, Pataille et Huguet, 1856, p. 97. — En sens contraire, Tillière, n° 150 *in fine*.

**719. La partie contrefaite d'une machine est seule saisissable.** — Lorsque l'invention et le brevet ne portent que sur une partie de machine, cette partie est seule soumise à la confiscation. Pourquoi, en effet, étendre la saisie au delà des limites du privilége auquel elle sert de sanction? Le rapporteur de la section centrale au sénat s'est exprimé formellement sur ce point : « Si le breveté a inventé une soupape spéciale, un mode de détente, un mode de transmission de mouvement, je conçois qu'il puisse se faire restituer l'objet de son invention, si le possesseur ne veut lui en payer l'usage. Mais je ne comprends pas que cela lui donne le droit d'enlever la machine entière et de s'approprier ainsi un objet auquel il n'a nul droit. »

Remarquons en passant, pour éviter à cet égard une confusion qui pourrait naître des paroles ci-dessus, que le contrefacteur ne s'affranchirait pas de la confiscation en consentant à payer à l'inventeur l'usage de l'appareil contrefait. Cette alternative dépend de la volonté du breveté, et non du choix du contrevenant. La confiscation est tou=

jours obligatoire en cas de mauvaise foi, et les juges violeraient la loi, s'ils cherchaient ailleurs que dans le bon vouloir du breveté, des motifs d'en dispenser le défendeur
(TILLIERE, n° 150.)

**720. Quid dans le cas où l'objet contrefait est joint à un autre d'une manière indivisible?** — Lorsque le contrevenant a joint la chose contrefaite à un autre objet, de manière à en faire un tout inséparable, la nécessité oblige à étendre la confiscation à l'ensemble, pour rendre possible la confiscation de la partie.

Ainsi, lorsque des larmiers destinés à empêcher les eaux pluviales de filtrer entre la mitre et la cheminée, sont la contrefaçon de larmiers brevetés, on doit confisquer au profit du breveté non-seulement les larmiers contrefaits, mais encore les mitres de cheminée dont ils sont inséparables. (Cass. fr., 2 mai 1822, CHEDEBOIS, c. FOUGEROL, S, V. 23, 1, 45.)

De même encore, lorsqu'un procédé industriel nouveau et breveté, a pour effet de donner un apprêt particulier à un tissu déjà connu (le nankin), on doit prononcer la confiscation du tissu auquel ce procédé a été adapté. (Cass. fr., 31 déc. 1822, DELARUE, c. VERMONT, S. V. 23, 1, 225.)

La Cour de cassation a aussi appliqué ce principe à des laines qui avaient été graissées et dégraissées à l'aide d'un procédé protégé par un brevet. (Cass. fr., 20 août 1831, ALGAN c. BERTÈCHE, S. V. 31, 1, 648.) Cette solution est conforme aux principes.

Mais la confiscation ne doit pas s'étendre aux choses qui pourraient se détacher de l'ensemble où serait entré le produit ou le procédé contrefait. Lorsque, par exemple, la contrefaçon porte sur la forme donnée à un bateau, le bateau peut être saisi, mais non les machines qui en sont séparables. (Cass. fr. 12 nov. 1858, Gache c. Masson, D. P. 59, 1, 41.)

Si un procédé de dorure est reconnu contrefait, la confiscation doit porter sur les vases en porcelaine saisis, puisque la dorure est devenue partie intrinsèque de ces porcelaines et n'en est plus séparable. (Amiens, 14 déc. 1861, Dutertre c. Fourreau, *la Prop. ind.*, n° 214.)

Quand il y a indivisibilité entre des dessins contrefaits et les objets sur lesquels ils sont appliqués, l'offre d'effacer les dessins ne soustrairait pas ces objets à la confiscation. (Cass. fr., 19 mars 1858, Goupil, *la Prop. ind.*, n° 18.)

Lorsqu'un brevet est composé de parties connues et de parties nouvelles la contrefaçon déclarée pour les organes propres à l'inventeur doit entraîner la confiscation non-seulement desdits organes contrefaits, mais aussi celle de tout l'appareil dont ces organes sont inséparables au point de vue du système d'ensemble décrit au brevet. (Paris, 13 juin 1857, Cass., 17 sept. 1857, Périn c. Souverain, Huart, art. 49, n° 21.) Lorsque les juges dans ce cas ont prononcé la confiscation de la machine entière, le contrefacteur ne peut s'en faire un moyen de cassation, s'il ne justifie pas avoir mis les juges en demeure de s'expliquer sur la divisibilité de la machine et sur la possibilité de ne faire porter la confiscation que sur l'organe contrefait. (Cass. fr. 11 juillet 1857, Fauconnier c. Jannot, id.)

**721. La confiscation ne peut porter que sur les objets saisis ou décrits.** — La confiscation ne peut-elle comprendre que les objets saisis ou décrits? La Cour de cassation de France dans un arrêt du 20 août 1851 (Pal. 52, 1, 279) a décidé que la saisie préalable n'était pas nécessaire quand il y avait une description. La Cour de Paris a jugé le 19 février 1853 qu'une saisie ou tout au moins une description préalable était de rigueur. En effet, un jugement qui autoriserait un breveté à s'emparer de tous les objets contrefaits similaires, sans soumettre son action à l'appréciation du tribunal, statuerait par voie règlementaire et contreviendrait ouvertement à l'article 5 du Code civil. Il faut que la justice ait prononcé sur le caractère d'objets déterminés, que leur qualité soit appréciée contradictoirement, et que la déclaration de contrefaçon résulte d'un débat qui les concerne spécialement. A cet égard, il n'est guère possible de les déterminer autrement que par une saisie ou une déscription. Il faut donc repousser la doctrine d'un arrêt de la Cour de Liége du 19 janvier 1847 (B. J., t. 5, p. 398) qui autorise le breveté à opérer la saisie et la confiscation, partout où il les trouvera, des objets provenant de la fabrique du défendeur. La saisie de chacun de ces objets doit donner lieu, au contraire, à un débat judiciaire, où leur possesseur sera de nouveau admis à discuter et à contester les droits du breveté. Nous croyons même que le jugement qui ordonnerait la confiscation des objets saisis ne s'appliquerait pas aux objets décrits et réciproquement. (Voyez dans ce sens, Paris, 19 févr. 1855, Chaudun, c. Lemaire et Gevelot ; en sens contraire, Cass. fr., 2 août 1851, Cunin-Gridaine, c. Alcan, S. V. 51, 1, 648.)

**722. Droits du propriétaire des lieux loués sur les objets à confisquer.** — Les droits du breveté ont le pas sur ceux du propriétaire de la maison, et la confiscation s'exerce malgré le privilége de ce dernier, en raison des loyers dus par le contrefacteur. Ainsi jugé par l'ordonnance de référé suivante : « Attendu que les objets contrefaits et ustensiles ayant servi à la production d'iceux sont frappés de contrefaçon par la loi ; que cette peine place ces objets, au regard de l'inventeur, hors du commerce, puisqu'ils ne peuvent être vendus que par lui ; — qu'ils doivent lui être remis et qu'il aurait même le droit de les détruire; — d'où il suit qu'ils ne peuvent être le gage des loyers du propriétaire; » Trib. des référés de Paris, 18 juin 1850, Prélard c. Boucherie, E. Blanc, p. 679. Un jugement du tribunal de la Seine du 3 avril 1861 (Visseau c. Rapin et Mathieu, *la Prop. ind.* n° 200) a statué dans le même sens.

**723. Conflit avec l'administration des douanes.** — Un conflit est encore possible entre les droits du breveté et ceux de l'administration des douanes lorsque, par exemple, les objets contrefaits ont été introduits dans le pays sans acquitter les droits. Le tribunal correctionnel de Paris saisi d'une double poursuite, du chef de contrefaçon et du chef de contrebande, a décidé dans ce cas que la confiscation devait être prononcée au profit du breveté et non au profit de l'administration des douanes intervenante. (Du 25 juin 1855, Douanes c. Verdier, Dalloz, V° *Brevet d'invention,* n° 575.)

Il peut arriver aussi que les marchandises introduites en Belgique soient préemptées par un fonctionnaire public, agissant en exécution des lois douanières. La détention et la vente de ces objets par ce fonctionnaire ne constitueraient pas dans ces circonstances un fait de contrefaçon. C'est ce qu'a jugé le tribunal de Gand, le 11 mai 1863. (B. J., t. 21, p. 206.) L'importateur seul doit être déclaré coupable de contrefaçon, mais seulement pour le fait d'introduction dans le pays. C'est donc abusivement que le même tribunal par une décision postérieure du 6 juillet 1863 (B. J., t. 21, p. 997, Thompson c. Van Laethem et consorts), a prononcé contre l'introducteur diverses condamnations à raison de deux contrefaçons distinctes, celle résultant de son fait et celle résultant du fait du douanier préempteur. Il ne saurait y avoir lieu à confiscation dans ces circonstances, puisque le vrai, le seul contrefacteur, ne détient pas les objets, puisqu'ils ne lui appartiennent plus, qu'ils sont la propriété d'un tiers chez qui leur détention n'est pas répréhensible. Le tribunal a aussi condamné à tort l'introducteur à payer au breveté le prix des objets vendus par l'employé des douanes. Il n'est pas question dans l'art. 5 d'une vente opérée par un tiers, mais de celle où le contrefacteur est intervenu. Dans l'espèce jugée par le tribunal de Gand, le demandeur aurait dû se faire allouer le montant de la préemption, qui, vis-à-vis de l'importateur avait constitué la vente et amené volontairement ou forcément la dépossession de la marchandise. Si cette somme avait été insuffisante pour indemniser le breveté, celui-ci aurait eu la ressource de réclamer en outre des dommages-intérêts. Ainsi, lorsque le fabricant est poursuivi conjointement avec le détenteur de l'objet contrefait, et que ce dernier prouve qu'il possède seulement pour son usage personnel, il n'y a pas lieu de prononcer de confiscation, soit contre le détenteur (Cass. fr., 12 juillet 1851, VACHON c. CHAUVEAU, S. V. 52, 1, 145), soit contre le fabricant de mauvaise foi ; celui-ci n'a pas l'objet en son pouvoir, celui-là a le droit de continuer une possession qui n'est pas illicite dans son chef.

**724. De la restitution du prix des objets vendus.** — Lorsque les objets contrefaits ne sont plus en la possession du contrefacteur condamné, la confiscation ne saurait plus s'exercer. Aussi, dans ce cas, la loi y substitue-t-elle une autre mesure : les tribunaux, dit l'article 5, alloueront une somme égale au prix des objets déjà vendus.

Cette condamnation est destinée à remplacer la confiscation lorsque celle-ci est devenue matériellement impossible. Elle en revêt dès lors le même caractère. On doit donc l'envisager non pas seulement comme une indemnité due au breveté, mais comme une peine qui frappe la mauvaise foi du contrefacteur. Aussi, les tribunaux prononceront-ils cette condamnation contre ce dernier, alors même que le breveté obtiendrait la confiscation des objets vendus entre les mains du tiers acquéreur. Si l'on considérait uniquement cette allocation comme la réparation d'un préjudice, il y aurait injustice à admettre ce cumul, puisque le breveté recevrait à la fois l'objet et sa valeur. Mais l'élément pénal qui existe dans la confiscation ne permet pas d'affranchir le défendeur de mauvaise foi des conséquences légales de sa conduite, par l'unique motif que l'inventeur serait indemnisé outre mesure du tort causé par la contrefaçon. N'arrive-t-il pas souvent que la valeur de l'objet confisqué dépasse le préjudice réellement souffert par le breveté? Comment dès lors le coupable trouverait-il un allégement à son sort dans la peine qui frapperait la fraude d'un voisin ?

**725. Comment se calcule le prix?** — Les discussions législatives ont établi que le prix des objets vendus devait s'entendre du prix réellement obtenu par le vendeur, sans avoir égard à la valeur des objets aliénés. Cette interprétation est d'ailleurs parfaitement logique. En effet, si le prix effectivement payé est supérieur à ce que vaut l'objet contrefait, il est équitable d'empêcher que le contrefacteur trouve une source de lucre dans la déloyauté de sa conduite. Lorsqu'au contraire ce prix est inférieur, le breveté recevra sous forme de dommages-intérêts le supplément de valeur qu'il aurait trouvé dans la confiscation, si la vente n'avait rendu celle-ci impossible.

Lorsque l'invention ne porte que sur une partie de l'objet vendu, est-ce le prix de l'aliénation de la totalité de cet objet qui doit revenir au breveté? Il faut distinguer, pensons-nous, dans ce cas comme dans celui où la confiscation est encore possible. Le prix de la partie sur laquelle porte le brevet, sera seul alloué, à moins qu'il ne s'agisse d'un tout homogène et indivisible. Ainsi, lorsque le brevet ne tombe pas sur la machine entière, mais sur des tiroirs qui distribuent la vapeur, si ces tiroirs destinés à remplacer les tiroirs ordinaires, peuvent s'appliquer aux machines précédemment construites, de manière à pouvoir être détachés et remplacés par d'autres procédés, le prix alloué devra se borner à la valeur de ces tiroirs. (Liége, 10 mars 1855. B. J., t. 13, p. 1611.) Le même arrêt décide à juste titre que le prix ne doit pas être borné à la valeur de la matière première et de la main d'œuvre, mais qu'il doit être, au contraire, calculé eu égard à l'avantage réel que le procédé peut procurer dans son application, avantage qui en favorisant le placement et la vente du procédé, constitue la valeur de l'invention.

**726. Quid en cas d'échange, de donation ou de louage?** — Le texte de l'article 5 doit-il s'interpréter à la lettre, en ce sens que le breveté n'aura à recevoir que le prix des objets *vendus*? Que décider, si les objets confectionnés en contravention du brevet, ont été distribués gratuitement, échangés, donnés en location, en un mot s'ils sont sortis de la possession du contrefacteur à un autre titre que par une vente proprement dite? Nous croyons qu'il faut s'en tenir à la signification rigoureuse des termes dont s'est servi le législateur. Il y a ici un motif qui vient s'ajouter à ceux que nous puisons dans le caractère exceptionnel de l'institution des brevets, c'est la nature pénale de la condamnation prononcée par notre article contre le contrefacteur de mauvaise foi. Les pénalités sont de stricte interprétation, et l'analogie de motifs ne suffit pas pour suppléer aux dispositions restrictives de la loi.

Au surplus, ni dans l'échange ni dans la donation, nous ne voyons de prix, que les tribunaux puissent allouer. Il en existe un à la vérité dans le louage, et l'on pourrait soutenir que ce contrat constitue la vente de l'usage de la chose, mais ce serait encore là une interprétation élastique que la matière ne comporte point.

Si le législateur a songé à cette hypothèse assez peu commune, il aura pensé que la voie des dommages-intérêts fournissait au breveté une compensation suffisante pour l'atteinte portée à ses droits.

**727. Du contrefacteur de bonne foi.** — Lorsque le contrefacteur est de bonne foi, la loi l'exempte de la confiscation. Pourquoi, en effet, aurait-elle édicté une peine contre une faute très-légère peut-être, ou contre celui qui a pu être lui-même victime des manœuvres d'autrui ? L'article 5 se borne donc à sauvegarder les intérêts du breveté, sans aggraver le sort du défendeur qui a agi sans fraude. D'une part, elle répare pour l'inventeur le préjudice passé, en proclamant d'une manière générale, pour ce cas comme pour le précédent, le principe des dommages-intérêts; d'autre part, elle le prémunit contre le préjudice futur en défendant au contrefacteur de se servir désormais, dans un but commercial, des machines et appareils de production reconnus contrefaits, et de faire usage dans le même but, des instruments et ustensiles pour confectionner les objets brevetés.

**728. Défense d'employer les appareils de production contrefaits.** — Nous remarquerons tout d'abord que la défense dont parle l'article 5 ne s'applique qu'aux machines et appareils de production. Que faut-il conclure de ce silence de la loi en ce qui touche les objets contrefaits qui n'ont pas ce caractère? Quels seront notamment les droits du débitant de bonne foi, dont les magasins renfermeront des marchandises fabriquées par un tiers en contravention du brevet? Nous estimons que les tribunaux ne pourraient suppléer à une lacune de la loi, en étendant la prohibition de l'emploi commercial aux objets autres que ceux énumérés dans l'art. 5.

Le marchand qui aura acquis de bonne foi des objets contrefaits, sera passible de dommages-intérêts, mais il sera maître de conserver les marchandises après le jugement, et de les faire servir à un usage commercial. Ce sera aux tribunaux à tenir compte de cette éventualité, dans le règlement des dommages-intérêts, en accordant au breveté une indemnité représentative du bénéfice qu'il aurait retiré de la confection et de la vente des produits trouvés chez le débitant.

Le préjudice que le breveté pourrait souffrir de ces actes peut dans cette occurrence être aisément prévu, calculé et réparé. L'emploi commercial de ces objets ne saurait plus dès lors constituer une contrefaçon à défaut de préjudice causé à l'inventeur.

La loi a dû en agir autrement avec les appareils de production. Ici, il était impossible de calculer par avance le préjudice du breveté, puisque ce dommage était proportionnel à l'emploi qui aurait été fait de ces instruments dans la suite. Le seul moyen efficace de garantir le privilége de l'inventeur était d'en interdire l'emploi à leur possesseur, dans un but commercial. C'est ce que le législateur a compris en autorisant les tribunaux à prononcer cette défense.

**729. Cette défense est restreinte à l'usage commercial.** — Les tribunaux, dit l'art. 5 feront défense d'employer ces machines et appareils *dans un but commercial*. Nous avons déjà eu occasion de préciser ce qu'il faut entendre par l'usage commercial (N°s 593 et suiv). L'usage commercial se distingue à la fois de l'usage privé et de l'usage personnel. Il s'entend de l'emploi d'une machine dans le dessein de faire commerce de ses produits, de manière à causer une concurrence préjudiciable au breveté. Une production qui serait restreinte aux besoins particuliers du possesseur de l'ustensile et qui n'aurait pas une spéculation en vue, serait parfaitement licite. Nous avons cité déjà, à titre d'exemple, une machine à confectionner des enveloppes : l'individu qui à l'aide de cet instrument alimenterait sa correspondance privée ne serait pas un contrefacteur. Il en serait de même du négociant qui en retirerait les enveloppes dont il se servirait dans ses lettres d'affaires : cet usage serait encore personnel et nullement répréhensible. L'abus ne commencerait qu'au moment où il céderait ces enveloppes aux tiers, où il ferait commerce des produits de la machine. Alors seulement il y aurait exploitation industrielle, alors il y aurait une atteinte portée aux droits exclusifs du breveté.

**730. Appareils destinés à confectionner les objets contrefaits.** — Le texte de l'art. 5 doit être mis en harmonie avec les principes généraux. Ainsi, la défense d'user des appareils contrefaits dans un but commercial quelconque serait certainement trop absolue, car il est permis de se servir d'un moyen breveté, même dans un but commercial, mais en lui donnant une autre application que celle prévue par l'inventeur (n° 590). Or ce qui était licite avant le jugement ne perd pas ce caractère après le procès. Il sera donc loisible au détenteur d'employer ces machines ou appareils à un usage dont le monopole n'aura pas été réservé à l'inventeur par son brevet.

La loi a étendu la prohibition aux instruments non brevetés, mais qui ont servi au contrefacteur de bonne foi à produire l'objet contrefait. Le jugement lui interdira d'user de ces outils ou de ces procédés pour arriver au résultat breveté, mais il pourra s'en servir en toute sécurité pour une autre destination.

Quelle est la sanction de cette défense? L'article cinq dit que les tribunaux prononceront cette interdiction *sous les peines ci-dessus,* c'est-à-dire sous peine de confiscation. Lorsqu'un breveté croira pouvoir se plaindre d'un abus commis par le contrefacteur de bonne foi après le jugement, soit que celui-ci utilise la machine contrefaite dans un but commercial, soit qu'il se serve des ustensiles appartenant au domaine public, pour confectionner dans un but commercial des objets brevetés, il aura à l'assigner de nouveau devant les tribunaux. Puis, après avoir établi les griefs dont il se plaint, il obtiendra la confiscation des appareils, et l'allocation d'une somme égale au prix des objets vendus. Cette prétention serait d'autant moins contestable d'ailleurs, que depuis la première instance, le contrefacteur aurait certainement cessé d'être de bonne foi.

« Dans l'un et l'autre cas, dit l'article 5, des dommages-intérêts pourront être alloués au breveté ou à ses ayants droit. » Cette conséquence est de toute justice, car les condamnations prononcées contre le contrefacteur doivent toujours tendre à réparer tout au moins l'atteinte portée aux droits du breveté. Dès que celui-ci a souffert par le fait d'autrui, il peut exiger une réparation, quelles qu'aient été les intentions de ce tiers : ce principe est écrit dans le Code civil, article 1582, il découle du droit commun en matière de responsabilité.

Les dommages-intérêts doivent comprendre tous les bénéfices illégitimes que la contrefaçon a procurés à son auteur, tout le gain dont le breveté a été frustré. La baisse des produits, la hausse dans les matières premières, le tort que l'inventeur a subi dans son crédit, les sacrifices et les frais qu'il a dû consentir pour soutenir ses droits, le prix des licences ou cessions de brevets dont il a été abusivement dépouillé, tous ces éléments peuvent entrer en ligne de compte. Ainsi que l'a décidé la Cour de cassation de France dans un arrêt du 8 août 1857 (Sax c. Gautrot, Huard, art. 49, n° 36), ce serait s'exposer à rendre souvent la poursuite stérile, que de restreindre les dommages-intérêts aux bénéfices perçus par le contrefacteur. Nous pensons même avec un arrêt de la même Cour, du 20 juillet 1830 (Germain c. Sevène, S. V. 30. 1. 365), que l'indemnité doit se calculer beaucoup moins sur le gain obtenu par le contrefacteur que sur le tort et dommage éprouvés par le propriétaire du brevet.

La jurisprudence considère comme élément d'appréciation pour les dommages-intérêts : la quantité d'objets contrefaits et le bénéfice que le breveté eût réalisé si la contrefaçon n'avait pas eu lieu (Trib. corr. de la Seine, 22 janv. 1858, Jouvin c. Delauzanne, *la Propr. ind.* n° 6) ; la vulgarisation des procédés de l'inventeur par l'effet de la contrefaçon (Cass. Fr. 27 nov. 1858, Levieux c. Fréret, *la Prop. ind.* n° 119) ; la mise en vente et en circulation dans le commerce, de produits imparfaits et vendus à prix réduit, cause d'avilissement des produits brevetés (Gand, 6 juillet 1863, B. J. t. 21 p. 997.)

Rien n'empêche de faire d'abord statuer au fond par le tribunal sur le fait de la contrefaçon et le principe des dommages-intérêts, sauf à libeller ces derniers par état. Lorsque le préjudice est considérable et certain, le breveté peut réclamer et le tribunal ordonner qu'une provision sera immédiatement versée à valoir sur les dommages-intérêts, qui seront ultérieurement et définitivement fixés. Nouguier, au n° 1038, rapporte à cet égard une décision du tribunal correctionnel de Paris du 12 juin 1856, (Sax c. Gautrot), laquelle après avoir condamné aux dommages-intérêts à fournir par état, a alloué, à titre de provision, une somme de cinquante mille francs.

**731. Les dommages-intérêts peuvent produire intérêt à partir de la demande.** — Les tribunaux saisis d'une instance en contrefaçon dirigée par un commerçant contre un autre commerçant, peuvent ordonner que la somme accordée à titre de dommages-intérêts produira intérêts à partir du jour de la demande, et ce au taux de 6 p. c. à raison de la nature commerciale de la cause. (Paris, 31 août 1855, Frezon c. Pommier, Pataille et Huguet, [*Annales de la Prop. indust.*, t. de 1856 p. 203.)

**732. Les tribunaux ne peuvent fixer de dommages-intérêts pour les contraventions futures.** — L'article 5 du Code civil interdit aux tribunaux de prononcer par voie de disposition générale et réglementaire sur les causes qui leur sont soumises. Les tribunaux violeraient cette défense en imposant à un contrefacteur l'obligation de payer une somme déterminée à l'avance pour toutes les contraventions au brevet qu'il commettrait à l'avenir. (Paris, 14 décembre 1844, Larenaudière c. Béranger, Pal. 1844, à sa date.)

**733. De la majoration des dommages-intérêts en appel.** — Aux termes de l'article 464 du Code de procédure, les parties peuvent demander en appel une majoration de dommages-intérêts pour le préjudice souffert depuis le jugement. Il faut appliquer ce principe à notre matière en ce sens que les juges d'appel doivent avoir égard au préjudice souffert par le breveté à raison des faits sur lesquels le premier juge a été appelé à statuer.

Mais ils ne pourraient baser leur décision sur des faits de contrefaçon postérieurs au jugement dont appel. La Cour de cassation de France l'a ainsi décidé par arrêt du 21 août 1858 (Sax c. Gautrot, *La Propriété indust.*, n° 51.)

« Attendu que si les conclusions prises devant les juges de première instance avaient valablement saisi ces derniers des actes de contrefaçon exécutés entre l'introduction de la poursuite et le jugement, et si en y faisant droit, le tribunal n'avait violé aucune loi, il en est autrement des conclusions additionnelles prises par la partie civile en appel, et tendant à ce que la condamnation à intervenir comprit même les faits postérieurs au jugement; qu'une pareille demande était non-recevable, et que la Cour impériale en l'accueillant et statuant au fond sur un nouveau délit de contrefaçon qui n'avait pas été déféré au premier juge, puisqu'il n'existait pas alors, a violé la règle des deux degrés de juridiction. »

**734. La bonne foi du contrefacteur influe-t-elle sur les dommages-intérêts?** — En principe, il n'existe aucune distinction entre la bonne ou la mauvaise foi en ce qui regarde les dommages-intérêts. Toutefois, il faut admettre une différence relativement aux moyens d'exécution. La loi du 21 mars 1859, art. 4 n° 3, prononce la contrainte par corps en matière civile, pour les condamnations aux dommages-intérêts dans tous les cas de dol ou de fraude. Bien que la loi sur les brevets d'invention soit muette sur la question, nous pensons qu'il faut appliquer au recouvrement des dommages-intérêts les règles générales admises en droit commun. En conséquence, en cas de mauvaise foi du contrefacteur, il y aura lieu de prononcer la contrainte par corps pour l'exécution des condamnations à des dommages-intérêts.

**735. Publication du jugement.** — La législation spéciale sur les brevets ne renferme aucune disposition relative à la publicité que peuvent recevoir les jugements rendus en matière de contrefaçon. L'art. 49 de la loi française de 1844 contient une mention expresse à cet égard, en vertu de laquelle les tribunaux peuvent ordonner l'affiche du jugement, s'il y a lieu. Mais déjà antérieurement, sous la loi de 1791, qui était muette sur ce point, aussi bien que la loi Belge, la jurisprudence attribuait aux tribunaux le droit d'ordonner l'affiche de leurs décisions. Elle se basait à cet effet sur l'article 1036 du Code de procédure, qui dispose « que les tribunaux, suivant la gravité des circonstances, pourront dans les causes dont ils sont saisis, ordonner l'impression et l'affiche de leurs jugements. »

« Attendu, dit un arrêt, que l'impression et l'affiche d'un jugement peuvent être ordonnées, soit à titre de peine, soit à titre de dommages-intérêts ; — que si, dans le premier cas, cette impression et cette affiche ne sauraient être prononcées qu'en vertu d'une disposition formelle de la loi, il ne saurait en être de même dans le second ; — qu'alors cette affiche et cette impression, quoique ordonnées pour un cas où la loi ne les a pas prescrites, n'ont aucun caractère pénal ; — qu'elles sont, à proprement parler, une indemnité, une réparation, accordée à la partie civile..... (Cass. fr., 21 mars 1839, LAGARDE, Pal. 1839, 2, 389. Comparez : trib. Gand, 6 juillet 1863. B. J., t. 21, p. 997.)

Cette publicité constitue, en effet, une réparation fort efficace du tort causé au brevet par la contrefaçon. Elle prémunit le public contre les produits induement versés dans le commerce ; elle sert d'avertissement pour les individus qui seraient tentés d'entrer également dans la voie des usurpations ; elle relève le crédit du breveté et atteint celui du contrefacteur.

**736. La publication du jugement ne peut avoir lieu sans autorisation des tribunaux.** — La nature de ces conséquences est telle que le breveté ne pourrait se permettre de faire procéder à ces impressions et affiches sans y avoir été expressément autorisé, car il lui est défendu d'aggraver de son autorité privée le sort du contrefacteur condamné. En conséquence, la partie qui sans permission de justice a pris sur elle de faire afficher le jugement qui lui faisait gagner son procès, est elle-même passible de dommages-intérêts. (Paris, 23 févr. 1839, POUET, Pal. 1839, 1, 528.)

**737. On ne peut dépasser les limites fixées par le jugement.** — La publicité des jugements par voie d'affiches, est une condamnation extraordinaire prononcée contre celui qui succombe; elle doit être restreinte dans les limites et dans les formes où elle a été prononcée. Le breveté qui a été autorisé à faire afficher à un certain nombre d'exemplaires le jugement qui lui a donné gain de cause contre un contrefacteur, ne peut en outre faire imprimer et distribuer ce jugement, sous prétexte qu'il constitue un titre de propriété. Ce fait donnerait naissance contre lui à une action en dommages-intérêts. (Paris, 1er juin 1831, DUMONT, D. P. 31, 2, 219. — Trib. corr. de Paris, 6 juin 1844, DEMARSON c. BOURBONNE, Dalloz, V° *Brevet d'invention,* n° 383.)

Le jugement précité du 6 juin 1844 décide encore que l'insertion à la suite du texte du jugement, d'un commentaire rédigé dans une intention méchante et contenant des imputations blessantes pour le contrefacteur, constitue le fait de diffamation.

La cour d'Aix a néanmoins jugé que la partie qui avait obtenu un jugement prononçant l'insertion dans certains journaux, aux frais du condamné, conserve le droit de le faire insérer, à ses propres frais, dans d'autres journaux. Cette insertion ne donnerait lieu à des dommages-intérêts que si elle avait eu lieu avec intention de nuire. (Du 6 fév. 1857, VERMARE c. BARLATIER, Huard, art. 49, n° 58.)

**738. L'affiche du jugement ne peut être permanente.** — L'autorisation de publier un jugement par voie d'affiches n'attribue pas la liberté de convertir ces affiches en tableaux permanents. Une décision du tribunal correctionnel de Paris du 25 octobre

1837 (Mottart c. Souchet), rapporté dans *le Droit* du 26 octobre 1837 ne considère pas cette permanence comme un fait répréhensible, lorsque le jugement n'a pas déterminé le temps pendant lequel durerait chacune de ces affiches, et n'a statué ni sur la durée de ce mode de publicité, ni sur les moyens de conservation qu'il est loisible d'employer. Nous croyons avec M. Blanc (p. 687), que cette décision est erronée, car par cela seul que la publication a été prescrite par voie d'affiches, on a entendu assigner à ce mode de publicité la durée temporaire qu'il tient de la nature des choses. Il existe une démarcation bien tranchée dans la langue usuelle entre l'affiche et le tableau permanent, et dût-il y avoir un doute sur l'interprétation de ces termes, ce doute ne devrait pas se résoudre dans le sens de l'aggravation de la condamnation. (Comparez : Paris, 21 janvier 1841, Ganilh c. Appert, Dalloz, n° 381, en note.)

**739. Que faut-il entendre par jugement au cas où la publication en est autorisée?** — Que faut-il entendre par jugement, lorsque la publication en est ordonnée? L'article 141 du Code de procédure répond à cette question :

« La rédaction des jugements contiendra le nom des juges, du procureur du Roi, s'il a été entendu, ainsi que des avoués ; les nom, profession et demeure des parties, leurs conclusions, l'exposition sommaire des points de fait et de droit, les motifs et le dispositif du jugement. » En conséquence, c'est le jugement tel qu'il est délivré par le greffier en expédition, qui doit être inséré, et non pas seulement le dispositif. (Paris, 21 janvier 1841, Ganilh c. Appert, Dalloz, n° 381, en note.) Il arrive souvent néanmoins que les tribunaux restreignent la publication au dispositif en y ajoutant les noms des parties.

Si un arrêt confirme un jugement, mais n'adopte qu'une

partie des motifs du premier juge, c'est du jugement tel qu'il est modifié par l'arrêt que l'insertion et l'affiche sont ordonnées. (Cass. fr., 7 juillet 1855, Frezon c. Messonnier, Pataille et Huguet, *Annales de la Prop. indust.*, t. de 1855, p. 110.)

**740. On ne peut faire abus du droit d'insertion du jugement.** — Le tribunal qui a ordonné que son jugement serait inséré dans les journaux, aux frais du condamné, peut réduire les frais de cette insertion, si le plaignant les a augmentés abusivement en employant pour l'insertion des caractères trop forts ou en multipliant les alinéas. (Trib. civ. Paris, 19 sept. 1841, Desertine c. Dolivier, Dalloz, V° *Brevet d'invention*, n° 384.)

**741. On ne peut ordonner l'affiche du jugement s'il n'y a été conclu.** — Il y a excès de pouvoir de la part du juge qui en dehors de toute demande, ordonne l'insertion de son jugement dans les journaux. Mais cet excès de pouvoir, s'il n'a pas été relevé en cause d'appel, et si par suite il n'a pas été redressé, se trouve couvert et ne peut devenir l'élément d'une ouverture de cassation. (Cass. fr. 14 janv. 1859, Boucher c. Villard, *la Prop. ind.*, n° 68.)

**742. Condamnation aux dépens.** — Le contrefacteur, bien que renvoyé des fins de la demande peut être condamné aux dépens, lorsque la poursuite a été occasionnée par son propre fait, par exemple sur les énonciations mensongères de ses étiquettes ou annonces. (Paris, 26 déc. 1841, Robertson c. Langlois, Dalloz, n° 342.)

## SECTION VI.

### De la concurrence déloyale en matière de brevet d'invention.

(SOMMAIRE.)

743. Nul autre que le breveté ne peut prendre le titre d'inventeur. — 744. *Quid* de l'inventeur qui n'a pas pris de brevet? — 745. Un tiers ne peut donner son nom à l'objet breveté. — 746. Le nom donné à l'invention tombe dans le domaine public à l'expiration du brevet. — 747. *Quid* lorsque l'inventeur a donné son propre nom à l'objet breveté? — 748. L'achat d'un procédé breveté n'attribue pas le titre d'inventeur. — 749. Espèces diverses tranchées par la jurisprudence. — 750. L'usurpation du titre d'une invention est un fait de concurrence déloyale. — 751. Concurrence déloyale commise par le breveté. — 752. Les actions de ce genre sont de la compétence des tribunaux de commerce.

**743. Nul autre que le breveté ne peut prendre le titre d'inventeur.** — La loi française punit celui qui dans ses enseignes, annonces, prospectus, affiches, marques ou estampilles, prendra la qualité de breveté sans posséder un brevet délivré conformément aux lois. La législation Belge n'a édicté aucune défense à ce sujet. Il faudrait donc repousser l'action du négociant non breveté, qui se plaindrait d'un concurrent, au sujet des fausses énonciations que ce dernier aurait données à des produits du domaine public. Mais l'inventeur qui a pris soin de protéger sa découverte par un brevet est évidemment recevable à demander des dommages-intérêts contre celui qui se prévaudrait de la qualité de breveté relativement au même objet, bien qu'en réalité celui-ci fabriquât autre chose, et que sa conduite ne le rendît point passible d'une poursuite en contrefaçon.

Ce serait là un acte de concurrence déloyale, ce serait

une usurpation illégitime d'un titre que le véritable breveté a seul droit de porter. Alors même que le brevet serait expiré et la découverte tombée dans le domaine de tous, l'inventeur ou ses héritiers seraient recevables à agir contre celui qui s'annoncerait comme l'auteur de la découverte, pour faire cesser cette usurpation et obtenir au besoin des dommages-intérêts. (Rennes, 12 mars 1855, PEYRE c. ROCHER, PATAILLE ET HUGUET, t. de 1855, p. 183.)

**744. Quid de l'inventeur qui n'a pas pris de brevet ?** — Mais en serait-il de même de l'inventeur qui aurait négligé de prendre un brevet ? Aurait-il le droit de disputer cette qualification à un tiers lorsque l'objet serait tombé dans le domaine de tous ? Dalloz (v° *Brevet d'invention,* n° 199) enseigne la négative et cette opinion s'appuye sur un arrêt de la Cour de Paris du 5 mars 1839 (THIBOUMERY c. PELLETIER, S. V. 39, 2, 289.)

Dans l'espèce jugée par cette Cour, un individu possesseur d'un brevet relatif à un procédé particulier de fabrication de sulfate de quinine, avait débité des flacons de cette substance portant cette inscription : *Brevet d'invention et d'importation.*

Un sieur Pelletier qui avait découvert ce produit chimique sans avoir pris de brevet, se plaignit des énonciations qu'on lisait sur ces flacons, et demanda en justice qu'on forçât le fabricant à ajouter aux mots : *brevet d'invention,* ceux-ci : *pour un procédé particulier de fabrication,* addition qui rétablissait les faits dans leur vérité. Le tribunal de première instance accueillit cette prétention; mais la Cour infirma sa décision, par le double motif que Pelletier n'avait pas pris de brevet, et que d'ailleurs il était visiblement désigné comme inventeur dans les étiquettes critiquées.

Nous croyons que le premier motif serait suffisant, car l'auteur d'une invention dont le secret lui a été dérobé, peut se faire subroger dans le brevet pris par un tiers à la faveur de cette fraude. Il est libre aussi de demander la nullité du brevet, s'il a antérieurement exploité la même découverte. S'il ne se trouve en mesure d'intenter aucune de ces deux actions, il doit s'en prendre à lui-même d'avoir laissé sortir sa découverte du domaine privatif. En l'abandonnant au public, il a implicitement toléré toute espèce d'usage que le commerce pourrait faire de cette invention. Il est devenu par rapport à cet objet un tiers, un étranger : de même que personne ne pourrait lui défendre de se parer du titre d'inventeur, de même il ne serait point recevable à critiquer pareille conduite chez autrui. Aux yeux de la loi, il n'y a d'inventeur que le breveté.

Le breveté aurait, au contraire, le droit de forcer le tiers qui aurait obtenu soit un brevet de perfectionnement, soit un brevet pour une autre application de sa découverte, à énoncer dans ses annonces ou affiches que ce brevet postérieur ne s'étend pas à la découverte primitive.

**745. Un tiers ne peut donner son nom à l'objet breveté.** — Personne, si ce n'est le breveté, n'a le droit de se faire passer pour l'inventeur. Il suffirait même qu'une personne étrangère donnât son nom à un objet breveté pour qu'elle fût passible d'une action en dommages-intérêts. C'est ce que la Cour de Paris a décidé le 7 juillet 1859 (GOURBEYRE c. BODEVIN, *La Propriété indust.*, n° 93), au sujet d'un produit breveté qu'un individu avait vendu sous son propre nom, après l'avoir acheté chez le véritable inventeur.

Par un arrêt subséquent du 5 décembre 1859, la même Cour a maintenu cette défense pour les tiers, même après l'expiration du brevet.

Elle établit comme règle que personne ne peut abusivement se faire passer comme l'inventeur, à une époque quelconque, soit directement, soit indirectement.

Mais ce droit qui est reconnu au breveté, même après l'extinction de son privilége, se résout en une action en dommages-intérêts. Il s'exposerait à son tour à une action en indemnité, s'il se basait sur cette usurpation de son titre pour pratiquer des saisies ou des descriptions, même avec l'autorisation du juge. (Cour de Nancy 7 juillet 1855, VERLY, S. V. 55, 2, 581.)

**746. Le nom donné à l'invention tombe dans le domaine public à l'expiration du brevet.** — Par contre, le nom donné par un fabricant à ses produits brevetés tombe dans le domaine public avec les produits eux-mêmes, surtout si ces dénominations sont devenues usuelles et vulgaires.

Sans cela, comme le dit M. Blanc, p. 423, le monopole serait indéfiniment prolongé, puisqu'on ne pourrait dans le commerce reconnaître les choses produites par l'invention sous une autre désignation que celle qui leur était donnée dans le cours du brevet. Ainsi, par exemple, les lampes *solaires*, l'instrument appelé *mélophone*, pourront, après l'expiration du brevet, être fabriqués et vendus avec la désignation qui leur ait été donnée par l'inventeur. Ainsi encore, celui qui a pris un brevet pour des *corsets sans couture*, ne peut après l'expiration de son droit privatif, empêcher les tiers de donner à des objets semblables cette qualification de *corsets sans couture*. Toutefois, comme l'a décidé un arrêt de la Cour de Nancy du 7 juillet 1855 (VERLY, S. V. 55. 2. 581), il importe que dans ses affiches, factures, estampilles ou étiquettes, le tiers prenne soin de distinguer suffisamment ses produits similaires de ceux qui émanent de l'inventeur, pour qu'on n'en puisse pas confondre la provenance. Cet acte serait un acte de concurrence déloyale, répréhensible à tous égards et passible de dommages-intérêts.

**747. Quid lorsque l'inventeur a donné son propre nom à l'objet breveté.** — L'emploi du nom de l'inventeur appliqué à l'objet breveté et tombé dans le domaine public, est également licite. Toutefois, si par cette dénomination le public pouvait être induit en erreur et supposer que les objets ainsi désignés sortent de la fabrique de l'inventeur, il y aurait lieu d'ordonner un changement dans cette dénomination, à l'effet d'éviter cette confusion. Ainsi, lorsque l'inventeur s'est servi dans son brevet d'une désignation banale, en y ajoutant son propre nom, comme *lampes carcel,* à l'expiration du brevet, le nom ne pourra être employé par les tiers qu'à la condition de modifier la désignation ainsi qu'il suit : lampes *dites* de carcel, ou *façon* de carcel. (Paris, 20 janvier 1844. HOCHSTELLER c. CHATEL, HUARD, *Brevet d'invention,* p. 507. — BLANC, contrefaçon, p. 440.)

Celui qui fabrique et vend de la pâte pectorale connue sous le nom de Regnault, doit inscrire sur ses prospectus et ses boîtes, au lieu de ces mots : *pâte pectorale de Regnault,* ceux-ci : *pâte pectorale suivant la formule de Regnault.* (Trib. de commerce de Paris, 28 octobre 1844; idem, 22 décembre 1853, *Journ. des trib. de comm.,* t. de 1854, p. 52, FRÈRE c. VILLETTE.)

De même, depuis que les crémones à crochet de rappel inventées par Charbonnier sont tombées dans le domaine public, il est permis d'annoncer des produits semblables en se servant de ces expressions *système Charbonnier.* (Trib. de comm. de Paris, 28 juillet 1853, *Journ. des trib. de comm.,* t. de 1853, p. 321), THÉRON c. FRETÉ jeune et FAGRET.)

**748. L'achat d'un procédé breveté n'attribue pas le titre d'inventeur.** — Celui qui a acheté le droit de se servir d'un procédé breveté ne peut s'en dire l'inventeur. L'usurpation du titre d'inventeur, même après que le procédé est tombé dans le domaine public, constitue un fait de concurrence déloyale, qui donne lieu à des dommages-intérêts au profit de l'inventeur véritable. (Trib. civ. de la Seine, 5 juillet 1858, DEBAIN c. ALEXANDRE, *la Prop. ind.*, n° 29.)

**749. Espèces diverses tranchées par la jurisprudence.** — Il a été jugé que l'industriel qui fait figurer sur les prospectus où il annonce la vente de certains produits, une médaille qu'il a obtenue pour la construction d'une machine étrangère à la fabrication de ce produit, commet un acte de concurrence déloyale envers l'inventeur breveté d'une machine servant à confectionner des produits similaires. (Pau, 23 février 1863, D. P. 63, 2 p. 117. — Comp. Paris, 11 nov. 1859, CALLEBAUT c. BARRÈRE, *la Prop. ind.*, n° 100.)

Signalons encore un arrêt de la Cour de Rouen du 27 juin 1856 (LECOMTE c. FRÉBOURG, Huard, *Brevet d'inv.* p. 550.) Bien que les éléments d'un mélange breveté soient tombés dans le domaine public, la communication par un apprenti, au préjudice de son patron, du mode de fabrication employé par ce dernier, à un individu qui en a profité pour faire une concurrence déloyale, tombe sous l'application de l'article 1382 du Code civil.

**750. L'usurpation du titre d'une invention est un fait de concurrence déloyale.** — Le titre de la découverte appartient à l'inventeur pendant toute la durée du brevet, et l'usurpation de ce titre constitue un fait de concurrence déloyale qui autorise le juge à condamner son auteur aux dépens, tout en le renvoyant des poursuites en contrefaçon. (Paris, 6 juillet 1854, MADELINE c. MAURIN, Huard, art. 40, n° 37.) La même solution avait été consacrée déjà par la même Cour le 26 décembre 1841; au sujet du *cirage au caoutchouc.* (ROBERTSON C. LANGLOIS, idem.)

Lorsqu'il a été interdit à un fabricant de se servir du mot *gazogène*, qui désigne le produit d'un autre fabricant breveté, il y a de sa part concurrence déloyale dans l'emploi du mot : *gaz hygiène.* (Paris, 14 mars 1853, RICHE C. BRIET, *Journ. du trib. de comm.*, p. 227.) En effet, la concurrence déloyale n'exige pas l'imitation servile de la dénomination adoptée par un autre fabricant; elle existe dès que la confusion est possible pour le commun des hommes, et que cette confusion a été amenée de mauvaise foi.

**751. Concurrence déloyale commise par le breveté.** — Le breveté lui-même peut se rendre coupable de concurrence déloyale envers les tiers, lorsqu'il abuse de son titre, lorsqu'au lieu de se borner à signaler au public la position exceptionnelle qui lui appartient, il présente ses concurrents comme des contrefacteurs, alors que ceux-ci produisent et fabriquent autrement que lui. (NOUGUIER n° 718.)

Cet auteur rapporte le texte d'un jugement du tribunal de commerce de Paris du 10 juin 1853 (PRITCHARD-MONNEROU C. GIGNEAU) qui mérite d'être relaté : « Attendu que G. a répandu dans le commerce des circulaires par lesquelles il donnait avis que, inventeur breveté en France d'un procédé pour le caoutchouc vulcanisé, il se proposait de poursuivre comme contrefacteurs les vendeurs de tampons et de rondelles en caoutchouc, qui bien que d'une couleur différente de ses produits n'était en réalité que des contrefaçons de son invention; — Attendu que dans la même circulaire il visait les articles de loi dont il voulait user contre les détenteurs de ses produits. — Attendu qu'il résulte des pièces produites que sous l'empire de ces moyens comminatoires, des compagnies de chemins de fer ont retardé la commande d'ordres qu'elles avaient ou devaient donner pour les produits des demandeurs; — Attendu que G. ne saurait prétendre que les circulaires qu'il a adressées, ne s'adressant qu'à la contrefaçon en général, et rapportant le texte de la loi, n'étaient que l'usage légitime et légal de son droit d'inventeur; — Qu'en effet, dans le cours d'août 1852, une signification fut adressée régulièrement à G. par les demandeurs, d'avoir à exercer ses poursuites comme propriétaire du brevet, sur les produits que ces derniers avaient livrés à la compagnie de Saint-Germain; — Que postérieurement à cette signification et sans avoir fait reconnaître son droit comme propriétaire d'une invention, le défendeur, dans un but de concurrence déloyale, a adressé à l'administration du chemin de fer d'Orléans une lettre dans laquelle il déclare que les produits des demandeurs notamment étaient exécutés en contrefaçon de ses brevets de création et de fabrication; — Attendu qu'un pareil usage d'un droit contestable ne saurait être toléré; qu'il y a lieu, dès lors, de faire droit à la demande des dommages-intérêts. » (Comp. Blanc, Contref. p. 612.)

**752. Les actions de ce genre sont de la compétence des tribunaux de commerce.** — Ces questions de concurrence déloyale ne touchent en rien à la propriété ni à la validité du brevet. Elles s'agitent entre commerçants pour faits de leur négoce, elles sont donc, d'après l'art. 631 du Code de Comm., de la compétence des juges consulaires. (NOUGUIER, n° 719.)

L'individu renvoyé d'une poursuite en contrefaçon peut être valablement actionné devant le tribunal de commerce pour concurrence déloyale, sans qu'il y ait violation de l'art. 1351. (Paris, 23 juin 1859, WITTERSHEIM c. ROUSSET BOUCHER, *la Prop. ind.*, n° 93.)

# TITRE TROISIÈME.

## DES OBLIGATIONS QUI DÉRIVENT DU BREVET.

(SOMMAIRE.)

753. Division.

**753.** Les obligations qui dérivent du brevet concernent soit la *taxe*, soit l'*exploitation*. De là deux chapitres.

---

## CHAPITRE PREMIER.

### Du paiement de la taxe.

(SOMMAIRE.)

754. Législation belge. — 755. Législation antérieure et étrangère. — 756. Réformes adoptées par la loi belge. — 757. Caractère de la taxe : C'est un impôt. — 758. L'obligation de payer la taxe est-elle absolue? Force majeure. — 759. Où la taxe doit-elle être payée? — 760. Comment la taxe doit-elle être payée? — 761. Quand la première annuité doit-elle être payée? — 762. Quand doivent être payées les annuités subséquentes? — 763. Faut-il un avertissement préalable? — 764. Computation des délais d'un mois et de six semaines. — 765. La computation a-t-elle lieu d'heure à heure? — 766. Le jour du dépôt doit-il être compté? — 767. *Quid* si le dernier jour est férié? — 768. Pour quels brevets la taxe doit-elle être payée? — 769. Doit-elle être payée pour le brevet de perfectionnement? — 770. *Quid* du brevet de perfectionnement obtenu comme brevet d'invention? — 771. *Quid* dans le cas inverse? — 772. Taxe des brevets de perfectionnement sous la loi française. — 773. *Quid* lorsque le brevet couvre plusieurs inventions? — 774. La taxe est-elle sujette à prescription? — 775. La taxe ne dispense pas des autres impôts.

**754. Législation belge.** — L'article 3, alinéa 2 de la loi belge, est ainsi conçu :

« Il sera payé, pour chaque brevet, une taxe annuelle et progressive, ainsi qu'il suit :

1<sup>re</sup> année . . . . . . . fr. 10
2<sup>me</sup> » . . . . . . . 20
3<sup>me</sup> » . . . . . . . 30

et ainsi de suite jusqu'à la vingtième année pour laquelle la taxe sera de 200 francs. La taxe sera payée par anticipation, et, dans aucun cas, ne sera remboursée. »

**755. Législation antérieure et étrangère.** — Le système de la loi de 1854 diffère de celui de la loi du 25 mai 1791, de celui de la loi de 1817, et de celui de la loi française de 1844.

La loi de 1791 obligeait, par les art. 3 et 4, titre 2, celui qui demandait un brevet, à acquitter, avant le dépôt de la demande, la moitié de la taxe fixée pour toute la durée du brevet, et à souscrire l'obligation d'acquitter l'autre moitié six mois après : cette obligation était d'autant plus rigoureuse que si, au terme fixé, le payement n'était pas effectué, le brevet était réputé nul et de nul effet.

« Ce système, dit Nouguier, n° 219, avait pour conséquence d'écarter beaucoup d'inventeurs qui étaient trop pauvres pour risquer une somme relativement importante, sans avoir puisé dans la pratique, la certitude du succès. » La somme à payer était de 300 livres pour un brevet de 5 ans, de 800 livres pour 10 ans, de 1,500 livres pour 15 ans.

L'art. 3 de la loi du 25 janvier 1817 portait que « les droits à payer par l'obtenteur seraient proportionnés à la durée du brevet et à l'importance de l'invention ou du perfectionnement, mais ne pourraient jamais dépasser la somme de 750 fr. ni être moindre de 150 fr. »

En exécution de ces articles, il fut décrété par le gouvernement dans l'art. 16 du règlement du 26 mars 1817, que « le tarif des droits à payer, pour l'obtention des brevets, était réglé de la manière suivante :

« Pour un brevet de 5 ans, 150 fl. (317$^{fr.}$46).

« Pour un brevet de 10 ans, 300 ou 400 fl. (634$^{fr.}$92, ou 846$^{fr.}$56) suivant l'importance de l'invention ou du perfectionnement.

« Pour un brevet de 15 ans, 609 ou 750 fl. (1,299$^{fr.}$84 ou 1,587$^{fr.}$20) suivant l'importance de l'invention ou du perfectionnement. »

On voit que dans ce système il n'y avait qu'un léger adoucissement à la loi de 1791, en ce que la somme à payer pour l'obtention du brevet était quelquefois moindre. Mais elle pouvait être parfois plus considérable, elle devait aussi être payée intégralement au moment de la demande, et dans tous les cas, la diminution dépendait de l'arbitraire du gouvernement, ce qui était surtout à regretter.

Un arrêté royal du 25 septembre 1840 vint améliorer la position des brevetés, il portait : « Conformément à l'art. 3 de la loi du 25 janvier 1817, les droits à payer pour l'obtention des brevets seront proportionnés à la durée du brevet et à l'importance de l'invention ou du perfectionnement. Ils ne pourront être moindres de 317$^{fr.}$46, ni excéder 1,587$^{fr.}$36. Ils seront réglés par notre ministre de l'intérieur. Des facilités pourront être données pour leur acquittement. De plus, quand il sera constaté que l'objet du brevet est méritant ou utile, une prime égale au montant des droits pourra être accordée, sans préjudice à un encouragement plus marqué, s'il y a lieu. »

Cet article maintenait un défaut : c'était l'arbitraire administratif. Certes, il en pouvait résulter une situation très-favorable pour l'obtenteur ; mais elle dépendait uniquement du bon vouloir de l'administration. Or, c'est là une circonstance toujours pernicieuse. Aussi est-il permis de dire qu'il y eut un nouveau progrès dans la loi française de 1844.

L'art. 4 de la loi française est ainsi conçu : « Chaque brevet donnera lieu au paiement d'une taxe qui est fixée ainsi qu'il suit, savoir : 500 fr. pour un brevet de 5 ans; — 1,000 fr. pour un brevet de 10 ans; — 1,500 fr. pour un brevet de 15 ans. Cette taxe sera payée par annuités de 100 fr. sous peine de déchéance si le breveté laisse écouler un terme sans l'acquitter. »

Ce système revient, comme on le voit, à permettre d'obtenir un brevet pour 100 fr., puisque si la première année l'invention paraît infructueuse, on peut se soustraire au paiement des annuités ultérieures en négligeant de payer la seconde. — Ce système est critiqué par Nouguier (219) dans les termes suivants : « Il a pour résultat d'accroître outre mesure le nombre des brevetés. Certains marchands ou fabricants, sachant qu'ils pourront répudier la charge des annuités si elle ne leur est pas profitable, ne se font pas un scrupule de prendre, sous les prétextes les plus futiles, des brevets d'invention qui ont l'apparence de leur donner une supériorité sur leurs concurrents. »

**756. Réformes adoptées par la loi belge.** — La loi belge s'est engagée plus avant encore dans cette voie, puisqu'elle n'exige, pour la première annuité, que le dixième de ce qu'exige la loi française, 10 fr. au lieu de 100.

Outre la réforme du *paiement par annuités* déjà admise par la loi française de 1844, outre la réduction de ces annuités à un chiffre minime, surtout au début, la loi belge adopte le principe nouveau des *annuités progressives*. Voici comment ces principes sont justifiés dans l'exposé des motifs : « Depuis longtemps on avait proposé de substituer à la taxe fixe, et payable en une fois, une taxe annuelle et progressive dont l'augmentation suivît en quelque sorte l'accroissement des bénéfices industriels de l'inventeur. Il est reconnu, en effet, que les inventions, même les plus importantes, demandent un temps assez considérable pour fructifier, et que la première période qui suit la découverte est, le plus souvent, absorbée par des essais nouveaux, et par l'apprentissage de ceux qui doivent concourir par leur travail à son exploitation... Le système d'une taxe annuelle facilitera aux inventeurs pauvres le moyen de s'assurer les avantages attachés à la priorité de la découverte... Ce système, en même temps qu'il est favorable aux intérêts des brevetés, sera également avantageux pour le Trésor, puisqu'un brevet exploité pendant 20 années rapportera la somme de 2,100 fr. Il est à observer qu'il sera toujours loisible au breveté de renoncer à son titre, et par conséquent de s'exempter de la continuation du paiement de la taxe. » (*Ann. parl.*, p. 652, Documents, 1852.)

**757. Caractère de la taxe : C'est un impôt.** — Quel est le caractère de la taxe? Est-ce un impôt? Est-ce le prix dû pour le brevet délivré? Est-ce un frein pour empêcher les brevets trompeurs de se multiplier?

Les considérations que nous avons présentées dans les développements historiques écartent la dernière hypothèse, puisque nous y avons vu que la loi belge, à l'encontre de celles qui l'ont précédée, facilite l'obtention des brevets sans tenir compte de leur utilité ou de l'insignifiance des inventions sur lesquelles ils portent.

Ce fait que la loi belge a écarté le système du contrat admis par la loi française, fait disparaître la possibilité de considérer la taxe comme le prix du brevet.

En réalité, la taxe est un impôt (Tillière, 87, al. 2, Nouguier, 250). C'est le seul caractère qu'on puisse lui attribuer sans soulever de critiques. L'impôt est en effet un prélèvement que l'État opère sur la fortune privée, pour subvenir aux charges publiques. Or, n'est-ce pas ce qui se présente ici ? L'État reçoit ; il reçoit sans prétendre donner un équivalent ; il reçoit pour les frais gouvernementaux. « Cet impôt représente, dit Renouard, p. 364, al. 2, d'une part la contribution aux dépenses spéciales qu'exigent, sur les finances publiques, l'établissement et l'entretien de l'institution des brevets ; d'autre part, la contribution générale que versent tous les membres de la cité, comme subvention aux frais des services généraux et de la protection universelle que la société leur assure. »

Cet impôt est facultatif. En effet, quand le breveté veut cesser de payer la taxe, il le peut, sauf, bien entendu, à subir la déchéance de son brevet. Quoique ce brevet ait été obtenu, l'administration ne peut contraindre le breveté à payer les annuités subséquentes (Nouguier, 231).

**758. L'obligation de payer la taxe est-elle absolue ? Force majeure.** — Par cela même que le paiement de la taxe est une obligation, le breveté qui en est débiteur en est libéré quand c'est par une force majeure qu'il ne peut l'accomplir (arg., art. 1148, C. civ.). La force majeure doit être prise ici dans son sens juridique et rigoureux. Ainsi la simple insolvabilité ne suffirait pas.

L'excuse résultant de la force majeure a été consacrée par la doctrine (voir les autorités citées par Nouguier, n° 580 en note). Elle l'a également été par la jurisprudence. Nous citerons notamment à cet égard un arrêt récent de la Cour de Pau, du 25 février 1863 (D. P. 2., 117, Bastiat.)

Un arrêté du ministre de l'agriculture et du commerce considéra, comme une force majeure suffisante, les événements politiques qui ont accompagné et suivi la révolution de février en France. (Nouguier, 581).

Mais il a été jugé que la maladie du breveté, telle que

la folie, n'est pas un cas de force majeure dans le sens légal (Trib. de la Seine, 24 mai 1859, WILD, c. JONES et CAIL, *La propr. industr.*, n° 86).

**759. Où la taxe doit-elle être payée?** — La taxe doit être payée aux bureaux des receveurs d'enregistrement (TILLIÈRE, 90, al. fin.), qui doivent en délivrer quittance. Cela ne résulte d'aucune disposition législative; l'administration des finances, que la chose concerne, peut modifier le lieu du paiement.

**760. Comment la taxe doit-elle être payée?** — Cette question est résolue par le texte de l'art. 3, al. 2 que nous avons transcrit ci-dessus. Elle se paie par fractions annuelles, établies dans une progression arithmétique, dont le premier terme est 10 fr.; à ce terme on ajoute 10 fr. tous les ans; les annuités sont donc de 10, 20, 30, 40, etc., jusqu'à la dernière qui est de 200 fr. pour la vingtième année. La taxe totale d'un brevet, conservé pendant le temps le plus long possible, est par conséquent 2,100 fr.

Il faut donc payer une taxe par année de jouissance du brevet. L'année se compte d'après la computation grégorienne de 365 ou 366 jours, la seule qui puisse être admise à moins de dérogation expresse. Elle n'est pas de 360 jours, ou de 12 mois de 30 jours.

Nous verrons ci-après quel est le point de départ de cette computation.

**761. Quand la première annuité doit-elle être payée?** — Il faut distinguer entre la première annuité et les annuités subséquentes. La *première* doit être payée avant la demande. L'art. 17, al. 2 de la loi porte, en effet : « Aucun dépôt (de la demande) ne sera reçu que sur la production d'un récépissé constatant le versement de la première annuité de la taxe du brevet. » (Comp. régl., art. 2.)

**762. Quand doivent être payées les annuités subséquentes.** — Les *annuités subséquentes* doivent toujours être payées *par anticipation;* l'art. 3, al. 2 de la loi le dit en termes exprès.

Ces mots « par anticipation » pourraient faire croire que la taxe devrait toujours être acquittée le premier jour de l'année à laquelle elle se rapporte; c'est là, en effet, le sens strict de l'expression « par anticipation. » Mais ce serait une erreur car la loi accorde une certaine tolérance qui tempère la rigueur de ces termes.

D'une part, en effet, l'art. 22 ne prononce la déchéance du brevet qu'en cas de non acquittement de la taxe dans le mois de l'échéance. D'autre part, la loi du 27 mars 1857 a remplacé l'art. 22 par la disposition suivante : « Lorsque la taxe fixée à l'art. 3 de la loi du 24 mai 1854 n'aura pas été payée dans le mois de l'échéance, le titulaire, après avertissement préalable, devra, sous peine d'être déchu des droits que lui confère son brevet, acquitter, avant l'expiration des six mois qui suivront l'échéance, outre l'annuité exigible, une somme de 10 fr. »

Ainsi voilà deux dispositions qui enlèvent aux mots « par anticipation » ce qu'ils pourraient avoir de trop rigoureux. Le breveté a d'abord un mois de grâce. Il peut ensuite acheter un nouveau délai de six mois en consentant à majorer l'annuité échue, quel qu'en soit le chiffre, d'une somme de 10 fr.

La loi française n'accorde aucun de ces délais spéciaux aux brevetés. Il faut que le paiement ait lieu « avant le commencement de chacune des années du brevet. » La loi belge a cru bien faire en ne faisant pas dépendre la déchéance du plus léger retard (TILLIÈRE, n° 297). « Ainsi que l'expérience l'a prouvé, dit l'exposé des motifs de la loi de 1857, cet article de la loi (l'art. 22) sévit trop sévèrement contre ceux qui, ignorant ces dispositions rigoureuses, laissent s'écouler le terme fatal dans lequel les annuités doivent être acquittées. »

**763. Faut-il un avertissement préalable?** — L'article nouveau de la loi de 1857 parle d'un avertissement préalable. A ne considérer que son texte, il faudrait admettre qu'à défaut de cet avertissement le délai de six mois ne court pas, et que par suite le temps pendant lequel la taxe peut être payée est prolongé. Mais les discussions législatives démontrent que les mots « après avertissement préalable » sont une superfétation, et qu'avec ou sans avertissement, le délai de six mois est le même. Voici, en effet, ce qui s'est passé : Quelques membres de la législature avaient manifesté le désir que l'on indiquât dans la loi la forme de l'avertissement. Le ministre de l'intérieur répondit que c'était là un détail d'administration. C'est alors que M. d'Anethan s'exprima, entre autres, de la manière suivante : « M. le ministre de l'intérieur considère cet avertissement uniquement comme une précaution bienveillante que le gouvernement prend dans l'intérêt des brevetés. Cette réponse me porte à formuler une nouvelle question, la voici : Je suppose que le gouvernement néglige d'adresser l'avertissement préalable ; dans ce cas pourra-t-il y avoir déchéance ? » Le ministre a répondu : « Cet avertissement n'est pas obligatoire. Ainsi, *si le gouvernement négligeait de le faire, le breveté n'en serait pas moins déchu de ses droits* ». Cette doctrine n'a pas trouvé de contradicteurs. Ce qui la confirme, c'est que ceux qui voulaient que l'on inscrivît dans l'article la forme de l'avertissement, partaient de cette idée qu'il était obligatoire. Quand il a été reconnu qu'il ne l'était pas, ils n'ont plus insisté ; l'absence d'indication de cette forme est donc aussi le signe que l'opinion du ministre a été admise. « Si l'avertissement est indispensable, disait encore M. d'Anethan, pour que la déchéance soit encourue, l'avertissement est quelque chose de beaucoup trop grave pour que la loi n'en détermine pas la formalité; il en serait autrement si cet avertissement est en quelque sorte *une superfétation* dans la loi » (PASINOMIE, 1859, p. 100, en note). Sous la loi française l'avertissement est aussi purement officieux (NOUGUIER, 384).

La forme de l'avertissement est donc abandonnée à l'administration; la section centrale, alors qu'il était question de la mentionner expressément, avait proposé de dire : « avertissement *par lettre chargée à la poste.* » Ce mode paraît être l'un des plus convenables.

**764. Computation des délais d'un mois et de six mois.** — Comme le défaut de paiement de la taxe dans le mois de l'échéance, entraîne une pénalité de 10 francs, comme le défaut de paiement dans les six mois qui suivent expose à une déchéance, il importe de bien fixer le point de départ de ces délais et la manière de les compter.

D'abord le *mois* est celui du calendrier Grégorien et non le délai arbitraire de 30 jours, que rien n'autorise à introduire dans la loi, au lieu du délai variable et naturel allant de 28 à 31 jours selon les circonstances.

**765. La computation a-t-elle lieu d'heure à heure ?** — On sait que le procès-verbal de dépôt de la demande, contient la mention de l'heure du dépôt. Quand l'article 22 de la loi de 1854 et après lui l'article nouveau de la loi de 1857 disent « dans le mois de l'échéance, » veulent-ils dire que l'échéance arrivera à l'heure correspondante, une année après le dépôt ? Et quand l'article nouveau ajoute : « avant l'expiration des six mois qui suivront l'échéance, » entend-il également parler d'une computation d'heure à heure ?

Nous croyons que cette computation doit être écartée et faire place à la computation de jour à jour. En principe général, les délais se comptent par jour et non par heure (art. 2260 du C. civ.). Reste à savoir si la loi des brevets n'y a pas dérogé. Or, elle ne s'explique nullement sur la question. Après avoir dit dans son art. 3 qu'il sera payé pour chaque brevet une taxe annuelle, elle parle dans son art. 22 de l'échéance sans exprimer quand elle arrivera. Il convient, à cause de ce silence, de suivre la règle générale.

Nouguier est d'avis qu'il faut compter non pas de jour à jour, comme nous venons de le faire, mais d'heure à heure, en se réglant sur l'heure indiquée au procès-verbal de dépôt (n° 577). Son opinion, qui n'est du reste pas admise par tout le monde en France, comme le prouvent les autorités qu'il cite en note, repose sur cette erreur que la durée d'un brevet doit se compter d'heure à heure et que la mention de l'heure au procès-verbal a précisément cette portée. Nous avons démontré précédemment qu'il n'en était rien, au moins en Belgique, qu'en effet la durée du brevet se compte de jour à jour et que la mention de l'heure a de la valeur entre les différents brevetés qui ont fait leur demande le même jour, mais n'a pas été établie pour leurs rapports avec les tiers.

Une décision récente a vidé la question en France. (Metz, 5 février 1862, D. P, 1862. 2. 92. SYKES et COLLIÈRE c. VIMONT.) Elle a, par les détails dans lesquels elle entre et le soin qu'elle met à examiner la difficulté sous toutes ses faces, une valeur particulière.

**766. Le jour du dépôt doit-il être compté?** — Si l'on admet que la computation doit se faire de jour à jour, faudra-t-il y comprendre ou en exclure le jour du dépôt de la demande? Si par exemple le brevet est déposé le 1ᵉʳ janvier à midi, quand échéera la première annuité? Sera-ce le 1ᵉʳ janvier ou le 2 janvier suivant?

L'arrêt de Metz que nous avons cité au numéro précédent examine la question minutieusement et décide que le jour du dépôt, le *dies a quo*, doit être compté. Il commence par poser en principe qu'il n'y a pas à ce sujet de règle générale; que dès lors il faut rechercher dans chaque cas particulier la pensée du législateur; que le jour du dépôt profitant à l'inventeur contre un inventeur rival, il doit compter contre lui dans les questions de délai : *cujus est commodum incommodum esse debet.*

Nous croyons cette argumentation insuffisante. D'après nous, le *dies a quo* ne compte pas. Où la pensée du législateur apparaît le mieux, sous sa forme la plus générale, c'est dans l'article 1033, C. de proc. Parfois la règle contraire est consacrée, mais rarement et toujours sous forme d'exception. Aussi faut-il l'admettre avec réserve et seulement si aucun doute n'existe. Or, peut-on prétendre que ce fait qu'à l'égard d'un autre inventeur le premier jour compte, tranche la difficulté? Non, certes, car autres sont les rapports d'inventeur à inventeur, et d'inventeur à tierces personnes. De ce que le brevet est censé exister dès la première heure du dépôt, après qu'il a été obtenu, il ne résulte pas que la deuxième annuité commence à courir dès le même moment. Ainsi en matière de prescription, la possession existe dès le premier moment de l'occupation, un tiers qui la léserait serait exposé à une action; cependant la prescription ne commence à courir contre le propriétaire qu'à l'expiration du premier jour.

L'arrêt de Metz n'a pas été suivi sur ce point par la jurisprudence. Il a été cassé. (Voir Cass. F., 20 janvier 1863, D. P, 1863. 1. 12, Vimont, — Rouen, 12 décembre 1862, *ib.* 2. 183.)

**767. Quid si le dernier jour est férié?** — Si le dernier jour du délai est *férié*, si c'est un dimanche ou une fête légale, il faudra alors avoir payé la veille. (Nouguier, 578, Perpigna, *Manuel des Inven-*

teurs, p. 235). M. Tillière (297, in fine) admet qu'on pourra encore payer le lendemain ; mais outre que cette opinion viole le texte qui dit « dans le mois » sans distinguer, elle viole encore les principes généraux d'après lesquels, sauf exception, les dimanches et fêtes doivent être comptés comme les autres jours quand on suppute un délai.

**768. Pour quels brevets la taxe doit-elle être payée?** — L'article 3, alinéa 2, dit : « il sera payé pour *chaque brevet*... » Voilà une disposition générale. Tout brevet sera donc soumis à la taxe, à l'exception des cas formellement indiqués par la loi.

Par conséquent le *brevet d'invention* y sera d'abord soumis.

Le *brevet d'importation* y sera également soumis. Il n'y a en effet dans nos lois d'exceptions ni pour l'un ni pour l'autre.

**769. Doit-elle être payée pour le brevet de perfectionnement?** — L'alinéa final de l'article 3 est ainsi conçu :

« Il ne sera point exigé de taxe pour les brevets de perfectionnement lorsqu'ils auront été délivrés au titulaire du brevet principal. »

La loi divise les brevets de perfectionnement en deux catégories : ceux qui sont délivrés au titulaire du brevet principal, et ceux qui sont délivrés à d'autres personnes. Ceux-ci sont soumis à la taxe, les premiers au contraire ne la doivent pas. Il importe donc de rechercher ce qu'il faut entendre par *titulaire du brevet principal*.

C'est d'abord évidemment celui qui a obtenu le brevet principal, celui dont le nom se trouve dans l'arrêté de brevet.

Mais faut-il y comprendre ses ayants-droit, c'est-à-dire ses héritiers, ses successeurs universels ou à titre universel, ses successeurs irréguliers, tous ceux en un mot qui continuent sa personne et qui prennent dans son patrimoine une quotité active et passive de biens?

Faut-il y comprendre les ayants-cause, c'est-à-dire les successeurs à titre particulier, le cessionnaire, par exemple ou bien le légataire particulier?

La réponse négative ne peut être douteuse, quelque fausse qu'elle puisse paraître à première vue, surtout en ce qui concerne l'ayant droit qui, d'après les principes généraux ne fait qu'une personne avec son auteur. Mais le texte et l'esprit de la loi spéciale s'opposent à cette application des principes.

Le texte d'abord : il dit *titulaire*, sans y ajouter ayants droit ou ayants cause. Or, le titulaire c'est uniquement celui *au nom duquel* le brevet a été délivré. Cela est surtout vrai quand on examine les discussions de la loi; en effet, on lit dans les annales parlementaires (documents p. 986, 2$^{me}$ col. in fine) : « 6$^{me}$ section..... sur la proposition d'un membre, la section désire qu'on examine si *les ayants droit du titulaire* du brevet principal devront payer la taxe, s'ils obtiennent des brevets de perfectionnement. » Et plus loin : « Section centrale... Examinant l'observation de la 6$^{me}$ section, la section centrale pense que les ayants droit du brevet principal devront payer la taxe supplémentaire s'ils obtiennent des brevets de perfectionnement; en effet, il n'est fait exception à la règle générale qu'en faveur du *titulaire* du brevet. Si on avait voulu en excepter également les *ayants droit*, on aurait ajouté ces mots après celui de *titulaire*. »

D'un autre côté en ce qui concerne les motifs de la loi : il est certain que l'ayant droit ou l'ayant cause, ne venant jamais à jouir du brevet *qu'après* l'inventeur primitif, le perfectionnement qu'ils découvrent n'aurait jamais pu entrer dans le brevet obtenu par celui-ci. Or nous avons vu précédemment que c'est cette possibilité qui est le motif véritable de la loi.

On dit quelquefois que le motif qu'a eu la loi pour décharger de la taxe le brevet de perfectionnement délivré au titulaire du brevet principal, c'est que souvent l'inventeur, pour conserver la priorité de son brevet, se fait délivrer celui-ci à la hâte, avant d'avoir complétement mûri son idée, avant d'en avoir envisagé toutes les applications, tous les perfectionnements. Il arrive que l'inventeur, à peine le brevet obtenu, découvre une amélioration; il ne faut pas, dit-on, lui faire supporter la peine d'une hâte naturelle et légitime (TILLIÈRE, 88.) Ce motif est exact, mais il est insuffisant, puisque l'exemption de la taxe peut être invoquée par le titulaire du brevet principal, même quand il n'y a eu aucune hâte de sa part, même quand un très-long délai s'est écoulé depuis la délivrance du brevet principal. Aussi est-il plus vrai de dire que c'est parce que la loi considère qu'il eût pu très-bien se faire que le perfectionnement eût été découvert en même temps que l'invention principale et que dès lors l'inventeur aurait pu ne demander qu'un seul brevet et ne payer qu'une taxe; qu'elle n'a pas voulu profiter de ce qui n'est qu'un accident, un cas fortuit, pour exiger un double impôt. Cela ne peut au contraire jamais arriver quand l'invention et le perfectionnement émanent de personnes différentes; quand même ils seraient contemporains il faudrait deux demandes et deux brevets. En exigeant donc double taxe la loi ne fait que suivre l'ordre naturel des choses, ce que lui conseillait la raison.

On dit aussi parfois que le perfectionnement n'est que la suite des travaux et des essais primitifs de l'inventeur, (TILLIÈRE, 88.) Cela est encore vrai, mais dans de certaines limites seulement. Il peut se faire qu'il n'y ait aucun rapport entre les travaux qui ont amené le perfectionnement et les autres. Aussi faut-il s'en tenir plutôt à l'explication que nous avons donnée ci-dessus.

**770. Quid du brevet de perfectionnement, obtenu comme brevet d'invention?** — La taxe est-elle due quand un brevet de perfectionnement a été erronément obtenu sous le nom de brevet d'invention ou d'importation? La question est importante au point de vue de la déchéance, qui est encourue quand celui qui doit la taxe ne la paie pas.

Nous pensons que la taxe n'est pas due, conformément à l'art. 3 al. final de notre loi. La nature des brevets ne peut en effet être déterminée par la qualification qui leur a été donnée erronément. Cette qualification n'est même pas obligatoire pour l'autorité chargée de délivrer les brevets; ni l'art. 19 de la loi, ni les articles 13 et 14 du règlement n'en font mention. Les tribunaux conserveront toujours le droit de rechercher quelle est la véritable nature de l'invention. En cas de doute, l'administration devra s'adresser à eux avant de prononcer la déchéance. Elle est en effet incompétente pour déterminer la nature du brevet; ce n'est qu'après la solution de cette question préalable, qu'elle peut décider souverainement de la déchéance en cas de non paiement de la taxe. La fausse qualification n'aurait d'influence, que si elle avait pour résultat de jeter de l'obscurité sur l'invention elle-même; si elle émanait dans ce cas du breveté, elle pourrait amener la nullité du brevet.

Mais le breveté qui aurait payé par erreur la taxe, pour un brevet de perfectionnement, inexactement qualifié brevet d'invention, n'aura pas droit à se faire restituer les annuités, sous prétexte qu'il aurait payé sans cause et que l'État aurait reçu indûment (art. 1235 et 1376 du Code civil). En effet, l'art. 3 al. 2, déclare en termes exprès que la taxe payée ne sera remboursée *dans aucun cas*. Cependant l'État pourra effectuer ce remboursement officieusement, selon les circonstances et l'équité.

**771. Quid dans le cas inverse ?** — Que décider, lorsqu'un brevet d'invention ou d'importation a été obtenu sous le nom de brevet de perfectionnement ? Quelquefois ce sera une erreur. Parfois aussi, ce sera une manœuvre à laquelle aura pu se livrer le titulaire d'un brevet antérieur, pour se soustraire au paiement de la taxe, en affirmant faussement que son second brevet n'est qu'un perfectionnement du premier.

Il sera tenu de payer la taxe, il encourra la déchéance, s'il ne le fait pas. Le subterfuge dont il a usé ne peut lui profiter, il devrait plutôt lui nuire. Nulle part la loi ne déclare l'administration déchue, parce qu'elle aurait délivré le brevet sans exiger la rectification. Du reste l'administration doit même délivrer, sans examen préalable du fond, et il s'agit ici, précisément, du fond de l'invention.

Cette solution est conforme aux principes généraux du droit, seuls applicables, dans le silence de la loi spéciale.

Si le breveté était lui-même dans l'erreur, le défaut de payement de la taxe ne pourrait entraîner la déchéance. Car cette déchéance est fondée sur une renonciation présumée. L'erreur exclut cette intention de renoncer. Mais dès que l'erreur cessera, il devra toutes les annuités échues, et s'il ne les paie pas immédiatement, il encourra la déchéance.

**772. Taxe des brevets de perfectionnement sous la loi française.** — La loi française n'exempte pas de tout droit le brevet de perfectionnement, obtenu par le titulaire du brevet principal. Elle fait une distinction, entre le brevet de perfectionnement et le certificat d'addition. Nous expliquerons cette distinction plus tard, dans la partie spécialement destinée aux brevets de perfectionnement. S'il s'agit du certificat, chaque demande de certificat d'addition, donne lieu au paiement d'une taxe de 20 fr. (art. 16, al. 3). Quant au brevet de perfectionnement proprement dit, alors même qu'il est obtenu par le titulaire du brevet principal, il donne lieu au paiement de la taxe. Cette distinction est plus logique, car le perfectionnement constitue parfois une invention nouvelle, tout-à-fait indépendante de l'ancienne, et dès lors une taxe nouvelle et indépendante paraît parfaitement à sa place.

**773. Quid lorsque le brevet couvre plusieurs inventions?** — Quand un seul brevet a, par inadvertance et contrairement à l'art. 3 du règlement, été délivré pour plusieurs inventions, le gouvernement aura-t-il le droit d'exiger autant de fois la taxe qu'il y a d'inventions?

Nous ne le croyons pas. L'art. 3 al. 2. de la loi, dit que la taxe sera payée *pour chaque brevet* et non pour chaque invention. Le gouvernement pouvant écarter la demande comme irrégulière, il pouvait exiger qu'on la démembrât. S'il a laissé passer l'irrégularité, il tombe sous le coup de l'art. 3 : il n'y a qu'un brevet, il n'y aura qu'une taxe.

**774. La taxe est-elle sujette à prescription?** — Il ne peut pas être question de *prescription* à propos de la taxe. Le gouvernement ne peut en effet jamais l'exiger. Quand on cesse de la payer, on ne devient pas débiteur, on est seulement déchu de son brevet. Comme on n'a plus aucun droit, on ne doit plus rien payer en compensation.

**775. La taxe ne dispense pas des autres impôts.** — La taxe ne dispense pas du payement des autres impôts. Un impôt n'empêche pas l'autre. La loi de 1791, art. 5 al. 26, le reconnaissait expressément. Ainsi, notamment le négociant qui paie la taxe, n'en doit pas moins prendre patente, s'il exploite l'industrie à laquelle se rapporte son invention.

## CHAPITRE DEUXIÈME.

**De l'exploitation du brevet.**

(SOMMAIRE.)

776. Article 23 de la loi belge.

**776. Article 23 de la loi Belge.** — L'article 23 de la loi est ainsi conçu :

« Le possesseur d'un brevet devra exploiter ou faire exploiter, en Belgique, l'objet breveté, dans l'année à dater de la mise en exploitation à l'étranger.

« Toutefois le gouvernement pourra, par un arrêté royal motivé, inséré au *Moniteur,* avant l'expiration de ce terme accorder une prorogation d'une année au plus. »

Et plus loin, le même article contient l'essence d'une obligation d'un autre genre pour le breveté, quand il dit :

« L'annulation sera également prononcée, lorsque l'objet breveté mis en exploitation à l'étranger, *aura cessé d'être exploité* en Belgique, pendant une année, à moins que le possesseur du brevet, ne justifie des causes de son inaction. »

Ainsi il y a une double obligation pour le breveté : 1) obligation d'exploiter ; 2) obligation de continuer l'exploitation, ou si l'on veut, défense de la cesser. Nous allons les examiner dans les deux sections suivantes.

# SECTION PREMIÈRE.

## Obligation d'exploiter.

(SOMMAIRE.)

777. Motifs de la loi. — 778. Qui doit exploiter? — 779. *Quid* de l'exploitation par le contrefacteur? — 780. Que faut-il entendre par exploitation? — 781. Le gouvernement est appréciateur souverain de l'exploitation. — 782. L'exploitation doit-elle être fructueuse et étendue? — 783. L'exploitation doit avoir lieu en Belgique. — 784. L'exploitation est-elle indispensable? Force majeure. — 785. Suffit-il d'une exploitation partielle? — 786. L'invention exploitée doit être la même que l'invention brevetée. — 787. Du défaut d'exploitation d'une invention perfectionnée. — 788. Des empêchements légitimes quand il s'agit de perfectionnements. — 789. Qui doit prouver le défaut d'exploitation? — 790. L'exploitation doit avoir lieu dans le délai d'une année. — 791. Point de départ du délai d'une année. — 792. Qu'est-ce que l'exploitation à l'étranger? *Quid* de l'exploitation par le contrefacteur? — 793. Pour que le délai coure, l'exploitation doit être connue du breveté. — 794. Comment se compte le délai d'une année? — 795. Le délai peut être prorogé. — 796. La prorogation doit être prononcée par arrêté royal. Formes de l'arrêté. — 797. La prorogation ne peut excéder une année. — 798. Motifs pour lesquels on peut proroger.

**777. Motifs de la loi.** — Les motifs de la loi ont été assez bien rendus dans le discours du ministre de l'intérieur, à la séance de la Chambre du 9 décembre 1853, (*Ann. parl.*, p. 193) : « Il faut, disait-il, dans toute question de brevet, se préoccuper d'un double intérêt : l'intérêt des inventeurs... puis l'intérêt de l'industrie... Ce que vous devez vouloir, c'est que l'exploitation des brevets devienne une chose certaine, une chose sérieuse, et que l'on ne fasse pas languir indéfiniment l'industrie nationale dans la perspective d'une invention ou d'un perfectionnement que, remarquez-le bien, l'inventeur ou l'importateur pourrait avoir jusqu'à un certain point intérêt à ne pas exploiter en Belgique... Ainsi, il pourrait s'entendre avec des constructeurs de son pays pour fournir à tous les pays étrangers, même à celui où il aurait eu la précaution de prendre un brevet d'importation, pour enchaîner le travail national... »

Cette théorie n'a cependant pas été acceptée sans opposition. Le rapporteur de la section centrale, M. Vermeire, résumait dans le dilemme suivant les raisons par lesquelles on peut la combattre : « L'invention est bonne ou mauvaise : dans le premier cas, l'inventeur la mettra en œuvre aussitôt qu'il pourra le faire; dans le second cas, la société n'a aucun intérêt à ce que l'invention soit appliquée. »

**778. Qui doit exploiter?** — Aux termes de l'art. 24, celui qui doit exploiter c'est *le possesseur du brevet*. Cette obligation doit-elle être prise à la lettre? En d'autres termes, si l'exploitation s'est produite, mais sans émaner de celui qui mérite véritablement le nom de possesseur d'après les principes du droit, sera-t-elle suffisante, l'obligation prescrite par la loi sera-t-elle remplie, et les conséquences que la loi attache à son inexécution seront-elles évitées?

En France, il existe une disposition analogue (art. 32, al. 2), que l'on interprète d'une manière étendue. La loi dit que c'est *le breveté* qui devra exploiter. « Que l'exploitation émane du breveté lui-même, dit néanmoins Nouguier (601), de ceux qui sont cessionnaires du brevet, ou porteurs de simples licences, peu importe : la société jouit de l'invention et la loi est obéie. » Par ces derniers mots, Nouguier fait allusion au but de la loi : elle concède un monopole, mais ne veut pas que le breveté en abuse, en empêchant tout le monde d'exploiter tout en n'exploitant pas lui-même.

Et il a même été décidé qu'il suffit d'une exploitation qui n'aurait eu lieu qu'en vertu d'un simple consentement verbal; qu'il n'est pas nécessaire qu'il y ait eu une cession régulière ou que le consentement ait date certaine. (Cass. fr., 31 décembre 1857, Masse c. Lejeune. Huard, art. 32, n° 33.)

Nous croyons que sous la loi belge il faut également accepter une interprétation extensive. L'exploitation suffira dès qu'elle émanera d'une personne ayant droit de s'y livrer, que ce soit le possesseur du brevet dans le sens rigoureux du mot, un cessionnaire ou un porteur de licence, un héritier, un successeur quelconque du breveté. Le but du législateur belge a, en effet, été analogue à celui du législateur français.

Celui-ci n'a pas voulu que le breveté pût impunément paralyser l'industrie par son brevet, en n'exploitant pas lui-même et en empêchant les autres d'exploiter; la loi belge qui n'impose l'obligation d'exploiter que si le brevet est mis en œuvre en pays étranger, n'a pas voulu que le breveté pût mettre l'industrie nationale à la merci de l'industrie étrangère; or, qu'importe à ce point de vue que l'exploitation émane du breveté lui-même ou d'un tiers exploitant pour lui? N'y a-t-il pas dans l'un et l'autre cas exploitation en Belgique? Au surplus, le texte belge est très-favorable à cette interprétation puisqu'il dit que le possesseur d'un brevet devra exploiter ou *faire* exploiter, ce qui autorise l'intervention des tiers.

**779. Quid de l'exploitation par le contrefacteur?** — Nous avons toujours supposé dans le numéro précédent que l'exploitation avait lieu par une personne ayant, à un titre quelconque, le droit d'y procéder. M. Tillière, (306 al. 2), pose une hypothèse nouvelle. Il se demande si l'exploitation faite par un contrefacteur suffira, et il résout la question affirmativement, « Il n'importe pas, en effet, dit-il, à l'industrie belge que ce soit tel ou tel individu qui paralyse les effets de la concurrence étrangère. »

Nous devons avouer que cette solution nous semble excessive. M. Tillière reconnaît lui-même qu'elle doit paraître étrange à première vue. Nous croyons qu'elle doit être repoussée. Certes, le texte de la loi peut être interprété d'une manière étendue, mais on ne peut aller jusqu'à le renverser. On peut soutenir avec vraisemblance que les mots « possesseur d'un brevet » comprennent les cessionnaires, les porteurs de licences, les héritiers du breveté, mais comment justifier qu'ils comprennent le contrefacteur? Peu importe, dit-on, à l'industrie belge d'où vient l'exploitation. Quand cette raison serait vraie, encore ne peut-on sans les raisons les plus sérieuses, faire prévaloir à ce point l'esprit de la loi contre son texte.

Mais cette raison elle-même est sujette à discussion. Il n'y a pas d'analogie entre l'exploitation par celui qui a le droit d'y procéder et par le contrefacteur qui ne la consomme qu'en violation de la loi. Cette dernière est de sa nature précaire, incertaine, timide, enveloppée de difficultés et d'hésitations, elle peut être arrêtée d'un moment à l'autre; elle est une faible rivale pour la concurrence étrangère. Seule, l'exploitation légitime aura, en général, la franchise d'allures qui rendra la lutte sérieuse.

Au surplus, voyez l'inconséquence. Le breveté poursuivra le contrefacteur, fera déclarer son exploitation illicite, obtiendra la confiscation des objets contrefaits et des instruments de la contrefaçon et, d'un autre côté il invoquera à son profit tous ces actes illégitimes!

Ne perdons pas de vue enfin, que dans le doute, si doute il y a, il convient de se prononcer contre le breveté.

Après cela suffira-t-il de dire, comme le fait notre contradicteur, que « la loi ne fait de l'exploitation une obligation personnelle au breveté? » C'est précisément la chose à démontrer. Il ajoute que sa solution « est d'autant plus équitable que souvent la contrefaçon, est un obstacle à l'exploitation, de la part de l'inventeur; » il est vrai, mais nous ne violons pas cette équité, car il faudra tenir compte de l'obstacle qu'a pu créer la contrefaçon, dans l'appréciation des faits qui ont pu empêcher le breveté d'exploiter.

**780. Que faut-il entendre par exploitation?** — Le but que la loi s'est proposé, est la mesure de ce que doit être l'exploitation. Elle a voulu que l'industrie nationale ne fût pas constituée dans un état d'infériorité vis-à-vis de l'industrie étrangère, qui profiterait des avantages que lui donnerait les bienfaits de la découverte, tandis que la Belgique n'en jouirait pas. Il faut que ce but soit atteint, mais peu importent les moyens, pourvu qu'ils soient de ceux que la loi autorise.

Ainsi, il n'est pas nécessaire que l'objet soit fabriqué en Belgique, il suffit qu'il y soit livré à la consommation, qu'il y soit appliqué. Dès ce moment, en effet, l'industrie en jouit. Il y aurait eu quelque chose d'excessif à contraindre le breveté dans un grand nombre de circonstances, d'accompagner sa demande de brevet, de la construction d'une usine. Au surplus, le texte de la loi n'admet pas une interprétation contraire, il dit « exploiter; » or la simple mise en vente est une exploitation, d'après le sens ordinaire des mots. La loi n'a pas dit : Le possesseur devra *fabriquer* ou faire *fabriquer*, ce qui lui eût cependant été facile, si telle avait été sa pensée.

Mais d'un autre côté la simple fabrication ne suffit pas si elle n'est pas suivie de mise en vente, sauf le cas où celle-ci aurait été empêchée par une force majeure, comme nous le verrons tantôt. En effet, un fabricant qui adresse ses produits ou qui les écoule exclusivement à l'étranger, fait œuvre parfaitement inopérante pour le travail national.

Conformément aux règles qui précèdent il a été jugé que l'inventeur qui fait admettre la machine brevetée à l'exposition des produits de l'industrie, et qui en vend une semblable à un tiers, justifie suffisamment qu'il a satisfait aux prescriptions de la loi, relatives à l'obligation d'exploiter. (Paris, 11 mai 1836, Cass. fr. 13 juin 1837, D. P. 37. 1. 440. Griollet c. Collier). Au surplus, ne perdons pas de vue qu'il s'agit de déchéance, et que cela autorise le gouvernement à tempérer la rigueur de son appréciation.

**781. Le gouvernement est appréciateur souverain de l'exploitation.** — Tout en somme dans cette matière, revient à rechercher si l'industrie nationale a été mise à même de profiter de l'invention. On comprend que ce sera une question de fait, variable d'après les circonstances. Nous verrons plus tard, qu'à l'encontre de ce qui se passe en France, ce ne sont pas les tribunaux, mais le gouvernement, qui est chargé d'apprécier si l'obligation d'exploiter a été suffisamment remplie. Ce sera donc lui qui décidera souverainement la question. Les tribunaux ne pourraient y intervenir qu'en violant le principe de la séparation des pouvoirs.

En France ce sont les tribunaux qui apprécient l'exploitation. Il y a été décidé, en ce qui les concerne, que cette exploitation était, comme nous venons de le dire, une question purement de fait qui n'exige ni l'appréciation d'un texte de loi, ni du texte d'une convention. Ainsi jugé par arrêt Cass. Fr. 23 novembre 1859, D. P. 1860, 1. 23, chem. de fer du Nord; dans le même sens, Cass. Fr. 7 juillet 1860, *ib.* 1861, 5, 48, 11, Lister. Ce dernier arrêt se fonde, sur ce que l'art. 32 § 2 de la loi de 1844, ne spécifie pas les causes d'inaction propres à relever l'inventeur de la déchéance, et abandonne par cela même aux tribunaux l'appréciation de ces causes.

**782. L'exploitation doit-elle être fructueuse et étendue?** — Il faudra se mettre en garde contre les exploitations qui ne sont qu'un simulacre, qui ont pour but de faire croire que l'obligation prescrite par la loi est remplie, alors qu'au fond elle ne l'est pas. Mais il suffit pour que l'exploitation soit suffisante au vœu de la loi qu'elle atteste que le titulaire du brevet a fait tout ce qui dépendait de lui pour arriver à une exploitation régulière. Cela a été jugé en France par arrêt de la Cour de Paris, du 18 juillet 1859, Thomas et Laurens (D. P. 2, 197), confirmatif d'un jugement dont les considérants méritent d'être reproduits. « Attendu que la loi du 7 janvier 1791, sous l'empire de laquelle a été pris le brevet dont s'agit, dispose à la vérité par son art. 16, n° 4, que tout individu qui dans l'espace de deux ans, à compter de sa patente, n'aura point mis sa découverte en activité, et qui n'aura point justifié des raisons de son inaction, sera déchu de sa patente; mais que d'après les termes mêmes de la loi la déchéance par elle établie n'est pas absolue, *que cette déchéance ne se produit pas de plein droit par la seule inaction* pendant le délai déterminé, et que, fondée à la fois *sur une présomption de renonciation* de la part de l'inventeur et sur l'intérêt de la société de jouir dans le plus bref délai possible des avantages de la découverte, elle doit être écartée, lorsque les circonstances, dont l'appréciation appartient aux tribunaux, permettent de reconnaître, soit que l'inventeur qui n'a pas agi n'a pu rien faire, soit, à plus forte raison, que celui qui a agi dans une mesure quelconque, *a fait tout ce qu'il a pu faire.* »

Et plus loin : « Attendu qu'il n'y a pas à se préoccuper de la durée qu'ont eue ces applications diverses, ni des résultats pécuniaires qu'elles ont produits; que la loi qui subordonne la conservation du privilége à la mise en activité, dans le délai qu'elle détermine, de la découverte brevetée, ne demande pas à l'inventeur des applications fructueuses ; qu'il suffit que les applications faites soient *exclusives de cette pensée de renonciation* qui est l'une des présomptions servant de base à la déchéance... »

Nouguier (n° 606) dit : « Celui-là exploite qui fait tout ce qui dépend de lui pour faire passer son système dans la pratique industrielle. » Cette phrase rend bien la pensée du législateur.

**783. L'exploitation doit avoir lieu en Belgique.** — C'est ce qui résulte des termes exprès de l'art. 23 ; c'est ce qui résulte encore des motifs du législateur, tels que nous les avons exposés ci-dessus au n° 776. L'exploitation dans l'hôtel d'un agent diplomatique belge à l'étranger serait inopérante pour des motifs analogues à ceux que nous avons développés au n° 203.

**784. L'exploitation est-elle indispensable ? Force majeure.** — Au défaut d'exploitation est attachée une déchéance, comme nous le verrons plus amplement par la suite. L'un ne va pas sans l'autre. Or, comme la déchéance est une peine, il serait contraire à l'esprit de la loi d'en frapper celui qui n'a rien fait pour la mériter. Au surplus, vu son caractère pénal, les dispositions qui la comminent doivent être interprétées avec rigueur. La déchéance est fondée principalement sur une présomption de renonciation volontaire : c'est ce qu'a fort bien mis en relief pour la loi de 1791 la décision judiciaire que nous avons rapportée ci-dessus (n° 782) ; or, cette présomption ne peut être admise quand le défaut d'exploitation a pour cause un cas fortuit. Toutes ces considérations concourent à prouver que l'exploitation n'est pas indispensable, qu'elle restera sans effet fâcheux pour l'inventeur, quand l'inaction résultera d'une force majeure. Mais d'après les principes généraux du droit ce sera au breveté à prouver le cas fortuit. L'exploitation est pour lui une obligation légale il s'en prétend libéré, c'est à lui à établir sa libération.

Jugé conformément à ces principes que le défaut d'exploitation ne peut être opposé au breveté quand il a pour cause légitime la nécessité où s'est trouvé le breveté d'attendre, pour n'être pas poursuivi lui-même comme contrefacteur, l'expiration d'un brevet antérieur par lequel un tiers s'était approprié l'idée qui servait de fondement à la nouvelle découverte (Cass. fr., 6 mars 1858, D. P., 1858, 1, 342.) Mais, conformément au même arrêt, pour que l'excuse tirée de l'existence d'un précédent brevet soit valablement produite, il faut qu'il soit constaté que l'objet du second brevet ne pouvait être mis industriellement en pratique sans emprunter au premier les conditions essentielles de son fonctionnement.

Les discussions de la loi belge confirment cette doctrine. Voici notamment ce que disait le ministre de l'intérieur (*Ann. parl.*, 1853-54, p. 194) : « S'il arrivait des circonstances exceptionnelles, à raison desquelles un temps plus considérable serait nécessaire, s'il se présentait de ces événements de force majeure,.... des crises politiques, des crises financières, ou des événements qui affectent la personne de l'inventeur et le placent pour quelque temps dans l'impossibilité de produire, le projet y pourvoit. Il exprime la réserve pour le gouvernement de pouvoir en toute circonstance semblable prolonger les délais. » Au lieu de prolonger les délais, le gouvernement, seul juge de la question, pourra s'abstenir de prononcer la déchéance.

La force majeure doit au surplus être appréciée par le gouvernement avec modération, avec moins de rigueur que dans le droit ordinaire, précisément parce que le motif déterminant est moins cette force majeure que l'intention du breveté de renoncer à son brevet. Des décisions fort intéressantes, et qui serviront d'exemples sur ce point, sont intervenues dans un procès entre le chemin de fer du Nord et un sieur De Coster. Du jugement de première instance et de l'arrêt de la Cour d'appel de Paris, ce dernier du 11 janvier 1859 (D. P., 1860, 1, 23), il résulte qu'on ne peut opposer au breveté le défaut d'exploitation quand celui-ci a eu pour cause des événements politiques comme la révolution de février 1848, ou la résistance des industries auxquelles l'invention était destinée. La Cour de cassation à laquelle l'arrêt d'appel fut déféré, ajoute que les juges peuvent même prendre en considération les ressources pécuniaires du breveté (ib.).

Mais dès que le breveté a pu équitablement exploiter, il faut décider autrement. Ainsi, il a été jugé contre une personne brevetée pour un appareil qu'elle ne pouvait exploiter qu'en l'adaptant à une autre machine brevetée, et dont l'inventeur avait consenti à céder la licence, qu'elle ne pouvait éviter la déchéance résultant de son inaction ; qu'en effet l'exploitation fût devenue possible pour elle si elle avait acheté les machines à laquelle son invention devait s'adapter, ou tout au moins la licence pour l'exploitation de ces machines en France, surtout alors qu'elle était déjà parvenue à obtenir pareille licence pour l'Angleterre. (D. P. 1861. 5. 48. 11, Lister).

**785. Suffit-il d'une exploitation partielle ?** — Il a été jugé, en France, que le breveté n'est pas tenu d'exploiter toutes les branches de son invention pour échapper à la déchéance dont l'art. 32 n° 2 de la loi du 5 juillet 1844 frappe les brevets d'invention qui n'ont pas été exploités dans les deux ans, et qu'il suffit d'une exploitation partielle (Cass. F., 11 déc. 1857, Delisle et Fornier, D. P. 1858. I., 157.) Jugé de même par un arrêt de la même cour du 12 février 1858 (D. P. 5, 42 8), que l'exploitation ne doit pas nécessairement s'appliquer à toutes les branches que l'invention indiquait et pouvait comprendre. (*Conf.* Blanc, 4^me éd., p. 566.) Un autre arrêt a décidé que l'inventeur dont le brevet s'applique à plusieurs procédés donnant le même résultat remplit suffisamment l'obligation d'exploiter en n'employant que l'un de ces procédés (Paris, 7 fév. 1862, Dumery c. Vuitton, la *Propr. industr.*, n° 236).

Il n'est pas non plus inutile de rapporter la solution donnée à la question par MM. Rendu et Delorme, *Dr. industr.*, n° 471, al. 2 : « Quand, disent-ils, le brevet comprend divers procédés conduisant à des résultats distincts, il faut, en principe, qu'ils aient été tous pratiqués pour qu'il n'y ait pas lieu à déchéance au moins partielle ; mais il en serait autrement si les divers procédés donnant identiquement le même résultat, un seul avait été employé (jug., 22 juin 1843, Dalloz, n° 260). L'unique but de la loi est en effet de faire en sorte que la société recueille le bénéfice de l'invention. (Rapport de Philippe Dupin sur l'art. 32). Dès que ce but est atteint, il n'y a pas intérêt à rechercher si c'est par tel mode plutôt que par tel autre. Il n'y aurait pas lieu non plus à déchéance, même partielle du brevet d'invention, pour défaut d'exploitation de certains moyens indiqués, s'ils n'étaient présentés que comme subsidiaires et auxiliaires à la réalisation du procédé principal. » (Paris, 9 fév. 1850, avec l'arrêt de Cass., Benard-Perrin c. Boucherie.) — Voy. aussi dans le même sens Nouguier, n° 605 et les autorités en note.

Nous croyons que sous notre loi ces décisions ne doivent en général être admises qu'avec réserve et qu'il importe de donner aux principes qui régissent la matière une précision dont paraissent manquer les autorités que nous venons de citer.

Nous admettons volontiers puisqu'il s'agit de déchéances, et que celles-ci sont fondées sur une présomption de renonciation, qu'il y a un double motif d'interpréter la loi avec rigueur et de n'admettre qu'à bon escient que l'exploitation n'a pas été suffisante. Mais il ne faut pas cependant pousser les choses trop loin. On ne doit jamais perdre de vue le but de la loi qui est de faire profiter l'industrie nationale de l'invention brevetée, et de prononcer la déchéance dès que cette industrie en a été privée.

De la combinaison de ces deux principes résulte d'abord clairement, d'après nous, la doctrine de la déchéance partielle, exposée par MM. Rendu et Delorme. Mais si une exploitation, parce qu'elle est partielle, doit empêcher la perte entière du brevet, et doit le conserver au moins pour les éléments exploités, il y a lieu d'admettre, par une juste réciprocité, qu'elle est insuffisante pour le conserver tout entier, même pour les éléments non exploités. On pourrait invoquer ici par analogie le principe *tantum prescriptum, quantum possessum*. Ne serait-il pas exorbitant de soutenir que le breveté qui exploite un seul des organes de son invention, souvent le moins important, fait jouir de cette invention l'industrie belge et accomplit assez pour conserver son privilége? Ne serait-il pas plus naturel d'admettre qu'il perd tout que de dire qu'il sauvegarde tout?

Dès lors tout reviendra à rechercher dans chaque hypothèse particulière les limites de l'exploitation et d'en faire exactement les limites de la conservation du brevet. Aussi, dirons-nous que si l'invention comprend plusieurs branches, toutes celles qui n'auront pas été exploitées seront exposées à la déchéance, à moins que l'inventeur ne justifie des causes légitimes de son inaction. De même, s'il s'agit de plusieurs procédés ; et nous ne distinguerons pas dans ce dernier cas s'ils amènent des résultats identiques ou divers.

En vain, dira-t-on que l'industrie ne souffre nullement puisqu'elle jouit du résultat. En effet, on peut objecter qu'elle ne jouit pas de tous les procédés qui peuvent amener ce résultat, et que c'est précisément dans ces procédés que peut consister le principal avantage, argument d'autant plus sérieux que les résultats sont toujours dans le domaine public n'étant pas susceptibles d'être valablement brevetés. (*Supra* n° 77 et s.)

La même solution devra être appliquée aux moyens auxiliaires et subsidiaires; le privilége disparaît pour eux, si on ne les exploite pas, quand même les moyens principaux auraient été mis en œuvre.

**786. L'invention exploitée doit être la même que l'invention brevetée.** — Cela résulte clairement des principes que nous venons d'exposer. Mais il faut faire la part de ce qui, dans la description, ne constitue pas l'invention proprement dite. Il est le plus souvent indispensable pour que cette description soit claire, d'y introduire des éléments étrangers. Il suffira évidemment, pour satisfaire au vœu de la loi, que l'exploitation porte sur les éléments véritables de l'invention. Si ceux-ci sont exploités, la loi est accomplie, alors même qu'ils accompagneraient des éléments étrangers autres que ceux qui leur servaient de base dans le brevet. Aussi a-t-il été jugé que l'inventeur ne perd pas le bénéfice de son invention, par cela seul qu'il existe une légère différence entre l'appareil qu'il a décrit et celui qu'il a construit, s'il est constaté que cette différence laisse subsister l'invention elle-même. (Cass. -F. 23 mai 1857, GACHE, HUARD, art. 32, n° 21.)

**787. Du défaut d'exploitation d'une invention perfectionnée.** — Quand le breveté principal a lui-même obtenu un brevet de perfectionnement de son invention, il suffira qu'il exploite l'invention avec son perfectionnement; il ne devra pas continuer l'exploitation de son invention primitive. Ce serait en effet lui imposer une obligation en quelque sorte absurde, puisque le perfectionnement suppose que l'invention primitive est dépassée par une invention meilleure et qu'il est rationnel de la délaisser. Du reste, on peut dire que l'invention primordiale est comprise toute entière dans l'invention perfectionnée et que dès lors l'exploitation de celle-ci comprend implicitement l'exploitation de celle-là.

C'est ce qui a été jugé par un arrêt. (Cass. F. 30 mars 1860, D. P. 1861. 5. 48. 12, Bulot.) Un inventeur s'était fait breveter pour une machine à battre le grain; plus tard il la perfectionna. Il poursuivit un contrefacteur qui articula en fait, pour sa défense, que l'inventeur avait cessé d'exploiter sa machine primitive. Le fait fut déclaré non relevant; on eût dû articuler que c'était la machine perfectionnée qui n'avait plus été exploitée.

**788. Des empêchements légitimes quand il s'agit de perfectionnements.** — C'est surtout lorsqu'il s'agit de perfectionnements que se présente la question que nous avons soulevée ci-dessus n° 784, et qui consiste à rechercher quand un breveté peut invoquer comme excuse de son inaction l'existence d'un brevet antérieur qui l'empêchait d'exploiter à moins de devenir lui-même contrefacteur. En effet, le perfectionnement suppose très-fréquemment, pour être mis en pratique, la mise en œuvre de l'invention qu'il améliore. Si celle-ci appartient à un tiers, le perfectionneur ne peut y toucher sans l'autorisation de celui-ci. Un arrêt de la Cour de Rouen du 5 fév. 1859, Grassal c. Ozouf (*la Prop. industr.*, n° 65), a décidé que le breveté dont l'invention n'est que le perfectionnement d'une découverte brevetée au profit d'un tiers, ne peut être déchu pour défaut d'exploitation, car l'art. 18 de la loi de 1844, en lui interdisant de fabriquer l'objet perfectionné avant l'expiration du brevet qui le prime, constitue pour lui une excuse légale. En Belgique, cet article 18 trouve son équivalent dans l'art. 15 al. 2.

Mais il faut, à cet égard, procéder avec discernement. Ainsi on a jugé que vainement un breveté invoque, pour justifier son défaut d'exploitation, que son brevet n'est que le perfectionnement d'une invention encore brevetée, s'il est vrai qu'en combinant son brevet avec un brevet pris par lui postérieurement, il pouvait éluder le brevet du tiers et ne pas s'exposer à des poursuites; ou s'il n'a fait aucune démarche pour obtenir une licence; ou encore lorsqu'il aurait pu acheter les machines du tiers et y adapter son perfectionnement. Car l'ensemble de ces faits révèle une inaction volontaire. (Trib. corr. de Lille, 19 janv. 1859, Duriez c. Lister et Holden, la *Prop. industr.*, n° 68.)

**789. Qui doit prouver le défaut d'exploitation?** — En obtenant son brevet, l'inventeur acquiert un droit complet, exposé à certaines déchéances, mais qui provisoirement au moins n'a besoin pour exister de l'accomplissement d'aucune formalité particulière. L'exploitation n'est pas un des éléments essentiels du brevet. Le brevet existe sans elle et avant elle. Dès lors c'est à celui qui soutient qu'il est intervenu un événement de nature à anéantir ce droit, à prouver cette circonstance. Par conséquent, c'est à celui qui affirme le défaut d'exploitation, ou plutôt la déchéance, à l'établir. La question de cette preuve est plus importante en France que chez nous, parce que ce sont les tribunaux qui apprécient le défaut d'exploitation, tandis qu'en Belgique c'est le gouvernement. Elle y a été décidée plusieurs fois (trib. Grenoble, 22 juin 1843, Jouvin c. Ducruy; — Cass. fr., 1er juillet 1852, Raymond c. Bérindorff, *Bull. des arrêts crim.*, t. LVII, p. 394; — Nouguier, 607). Cette preuve sera celle d'un fait négatif : comme telle elle présentera parfois des difficultés considérables. Mais ce n'est pas une considération qui puisse faire fléchir les principes. L'axiome que la preuve d'un fait négatif étant impossible, celui qui l'allègue ne doit pas le prouver, est aujourd'hui exclu de la science du droit; cette impossibilité, qui ne se présente du reste que dans le cas d'une négative absolue, ne peut autoriser un renversement des rôles et la mise à charge d'une des parties de la preuve d'un fait allégué par son adversaire. Le gouvernement pourra, au surplus, selon les circonstances, admettre comme une présomption suffisante, la déclaration des hommes du métier qu'ils n'ont pas connaissance que l'invention aurait été exploitée dans l'industrie qu'ils pratiquent. Ce sera alors à l'inventeur à détruire cette présomption par la preuve contraire. Puisque le droit de déchéance appartient au gouvernement, il est libre au surplus de ne pas observer ces principes, mais ce serait tomber dans l'arbitraire.

**790. L'exploitation doit avoir lieu dans le délai d'une année.** — L'art. 23 de la loi belge exige que l'exploitation ait lieu *dans l'année*... La loi française dans son art. 32, 2° fixe un délai de deux ans.

Le terme fixé par la loi belge a paru fort court à beaucoup de monde. La question a été soulevée à la Chambre surtout quand le point de savoir si l'on exigerait l'exploitation dans tous les cas, ou seulement après la mise en exploitation à l'étranger, n'était pas encore résolu. Alors que le délai proposé était encore de deux années, M. Ernest Vandenpeereboom disait : « Il pourrait arriver que l'on accordât des brevets avec la certitude qu'ils ne pourraient être exploités dans le délai fixé. Je citerai, par exemple, la grande invention Ericson. Il ne suffit pas pour exploiter un pareil procédé d'avoir obtenu un brevet ; indépendamment des épreuves, il faut former la société, réunir les capitaux, installer des ateliers : tout cela demande beaucoup de temps.. » Et plus loin : « Il y a des brevets qui nécessitent pour leur mise en œuvre la réunion d'une foule de conditions d'art, de temps, d'argent. Ainsi, pour la construction d'un bateau à vapeur il faut douze ou quatorze mois. » (*Ann. parl.,* 1853-54, p. 193). M. Vermeire disait de son côté : « Fourneyron n'a pas réussi à établir une seule de ses turbines. La perroline n'a pu s'établir qu'après onze années. M. Leblanc qui a inventé le moyen d'extraire le soude du sel marin est mort de faim. M. Girard, l'inventeur de la filature du lin n'a pas trouvé moyen d'établir son industrie en France. Le célèbre Watt est resté huit années avant de faire accueillir sa principale invention. » (*Ann. parl.*, p. 194).

Ces objections perdent leur portée par suite de l'admission du principe que l'obligation d'exploiter disparaît en raison de circonstances majeures, principe que nous avons exposé ci-dessus. Rejetant le délai de deux ans, et celui de trois ans, la Chambre s'arrêta à celui d'une année proposé dans un amendement de M. David (*Ib.*, p. 226). Cet amendement avait été appuyé par les considérations suivantes (*Ib*, p. 209). « Des industriels sont venus prendre des informations auprès d'un de mes collègues, pour connaître exactement le mécanisme de la loi... Ce sont des industriels qui veulent exploiter la fabrication de certains objets de mode ; vous sentez que si on n'autorise ces industriels à n'exploiter leur industrie en Belgique qu'au bout de trois ans, la mode sera passée... »

**791. Point de départ du délai d'une année.** — La loi belge diffère essentiellement de la loi française en ce qui concerne le point de départ du délai d'une année, et cette différence en apparence peu importante amène des conséquences pratiques considérables. Tandis que la seconde veut la mise en exploitation de la découverte dans les deux ans *à dater du jour de la signature du brevet*, la première veut qu'elle ait lieu dans l'année *à dater de la mise en exploitation à l'étranger*. En France donc l'exploitation doit toujours avoir lieu dans un temps donné; en Belgique, elle est conditionnelle, elle dépend d'un événement incertain, la mise en œuvre dans un pays voisin.

La question a donné lieu à un fort long débat à la Chambre. Elle a été résolue dans le sens ci-dessus par 41 voix contre 29 à la séance du 15 décembre 1853 (*Ann. parl.*, p. 226). Cette solution a pour résultat de permettre à l'inventeur qui n'exploite pas à l'étranger, de paralyser à son gré l'industrie nationale pendant toute la durée de son privilége. C'est devant cet inconvénient que la législation française a reculé. En Belgique on a cru, non sans raison, que l'intérêt même de l'inventeur préserverait le public d'une pareille conséquence et que, sauf de très-rares exceptions, l'inventeur exploiterait le plus tôt qu'il pourrait. On ne peut fixer à priori le temps nécessaire à la mise en exploitation d'une invention, tout délai aurait donc été arbitraire. Mieux valait laisser faire l'intérêt personnel aussi puissant que toutes les lois, et plus capable de s'approprier aux circonstances.

**792. Qu'est-ce que l'exploitation à l'étranger? Quid de l'exploitation par le contrefacteur?** — Pour déterminer s'il y a eu mise en exploitation à l'étranger, il faudra suivre les principes que nous avons exposés ci-dessus aux n°$^{os}$ 779 et suiv.; les mêmes motifs d'excuses devront être admis. L'exploitation par le contrefacteur ne suffira pas, car elle n'est pas le fait du breveté, elle n'a pour cause aucune faute de sa part, il ne peut dépendre d'un tiers de l'obliger par un fait illicite à commencer en Belgique une exploitation qu'il a le droit de retarder selon ses convenances. Cependant il en serait autrement si l'on démontrait que le breveté a toléré la contrefaçon, qu'il l'a laissé continuer par sa négligence. Alors, en effet, il est au moins en faute, il serait coupable de dol si c'était intentionnellement qu'il supportait la contrefaçon, si on ne découvrait dans sa conduite qu'une manœuvre pour éviter l'obligation imposée par la loi belge.

A cette opinion on peut opposer le texte de l'art. 23 qui ne distingue pas entre l'exploitation licite et l'exploitation illicite. Mais l'esprit de la loi vient l'éclairer : il suppose une renonciation ; or, comment la découvrir dans un fait illicite qui n'émane pas de la personne à laquelle on voudrait opposer cette renonciation ? (Conf. TILLIÈRE, n° 306, al. 2).

Quand le breveté n'a pas obtenu de brevet dans le pays où l'exploitation a lieu, son invention est dans le domaine public, tout le monde a le droit de l'exploiter, et dès lors, de quelque personne qu'elle émane, elle contraint l'inventeur à commencer son exploitation en Belgique.

**793. Pour que le délai coure, l'exploitation doit être connue du breveté.** — L'inaction du breveté en Belgique ne pouvant produire d'effet comme nous l'avons dit, que si elle fait présumer une renonciation, il en résulte qu'on ne peut faire courir contre lui le délai d'une année qu'à partir du jour où il a eu connaissance de la mise en exploitation à l'étranger. C'est l'application du principe d'équité : *Contra agere non valentem non currit prescriptio,* principe qui a reçu son application au cas d'ignorance dans l'art. 1304 al. fin. C. civ. (Conf. Tillière 306 al. final.)

Les discussions ont laissé quelques traces de cet esprit. « La commission, disait M. Vermeire à la séance du 9 décembre 1853 (*Ann. Parl.* p. 195),... a décidé... qu'il était inutile de prescrire l'exploitation d'un brevet endéans le délai de deux années, mais comme correctif à ce principe absolu elle a adopté la mesure suivante : Si l'invention est mise en pratique à l'étranger, le breveté sera tenu de l'exécuter en Belgique, dans les deux années suivantes au plus tard ; *toutefois, comme la mise en pratique à l'étranger pourrait ne pas être connue du breveté, elle n'a fait partir ce délai que du jour où le gouvernement le lui aura notifié.* Cette disposition faisait l'objet de l'art. 75 de l'avant-projet. »

Ce détail de la notification a disparu dans la longue discussion qui s'est engagée à propos de l'obligation d'exploiter, mais cela n'enlève rien aux considérations de principe que nous avons présentées ci-dessus. Le gouvernement ayant l'obligation de veiller aux intérêts du public, fera bien de notifier à l'inventeur le fait de l'exploitation étrangère pour sauvegarder l'industrie nationale en faisant courir le délai.

**794. Comment se compte le délai d'une année ?** — Le *dies a quo* ne compte pas, d'après les règles du droit commun. Le *dies a quo* sera dans l'espèce celui où l'exploitation aura été complète, celui où l'industrie étrangère aura été mise à même de profiter de l'invention, ou plutôt celui où le breveté aura eu connaissance de l'exploitation. C'est à la personne qui allègue cette connaissance à la prouver (sup. n° 789). L'année est l'année ordinaire, allant de date à date.

**795. Le délai peut être prorogé.** — L'art. 23 al. 2 porte : « Toutefois le gouvernement pourra, par un arrêté royal motivé inséré au *Moniteur* avant l'expiration de ce terme, accorder une prorogation d'une année au plus. »

L'art. 18 du règlement ajoute : « Le breveté qui voudra obtenir une prolongation de délai dans le cas prévu par l'art. 23 de la loi, pour la mise à exécution de l'objet breveté, devra adresser sa demande au ministre de l'intérieur deux mois au moins avant l'expiration du délai fixé par ledit article.

« Cette demande devra être suffisamment motivée, et indiquer, dans la limite légale, le terme nécessaire pour la mise en œuvre de l'invention. »

**796. La prorogation doit être prononcée par arrêté royal. Formes de l'arrêté.** — C'est au breveté à prendre l'initiative de la prorogation. Il doit adresser sa demande au ministre de l'intérieur. L'art. 18 impose au breveté l'obligation de l'adresser avant les deux derniers mois de la première année à dater de la mise en exploitation à l'étranger. Tel est le sens des mots : « Deux mois au moins avant l'expiration du délai fixé par ledit article. » Il faut en effet que le gouvernement ait le temps nécessaire pour instruire la demande.

L'art. 18 exige aussi que la demande soit suffisamment motivée et qu'elle indique la durée de la prorogation. Il ajoute : « Dans la limite légale, » c'est-à-dire dans la limite d'une année fixée par l'article 23.

Mais ce sont là des formalités purement administratives et comminatoires, dont l'inobservation ne doit pas entraîner nécessairement un refus de prorogation. Le gouvernement libre d'accorder celle-ci, peut faire dépendre son obtention de certaines conditions, mais il peut aussi relever de ces conditions.

Ce n'est pas le ministre de l'intérieur qui proroge. Il faut un arrêté royal; l'art. 23 le dit expressément. On a considéré cette prorogation comme une chose non sans importance, et dès lors, d'après un principe généralement observé dans la loi, on a substitué l'intervention du Roi à celle des ministres.

Cet arrêté doit être inséré au *Moniteur*, et il doit l'être avant l'expiration de l'année fixée à l'art. 23.

Enfin l'arrêté doit aussi être motivé.

Quel est l'effet de l'inobservation des formalités prescrites, non plus par le règlement (nous nous en sommes expliqués tantôt), mais par la loi? Qu'arrivera-t-il si l'arrêté n'émane pas du Roi, s'il n'est pas motivé, s'il n'est pas inséré au *Moniteur*, s'il ne l'est pas dans le délai prescrit?

Nous croyons que la disposition de l'art. 23 al. 2 doit être interprétée avec rigueur et que toutes les formalités qu'elle énonce sont substantielles. L'inobservation de chacune d'entre elles devra entraîner la nullité de l'arrêté. En effet cette prorogation est exceptionnelle; elle se présente comme une dérogation au délai d'une année prescrit par l'al. 1 de l'art. 23, qui seul constitue le délai normal. Si l'arrêté émane du ministre, il émane d'une autorité incompétente, n'ayant aucun pouvoir de le rendre: or l'incompétence est un cas de nullité radicale, d'après les principes généraux du droit; s'il n'est pas motivé, il enlève au public sa seule garantie contre l'arbitraire gouvernemental, et certes c'est là une considération qui montre l'importance de l'inobservation de la loi sur ce point, et justifie la nullité; s'il ne paraît pas au *Moniteur*, il n'a pas de force obligatoire, d'après les règles en matière de publication de loi, car il intéresse la généralité des citoyens (art. 3 loi 28 février 1845), s'il n'est pas nul, il est donc provisoirement sans force; enfin s'il ne paraît pas au *Moniteur* avant l'expiration de la première année, il en pourrait résulter un préjudice pour ceux, qui croyant le brevet expiré, auraient commencé à l'exploiter pour leur propre compte.

Au surplus, ces questions de nullité n'auront pas une grande importance devant les tribunaux. En effet, l'arrêté de prorogation serait nul que le brevet n'en resterait pas moins valable, à moins que le gouvernement ne prît un arrêté de déchéance, conformément à l'al. 3 de l'art. 23. Son devoir est de prendre ce dernier arrêté, mais s'y soumettra-t-il si cela implique la reconnaissance que l'arrêté de prorogation est nul? Ce n'est pas le moindre inconvénient du système admis par notre loi et qui consiste à con-

férer à l'administration le droit de prononcer les déchéances.
« Ce que l'on nous propose, disait à ce sujet M. Julliot (*Ann. parl.*, 1853-54, p. 224), c'est l'extension du pouvoir de la bureaucratie; on croit utile que sa puissance s'étende encore, et moi je crois le contraire. »

**797. La prorogation ne peut excéder une année.** — L'art. 23 dit : « Une prorogation *d'une année au plus.* » Ces expressions sont claires. M. Rogier avait proposé de dire : Un nouveau et *dernier* délai. Les mots : une année au plus, ont été admis comme l'équivalent de cette phrase. (*Ann. parl.*, 1853-54, p. 228).

Au lieu d'accorder un délai d'une année, le gouvernement pourrait-il accorder deux délais de six mois, ou quatre délais de trois mois, etc.? La question n'a pas une grande valeur pratique, puisque l'État agit sans contrôle, et que s'il lui plaît de violer la loi en cela il le peut impunément (sup., n° 796 in fine). M. Tillière (307) se prononce pour la négative. L'art. 23 est formel, dit-il, il ne parle que *du délai* accordé, ce qui ne suppose qu'un seul délai. Nous croyons au contraire que ce qui importe, c'est qu'on ne dépasse pas en tout une année; ne serait-il pas puéril de s'attacher au point de savoir si on atteint ce laps de temps en une, deux ou trois fois?

Nous invoquerons par analogie l'art. 798, C. civ.; quoiqu'il semble ne permettre au juge que de prolonger une seule fois les délais accordés à l'héritier bénéficiaire, cependant on l'interprète en ce sens que le délai peut être renouvelé.

**798. Motifs pour lesquels on peut proroger.** — Nous avons dit ci-dessus que dans tous les cas où l'exploitation avait été empêchée par force majeure, on ne pouvait en faire un grief au breveté. Cette proposition, nous l'avons énoncée d'une manière générale, sans distinction du temps pendant lequel l'inaction aura duré, alors même, par conséquent, qu'elle aurait dépassé l'année de prorogation permise par l'art. 23. Définissant la force majeure, nous avons dit qu'elle existait chaque fois que le breveté avait fait tout ce qui était en son pouvoir pour amener l'exploitation, bien que, malgré ses efforts, il n'y eût pas réussi.

Pour que cette règle ne fasse pas double emploi avec celle qui nous occupe maintenant, il faut que la prorogation à accorder par arrêté royal soit fondée sur d'autres motifs que ceux de force majeure que nous venons de rappeler. Quels devront être ces motifs? M. Rogier disait à la séance du 13 décembre 1853 (*Ann. parl.*, p. 227) qu'il fallait « de bonnes raisons » à l'appui de la prorogation. Il faudra donc des motifs sérieux, et on le comprend sans peine, puisqu'il s'agit d'accorder une faveur exceptionnelle. Le breveté ne devra pas s'être trouvé dans une impossibilité complète, car sinon la prolongation existe de plein droit; celle-ci devra lui être accordée alors même qu'à la rigueur il eût pu exploiter, mais qu'il n'aurait pu le faire qu'en surmontant de grandes difficultés. Seulement, à cause de son caractère exorbitant, la faveur de la prolongation ne pourra jamais excéder une année. Ce délai passé, on retombe dans le droit commun; le breveté ne peut échapper à la déchéance qu'en justifiant d'un cas fortuit.

La lecture des textes de la loi et des discussions législatives peut, à première vue, faire douter de l'exactitude du système que nous venons d'émettre en ce sens qu'il y aurait, en dehors de la prorogation de l'art. 23, al. 2, une autre prorogation autorisée chaque fois qu'il y a force majeure. Ce cas de force majeure n'est-il pas, en d'autres termes, précisément celui que vise l'art. 23? N'est-ce pas dans ce seul cas que le gouvernement peut proroger d'une année le délai ordinaire?

Quelque hésitation que puissent faire naître certaines

parties des travaux préparatoires, nous croyons devoir persister dans notre opinion. Quoi qu'on en puisse dire, ces travaux laissent planer du doute sur la question; nulle part on n'y trouve la difficulté clairement indiquée et résolue. Or, dans le doute, il faut revenir aux principes généraux, alors surtout que la dérogation qu'on voudrait y faire tendrait à fortifier et à rendre plus rigoureuse une déchéance. D'après les règles ordinaires du droit, le cas fortuit ne doit être imputé à personne; ce serait un système arbitraire que celui qui maintiendrait cette règle pendant une année et qui l'écarterait dès que cette année serait expirée. Ce qui confirme notre thèse, ce sont les derniers mots de l'alinéa final de l'art. 23. La loi dit dans cet alinéa que la cessation de l'exploitation pendant plus d'une année entraînera la déchéance du brevet *à moins que le possesseur du brevet ne justifie des causes de son inaction.* Or, il y a analogie extrême entre l'obligation d'exploiter et la défense de cesser d'exploiter; l'une et l'autre sont fondées sur les mêmes motifs. Si pour l'une la loi admet indéfiniment toute cause de justification, pourquoi la refuserait-elle à l'autre? Pourquoi celle-ci ne pourrait-elle être justifiée que pendant une année, pourquoi serait-elle traitée si différemment? Nous le répétons, quand la loi a organisé la prorogation d'une année, elle a voulu non-seulement conserver les excuses si légitimes résultant de tous les cas de force majeure, mais encore admettre toutes autres excuses équitablement acceptables, sauf à soumettre celle-ci au régime plus sévère de la prorogation et à les écarter sans rémission après une année.

## SECTION DEUXIÈME.

#### Défense de cesser l'exploitation.

###### (SOMMAIRE.)

799. Texte de l'art. 23, alinéa final. — 800. On peut cesser l'exploitation, pourvu que ce soit pendant moins d'une année. — 801. L'année d'interruption doit être consécutive. — 802. L'inaction peut durer plus longtemps quand on la justifie. — 803. En quoi consiste la cessation? — 804. Qui doit prouver que l'exploitation a cessé? — 805. La contrefaçon tolérée ne prouve pas que l'exploitation ait cessé. — 806. *Quid* de la déclaration du breveté qu'il renonce à son invention?

**799. Texte de l'art. 23, al. final.** — Il ne suffit pas que le breveté commence son exploitation, il faut qu'il la continue. S'il l'interrompt pendant toute une année, il encourt la déchéance. C'était le seul moyen de rendre l'exploitation efficace, de l'empêcher de n'être qu'un simulacre, à peine né de la veille pour disparaître le lendemain. De là la disposition de l'al. final de l'art. 23 ainsi conçu : « L'annulation sera également prononcée lorsque l'objet breveté, mis en exploitation à l'étranger, aura cessé d'être exploité en Belgique pendant une année, à moins que le possesseur ne justifie des causes de son inaction. »

L'art. 32, 2° de la loi française prononce que le breveté qui aura cessé d'exploiter en France l'objet de son brevet pendant deux années consécutives sera déchu de tous ses droits, à moins qu'il ne justifie des causes de son inaction.

Sous la loi de 1817, le breveté pouvait empêcher la déchéance par un seul fait de fabrication. Sous la loi de 1791 il y avait obligation d'exploiter, mais non de cesser l'exploitation.

**800. On peut cesser l'exploitation pourvu que ce soit pendant moins d'une année.** — La loi eût fait preuve d'un rigorisme excessif en n'admettant aucune interruption de l'exploitation, quelque petite qu'elle fût. Elle autorise des exceptions pourvu que l'interruption n'atteigne pas une année. Nous disons *n'atteigne pas* une année. En effet l'art. 23, al. final, prononce la déchéance quand l'exploitation a cessé *pendant une année;* il ne faut donc pas que l'année soit dépassée; dès qu'elle est révolue, le breveté est en défaut.

Le point de départ de l'année est le jour du dernier acte d'exploitation. Ce jour ne compte pas, d'après les principes généraux en cas de computation de délai. L'année ira de date à date; dès la première heure du jour qui suit immédiatement la date correspondante de l'année suivante, la déchéance est acquise. Ainsi le dernier fait d'exploitation a eu lieu le 1er janvier : la déchéance est acquise dès que le 2 janvier de l'année suivante est commencé.

**801. L'année d'interruption doit être consécutive.** — Une suite d'interruptions momentanées suivies de reprises, ne suffiraient pas pour justifier la déchéance, alors même que réunies elles formeraient une année (NOUGUIER, 594). Si la loi l'avait voulu autrement, elle se serait exprimée en des termes différents de ceux qu'elle a employés. Du reste, il ne faut pas que ces interruptions répétées enlèvent à l'exploitation, son caractère sérieux et loyal ; du moment que ce caractère fait défaut, il n'y a plus d'exploitation dans le sens de la loi.

**802. L'inaction peut durer plus longtemps, quand on la justifie.** — « *A moins que le possesseur du brevet, ne justifie des causes de son inaction,* » dit l'art. 23, empruntant les termes de l'art. 32 de la loi française.

C'est le gouvernement, qui est chargé d'apprécier les motifs de l'inaction; il en est le juge souverain; les tribunaux n'ont rien à y voir.

Il devra se décider d'après les principes que nous avons

exposés ci-dessus. Tous les cas de force majeure seront des causes de justification suffisantes ; à l'impossible nul n'est tenu. De plus on pourra même, en usant toutefois de cette faculté avec réserve, admettre des causes qui ne seraient pas des cas de force majeure, dans le sens rigoureux du mot, mais qui équitablement ont empêché l'exploitation. C'est ainsi que les mots empruntés par la loi belge à la loi française, sont interprétés par les commentateurs de celle-ci. « On doit tenir compte au breveté, dit Blanc, p. 338, non-seulement du cas de force majeure, mais encore de l'absence, de la maladie, du défaut d'argent, etc. » « S'il démontre, dit Nouguier, n° 596, qu'un état de guerre ou une crise commerciale, ne lui ont pas permis d'avoir les matières premières nécessaires à son exploitation, — si malgré ses efforts persévérants, il n'a pu réunir les capitaux sans lesquels son industrie ne pouvait prospérer, alors il est digne de bienveillance, plutôt que de blâme, et son inertie ne peut équivaloir à l'abandon de son droit. »

Remarquons en passant que l'absence, la maladie, le défaut d'argent, peuvent être selon les circonstances, de véritables cas de force majeure, alors que l'absence a été inévitable, la maladie excessivement grave, le défaut d'argent absolu et irrémédiable ; qu'ils peuvent être au contraire de simples causes de justification, si l'absence eût pu à la rigueur être évitée, si la maladie avait amené des difficultés pour agir et non l'impossibilité d'agir, si le breveté avait eu des fonds en quantité minime, mais qui au besoin auraient suffi.

On voit donc que pour la défense de cesser l'exploitation, comme pour l'obligation d'exploiter, le système de la loi est à peu près le même. La seule différence que nous ayons à signaler, c'est que pour la seconde les excuses qui ne constituent pas des cas de force majeure, dans le sens ordinaire, ne peuvent autoriser que la prorogation d'une année, tandis que pour la première elles peuvent être admises indéfiniment, la loi ne fixant aucun délai.

**803. En quoi consiste la cessation ?**
— L'exploitation cessera quand elle ne présentera plus les caractères que nous lui avons attribués ci-dessus, numéros 780 et suivants. Elle doit toujours les conserver tous, mais elle ne doit pas en présenter d'autres. Il faudra qu'elle soit sérieuse, il faudra qu'elle atteste que le breveté fait tout ce qu'il peut. Ainsi il a été jugé qu'on ne pouvait considérer comme une cessation d'exploitation du brevet, l'interruption momentanée de l'usage de quelques unes des substances qui avaient été désignées dans le brevet, comme pouvant être employées soit alternativement soit limitativement (Paris, 26 mai 1855, BLONDEL ET C$^{ie}$ c. ANTRAILLE ET CONSORTS, S. V. 56, 1, 280).

**804. Qui doit prouver que l'exploitation a cessé ?** — Une fois que l'exploitation a été commencée, le bénéfice de la preuve existe au profit de l'inventeur ; c'est à son adversaire à prouver l'interruption, c'est au gouvernement à la découvrir. Nous renvoyons au surplus aux considérations que nous avons fait valoir ci-dessus n° 789 pour une question analogue.

**805. La contrefaçon tolérée ne prouve pas que l'exploitation ait cessé.**
— Il n'y a aucun rapport nécessaire entre le fait d'un inventeur qui tolère la contrefaçon de son invention et l'interruption de l'exploitation par lui-même. La fabrication légitime peut parfaitement se produire à côté de la fabrication illégale. Tout au plus cela pourrait-il être considéré comme une présomption, et encore serait-elle fort légère. Un système contraire aboutirait en quelque sorte à créer une nouvelle déchéance qui résulterait de la contrefaçon tolérée. Quelque longue que soit cette tolérance, elle doit rester sans influence.

**806. Quid de la déclaration du breveté qu'il renonce à exploiter son invention?** — Il en serait de même de la déclaration du breveté qu'il renonce à exploiter son invention. Seulement nous pensons qu'en pareil cas le fardeau de la preuve changera de personne. Ce sera à l'inventeur à établir que nonobstant cette déclaration il n'a pas cessé d'exploiter. Son aveu doit pouvoir lui être opposé; mais il pourra faire la preuve contraire.

Remarquons que la déclaration du breveté qu'il renonce à exploiter son invention, n'équivaut pas à l'abandon de celle-ci. On peut maintenir son monopole tout en s'obligeant à ne pas l'exploiter. Les renonciations ne se présument pas et doivent être interprétées avec rigueur.

Quant à l'abandon pur et simple de l'invention, c'est un véritable *derelictio*, il s'agit en effet d'un droit réel mobilier; en le délaissant on le fait tomber dans le domaine public; il ne faut aucune acceptation pour rendre cet abandon irrévocable, et il peut résulter de toutes les circonstances, dont le juge appréciera la portée.

# TROISIÈME PARTIE.

## DES NULLITÉS ET DÉCHÉANCES.

(SOMMAIRE.)

807. Notion, division.

**807. Notion, division.** — Dans plusieurs cas la loi attache une telle importance à l'absence de certaines conditions requises pour le brevet, qu'elle considère celui-ci comme inexistant si l'une de ces conditions vient à manquer; le brevet alors est nul; le fait qui amène cette conséquence est une cause de nullité. Dans d'autres circonstances, la loi attribue à certains événements assez de puissance pour détruire un brevet même régulier; ce brevet tombe, son titulaire en est déchu; l'événement qui produit ce résultat est une cause de déchéance.

## TITRE PREMIER.

### DES NULLITÉS.

#### CHAPITRE PREMIER.

**Des nullités.**

(SOMMAIRE.)

808. Conditions prohibitives et conditions dirimantes. — 809. Distinction entre les nullités et les déchéances. — 810. Toutes les nullités sont absolues.—811. Les nullités sont de stricte interprétation. — 812. Le brevet nul ne peut être validé par un brevet complémentaire.—813. On peut prononcer des nullités partielles.

**808. Conditions prohibitives et conditions dirimantes.** — La matière des nullités peut être divisée en deux parties : les nullités proprement dites, dont nous nous occuperons dans le présent chapitre, et les actions y relatives qui feront l'objet du chapitre suivant.

Nous avons vu dans la première partie de ce traité, qu'un brevet exigeait d'une part, des conditions de fond relatives à l'invention brevetable, et d'autre part des conditions de forme relatives à la demande du brevet et à son obtention. Or, parmi ces conditions, les unes sont telles que l'on peut en exiger l'existence ou l'accomplissement avant de délivrer le brevet, mais qu'une fois le brevet obtenu, elles restent sans influence sur sa validité. Nous les appellerons *conditions prohibitives*, introduisant ici, dans la matière des brevets, une terminologie usitée parmi les jurisconsultes pour les actes de mariage et qui a l'avantage d'être significative. Les autres sont telles qu'elles entachent le brevet d'un vice radical qui peut amener sa destruction même après qu'il a été délivré ; nous les appellerons *conditions dirimantes* ou *nullités*, ce dernier terme étant accepté dans la doctrine et dans la jurisprudence. C'est surtout de celles-ci que nous nous occuperons dans le présent titre.

**809. Distinction entre les nullités et les déchéances.** — Les *nullités* ne peuvent être confondues avec les *déchéances*. Les premières supposent en effet un brevet qui dès le principe contient un vice ; la cause de nullité est antérieure ou tout au moins contemporaine de l'obtention du brevet ; les secondes supposent un brevet qui dans le principe est régulier mais qui postérieurement, par une circonstance venant du dehors, perd sa validité. Pour rendre cette explication plus frappante, nous nous servirons d'un exemple employé par

Nouguier (470), en disant que le brevet nul est *mort-né* tandis que le brevet frappé de déchéance est *né-viable* mais est plus tard frappé de mort.

Il est donc permis de dire, comme le fait M. Tillière (291), que les nullités et les déchéances diffèrent par leurs *causes* : pour les unes, ces causes sont antérieures à l'obtention ou contemporaines, pour les autres, elles sont postérieures. — Par leurs *effets* : pour les unes, le brevet a toujours été nul, pour les autres, il n'est sans valeur qu'à partir d'une certaine époque. — Enfin, on peut ajouter par la *compétence*, les nullités étant, comme nous le verrons, de la compétence exclusive des tribunaux, tandis que les déchéances sont prononcées par l'administration.

**810. Toutes les nullités sont absolues.** — Sous notre législation toutes les nullités sont *absolues*, c'est-à-dire qu'elles existent pour tout le monde, et qu'elles frappent le brevet tout entier. Notre législation ne connait pas les nullités relatives qui n'existeraient qu'à l'égard de quelques personnes, nullités admises par la loi française. (Rendu et Delorme, n° 474, Blanc, *Contr.*, p. 549.)

**811. Les nullités sont de stricte interprétation.** — Les nullités sont de *stricte interprétation*. Il faut donc considérer comme limitative toute énumération que les lois en peuvent faire. C'est là, comme on le sait, un principe général du droit que nous ne faisons qu'appliquer aux brevets. Ce point est de jurisprudence et de doctrine (Nouguier, 472 et les nombreuses autorités qu'il cite en note, Tillière, 292).

Toutefois cette règle doit être sainement entendue. Quelquefois, en effet, il ne faut pas un texte précis formulant la nullité pour que la loi ait clairement exprimé sa volonté de l'établir. Cette volonté peut résulter, soit de son esprit manifesté dans les discussions, soit des principes généraux et incontestables du droit qui ne sont inscrits nulle part, mais que tout le monde admet et que la loi elle-même accepte en en faisant des applications, soit enfin de textes qui manifestent indirectement la pensée du législateur.

Admettre en pareils cas l'existence d'une nullité, ce n'est pas interpréter la loi *par analogie,* ce qui est défendu partout où l'interprétation doit être stricte. C'est uniquement reconnaître cette vérité que la volonté du pouvoir législatif peut se montrer autrement que sous la forme unique d'un texte clair, précis et positif.

**812. Le brevet nul ne peut être validé par un brevet complémentaire.** — Une fois le brevet délivré, s'il contient un vice qui le frappe de nullité, c'est en vain qu'on essayerait de le corriger par des formalités postérieures. *Quod initio vitiosum est non potest tractatu temporis convalescere.* Ainsi, il a été jugé que si l'objet décrit dans le brevet n'est pas nouveau, le brevet ne peut être validé par la nouveauté des détails consignés dans un certificat d'addition. (Trib. Paris, 7 juillet 1854, LEFRANC c. BLANCHON, Huard, art. 30, 2°; — Paris, 21 avril 1860, PARENT c. DIVAY et BOUTRY, *la Prop. indust.,* n° 126.) Décidé de même qu'un brevet qui, envisagé isolément, serait nul pour insuffisance et description ne peut être validé par la description complémentaire contenue dans le certificat d'addition. (Amiens, 1er juillet 1859, BOURDON c. LEFEBVRE-ROUILLARD, *la Prop. indust.,* n° 81.)

**813. On peut prononcer des nullités partielles.** — Le brevet n'a rien d'indivisible. Il se peut qu'une de ses parties soit parfaitement régulière et qu'une autre soit atteinte par les nullités légales. Dans ce cas ces dernières seules devront être anéanties, la nullité sera partielle.

Ainsi jugé qu'un brevet n'est pas un titre indivisible et

peut être déclaré nul *parte in quâ*, notamment en ce qui touche tel objet qui n'est pas nouveau (Cass. fr. 4 mars 1856, Mallet c. Cavaillon, *Le Droit*; Paris, 9 juillet 1855, même affaire, *Le Droit,* 1855. 172).

Dans ce cas il y a lieu de répartir les dépens entre les plaideurs, l'action de celui qui soutient la nullité du brevet et celle de la partie qui y défend, étant chacune partiellement fondée (Trib. civ. Lille, 11 mars 1858, Gaillard c. Baugrand, *la Propr. industr.* n° 28).

Quand un brevet contient certains éléments entachés de nullité, c'est même une obligation pour les tribunaux de prononcer la nullité partielle; ils ne peuvent rejeter la demande en nullité pour le tout. (Cass. fr. 6 mai 1857, Gellis c. Duval, *Le Droit*).

Il faudra au surplus que les juges distinguent soigneusement, les éléments sur lesquels portent le brevet. Il arrive presque toujours que dans la description on introduit certaines choses, sur lesquelles l'impétrant ne veut pas faire porter son privilége, mais qu'il mentionne pour rendre ces explications plus claires. Si ces choses font partie du domaine public, les juges ne pourront pas, en les constatant, prononcer la nullité partielle, et comme conséquence, mettre une partie des dépens à la charge du breveté! C'est ainsi qu'on a décidé que le brevet qui mentionne d'une part l'emploi du sulfate de chaux, comme matière épurante, ce qui est connu depuis longtemps, et d'autre part un procédé qui améliore cet usage, ne peut être annulé partiellement, car le brevet ne porte que sur l'amélioration. (Cass. fr. 25 novembre 1856, Laming c. Cavaillon, *Le Droit,* 1856, 155).

# SECTION PREMIÈRE.

### Nullités de fond.

#### (SOMMAIRE.)

844. Il y a cinq nullités de fond. Démonstration. — 815. Première cause de nullité. Absence de découverte. — 816. Deuxième cause de nullité. Absence du caractère d'invention de l'homme. — 817. Troisième cause de nullité. Défaut de caractère commercial ou industriel. — 818. Quatrième cause de nullité. Caractère illicite. — 819. Cinquième cause de nullité. Défaut de nouveauté. — 820 Nullités des brevets de perfectionnement et d'importation. — 821. Quid du brevet de perfectionnement pris quand il fallait un brevet d'invention. — 822. Quid du brevet d'invention pris pour un perfectionnement. — 823 Quid du brevet d'invention ou de perfectionnement délivré pour une importation? — 824. Quid du cas inverse? — 825. La nullité du brevet primitif entraîne-t-elle celle du brevet de perfectionnement? — 826. Quid de l'hypothèse inverse? — 827. La nullité du brevet étranger entraîne-t-elle celle du brevet d'importation?

**814. Il y a cinq nullités de fond. Démonstration.** — On sait que tout brevet exige, quant au fond, l'existence de cinq conditions essentielles dont la réunion constitue l'invention brevetable. Ces conditions sont :

1°) Qu'il y ait une découverte; 2°) qu'elle soit une invention de l'homme; 3°) qu'elle soit commerciale ou industrielle; 4°) qu'elle soit licite; 5°) qu'elle soit nouvelle (sup., n° 39). Les nullités de fond devront toutes porter sur l'une ou l'autre de ces cinq conditions.

C'est ce que la loi a consacré d'une manière expresse en ce qui concerne la *nouveauté*. Voici en effet ce qu'on lit dans les art. 24 et 25.

Art. 24. Le brevet *sera déclaré nul* par les tribunaux pour les causes suivantes :

*a)* Lorsqu'il sera prouvé que l'objet breveté *a été employé, mis en œuvre ou exploité* par un tiers, dans le royaume, dans un but commercial, avant la date légale de l'invention, de l'importation ou du perfectionnement.

. . . . . . . . . . . . . . . .

c) Lorsqu'il sera prouvé que la spécification complète et les dessins exacts de l'objet breveté *ont été produits,* antérieurement à la date du dépôt, *dans un ouvrage ou recueil imprimé et publié.....*

Art. 25. Un brevet d'importation *sera déclaré nul* par les tribunaux dans le cas où l'objet pour lequel il a été accordé *aurait été antérieurement breveté* en Belgique ou à l'étranger.

Comme on le voit, ce sont les trois cas de destruction de nouveauté que nous avons précédemment développés (n° 174 et s.).

Il n'y a pas d'autres textes prononçant la nullité du brevet pour absence de l'une des conditions de fond. En faut-il conclure, appliquant ici les règles d'une interprétation restrictive, que si l'une des quatre autres conditions fait défaut, il ne faudra pas annuler le brevet ? En d'autres termes le brevet ne sera-t-il pas nul soit qu'il n'ait pas d'objet, soit que cet objet ne soit pas une invention ou une découverte de l'homme, soit qu'il manque du caractère commercial ou industriel, soit qu'il se présente comme illicite ?

Poser la question c'est évidemment la résoudre. Il y aura, malgré le silence de la loi, nullité chaque fois que l'une de ces quatre conditions manquera. L'opinion contraire mènerait à l'absurde. Si la loi n'en dit rien, c'est que cette vérité était à l'abri de toute contestation. On comprend qu'elle ait dû s'expliquer à l'égard de la nouveauté, parce que toute absence de nouveauté (ce mot pris dans le sens vulgaire), ne devait pas amener la nullité du brevet. Mais pour les autres conditions essentielles auxquelles elle conservait leur sens connu, il était superflu d'entrer dans aucun détail. C'est ainsi que le Code civil, en matière de contrat, après avoir indiqué quelles sont les conditions essentielles à la validité d'une convention, croit superflu de dire que l'absence de l'une de ces conditions entraînera la nullité du contrat.

Nous pouvons donc déclarer à bon droit qu'il y a cinq cas de nullité qui se rapportent au fond : 1°) Absence de découverte; 2°) absence du caractère d'invention ou de découverte de l'homme; 3°) défaut de caractère commercial ou industriel; 4°) absence du caractère licite; 5°) défaut de nouveauté.

**815. Première cause de nullité. — Absence de découverte.** — Il ne peut y avoir de brevet là où la matière du brevet manque, là où il n'y a pas de chose à breveter, pas d'invention, pas de découverte. La loi n'avait pas besoin de le dire, la nature des choses était là pour suppléer à son silence.

Pour apprécier si oui ou non cette première condition fait défaut, si par suite le premier cas de nullité existe, nous renvoyons aux explications que nous avons précédemment données quand elle a été l'objet de notre examen. (*Supra*, (n° 40 et s.)

**816. Deuxième cause de nullité. Absence du caractère d'invention de l'homme.** — Ici encore nous ne pouvons que renvoyer aux n°s 92 et suiv., pour apprécier quelles conditions doit réunir l'objet du brevet pour être considéré comme une invention ou découverte de l'homme.

**817. Troisième cause de nullité. Défaut de caractère commercial ou industriel.** — Voyez pour la justification de cette cause de nullité le n° 314, et les n°s 102 et s., pour savoir ce qu'il faut entendre par caractère commercial ou industriel.

La loi française a prévu le cas d'une manière expresse. Voici comment Nouguier (n° 554), s'exprime à ce sujet : « Les inventions ou découvertes ne sont brevetables que lorsqu'elles ont une industrie pour objet. La loi, après avoir exprimé cette pensée d'une manière générale dans l'art. 1er, qui n'accorde le droit exclusif qu'aux auteurs des découvertes et inventions *dans tous les genres d'industrie,* reproduit ces expressions et précise même cette pensée quand, dans l'art. 30, elle déclare nuls et de nul effet les brevets qui portent sur des principes, méthodes, systèmes, découvertes et conceptions théoriques, *dont on n'a pas indiqué les applications industrielles.* »

**818. Quatrième cause de nullité. Caractère illicite.** — Cette cause de nullité est textuellement prévue par la loi française qui se montre en général, du reste, plus explicite que la loi belge sur l'énumération de ces causes. Voici, en effet, la disposition de son art. 30, 4° :

« Seront nuls et de nul effet, les brevets délivrés dans les cas suivants, savoir : .....

« 4° Si la découverte, invention ou application est reconnue contraire à l'ordre ou à la sûreté publique, aux bonnes mœurs ou aux lois du royaume. »

Elle était aussi prévue par la loi hollandaise de 1817, qui déclarait nuls dans son art. 8, litt. c) les brevets « s'il paraissait que l'invention pour laquelle un brevet d'invention aurait été accordé, fût, par sa nature ou dans son application, dangereuse pour la sûreté du royaume ou de ses habitants. »

On trouvera aux nos 127 et s. l'explication de ce que c'est qu'une découverte ou une invention illicite.

**819. 5e cause de nullité. Défaut de nouveauté.** — De toutes les nullités qui touchent au fond du brevet, le défaut de nouveauté est la seule que la loi ait expressément prononcée, parce que, ainsi que nous l'avons dit, la nouveauté avait à ses yeux un sens différent du sens ordinaire et qu'il était dès lors indispensable de faire connaître.

Ce cas de nullité avait déjà été prévu par la loi de 1817 dont l'art. 2 portait : « La concession des brevets... sera nulle, s'il est prouvé que l'invention ou le perfectionnement pour lesquels quelqu'un aura été breveté ont été employés, mis en œuvre ou exercés par un autre, dans le royaume, avant l'obtention du brevet. »

Et l'art. 8 : « Un brevet d'invention sera déclaré nul... *b*) s'il paraissait que l'objet pour lequel un brevet aurait été accordé fût déjà décrit, antérieurement à cette époque, dans quelque ouvrage imprimé et publié. »

Enfin la loi française dit, elle aussi, mais plus simplement, dans son art. 30 :

« Seront nuls et de nul effet les brevets délivrés dans les cas suivants, savoir :

» 1° Si la découverte, invention ou application n'est pas nouvelle. »

Nous avons expliqué aux n°s 133 et s. ce qu'il fallait entendre par invention nouvelle.

Nous y renvoyons donc.

**820. Nullités des brevets de perfectionnement et d'importation.** — Disons d'abord que ces brevets peuvent être annulés par toutes les causes qui entraînent la nullité des brevets ordinaires, défaut de nouveauté, caractère illicite, etc.

Mais, en outre, il y a quelques questions qui leur sont propres et que nous allons passer en revue.

**821. Quid du brevet de perfectionnement pris quand il fallait un brevet d'invention?** — Le brevet de perfectionnement doit se rattacher au brevet principal; il faut en d'autres termes que le perfectionnement soit bien un perfectionnement et non pas une invention complétement nouvelle, sans lien avec une invention antérieure. Cela ressort de la nature même des choses. Or, supposons que quelqu'un ait déclaré comme perfectionnement ce qui est au fond une invention principale et qu'il se soit fait délivrer un brevet de perfectionnement là où il eût dû se faire délivrer un brevet d'invention. Le brevet obtenu sera-t-il frappé de nullité ?

La loi française contient, à cet égard, une disposition expresse dans son art. 30, al. final, ainsi conçu : « Seront également nuls et de nul effet les certificats comprenant des changements, perfectionnements ou additions *qui ne se rattacheraient pas au brevet principal.* » — « S'il en était autrement, dit Nouguier, 569, si l'on pouvait maintenir des certificats d'addition qui ne se rattacheraient pas au brevet principal, d'une part, le Trésor serait frustré des droits qui lui reviennent, et, d'autre part, les tiers, abusés par une vaine qualification, ne sauraient connaître l'invention qui se cache sous le titre modeste et frauduleux de certificat d'addition. »

Cette disposition ne s'applique qu'aux certificats d'addition, comme ses termes mêmes le démontrent. Elle laisse entière la question en ce qui concerne les brevets de perfectionnements proprement dits. Aussi la doctrine n'étend-elle pas la nullité au cas où un de ces derniers brevets aurait été pris pour une invention principale. Comme chez nous les brevets de perfectionnements comprennent à la fois les certificats d'addition et les brevets de perfectionnements proprement dits de nos voisins, on peut dire que leur législation nous fournit un argument pour la nullité et un argument contre elle. Elle déclare nul le certificat d'addition pris pour une invention principale, elle maintient le brevet de perfectionnement pris pour celle-ci.

Mais que faut-il décider sous la loi belge?

L'argument que Nouguier tire de la *taxe* n'est pas décisif attendu que le défaut de paiement de la taxe entraîne déchéance et non pas nullité; nous avons examiné précédemment ce qui advenait relativement à la taxe dans l'hypothèse que nous examinons (n° 771). Au surplus, en Belgique, l'inconvénient que Nouguier signale n'a de valeur que si le brevet a été demandé par l'auteur de la découverte à laquelle le perfectionnement se rattache prétendûment, puisque cette taxe reste due si le brevet de perfectionnement a été demandé par un tiers (art. 3, al. fin).

Quant au second argument de Nouguier, tiré de l'*inexactitude de la qualification*, il touche à l'insuffisance de la description; en effet, la fausse qualification peut entraîner l'obscurité de cette description, ce qui est un cas de nullité. Mais ce cas de nullité rentre dans la deuxième section ci-après. et c'est là que nous l'examinerons.

Y a-t-il maintenant d'autres raisons pour admettre la nullité? Nous n'en voyons aucune. De texte, il n'en existe pas, ce qui est fort important dans une matière où tout doit être de stricte interprétation. Peut-on invoquer les principes généraux, dire, par exemple, que le brevet de perfectionnement pris pour ce qui n'est pas un perfectionnement manque d'objet? ou s'applique à un autre objet que celui auquel il est destiné? Mais depuis quand la fausse qualification donnée à un acte a-t-elle entraîné la nullité de celui-ci? Or c'est à cela que se réduit toute la difficulté : on a nommé perfectionnement ce qui était une invention, on a nommé brevet de perfectionnement ce qui était un brevet d'invention. L'acte, le brevet ne sera pas nul; il faudra seulement lui attribuer les effets que comporte sa véritable nature, et c'est ce dont les tribunaux se chargeront, car il ne faudrait pas tomber dans cette autre exagération de dire que sa nature est irrévocablement fixée par la qualification qu'il a plu à l'impétrant de lui attribuer et que le gouvernement a dû suivre.

La loi nous offre une application de ces principes dans l'art. 25, al. 2. Elle y dit en effet que lorsqu'un brevet d'invention a été demandé et obtenu là où il eût fallu un brevet d'importation, le brevet d'invention peut être maintenu comme brevet d'importation et elle ajoute, texte qui nous rapproche beaucoup de l'hypothèse que nous examinons : « Ces dispositions seront appliquées le cas échéant *aux brevets de perfectionnement.* »

**822. Quid du brevet d'invention pris pour un perfectionnement?** — Mais, supposons le cas inverse où, pour un perfectionnement simple, on aura demandé un brevet d'invention.

Le brevet sera valable, sauf l'obscurité dans la description à résulter de la fausse appellation, ce que nous examinerons plus tard. Il restera valable en effet parce que la loi ne prononce pas la nullité et que rien au surplus ne la commande. On ne peut nous objecter le texte de l'art. 15, al. 1, qui semble supposer qu'une modification à l'objet de la découverte ne pourra donner lieu qu'à un brevet de perfectionnement. En effet, ce texte laisse entière la question de nullité ; il peut défendre de demander et de délivrer un brevet d'invention pour un perfectionnement, mais il ne dit pas ce que le brevet devient si, par surprise, il a été obtenu.

On peut invoquer ici avec plus de raison encore le texte de l'art. 25 al. 2 et 3 que nous citions au numéro précédent. Ce texte déclare que le brevet d'importation délivré sous le nom de brevet d'invention n'est pas nul ; qu'il doit être maintenu, si du reste il réunit les conditions requises, comme brevet d'importation.

Après avoir établi ce principe, elle ajoute : « Ces dispositions seront appliquées le cas échéant aux brevets de perfectionnement. » Qu'est-ce que cela veut dire? Que si un brevet d'invention a été obtenu pour un perfectionnement, ce brevet peut être maintenu comme brevet de perfectionnement, s'il présente toutes les conditions requises pour l'existence de celui-ci.

**823. Quid du brevet d'invention ou de perfectionnement délivré pour une importation ?** — L'art. 25 al. 2 de notre loi porte :

« Un brevet d'invention sera déclaré nul par les tribunaux, dans le cas où l'objet pour lequel il a été accordé, aurait été antérieurement breveté en Belgique ou à l'étranger.

» Toutefois si le demandeur a la qualité requise par l'art. 14 (titulaire du brevet pris à l'étranger) son brevet pourra être maintenu, comme brevet d'importation, aux termes dudit article. »

La question est, comme on le voit, expressément résolue par la loi. Si le brevet d'invention pris en Belgique a été délivré à un autre que l'inventeur qui l'a obtenu à l'étranger, il est nul, non point parce qu'il a été délivré sous le nom de brevet d'invention, mais parce qu'il manque de nouveauté (supra n°s 252 et s.) Si au contraire il est délivré à cet inventeur, la loi admet sa validité mais veut qu'il soit traité d'après sa véritable nature, comme brevet d'importation. Elle consacre ainsi expressément notre théorie sur la validité des brevets mal qualifiés.

Il n'y aurait aucune raison sérieuse pour ne pas appliquer la même règle au cas où ce serait non plus un brevet d'invention mais un brevet de perfectionnement qui aurait été obtenu pour une importation.

Sous la loi de 1817, dans le même sens, Bruxelles 31 décembre 1857, B. J. XVI, 408. — *Contra,* Cass.

25 mars 1858, *ib.* p. 627. Le texte de la loi était différent.

**824. Quid du cas inverse ?** — Supposons qu'on ait pris un brevet d'importation pour une invention proprement dite ou un perfectionnement ? Le brevet ne sera pas nul. Cela résulte suffisamment des principes que nous avons mis en lumière dans les numéros précédents. Il n'y a dans la loi aucune nullité expresse. Elle fournit de plus des analogies d'autant plus admissibles qu'elles ramènent à la règle générale qui est la validité du brevet.

**825. La nullité du brevet primitif entraîne-t-elle celle du brevet de perfectionnement ?** — Nous avons démontré ci-dessus n° 421 que lorsque le brevet principal venait à prendre fin *par suite de l'expiration du temps fixé par la loi* pour sa durée, le brevet de perfectionnement cessait en même temps. En est-il de même quand le brevet principal prend fin *par suite d'une nullité ?*

Constatons d'abord que la loi ne prononce pas expressément cette nullité du brevet de perfectionnement ; les art. 24 et 25 qui traitent des nullités sont muets sur ce point. Peut-on invoquer l'art. 15 qui semble dire dans son al. 1 d'une façon générale que le brevet de perfectionnement prendra fin *en même temps que le brevet principal ?* Nous ne le pensons pas ; qu'on ne perde pas de vue qu'il s'agit de justifier une nullité, et qu'on ne peut l'admettre que moyennant des preuves bien concluantes. Or, qu'est-ce qui prouve clairement que par la disposition de l'art. 15 la loi ait voulu embrasser tous les cas où le brevet principal disparaîtrait ? Il est au contraire fort douteux qu'elle ait envisagé l'hypothèse où le brevet principal serait nul. L'art. 15 n'est pas en effet le siége de la matière des nullités ; ce n'est que plus tard, aux art. 24 et 25 que la loi les traite, et sa volonté de comprendre alors les brevets de perfectionnement dans les dispositions qu'elle édicte est certaine; en effet l'article 24 dit : « *Le brevet* sera déclaré nul » ce qui comprend toute espèce de brevet. L'art. 25, après n'avoir parlé d'abord que du brevet d'invention, termine en disant : « Ces dispositions seront appliquées, le cas échéant, *aux brevets de perfectionnements.* » Ainsi le législateur avait ces derniers brevets présents à l'esprit quand il a organisé les nullités, il a indiqué les cas où ils seraient nuls; peut-on dès lors aisément admettre qu'il aurait implicitement créé un cas de nullité spécial, dans une autre partie de la loi, dans l'art. 15, alors qu'il n'était encore nullement question des nullités. — Au surplus ces mots de l'art. 15 : le brevet *prendra fin* en même temps que le brevet principal, ne font-ils pas présumer qu'il ne s'y agit pas d'une nullité, puisqu'à la rigueur on ne peut dire qu'un brevet nul prend fin : en réalité il n'a jamais existé.

Mais combien l'on doit plus hésiter encore quand on considère les résultats qu'aurait l'opinion qui admettrait la nullité du brevet de perfectionnement. Si en effet, quand celui-ci est demandé par le titulaire du brevet principal, on peut soutenir que les vices du brevet principal lui sont imputables, et que dès lors si le brevet de perfectionnement tombe du même coup, il n'a qu'à s'en prendre à lui-même, il en est autrement quand le perfectionnement émane d'un tiers; les vices du brevet primitif lui sont étrangers, il n'a pu ni les prévenir, ni les corriger; ils constituent pour lui un véritable cas fortuit, et cependant il devrait en subir les conséquences rigoureuses, il devrait assister à l'anéantissement de son titre, régulier du reste en soi, pour la négligence ou l'impéritie d'un autre. En vain, dira-t-on, que ces objections portent à faux quand c'est le titulaire du brevet principal qui a pris le brevet de perfectionnement; qu'elles ne sont vraies que pour le tiers perfectionneur; cela suffit, car la loi ne distingue pas, elle soumet le brevet de perfectionnement à un régime unique, quel qu'en soit le titulaire, et si l'on admet que nos objections portent quand il s'agit d'un tiers, on nous autorise à appliquer la thèse qu'elle justifie au titulaire du brevet principal.

C'est à tort qu'on invoquerait l'axiome, *accessorium sequitur principale,* et qu'on soutiendrait que le brevet de perfectionnement doit, comme accessoire, suivre le sort du brevet primitif. Nous avons en effet déjà eu occasion de dire, et nous démontrerons plus tard, que sous la loi belge, le brevet de perfectionnement n'est nullement l'accessoire du brevet principal. Ils s'influencent mutuellement, mais l'un n'est pas subordonné à l'autre.

Notre opinion est admise par M. Tillière, n° 225. (*Contra,* Bruxelles, 22 juillet 1859, B. J., XXI, p. 470.)

**826. Quid de l'hypothèse inverse?** — Il résulte suffisamment, croyons-nous, de ce qui précède, que la nullité du brevet de perfectionnement ne peut influencer la validité du brevet principal. Cette règle devrait être admise même par ceux qui ne partageraient pas l'avis que nous venons d'émettre. Quand même le texte de l'art. 15 pourrait être invoqué contre nous pour détruire cet avis, encore faudrait-il reconnaître qu'il est muet sur la nouvelle question que nous soulevons. Quand même le brevet de perfectionnement serait un accessoire du brevet principal et devrait subir le sort de celui-ci, encore la réciproque ne serait-elle pas vraie.

**827. La nullité du brevet étranger entraînerait-elle celle du brevet d'importation?** — La question de savoir ce que devient le brevet d'importation quand est annulé à l'étranger le brevet qui lui sert de base, a donné lieu au Sénat à une longue discussion qu'on peut lire aux pages 234-237 des *Annales Parlementaires,* session de 1853-54. La solution de la difficulté résulte, croyons-nous, de ces discussions.

M. Forgeur a posé nettement la question dans les termes suivants : « .,. pour le cas où le brevet d'invention serait annulé, parce que l'invention n'était pas brevetable, que deviendra le brevet d'importation? Sera-t-il nul? Il le sera si vous le déclarez ; mais il ne le sera pas, si vous ne le dites pas dans la loi. » (*Ann. Parl.*, p. 235, col. 1.)

M. Forgeur se prononçait avec une grande énergie pour la nullité. Il citait l'exemple d'un Français qui aurait pris dans son pays un brevet pour une invention tombée dans le domaine public et qui serait venu se faire breveter d'importation en Belgique. Il déclarait qu'alors ce brevet d'importation devait être aussi nul que le brevet d'invention.

Le ministre de l'Intérieur a répondu (ib.) : « Si un brevet d'invention est annulé en France pour le motif qu'a indiqué l'honorable M. Forgeur, ce motif existant en Belgique pour le brevet d'importation, nous trouverons dans le litt. *c* de l'art. 24 un remède suffisant pour l'annuler en Belgique. »

M. Forgeur objecta (ib. col. 2) : « Pour que le brevet soit nul d'après... la nouvelle loi, il faut que le système breveté soit décrit dans un ouvrage imprimé et publié. Mais le brevet ne sera pas nul lorsque le système breveté, bien que n'ayant pas été décrit dans un ouvrage imprimé et publié, n'aura pas moins été mis en pratique par vingt industriels. Dans ce cas, vous donnez un privilége aux importateurs sur les inventeurs. »

Le ministre reprit : « L'honorable M. Forgeur demande *pourquoi un brevet qui serait annulé en France*, par exemple, parce que l'objet en serait tombé dans le domaine public, *pourrait sortir encore ses effets en Belgique*. La raison en est simple, c'est qu'en Belgique comme en Angleterre, la loi des brevets est fondée sur ce principe que ce qui n'est pas connu en Belgique ou en Angleterre est sensé nouveau... On répond à cette observation, qu'en Belgique la chose est facilement portée à la connaissance du public par le fait d'une exploitation qui existe en France. Eh bien, si la découverte que nous avons brevetée en Belgique à titre d'importation est connue en Belgique, alors, aux termes du litt. *a* de l'art. 24, ..... le brevet sera déclaré nul par les tribunaux, *parce qu'alors il y a une cause légitime d'annuler le brevet d'importation en Belgique*..... Appliquant ce principe à l'industrie où est la difficulté? L'objet n'est pas connu, le brevet d'importation est accordé, *on n'a aucune raison de le faire annuler*. »

Après ces paroles, quelques explications ont encore été échangées. Puis l'article a été adopté. Il est vrai qu'on y a introduit un amendement de M. Spitaels; mais il avait uniquement pour but de résoudre un autre point en discussion, celui de savoir quelle serait la durée du brevet d'importation, point tout à fait indépendant de la question de nullité. Aussi, le ministre a-t-il pu dire : « Cette rédaction répond à l'explication que j'ai donnée et je n'ai aucune raison de m'y opposer. » Bref, rien ne prouve que l'opinion de M. Forgeur aurait passé dans la loi; il n'y a à cet égard rien de précis, remarque importante alors que lui-même demandait qu'on s'expliquât catégoriquement à cet égard, et qu'au surplus, parce qu'il s'agit d'une nullité, le doute, s'il y en avait, devrait être interprété contre ceux qui voudraient établir cette nullité.

Le système qui résulte des explications du ministre, consacre l'indépendance complète du brevet d'importation et du brevet d'invention. Ils sont sans influence l'un sur l'autre. Ils restent soumis chacun à la législation qui lui est propre. S'agit-il d'un brevet français par exemple, il sera régi pour sa nullité par la loi française, comme il l'a été pour sa création, car il ne faudrait pas aller jusqu'à dire que nonobstant la nullité prévue par la loi française et prononcée par les tribunaux français, le brevet sera considéré en Belgique comme existant encore; il y aurait mauvaise grâce, après s'en être rapporté à la législation étrangère pour la naissance du brevet, à la repousser quand il s'agit de sa destruction; mais cette destruction à cause de l'indépendance des deux brevets restera sans influence sur le brevet d'importation. Celui-ci ne sera soumis qu'aux nullités prévues par la loi belge; mais il sera soumis à elles toutes, et si l'une d'elles, comme l'emploi ou la mise en œuvre de l'invention, admet même des faits accomplis en pays voisins, il devra la subir.

Ce système nous paraît logique. Il présente d'abord cet avantage, de ne pas faire dépendre la validité d'un brevet belge des caprices de la législation et de la justice étrangères, ce qui est en même temps la consécration du grand principe que la souveraineté des nations ne dépasse point leur territoire. Ensuite, si le brevet étranger est nul, le brevet obtenu en Belgique n'a été qualifié qu'à tort de brevet d'importation. Celui-ci suppose un brevet d'invention; or, un brevet nul n'est pas un brevet. Dès qu'il ne s'agit que d'un brevet d'invention il faut le traiter comme les brevets d'invention ordinaires pour les nullités comme pour le reste. (Sup. n° 823 et s.).

L'opinion que nous adoptons est quelquefois exprimée sous une autre forme. On dit que la nullité du brevet d'invention entraîne celle du brevet d'importation chaque fois qu'elle est fondée sur une cause commune à la législation étrangère et à la législation belge. C'est ainsi que s'exprime M. Tillière, n° 219; c'est aussi, croyons-nous, la pensée de M. Vilain, p. 87 et s. et surtout p. 97, quoiqu'il s'exprime avec une certaine obscurité et que quelques passages paraissent contradictoires. Au fond, le résultat est le même. Seulement nous croyons cette manière de parler inexacte. Elle tend à faire croire que la nullité du brevet d'invention entraîne indirectement comme conséquence, celle du brevet d'importation, alors qu'en réalité celui-ci est anéanti directement par une cause qui lui est propre.

L'argument capital que faisait valoir M. Forgeur, et qu'invoquèrent après lui les partisans de sa doctrine, c'est que le système qui a triomphé aux Chambres, présente ce danger de maintenir en Belgique un monopole pour une invention dont les peuples étrangers jouissent déjà sans réserve. Ce danger existe, mais la loi belge n'a pas reculé devant lui. Nous le trouvons, en effet, accepté dans une hypothèse tout à fait indépendante des brevets d'importation. Supposons qu'il s'agisse d'une invention connue en France mais qui n'y a jamais été brevetée. On pourra la faire breveter d'invention valablement en Belgique si elle y est inconnue; le monopole sera donc conquis chez nous alors que l'invention sera ailleurs dans le domaine public. L'inconvénient prévu par M. Forgeur, se produira dans toute sa force, et cependant le brevet devra être maintenu conformément à l'art. 24, litt. *a* et *b*.

Le système contraire au nôtre a été développé dans un mémoire publié en 1863 chez Guyot, en cause de Meeus et Tonnelier c. Dewyndt et C$^e$ p. 6 et 7. Ce mémoire est signé de M. Watteeu. L'arrêt rendu en cette cause n'a pas résolu la question.

## SECTION DEUXIÈME.

### Nullités de forme.

(SOMMAIRE.)

828. Toutes les nullités de formes ne sont pas expresses. — 829. Première cause de nullité. Absence de demande. — 830. Quid quand la demande est irrégulière? Hypothèses diverses. — 831. Spécialement du cas où la demande ne mentionne pas de titre. — 832. Quid lorsque la demande a été

## TITRE Ier. — DES NULLITÉS.

faite avec conditions ou réserves ? — 833. Quid si la demande n'est pas limitée à un seul objet principal ? — 834. Nullités partielles du brevet. — 835. Quid des irrégularités du procès-verbal du dépôt. — 836. Deuxième cause de nullité. Vices de la description et des autres annexes.—837. Omission ou inexactitude dans la description. — 838. Quid de l'absence de description? — 839. Quid quand la description mentionne comme invention un simple perfectionnement? — 840. Quid quand on a appelé importation une invention ou un perfectionnement? — 841. L'omission ou l'inexactitude doivent être intentionnelles.—842. Différence sur ce point entre la loi belge et la loi française. — 843. La mauvaise foi est inutile quand on ne peut découvrir de quelle invention il s'agit. — 844. Quid de l'obscurité ou de l'absence des annexes autres que la description? — 845. Quid quand les échantillons ont été perdus au ministère? — 846. Troisième cause de nullité. Vices dans le brevet lui-même. — 847. Le brevet est nul quand l'arrêté est entaché d'un vice substantiel. — 848. Que faut-il entendre par vice substantiel? — 849. L'inobservation des formalités postérieures à la délivrance du brevet est sans influence.

**828. Toutes les nullités de forme ne sont pas expresses.** — Nous avons vu dans le titre II de la première partie, que la loi prescrit une série de formalités pour la demande du brevet, pour sa délivrance et pour la communication de l'invention au public. Certaines irrégularités dans l'accomplissement de ces formalités, peuvent entraîner la nullité des brevets.

La loi ne prévoit expressément qu'un seul cas, dans son article 24 litt. b, ainsi conçu :

« Le brevet sera déclaré nul par les tribunaux, pour les causes suivantes :

. . . . . . . . . . . . . . . . . . . . . . . . .

b) Lorsque le breveté, dans la description jointe à la demande, aura, avec intention, omis de faire mention d'une partie de son secret ou l'aura indiqué d'une manière inexacte. »

Cependant, comme pour les nullités qui touchent au fond, nous devons dire que certaines autres nullités doivent être admises parce qu'elles sont implicitement édictées par la loi, ou qu'elles résultent des principes généraux que la loi n'a pas contredits. Admettra-t-on, sous prétexte qu'on ne peut suppléer aux nullités, que le brevet ne pourra être déclaré nul, quand l'arrêté de brevet manquera de l'une de ses conditions essentielles, comme par exemple, de la signature du ministre? Évidemment non. Il faut plutôt croire que la loi n'a voulu indiquer que les nullités spéciales à la matière des brevets, laissant aux tribunaux et à la doctrine le soin de suppléer celles qui résultent des principes du droit commun.

**829. Première cause de nullité. Absence de demande.** — Un brevet délivré sans demande préalable, est-il nul?

Il est certain qu'on ne pourrait l'imposer à celui qui ne l'aurait pas demandé, s'il refusait de s'en prévaloir. Nul n'est tenu de recevoir un brevet malgré lui. Du reste sa position serait analogue à celle d'une personne qui aurait demandé un brevet; elle peut en effet y renoncer quand il lui plaît; c'est un privilége qu'elle a le droit de délaisser.

Mais aussi longtemps que celui qui aura été dénommé dans le brevet n'aura pas manifesté à suffisance de droit son intention de ne pas s'en prévaloir, le brevet devrait être tenu pour valable. La délivrance du brevet suppose en effet que toutes les formalités prescrites ont été accomplies (art. 19 de la loi). Il n'est permis à personne d'élever des doutes à ce sujet, sans empiéter sur un domaine exclusivement réservé à l'administration. Seul le breveté pourrait le faire parce qu'on ne peut le breveter de force.

Il en sera de même dans le cas où celui auquel on aurait conféré un brevet sans qu'il l'eut sollicité, viendrait à s'en prévaloir. La présomption que toutes les formalités ont été accomplies, que par suite il y a eu une demande régulière, pourrait être invoquée par lui.

A l'absence de toute demande il faut assimiler le cas où la demande n'émane pas de celui auquel le brevet a été conféré.

**830. Quid quand la demande est irrégulière? Hypothèses diverses.** — Le principe qui domine la matière est tiré de l'art. 19 de la loi. Cet article confie au pouvoir administratif l'examen des formalités préalables à la délivrance des brevets. Dès que l'arrêté a déclaré que toutes les formalités sont accomplies, rien ne peut prévaloir contre cette déclaration. Si les tribunaux ne la respectaient pas, ils violeraient le principe de la séparation des pouvoirs. Elle peut au surplus résulter soit d'une mention expresse, contenue dans l'arrêté de brevet, telle que l'exige l'art. 19, soit, croyons-nous, du fait même de la délivrance de cet arrêté, quand même la mention expresse ne s'y trouverait pas. En effet, cette délivrance implique, d'après l'économie de la loi, la constatation que les formalités prescrites ont été respectées.

D'après ces principes, il n'y a pas de nullité dès que la demande existe, alors même qu'elle manquerait des conditions voulues, par exemple si elle n'était pas rédigée sur papier timbré; si elle n'indiquait pas un domicile élu art. 3 règl. al. 1), si, la demande n'était pas datée (art. 6 *ibid.*); si la demande était écrite dans une langue autre que les trois langues officielles en Belgique. En effet, nulle part la loi ne prononce de nullités en pareils cas, et l'on ne se trouve pas devant les mêmes difficultés que lorsqu'il s'agit du défaut complet de demande.

Il n'y aurait pas même de nullité si la demande ne contenait pas les nom, prénoms, profession, domicile réel du demandeur; il en serait de même si la demande n'était pas signée par le demandeur ou un mandataire.

Il faudrait adopter une solution analogue pour le cas où la demande aurait été purement verbale.

De même encore, il n'y aurait pas de nullité du brevet d'importation, si la demande ne contenait pas la mention de la date, de la durée et du pays du brevet original (art. 3 règl. al. 2).

**831. Spécialement du cas où la demande ne mentionne pas de titre.** — Aux termes de l'art. 3 du règl. la demande doit énoncer *un titre* renfermant la désignation sommaire et précise de l'objet de l'invention. A ce titre se rattache un cas de nullité prévu par l'art. 30, 5° de la loi française, qui déclare nul le brevet si « le titre sous lequel le brevet a été demandé indique frauduleusement un objet autre que le véritable objet de l'invention. »

La loi belge diffère sur ce point de la loi française. Pour elle, cette nullité n'existe pas d'une manière spéciale; mais comme le titre peut contribuer soit par sa présence à rendre la description complète et claire, soit par son absence à la rendre insuffisante ou obscure, dans cette dernière hypothèse on tombera dans le cas de nullité pour vice de la description que nous examinerons plus loin.

**832. Quid lorsque la demande a été faite avec conditions ou réserves ?** — On sait que les réserves et conditions sont défendues (n° 287). Elles constituent donc tout au moins des irrégularités prohibitives. Mais sont-elles des irrégularités dirimantes ?

Non. « On ne saurait trop le redire, point de nullité là où la nullité n'est pas formellement écrite dans la loi. Or, la loi est muette à cet égard, et on ne saurait suppléer à son silence. La seule sanction de cette disposition est donc dans le *veto* de l'administration. » (NOUGUIER, 90, BLANC, Inv., p. 900.)

**833. Quid, si la demande n'est pas limitée à un seul objet principal ?** — Nous avons vu n°s 280 et suiv. que la demande devait être limitée à un seul objet principal. Que devient le brevel quand cette règle n'a pas été observée? Il ne sera pas nul. Ce cas de nullité n'existe pas dans la loi, il n'est pas non plus exigé par les principes généraux du droit. C'est ce qui a été jugé par un arrêt de cassation de France du 4 mai 1855 (Laming c. Cavaillon, S. V. 55. 1. 582), applicable à la loi belge, qui n'a fait, en cette matière, que reproduire l'art. 6 de la loi française. Cet arrêt est conçu comme suit :

« Attendu que la loi qui prescrit de limiter la demande à un seul objet principal avec les objets de détail qui le constituent et les applications qui auront été indiquées (al. 1er de l'art. 6), ne commande au ministre de l'intérieur (de l'agriculture et du commerce) de rejeter la demande (art. 12) que dans le cas où cette formalité n'aurait pas été remplie ; — que l'infraction de la première de ces dispositions n'est pas comprise parmi les causes de nullité et de déchéances qui se trouvent restrictivement spécifiées dans les art. 30 et 32 de la loi ; — qu'il ne saurait appartenir à l'autorité judiciaire, quand ces articles et aucun article de la loi ne lui en ont attribué le pouvoir, de constater et de déclarer le vice allégué par le demandeur en cassation ; — que les tribunaux ne pourraient, en effet, se livrer à cet examen et en faire résulter la nullité du brevet, qu'en empiétant sur les attributions exclusives de l'administration publique ; — qu'il suit de là que le brevet, par cela seul qu'elle l'a délivré, est légalement réputé l'avoir été, sous ce rapport, parce que la demande était pleinement conforme à la disposition sus-énoncée de l'art. 6 ; — Rejette. (Dans le même sens Rendu et Delorme, n° 465.)

On cite le plus souvent comme s'étant prononcés en sens contraire Et. Blanc, *Inventeur breveté*, p. 572, et *Contrefaçon* p. 551, et Perpigna, *Manuel des inventeurs*, p. 315. (Nouguier, 82.) Mais au fond ces deux auteurs admettent non pas qu'il y a nullité, mais déchéance pour défaut de payement de la taxe. Il n'y a, en effet, qu'une taxe payée, au lieu de plusieurs pour plusieurs découvertes. Or, nous avons vu ci-dessus (n° 773) que sous la loi belge il n'était dû en pareil cas qu'une seule taxe, et que dès lors cette déchéance ne pouvait être admise chez nous.

**834. Nullités partielles du brevet.** — Il y a aussi des cas de *nullités partielles* qui se rattachent à la demande. Certaines parties du brevet disparaissent, tandis que les autres sont maintenues.

Ainsi, il y a d'abord le cas où la demande contient des restrictions et réserves. Elles seront censées non écrites. Le brevet ne leur profitera pas, mais le reste subsistera.

Il y a aussi le cas où il y a eu des ratures, des renvois, des mots remplacés sans approbation et paraphe, comme l'exige le règlement. Tout ce qui est rature, surcharge, renvoi, est alors considéré comme non avenu.

**835. Quid des irrégularités du procès-verbal de dépôt.** — Les formalités prescrites par la loi concernent non-seulement la demande prise en elle-même, mais encore le dépôt qui doit en être fait. On peut se demander si les irrégularités qui se rattachent à ce dépôt ne peuvent pas entraîner la nullité du brevet.

Ni l'absence de ce procès-verbal, ni à *fortiori* une irrégularité quelconque dans ce procès-verbal ne peuvent amener la nullité du brevet.

Ici nous pouvons encore une fois invoquer cet argument qui s'est déjà si souvent présenté sous notre plume, que la loi est muette, qu'elle ne prononce nulle part la nullité pour défaut de procès-verbal, et qu'en matière de nullité on ne peut suppléer à ses dispositions; que de plus l'administration ayant admis, en prenant l'arrêté de brevet, la régularité des formalités antérieures à la délivrance, il n'appartient plus à personne de s'élever contre cette irrégularité.

Ce ne serait pas à bon droit que l'on objecterait que tout brevet doit avoir une date; que c'est le procès-verbal de dépôt seul qui la lui donne, aux termes de l'art. 18 de la loi; qu'il faut donc que ce procès-verbal existe sous peine de ne pas savoir quand le brevet commence. Nous avons vu, en effet, que si la date compte depuis le procès-verbal, et non à partir de la confection du brevet lui-même, c'est par une fiction toute en faveur du breveté, fiction qui disparaît pour faire place à la date comptée d'après la véritable nature des choses, quand le procès-verbal de dépôt n'existe pas (406 et s.).

Dès qu'il est prouvé que le défaut de procès-verbal ne vicie pas le brevet délivré, c'est à plus forte raison qu'il faut admettre que les vices de ce procès-verbal, qu'ils soient substantiels ou non, n'entraînent pas la nullité du brevet.

Par conséquent, il n'y aura pas de nullité quand le procès-verbal aura été dressé par un fonctionnaire incompétent, c'est-à-dire par un autre agent qu'un greffier provincial ou un commissaire d'arrondissement; quand il ne constatera pas la remise de chaque paquet, ou les jour et heure auxquels elle aura été effectuée; quand l'invention n'y aura pas été désignée sous le titre sommaire et véridique que le demandeur aura indiqué; quand il ne contiendra pas les nom, prénoms, qualité et domicile du demandeur ou de son mandataire; quand, s'il s'agit d'un brevet d'importation, il n'indiquera pas la date et la durée du brevet d'invention dans le pays d'origine et le nom du breveté; quand il n'y sera pas fait mention du paiement de la première annuité; quand le procès verbal ne sera pas signé par le déposant et le rédacteur; quand il ne sera pas fixé sur l'enveloppe du paquet contenant les pièces relatives à la demande du brevet; quand une expédition du procès-verbal n'aura pas été délivrée à l'exposant, ou qu'elle ne l'aura pas été sans frais (voir pour tous ces détails art. 7 du règl., *supra*, n° 326 et s.).

Mais le défaut de nullité du brevet n'empêchera pas, bien entendu, les conséquences qui dériveront *ipso facto* de l'absence du procès-verbal ou des irrégularités qui peuvent l'entacher. Ainsi, notamment, il ne pourra, s'il n'existe pas ou s'il est entaché d'une nullité substantielle, servir de point de départ au brevet. Ainsi encore, si l'on a fait payer l'expédition du procès-verbal, le demandeur pourra réclamer la restitution de ce qu'il aura payé.

**836. Deuxième cause de nullité. Vices de la description et des autres annexes.** — Le cas dont nous allons parler est celui de l'art. 24 litt. 6 de la loi qui déclare nul le brevet « lorsque le breveté dans la description jointe à sa demande aura, avec intention, omis de faire mention d'une partie de son secret ou l'aura indiqué d'une manière inexacte. »

C'est à peu près la reproduction de l'art. 8 de la loi de 1817 où on lisait que le brevet serait déclaré nul « lorsque l'obtenteur, dans la description, jointe à sa demande aura, avec intention, omis de faire mention d'une partie de son secret, ou l'aura indiqué d'une manière fausse. »

**837. Omission ou inexactitude dans la description.** — La loi, comme on le voit, prononce la nullité dans deux cas 1) lorsqu'il y a *omission*, 2) lorsqu'il y a *inexactitude*. Cette disposition est corrélative en tous points à celle de l'art. 17 qui veut que l'impétrant joigne à sa demande la description *complète* et *claire* de l'invention. L'art. 24 litt. 6 est la sanction de l'art 17, la nullité prononcée par le premier frappe celui qui a négligé d'observer les prescriptions du second. Mais du moment que la description est claire et complète, quelque lacune, quelque imperfection qu'elle présente, il n'y a plus omission ou inexactitude dans le sens de la loi.

La sévérité de la loi s'explique, quand on réfléchit que la publicité de la description étant le principal moyen, presque le seul, de faire tomber la découverte dans le domaine public, toute omission ou inexactitude que l'on y laisserait subsister aurait pour résultat de faire durer au delà du temps normal fixé par la loi, le monopole du breveté, qui ne rendrait ainsi rien à la société, après avoir reçu d'elle un privilége consacré pendant un certain temps (Tillière 321 al. 1).

Puisqu'il faut considérer comme omission ou inexactitude toute description qui ne serait pas *claire et complète,* nous renvoyons aux n$^{os}$ 294 et s. pour l'intelligence de ces derniers mots; on se souviendra que nous y avons développé leur sens en détail.

**838. Quid de l'absence de description?** — Il est clair que *l'absence de description* devra être considérée à fortiori, comme une cause de nullité, malgré le silence de la loi. C'est sans aucun doute à cause même de cette évidence que la loi s'est tue. Peut-être l'a-t-elle également fait parce que l'administration pouvant renvoyer à son auteur toute demande irrégulière, elle a cru que le cas d'absence de description deviendrait trop rare pour nécessiter une disposition spéciale. Un arrêt contraire a été rendu par la cour de cassation de France le 15 février 1839 (S. V. 39. 1. 81, Taylor c. Wendel), mais sous l'empire de la loi de 1791, qui diffère de la nôtre et encore est-il blâmé par Blanc, p. 554 (Comp. Tillière 322).

**839. Quid quand la description mentionne comme invention un simple perfectionnement ?** — La description pourrait être considérée comme insuffisante si l'on avait appelé invention un véritable perfectionnement ou réciproquement, pourvu bien entendu que cette inexactitude eût été commise avec intention. La loi française dans son art. 30 al. final, prononce d'une façon expresse la nullité du certificat d'addition pris pour une véritable invention, même quand il n'y a pas mauvaise foi. La loi belge est muette sur ce cas, qui rentre évidemment, selon les circonstances, dans l'art. 24 litt. b.

**840. Quid quand on a appelé importation une invention ou un perfectionnement?** — Quand on a appelé importation une invention ou réciproquement, il ne peut en général y avoir dans la description d'obscurité résultant de la fausse dénomination, parce que la description reste la même. Au surplus les tribunaux apprécieront les circonstances du fait.

Il faudrait résoudre la question dans le même sens, si au lieu d'une invention il s'agissait d'un perfectionnement.

**841. L'omission ou l'inexactitude doivent être intentionnelles.** — Il ne suffit pas que la description soit absente, ou qu'elle renferme une omission ou une inexactitude. Il faut encore que ces vices aient été introduits *avec intention ;* le texte de l'art. 25, litt. *b* est formel sur ce point. Il faut, en d'autres termes, que l'omission soit volontaire. (TILLIÈRE, 34, al. 2.) Toute omission devra être présumée volontaire ; outre qu'une opinion contraire mettrait à la charge du tiers qui invoquerait la nullité du brevet une preuve souvent impossible, on ne peut admettre aisément que c'est sans en avoir conscience que l'inventeur décrit mal son invention. Au surplus, les juges tiendront compte de toutes les circonstances du fait pour admettre que le breveté établit suffisamment qu'il a agi involontairement. Parmi ces circonstances on peut citer son degré d'instruction, sa connaissance de la langue par lui employée, la question de savoir s'il a rédigé lui-même la description, si l'omission n'est pas une erreur de plume, etc., etc.

Ceci nous montre une différence entre le droit de l'administration de renvoyer la demande à son auteur pour qu'il la rectifie, et le droit de prononcer la nullité. L'inexactitude ou l'omission, même de bonne foi, donnent ouverture au premier; l'art. 17, en effet, veut que la description soit claire et complète et ne parle pas de l'intention frauduleuse. Celle-ci doit au contraire nécessairement exister, quand l'administration a laissé passer une omission ou une inexactitude, que le brevet a été délivré, et qu'on en demande la nullité.

**842. Différence sur ce point entre la loi belge et la loi française.** — La nécessité de cet élément intentionnel constitue une différence entre la loi belge et la loi française : celle-ci admet la nullité dès que la description est insuffisante pour permettre l'exécution. C'est ainsi au moins que Nouguier interprète son art. 30, 6° dont voici le texte : « Seront nuls et de nul effet les brevets délivrés .. si la description jointe au brevet *n'est pas suffisante pour l'exécution de l'invention,* ou si elle n'indique pas d'une manière complète et légale les véritables moyens de l'invention. » — « La mauvaise foi n'est pas nécessaire pour croire une description insuffisante, » dit Nouguier, 121. « Une description obscure et insuffisante est une cause de nullité, même en l'absence de toute réticence de mauvaise foi. » (Dans le même sens : Dalloz, n° 252, Rendu, n° 461.)

Il importe de n'accepter chez nous sur ce point les autorités françaises qu'avec beaucoup de réserve.

Cependant il faut reconnaître que le système français est plus conséquent. Avec la doctrine de notre loi il arrivera en effet qu'un brevet reste valable sans que la communication au public devienne réalisable, ou bien parce que la description manque complétement, ou bien parce qu'elle présente une lacune ou une inexactitude qui en rend l'intelligence impossible. Dès lors la société aura accordé un monopole sans compensation, l'inventeur restera possesseur de son secret, même après que son brevet aura pris fin.

**842 bis. Pourra-t-on contraindre le breveté à compléter sa description?**
— Le système de la loi belge amène des conséquences bizarres. La description est insuffisante, mais le brevet reste valable s'il n'y a pas intention et dès lors le contrefacteur pourra être poursuivi. Car la contrefaçon est possible et il est également possible de la constater. En effet, outre que la contrefaçon n'exige pas la mauvaise foi et qu'elle existe quand même on n'aurait produit l'objet breveté que par hasard, il ne faut pas toujours une description absolument claire et complète pour qu'un tiers puisse contrefaire ; un homme habile devinera ce qui est oublié, quelquefois la seule vue du produit ou son analyse, lui suffiront sans qu'il doive recourir à la description. Des raisons analogues permettront de constater si l'objet qu'on argue de contrefaçon est le même que celui sur lequel porte le brevet.

Or, si le breveté peut poursuivre les contrefacteurs, le monopole existe pour lui. D'autre part, si sa description est insuffisante, il manque à une obligation que la loi lui impose, celle de divulguer son invention d'une façon telle que tout le monde puisse l'exécuter *sur le vu de sa description*. En vain objecterait-on que nul n'est tenu de divulguer ses inventions. Cela n'est vrai que si elles ne confèrent pas de privilége, mais la description claire et complète est le corollaire de celui-ci. On doit pouvoir exiger du breveté l'exécution fidèle de son obligation. Mais à qui accorder une action de ce chef?

Le silence de la loi belge rend la question embarrassante. Nous hésitons à accorder une action au gouvernement ou au ministère public agissant au nom de la société. Le législateur semble avoir voulu proscrire, en matière de brevet l'intervention directe de l'officier du roi, pour un motif qui s'applique à tous les cas possibles, pour la question des frais, motif qui s'applique aussi à l'intervention directe du gouvernement. Quant aux particuliers, à cause du danger où ils sont de devenir contrefacteurs sans le savoir, on pourrait les autoriser à intenter l'action, pourvu qu'ils justifient d'un intérêt appréciable, par exemple s'ils se proposaient d'exploiter une industrie qui paraîtrait avoir de l'analogie avec celle qui a été brevetée. Dans tous les cas, il nous paraît équitable d'admettre que s'il avait été constaté en justice qu'une description est insuffisante, le breveté qui négligerait de la compléter devrait être considéré comme coupable d'une omission intentionnelle dans le sens de l'art. 25, litt. b, et son brevet devrait être annulé.

**843. La mauvaise foi est inutile quand on ne peut découvrir de quelle invention il s'agit.** — Quoique, en général, l'élément intentionnel soit nécessaire pour que l'absence, l'inexactitude ou l'insuffisance de la description soit une cause de nullité, il ne faut pas cependant aller jusqu'à dire qu'il en serait de même si ces vices avaient pour résultat de laisser planer un doute absolu sur le point de savoir à quelle invention le brevet se rapporterait. Le cas prévu par la loi, celui pour lequel elle exige l'intention, c'est celui où l'identité de l'invention ne pouvant être douteuse, il y a impossibilité de l'*exécuter* : s'il y a impossibilité de la *reconnaître*, le brevet sera nul. En effet, dans l'opinion contraire, on aurait un brevet vague, applicable à toutes les inventions possibles, une sorte de forme dans laquelle on pourrait introduire n'importe quelle découverte. La nullité du brevet résulte alors, sinon du texte de la loi, au moins du bon sens et des principes.

**844. Quid de l'obscurité ou de l'absence des annexes autres que la description ?** — L'absence des dessins, modèles ou échantillons, n'est point par elle-même, une cause de nullité. Cependant elle le deviendrait si cette absence rendait la description moins complète et moins claire ; mais alors cette nullité se confondrait avec celle qui dérive de la description. L'omission des dessins, modèles, etc., devrait dans tous les cas être intentionnelle.

La même solution peut être donnée en ce qui concerne l'obligation prescrite par l'art. 4 al. fin. du règlement, qui exige que la description se termine par l'énonciation précise des caractères constitutifs de l'invention, et par l'article 5 *in fine*, qui veut que les parties qui caractérisent spécialement l'invention, aient dans les dessins une teinte différente de celle des autres parties. L'inobservation de ces prescriptions, même si elle a lieu de mauvaise foi, n'est pas une cause de nullité, mais elle le deviendrait si elle avait pour résultat de détruire la clarté exigée par la loi.

L'omission ou l'inexactitude dans toute autre annexe, ou dans n'importe quelle autre formalité relative aux annexes, ne sera jamais une cause de nullité. Il en sera ainsi par exemple, de l'absence du duplicata de la description, du bordereau des pièces et objets déposés, de la quittance de la première annuité, (art. 1$^{er}$ régl.), de la procuration du demandeur (art. 6 régl.); ou encore dans le cas où la description n'est pas rédigée dans une des trois langues officielles. De même si on n'y a pas joint la traduction dans une de ces langues (art. 4 régl.); ou si les dessins ne sont pas tracés à l'encre et sur échelle métrique (art. 5 régl.); ou si toutes les annexes ne sont pas datées et signées par le demandeur ou son mandataire; ou si le pouvoir de celui-ci n'est pas dûment légalisé (art. 6 régl.); ou si les renvois, ratures, surcharges ne sont pas approuvés et paraphés.

Toutes ces formalités sont prohibitives; elles peuvent justifier le refus de l'administration de passer outre à la délivrance du brevet; mais elles ne sont pas dirimantes; elles ne peuvent servir de fondement à une nullité.

**845. Quid quand les échantillons ont été perdus au ministère ?** — Supposons qu'il s'agisse d'échantillons indispensables pour l'intelligence de la description, et qu'ils aient été perdus au ministère de l'intérieur sans la faute du breveté: pourra-t-on prononcer contre celui-ci la nullité du brevet pour insuffisance de la description ?

Un arrêt de la Cour de Douai du 29 janvier 1859 (DELATHE c. DELAUNAY, *la Prop. Industr.* n°s 46 et 66) s'est prononcé pour l'affirmative. Il a décidé que la perte des échantillons préjudiciait au breveté seul.

Cette solution ne peut être admise, surtout sous le régime de la loi belge.

Cette loi ne fait de l'insuffisance de la description une cause de nullité que si celle-ci est intentionnelle (sup. n° 841).

Or, comment imputer au breveté la faute des employés de l'administration? Tout au plus pourra-t-on le contraindre, en vertu de son obligation de faire tout ce qui est possible pour mettre son invention à la disposition du public quand son brevet finira, à remplacer les échantillons perdus, mais aux frais de l'administration négligente.

**846. Troisième cause de nullité. Vices dans le brevet lui-même.** — Avant que l'arrêté du ministre de l'intérieur qui constitue le brevet soit rendu, diverses formalités doivent être accomplies ; l'absence ou l'irrégularité d'aucune d'elles ne pourra entraîner la nullité du brevet, parce que la loi ne consacre pas ces causes de nullité.

Par conséquent le brevet sera valable quand même toutes les pièces relatives aux brevets n'auraient pas été transmises dans les cinq jours au département de l'intérieur par les greffiers provinciaux ou les commissaires d'arrondissement (art. 10 règl.) ; quand même à leur arrivée au département de l'intérieur les demandes n'auraient pas été enregistrées dans l'ordre de date de leur entrée sur le registre spécial à ce destiné (art. 11 ib); quand même, en cas d'omission ou d'irrégularité dans la forme, les demandeurs n'auraient pas été invités à effectuer les rectifications nécessaires, ou que ces rectifications ayant été faites, il n'aurait pas été tenu note de leur date sur le registre spécial dont question ci-dessus (art. 12 *ib.*).

**847. Le brevet est nul quand l'arrêté est entaché d'un vice substantiel.** — Mais il en est autrement quand il s'agit de *l'arrêté du brevet lui-même*. Ici des distinctions sont indispensables. La loi, il est vrai, est muette et ne prononce expressément aucune nullité de ce chef; mais les principes généraux la dominent avec une puissance qu'on ne peut méconnaître.

En effet, chaque fois que l'arrêté de brevet sera entaché d'un vice substantiel, on ne pourra en admettre la validité, comme si par exemple il n'émane pas du ministre de l'intérieur ou s'il n'est pas signé de lui.

**848. Que faut-il entendre par vice substantiel ?** — Mais que faut-il entendre par vice substantiel ? C'est l'absence de toute condition sans laquelle il est permis de dire que l'arrêté de brevet n'existe pas.

Tels sont par exemple les deux cas que nous citions

tantôt : si l'arrêté n'émane pas du ministre de l'intérieur, ou s'il n'est pas signé de lui. Peut-on dire alors qu'il y a arrêté du ministre compétent?

De même, il y a nullité substantielle quand le breveté n'est pas indiqué d'une manière suffisante pour pouvoir être reconnu, ou si l'invention n'est pas suffisamment désignée pour pouvoir être comprise.

Qui en effet pourrait alors se prévaloir du brevet? A quelle invention pourrait-on le rapporter? L'équivoque qui plane sur lui en paralyse la force : il n'est plus qu'un titre informe.

Mais il n'y aura pas nullité substantielle si le brevet ne mentionne pas que les formalités prescrites ont été accomplies (art. 13 al. 2 règl.); ou s'il ne mentionne pas les nom, prénoms, qualité et domicile du breveté, tout en le désignant suffisamment pour qu'on puisse le reconnaître; ou s'il ne mentionne pas expressément que la concession en est faite sans examen préalable aux risques et périls des demandeurs, sans garantie soit de la réalité, soit de la nouveauté ou du mérite de l'invention, soit de l'exactitude de la description, et sans préjudice des droits des tiers (art. 14 ib.).

**849. L'inobservation des formalités postérieures à la délivrance du brevet est sans influence.** — Les formalités qui suivent la délivrance du brevet, ne peuvent non plus, en l'absence d'aucune disposition de la loi, donner lieu à des nullités.

On ne pourra donc trouver des causes de nullité ni dans le défaut de publication par l'administration dans le recueil spécial, après les trois mois depuis l'obtention (art. 16 al. 1$^{\text{er}}$, règl.); ni dans le refus d'admettre le public après le même délai à prendre connaissance des descriptions; ni dans celui de lui délivrer des copies moyennant remboursement des frais (art. 17 ib.); ni dans l'absence ou l'irrégularité de toutes autres formalités analogues, sauf, bien entendu, l'action en dommages-intérêts de la partie lésée, ou les peines disciplinaires contre les fonctionnaires négligents.

Le brevet doit être publié par extrait au *Moniteur* (art. 19). L'arrêté de brevet intéresse la généralité des citoyens; cette publication a pour effet de porter l'existence du brevet à la portée de tous, de le rendre exécutoire (arg. art. 5, loi 28 février 1845). Nous croyons donc qu'aussi longtemps qu'elle n'aura pas eu lieu, le brevet, sans être nul, ne pourra être mis à exécution. Mais une fois la publication faite, quelque tardive qu'elle soit, le brevet produira son effet, même rétroactivement, car le point de départ des droits du breveté est la date du procès-verbal de dépôt et non pas celle de son insertion dans le journal officiel.

## CHAPITRE SECOND.

### Des actions en nullité.

#### SECTION PREMIÈRE.

##### De l'action en nullité proprement dite.

(SOMMAIRE.)

850. L'action en nullité peut être intentée par les particuliers ayant intérêt. — 851. Que faut-il entendre par personnes ayant intérêt? — 852. Les tribunaux apprécient souverainement s'il y a intérêt. — 853. La nullité peut être opposée par voie d'action ou d'exception. — 854. Elle peut être opposée par celui qui a fabriqué des produits similaires. — 855. Le simple consommateur peut-il opposer la nullité? — 856. Quid de celui qui a obtenu postérieurement un brevet pour la même invention? — 857. Quid de

TITRE 1er. — DES NULLITÉS. 741

celui qui ayant usurpé un brevet a été contraint de le restituer au véritable inventeur? — 858. Les associés peuvent-ils attaquer le brevet mis en société? — 859. Quid quand le breveté a transigé sur la nullité? — 860. De l'action du ministère public. — 861. Contre qui l'action en nullité peut-elle être dirigée? — 862. Les tribunaux sont seuls compétents à l'exclusion de l'administration. — 863. Quel tribunal est compétent en matière de nullité? — 864. L'action en nullité est-elle sujette à l'appel? — 865. De la compétence à raison de la personne. — 866. La procédure doit être sommaire.

**850. L'action en nullité peut être intentée par les particuliers ayant intérêt.** — L'action en nullité peut être intentée par les particuliers; nous verrons plus loin si elle peut l'être aussi par le ministère public.

La loi française dit dans son article 34, al. 1er : « L'action en nullité pourra être exercée par toute personne y ayant un intérêt. » La loi belge est muette sur ce point. Mais une disposition expresse était inutile. Les principes généraux du droit suppléaient à son silence : N'est-il pas certain en effet que l'intérêt est la mesure des actions? Quand l'intérêt cesse, l'action disparaît.

**851. Que faut-il entendre par personnes ayant intérêt ?** — Mais quand y a-t-il intérêt? Cette question est délicate et donne lieu à des difficultés.

Il faut tout d'abord que l'intérêt soit *né et actuel*. Cela dérive encore des principes généraux. Il sera né et actuel quand l'interdiction d'exercer l'action en nullité sera de nature à causer un préjudice certain, ce qui peut se rapporter au passé et au présent, et même jusqu'à un certain point à l'avenir. Dans la discussion de la loi française, Philippe Dupin a donné un exemple de ce dernier cas. (Nouguier 640, in fine). « L'intérêt, dit-il, peut être dans l'avenir comme dans le passé ou le présent. Ainsi, un fabricant voudra faire usage d'une machine brevetée, par exemple, un marchand de draps voudra se servir de ce qu'on appelle une tondeuse; il aura le droit d'attaquer celui qui, sans droit, aurait pris un brevet pour cette machine. — Mais il faut qu'il y ait un intérêt *réel, sérieux, justifié.* » Pareil intérêt existera, si notamment le marchand de draps a une usine en activité ou s'il est en train d'en monter une, si la tondeuse peut amener des bénéfices, etc.

« Chaque particulier, dit encore M. Renouard n° 206, avant de se livrer à des travaux et à des dépenses de fabrication quelquefois considérables, a intérêt à faire décider, si un privilége existe ou n'existe pas ; et la prétention affichée par un breveté, de jouir d'une exploitation exclusive, est, pour chaque imitateur futur, un sujet d'inquiétude et d'alarme que l'on doit être reçu à faire cesser, pour ne point être exposé aux chances d'un procès et à l'affront d'être condamné comme contrefacteur. » Il ne faut donc pas que le breveté se soit opposé à la fabrication pour qu'il y ait intérêt : certes, celui qui serait poursuivi en contrefaçon ou en dommages-intérêts pourrait opposer, en termes de défense, la nullité du brevet sur lequel se fonde le plaignant ou le demandeur; mais d'un autre côté, il suffit qu'on se propose sérieusement de fabriquer ; qui en effet, voudrait installer une usine, une fabrique, avec la chance d'avoir agi en pure perte si la nullité n'est pas prononcée? Cette restriction forcée pour la liberté industrielle qui résulterait d'une opinion contraire, est un trouble suffisant. (Comp. Tillière, 338).

Ce ne serait pas un intérêt né et actuel que cet intérêt général et vague que pourrait avoir tout individu à faire prononcer la nullité du brevet et à faire rentrer l'invention dans le domaine public. Dans la théorie du droit moderne, en effet, si pareil intérêt suffit pour justifier l'action du ministère public, selon les cas, il ne suffit pas pour justifier celle des particuliers.

Citons ici encore les paroles de Philippe Dupin, (Nou-

GUIER, ib.) : « La pensée qui a présidé à la rédaction du projet est celle-ci (il s'agissait d'expliquer les mots : *y ayant intérêt*) : En France, on ne connait pas d'action publique exercée par de simples citoyens; ce serait le seul exemple où un particulier serait admis, *dans un intérêt social,* et non *dans un intérêt personnel,* à intenter une action devant les tribunaux; ce serait une chose exorbitante d'introduire une disposition aussi anomale dans nos lois. On a donc réduit le droit de demander la déchéance (ou la nullité), au cas où le demandeur aurait un *intérêt personnel.* » L'expression « intérêt personnel, » serait peut-être avantageusement remplacée par celle-ci : « intérêt spécial à un ou plusieurs individus déterminés. »

**852. Les tribunaux apprécient souverainement s'il y a intérêt.** — De ce qui précède, il résulte que la question de savoir s'il y a intérêt *né et spécial,* donnera souvent lieu à des appréciations de fait qui rentreront dans les attributions des tribunaux.

Ces appréciations doivent être, dans le doute, favorables au demandeur en nullité, en vertu du principe général qu'il faut plutôt se prononcer contre le brevet qui est un droit exceptionnel. Il ne s'agit pas ici, en effet, de prononcer une nullité, hypothèse où le juge devrait se montrer sévère, mais d'admettre un particulier à exercer l'action en nullité, ce qui est tout autre chose.

Ces appréciations seront souveraines, elles échapperont au contrôle de la cour de cassation. En effet, elles ne consistent pas dans une interprétation de la loi, elles sont tout entières dans un examen et une combinaison des faits.

**853. La nullité peut être opposée par voie d'action ou d'exception.** — Les principes étant ainsi posés, faisons-en quelques applications qui serviront à les rendre plus clairs et à présenter quelques difficultés devenues en quelque sorte de style en doctrine.

Il y a intérêt à opposer la nullité soit que l'on attaque, soit que l'on se défende, *en terme d'action ou en terme d'exception.* C'est ce que nous avons déjà dit et développé plus haut.

**854. Elle peut être opposée par celui qui a fabriqué des produits similaires.** — Nous avons vu que le *fabricant* de produits identiques à ceux pour lesquels le brevet a été pris, qu'il fabrique déjà ou qu'il soit sur le point de fabriquer, a intérêt à opposer la nullité. (Trib. civ. Seine, 13 décembre 1860, FIRNSTALL c. BOURCART et BORI. *La Prop. industr.*, n° 165).

**855. Le simple consommateur peut-il opposer la nullité?** — *Le simple consommateur* a-t-il intérêt juridique à opposer la nullité ?

M. Renouard (n° 206) se prononce pour l'affirmative dans un sens général. — M. Tillière, 358, in fine, admet la négative, mais sans cependant se prononcer d'une façon trop absolue, car il termine en disant : « Cette question de recevabilité peut d'ailleurs recevoir des solutions diverses d'après les circonstances que les tribunaux ont à apprécier ; il n'est pas possible d'assigner des règles absolues à cet égard. »

— M. Nouguier (642) fait une distinction plus nette : ou bien il s'agit d'une industrie qui intéresse toute la société; ou bien il s'agit d'une industrie qui au contraire n'intéresse que quelques citoyens. Dans le premier cas tout le monde peut agir, dans le second cas ne pourront agir que ceux qui fabriquent ou se servent de la découverte. Il cite notamment d'une part la fabrication des tissus destinés aux vêtements : tout le monde est intéressé à les payer bon marché, d'autre part les ressorts de waggons, à meilleur marché, mais qui n'augmentent pas la sécurité des voyageurs :

il n'y a que les compagnies et les fabricants qui y aient intérêt.

Cette dernière opinion nous paraît la plus logique et en tous points conforme aux principes.

**856. Quid de celui qui a obtenu postérieurement un brevet pour la même invention.** — Que résoudre en ce qui concerne celui qui a pris un brevet postérieur pour une invention identique à celle pour laquelle a été pris le brevet qu'il veut attaquer ?

Constatons d'abord que le fait d'avoir pris un brevet postérieur ne peut servir au premier breveté de fin de non-recevoir contre l'action en nullité dirigée contre lui par le breveté postérieur. C'est ce qu'a jugé un arrêt de la Cour de cassation de France du 4 juin 1839 (P. I. 1844, 795), ainsi conçu : « Attendu que l'arrêt attaqué s'est fondé, pour réformer le jugement dont était appel et pour mettre les parties hors de cause, sur ce que, en obtenant un brevet semblable à celui de Pocquet, Lambert avait reconnu lui-même qu'il pouvait y avoir propriété privée à cet égard. — Attendu que si, en s'exprimant ainsi, *la Cour royale s'est fondée sur un motif erroné...* »

Examinons maintenant les questions de fond.

La nullité peut être telle qu'elle n'atteigne que le premier brevet, si par exemple elle se fonde sur l'insuffisance de la description jointe à la demande ; ou bien elle frappe en même temps les deux brevets, si leur objet est par exemple illicite ou dépourvu de nouveauté. Le premier cas ne peut présenter aucun doute ; il est évident que le breveté postérieur a intérêt à détruire le premier brevet, puisque l'existence de celui-ci déprécie la valeur du sien, en laissant croire qu'étant le premier obtenu il est le seul valable.

Le second cas présente une hypothèse où le doute ne peut pas être soulevé davantage. C'est lorsque la nullité du premier brevet est opposée comme exception à l'action en contrefaçon. Le second breveté poursuivi, exposé à une condamnation, a évidemment intérêt à écarter celle-ci en faisant prononcer la nullité. — Cette règle peut être étendue à tous les cas où le résultat d'une instance quelconque dépend du sort du premier brevet.

Reste enfin une hypothèse plus douteuse. C'est lorsque le second breveté demande la nullité par voie d'action. Alors, en effet, n'agit-il pas plutôt contre son propre intérêt, puisqu'en détruisant le premier brevet il fait constater judiciairement le vice qui servira à détruire le sien ? Il est vrai, mais si au point de vue de son brevet l'intérêt fait défaut, il peut avoir un intérêt comme consommateur ou fabricant, d'après les règles que nous avons exposées plus haut (n$^{os}$ 854 et 855). S'il se trouve dans un des cas que nous avons prévus, alors il pourra faire valoir la nullité directement par voie d'action.

Cette opinion est admise par Nouguier, n° 645, sauf qu'il passe sous silence notre premier cas, celui où le brevet antérieur peut être détruit, sans que le brevet postérieur en souffre.

**857. Quid de celui qui ayant usurpé un brevet a été contraint de le restituer au véritable inventeur.** — Lorsque quelqu'un se fait délivrer un brevet au préjudice du véritable inventeur, celui-ci peut, comme nous l'avons vu, sup., n° 514 et. s., être contraint à le lui restituer. Cette restitution opérée, l'usurpateur sera-t-il fondé, si un cas de nullité existe, à attaquer le brevet ? Incontestablement oui. Si son usurpation a pu le faire condamner à rendre le brevet, elle n'a pas pour effet de le faire déclarer déchu de l'action en nullité. Ce serait une véritable déchéance, et les déchéances, comme les pénalités et les priviléges doivent résulter d'une disposition formelle de la loi. Or il n'en est pas ainsi dans l'espèce. (Bourges, 23 janvier 1841, Gernelle c. De Treuille, Pal. 41. 2. 618). Du reste, il faudra que l'usurpateur justifie d'un intérêt spécial. Nous renvoyons à cet égard aux explications données précédemment (n° 851).

**858. Les associés peuvent-ils attaquer le brevet mis en société ?** — De même, quand un brevet a été mis en société, les associés ne se rendent point par là non-recevables à attaquer le brevet après la dissolution. Pendant la durée de la société, ils pourraient être repoussés par l'*exceptio doli*, aucun d'eux ne pouvant accomplir un acte qui ferait tort à la société. Mais après la dissolution ils ne sont plus tenus à la même réserve, à moins qu'ils ne soient tenus par la garantie due en vertu d'un partage. On ne peut donc les frapper d'une déchéance qui n'est prononcée nulle part (Brossara c. Conaty, Paris, 15 juin 1850, S. V. 51. 2. 538), mais qui s'exprime d'une façon trop générale, car il oublie l'exception relative à la garantie, fondée sur le principe : *quem de evictione tenet actio, eundem agentem repellit exceptio*.

**859. Quid quand le breveté a transigé sur la nullité ?** — Il résulte des explications que nous avons données, sup. n° 851, que le droit de demander la nullité du brevet peut appartenir à un grand nombre de citoyens. Dès lors la transaction conclue avec l'un d'eux ne saurait entraver, restreindre ou annuler ce droit en ce qui concerne les tiers (art. 1165 C. civ.). Conformément à ce principe, il a été jugé que l'associé de celui avec lequel le breveté a transigé est recevable, nonobstant cette transaction, à réclamer la nullité d'un brevet (Trib. Seine, 13 février 1856, Cavallion c. Laming, Huard, art. 34, n° 4).

**860. De l'action du ministère public.** — C'est une question controversée que celle de savoir si le ministère public peut agir pour faire prononcer la nullité d'un brevet, soit par voie d'action principale et d'office, soit comme partie jointe dans un procès mû par un particulier. Il n'est pas ici question, bien entendu, de la faculté que le ministère public conserve dans tous les cas de donner son avis dans les affaires soumises au tribunal devant lequel il siége.

La loi française a tranché la difficulté dans son art. 37 en adoptant un système mixte, bizarre à un double titre. D'une part elle autorise le ministère public à se porter partie intervenante quelle que soit la cause de nullité dont il est question (art. 37, al. 1"). D'autre part, quand il agit comme partie principale, elle ne lui permet d'intenter l'action en nullité que dans les trois cas suivants (art. 32, § 2) : 1° Lorsque la découverte, invention ou application n'est pas, aux termes de l'art. 5, susceptible d'être brevetée, c'est-à-dire lorsqu'il s'agit d'un brevet obtenu pour des compositions pharmaceutiques ou remèdes de toute espèce, ou pour des plans et combinaisons de crédit ou de finances ; — 2° lorsque la découverte, invention ou application est reconnue contraire à l'ordre ou à la sûreté publique, aux bonnes mœurs ou aux lois de l'État; — 3° lorsque le titre sous lequel le brevet a été demandé indique frauduleusement un objet autre que le véritable objet de l'invention.

Ce système est illogique, en ce qu'il distingue le cas où le ministère public se porte partie intervenante et celui où il agit comme partie principale : ses droits doivent, en effet, dans les deux cas être les mêmes, la différence de procédure ne change rien au fond.

Les discussions que soulève le droit d'intervention du ministère public dans les procès civils, se basent d'ordinaire sur l'interprétation à donner à l'art. 46 de la loi du 20 avril 1810. En Belgique, la jurisprudence, en se fondant surtout sur ce dernier texte, incline très-fortement à accorder au ministère public le droit d'intervenir directement et d'office dans toutes les matières qui intéressent l'ordre public, alors même qu'une disposition expresse n'existe pas. L'état de la question a été parfaitement présenté dans le remarquable discours prononcé par M. le premier avocat général Corbisier, à l'audience de rentrée de la Cour d'appel de Bruxelles, le 15 octobre 1861 (B. J. XIX, p. 1441).

S'il ne fallait donc se décider que par les arguments ordinaires, et s'il était démontré au préalable que les nullités de brevet intéressent l'ordre public, il y aurait lieu d'admettre l'action directe du ministère public.

Mais la question se présente pour les brevets dans des conditions spéciales. Il a été clairement déclaré dans les discussions que cette action n'existerait pas, et c'est là une raison péremptoire pour l'écarter. A la séance du 19 janvier 1854, M. Lelièvre avait dit : « Subsidiairement, si l'on croyait devoir maintenir la compétence exclusive des tribunaux, dans le cas des art. 20 et 21, je demande qu'il soit bien entendu que le gouvernement pourra se pourvoir devant les tribunaux pour faire prononcer la nullité ou la déchéance des brevets, dans les hypothèses dont il s'agit. Il n'est pas possible, en effet, que l'action du gouvernement soit enrayée et que le public reste incertain sur la valeur du brevet. Il est essentiel que M. le ministre nous donne des explications sur ces divers points. »

Voici ce que le ministre de l'Intérieur a répondu (*Ann. Parl.*, p. 439, col. 1, *in fine*) : « On demande s'il est bien entendu que le gouvernement pourra lui-même intervenir pour faire prononcer par les tribunaux l'annulation d'un brevet. Cette faculté qu'on veut accorder au gouvernement et qui a été exercée en France, a fait l'objet d'un examen, et l'on a reconnu qu'elle donnerait lieu à de grands inconvénients. Ainsi, dans le cas où il s'agirait de poursuivre d'office l'annulation d'un brevet et où le gouvernement échouerait dans ses démarches, on s'est demandé qui payerait les frais de procédure. On a donc cru devoir abandonner cette voie et laisser aux véritables intéressés dans la question, le soin de débattre leurs intérêts devant les tribunaux comme ils l'entendent. » Ce passage est d'autant plus significatif, qu'immédiatement après les *Annales parlementaires* mentionnent : « La discussion est close. Le § 1$^{er}$ est adopté avec la rédaction proposée par la section centrale et à laquelle le gouvernement s'est rallié. » L'assemblée a donc ratifié la pensée du ministre par son silence et par son vote.

Cette pensée nous paraît exclure parfaitement l'action du ministère public. En vain essayerait-on de distinguer entre cette action et celle du gouvernement, en prétendant que ce n'est que de cette dernière que le ministre a parlé. Rigoureusement ces actions sont différentes : on voit des procès où le gouvernement agit comme demandeur et où le ministère public intervient en outre comme partie jointe. Mais ce n'est pas à cela que le ministre a fait allusion. Les motifs qu'il a mis en avant s'appliquent aux deux cas ; la considération tirée des frais de procédure porte même plus spécialement sur l'action du ministère public. Quand il a cité l'exemple de la France, et qu'il a dit qu'on n'entendait pas l'imiter, il a eu en vue très vraisemblablement l'art. 37 al. 1 de la loi française, qui parle non pas de l'action du gouvernement, mais de celle du ministère public. Quand il a terminé en disant qu'il fallait laisser l'action *aux véritables intéressés,* il a manifesté encore la volonté d'exclure l'action de l'autorité de quelque façon qu'elle se produise. (Conf. Tillière 339, al. 2 ; voir aussi une dissertation de M. le substitut du procureur du roi Iweins, B. J. XXII, p. 417.) — Il faut, du reste, distinguer l'action d'office de la communication au ministère public. Nous avons démontré que celle-ci existait pour les actions en nullité de brevet (*Supra*, n° 691).

**861. Contre qui l'action en nullité peut-elle être dirigée ?** — Elle pourra être dirigée quand il s'agira de la faire valoir *par voie d'exception* contre quiconque fera usage du brevet. — Quand on voudra la faire valoir *par voie d'action*, elle pourra être dirigée, soit contre le titulaire actuel, s'il n'a pas cédé son brevet, soit contre ses ayants droit ou ayants cause si son droit au brevet a été transmis d'une façon quelconque à des tiers, en tout ou en partie.

L'art. 38 de la loi française prononce que dans toute instance civile tendant à faire prononcer la nullité du brevet, *tous les ayants droit* au brevet dont les titres auront été enregistrés au ministère de l'agriculture et du commerce, devront être mis en cause. — Cette disposition n'existe pas dans la loi belge ; par conséquent il faudra suivre ici les principes généraux du droit. Le demandeur à l'action en nullité pourra assigner un seul des titulaires ou ayants droit, ou tous à son choix, sauf les effets de la chose jugée, comme nous les expliquerons ci-dessous.

Tous les intéressés auront, bien entendu, le droit d'intervenir dans l'instance, ou de former tierce opposition au jugement, conformément aux principes du droit commun. Ils pourront aussi, s'ils le préfèrent, intenter un procès principal, et si l'autre cause est encore pendante, demander la jonction. Rien dans la loi spéciale des brevets n'indique une dérogation à ces règles.

**862. Les tribunaux sont seuls compétents à l'exclusion de l'administration.** — La compétence des tribunaux en matière de nullité de brevets résulte des art. 24 et 25 de la loi. L'un et l'autre commencent ainsi : « Le brevet sera déclaré nul *par les tribunaux…* » En cela les nullités se distinguent des déchéances. Celles-ci ne peuvent être prononcées que par l'administration. La juridiction des tribunaux, consacrée également par la loi française (art. 34) était naturelle, soit comme une application de l'art. 92 de la Constitution, soit comme une conséquence du non-examen préalable : eût-il été logique, après avoir refusé *a priori* à l'administration de rechercher si un brevet est valable, de le lui accorder *a posteriori?* Ce système n'a cependant pas été admis sans discussion dans nos Chambres. (*Ann. parl.* 1853-54, p. 439, séance de la Chambre du 19 janvier 1854).

**863. Quel tribunal est compétent en matière de nullité?** — Les considérations que nous avons fait valoir ci-dessus (n° 637 et suiv.) pour établir qu'en cas de contrefaçon les tribunaux civils sont seuls compétents, à l'exclusion des tribunaux correctionnels et de commerce, de la juridiction arbitrale et des justices de paix, peuvent être pour la plupart invoquées pour démontrer qu'il en est de même en ce qui concerne les nullités.

En ce qui touche spécialement les justices de paix, M. Adnet, dans son Commentaire de la loi sur la compétence civile, tout en adoptant cette opinion inexacte suivant nous (sup. n° 639) que les juges de paix sont compétents pour connaître de l'action en contrefaçon quand la demande ne dépasse pas 200 fr. (n° 882), admet comme nous (n° 886) qu'en matière de nullité ils ne le sont jamais, alors même que la nullité se produit devant eux comme une défense à l'action en contrefaçon (n° 885). Voici comment il s'exprime : « La demande en nullité du brevet est par elle-même d'une valeur illimitée. Et en effet, si cette demande est couronnée de succès, la prétendue invention tombe dans le domaine public et l'annulation du brevet est prononcée par arrêté royal à la suite du jugement ou de l'arrêt passé en force de chose jugée admettant la nullité du brevet (art. 26 loi de 1854). La demande en nullité ne soulève donc pas une contestation ordinaire, dont l'importance puisse se mesurer à l'intérêt que le demandeur trouve à son action. Cette demande entraîne au contraire des conséquences illimitées, puisque le breveté, en perdant son privilége, perd en même temps les avantages indéterminés qui en pouvaient être la suite. Nous devons donc appliquer à l'action en nullité de brevet ce que nous avons dit des demandes qui doivent rester indéterminées par leur nature et qui, comme telles, ne peuvent appartenir à la juridiction des juges de paix. » (Conf. art. 34 al. 2 loi française.)

**864. L'action en nullité est-elle sujette à l'appel ?** — Dès qu'il est établi, comme il a été démontré au numéro précédent, que la demande en nullité du brevet est d'une valeur indéterminée, il en résulte que cette demande est sujette à l'appel (ADNET, ib. n° 886 in fine).

**865. De la compétence à raison de la personne.** — Dans le silence de la loi spéciale, il faut appliquer les règles du droit commun. Le brevet est un droit mobilier (sup. n° 459). Par conséquent il faudra assigner devant le tribunal du domicile du défendeur ou de l'un des défendeurs. Le domicile élu dans la demande du brevet aux termes de l'art. 3 du règlement doit rester sans influence sur la question. Tout domicile élu, par cela même qu'il déroge au droit commun, doit être interprété avec rigueur ; or, tout fait croire que celui dont parle l'art. 3 n'est exigé que pour les formalités relatives à la demande et à la délivrance des brevets ; on ne peut donc l'étendre aux actions en nullité.

Quand c'est par voie d'exception que se produit la demande en nullité, le tribunal compétent est celui qui est saisi de l'action principale (sup. 696 et s.).

**866. La procédure doit être sommaire.** — L'art. 15 de la loi dispose : « Les tribunaux connaîtront des affaires relatives aux brevets comme d'affaires sommaires et urgentes. » Cette disposition est conçue dans des termes si généraux que la place qu'elle occupe dans la loi immédiatement après les articles relatifs à la contrefaçon et assez loin de ceux qui traitent des nullités, ne peut rien leur enlever de leur portée. S'il pouvait y avoir un doute à cet égard, il serait levé par un passage des discussions législatives. M. Lelièvre s'opposait à ce que les tribunaux fussent compétents, pour prononcer les nullités. Le Ministre de l'intérieur lui répondit : « L'honorable M. Lelièvre pense qu'il y a un grand inconvénient attaché à cette circonstance de faire déclarer les cas de nullités par les tribunaux. Mais le projet de loi, dans l'un des articles déjà votés, a prévenu cette difficulté en décidant que les affaires de cette nature seraient portées devant les tribunaux comme affaires urgentes, et traitées sans aucune forme de procédure. » (*Ann. parl.*, séance du 19 janvier 1854, p. 459. — Conf. art. 36 loi française.)

---

## SECTION DEUXIÈME

### Des effets de l'action en nullité.

(SOMMAIRE.)

867. Le brevet nul est censé n'avoir jamais existé. — 868. Spécialement des effets de la chose jugée. — 869. Quid du cas où les tribunaux repoussent le moyen de nullité ? — 870. Il n'y a pas chose jugée quand la nullité est fondée sur une autre cause. — 871. Qu'est-ce qu'une autre cause quand il s'agit de nouveauté ? — 872. Quand le jugement prononce la nullité, elle doit être proclamée par arrêté royal. — 873. Après l'arrêté royal la

nullité existe pour tout le monde. — 874. Pourquoi l'arrêté royal rend-il la nullité absolue?—875. Quid quand la nullité n'est prononcée que contre un seul des co-propriétaires? — 876. Effets de la chose jugée au criminel. — 877. Quid quand la nullité a été opposée comme exception? — 878. Des dommages-intérêts quand l'action en nullité est repoussée.

**867. Le brevet nul est censé n'avoir jamais existé.** — Le premier effet de l'action, son effet le plus naturel, c'est de faire prononcer la nullité du brevet.

Mais quelle est la portée de cette nullité? On sait qu'en droit on distingue entre les actes *nuls* de plein droit et ceux qui sont simplement *annulables*. Les effets des uns et des autres sont différents.

Pour la matière dont nous nous occupons ici, le brevet est *nul de plein droit;* la nullité ne peut, en effet, comme on l'a vu, être prononcée que pour l'absence d'une condition essentielle à l'existence du brevet. Quand l'une de ces conditions manque, le brevet n'a jamais existé; il est nul dès le principe. Il aura pu avoir une existence apparente. Il aura pu servir d'objet à des transactions, de base à des condamnations : c'est l'effet du titre qui doit être censé se rapporter à un brevet valable, aussi longtemps qu'on n'a pas fait prononcer qu'il est nul. Mais tout cela n'aura pu lui donner une vitalité qui lui faisait complétement défaut.

De ce qui précède il résulte que si le brevet a servi de base à des *conventions*, et que les parties n'ont pas traité sans garantie de l'existence du brevet, aux risques et périls de celui qui l'acquiert, la convention sera nulle pour défaut d'objet. C'est l'application des règles en matière de vente.

Quant aux *condamnations* prononcées sur la foi de l'apparence du brevet, si elles sont passées en force de chose jugée, on ne pourra revenir contre elles; les principes généraux s'y opposent. Mais si une voie de recours reste encore ouverte, on pourra en user pour faire réformer les décisions judiciaires.

**868. Spécialement des effets de la chose jugée.** — Arrivons maintenant aux questions importantes qui se rattachent à l'étendue de la *chose jugée* résultant d'une décision qui prononce la nullité d'un brevet.

Il faudra suivre les principes généraux inscrits dans l'art. 1351 c. civ. Rien n'indique que la loi des brevets ait voulu y déroger.

Il faut distinguer entre le cas où les tribunaux ont prononcé la nullité et le cas où ils l'ont repoussée comme non fondée.

**869. Quid du cas où les tribunaux repoussent le moyen de nullité ?** — Quand les tribunaux repoussent le moyen de nullité, il n'y a aucune exception aux principes généraux. La chose jugée n'aura d'effet qu'entre ceux qui ont été parties au procès. Elle sera toute relative (Nouguier, 649). Pour tout autre la décision sera *res inter alios acta*, elle ne pourra ni lui nuire, ni lui profiter (*ib.* 652). Les tiers auront le droit d'attaquer la validité du brevet et faire prononcer la nullité, s'il y a lieu.

**870. Il n'y a pas chose jugée quand la nullité est fondée sur une autre cause.** — Il est certain que si l'on n'a fait valoir qu'une cause de nullité, il n'y a pas chose jugée à l'égard de toutes les autres. On pourra recommencer le procès en se fondant sur l'une de celles-ci. En effet les divers cas de nullité doivent être considérés comme des *causes* de l'action et non comme des *moyens;* la nouvelle action est dès lors recevable aux termes de l'art. 1351 C. civ. (Conf. Nouguier, n° 653.) Mais il y aurait chose jugée si tout en présentant la même cause on faisait valoir *d'autres moyens* à l'appui.

Remarquons que parfois on nomme moyens ce que

nous nommons causes, et motifs ce que nous nommons moyens. Notre terminologie nous paraît plus conforme au texte de l'art. 1351 et aux usages de la doctrine.

**871. Qu'est-ce qu'une autre cause quand il s'agit de nouveauté?** — On sait que la nouveauté est un élément essentiel de l'invention brevetable et qu'elle donne lieu à trois cas de nullité différents : *a*) exploitation antérieure de l'invention, *b*) publication antérieure de celle-ci, *c*) obtention d'un brevet antérieur pour le même objet (sup. n° 175;-art. 24 *a* et *c*, art. 25 de la loi). Pour déterminer quand une action en nullité est fondée sur la même cause, faut-il considérer uniquement s'il s'agit de nouveauté en général, ou si le fondement de la nullité est rigoureusement le même?

Cette question offre beaucoup d'analogie avec une controverse qui se présente en droit civil : celui qui a demandé la nullité d'une convention pour cause d'absence d'un consentement valable, en invoquant spécialement la violence, pourrait-il, après avoir succombé, intenter encore la même demande en la fondant sur le dol ou l'erreur? ZACHARIÆ, § 769, note 71, et MARCADÉ, art. 1351 n° VI, se prononcent pour la négative parce que ces différents vices du consentement seraient des *moyens* à l'appui de la demande et non des *causes* nouvelles. « Cette opinion nous paraît trop absolue, répond M. Arntz, *Obligations* n° 408. Il faut plutôt distinguer si les différentes causes ont été ou non introduites en justice pour fonder la demande. Dans le premier cas, il y a chose jugée, dans le second non, car l'erreur, le dol et la violence sont des causes diverses de nullité des conventions bien qu'on puisse les comprendre sous le nom générique de vices de consentement. »

Nous pensons devoir adopter cette dernière opinion. Pour la loi de 1854, il n'existe pas une cause de nullité connue sous le nom unique de défaut de nouveauté. Il y a les trois causes que nous énumérions tantôt. La loi les cite isolément ; les confondre sous une dénomination unique, ce serait violer son texte. M. Tillière, n° 344, al. 2, *in fine* se prononce dans le même sens.

**872. Quand le jugement prononce la nullité, elle doit être proclamée par arrêté royal.** — L'art. 26 de la loi de 1854 consacre un effet important de l'action en nullité. Il est ainsi conçu : « Lorsque la nullité..... d'un brevet aura été prononcée, aux termes des art. 24 et 25, par jugement ou arrêt ayant acquis force de chose jugée, l'annulation du brevet sera proclamée par arrêté royal. »

Remarquons d'abord que cet article est énonciatif quand il ne cite que les nullités mentionnées aux art. 24 et 25. Il y a parité de motifs pour l'appliquer à tous les autres cas de nullité ; si la loi ne l'a pas dit, c'est que ces autres nullités ne sont pas expressément mentionnées par elle.

Remarquons ensuite que la décision qui prononce la nullité doit être passée en force de chose jugée, qu'elle ne doit plus être susceptible d'aucun recours. Il faudra donc attendre l'expiration des délais d'opposition, d'appel et de pourvoi en cassation. Comme ces délais ne courent qu'après la signification des jugements ou arrêts, et que celle-ci dépend de la volonté des parties, il en résulte cette conséquence assez bizarre que du caprice des parties dépend le droit pour l'administration de proclamer la nullité. Leur inaction paralyse le gouvernement.

L'annulation doit être prononcée par *arrêté royal*, dit l'article. La loi semble ici en contradiction avec elle-même. Pour la concession d'un brevet, elle se contente d'un arrêté du ministre de l'intérieur. Cette anomalie n'a pas échappé à quelques membres du Sénat. On a répondu que l'intervention du pouvoir royal donnerait à l'arrêté un caractère plus absolu. Cette raison a pu contenter les membres de la législation, mais elle nous paraît insuffisante.

**873. Après l'arrêté royal la nullité existe pour tout le monde.** — C'est une question controversée que celle de savoir si le jugement qui prononce une nullité la rend obligatoire pour tout le monde, ou si cet effet ne se produit qu'en vertu de l'arrêté royal.

L'importance pratique de la question peut être parfois très-grande. Qu'on suppose, en effet, que la nullité ait été prononcée à tort par un premier arrêt, et que le gouvernement, instruit qu'il y a erreur évidente, s'abstienne par équité de prendre l'arrêté royal ; si on admet que le caractère absolu de la nullité dépend de cet arrêté, le brevet restera valable pour tous ceux qui n'auront pas été parties au procès, conséquence qu'exclut l'opinion contraire.

La question s'est présentée avec une certaine solennité devant le tribunal de Bruxelles, le 12 décembre 1860 (B. J. XIX, 65), en cause de Gérard Dubois contre Gauchez et consorts, et dans deux autres procès vidés le même jour par des jugements identiques. Ces décisions n'ont pas été déférées à la Cour d'appel. Toutes admettent que la nullité existe à l'égard de tout le monde dès que le jugement ou l'arrêt l'a prononcée, et que l'arrêté royal n'a d'autre effet que de lui donner plus de publicité. Ce système avait également été admis par M. Tillière, dans son traité n° 345 ; mais dans le procès Gérard Dubois précité il a adopté la thèse contraire comme le constate la *Belgique judiciaire*.

A l'appui de cette dernière opinion, on peut dire : En principe, la chose jugée n'a d'effet qu'entre les parties au procès (art. 1351, C. civ.) ; qu'un brevet soit nul à l'égard d'une personne et valable à l'égard des autres, c'est là une bizarrerie juridique qui ne répugne nullement à l'économie de nos lois et qui se produit notamment dans les questions d'état (art. 100, C. civ.); ce principe doit être respecté à moins d'une dérogation expresse qui ne se rencontre pas dans la loi des brevets ; elle ne se rencontre pas non plus dans les discussions, au contraire; ainsi à la séance du Sénat du 10 mai 1854 le ministre de l'intérieur, sur une interpellation de M. Forgeur qui, faisant observer « que l'art. 19 nouveau déclare que les brevets sont accordés par arrêté ministériel, » demandait si l'on ne devait point, par conséquent, dire à l'art. 26 que l'annulation de ces brevets se ferait de la même manière, répondit : « Il faut un arrêté royal pour donner à la nullité, prononcée de cette manière, un *caractère absolu* afin qu'elle s'étende à tout le royaume. » (*Ann. parl.*, p. 239.) Ne serait-il pas au surplus illogique de faire intervenir l'autorité royale, considérée comme trop solennelle quand il s'agit de la délivrance des brevets, pour une simple question de publicité. Cette même opinion a été formellement consacrée par les rapports au Sénat des commissions réunies de l'industrie, du commerce, de l'agriculture, de l'intérieur et de la justice où on lit (*Ann. parl.* p. 250, col. 2) : « Vos commissions ont maintenu la disposition de la proclamation par *arrêté royal*, parce que celui-ci est nécessaire en cas de jugement pour rendre d'application générale une disposition qui ne concernait d'abord que les parties en cause. »

Les raisons à l'appui de l'opinion contraire ont été longuement développées dans le réquisitoire prononcé par M. le substitut Delecourt dans l'affaire Gérard Dubois (B. J. loc. cit.). En voici le résumé : L'art. 26 dit que le tribunal *prononcera* et que l'arrêté royal *proclamera* la nullité ; ces expressions démontrent déjà que l'administration n'a d'autre mission que de publier une nullité consommée par pouvoir judiciaire. Cela est confirmé par toute la loi de 1854; en effet, l'art. 2 qui consacre le non-examen préalable enlève à l'administration toute compétence pour apprécier les questions de nullité, et c'est pourquoi les art. 24 et 25 attribuent ces questions en termes exprès aux tribunaux seuls. D'autre part, les discussions montrent que l'on a voulu, en matière de nullités et de déchéances, faire une transaction entre ceux qui prétendaient attribuer les unes et les autres au gouvernement et ceux qui voulaient les attribuer aux tribunaux ; ces derniers ont reçu les nullités en partage, l'administration a reçu les déchéances ; on violerait cette démarcation en permettant au gouvernement d'étendre, de manière à lui donner un caractère absolu, une nullité que le pouvoir judiciaire n'aurait pu faire que relative. Enfin « le système contraire conduirait à des conséquences inadmissibles : un arrêt prononçant la nullité vis-à-vis d'une personne, pourrait être suivi d'un autre arrêt qui en prononcerait la validité vis-à-vis d'une autre; de nombreux jugements contradictoires pourraient ainsi se succéder aussi longtemps que le gouvernement tarderait à proclamer la première annulation... » Comprend-on l'embarras du gouvernement, qui se trouve forcé de publier la nullité?

Nous convenons que la solution du problème est délicate. Nous inclinons cependant à adopter le premier système auquel M. Tillière est revenu. Les objections qu'on lui fait ne nous paraissent pas concluantes. Le mot « proclamé » a tout au moins un sens équivoque. Le principe de la séparation des pouvoirs n'est pas violé ; les tribunaux seuls restent investis du droit de juger s'il y a nullité ; l'action du gouvernement se borne à étendre à tous la décision qu'ils ont prise. L'inconvénient tiré de la possibilité de décisions contradictoires existe dans l'opinion contraire, car le gouvernement ne peut proclamer la nullité que s'il y a chose jugée ; supposons que les parties ne fassent pas de diligences pour transformer la décision en chose jugée, d'autres décisions contradictoires pourront intervenir. Nous répétons cependant que la question ne laisse pas que d'être délicate.

**874. Pourquoi l'arrêté royal rend-il la nullité absolue?** — Comment justifier cette théorie de la loi qui, contrairement aux principes de la chose jugée, rend applicable à tout le monde, après l'arrêté royal, une décision judiciaire qui n'a été rendue qu'entre certaines personnes? Voici comment M. Tillière s'explique sur ce point (345) :

« Le motif de cette exception est facile à saisir : un brevet annulé tombe dans le domaine public · le droit d'exploitation appartient à tous. Le brevet annulé ne subsiste à l'égard de personne, puisque, à proprement parler, il n'a jamais existé légalement, les conditions intrinsèques de sa validité n'ayant point été réunies. Comment concevoir qu'un breveté dont le titre a été déclaré nul puisse poursuivre des contrefacteurs, troubler la paisible possession d'une industrie reconnue libre? Cette conséquence des effets de la chose jugée était inadmissible. »

Ces raisons sont insuffisantes. Leur point de départ est inexact. Le brevet n'a, en effet, été déclaré nul qu'à l'égard d'une personne déterminée. Le déclarer nul pour d'autres c'est transgresser les principes du droit. Cependant des raisons d'utilité militaient en faveur du système adopté. Annulé à l'égard d'une personne déterminée, un brevet est assez énervé pour que désormais beaucoup de gens osent le contrefaire. Ajoutons à cela que si, dans la rigueur du droit, on peut admettre que la chose jugée ne doit pas lier ceux qui n'y ont pas été parties, l'intervention du ministère public, toujours requise en cas de nullité, et l'examen des tribunaux sont de fortes présomptions pour faire accepter une décision comme définitive. Cependant, rien n'eût empêché que l'invention fût considérée comme tombée dans le domaine public pour deux, trois personnes ou un plus grand nombre, et restât encore un monopole pour d'autres?

Voici comment la loi française a résolu la même question dans son art. 39 : « Lorsque la nullité... *absolue* d'un brevet aura été prononcée par jugement ou arrêt ayant acquis force de chose jugée, il en sera donné avis au ministre de l'agriculture et du commerce, et la nullité... sera publiée dans la forme déterminée par l'art. 14 pour la proclamation des brevets. » Pour bien comprendre cette disposition, il faut savoir que la loi française distingue entre nullités relatives et nullites absolues. Celles-ci existent quand le ministère public intervient dans l'instance et fait prononcer la nullité au nom de la société (art. 37) ; dès lors il était naturel de rendre la décision obligatoire pour tous. Cette explication logique manque à la loi belge, où le ministère public n'intervient que pour donner son avis.

**875. Quid quand la nullité n'est prononcée que contre un seul des co-propriétaires ?** — Un brevet peut appartenir à plusieurs. Si la nullité n'a été prononcée que contre un seul des co-propriétaires, le gouvernement pourra-t-il la proclamer et la rendre ainsi absolue? Nous croyons qu'il en aura le droit. L'art. 26 ne distingue pas ; il n'exige qu'une chose, c'est qu'il y ait une décision passée en force de chose jugée qui prononce la nullité. Au surplus les garanties sont les mêmes : qu'il s'agisse d'un seul ou de plusieurs co-propriétaires, l'examen des juges est censé aussi consciencieux. Les collusions ne sont pas à craindre, parce que les autres co-propriétaires ont le droit d'intervenir ou de former tierce-opposition.

**876. Effets de la chose jugée au criminel.** — On examine en France la question de savoir quelle influence peut avoir comme chose jugée, une décision rendue au criminel dans un procès de contrefaçon où le prévenu a opposé l'exception de nullité du brevet contrefait. En pareil cas, en effet, le tribunal correctionnel doit examiner la question de nullité, soit qu'il condamne, soit qu'il absolve. On admet en général qu'il n'y a pas chose jugée parce que la juridiction correctionnelle ne statue en réalité que sur la contrefaçon directement, et passe seulement en quelque sorte au travers de la question de nullité pour arriver à celle-ci. (Nouguier, 980, 981, 651; voir cependant Rendu, 477.) En Belgique la question ne peut pas se présenter, attendu que la contrefaçon n'étant pas un délit, les tribunaux correctionnels n'en peuvent connaître, et les exceptions de nullité qu'on peut opposer à la poursuite ne se présentent que devant les tribunaux civils.

**877. Quid quand la nullité a été opposée comme exception?** — Quand la nullité aura été opposée comme exception au civil, les principes ordinaires de la chose jugée devront lui être appliqués. Le *dispositif* seul du jugement devra avant tout être consulté ; s'il prononce ou écarte formellement la nullité, la chose jugée pourra être invoquée. S'il n'en est parlé que dans les *motifs*, il faudra rechercher si ceux-ci sont intimement unis au dispositif, et ne sont en quelque sorte que la source directe d'où il découle.

Si l'exception n'a porté que sur un moyen de destruction de nouveauté et qu'elle a été écartée, on pourra encore faire valoir les autres, conformément à ce que nous avons dit ci-dessus n° 871.

Il n'y a aucune raison pour ne pas admettre que si la nullité opposée comme exception a été admise, elle peut être proclamée par arrêté royal conformément à l'art. 26 de la loi, tout comme si elle avait été prononcée à la suite d'une action principale. L'art. 26, en effet, ne distingue pas.

**878. Des dommages-intérêts quand l'action en nullité est repoussée.** — Nous avons vu, sup., n° 705, que dans le cas où l'action en contrefaçon est repoussée, le demandeur, même de bonne foi, peut être condamné à des dommages-intérêts. Aux autorités que nous avons citées alors nous pouvons ajouter un jugement longuement motivé du tribunal de Verviers, en date du 29 mai 1861 (Biolley c. Jupsin, B. J. XX, 588).

Faut-il appliquer le même principe au cas où la demande en nullité est repoussée?

En principe, un plaideur qui succombe ne doit des dommages-intérêts que si l'on établit qu'il a intenté son action de mauvaise foi; cette règle a été consacrée plusieurs fois par la jurisprudence. La loi des brevets n'y a pas dérogé. Mais comme la faute grave a toujours été assimilée au dol pour ses effets, on peut se demander si, dans un grand nombre de cas, lorsqu'on considère les résultats particulièrement funestes que peut amener l'action en nullité, aussi bien que l'action en contrefaçon, il n'y a pas lieu de dire que celui qui l'intente, sans en avoir minutieusement pesé la valeur, ne doit pas être tenu pour coupable de faute lourde. Nous croyons qu'il faut répondre affirmativement. Certes les tribunaux conserveront toujours le droit d'apprécier les circonstances, et il pourra se faire que dans certains cas les caractères de la faute grave ne se rencontreront pas; mais il conviendra que les juges se montrent sévères à cet égard.

On nous demandera peut-être quelles conséquences particulièrement dommageables peut entraîner l'action en nullité. A cet égard, nous croyons pouvoir nous borner à citer quelques considérants du jugement que nous avons rappelé tantôt. On peut, en effet, invoquer son autorité aussi bien pour l'action en nullité que pour l'action en contrefaçon, parce que dans l'espèce à laquelle il se rapporte les demandeurs soutenaient à la fois que le brevet qu'avait pris le défendeur était nul et que les machines fabriquées par lui, conformément à ce brevet, étaient des contrefaçons.

« Attendu, dit-il, que les demandeurs, dans l'exploit introductif d'instance, prétendaient que l'appareil du défendeur était une contrefaçon... ; que le seul énoncé d'une semblable prétention devait avoir pour résultat inévitable d'entraver l'exploitation du brevet du défendeur, de jeter du discrédit sur l'invention qu'il se préparait à offrir à l'industrie, et de lui causer dès l'abord un dommage moral..... »

« Que d'un autre côté, le tort causé à l'inventeur traduit devant les tribunaux ne disparaît que fort difficilement, et que le public cesse d'avoir en lui une confiance entière..... »

« Attendu que les demandeurs invoquent en vain leur bonne foi...; que s'il est vrai de dire que celui qui intente un procès ne fait qu'user de son droit, il est également certain que si l'on intente *abusivement* une action, on peut être passible de dommages-intérêts. »

Ajoutons que le jugement relève diverses autres circonstances, spéciales à la cause, qui contribuaient à donner au procès un caractère grave.

## TITRE SECOND.

### DES DÉCHÉANCES.

(SOMMAIRE.)

879. Terminologie vicieuse de la loi belge. — 880. Des causes de déchéances. — 881. L'administration seule, à l'exclusion des tribunaux, prononce les déchéances. — 882. Il n'y a pas de recours contre les décisions de l'administration. — 883. En quelle forme doit être prononcée la déchéance? — 884. Les déchéances doivent être publiées au *Moniteur*. —

885. La déchéance pour défaut de paiement de la taxe remonte au jour du défaut. — 886. La déchéance pour défaut d'exploitation n'a d'effet que du jour de l'arrêté qui la prononce. — 887. Les déchéances doivent être publiées au recueil spécial.—888. Les déchéances sont irrévocables.—889. Les déchéances peuvent être invoquées en tout état de cause. — 890. La déchéance du brevet primitif n'entraîne pas celle du brevet de perfectionnement. — 891. La déchéance du brevet étranger n'entraîne pas celle du brevet d'importation.

**879. Terminologie vicieuse de la loi belge.** — Le siége de la matière des déchéances se trouve dans les art. 22 et 23 de la loi de 1854. Cependant ni l'un ni l'autre ne prononcent le mot de déchéance; ils parlent de nullité et d'annulation. D'autre part, dans l'art. 26 où il n'eût dû être parlé que de nullités, on retrouve, par une erreur inverse, le mot de déchéance. Cette confusion dont nous avons fait ressortir ci-dessus les caractères (n° 809) en exposant la différence qui existe entre la déchéance et la nullité, est d'autant moins explicable que dans les discussions la différence avait été plus d'une fois très-bien saisie. Cette erreur a été évitée lors de la loi du 27 mars 1857, dont l'article unique modifiant l'art. 22 de la loi, ne parle plus que de déchéance et de breveté déchu.

Le titre IV de la loi française a également bien observé la distinction.

**880. Des causes de déchéance.** — Il y a déchéance chaque fois que le breveté ne remplit pas une des obligations que la loi lui impose. Ces obligations sont, comme nous l'avons vu (n° 753) au nombre de deux : 1°) l'obligation de payer la taxe ; 2°) l'obligation d'exploiter l'invention et de ne pas cesser l'exploitation.

Nous avons développé dans le titre troisième de la deuxième partie (n°s 753 et s.) tout ce que nous avions à dire à ce sujet. Nous nous bornons donc à y renvoyer. Il nous suffira, pour compléter la matière, d'examiner ici comment sont prononcées les déchéances et quels sont leurs effets.

**881. L'administration seule, à l'exclusion des tribunaux, prononce les déchéances.** — La question de savoir à quelle autorité serait confié le soin de prononcer les déchéances a donné lieu à de longs débats à la Chambre. On a hésité entre l'administration et les tribunaux (Séances des 11 et 13 décembre 1853).

Certes le mieux eût été, dans un débat où il s'agit de droits civils, de suivre les principes de l'art. 92 de la Constitution et de l'art. 34 de la loi française qui confient les contestations relatives à des droits de ce genre au pouvoir judiciaire.

Peu s'en est fallu que ce système plus conforme aux principes ne triomphât : « La Chambre, *après une épreuve douteuse*, disent en effet les Annales parlementaires (1853-54 p. 228) décide que la nullité sera prononcée par le gouvernement. »

L'art. 23 de la loi, conformément à cette résolution, déclare, en ce qui concerne la déchéance pour défaut d'exploitation que « le brevet sera annulé par arrêté royal. » Ni l'art. 22, ni l'article unique de la loi de 1857, ne disent rien de l'autorité qui prononcera la déchéance pour défaut de payement de la taxe. Mais le droit exclusif du gouvernement, établi par les discussions, est accepté sans réserve. (VILAIN n° 116, TILLIÈRE n° 357).

**882. Il n'y a pas de recours contre les décisions de l'administration.** — Les décisions de l'administration sont souveraines en ce qui concerne les déchéances. Les tribunaux ne pourraient les critiquer sans violer le principe de la séparation des pouvoirs. Quand, dans la séance du 13 décembre 1854, la Chambre s'est prononcée pour la compétence de l'administration, elle a aussi voté expressément qu'il n'y aurait pas de recours contre ses décisions (Ann. Parl. p. 228, col. 1).

**883. En quelle forme doit être prononcée la déchéance ?** — L'art. 23, al. 3 de la loi dit expressément que la déchéance résultant du défaut d'exploitation sera prononcée par *arrêté royal*. L'art. 22 aussi bien que la loi de 1857 sont muets sur la manière dont sera prononcée la déchéance résultant du défaut de paiement de la taxe. L'art. 22 se borne à dire que le brevet sera *nul de droit*. Puis il ajoute, et cette règle est reproduite par la loi de 1857, que cette nullité sera rendue publique par la voie du *Moniteur*. Il y a donc lieu d'admettre qu'il ne faut recourir à aucune formalité spéciale en ce qui concerne cette seconde déchéance ; qu'elle existe dès que l'on est en défaut de payer la taxe de la façon indiquée par la loi ; qu'il suffit alors que l'administration la constate en la publiant, comme elle le juge bon, dans le journal officiel. Mais, en vertu du principe que l'administration seule a compétence pour apprécier si la taxe n'est pas payée, c'est en vain qu'on voudrait établir devant les tribunaux le défaut de paiement aussi longtemps que le gouvernement ne l'aurait pas régulièrement constaté.

**884. Les déchéances doivent être publiées au Moniteur.** — La publication au *Moniteur* est expressément imposée par la loi, comme nous venons de le dire, en ce qui concerne la déchéance pour défaut de paiement de la taxe. D'autre part, l'arrêté royal qui prononce la déchéance pour défaut d'exploitation étant de ceux qui intéressent la liberté de l'industrie, c'est-à-dire, la généralité des citoyens, devra être soumis à la même publication aux termes de l'art. 3 de la loi du 28 février 1845.

Quel est l'effet du défaut de publication ? Nous croyons que dans l'une et l'autre hypothèse la déchéance devra être considérée comme inexistante. D'une part, en effet, un arrêté royal non publié, quand il est de ceux qui doivent l'être, n'est pas exécutoire (art. 3, loi du 28 février 1845). D'autre part, le seul mode de constatation admis par la loi pour la déchéance dérivant du défaut de paiement de la taxe est la publication au *Moniteur* ; l'administration seule peut en constater l'existence ; or, la loi ne lui indique pas d'autre moyen que la voie du journal officiel. Admettre que le gouvernement est libre sur ce point ce serait méconnaître les textes formels de l'art. 22 et de la loi de 1857, ce serait de plus ouvrir la porte à l'arbitraire.

**885. La déchéance pour défaut de paiement de la taxe remonte au jour du défaut.** — L'art. 22 de la loi de 1854 disait que la déchéance pour défaut de paiement de la taxe aurait lieu *de plein droit*. La loi de 1857 n'a pas reproduit cette disposition, mais comme une loi modificative est censée maintenir tout ce qu'elle n'abroge pas clairement, il faut admettre que cette disposition est encore en vigueur. Cela est confirmé par les paroles du ministre de l'intérieur. (PASINOMIE, 1857, p. 97, en note, col. 1.) : « *Le titulaire* (dit la section centrale) *devra sous peine d'être déclaré déchu de ses droits,* etc... — Il faut supprimer le mot *déclaré* et se borner à dire *sous peine d'être déchu.* L'esprit de la loi est que la déchéance ait lieu de plein droit. »

Ainsi donc jusqu'au moment de la constatation au *Moniteur*, la déchéance est censée ne pas exister, parce que la seule autorité qui a mission de la constater ne l'a pas encore fait, ou ne l'a pas fait par le seul mode que la loi l'autorise à employer. Mais une fois la publication régulièrement faite, la déchéance remonte au jour où le titulaire du brevet s'est trouvé en défaut conformément à ce que nous avons exposé ci-dessus, n°s 758 et suiv.

Il résulte de ce qui précède que c'est à bon droit qu'on poursuivrait comme contrefacteur celui qui aurait contrefait l'objet breveté dans l'intervalle qui séparerait la cessation de l'exploitation de l'arrêté de déchéance. (Tillière, n° 310.)

**886. La déchéance pour défaut d'exploitation n'a d'effet que du jour de l'arrêté qui la prononce.** — La déchéance pour défaut d'exploitation se distingue de la déchéance pour défaut de paiement de la taxe, en ce qu'elle ne remonte pas au jour où se sont produits les faits sur lesquels elle est fondée. Elle n'a pas lieu de plein droit. Cela résulte clairement de la différence de rédaction entre l'art. 22 et l'art. 23 de la loi et surtout de ces mots de l'al. 3 de ce dernier article : « Le brevet sera annulé par arrêté royal. » C'est donc l'arrêté royal seul qui le paralyse; or celui-ci ne peut produire d'effet avant d'exister. Et encore faudra-t-il, conformément à l'art. 3 de la loi du 28 février 1845, qu'il soit publié, car jusque-là il ne peut être mis à exécution. Seulement nous croyons que ces arrêtés seront exécutoires dès leur publication, et non pas seulement le dixième jour après celle-ci comme le prescrit en général la loi de 1845. L'alinéa final de cette loi réserve en effet les cas où il y aurait des dispositions de lois spéciales, et nous croyons que c'est ce qui existe pour la loi des brevets; si elle n'a fixé aucun délai c'est qu'elle n'en a voulu aucun, d'autant plus qu'on ne découvre pas d'utilité sérieuse à observer un délai quelconque en ce qui concerne la déchéance dont nous parlons ici. Ajoutons que l'arrêté de déchéance est la contre partie de l'arrêté de brevet : or celui-ci, émanant du ministre de l'intérieur, n'est évidemment pas soumis aux délais de la loi de 1845.

**887. Les déchéances doivent être publiées au recueil spécial.** — Nous avons vu ci-dessus, n°ˢ 388 et s., qu'il existait un recueil spécial dans lequel les descriptions des brevets devaient être publiées. L'art. 21 al. final du règlement exige qu'il en soit de même pour les arrêtés prononçant l'annulation ou la mise dans le domaine public du brevet. Les intéressés seront admis à en prendre connaissance (sup., n°.389).

**888. Les déchéances sont irrévocables.** — L'administration ne pourrait relever d'une déchéance légalement prononcée ou constatée. Si elle prenait une décision dans ce sens, les tribunaux ne devraient pas la respecter. Ses pouvoirs sont exceptionnels, on ne peut les étendre; il lui est permis de faire tomber un brevet dans le domaine public, mais rien ne l'autorise à enlever une invention à ce domaine dès que cette invention lui est acquise.

**889. Les déchéances peuvent être invoquées en tout état de cause.** — Les déchéances sont d'ordre public, car elles touchent à la liberté de l'industrie. D'autre part, comme elles anéantissent le brevet et qu'il n'appartient à aucun particulier de faire revivre un brevet anéanti, puisque l'administration elle-même ne le pourrait pas, c'est à tort qu'on argumenterait du silence de la partie. La déchéance pourra donc être invoquée pour la première fois en appel ou même en cassation.

**890. La déchéance du brevet primitif n'entraîne pas celle du brevet de perfectionnement.** — Les déchéances, comme les nullités, sont, en principe, de stricte interprétation. La loi des brevets ne prononce nulle part que la déchéance du brevet de perfectionnement résulterait de celle du brevet primitif. On ne peut à bon droit invoquer l'art. 15 al. 1 qui dit que le brevet de perfectionnement prendra fin en même temps que le brevet principal, car cet article n'envisage pas le cas de fin par déchéance, matière dont le siège se trouve aux articles 22 et 23.

On dit parfois que le brevet de perfectionnement n'est que l'accessoire du brevet principal, ou encore qu'ils ne forment qu'un seul tout qui doit être soumis à un sort unique. Mais cette opinion est hasardée. Il est vrai que lorsque le brevet finit par l'expiration du temps normal, le perfectionnement meurt avec lui (art. 15 al. 2); il est vrai encore qu'il n'est dû qu'une seule taxe pour les deux brevets quand ils sont délivrés au même titulaire (art. 3 al. fin.). Mais peut-on généraliser ces deux dispositions et les étendre même aux déchéances? Ce serait, d'après nous, aller trop loin. De fait, il y a deux brevets, deux choses distinctes, et c'est entrer dans le domaine de la fiction que de proclamer, comme le fait M. Vilain, n° 164, qu'ils ne forment qu'un seul tout. D'autre part nous ferons ressortir, *inf.* n° 898, combien est inexact l'axiome que le perfectionnement est l'accessoire du brevet principal.

M. Vilain dit encore (loc. cit.) que dans notre opinion « il serait facile aux inventeurs d'éluder la loi en ce qui concerne le payement de la taxe. Ils prendraient un brevet d'invention dans lequel ils feraient connaître la partie la moins importante de leur découverte, puis ils prendraient un brevet de perfectionnement contenant l'objet essentiel de l'invention. Ils laisseraient tomber le brevet d'invention dans le domaine public pour ne s'en tenir qu'au brevet de perfectionnement dont ils jouiraient pendant vingt ans sans être astreints au payement de la taxe. » Cette objection porte à faux, car il est certain qu'on ne peut faire indirectement ce qu'il est défendu de faire directement et qu'une manœuvre qui a pour but de se soustraire au payement de la taxe ne peut devenir, au profit de celui qui l'a ourdie, une excuse péremptoire pour ne pas l'acquitter.

M. Tillière adopte également l'opinion contraire à la nôtre. En France on se prononce dans le même sens (Cass.

5 février 1852, Brossard et Vidal c. Lerebours, *le Droit* 1852, 313; — Nouguier, 194.)

Mais il est à considérer qu'en France la question ne se présente que pour les certificats d'addition, qui ont un caractère d'accessoire parfaitement caractérisé, et que si le breveté, au lieu de s'en tenir à ceux-ci, a pris un brevet de perfectionnement, ce brevet a une existence tout à fait indépendante qui le met à l'abri des déchéances encourues par le brevet primitif (Art. 17 loi 1844).

**891. La déchéance du brevet étranger n'entraîne pas celle du brevet d'importation.** — Nous avons démontré ci-dessus (n° 825), que la loi belge considère le brevet d'importation comme indépendant du brevet étranger. Combinant ce principe avec celui de la stricte interprétation des déchéances, nous devons admettre que la déchéance du brevet étranger n'entraîne pas celle du brevet d'importation auquel il sert de base (Tillière, n° 218). Cette doctrine est confirmée par les discussions. Le ministre de l'intérieur disait au Sénat le 10 mai 1854 (*Ann. Parl.* p. 245) : « Notre législation ne peut pas dépendre des actes posés par un gouvernement étranger; il y aurait même là un grand inconvénient. Par exemple un étranger viendrait en Belgique fonder un établissement considérable à la faveur d'un brevet d'importation. Cet étranger pourrait trouver convenable à ses intérêts d'abandonner l'exploitation du brevet d'invention qu'il a pris dans son pays et de transporter en Belgique le siège principal de son exploitation. Ce fait peut l'exposer à la déchéance de son brevet dans son pays. Mais pour cette raison, devrons-nous lui imposer la déchéance de son brevet d'importation; devrons-nous le punir pour une chose qui aura été favorable à l'industrie belge? Évidemment non, etc., etc..... » (Voir aussi le discours de M. Forgeur, ib. p. 235 col. 1 *medio*.)

# QUATRIÈME PARTIE.

## DES BREVETS DE PERFECTIONNEMENT ET D'IMPORTATION.

(SOMMAIRE.)

892. Observations générales. Division.

**892. Observations générales. Division.** — Nous avons déjà, dans le cours de ce traité, examiné la plupart des questions qui se rattachent aux brevets de perfectionnement et d'importation. Elles étaient en effet en quelque sorte invinciblement amenées par les questions analogues que soulèvent les brevets d'invention. Il en est cependant quelques-unes qui restent indépendantes, et ce sont celles-ci que nous allons traiter dans cette quatrième partie.

---

## TITRE PREMIER.

### DES BREVETS DE PERFECTIONNEMENT.

(SOMMAIRE.)

893. Distinctions fondamentales entre les inventions, les perfectionnements et les importations. — 894. Qu'est-ce qu'un perfectionnement? — 895. On ne peut prendre un brevet d'invention pour un perfectionnement et réciproquement. — 896. Conséquences de la violation de cette règle. — 897. Système français en matière de perfectionnements. — 898. Le brevet de perfectionnement n'est pas l'accessoire du brevet primitif. — 899. Droits que confèrent les brevets de perfectionnement.

**893. Distinctions fondamentales entre les inventions, les perfectionnements et les importations.** — La distinction entre les inventions, les perfectionnements et les importations procède de deux principes. D'une part, en effet, toutes les découvertes peuvent être indigènes ou étrangères : de là les inventions et les importations. D'autre part, elles peuvent être primitives ou modifiées : d'où les inventions et les perfectionnements. Ces deux divisions ne s'excluent pas; au contraire, elles se combinent et empiètent l'une sur l'autre : ainsi les importations aussi bien que les inventions indigènes peuvent être des inventions primitives ou des perfectionnements. En d'autres termes, les inventions, les importations et les perfectionnements ne se présentent pas comme les trois termes, placés sur la même ligne, d'une division unique; les inventions et les importations sont la division première dont chacun des termes se subdivise en inventions proprement dites et perfectionnements.

**894. Qu'est-ce qu'un perfectionnement?** — « En cas de modification à l'objet de la découverte, il pourra être obtenu un brevet de perfectionnement...., » dit l'art. 15 de la loi.

A prendre ce texte à la lettre, il faudrait dire que le perfectionnement existe dès qu'il y a modification à l'objet d'une découverte.

Cette définition est vraie en ce sens qu'il ne faut pas un perfectionnement dans le sens grammatical du mot, qui suppose une amélioration; qu'il suffit d'un changement, *d'une modification* comme le dit la loi, sans qu'il faille tenir compte de l'utilité, de l'importance de cette modification, ni du progrès qu'elle réalise. Nous avons vu, en effet, que la loi brevète toutes les inventions, bonnes ou mauvaises, sérieuses ou insignifiantes, utiles ou superflues (sup. n° 52); ce qu'elle admet pour les inventions en général, elle ne devait pas le proscrire pour les inventions spéciales auxquelles elle donnait le nom de perfectionnement. (TILLIÈRE, n° 221, al. 2.)

Cette définition est encore exacte quand elle dit qu'il faut qu'il y ait modification *à une découverte*. Pour être plus précis il faudrait dire : à une découverte encore *actuellement brevetée*. Cette rectification résulte clairement, croyons-nous, du texte et de l'économie de l'art. 15. L'al. 1 en disant que le brevet de perfectionnement prendra fin en même temps que le brevet primitif, suppose nécessairement l'existence de celui-ci. L'al. 2 le suppose encore quand il ajoute que le breveté principal et le possesseur du nouveau brevet ne pourront exploiter leurs inventions sans le consentement réciproque l'un de l'autre. Cet élément mérite de fixer l'attention, parce qu'il montre que le perfectionnement légal diffère ici encore du perfectionnement dans le sens ordinaire. Qu'importe en effet pour celui-ci que la découverte qu'il améliore soit encore brevetée ou l'ait même jamais été? La personne qui voudra se faire breveter pour une modification à une découverte non brevetée, devra prendre purement et simplement un brevet d'invention, qui pour sa durée, comme pour son exploitation sera soumis, non pas aux règles exceptionnelles des al. 1 et 2 de l'art. 15, mais aux règles ordinaires (Contr. Vilain, n°s 18 et 21).

L'élément essentiel aux brevets de perfectionnement, celui qui doit surtout nous arrêter n'est pas exprimé par la loi d'une façon bien nette. Il consiste en ce que le *perfectionnement doit ne pas pouvoir être mis à exécution sans la découverte primitive*. Il arrive fréquemment que l'amélioration a une existence indépendante; elle se rattache à l'invention primordiale en ce sens qu'elle apparaît comme le développement de celle-ci, que l'on y découvre des rapports avec elle, mais elle s'en sépare en ce sens que sa mise en œuvre ne suppose pas nécessairement la mise en œuvre simultanée de la découverte principale. Dans ce cas il n'y a pas perfectionnement tel que la loi l'entend ; c'est une invention pure et simple. L'art. 15 le démontre dans son al. 2 ; il s'exprime en effet de manière à laisser croire que pour le législateur tout brevet de perfectionnement doit faire naître entre les deux brevetés une espèce de conflit. Si l'on n'accepte pas cette interprétation, si l'on soutient que l'al. 2 de l'art. 15 s'applique même à des inventions si bien détachées l'une de l'autre qu'elles pourraient être mises en œuvre séparément, cet alinéa devient une superfétation ; était-il besoin de dire que l'obtention du second brevet n'autoriserait pas à s'emparer de l'objet du premier? Mais il en est autrement quand on suppose un perfectionnement qui dépend absolument de l'invention primitive ; dans cette hypothèse il se conçoit qu'il pouvait y avoir doute sur le point de savoir si, en accordant le second brevet, on conférait un privilége qui resterait stérile dans le cas où le breveté primitif ne consentirait pas à laisser exploiter sa découverte par le perfectionneur, ou si celui-ci n'aurait pas toujours le droit, en vertu de son titre, de se servir de la découverte principale. Il devenait utile de faire disparaître ce doute par un texte de loi. (Conf. Tillière, n° 221.)

**895. On ne peut prendre un brevet d'invention pour un perfectionnement et réciproquement.** — Ce serait une erreur de croire que l'inventeur est libre de faire breveter sa découverte comme invention ou comme perfectionnement. Tout est strict dans la matière des brevets ; or, la loi a défini le perfectionnement aussi bien que l'invention, elle les a soumis à des régimes différents, que la fantaisie individuelle ne doit pas être libre de modifier à son gré. Ainsi, par exemple, si l'on peut admettre à la rigueur que l'auteur d'un perfectionnement a le droit, en se faisant breveter d'invention, de renoncer au bénéfice que lui offre l'art. 3, al. fin., de ne pas payer de taxe, croit-on au contraire qu'il puisse lui être loisible de profiter de ce bénéfice, en faisant breveter une invention comme perfectionnement? (Sup. n° 771.) Ainsi encore, l'art. 15, al. 1, déclare que le brevet de perfectionnement prendra fin avec le brevet primitif; il en résulte que sa durée sera plus courte que s'il était pris comme brevet d'invention; peut-il appartenir à un particulier de se soustraire à l'application de cette règle, de donner à son monopole une durée plus longue, d'entraver la libre disposition du public au delà du terme fixé par la loi, en qualifiant d'invention un simple perfectionnement?

**896. Conséquences de la violation de cette règle.** — Mais il faut se garder d'attribuer à la règle exposée au n° précédent des conséquences exagérées. Nous avons vu notamment (n°s 821 et 822), qu'on ne peut déclarer nul un brevet d'invention, pris pour un perfectionnement ou réciproquement. Mais les tribunaux auront le droit de rechercher la véritable nature de la découverte brevetée, de la constater et de lui attribuer, les seuls effets que la loi autorise. (Comp. Tillière, 224, al. 2.) Ce n'est pas à l'administration à s'occuper de pareilles questions. Il lui est défendu de s'immiscer dans ce qui touche au fond de l'invention; elle doit délivrer le brevet sans examen préalable (sup. 357 et s., 344 et s.); or c'est une question de fond que d'examiner si une découverte est une invention ou un perfectionnement. (Consulter sur la question Liége, 4 août 1862, B. J., XX, p. 1169, et Cass. B., ib., p. 1253.)

Par conséquent, si le gouvernement prétend que l'inventeur a fait breveter de perfectionnement une simple invention pour se soustraire au payement de la taxe, il ne pourra *de plano* prononcer la déchéance pour ce défaut de payement. Certes une fois prononcée, cette déchéance doit être acceptée, parce que l'administration est souveraine (sup. n° 882); mais cette manière d'agir serait arbitraire. L'administration devra commencer par demander aux tribunaux de fixer la véritable nature du brevet; elle y a intérêt, puisqu'il s'agit pour elle de toucher la taxe; ce ne sera qu'après que la justice aura vidé le débat, qu'elle pourra prononcer la déchéance.

De même quand un particulier aura intérêt à faire prononcer qu'un brevet de perfectionnement pris abusivement comme brevet d'invention est périmé par suite de l'expiration du brevet primitif, les tribunaux examineront et appliqueront au brevet rétabli sous son véritable jour les effets du perfectionnement, sans qu'ils puissent cependant (car ce serait empiéter sur les attributions administratives) ordonner à l'État de rectifier le titre.

**897. Système français en matière de perfectionnements.** — La loi française a adopté, en matière de perfectionnements, un système fort différent de celui de la loi belge.

Une invention est-elle brevetée, et des changements se produisent-ils, la loi permet à l'inventeur de prendre à son choix, ou bien un certificat d'addition (art. 16 al. 2) ou bien un brevet principal auquel la doctrine, non la loi, à donné le nom de brevet de perfectionnement (art. 17). Le certificat d'addition est soumis à un régime spécial : il procure l'avantage de n'être soumis qu'à une taxe fixe de 20 fr. (art. 16 al. 4), mais il entraîne cet inconvénient de finir avec le brevet primitif (ib. al. 3). Le brevet principal, dit de perfectionnement, produit absolument les mêmes droits et les mêmes obligations que le brevet d'invention ordinaire : la loi les confond (art. 17).

On ne distingue pas du reste si le changement peut être exécuté isolément ou s'il ne peut l'être qu'avec l'invention primitive : tous changements, perfectionnements, additions quels qu'ils soient, (art. 16 al. 1 et art 17) sont soumis au même régime.

Mais le droit de les faire breveter soit par certificats d'addition, soit par brevets principaux, au choix des intéressés, n'appartient pendant une année, à la différence de la loi belge, qu'au breveté primitif ou à ses ayants droit (art. 16 al. 1 et 18 al. 1).

En résumé, le brevet de perfectionnement belge, n'est ni le certificat d'addition, ni le brevet de perfectionnement français.

M. Forgeur a beaucoup insisté au Sénat pour que l'on admît une disposition analogue à celle qui attribue pendant une année à l'inventeur le monopole des perfectionnements. « Il faut laisser, disait-il (*Ann. Parl.* Sénat, séance du 10 mai 1854, p. 237) à celui qui est l'inventeur la faculté de perfectionner son œuvre. Ce qui est établi en France, doit l'être également chez nous, parce que c'est rationnel. Il faut que l'inventeur ait le temps de développer son invention, car une invention est un enfant qui vient de naître, qui grandit, qui se développe. Il ne faut pas qu'on puisse venir paralyser l'inventeur au moyen d'un perfectionnement que la mise en pratique de son invention lui aurait bien probablement fait découvrir. » Cette doctrine n'a pas été admise. Elle était superflue dans le système de la loi belge qui n'admet d'autre perfectionnement que celui qui ne peut s'exécuter sans l'invention primitive (sup. n° 891); c'est en effet alors le perfectionnement qui est paralysé plutôt que cette invention.

**898. Le brevet de perfectionnement n'est pas l'accessoire du brevet primitif.** — On dit parfois que le brevet de perfectionnement est l'accessoire du brevet primitif, et dans les controverses on argumente de ce prétendu axiome. Mais il n'est pas justifié. Le perfectionnement peut être souvent une invention beaucoup plus considérable que la découverte primitive : ce n'est donc pas sur la nature des choses qu'on peut s'appuyer. Ce n'est pas non plus sur le texte de la loi, car si l'al. 2 de l'art. 15 place les deux brevets sur la même ligne, si l'al. 1 dit que le brevet de perfectionnement s'éteindra avec le brevet primitif, si l'art. 3 al. fin. l'exempte de la taxe à laquelle le brevet primitif reste soumis, c'est uniquement parce que la loi voit dans le perfectionnement un développement plus complet de l'idée primordiale : or le développement d'une chose n'en est pas l'accessoire, c'est plutôt une nouvelle édition de la chose, distincte de celle qu'on a tirée du moule primitif. Aussi d'après nous la véritable manière d'envisager le perfectionnement dans ses rapports avec la découverte, c'est de dire que s'ils sont unis parfois l'un à l'autre, ce n'est pas dans un ordre de subordination, mais sur un pied d'égalité (*sup.* n° 890).

**899. Droits que confèrent les brevets de perfectionnement.** — Les brevets de perfectionnement, aux termes de l'art. 16 de la loi, confèrent les mêmes droits que les brevets d'invention. Nous pouvons donc nous borner à renvoyer à notre deuxième partie.

## TITRE SECOND.

### DES BREVETS D'IMPORTATION.

(SOMMAIRE.)

900. Opposition à l'introduction des brevets d'importation dans la loi belge.— 901. Conditions requises pour le brevet d'importation.—902. Le titulaire du brevet étranger ou ses ayants droit peuvent seuls obtenir le brevet d'importation. — 903. Que faut-il entendre par ayants droit? — 904. Quid des co-propriétaires du brevet étranger? — 905. On ne peut prendre un brevet d'invention ou de perfectionnement pour une importation et réci-

proquement. — 906. Des effets des brevets d'importation. — 907. Quand le brevet étranger est expiré, la découverte ne peut plus être brevetée en Belgique.

**900. Opposition à l'introduction des brevets d'importation, dans la loi belge.** — L'art. 14 qui institue les brevets d'importation avait été adopté par la Chambre. Dans la séance du 5 avril 1854 (*Ann. parl.* p. 225), il fut rejeté par le Sénat. Dans la séance du 10 mai (*Ann.* p. 233), la discussion fut reprise et l'article adopté. Le rapporteur, M. Spitaels, avait justifié dans les termes suivants le rétablissement de l'article : « Si vous n'accordiez pas de brevets d'importation, vous devriez donner aux étrangers le droit de venir prendre chez vous des brevets d'invention. Or, ce serait arriver absolument au même résultat ; que l'on prenne un brevet d'invention en Angleterre et un brevet d'importation en Belgique, ou bien que l'on prenne un brevet d'invention dans les deux pays, le résultat matériel est identique... Les brevets d'importation présentaient autrefois des inconvénients qui n'existent plus aujourd'hui. Que se passait-il? La concession des brevets d'importation constituait en quelque sorte un véritable gaspillage, une sorte de course au clocher, dans laquelle l'inventeur arrivait souvent le dernier. Il suffisait que quelques personnes eussent pris un brevet à l'étranger, pour que d'autres, ayant une connaissance même imparfaite de l'invention, vinssent prendre en Belgique un brevet d'importation, sans l'intervention de l'inventeur primitif. C'est ce que la loi actuelle ne permet plus... L'art. 14 stipule que le droit d'importation ne pourra être obtenu chez nous que par l'inventeur ou ses ayants droit; c'est donc absolument la même chose, que si cet inventeur demandait en Belgique un second brevet d'invention. »

**901. Conditions requises pour le brevet d'importation.** — L'art. 14 de la loi belge est ainsi conçu : « L'auteur d'une découverte déjà brevetée à l'étranger, pourra obtenir par lui-même ou par ses ayants droit, un brevet d'importation en Belgique ; la durée de ce brevet n'excèdera pas celle du brevet antérieurement concédé à l'étranger, pour le terme le plus long, et en aucun cas la limite fixée par l'art. 3. »

La première condition requise pour l'existence d'un brevet d'importation, c'est donc l'existence d'un brevet à l'étranger.

Qu'on n'aille pas croire cependant que si le brevet étranger n'a jamais existé, on ne pourra prendre un brevet en Belgique. Rien ne le prohibe, mais ce sera un brevet d'invention pur et simple, parce qu'une des conditions essentielles aux brevets d'importation fera défaut. Mais il en serait autrement si le brevet étranger était expiré ; alors le brevet belge deviendrait impossible, même comme brevet d'invention. C'est une question intéressante que nous développerons tantôt. (Voir ci-dessous, n° 907.)

**902. Le titulaire du brevet étranger, ou ses ayants droit, peuvent seuls obtenir le brevet d'importation.** — L'art. 14 réserve expressément la faculté d'obtenir le brevet d'importation à l'auteur de la découverte déjà brevetée et à ses ayants droit. Nous avons fait connaître ci-dessus (n° 900), les motifs de cette disposition. La loi s'exprime inexactement quand elle dit « l'auteur de la découverte ; » il faut lire « le titulaire du brevet étranger ; » la loi n'a considéré que le cas le plus général. Puisqu'elle ne tient pas compte de la qualité d'inventeur, quand il s'agit du brevet d'invention et l'accorde à toute personne indifféremment (sup. n° 267), il y aurait contradiction à agir autrement pour les brevets d'importation (TILLIÈRE, n° 216).

Mais de même que le véritable inventeur a le droit de se faire subroger dans le brevet pris par un usurpateur

TITRE II<sup>e</sup>. — DES BREVETS D'IMPORTATION. 785

(sup. n° 514 et s.), ainsi il pourra également se faire subroger dans le brevet d'importation. La condition préalable de cette action en subrogation sera une décision étrangère qui lui aura reconnu ses droits. Faute de cette décision, il ne sera pas le titulaire du brevet étranger, ce qu'exige l'art. 14 sainement entendu, et dès lors le brevet d'importation est impossible à acquérir pour lui. On n'objecterait pas avec raison que les jugements belges ne peuvent dépendre des jugements à rendre dans d'autres pays; la loi accepte, en effet, ce qui se fait dans ces pays quand il s'agit de rechercher l'existence du brevet primitif, dont dépend l'obtention du brevet d'importation; il est rationnel dès lors de l'accepter également pour savoir à qui il appartient.

**903. Que faut-il entendre par ayants droit?** — Les ayants droit du titulaire du brevet principal peuvent aussi, aux termes de l'art. 14, obtenir le brevet d'importation. Par ayants droit, il faut entendre ceux qui ont acquis le brevet primitif en son entier, ou pour une quote part, ou pour une partie déterminée comprenant le droit de prendre le brevet d'importation. Les porteurs de licences, qui n'ont comme tels qu'un droit restreint d'exploitation, ne le peuvent donc pas.

Il a été jugé par arrêt de la Cour d'appel de Bruxelles du 11 mai 1859 (B. J. XVIII, p. 36, Tremouroux c. Delloie-Masson) qu'il fallait considérer comme ayant droit du breveté celui qui en a reçu pouvoir « de prendre en Belgique un brevet d'importation »; que pareil pouvoir équivalait à l'autorisation d'exercer seul les droits qui dérivent du brevet, et ne peut être considéré comme une procuration confiant simplement à celui qui la reçoit la charge de demander un brevet au nom de son mandant.

**904. Quid des co-propriétaires du brevet étranger?** — Lorsqu'il y a plusieurs co-propriétaires du brevet primitif, peuvent-ils obtenir le brevet d'importation séparément ou doivent-ils agir de concert? Nous avons vu (n°ˢ 458 et aussi 624) que chacun des propriétaires jouissait pleinement de tous les droits attachés au brevet. Chacun d'eux pourra donc demander le brevet d'importation. Celui qui le réclamera pourra agir comme *negotiorum gestor* et le demander au nom de tous les communistes (sup. n°ˢ 28 et 269). Il pourra aussi agir en son privé nom; dans ce dernier cas deux voies s'offrent aux autres co-propriétaires : ou bien ils peuvent demander un brevet d'importation principal qui leur donnera à l'égard de celui qui en a obtenu un le premier, les mêmes droits que s'il n'y avait qu'un seul brevet indivis ; ou bien s'ils désirent éviter la taxe à laquelle les soumet alors l'art. 3, ils peuvent intenter une action analogue à la revendication du véritable inventeur contre celui qui a usurpé son invention, et faire déclarer que le brevet sera commun.

**905. On ne peut prendre un brevet d'invention ou de perfectionnement pour une importation et réciproquement.** — Par des raisons analogues à celles que nous avons développées sup. n°ˢ 895 et 896, nous n'admettons pas qu'il dépende de l'inventeur de prendre pour une importation un brevet d'invention ou de perfectionnement, ou réciproquement. Ce serait bouleverser les définitions inscrites dans la loi. De plus, en prenant un brevet d'invention on prolongerait souvent la durée du monopole et on retarderait la libre disposition du public; d'autre part en prenant un brevet de perfectionnement on échapperait à la taxe.

Cependant nous avons déjà dit (n° 823) que ces inexactitudes n'entraînent pas la nullité du brevet. Les tribunaux rechercheront sa véritable nature et lui appliqueront les règles de la catégorie de brevets à laquelle il appartient, tant en ce qui concerne la taxe que la durée.

**906. Des effets des brevets d'importation.** — L'art. 16 de la loi dit : « Les brevets d'importation confèrent les mêmes droits que les brevets d'invention. » Telle n'était pas la disposition de l'art. 5 du projet du gouvernement qui portait : (*Ann. parl.*, document, session 1851-52, p. 655) : « Ils (les brevets d'importation) confèrent le droit exclusif de fabrication et de vente pour la consommation du pays, plus le droit de poursuite..., sans préjudice de la faculté réservée aux tiers de pouvoir fabriquer pour l'exportation les objets brevetés ou de les faire venir de l'étranger pour leur usage particulier. » C'est à la suite de l'opposition que cette rédaction a rencontrée dans les sections (ib., p. 988) que le gouvernement présenta une rédaction nouvelle (ib. session 1853-54, p. 162 et 165) qui mettait les brevets d'invention et d'importation sur la même ligne, quant à leurs effets. « La section centrale, lit-on dans le rapport de M. Vermeire (ib., p. 162), restant fidèle au principe qu'elle avait adopté, n'avait pas à s'enquérir si l'objet pour lequel on demandait le brevet était le résultat de l'invention ou bien s'il arrivait de l'étranger ; il lui suffisait que cet objet ne fût pas encore exploité dans le pays... »

**907. Quand le brevet étranger est expiré, la découverte ne peut plus être brevetée en Belgique.** — Nous avons vu (n° 901, al. fin.) que si une découverte n'a jamais été brevetée à l'étranger, elle peut encore l'être en Belgique, non pas comme importation, mais comme invention. Il en est autrement lorsqu'elle a été brevetée à l'étranger, et que tous les brevets étrangers sont expirés. En effet, on ne peut breveter que les choses clairement indiquées par la loi, qui, étant d'exception, est par cela même d'interprétation stricte. Or, l'art. 25 pose en principe « qu'un brevet d'invention sera déclaré nul... dans le cas où l'objet pour lequel il a été accordé aurait été antérieurement breveté en Belgique ou à l'étranger. » A cette règle générale, l'al. 2 du même article fait une seule exception quand il dit : « Toutefois, si le demandeur a la qualité requise par l'art. 14, son brevet pourra être maintenu comme brevet d'importation, aux termes dudit article. » Ainsi donc, l'unique exception est renfermée toute entière dans l'art. 14. Or, cet article exige comme condition essentielle de l'importation, l'existence d'un brevet étranger : nous l'avons démontré sup. n° 901 ; si cette condition fait défaut, si notamment le brevet étranger est expiré, l'art. 14 n'est plus applicable et l'on retombe dans la règle générale de l'art. 25, al. 1.

# APPENDICE.

## DISPOSITIONS TRANSITOIRES.

(SOMMAIRE.)

908. Article 27 de la loi belge. — 909. Les brevets delivrés antérieurement sont régis par la loi de 1817. — 910. Faculté pour les brevets anciens de passer sous le régime nouveau. — 911. Conditions de cette faveur. — 912. Du payement de la taxe pour cette catégorie de brevets. — 913. Effets du passage de la législation de 1817 au régime de la loi de 1854. — 914. Pourrait-on annuler un brevet ancien placé sous le régime nouveau, en vertu de la loi de 1817 ? — 915. De la procédure.

**908. Article 27 de la loi belge.** — Le passage d'une législation à une autre rendait nécessaire la publication de certaines mesures transitoires, destinées à concilier les droits acquis avec les principes nouveaux qui venaient d'être proclamés. L'art. 27 de la loi du 24 mai 1854 dispose à cet effet ainsi qu'il suit :

« Les brevets qui ne seront ni expirés ni annulés à l'époque de la publication de la présente loi, continueront d'être régis par la loi en vigueur au moment de leur délivrance.

» Néanmoins, il sera libre aux titulaires de faire, dans l'année qui suivra cette publication, une nouvelle demande de brevet, dans la forme qui sera déterminée par arrêté royal.

» Dans ce cas, le brevet pourra continuer à avoir cours pendant tout le temps nécessaire pour parfaire la durée de vingt ans, sauf ce qui est dit à l'art. 14.

» Les brevets pour lesquels on aura réclamé le bénéfice de cette disposition, seront régis par la présente loi; toutefois, les procédures commencées avant la publication seront mises à fin, conformément à la loi antérieure.

» Les titulaires de ces brevets qui auront acquitté la

totalité de la taxe primitive, payeront, après l'expiration du terme qui avait d'abord été assigné à leur privilége, les taxes afférentes aux années suivantes, d'après ce qui est déterminé à l'art. 3.

» Quant aux titulaires de brevets qui n'auraient point soldé la taxe fixée comme prix d'acquisition du brevet primitif, il leur sera tenu compte des versements qu'ils auront déjà opérés, et les annuités seront réglées d'après les versements faits, conformément à l'art. 3. »

**909. Les brevets délivrés antérieurement sont régis par la loi de 1817.**
— L'art. 27 commence par rendre hommage au principe de non-rétroactivité des lois, en laissant les brevets anciens sous le régime de la loi en vigueur à l'époque de leur octroi. La loi française du 5 juillet 1844, dans son art. 53, renfermait une disposition analogue. Il résulte d'ailleurs des termes mêmes de notre article, qu'il concerne les brevets *délivrés* sous la législation de 1817 et non pas les brevets *demandés* sous l'empire de cette loi et obtenus depuis la promulgation de la loi nouvelle : ceux-ci sont régis par la législation de 1854.

Pour déterminer les effets d'un brevet antérieur à notre loi, c'est par conséquent à la loi du 25 janvier 1817 qu'il faudra recourir : les obligations du breveté, les nullités et les déchéances qui frappent son titre, la durée de ses droits, tout est réglé par la législation antérieure.

**910. Faculté pour les brevets anciens de passer sous le régime nouveau.** — La loi de 1854 a dérogé en un point au principe de la non-rétroactivité. Elle autorise, sous certaines conditions, les titulaires de brevets délivrés sous la loi ancienne à passer sous le régime de la loi nouvelle, et à profiter de tous les avantages que celle-ci assure aux inventeurs. En consacrant cette dérogation aux principes généraux, le législateur de 1854 a hautement manifesté son intention de répudier la théorie de ceux qui voient dans le brevet un contrat synallagmatique entre l'inventeur et la société. Dans cette doctrine, le contrat doit être immuable, et en violer les stipulations, dans l'intérêt de l'une des parties, c'est léser l'autre partie, c'est blesser des droits acquis. Mais dans le système qui considère les brevets, comme une récompense ou un encouragement, il est permis de se montrer moins rigoureux : la société qui accorde une faveur est, jusqu'à un certain point, maîtresse de la restreindre ou de l'étendre selon ses convenances.

**911. Conditions de cette faveur.** — L'art. 27 règle les conditions requises pour qu'un brevet ancien puisse passer sous le régime de la loi nouvelle. Il faut, en premier lieu, que le titulaire ait fait, dans l'année de la publication de la loi, une nouvelle demande de brevet. Les formes de cette demande sont réglées par l'art. 20 de l'arrêté royal du 24 mai 1854.

« Les titulaires dont les brevets ne sont ni expirés ni annulés à l'époque de la publication de la loi du 24 mai 1854, pourront obtenir que leurs titres soient placés sous le régime de cette loi, en formant leur demande avant le 25 mai 1855.

» Les brevetés qui n'auraient point payé, au moment où ils demanderont à jouir du bénéfice de cette disposition, une somme égale au montant des annuités échues d'après la base établie à l'art. 3 de la loi, seront tenus d'effectuer ou de compléter ce paiement et d'en justifier au moyen d'une quittance qu'ils joindront à leur demande. Faute d'accomplir cette obligation, la demande sera considérée comme non-avenue.

» Une déclaration constatant que le brevet est placé sous le régime de la loi nouvelle sera envoyée à l'intéressé.

» Art. 21..... Les déclarations mentionnées dans l'article précédent, seront publiées au recueil spécial des brevets »

D'autre part, une circulaire ministérielle, publiée au *Moniteur*, donnait la formule de la demande à adresser au ministère de l'intérieur. Elle ajoutait : « Les titulaires de brevets anciens, qui voudront placer leur titre sous le régime de la loi du 24 mai 1854, ne pourront se prévaloir des délais qui leur auraient été accordés pour le paiement de la taxe.

« Lorsque la somme qui aura été antérieurement payée, sans être égale à la totalité de la taxe fixée pour le brevet primitif, sera cependant supérieure au montant des annuités exigibles d'après la loi nouvelle, il sera tenu compte du surplus pour les annuités à venir.

» Des publications au *Moniteur* feront connaître les brevets qui auront été placés sous le régime de la loi nouvelle. »

L'inventeur breveté sous la loi de 1817 qui a voulu passer sous le régime de la loi nouvelle a donc dû déposer une demande à cet effet avant le 25 mai 1855. Il a dû également établir qu'à l'époque du dépôt de cette demande il avait versé au Trésor une somme correspondante au montant des annuités qu'aurait dû acquitter sous la loi nouvelle un brevet de même durée que le sien.

**912. Du paiement de la taxe pour cette catégorie de brevets.** — On sait que sous la loi de 1817 l'administration accordait de grandes facilités pour le paiement de la taxe : les termes de ce paiement et même sa quotité étaient abandonnés au bon plaisir du gouvernement. Si un breveté n'avait rien acquitté, ou s'il avait acquitté une somme inférieure au montant des annuités à solder sous la nouvelle loi, il a dû compléter ses versements; s'il avait payé une somme plus considérable, il a dû en justifier lors de sa demande, et on lui en a tenu compte pour les annuités postérieures. Enfin, dans le cas où le breveté avait soldé l'intégralité de la taxe primitive, avant sa demande, il a dû se borner après l'expiration du terme qui avait d'abord été assigné à son privilége, à payer les taxes afférentes aux années suivantes d'après ce qui est déterminé à l'art. 3 de notre loi.

Comment se calcule le payement des annuités pour un brevet placé originairement sous la loi de 1817? Faut-il placer le point de départ à la date de l'arrêté du brevet ou faut-il le faire remonter, comme sous la loi de 1854, jusqu'au jour de la demande? Un jugement du tribunal de Tournai, en date du 9 août 1858, décide que le point de départ de l'obligation du payement de la taxe pour les brevets anciens doit être le même que celui pour les brevets nouveaux, c'est-à-dire le jour où la demande a été déposée conformément à la loi de 1817 et à l'arrêté royal du 25 septembre 1846. Sans cela, dit le jugement, il n'y aurait plus assimilation complète, ainsi que le veut l'art. 27 de la loi, entre les brevets anciens placés sous le régime de cette loi, et les brevets nouveaux. Mais la Cour de Bruxelles a réformé cette décision par arrêt du 29 juin 1859 (PAS. 60, p. 80, LASSALLE C. MASSÉ).

L'arrêt constate que la loi de 1817 est muette sur le point de départ des droits et obligations du breveté, mais qu'en principe et à défaut de stipulation contraire, les droits et obligations ne courent qu'à dater des actes qui leur servent de titres; que cela est du reste conforme à l'esprit de cette loi, puisque les brevets ne s'accordaient alors qu'après un examen préalable des inventions, et que cet examen confié tantôt à des experts, tantôt à l'institut royal des Pays-Bas, ou à l'Académie royale des sciences et belles-lettres de Bruxelles, occasionnait parfois de très-longs retards. Il ajoute : « Attendu que le délai d'un mois que la loi du 24 mai 1854, art. 27 accorde au breveté pour le payement desdites taxes, n'a pu courir que du jour où l'obligation de les payer a pris naissance, c'est-à-dire du jour de l'arrêté du brevet; qu'interpréter autrement l'art 27 combiné avec les art. 3 et 22 de ladite loi, ce serait sacrifier un principe de droit certain à des incorrections ou à des difficultés de texte qui ne doivent jamais prévaloir sur les principes. »

Il est certain qu'il faut admettre une corrélation entre les droits et les obligations du breveté. Si la loi de 1817 n'accordait de privilége exclusif qu'à partir de l'arrêté de concession du brevet, c'était également à partir de ce moment que la taxe devait courir, c'est à partir de cet instant que commenceront les vingt années qui constituent la durée nouvelle du brevet. On ne saurait accepter un système qui fournirait une première période où la taxe serait due sans que l'inventeur eût aucun droit, puis à la fin du brevet, une autre période, où le privilége subsisterait dans sa plénitude, alors que toute obligation aurait disparu vis-à-vis du trésor. Cette dernière conséquence établirait une anomalie avec la législation existante plus grave encore que celle que l'on a signalée dans notre système.

Ajoutons toutefois que des questions de ce genre ne peuvent guère se présenter devant les tribunaux. Tout ce qui concerne la taxe est du ressort de l'administration ; c'est avec celle-ci qu'il faut en débattre la quotité, l'échéance et le point de départ. De même que les tribunaux ne pourraient prononcer la déchéance d'un brevet pour défaut de payement de la taxe, de même, ils devraient s'abstenir de critiquer l'arrêté qui aurait placé sous le régime de la loi nouvelle un brevet ancien, sous prétexte que toutes les obligations n'auraient pas été régulièrement accomplies vis-à-vis du trésor. Le domaine de l'un et de l'autre pouvoir demeure distinct : C'est au pouvoir judiciaire à respecter les décisions de l'administration prises dans la sphère des attributions de celle-ci. Or, l'article 27 a visiblement confié à l'autorité royale le soin de statuer sur la forme et les conditions de la demande et de l'arrêté qui en est la suite. Dès l'instant qu'une décision prise en conformité de cet article 27 et conformément à l'article 20 de l'arrêté royal du 24 mai 1854, a déclaré que le brevet ancien était placé sous le régime de la loi de 1854, nous croyons que les tribunaux sont tenus de la respecter. La doctrine contraire est professée par le jugement du tribunal de Tournai cité avec l'arrêt de Bruxelles du 29 juin 1859 (Pas. 60. p. 80). Nous ne croyons pas qu'elle puisse être suivie.

**913. Effets du passage de la législation de 1817 au régime de la loi de 1854.** — Quels sont les effets du passage du brevet sous la législation nouvelle? L'effet le plus important est d'en prolonger la durée, puisque désormais les brevets anciens auront tous la durée uniforme de vingt années, sauf en ce qui concerne les brevets d'importation qui prendront fin, conformément à l'art. 14, avec l'expiration du brevet le plus long concédé à l'étranger pour la même invention.

Mais il ne faut pas oublier que si le breveté profite des avantages de la législation nouvelle, il en subit aussi les inconvénients.

Les causes de nullité nouvellement introduites par la loi de 1854 frappent dès lors le brevet ancien comme elles frappent les brevets nouveaux, de telle sorte que la validité du brevet octroyé antérieurement à 1854, sous la loi de 1817 ne fait pas obstacle à ce qu'on vienne le déclarer nul postérieurement par l'application de la loi nouvelle. Ainsi la loi de 1817 ne s'opposait pas à ce que l'on brevetât en Belgique une invention déjà brevetée à l'étranger. Un pareil brevet doit être déclaré nul, au contraire, aux termes de l'art. 25 de la loi de 1854. Mais par contre, les causes de nullité inscrites dans l'ancienne législation seulement cesseraient d'être applicables au brevet passé sous le régime de la loi nouvelle : ainsi, disparaîtrait l'obligation d'exploiter dans les deux ans de la date du brevet, ainsi encore, le privilége ne serait pas anéanti en Belgique par le fait de la prise d'un brevet postérieur à l'étranger.

Un arrêt de la Cour de Liége en date du 4 août 1862 (la Société de Sclessin c., la Société de la Providence, Pas. 63, 249) décide que la question de validité d'un brevet ancien placé sous le régime de la loi de 1854, doit être apprécié tant en regard du dernier état de la législation qu'en regard de la loi du 25 janvier 1817, sous le régime de laquelle il a été octroyé.

**914. Pourrait-on annuler un brevet ancien placé sous le régime nouveau, en vertu de la loi de 1817 ?** — Il ne faudrait pas toutefois induire de cette décision qu'il serait encore possible aujourd'hui de critiquer la validité d'un brevet passé sous le régime de la loi nouvelle, en invoquant un moyen de nullité particulier à la loi de 1817 alors que la nullité était déjà encourue avant le changement de législation.

Par exemple, si un breveté avait sous la loi ancienne pris à l'étranger un brevet pour la même invention, il avait par ce fait encouru la déchéance comminée à l'article 8 de la loi de 1817. Mais si la déchéance n'a pas été prononcée, le gouvernement pourrait-il refuser de placer le brevet sous le régime de la loi de 1854, ou s'il y a consenti, sera-t-on recevable à venir critiquer en justice la validité du brevet, en se basant sur ce grief?

Nous ne le pensons pas, et nous partageons sur ce point l'avis de M. Tillière (n° 551). « L'art. 27 parle, en effet, des brevets qui ne seront ni expirés ni annulés à l'époque de la publication de la présente loi. Or, la déchéance, à l'encontre de la nullité, sous la loi de 1817 comme sous la loi nouvelle, n'avait pas lieu de plein droit : il fallait qu'elle fût prononcée. Jusqu'à ce qu'un arrêté, un jugement ou un arrêt d'annulation vînt déclarer le breveté déchu de ses droits, le titre était parfaitement valable, les effets de l'annulation ne couraient que de sa date. » Cette interprétation conforme au texte de la loi, semble aussi d'accord avec son esprit : en accordant ce bénéfice aux brevetés, la loi nouvelle a voulu les délivrer des entraves qui pesaient sur eux sous la législation antérieure, et qu'elle n'a plus jugé convenable de maintenir. Désormais le breveté subit les charges de la loi nouvelle, il est juste qu'il en recueille les avantages.

Ainsi encore, sous l'empire de la loi du 25 janvier 1817, c'était au gouvernement qu'il appartenait de juger s'il y avait lieu d'annuler ou de maintenir un brevet dont il n'avait pas été fait usage dans le délai voulu. Ce n'est là au surplus, qu'une simple déchéance et non une nullité radicale. Par suite, tant que le gouvernement n'a pas prononcé cette déchéance le brevet conserve toute sa valeur, et peut, suivant l'art. 27 § 2 de la loi du 24 mai 1854, être valablement placé sous l'empire de la loi nouvelle. Le gouvernement en déclarant par arrêté ministériel, que le brevet est mis sous le régime de la loi nouvelle, reconnaît implicitement sa validité (Bruxelles, 25 mars 1863, Bourleau c. Meurs, Pas. 1864, p. 123).

**915. De la procédure.** — Les lois de procédure sont soumises à d'autres principes en ce qui concerne la rétroactivité : Comme elles ne concernent pas le fond du droit, il est de règle qu'elles peuvent être modifiées même en ce qui touche les droits nés antérieurement, sans violer les principes de la non-rétroactivité. Cette règle est inscrite *in terminis* dans la loi française, article 54 :

« Les procédures commencées avant la promulgation de la présente loi seront mises à fin, conformément aux lois antérieures.

Toute action, soit en contrefaçon, soit en nullité ou en déchéance de brevet, non encore intentée, sera suivie conformément aux dispositions de la présente loi : alors même qu'il s'agirait de brevets délivrés antérieurement. »

L'article 27 de la loi belge ne reproduit qu'une partie de ces dispositions en disant que les procédures commencées avant la publication de la loi seront mises à fin conformément à la loi antérieure. Mais on peut inférer par un argument *a contrario* qui nous ramène aux principes généraux, que les procédures entamées postérieurement doivent être régies par la loi nouvelle.

FIN.

# BIBLIOGRAPHIE

des brevets d'invention et de la contrefaçon industrielle.

(On pourra consulter de préférence les ouvrages marqués d'un astérique.)

**Anoul,** Auguste. Commentaire de la loi du 24 mai 1854. Bruxelles, Delevingne et Callewaert, 1854.

**Armengaud** jeune. Guide-manuel de l'Inventeur et du Fabricant, Paris, Roret, 1853.

* **Blanc,** Étienne. L'Inventeur breveté, Code des Inventions et de Pserfectionnements. Paris, 1852.

* **Le même.** Traité de la Contrefaçon en tous genres. Paris, 1855.

**Le même.** Code général de la Propriété industrielle, littéraire et artistique, comprenant les législations de tous les pays, en collaboration avec Beaume. Paris, 1854.

**Breulier** et **Desnos-Gardissal.** Du Régime de l'Invention. Examen des améliorations proposées à la législation relative aux inventions. Paris, 1862.

**Calmels.** De la Propriété et de la Contrefaçon des œuvres de l'intelligence. Paris, 1856.

**Le même.** Du Projet de loi relatif aux Brevets d'Invention. Paris, 1859.

* **Dalloz.** Répertoire de Législation, de Doctrine et de Jurisprudence, t. 6, v. Brevet d'Invention, 1847.

**Damourette.** Brevets d'Invention, dessins et marques de fabrique. Etude sur les lois actuelles et sur les modifications qu'il convient d'y apporter. Paris, 1858.

**Delorme.** — Voir Rendu.

**Devilleneuve** et **Massé.** Dictionnaire du Contentieux commercial, v. Brevet d'Invention, et v. Contrefaçon. Paris, Cosse, 1851.

**Dujeux.** Recueil des lois et des règlements en vigueur sur les Brevets d'Invention chez les différents peuples, précédés des rapports qui ont déterminé la législation française. Bruxelles, Weissembruch, 1846.

**Duméry.** Examen de la loi sur les Brevets d'Invention. Paris, 1859.

**Duvergier.** Collection des lois et décrets, Commentaire sur la loi du 5 juillet 1844, t. de 1844, p. 553 et suivantes.

**Gardissal** et **Desnos-Gardissal.** Annuaire des Inventeurs et des Fabricants. Précis des législations françaises et étrangères sur les brevets d'invention et les marques de fabrique. Paris, 1863.

**Gastambide.** Traité théorique et pratique des Contrefaçons en tous genres. Paris, Cosse, 1837.

**Giraudeau** et **Goetschy.** Traité des Brevets d'invention, de perfectionnement et d'importation. Paris, 1837.

**Goujet** et **Merger.** Dictionnaire de Droit commercial, v. Invention et Contrefaçon. Paris, 1844.

**Homberg.** Guide de l'Inventeur, ou Commentaire de la loi du 5 juillet 1844 sur les Brevets d'Invention. Paris, 1860.

\* **Huard.** Répertoire de Législation et de Jurisprudence en matière de Brevet d'Invention. Paris, 1863.

**Huguet.** — Voir Pataille.

**Invention** (l'). Journal mensuel de la Propriété industrielle, fondé par M. Gardissal, depuis 1834. Paris.

**Journal du Palais.** Répertoire général de la Jurisprudence, de 1791 à 1845. V. Brevet d'Invention et Contrefaçon.

**Lehir.** Commentaire de la loi sur les Brevets d'Invention. Paris, 1844.

**Lesenne.** Brevets d'Invention, Traité des droits d'auteur et d'inventeur. Paris, 1849.

**Merger.** — Voir Goujet.

**Merlin.** — Répertoire de jurisprudence, v° Brevet d'Invention.

* **Nouguier.** Des Brevets d'invention et de la Contrefaçon. Paris, 1856.

* **Pataille** et **Huguet.** Annales de la Propriété industrielle, artistique et littéraire. Recueil de jurisprudence. Paris, depuis 1855 et s.

**Les mêmes.** Code international de la Propriété industrielle. Paris, 1858.

**Perpigna.** Manuel des Inventeurs et des Brevetés. Paris, 1852.

**Regnault.** De la Législation et de la Jurisprudence concernant les brevets d'invention, de perfectionnement et d'importation. Paris, 1825.

**Le même.** Examen du projet de loi sur les Brevets d'invention. Paris, 1859.

* **Rendu** et **Delorme.** Traité pratique du Droit industriel. Paris, 1855.

* **Renouard.** Traité des Brevets d'invention. Paris, 1844.

**Tellier.** Des Brevets d'invention et des modifications que réclame la loi actuelle. Paris, 1863.

* **Tillière.** Traité théorique et pratique des Brevets d'invention, de perfectionnement et d'importation et de la contrefaçon industrielle. Bruxelles, nouvelle édition, 1858.

**Truffaut.** Guide pratique des Inventeurs et des Brevetés. Paris, 1844.

* **Vilain.** Guide pratique des Inventeurs brevetés. Bruxelles, 1863.

# TABLE

|   | Pages. |
|---|---|
| Préface. | V |
| Introduction. Théorie sur les inventions industrielles | 9 |

## PARTIE PRÉLIMINAIRE.

I. *Textes.*

SECTION PREMIÈRE. — Textes législatifs actuellement en vigueur. 35
    § 1. Loi du 24 mai 1854 . . . . . . . . . . . 36
    § 2. Arrêté royal du 24 mai 1854 . . . . . . . . 44
    § 3. Loi du 27 mars 1857. . . . . . . . . . . 49
    § 4. Arrêté royal du 12 septembre 1861 . . . . . 51
SECTION DEUXIÈME. — Législation antérieure ou étrangère utile
    à l'intelligence de la législation belge . . . . 53
    § 1. Loi du 25 mai 1791 . . . . . . . . . . . 54
    § 2. Loi du 25 janvier 1817 . . . . . . . . . . 61
    § 3. Loi du 26 mars 1817 . . . . . . . . . . 64
    § 4. Loi française du 5-8 juillet 1844 . . . . . . 69
II. *Du principe* de la loi belge. . . . . . . . . . . 84

## PREMIÈRE PARTIE.

**Des Conditions requises pour l'existence d'un brevet régulier.**

Définition. — Division . . . . . . . . . . . . . 99

### TITRE PREMIER.

*Des Personnes et des inventions brevetables.*

CHAPITRE PREMIER. — Des personnes qui peuvent être régulièrement brevetées. . . . . . . . . . . . 105
CHAPITRE SECOND. — Quelles choses peuvent être régulièrement brevetées . . . . . . . . . . . 128
SECTION PREMIÈRE. — Il faut qu'il y ait une découverte ou une invention . . . . . . . . . . . . . . 130

Section deuxième. — Il faut que l'homme ait participé à l'invention ou à la découverte . . . . . . . . . 162

Section troisième. — Il faut que la chose soit susceptible d'être exploitée comme objet d'industrie ou de commerce. 170

Section quatrième. — Il faut que l'invention soit licite . . . 191

Section cinquième. — Il faut que l'invention soit nouvelle . . 195

§ 1. De l'identité entre l'invention prétendue nouvelle et une invention antérieure. . . . . . . . . . . 198

§ 2. Des causes destructives de la nouveauté . . . . 221

1° Exploitation, emploi, mise en œuvre antérieurs de l'invention . . . . . . . . . . . . . . . . 223

2° Impression et publication. . . . . . . . . . 242

3° Existence d'un brevet antérieur . . . . . . . . 260

### TITRE SECOND.

*Des Formalités relatives à la délivrance des brevets.*

CHAPITRE PREMIER. — Des formalités nécessaires pour l'obtention d'un brevet. . . . . . . . . . . . . 267

Section première. — De la demande proprement dite . . . 268

Section deuxième. — Des pièces et objets annexés à la demande. 284

Section troisième.—Du dépôt de la demande et de ses annexes. 304

Section quatrième. — Transmission de la demande et de ses annexes au ministère de l'intérieur . . . . . . 310

Section cinquième. — Du non-examen préalable . . . . 320

CHAPITRE SECOND. — Du brevet proprement dit. . . . . 327

Section première. — Du brevet proprement dit . . . . . 328

Section deuxième. — De la délivrance des expéditions . . . 346

CHAPITRE TROISIÈME. — Des formalités qui suivent l'obtention d'un brevet . . . . . . . . . . . . . . 347

# DEUXIÈME PARTIE.

**Des Droits et obligations qui dérivent des brevets.**

### TITRE PREMIER.

*Date et durée.*

CHAPITRE PREMIER. — De la date du brevet . . . . . . 357

CHAPITRE SECOND. — De la durée du brevet. . . . . . 368

Section première. — Durée normale. . . . . . . . . *ib.*

Section deuxième. — Durée exceptionnelle. . . . . . . 376

## TITRE DEUXIEME.

*Des Droits qui dérivent du brevet.*

Observations préliminaires . . . . . . . . . . . . . 382
CHAPITRE PREMIER. — Notions générales. . . . . . . . 385
CHAPITRE DEUXIÈME. — Du droit exclusif d'exploitation . . 397
CHAPITRE TROISIÈME. — Du droit de transmission du brevet. 408
SECTION PREMIÈRE. — Conditions générales pour la transmission des brevets . . . . . . . . . . . . . . . 409
SECTION DEUXIÈME. — Des différentes espèces de transmissions. 424
SECTION TROISIEME. — Des effets de la transmission d'un brevet. 431
SECTION QUATRIÈME. — Revendication de la propriété d'un brevet et subrogation . . . . . . . . . . . . 440
CHAPITRE QUATRIÈME. — De la contrefaçon.
SECTION PREMIÈRE — Notions générales . . . . . . . . 444
SECTION DEUXIÈME. — Première condition de la contrefaçon. Existence d'un brevet valable . . . . . . . . 447
SECTION TROISIÈME. — Deuxième condition de la contrefaçon. Atteinte portée aux droits du breveté . . . . . 449
SECTION QUATRIÈME. — Troisième condition de la contrefaçon. Moyens légaux. . . . . . . . . . . . . .
§ 1. Généralités. . . . . . . . . . . . . . . . 463
§ 2. De la contrefaçon par fabrication . . . . . . . 468
§ 3. De la contrefaçon par usage des moyens compris dans le brevet. . . . . . . . . . . . . . 489
§ 4. De la contrefaçon par détention . . . . . . . 508
§ 5. De la contrefaçon par la vente ou l'exposition en vente. . . . . . . . . . . . . . . . . 513
§ 6. De la contrefaçon par introduction dans le pays . . 519
SECTION CINQUIÈME. — De l'action en contrefaçon . . . . . 530
§ 1. Qui peut poursuivre la contrefaçon . . . . . . 531
§ 2. De ceux qui sont passibles de l'action en contrefaçon. 541
§ 3. Des tribunaux compétents . . . . . . . . . 544
§ 4. Procédure de l'action en contrefaçon.
 A. Procédure préparatoire . . . . . . . . . . 551
 B. Procédure proprement dite de l'action en contrefaçon. 583
§ 5. Défense à l'action en contrefaçon. . . . . . . 599
§ 6. Répression de la contrefaçon . . . . . . . . 609
SECTION SIXIÈME. — De la concurrence déloyale en matière de brevet d'invention. . . . . . . . . . . . 645

### TITRE TROISIÈME.

*Des Obligations qui dérivent du brevet.*

| | |
|---|---|
| CHAPITRE PREMIER. — Du paiement de la taxe | 653 |
| CHAPITRE DEUXIÈME. — De l'exploitation du brevet | 671 |
| SECTION PREMIÈRE. — Obligation d'exploiter. | 672 |
| SECTION DEUXIÈME. — Défense de cesser l'exploitation | 697 |

## TROISIÈME PARTIE.
**Des Nullités et déchéances.**

### TITRE PREMIER.
*Des Nullités.*

| | |
|---|---|
| CHAPITRE PREMIER. — Des nullités en général | 702 |
| SECTION PREMIÈRE. — Nullités de fond | 707 |
| SECTION DEUXIEME. — Nullités de forme | 722 |
| CHAPITRE SECOND. — Des actions en nullité. | |
| SECTION PREMIÈRE. — De l'action en nullité proprement dite | 740 |
| SECTION DEUXIÈME. — Des effets de l'action en nullité. | 754 |

### TITRE SECOND.

| | |
|---|---|
| *Des Déchéances* | 766 |

## QUATRIÈME PARTIE.
**Perfectionnements et importations.**

### TITRE PREMIER.

| | |
|---|---|
| *Des Brevets de perfectionnement* | 775 |

### TITRE SECOND.

| | |
|---|---|
| *Des Brevets d'importation* | 782 |

## APPENDICE.

| | |
|---|---|
| Dispositions transitoires. | 789 |
| Bibliographie des brevets et de la contrefaçon industrielle. | 799 |
| Table des matières | 803 |
| Table alphabétique | 807 |

FIN DE LA TABLE.

# TABLE ALPHABÉTIQUE
## DES MATIÈRES.

( Les chiffres renvoient aux numéros )

**Abandon.** Abandon du brevet, par voie d'action ou d'exception, 853. *Derelictio*, 806.

**Acquéreur.** Droits et obligations de l'acquéreur d'un brevet, 501 et s. — V. *Transmission*.

**Acte de commerce.** — V. *Compétence*.

**Action** en contrefaçon. *Qui peut poursuivre la contrefaçon.* Poursuite par le breveté et les co-propriétaires du brevet, 624. — Du cas où le brevet appartient à une société, 625 — Quid quand la jouissance seule a été mise en commun? 626 — Le défendeur peut se prévaloir d'une cession de brevet, 627. — L'expiration d'un brevet postérieur portant sur la même invention ne constitue pas une fin de non-recevoir, 628. — A partir de quelle date le droit de poursuite s'exerce-t-il? 629. — Du droit de poursuite quand le brevet a pris fin, 630 — Incapacité du titulaire, 634. — Poursuite par les ayants-droit, 631. — *Qui peut-on poursuivre ?* 633. — Contrefaçon commise par une société, 634. — Quid, en cas de faillite? 635. — Le breveté qui a cédé ses droits peut devenir contrefacteur, 636. — V. *Chose jugée, Compétence, Défense à l'action, Procédure, Répression de la contrefaçon.*

**Action** en nullité du brevet. Elle peut être intentée par les particuliers ayant intérêt, 850. — Que faut-il entendre par personnes ayant intérêt? 851. — Les tribunaux apprécieront souverainement s'il y a intérêt, 852. — La nullité peut être opposée par voie d'action ou d'exception, 853. Elle peut être opposée par celui qui a fabriqué des produits similaires, 854. — Le simple consommateur peut-il opposer la nullité? 855. — Quid de celui qui a obtenu postérieurement un brevet pour la même invention? 856 — Quid de celui qui ayant usurpé un brevet a été contraint de le restituer au véritable inventeur? 857. — Les associés peuvent-ils attaquer le brevet mis en société? 858. — Quid quand le breveté a transigé sur la nullité? 859. — De l'action du ministère public, 860. Contre qui l'action en nullité peut-elle être dirigée? 861. — Les tribunaux sont seuls compétents à l'exclusion de l'administration, 862. — Quel tribunal est compétent en matière de nullité? 863. — L'action en nullité est-elle sujette à l'appel? 864. — De la compétence à raison de la personne, 865. — La procédure doit être sommaire, 866. — Des effets de l'action en nullité. Le brevet nul est censé n'avoir jamais existé, 867. — Spécialement des effets de la chose jugée, 868. — Quid du cas où les tribunaux repoussent le moyen de nullité? 869. — Il n'y a pas de chose jugée quand la nullité est fondée sur une autre cause, 870. — Qu'est-ce qu'une autre cause quand il s'agit de nouveauté? 871. — La nullité prononcée par les tribunaux doit être proclamée par arrêté royal, 872. — Après l'arrêté royal la nullité existe pour tout le monde, 873.

— Pourquoi l'arrêté royal rend-il la nullité absolue? 874. — Quid quand la nullité n'est prononcée que contre un seul des co-propriétaires? 875. — Effets de la chose jugée au criminel, 876. — Quid quand la nullité a été opposée comme exception? 877. —Des dommages-intérêts quand l'action en nullité est repoussée, 878.

**Agents.** Division des inventions en moyens proprement dits ou organes et en procédés ou agents, 58. —Division des découvertes naturelles en substances et agents, 93. — V. *Procédé.*

**Agriculture.** Les objets qui touchent à l'agriculture peuvent-ils être valablement brevetés? 121.

**Aliments.** Les denrées alimentaires sont-elles brevetables? 119. — Quid lorsque l'aliment est transformé en médicament? 120.

**Annexes** de la demande d'un brevet. Textes, 291. — 1° Pourquoi faut-il qu'il y ait description et dessins? 292. — Qu'est-ce que la description? 293. — Il faut que la description soit claire et complète, 294. — Toutefois, la description ne doit être que suffisante, 295. — Il suffit que la description soit à la portée de l'intelligence ordinaire des hommes compétents, 296. — Est insuffisante la description qui exige des recherches supplémentaires, 297. — La bonne ou la mauvaise foi importent peu, 298. — Quid lorsque la description ne mentionne pas les moyens les meilleurs? 299. — Quid lorsque la description ne mentionne qu'un seul moyen ou qu'un seul effet? 300. — Quid lorsque le moyen amène un moyen différent de celui qui est décrit? 301. — Il n'y a pas de termes sacramentels pour la description, 302. —Exemples et applications des principes qui précèdent, 303. — La description insuffisante peut être complétée par les dessins, 304. — Quid si la description manquait totalement? 305. — Dans quelle langue la description doit-elle être rédigée? 306. — Quid lorsque l'inventeur n'est pas domicilié dans le royaume? 307. — On peut insérer dans la description des mots techniques en langue étrangère, 308. — Ratures et surcharges, 309. — La description doit être terminée par l'énonciation précise des caractères de l'invention, 310. — La description ne doit pas être sur timbre, 311. — 2° Des dessins, modèles et échantillons, 312. — Les dessins ne font qu'un avec la description, 313. — Quand les dessins servent-ils à la description? 314. — Les dessins doivent-ils être tracés à l'encre; peuvent-ils être autographiés? 315. — Autres formalités relatives aux dessins, 316. — 3° Du duplicata de la description, 317. — 4° De la quittance de la première annuité, 318. — 5° De la procuration du mandataire, 319. — La procuration doit être légalisée; doit-elle être spéciale? 320. — La procuration doit-elle être authentique? 321. — 6° Du bordereau des pièces, 322. — Toutes les pièces doivent être signées, 323. — Toutes les pièces doivent être réunies sous pli cacheté, 324. — Brevets de perfectionnement et d'importation, 325. — V. *Nullités.*

**Appel.** Voies de recours contre l'ordonnance du président : systèmes divers, 655-656. — Des demandes nouvelles en degré d'appel, 692. — De la majoration des dommages-intérêts en appel, 733. — L'action en nullité d'un brevet est-elle sujette à appel? 864.

**Applications.** — V. *Moyens.*
**Arrêté de brevet.** — V. *Titre.*
**Autorisation.** — V. *Licence.*
**Ayants-droit du breveté.** Poursuite de la contrefaçon par les ayants-droit du breveté, 631. — Les ayants-droit du breveté étranger peuvent obtenir un brevet d'importation, 902 et s. — V. *Importation.*

**Bonne foi.** La bonne foi du contrefacteur n'est pas exclusive de la contrefaçon, 553. — Quand y a-t-il bonne foi? 709.—Jurisprudence, 710. — A qui incombe la preuve de la mauvaise foi? 711. — Jurisprudence, 712. — La présomption de bonne foi cède à la preuve contraire, 713. — Du contrefacteur de bonne foi, 727. Défense d'employer les appareils de production contrefaits, 728. — Cette défense est restreinte à l'usage commercial, 729. — Appareils destinés à confectionner les objets contrefaits, 730. — La bonne foi du contrefacteur influe-t-elle sur les dommages-intérêts? 734.

**Brevet.** Quadruple sens du mot brevet, 1 et 2. — Signification du mot brevet dans la loi française de 1844, 3. — Quelle serait la terminologie vraiment logique, 4. — Règles d'interprétation du mot brevet dans la loi ou les conventions, 5. — Qu'est-ce qu'un brevet régulier? 6. — Différence entre le brevet régulier et le brevet valable, 7. — Division en deux titres des conditions nécessaires au brevet régulier, 8. — V. *Droits qui dérivent du brevet, Importation, Objet du brevet, Perfectionnement, Personnes brevetables, Transmission.*

**Brevet antérieur.** L'existence d'un brevet antérieur est la troisième cause destructive de la nouveauté (art. 25 de la loi belge), 252. — Motif de cette disposition, 253. — Trois conditions sont nécessaires pour que la nouveauté soit détruite, 254. — 1° Il faut que l'invention soit brevetée, 255. — La nouveauté n'est pas détruite quand le premier brevet est nul, 256. — Quid si le premier brevet est frappé de déchéance? 257. — 2° Il faut que le premier brevet soit antérieur, 258. — Que faut-il entendre par le mot « antérieurement? » 259. — Quid si la date des deux brevets est la même? 260. — 3° Le premier brevet peut avoir été obtenu même à l'étranger, 261. — Exception dans le cas où le second brevet est un brevet d'importation. Renvoi, 262. — V. *Nouveauté, Nullité.*

**But commercial.** La fabrication, l'emploi et l'exploitation, pour détruire la nouveauté, doivent avoir eu un but commercial, 204. — But du législateur, 205. — Des simples essais, 206 à 208. — Quid de l'usage privé ou domestique? 209.

**Caractère licite.** Il faut que l'invention soit licite : d'où résulte cette nécessité? 127. — Une invention est illicite dans trois cas, 128. — Quand une invention est-elle prohibée par la loi? 129. — Quand est-elle contraire aux bonnes mœurs? 130. — Quand est-elle contraire à l'ordre public? 131. — Quid lorsque l'invention licite au moment de la délivrance du brevet devient illicite plus tard? 132. — Le gouvernement peut rechercher si l'invention est licite, 362. V. *Nullité.*

**Cassation.** Appréciation de l'invention par la Cour de cassation, 91. — Appréciation des termes du brevet par la Cour de cassation, 380. — Appréciation de la date du brevet, au point de vue du recours en cassation, 411. — Recours en cassation dans l'action en contrefaçon, 694.

**Caution** *judicatum solvi* Saisie préparatoire : la caution est obligatoire pour l'étranger, 651 à 654. — Procédure sur l'action en contrefaçon : l'étranger doit la caution, 685. — V. *Procédure de l'action en contrefaçon, Saisie des objets contrefaits.*

**Cautionnement** à fournir dans la procédure préparatoire à l'action en contrefaçon. — V. *Saisie des objets contrefaits.*

**Cessionnaire.** — Peut-on opposer au cessionnaire la mise en œuvre du cédant? 194. — V. *Transmission.*

**Chose jugée.** De la chose jugée sur l'action en contrefaçon, 695. — De la chose jugée sur l'action en nullité du brevet, 868 à 878. — V. *Action en contrefaçon, Action en nullité.*

**Commande.** Commander une contrefaçon n'est pas contrefaire, 581.

**Commerce.** V. *Industrie.*

**Communauté.** Le brevet tombe dans la communauté conjugale, 445.

**Communication** au public des descriptions et des annexes du brevet, 393 à 396.

**Compétence.** Caractère civil des autorisations d'exploiter le brevet, sauf en certains cas en ce qui concerne le concessionnaire, 464. — La cession d'un brevet est un contrat civil, 497. — Exception, 498. — L'acquisition d'un brevet peut être réputée commerciale, 499. — *Poursuite en contrefaçon.* La contrefaçon industrielle n'est pas un délit, 637. — Les tribunaux civils sont seuls compétents à l'exclusion des tribunaux de commerce, 638. — Quid des justices de paix? 639. — Quid d'un tribunal arbitral? 640. — Quel est le tribunal civil compétent? 641. — Cas spécial d'une saisie ou d'une description préalable, 642, 671. — *Concurrence déloyale.* Compétence des tribunaux

35

de commerce, 752. — *Action en nullité des brevets*; compétence, 862, 863 et 865. — V. *Action en contrefaçon, Action en nullité, Transmission.*
**Complicité.** V. *Contrefaçon, Fabrication.*
**Concurrence déloyale.** Nul autre que le breveté ne peut prendre le titre d'inventeur, 743. — De l'inventeur qui n'a pas pris de brevet, 744. — Un tiers ne peut donner son nom à l'objet breveté, 745. — Le nom donné à l'invention tombe dans le domaine public, à l'expiration du brevet, 746, 747. — L'achat d'un procédé breveté n'attribue pas le titre d'inventeur, 748. — Espèces diverses tranchées par la jurisprudence, 749. L'usurpation du titre d'une invention est un fait de concurrence déloyale, 750. — Concurrence déloyale commise par le breveté, 751. — Les actions de ce genre sont de la compétence des tribunaux de commerce, 752.
**Confiscation** des objets contrefaits. La confiscation doit être prononcée en cas de mauvaise foi, 714. — Quid quand le brevet a pris fin? 715. — Quels objets la confiscation frappe-t-elle? 716. — Quid des matières premières et de la fabrication inachevée? 717. — Quid des instruments et ustensiles? 718. — La partie contrefaite d'une machine est seule saisissable, 719. — Quid dans le cas où l'objet contrefait est joint à un autre d'une manière indivisible? 720. — La confiscation ne peut porter que sur les objets saisis ou décrits, 721. — Droit du propriétaire des lieux loués sur les objets à confisquer, 722. — Conflit avec l'administration des douanes. 723. — V. *Bonne foi.*
**Contrefaçon.** Définition de la contrefaçon, art. 4 de la loi belge de 1854, 522. — Sens du terme *contrefait*, 523. — Loi française de 1844, 524. — Terminologie. Sens propre du mot contrefaçon, 525. — La loi de 1817 était moins favorable sur ce point au breveté, 526. — Trois conditions sont requises pour constituer la contrefaçon, 527.
*Première condition de la contrefaçon.* — L'existence d'un brevet valable est indispensable, 528. — Il faut un brevet valable, 529. — Tout brevet valable est suffisant, malgré l'insignifiance de l'invention, 530. — La contrefaçon n'est possible que pendant la durée du brevet, 531. — L'usage personnel d'un procédé avant la date du brevet n'autorise pas l'exploitation commerciale après cette date, 532.
*Deuxième condition de la contrefaçon.* Il faut qu'une atteinte ait été portée aux droits du breveté, 533. — Les faits doivent impliquer un préjudice pour le breveté, 534. — Le but ou l'intention du contrefacteur sont indifférents, 535. — Les droits du breveté disparaissent devant les droits supérieurs de l'intérêt général, 536. — Exemple en matière de douane, 537. — Quid de la simple fabrication pendant la durée du brevet? 538. — La contrefaçon provoquée par le breveté n'est pas punissable, 539. — L'achat des produits contrefaits ne constitue pas toujours une provocation suffisante, 540. — Quand le porteur d'une licence peut-il être contrefacteur? Distinction, 541. — La vente d'une chose brevetée consentie par l'inventeur la met à la disposition entière de l'acheteur, 542. — Les droits du breveté sont limités par le brevet. Application de cette règle, 543. — Il suffit que les droits du breveté aient subi une atteinte quelconque même partielle, 544. — Application de cette règle. Reproduction du même système dans deux appareils, 545. — Appareils agissant en vertu de la même loi, 546. — Reproduction des conditions essentielles de l'invention, 547. — Différences de formes, 548. — Les juges ne peuvent modifier le texte d'un brevet, 549. — Pouvoir des juges du fait, 550.
*Troisième condition.* La contrefaçon suppose rigoureusement un des moyens énoncés par la loi, 551. — Applications diverses de cette règle, 552. — La bonne foi du contrefacteur n'est pas une excuse, 553. — Le droit exclusif d'autoriser l'exploitation par des tiers n'a pas de sanction dans la loi, 554. V. *Détention, Fabrication, Introduction, Usage, Vente.*
**Copropriétaires** du brevet. Un brevet peut être demandé par plusieurs, 21 et 22. — Le brevet est susceptible de copropriété, 443. — Le

droit d'exploitation appartient à chaque copropriétaire du brevet, 458. — Chaque copropriétaire peut délivrer des licences, 461. — Poursuite de la contrefaçon par les copropriétaires, 624. — Qui peut prendre un brevet d'importation en cas de copropriété du brevet étranger? 904.

**Cosmétiques.** Sont-ils brevetables? 117.

**Date** du brevet. Textes relatifs à la date, 400. — La date du brevet est celle du procès-verbal de dépôt, 401 et 402. — Quid en cas d'irrégularité dans les formalités de la demande? 403 et 405. — Date du brevet quand le procès-verbal de dépôt n'existe pas, 406. — Date en cas de rectification de la demande, 407. — Quand y aura-t-il nullité substantielle dans les formalités? 408. — Nullités du procès-verbal lui-même. Énumération, 409. — Nullités de la demande et de ses annexes, 410. — Appréciation de la date au point de vue du recours en cassation, 411. — A quoi sert la mention des rectifications sur un registre, 412. — Brevets d'importation et de perfectionnement, 413.

**Déchéances** des brevets. Distinction entre les nullités et les déchéances, 809. — Terminologie vicieuse de la loi belge, 879. — Des causes de déchéance, 880. — L'administration seule, à l'exception des tribunaux, prononce les déchéances, 881. — Il n'y a pas de recours contre la décision de l'administration, 882. — En quelle forme doit être prononcée la déchéance? 883. — Les déchéances doivent être publiées au Moniteur, 884. — La déchéance pour défaut de paiement de la taxe remonte au jour du défaut, 885. — La déchéance pour défaut d'exploitation n'a d'effet que du jour de l'arrêté qui la prononce, 886. — Les déchéances doivent être publiées au recueil spécial, 887. — Les déchéances sont irrévocables, 888. — Les déchéances peuvent être invoquées en tout état de cause, 889. — La déchéance du brevet primitif n'entraîne pas celle du brevet de perfectionnement, 890. — La déchéance du brevet étranger n'entraîne pas celle du brevet d'importation, 891. — V. *Nullités.*

**Découverte.** V. *Invention.*

**Défense** à l'action en contrefaçon. Moyens de forme et moyens de fond, 696. — Du droit de se prévaloir de la nullité du brevet, 697. — Le défendeur peut opposer la cession du brevet, 698. — Du consentement donné par le breveté à la contrefaçon, 699. — Revendication de la propriété de l'invention, 700. — Preuve de l'usurpation de l'invention, 701. — Peut-on opposer l'existence d'un brevet antérieur? 702. — Possession privée de l'invention antérieure au brevet, 703. — L'annulation partielle d'un brevet peut ne pas exclure la contrefaçon, 704. — Évaluation des dommages-intérêts, 705.

**Délivrance** des brevets. Notions générales et division, 263. — Le brevet ne dispense pas des autres formalités prescrites par la loi, 264. — V. *Formalités de l'obtention du brevet, Formalités qui suivent l'obtention du brevet, Non-examen préalable, Titre du brevet.*

**Demande** du brevet. Textes de la législation belge, 266. — Toute personne, sans distinction, peut demander et obtenir un brevet, 267. — L'administration n'a pas à se préoccuper de la capacité personnelle du demandeur, 268. — On peut demander un brevet par mandataire, 269. — La demande doit être sur timbre, 270. — La demande peut être sous forme de mémoire, requête, lettre, etc., 271. — La demande doit être adressée au ministre de l'intérieur, 272. — La demande doit contenir les noms, prénoms, profession de l'impétrant, 273. — Elle doit contenir un domicile réel ou élu dans le royaume, 274. — La demande doit contenir un titre, 275. — Qu'est-ce que le titre de l'invention? 276. — Pourquoi la loi exige-t-elle un titre? 277. — Législation antérieure, 278. — Le titre doit présenter une désignation sommaire et précise, 279. — Chaque demande ne peut contenir qu'un seul objet principal avec les applications dont il est susceptible, 280. — Explication de ce principe, 281. — Pourquoi la demande ne peut-elle contenir qu'un objet principal? 282. — La demande doit être datée et signée, 283. — Formalités nouvelles prescrites par l'arrêté de 1861, 284. — Dans quelle langue la demande doit-elle être rédigée? 285. — Importance de la rédaction de la demande, 286. — La demande peut-elle contenir des conditions, des restrictions ou réserves? 287. — Quelquefois ces conditions ou réserves ne sont qu'apparentes, 288. — Ratures, altérations, surcharges dans la demande, 289. — Demandes de brevets de perfectionnement et d'importation, 290. — V. *Annexes de la demande, Dépôt de la demande, Nullités.*

**Dénominations** des inventions. Droits du public quant aux dénominations des inventions quand le brevet a cessé d'exister. — V. *Concurrence déloyale.*

**Dépens.** Le défendeur renvoyé des poursuites en contrefaçon peut être condamné aux dépens, 742. — V. *Dommages-intérêts, Répression de la contrefaçon.*

**Dépositaire** et créancier gagiste. Usage d'un moyen breveté, 600. — Détention d'une contrefaçon, 607.

**Dépôt** de la demande et de ses annexes. Du lieu dans lequel le dépôt doit être fait, 326. — Est irrégulier le dépôt au greffe du tribunal de commerce, 327 — Ou au secrétariat du Conseil des Prudhommes, 328. — Différence entre l'invention et le dessin de fabrique, 329. — Du dépôt chez les agents diplomatiques, 330. — Heures auxquelles le dépôt peut être fait, 331. — Le déposant doit exhiber la quittance de la première annuité, 332. — Textes énonçant les formalités du dépôt, 333. — Le procès-verbal doit être dressé sur un registre, 334. — Le procès-verbal doit mentionner la date et l'heure du dépôt, 335. — Le procès-verbal doit énoncer le titre de l'invention, 336. — Les fonctionnaires ne peuvent refuser de recevoir le dépôt, 337. — Le procès-verbal doit être dressé gratis, 338. — Un récépissé doit être délivré au déposant, 339. — Brevets de perfectionnement et d'importation, 340. — V. *Annexes, Demande, Nullités.*

**Description.** V. *Annexes de la demande du brevet.*

**Description** des objets contrefaits. V. *Saisie.*

**Dessins.** V. *Annexes de la demande.*

**Détention** des objets contrefaits. Cette détention doit être punie, 601. — Loi française de 1844, 602. — Première condition : Objet contrefait, 603. — Deuxième condition : Détention, 604. — Troisième condition : Destination commerciale ou industrielle, 605. — Détention d'un organe destiné à un usage non breveté, 606. — Quid du dépositaire et du créancier gagiste? 607. — V. *Contrefaçon.*

**Dispositions transitoires.** Article 27 de la loi belge, 908. — Les brevets délivrés antérieurement sont régis par la loi de 1817, 909. — Faculté pour les brevets anciens de passer sous le régime nouveau, 910. — Condition de cette faveur, 911. — Du payement de la taxe pour cette catégorie de brevets, 912. — Effets du passage de la législation de 1817 au régime de la loi de 1854, 913. — Pourrait-on annuler un brevet ancien placé sous le régime nouveau, en vertu de la loi de 1847? 914. — De la procédure, 915.

**Dommages-intérêts.** Des dommages-intérêts contre le demandeur qui succombe dans l'action en contrefaçon, 705. — Condamnation des contrefacteurs aux dommages-intérêts. Les dommages-intérêts peuvent produire intérêts à partir de la demande, 731. — Les tribunaux ne peuvent fixer de dommages-intérêts pour les contraventions futures, 732. — De la majoration des dommages-intérêts en appel, 733. — La bonne foi du contrefacteur influe-t-elle sur les dommages-intérêts? 734. — Des dommages-intérêts quand l'action en nullité du brevet est repoussée, 878.

**Douanes.** Les droits du breveté disparaissent devant l'intérêt général : exemple en matière de douanes, 536 et 537. — Marchandises en transit et en douane, 620. — Conflit entre le breveté et l'administration des douanes relativement aux contrefaçons saisies, 723.

**Droits** qui dérivent du brevet; notion et division, 427 à 434. — Nature juridique du brevet; c'est une restriction apportée aux droits du public, 435. — Le droit de poursuivre les contrefaçons est le plus important de tous, 436. — Sous la loi de 1817 les droits du breveté étaient variables, 437. — Sous la loi actuelle, tous les brevets concèdent les mêmes droits, 438. — Le droit de brevet est mobilier et incorporel, 439. — Le brevet est le gage commun des créanciers, mais il peut être donné en nantissement, 440. — L'exercice des droits du breveté se règle d'après la loi commune en ce qui touche la capacité du titulaire, 441. — Du privilége du propriétaire sur les objets brevetés placés dans les lieux loués, 442. — Le brevet est susceptible de co-propriété, 443. — Le pouvoir administratif peut seul modifier les noms des titulaires, 444. — Le brevet tombe dans la communauté conjugale, 445. — Le brevet peut être exploité par actions, 446. — De l'apport d'un brevet en société. Conséquence de la liquidation, 447. — Le produit des licences appartient à la société, 448. — De l'apport d'un brevet déclaré nul, 449. — Le brevet protége l'invention dans son ensemble et dans ses détails, 450. — Couvre-t-il les détails qui n'ont point de rapport avec l'invention principale? 451. — Les droits du breveté sont circonscrits par les termes du brevet, 452, 543.

**Durée** des brevets. — Texte relatif à la durée, 414. — La durée des brevets est limitée à 20 ans, 415. — Comment compte-t-on les 20 ans? 416. — La durée du brevet est unique sous la loi belge, 417. — Sous la loi française la durée est variable, 418. — Durée exceptionnelle du brevet d'importation, 419. — Critique du système belge, 420. — Durée des brevets de perfectionnement, 421. — De la prorogation de durée des brevets, 422. — La prorogation ne peut avoir lieu qu'en vertu d'une loi, 423. — Effet de la prorogation, 424. — Profite-t-elle au brevet de perfectionnement? 425 — Peut-elle nuire au brevet de perfectionnement? 426. — V. *Dispositions transitoires.*

**Echantillons.** V. *Annexes.*
**Emploi.** V. *Exploitation.*
**Enregistrement** des actes de mutation des brevets. V. *Transmission.*
**Essais de fabrication.** De simples essais n'impliquent pas le but commercial et ne détruisent pas la nouveauté, 206. — Peu importe le lieu où les essais ont été faits, 207. — Peu importe que les essais soient anciens ou récents, 208. — Ils ne constituent point la contrefaçon, 575, 576.
**Etranger.** L'étranger peut-il obtenir un brevet régulier? 20. — V. *Caution judicatum solvi.*
**Experts** Désignation d'experts pour la saisie préparatoire, 650. — Pourvois des tribunaux quant aux expertises, 690. V. *Saisie.*
**Expéditions.** Délivrance des expéditions de l'arrêté du brevet : combien peut-on en délivrer? 381. — A qui peut-on en délivrer? 382. — Les expéditions doivent-elles comprendre les dessins? 383. — Qui délivre les expéditions? 384.
**Exploitation.** Il n'y a que les choses susceptibles d'être exploitées comme objets d'industrie et de commerce qui puissent être régulièrement brevetées, 102. — Que signifient les mots « susceptibles d'être exploitées ? » 105. — *Nouveauté.* L'exploitation, l'emploi, la mise en œuvre de l'invention détruisent la nouveauté. Texte de l'art. 24, litt. 4 de la loi belge, 179. — Système irrationnel de la loi du 7 janvier 1791, 180. — Loi néerlandaise de 1817, 181. Loi française de 1844, 182 — Cinq conditions sont nécessaires pour constituer ce premier cas de destruction de la nouveauté, 183. — 1° Mise en œuvre, emploi ou exploitation. Que faut-il entendre par ces mots? 184. — La mise en œuvre doit être complète, 185. — Des essais infructueux constituent-ils l'emploi, la mise en œuvre ou l'exploitation? 186. — Quid de la conception antérieure de l'invention? 187. — Quid de la communication confidentielle ou publique? 188. — Quid de la mise en œuvre,

de l'exploitation ou de l'emploi clandestins? 189.—Un seul fait d'emploi, d'exploitation ou de mise en œuvre suffit-il? 190. — Détruit-on la nouveauté d'un procédé de fabrication en mettant les fabricats en vente? 191. — 2° La mise en œuvre, l'emploi, l'exploitation doivent avoir été le fait d'un tiers, 192. — Motifs de cette disposition, 193. — Peut-on opposer au cessionnaire la mise en œuvre du cédant? 194. — Les ouvriers et autres personnes placées sous les ordres de l'inventeur sont-ils des tiers? 195. — Quid de l'exploitation par celui qui a surpris le secret de l'inventeur? 196.— Il importe peu que l'exploitation par le tiers ait eu lieu de bonne ou de mauvaise foi, 197. — Peu importe le moment où la divulgation a eu lieu, 198. — 3° La fabrication, l'emploi, la mise en œuvre doivent avoir eu lieu dans le royaume, 199. — But de cette disposition, 200. — Législation française et néerlandaise, 201. — Que faut-il entendre par les mots « dans le royaume? » 202. — Quid de l'hôtel d'un agent diplomatique? 203.—4° La fabrication, l'emploi, l'exploitation doivent avoir eu lieu dans un but commercial, 204. — But du législateur, 205.— De simples essais n'impliquent pas le but commercial, 206. — Peu importe le lieu où les essais ont été faits, 207.— Peu importe que les essais soient anciens ou récents, 208. — Quid de l'usage privé ou domestique? 209. — Quid du don de l'invention? 210. — Quid de l'expertise publique? 211.— Quid de l'exposition publique? 212. — 5° La mise en œuvre doit avoir eu lieu avant la date légale de l'invention, 213. — *Du droit exclusif d'exploitation*, 453. — La loi de 1854 est plus favorable au breveté sur ce point que la loi de 1817, 454.— Sens du mot exploiter, 455. — L'exploitation exclusive de l'invention se restreint dans les termes de l'action en contrefaçon, 456. — Le brevet n'affranchit pas des obligations du droit commun pour l'exploitation d'une industrie, 457. — Le droit d'exploitation appartient à chaque copropriétaire du brevet, 458. — De l'usufruit d'un brevet. Règlement des droits du nu-propriétaire, 459. — Les autorisations d'exploiter s'appellent communément licences, 460. — Formalités des licences, 461. — Chaque co-propriétaire peut délivrer des licences, 462. — Distinction entre la cession du brevet et l'autorisation d'exploiter, 463.—Caractère civil du contrat, sauf en certains cas, pour le concessionnaire, 464. — La concession de l'exploitation exclusive oblige le breveté à poursuivre les contrefacteurs, 465. — Le droit exclusif d'autoriser l'exploitation par des tiers n'a pas de sanction dans la loi, 554. — *De l'exploitation du brevet* : obligation du breveté, 776. — Motifs de la loi, 777. — Qui doit exploiter? 778. — Quid de l'exploitation par le contrefacteur? 779. — Que faut-il entendre par exploitation? 780. — Le gouvernement est appréciateur souverain de l'exploitation, 781. — L'exploitation doit-elle être fructueuse et étendue? 782. — L'exploitation doit avoir lieu en Belgique, 783. — L'exploitation est-elle indispensable? 784. — Suffit-il d'une exploitation partielle? 785. — L'invention exploitée doit être la même que l'invention brevetée, 786. — Du défaut d'exploitation d'une invention perfectionnée, 787. — Des empêchements légitimes quand il s'agit de perfectionnements, 788. — Qui doit prouver le défaut d'exploitation? 789. — L'exploitation doit avoir lieu dans le délai d'une année, 790. — Point de départ du délai d'une année, 791. — Qu'est-ce que l'exploitation à l'étranger? Quid de l'exploitation par le contrefacteur? 792.—L'exploitation doit être connue du breveté pour que le délai courre, 793. — Comment se compte le délai d'une année? 794. — Le délai peut être prorogé, 795. — La prorogation doit être prononcée par arrêté royal. Formes de l'arrêté, 796. — La prorogation ne peut excéder une année, 797. — Motifs pour lesquels on peut proroger, 798. — Défense de cesser l'exploitation, 799. — On peut cesser l'exploitation, pourvu que ce soit pendant moins d'une année, 800. — L'année d'interruption doit être consécutive, 801. —, L'inaction peut durer plus longtemps quand on la justifie, 802. — En quoi consiste la cessation? 803. — Qui doit prouver que l'exploitation a cessé? 804. — La contrefaçon tolérée ne prouve pas que l'exploitation ait cessé, 805. — Quid de la déclaration du breveté qu'il renonce à l'invention? 806. — V. *Déchéances, Droits qui dérivent du brevet, Nouveauté, Objet du brevet.*

**Fabrication.** La défense de fabriquer l'objet breveté est le corollaire du monopole de l'exploitation, 555. — La contrefaçon par fabrication constitue la contrefaçon proprement dite, 556 et 557. — Si le brevet porte sur un produit, il est défendu de confectionner ce produit par quelque moyen que ce soit, 558. — Jurisprudence conforme , 559. — Quid des résultats? Il est permis d'y arriver par des moyens différents, 560. — Jurisprudence, 561. — Il est interdit de confectionner un organe breveté, machine, outil ou appareil, 562. — La contrefaçon existe même si l'on destine l'organe à un autre usage que le breveté, 563. — La défense de confectionner l'objet breveté porte sur les parties comme sur l'ensemble , 564. — Il faut distinguer cependant entre les parties connues et celles qui ont été inventées par le breveté, 565. — La reproduction des parties nouvelles est défendue, quelque usage qu'on leur donne, 566. — Cas où la reproduction d'une partie nouvelle n'est pas défendue, 567. — Interprétation souveraine des cours, 568. — La reproduction des parties connues devient illicite lorsque leur agencement reproduit l'idée brevetée, 569. — Il faut considérer l'objet dans son état au moment des poursuites, 570. — Si le brevet couvre le produit et le moyen, il peut y avoir double contrefaçon, 571. — Est illicite la fabrication pour l'usage personnel, 572. — Jurisprudence conforme. Application à l'Etat, 573. — La fabrication d'un modèle est une contrefaçon, 574. — Des essais de fabrication ne constituent point la contrefaçon, 575. — Quid d'une fabrication non terminée? 576. — Des pièces de rechange dans une machine brevetée, 577. — La confection des pièces séparées d'une machine peut être assimilée à la contrefaçon de l'ensemble, 578. — Quid des pièces qui émanent de plusieurs fabricants? 579. — Jusqu'où s'étend pour l'acquéreur le droit de réparer une machine brevetée? 580. — Commander une contrefaçon n'est pas contrefaire, 581. — De la responsabilité respective du maître et de l'ouvrier dans la fabrication illicite, 582. — L'auteur des plans doit être assimilé au fabricant, 583. — Est-ce participer à la contrefaçon que d'associer son nom à celui du contrefacteur? 584. — V. *Contrefaçon.*

**Faillite.** De l'obtention d'un brevet par un failli, 11 et 13. — Poursuite de la contrefaçon, 631. — Qui peut-on poursuivre en contrefaçon en cas de faillite? 635. — V. *Incapables.*

**Fonctionnaire.** Brevets demandés par des fonctionnaires publics, 25. — De la responsabilité des fonctionnaires préposés à la délivrance des brevets, 397.

**Formalités** nécessaires pour l'obtention d'un brevet Division, 265. — De la demande, 266 à 290. — Annexes de la demande, 291 à 325. — Depôt de la demande et de ses annexes, 326 à 349. — Transmission de la demande et de ses annexes au ministère de l'intérieur, 341 à 356. — Du non-examen préalable, n° 357 à 367. — V. *Annexes de la demande, Demande, Dépôt de la demande, Dispositions transitoires, Non examen préalable.*

**Formalités** qui suivent l'obtention du brevet. Notion et division, 388. — 1° De l'insertion au Moniteur, 386. — L'insertion doit être faite par extrait, 387. — 2° De l'insertion dans le Recueil special, 388. — Le Recueil spécial doit être publié, 389. — La publication doit avoir lieu dans les trois mois de l'octroi du brevet, 390. — La publication peut être textuelle ou en substance, 391. — L'administration peut compléter l'extrait propose par l'impétrant, 392. — 3° De la communication des minutes au public, 393. — La communication ne peut avoir lieu qu'après trois mois. Motifs de ce délai, 394. — Après les trois mois, tout le monde peut se faire délivrer des copies des minutes, 395. — Les particuliers peuvent-ils prendre des copies eux-mêmes? 396. — De la responsabilité des fonctionnaires préposés à la délivrance des brevets, 397.

**Gage.** Le brevet est le gage commun des créanciers : il peut être donné en nantissement, 440. — Formes de la saisie d'un brevet, 495. — V. *Dépositaire.*

**Garantie.** Obligation du cédant vis-à-vis du cessionnaire d'un brevet. Responsabilité en cas de réticence, 503. — Obligation de garantie du cédant, 508 à 510. — Du recours en garantie exercé par le défendeur en contrefaçon, 682 à 685.

**Héritiers.** Les héritiers de l'inventeur peuvent-ils obtenir un brevet régulier? 27.

**Idée.** L'idée théorique n'est brevetable que si l'on en indique les applications industrielles, 106, 107. V. *Industrie.*

**Identité** entre l'invention prétendue nouvelle et une invention antérieure. La nouveauté ne peut être détruite que si l'invention est identique à une invention antérieure, 140. — Sur quels éléments de l'invention faut-il que porte l'identité? 141. — L'identité de qualification ne suffit pas pour établir l'identité des inventions, 142. — L'utilité de la nouvelle invention, les efforts qu'elle a coûtés sont sans influence sur la nouveauté, 143. — Il en est de même de l'habileté de l'inventeur, 144. — Quels changements devra présenter l'invention postérieure pour être nouvelle? 145. — L'appréciation pourra-t-elle être parfois moins sévère? 146. — Il ne peut jamais y avoir d'identité entre un produit et un résultat, entre un organe et un procédé, 147. — Quand y a-t--il identité entre produit et produit, entre résultat et résultat, entre moyen et moyen? 148. — Une simple amélioration suffit-elle pour détruire l'identité et constituer la nouveauté? 149. — Quid d'une simple modification, de quelques changements? 150. — Quid lorsque quelques-unes des opérations dont se compose l'invention étaient antérieurement connues? 151. — Quid lorsqu'il y a plus de fini, plus de perfection? 152. — Quid lorsqu'il y a simple économie dans la fabrication? 153. — Quid lorsque l'idée nouvelle repose sur une idée ancienne? 154. — Quid s'il y a simple combinaison nouvelle d'éléments connus? 155. — Quand il y a combinaison, la découverte doit être appréciée dans son ensemble, 156.— Y a-t-il nouveauté quand il y a substitution d'une matière à une autre? 157. — Quid quand il y a simple changement de forme ou de proportion? 158. — Quid des ornements? 159.—Quid des applications de moyens? Tout moyen suppose une application, 160. — Il y a nouveauté quand on applique comme moyen ce qui n'était qu'un produit ou un résultat, 161. — Division en quatre catégories des applications de moyens, 162. — Il n'y a pas nouveauté quand le moyen et son application sont connus, 163. — Il y a nouveauté quand le moyen et l'application sont nouveaux, 164. — Quid si le moyen est nouveau et l'application ancienne? 165. — Quid de l'application nouvelle de moyens connus? 166. — Y a-t-il nouveauté, quand il y a application nouvelle d'un moyen connu pour l'obtention, d'un effet connu également? 167. — Quand le produit ou le résultat est nouveau on en peut conclure en général que l'application est nouvelle, 168. — Y a-t-il nouveauté quand on applique à une autre industrie des moyens connus? 169. — Différence entre l'emploi et l'application, 170. — Quid de l'application à une autre branche de la même industrie? 171. — Quid de l'application d'un moyen connu à une industrie similaire ou analogue? 172. — Pour apprécier la nouveauté les tribunaux pourront recourir aux expertises, 173. — Dans l'appréciation de la nouveauté on ne peut fractionner l'invention, 174. — Pourtant on peut fractionner dans un cas, 175. — Brevets divisibles et indivisibles. Nouveauté partielle, 176. — L'importance du résultat qu'amène un moyen doit rester sans influence sur la nouveauté, 177. — V. *Nouveauté.*

**Importance.** Toute découverte

est brevetable malgré son peu d'importance, 52. — V. *Invention*.

**Importation.** En cas d'importation d'une découverte, il y a exception à la règle que la nouveauté est détruite par la publication, 247 et 248. — Il en est de même pour l'existence d'un brevet antérieur, 262. — Demande d'un brevet d'importation, 290. — Annexe de la demande, 325. — Dépôt de la demande, 340. — Le ministre doit suivre la qualification donnée par l'impétrant à sa découverte, 376. — Date du brevet, 413. — Durée du brevet d'importation, 419. — Critique de la loi belge, 420. — Nullités des brevets d'importation, 820. — Quid du brevet d'invention ou de perfectionnement pris pour une importation, et réciproquement, 823 et 824. — La nullité du brevet étranger entraîne-t-elle celle du brevet d'importation? 827. — La déchéance du brevet étranger n'entraîne pas celle du brevet d'importation, 891. — Opposition à l'introduction des brevets d'importation dans la loi belge, 900. — Conditions requises pour le brevet d'importation, 901. — Le titulaire du brevet étranger ou ses ayants-droit peuvent seuls obtenir le brevet d'importation, 902. — Que faut-il entendre par ayants-droit? 903. — Quid des co-propriétaires du brevet étranger, 904. — On ne peut prendre un brevet d'invention ou de perfectionnement pour une importation et réciproquement, 905. — Des effets des brevets d'importation, 906. — Quand le brevet étranger est expiré, la découverte ne peut plus être brevetée en Belgique, 907.

**Impression** et publication de l'invention, deuxième cause destructive de la nouveauté. Texte de la loi belge, 214. — Législation antérieure et législation française, 215. — Motif de cette disposition, 216. — Cinq conditions sont nécessaires pour que la nouveauté soit détruite, 217. — 1° Il faut qu'il y ait eu spécification et dessins, 218. — Que faut-il entendre par spécifications et dessins? 219. — Il suffit quelquefois de la spécification sans dessins et réciproquement, 220. — 2° Il faut que la spécification soit complète et les dessins exacts, 221. — Le juge ne doit tenir compte que de l'intelligence ordinaire des hommes compétents, 222. — Il ne suffit pas qu'il y ait une publicité suffisante pour exécuter la découverte, 223. — Il importe peu que l'inventeur n'ait pas eu l'intention de faire connaître sa découverte, 224. — La nouveauté n'est pas détruite si la publication ne porte que sur quelques-uns des éléments de l'invention, 225. — De même quand la publication porte sur tous les éléments, mais pris isolément, 226. — La seule annonce dans les journaux mais sans description, ne détruit pas la nouveauté, 227. — La langue dans laquelle la description a été faite, l'échelle sur laquelle les dessins ont été dressés importent peu, 228. — 3° Il faut que les descriptions aient été produites dans un ouvrage ou recueil, 229. — 4° Il faut que l'ouvrage ou le recueil aient été imprimés et publiés, 230. — Qu'est-ce qu'un ouvrage ou un recueil imprimé? 231. — Quid des ouvrages lithographiés, autographiés, photographiés ou gravés? 232. — Quid de la peinture ou du dessin? 233. — Quid de la reproduction par l'écriture? 234. — Quid de la reproduction par la sculpture? 235. — Que faut-il entendre par ouvrage publié? 236. — Il ne suffit pas que l'ouvrage soit sous presse ou déjà imprimé, 237. — La description jointe à une demande de brevet abandonnée ou écartée n'équivaut pas à une publication, 238. — Peu importe le nombre d'exemplaires vendus, 239. — Peu importe que l'invention ait été mise en pratique ou non, 240. — Quid de la publication dans le recueil spécial de l'administration, 241. — Quid si une invention a été révélée au cours d'une instance? 242. — La simple notoriété publique ne suffit pas, 243. — Il ne faut pas considérer de qui émanent l'impression et la publication, 244. — Quid de la publication frauduleuse au préjudice de l'inventeur, 245. — Peu importe que la publication ait eu lieu en Belgique ou à l'étranger, 246. — Il y a un cas où la nouveauté n'est pas détruite nonobstant la publication: motifs, 247. — Cette exception ne concerne que les brevets d'importation, 248.— Il faut que la publication soit imposée par la volonté du prince, 249. — Système contraire de la loi française, 250. — 5° La publication doit être antérieure à la date de l'invention, 251. — V. *Nouveauté*.

**Incapables.** Peuvent-ils sans assistance obtenir un brevet régulier? 11 à 18. — L'administration n'a pas à se préoccuper de la capacité personnelle du demandeur, 268. — L'exercice des droits du breveté se règle d'après la loi commune en ce qui touche la capacité du titulaire, 441. — V. *Faillite*.

**Industrie.** Il n'y a que les choses susceptibles d'être exploitées comme objets d'industrie et de commerce qui puissent être régulièrement brevetées, 102. — Qu'est-ce qu'une chose susceptible d'être exploitée comme objet d'industrie et de commerce? 103. — Sens du mot « industrie », sens du mot « commerce », 104. — Que signifient les mots « susceptibles d'être exploités »? 105. — Les theories, systèmes, notions, méthodes, principes, règles ou formules abstraites, ne peuvent être brevetés, 106.— Il en est autrement quand on indique leur application à l'industrie, 107. — Les plans financiers, économiques et administratifs ne peuvent être brevetés, 108. — Quid des méthodes d'enseignement? 109. — Quid des instruments de science? 110. — Les inventions qui touchent à la santé et à la salubrité ne sont pas brevetables, 111. — C'est la destination du produit qu'il faut considérer pour déterminer s'il y a remède, 112. — Quid d'une invention qui est à la fois un médicament et un objet utile à l'industrie? 113. — Quid des enveloppes de médicament? 114. — Quid des instruments médicaux et chirurgicaux? 115. — Quid des médicaments destinés aux animaux? 116.— Quid des cosmétiques? 117. — Quid des systèmes d'embaumement? 118.— Quid des denrées alimentaires? 119.—Quid lorsque l'aliment est transformé en médicament? 120. — Quid des objets qui touchent à l'agriculture? 121. — Des productions artistiques et littéraires, 122.—Des photographies, 123. — Appréciation des tribunaux, 124.

— Pourquoi certaines inventions ne sont pas brevetables, 125. — Pourquoi les remèdes ne sont pas brevetables, 126. — Y a-t-il nouveauté dans l'application d'un moyen connu à une autre branche de la même industrie? 171. — Quid de l'application d'un moyen connu à une industrie similaire ou analogue? 172. V. *Nouveauté, Objet du brevet*.

**Instruments.** Les instruments de science sont-ils brevetables? 110. — Quid des instruments médicaux et chirurgicaux? 115.

**Intervention.** De l'intervention dans l'action en contrefaçon, 683 à 685.

**Introduction** dans le pays d'objets contrefaits, genre particulier de contrefaçon. Motifs de la loi, 615. — Première condition, objet contrefait, 616. — Importation contraire aux clauses d'une licence, 617. — Quid des objets fabriqués sans fraude à l'étranger? 618. — Deuxième condition : Introduction sur le territoire, 619. — Marchandise en transit et en douane, 620. — Qui doit être réputé introducteur? 621. — Troisième condition : But commercial, 622. V. *Contrefaçon*.

**Inventeur.** Un brevet régulier peut être obtenu par celui qui n'est pas l'inventeur, 31 et 32. — Quid du brevet obtenu par celui qui a surpris le secret de l'inventeur? 33. V. *Revendication*.

**Invention.** Tout brevet doit reposer sur une découverte ou une invention : nécessité de cette première condition, 40. — La loi emploie indifféremment le mot « découverte » et le mot « invention », 41. — La loi a voulu breveter les découvertes aussi bien que les inventions, 42. — La loi française est plus correcte que la loi belge, 43. — La loi belge n'a pas défini l'invention et la découverte, 44. — Qu'est-ce qu'une découverte? 45. — Qu'est-ce qu'une invention? 46. — En quoi la découverte diffère de l'invention? 47.—Exemples d'inventions et de découvertes, 48. — Il y a découverte ou invention indépendamment de toute réalisation, 49. — Il peut y avoir découverte ou invention, même sans qu'elles soient nouvelles, 50. — Importance de la distinction entre l'invention et la découverte, 51. — L'invention et la découverte peuvent être brevetées nonobstant leur peu d'utilité, de mérite ou d'importance, 52. — Cependant, l'utilité de l'invention a de l'importance pour les dommages-intérêts, 53. — Division des inventions en corporelles et incorporelles, 54. — Qu'est-ce qu'une invention corporelle? 55. — Qu'est-ce qu'une invention incorporelle? 56. —Division des inventions en effets et moyens, 57. — Division des inventions en produits et résultats, en moyens proprement dits et en procédés ou agents, 58. — Qu'est-ce qu'un produit? 59. — Qu'est-ce qu'un résultat? 60. — Un simple changement dans le prix de revient n'est qu'un résultat, 61. — Ajouter, supprimer ou modifier une propriété qui ne touche pas aux éléments fondamentaux d'une chose n'est qu'un résultat, 62. — La simple réunion de deux choses n'est qu'un résultat, 63. — Quid du changement dans la quantité? 64. — Quid de la diminution des dangers ou autres inconvénients? 65.—Quid de l'augmentation de durée d'un produit? 66. — Qu'est-ce qu'un moyen proprement dit? 67. — Qu'est-ce qu'un procédé, qu'est-ce qu'un agent? 68. — D'où vient le terme « procédé »? 69. — Quoique incorporels, le procédé ou l'agent peuvent amener un effet corporel, 70.—Point commun entre le produit et l'organe, entre le résultat et le procédé ou l'agent, 71. — Exemple de procédé, 72. — Une même invention peut être. à la fois produit et organe, résultat et procédé, 73. — La division en produits, résultats et moyens, est essentiellement différente de celle en moyens nouveaux et application nouvelle de moyens connus, 74. — Les produits, les résultats, les organes et les procédés ou agents sont-ils tous également brevetables? 75 à 79. — Pourquoi les résultats ne sont-ils pas brevetables? 80 et 81. — Les résultats sont-ils brevetables concurremment avec les moyens nécessaires pour les obtenir? 82. — Ce qui n'est pas brevetable comme résultat peut être brevetable comme procédé, 83 et 84. — Les procédés sont brevetables, 85. — Les agents ne sont pas brevetables, 86. — Les procédés et les organes sont brevetables, quel que soit l'effet qu'ils amènent, 87. — Ils sont brevetables alors même que le produit ou le résultat qu'ils amènent ne seraient pas nouveaux, 88. — Ne sont pas brevetables les procédés qui dérivent uniquement de qualités personnelles, 89 et 90. — Appréciation de la cour de cassation, 91. V. *Objet du brevet*.

**Juges du fait.** V. *Cassation*.

**Licence.** Les autorisations d'exploiter s'appellent communément « licences », 460. — Formalités des licences, 461.—Chaque copropriétaire peut délivrer des licences, 462. — Distinction avec la cession du brevet, 463, 492 à 494. — Caractère civil du contrat, sauf en certains cas pour le concessionnaire, 464. — La concession de l'exploitation exclusive oblige le breveté à poursuivre les contrefacteurs, 495 —Quand le porteur d'une licence peut-il être réputé contrefacteur? 541. — Le droit exclusif de concéder des licences n'a pas de sanction dans la loi, 554 — Importation dans le pays contrairement aux clauses d'une licence, 617. — V. *Société*.

**Livres de commerce.** Inspection et saisie des livres de commerce, 648. V. *Saisie*.

**Machine.** Il est interdit de confectionner un organe breveté, machine, outil ou appareil, 562 à 570.— De l'usage des machines et appareils de production, 597, 598.

**Matières premières.** Elles ne sont pas brevetables, 94 et 99.

**Mauvaise foi.** La contrefaçon doit être prononcée en cas de mauvaise foi, 714. — V. *Bonne foi, Confiscation, Nullités*.

**Médicaments.** Les inventions qui touchent à la santé et à la salubrité ne sont pas brevetables, 111. — C'est la destination du produit qu'il faut considérer pour déterminer s'il y a remède, 112. —Quid d'une invention qui est à la fois un médicament et un objet utile à l'industrie? 113. — Quid des enveloppes de médicaments? 114. — Quid des instruments médicaux et chirurgicaux? 115. —

Quid des médicaments destinés aux animaux? 116. — Quid des cosmétiques? 117. — Quid des systèmes d'embaumement? 118. — Quid des denrées alimentaires? 119. — Quid lorsque l'aliment est transformé en médicament? 120. — Pourquoi les remèdes ne sont pas brevetables, 126.

**Méthodes.** Les méthodes, théories, principes, règles ou formules abstraites ne peuvent être brevetés, 106. — Il en est autrement quand on indique leur application à l'industrie, 107. — Quid des méthodes d'enseignement? 109.

**Ministère public.** Doit-il être entendu dans les procès en contrefaçon? 694. — L'action en nullité des brevets lui appartient-elle? 860.

**Mise en œuvre.** V. *Exploitation.*

**Modèle.** La fabrication d'un modèle est une contrefaçon, 574.

**Moyens.** Division des inventions en effets et moyens, 57. — Division en moyens proprement dits ou organes, et en procédés ou agents, 58. — Qu'est-ce qu'un moyen proprement dit? 67. — Point commun entre le produit et l'organe, 71. — Une même invention peut être à la fois produit et organe, 73. — La division en produits, résultats et moyens, est essentiellement différente de celle en moyens nouveaux et applications nouvelles de moyens connus, 74. — Les organes sont-ils brevetables? 75 à 79. — Les résultats sont-ils brevetables concurremment avec les moyens nécessaires pour les obtenir? 82. — Les procédés et les organes sont brevetables, quel que soit l'effet qu'ils amènent, 87. — Ils le sont alors même qu'ils n'amèneraient pas de produit ou de résultat nouveau, 88. — Appréciation de la cour de cassation, 91. — Il ne peut jamais y avoir d'identité entre un organe et un procédé, 147. — Quand y a-t-il identité entre moyen et moyen? 148 et s. — Quid des applications de moyens? Tout moyen suppose une application, 160. — Il y a nouveauté quand on applique comme moyen ce qui n'était qu'un produit ou un résultat, 161. — Division en quatre catégories des applications de moyens, 162. — Il n'y a pas nouveauté quand le moyen et son application sont connus, 163. — Il y a nouveauté quand le moyen et l'application sont nouveaux, 164. — Quid si le moyen est nouveau et l'application ancienne? 165. — Quid de l'application nouvelle de moyens connus? 166. — Y a-t-il nouveauté quand il y a application nouvelle d'un moyen connu pour l'obtention d'un effet connu également? 167. — Quand le produit ou le résultat est nouveau, on en peut conclure en général que l'application est nouvelle, 168. — Y a-t-il nouveauté quand on applique à une autre industrie des moyens connus? 169. — Différence entre l'emploi et l'application, 170. — Quid de l'application à une autre branche de la même industrie? 171. — Quid de l'application d'un moyen connu à une industrie similaire ou analogue? 172. — L'importance du résultat qu'amène un moyen doit être sans influence sur sa nouveauté, 177.

**Noms** des inventeurs. Droits du public quant aux noms des inventeurs, lorsque le brevet a cessé d'exister. — V. *Concurrence déloyale.*

**Non-examen** préalable. Siège de la matière, 357. — Motif du non-examen préalable, 358. — Système contraire de la loi de 1817, 359. — Principe général, 360. — Le gouvernement peut examiner la forme de la demande, 361. — Il peut rechercher si l'invention est licite. 362. — Application du principe général, 363. — Le gouvernement peut donner des avertissements amiables, 364. — Le brevet pourra être annulé quoique délivré par l'administration, 365. — De même le breveté pourra être, le cas échéant, poursuivi criminellement, 366. — La délivrance du brevet a lieu sans garantie, 367. — V. *Délivrance des brevets.*

**Nouveauté.** Il faut que l'invention soit nouvelle, 133. — Principe général de la matière, 134. — Différence entre la nouveauté légale et la nouveauté dans le sens ordinaire, 135. — Une invention peut être nouvelle quoiqu'elle ne soit pas récente, 136. — Pourquoi la nouveauté est-elle un des éléments essentiels de l'invention brevetable? 137. — Il n'y a pas nouveauté quand elle n'existe que pour un individu isolé, 138. — Des conditions requises pour que la nouveauté soit détruite. Division, 139. De l'identité entre l'invention prétendue nouvelle et une invention antérieure, 140 à 177. — Des causes destructives de la nouveauté. Textes où sont mentionnées les causes qui détruisent la nouveauté, 174. — Il y a trois causes destructives de la nouveauté, 175. — Caractère commun à ces trois causes, 176. — L'énumération des circonstances élisives de la nouveauté est limitative, 177. — Différence entre la loi française et la loi belge, en matière de nouveauté, 178. — V. *Brevet antérieur, Exploitation, Identité, Impression, Nullité.*

**Nullités** des brevets, Conditions prohibitives et dirimantes, 808. — Distinction entre les nullités et les déchéances, 809. — Toutes les nullités sont absolues, 810. — Les nullités sont de stricte interprétation, 811. — Le brevet nul ne peut être validé par un brevet complémentaire, 812. — On peut prononcer des nullités partielles, 813. — *Nullités de fond.* Il y en a cinq, 814. — Première cause : absence de découverte, 815. — Deuxième cause : absence de caractère d'invention de l'homme, 816. — Troisième cause : défaut de caractère commercial ou industriel, 817. — Quatrième cause : caractère illicite, 818. — Cinquième cause : défaut de nouveauté, 819. — Nullités des brevets de perfectionnement et d'importation, 820. — Quid du brevet de perfectionnement pris, quand il fallait un brevet d'invention ? 821. — Quid du brevet d'invention pris pour un perfectionnement ? 822. — Quid du brevet d'invention ou de perfectionnement délivré pour une importation ? 823. — Quid du cas inverse ? 824. — La nullité du brevet primitif entraîne-t-elle celle du brevet de perfectionnement ? 825. — Quid de l'hypothèse inverse ? 826. — La nullité du brevet étranger entraîne-t-elle celle du brevet d'importation ? 827. — *Nullités de forme.* — Toutes les nullités de forme ne sont pas expresses, 828. — Première cause de nullité : absence de demande, 829. — Quid quand la demande est irrégulière ? Hypothèses diverses, 830. — Spécialement du cas où la demande ne mentionne pas de titre, 831. — Quid lorsque la demande a été faite avec conditions et réserves ? 832. — Quid si la demande n'est pas limitée à un seul objet principal ? 833. — Nullités partielles du brevet, 834. — Quid des irrégularités du procès-verbal de dépôt ? 835. — Deuxième cause de nullité : vices de la description et des autres annexes, 836. — Omission ou inexactitude dans la description, 837. — Quid de l'absence de description ? 838. — Quid quand la description mentionne comme invention un simple perfectionnement ? 839. — Quid quand on a appelé importation une invention ou un perfectionnement ? 840. — L'omission ou l'inexactitude doivent être intentionnelles, 841. — Différence sur ce point entre la loi belge et la loi française, 842. — Pourra-t-on contraindre le breveté à compléter sa description ? 842bis — La mauvaise foi est inutile quand on ne peut découvrir de quelle invention il s'agit, 843. — Quid de l'obscurité ou de l'absence des annexes autres que la description ? 844. — Quid quand les échantillons ont été perdus au ministère ? 845. — Troisième cause de nullité : vices dans le brevet lui-même, 846. — Le brevet est nul quand l'arrêté est entaché d'un vice substantiel, 847. — Que faut-il entendre par vice substantiel ? 848 — L'inobservation des formalités postérieures à la délivrance du brevet est sans influence, 849. — V. *Caractère licite, Déchéances, Dispositions transitoires, Nouveauté, Perfectionnement.*

**Objet** du brevet. Différence entre le sujet et l'objet du brevet, 36. — Qu'est-ce qu'une invention brevetable ? 38. — Cinq conditions sont nécessaires pour constituer l'invention brevetable, 39. — La demande d'un brevet ne peut contenir qu'un seul objet principal avec les applications dont il est susceptible, 280 à 282. — V. *Industrie, Invention, Nouveauté, Participation de l'homme.*

**Obligations** qui dérivent du brevet. — V. *Exploitation, Taxe.*

**Opposition.** Peut-on former opposition à la délivrance d'un brevet ? 375.

**Ordonnance** du président en cas de saisie ou description préalable à l'action en contrefaçon. V. *Saisie des objets contrefaits.*
**Ordre public.** Quand une invention est-elle contraire à l'ordre public? 131.
**Organes.** — V. *Moyens.*
**Ouvrier.** Quid des brevets demandés par des ouvriers ou autres personnes aux gages d'autrui? 24. — Les ouvriers et autres personnes placées sous les ordres de l'inventeur sont-ils des tiers? 195. — De la responsabilité respective du maître et de l'ouvrier dans une fabrication illicite, 582, 583. — De l'emploi d'un outil par un ouvrier, 599. — Vente par l'ouvrier en cas de non payement, 642.

**Participation de l'homme** à la découverte. Les découvertes ou inventions sont naturelles ou humaines, 92. — Division des découvertes naturelles en substances et agents, 93. — Il n'y a de brevetables que les inventions auxquelles l'homme a participé. 94 à 96. — Il y aura invention brevetable, même quand l'homme aura inventé par hasard, 97. — Combinaison de ces principes avec la division des choses brevetables en inventions et découvertes, 98. — Les matières premières, les forces et les formes premières ne sont pas brevetables, 99. — Les phénomènes naturels ne sont pas brevetables, 100. — Mais ils sont brevetables quand on en indique les applications industrielles, 101.
**Payement** de la taxe.—V. *Taxe.*
**Perfectionnement.** Des brevets de perfectionnement. Demande, 290. — Annexes de la demande, 325. — Dépôt de la demande, 340.— Le ministre doit suivre la qualification donnée par l'impétrant à sa découverte, 376. — Date du brevet, 413. — Durée du brevet de perfectionnement, 421. — La prorogation du brevet principal profite-t-elle au brevet de perfectionnement? 425. — La prorogation nuit-elle au brevet de perfectionnement? 426. — Le cessionnaire d'un brevet d'invention profite-t-il des brevets de perfectionnement? 504. — La taxe doit-elle être payée pour le brevet de perfectionnement? 769. — Quid du brevet de perfectionnement obtenu comme brevet d'invention? 770. — Quid dans le cas inverse? 771. — Taxe des brevets de perfectionnement sous la loi française, 772. — Du défaut d'exploitation d'une invention perfectionnée, 787. — Des empêchements légitimes à l'obligation d'exploiter, 788. — Nullités des brevets de perfectionnement, 820. — Quid du brevet de perfectionnement pris pour un brevet d'invention et réciproquement? 821 et 822. — Quid du brevet de perfectionnement délivré pour une importation? 823. — Quid du cas inverse? 824. — La nullité du brevet primitif entraîne-t-elle celle du brevet de perfectionnement? 825. — Quid de l'hypothèse inverse? 826. — Quid quand la description mentionne comme invention un simple perfectionnement? 840. — La déchéance du brevet primitif n'entraîne pas celle du brevet de perfectionnement, 890. — Distinctions fondamentales entre les inventions, les perfectionnements et les importations, 893. — Qu'est-ce qu'un perfectionnement? 894. — On ne peut prendre un brevet d'invention pour un perfectionnement et réciproquement, 895. — Conséquences de la violation de cette règle, 896. — Système français en matière de perfectionnement, 897.— Le brevet de perfectionnement n'est pas l'accessoire du brevet primitif, 898. — Droits que confèrent les brevets de perfectionnement, 899.

**Personnes** qui peuvent être régulièrement brevetées.—Quelles personnes interviennent pour la demande et la délivrance d'un brevet. La question de savoir qui peut obtenir un brevet régulier diffère de celle de savoir qui peut obtenir le titre du brevet, 10. — Les incapables peuvent-ils sans assistance obtenir un brevet régulier? 11 à 13. — La demande d'un brevet est un acte d'administration ; ce n'est pas un acte conservatoire, 14. — La question de savoir ce que vaut un brevet délivré à un incapable offre peu d'intérêt pratique, 15 et 16. — Le mineur, l'interdit judiciaire, l'indi-

## DES MATIÈRES. 823

vidu placé dans un établissement d'aliénés, l'interdit, peuvent obtenir un brevet régulier, 17. — Quid lorsque l'incapable a agi sans volonté consciente? 18 et 19. — L'étranger peut-il obtenir un brevet régulier? 20. — Un brevet régulier peut-il être obtenu par plusieurs? 21 et 22. — Une personne civile peut-elle obtenir un brevet régulier? 23. — Quid des ouvriers et autres personnes aux gages d'autrui? 24. — Quid des fonctionnaires publics? 25. — Quid des militaires? 26. — Les héritiers, successeurs et ayants-cause de l'inventeur peuvent-ils obtenir un brevet régulier? 27. — Quid du *negotiorum gestor?* 28. — Peut-on demander et obtenir régulièrement un brevet par mandataire ou procureur? 29. — Qui peut prendre un brevet en cas d'absence? 30. — Un brevet régulier peut être obtenu par celui qui n'est pas l'inventeur, 31. — Critique d'un arrêt contraire de la cour de Paris, 32. — Quid du brevet obtenu par celui qui a surpris le secret de l'inventeur, 33. — Est régulier le brevet obtenu par celui qui ne peut l'exploiter, 34. — Qui est chargé de délivrer les brevets? 35.

**Phénomènes naturels.** — Ils ne sont pas brevetables, 100. — Mais ils sont brevetables, quand on en indique des applications industrielles, 101.

**Photographies.** Les photographies sont-elles brevetables? 123.

**Plans.** Les plans financiers, économiques et administratifs, ne peuvent être brevetés, 108. — L'auteur des plans doit être assimilé au contrefacteur, 583.

**Président** du tribunal de première instance. — Ses attributions en matière de saisie des objets contrefaits. — V. *Saisie.*

**Preuve** du brevet. Comment prouve-t-on le brevet? 377. — L'assistance du brevet vaut présomption que l'invention est brevetable, 378. — Peut-on être forcé de produire son brevet contre soi? 379

**Preuve** de la contrefaçon. — V. *Procédure.*

**Prix** des objets contrefaits vendus. De la restitution de ce prix au breveté, 724. — Comment se calcule ce prix? 725. — Quid en cas d'échange, de donation, de louage? 726.

**Procédé.** Division des inventions en effets et moyens, 57. — Division en moyens proprement dits et procédés ou agents, 58. — Qu'est-ce qu'un procédé? Qu'est-ce qu'un agent? 68. — D'où vient le terme procédé? 69 — Quoique incorporel, le procédé ou l'agent peuvent amener un effet corporel, 70. — Point commun entre le résultat et le procédé ou l'agent, 71. — Exemple de procédé, 72. — Une même invention peut être à la fois résultat et procédé, 73. — Les procédés sont-ils brevetables? 75 à 79. — Ce qui n'est pas brevetable comme résultat peut l'être comme procédé, 83 et 84. — Les procédés sont brevetables, quels que soient les effets qu'ils amènent, 85 a 87. — Ils sont brevetables alors même que le produit ou le résultat qu'ils amènent ne sont pas nouveaux, 88. — Ne sont pas brevetables les procédés qui dérivent uniquement des qualités personnelles, 89 et 90. — Appréciation de la cour de cassation, 91. — Il ne peut jamais y avoir d'identité entre un procédé et un organe, 147. — Quand y a-t-il identité entre procédés? 148 et suiv.

**Procédure** de l'action en contrefaçon. Les actions en contrefaçon sont sommaires et urgentes, 678. — Formes de la demande, 679. — Précision du genre de contrefaçon qui sert de base à l'action, 680. — L'étranger doit fournir la caution *judicatum solvi*, 681. — Du recours en garantie exercé par le défendeur, 682. — Intervention du breveté dans l'action récursoire, 683. — Intervention du côté du demandeur, 684. — Intervention de l'inventeur, 685. — Production d'un nouveau brevet, 686. — Devoirs de preuve du demandeur, 687. — Production du brevet et de la description, 688. — Concours de la preuve de la contrefaçon avec la preuve de l'inanité du brevet, 689. — Pouvoir des tribunaux quant aux expertises, 690. — Le ministère public doit-il être entendu? 691. — Des demandes nouvelles en degré d'appel, 692. — Prescription de l'action, 693. — Recours en cassation. 694. — De la chose jugée, 695. — V. *Dispositions transitoires*.

**Procès-verbal** du dépôt de la demande. Formes de ce procès-verbal, 333 à 338. — Nullité du procès-verbal, date du brevet, 409.

**Produit.** Division des inventions en produits et résultats, 58. — Qu'est-ce qu'un produit? 59. — Point commun entre le produit et l'organe, 71. — Une même invention peut être à la fois produit et organe, 73. — Les produits sont brevetables, 75 à 79. — Appréciation de la cour de cassation, 91. — Il ne peut jamais y avoir d'identité entre un produit et un résultat, 147. — Quand y a-t-il identité entre produit et produit? 148 et suiv. — Il y a nouveauté quand on applique comme moyen ce qui n'était qu'un produit. 161. — Quand le produit est nouveau, on en peut conclure en général que l'application est nouvelle, 168. — Si le brevet porte sur un produit, il est défendu de confectionner ce produit par quelque moyen que ce soit, 558, 559. — Si le brevet couvre le produit et le moyen, il peut y avoir double contrefaçon, 571. — L'usage d'un produit n'est pas une contrefaçon, 588.

**Propriétaire.** Du privilège du propriétaire sur les objets brevetés placés dans les lieux loués, 442 — Droits du propriétaire des lieux loués sur les objets à confisquer. 722.

**Prorogation.** V. *Durée*.

**Provocation.** La contrefaçon provoquée par le breveté n'est pas punissable. 539 et 540. — Du consentement donné par le breveté à la contrefaçon, 699.

**Publication de l'invention.** V. *Impression*, *Nouveauté*.

**Publication** du jugement qui condamne le contrefacteur, 735. — La publication du jugement ne peut avoir lieu sans l'autorisation des tribunaux, 736. — On ne peut dépasser les limites fixées par le jugement, 737. — L'affiche du jugement ne peut être permanente, 738. — Que faut-il entendre par jugement au cas où la publication en est ordonnée? 739. — On ne peut faire abus du droit d'insertion du jugement, 740. — On ne peut ordonner l'affiche du jugement s'il n'y a été conclu, 741.

**Rectifications.** V. *Date*, *Transmission*.

**Recueil** spécial des brevets, 388 à 392. — Les déchéances doivent être publiées au recueil spécial. 887. V. *Dispositions transitoires*, *Transmission*.

**Remèdes.** V. *Médicaments*.

**Réparations** et pièces de rechange à une machine brevetée. Droits des tiers, 577 à 580.

**Répression** de la contrefaçon. Article 5 de la loi belge, 706. — Comparaison avec la loi de 1817 et la loi française de 1844, 707. — Motifs du législateur belge, 708. — Quand y a-t-il bonne foi? 709, 710. — A qui incombe la preuve de la mauvaise foi? 711 et 712. — La présomption de bonne foi cède à la preuve contraire, 713. — La confiscation doit être prononcée en cas de mauvaise foi, 714. — Quid quand le brevet a pris fin? 715. — Quels objets la confiscation frappe-t-elle? 716. — Quid des matières premières et de la fabrication inachevée? 717. — Quid des instruments et ustensiles? 718. — La partie contrefaite d'une machine est seule saisissable, 719. — Quid dans le cas où l'objet contrefait est joint à un autre d'une manière indivisible? 720. — La confiscation ne peut porter que sur les objets saisis ou décrits, 721. — Droits du propriétaire des lieux loués sur les objets à confisquer, 722. — Conflit avec l'administration des douanes, 723. — De la restitution du prix des objets vendus, 724. — Comment se calcule le prix? 725. — Quid en cas d'échange, de donation ou de louage? 726. — Du contrefacteur de bonne foi. 727. — Défense d'employer les appareils de productions contrefaits. 728. — Cette défense est restreinte à l'usage commercial, 729. — Appareils destinés à confectionner les objets contrefaits, 730. — Les dommages-intérêts peuvent produire intérêt à partir de la demande, 731. — Les tribunaux ne peuvent fixer de dommages-intérêts pour les contraventions futures, 732. — De la majoration des dommages-intérêts en appel, 733. — La bonne foi du contrefacteur influe-t-elle sur les dommages-intérêts? 734. — Publication du jugement, 735. — La publication du jugement ne peut avoir lieu sans l'autorisation des tribunaux, 736. — On ne peut dépasser les limites fixées par le jugement, 737. — L'affiche du jugement ne peut être permanente, 738. — Que faut-il entendre par jugement au cas où la publication en est autorisée? 739. — On ne peut faire abus du droit d'insertion du jugement, 740. — On ne peut ordonner l'affiche du jugement s'il n'y a été conclu, 741. — Condamnation aux dépens, 742.

**Responsabilité.** V. *Fonctionnaires.*

**Résultats.** Division des inventions en produits et résultats, 58. — Qu'est-ce qu'un résultat? 60. — Un simple changement dans le prix de revient n'est qu'un résultat, 61. — Ajouter, supprimer ou modifier une propriété, c'est un résultat, 62. — Il en est de même de la simple réunion de deux choses, 63. — Quid du changement dans la quantité? 64. — De la diminution des inconvénients, 65. — De l'augmentation de durée, 66. Point commun entre le résultat et le procédé ou l'agent, 71. — Une même invention peut être à la fois résultat et procédé, 73. — La division en produits, résultats et moyens est différente de celle en moyens nouveaux et applications nouvelles de moyens connus. 74. — Les résultats sont-ils brevetables? 75 à 79? — Pourquoi les résultats ne sont pas brevetables, 80 et 81.—Les résultats sont-ils brevetables concurremment avec les moyens nécessaires pour les obtenir? 82. — Ce qui n'est pas brevetable comme résultat peut l'être comme procédé, 83 et 84. — Appréciation de la Cour de cassation, 91. — Il ne peut jamais y avoir identité entre un produit et un résultat, 147. — Quand y a-t-il identité entre résultat et résultat? 148 et s. — Il y a nouveauté quand on applique comme moyen ce qui n'était que résultat, 161. — Quand le résultat est nouveau, on n'en peut conclure en général que l'application est nouvelle, 168. — Contrefaçon des résultats, 560 et 561.

**Revendication** de la propriété d'un brevet et subrogation. Un brevet régulier peut être obtenu par celui qui n'est pas l'inventeur, 31 et 32.— Quid du brevet obtenu par celui qui n'est pas l'inventeur? 33. — Droit de l'inventeur dont le breveté a usurpé la découverte, 514. — La collaboration à une invention donne droit à la communauté du brevet, 515. — L'inventeur peut-il demander la nullité du brevet obtenu par l'usurpateur? 516. — Le pouvoir judiciaire ne peut forcer l'administration à modifier le nom du titulaire, 517. — Le défendeur à l'action en revendication ne peut exciper de la nullité du brevet, 518.— Il ne peut opposer au demandeur que celui-ci n'est pas l'inventeur, 519. — La preuve de l'usurpation peut se faire par tous moyens de droit, 520. — L'action en revendication peut être dirigée contre le cessionnaire du brevet, 521. — Revendication de la propriété de l'invention, à titre d'exception à l'action en contrefaçon, 700. — Preuve de l'usurpation de l'invention, 701.

**Saisie** des brevets. Formalités de cette saisie, 495.

**Saisie** des objets contrefaits. Procédure préparatoire de l'action en contrefaçon. Double voie pour intenter l'action, 643. — Droit de description et de saisie, 644. — A qui ce droit appartient-il? 645. — Le droit de saisie peut s'exercer dans le cours de l'instance, 646. — Autorisation du président, 647. — Inspection et saisie des livres de commerce, 648. — Formes de la demande. Jonction du brevet à la requête, 649. — Désignation d'experts, 650. — Cautionnement obligatoire pour l'étranger, 651. — Le cautionnement doit être fourni en argent. 652. — Une deuxième ordonnance peut statuer sur le cautionnement, 653 — Signification de l'ordonnance, 654. — Quelles sont les voies de recours contre l'ordonnance? Systèmes divers, 655. — On peut se pourvoir en référé, puis en appel, 656. — Présence du breveté à la saisie, 657. — Du cas où les portes sont fermées, 658. — Apposition des scellés, formes à suivre, 659.—Copie du procès-verbal de description doit être laissée, 660. —Procédure en cas d'absence du saisi, 661. — La saisie est faite aux risques et périls du breveté, 662. — Sur quels objets la saisie peut-elle porter? 663. — Du lieu où la saisie peut se faire, 664.—L'ordonnance peut autoriser la saisie en tous lieux, 665. — Saisie dans un établissement militaire, 666. — Du délai pour pratiquer la saisie, 667.— Effets de la nullité de la saisie sur l'action, 668. — Poursuite fondée uniquement sur la saisie, 669. — Délai pour intenter l'action, 670. — Compétence du tribunal du lieu de la saisie, 671. — Calcul du délai de huitaine, 672. — Peut-on suppléer au défaut de date du procès-verbal? 673. — Quid en cas de saisie nouvelle pendant le cours de l'instance? 674. — L'ordonnance perd ses effets à défaut d'assignation régulière, 675. — L'inobservation du délai n'entraîne pas la déchéance de l'action, 676. — Le breveté peut être actionné en nullité de la saisie, 677. — La confiscation ne peut porter que sur les objets saisis ou décrits, 721.

**Société.** Le brevet peut être exploité par actions, 446. — De l'apport d'un brevet en société, 447 à 449. — Caractère des sociétés formées pour l'exploitation d'un brevet, 500. — Poursuite de la contrefaçon quand le brevet appartient à une société, 625, 626.— Contrefaçon commise par une société, 634. — Les associés peuvent-ils attaquer le brevet mis en société? 858.

**Subrogation** dans la propriété d'un brevet. V. *Revendication*.

**Substances.** Division des découvertes naturelles en substances et agents, 93.

**Taxe.** Du paiement de la taxe : législation belge, 754. — Législation antérieure et étrangère, 755. — Réformes de la loi belge, 756. — Caractère de la taxe : c'est un impôt, 757. — L'obligation de payer la taxe est-elle absolue? Force majeure, 758. — Où la taxe doit-elle être payée? 759. — Comment la taxe doit-elle être payée? 760. — Quand la première annuité doit-elle être payée? 761. — Quand doivent être payées les annuités subséquentes? 762. — Faut-il un avertissement préalable? 763.—Computation des délais d'un mois et de six semaines, 764. — La computation a-t-elle lieu d'heure à heure? 765. —Le jour du dépôt doit-il être compté? 766. — Quid si le dernier jour est férié? 767. — Pour quels brevets la taxe doit-elle être payée? 768. — Doit-elle être payée pour le brevet de perfectionnement? 769. — Quid du brevet de perfectionnement obtenu comme brevet d'invention? 770. — Quid dans le cas inverse? 771. — Taxe des brevets de perfectionnement sous la loi française, 772. — Quid lorsque le brevet couvre plusieurs inventions? 773. — La taxe est-elle sujette à prescription? 774. — La taxe ne dispense pas des autres impôts, 775. — V. *Déchéances, Dispositions transitoires.*

**Théories.** V. *Méthodes.*

**Titre du brevet.** Textes, 369. — La délivrance des brevets doit se faire sans retard, 370. — Le brevet consiste dans un arrêté du ministre de l'intérieur, 371. — L'arrêté doit mentionner que toutes les formalités ont été accomplies, 372. — L'arrêté doit mentionner que la concession est faite sans examen préalable. 373. — Autres énonciations de l'arrêté de brevet, 374. — Peut-on former opposition à la délivrance d'un brevet? 375.—Le ministre doit suivre la qualification donnée par l'impétrant à sa découverte, 376.—Comment prouve-t-on le brevet? 377. — L'existence du brevet vaut présomption que l'invention est brevetable, 378. — Peut-on être forcé de produire le brevet contre soi? 379. — Appréciation des termes du brevet au point de vue du recours en cassation, 380.

**Titre d'inventeur.** V. *Concurrence déloyale.*

**Titre de l'invention.** La demande du brevet doit contenir un titre, 275. — Qu'est-ce que le titre de l'invention? 276. — Pourquoi la loi exige-t-elle un titre? 277. — Législation antérieure, 278. — Le titre doit présenter une désignation sommaire et précise, 279.

**Transit.** Marchandises en transit, 620.

**Transmission** des brevets. Les droits dérivant du brevet sont cessibles par leur nature, 466. — La loi de 1854 admet ce principe, 467. — La cession du brevet n'est pas la cession de l'invention, 468. — Division de la matière, 469. — Conditions générales pour la transmission des brevets : loi de 1817, 470. — Loi française de 1844, enregistrement administratif et enregistrement fiscal, 471. — Loi de 1854, travaux préparatoires, 472. — Sous la loi belge, les transmissions de brevets sont réglées par le droit commun, 473. — Art. 19 de l'arrêté royal du 24 mai 1854, 474. — Portée restreinte de cette disposition, 475. — Conditions de la transmission, capacité des parties, 476. — Forme du contrat : un acte authentique n'est point nécessaire, 477. — La remise du titre n'est pas obligatoire pour la validité du contrat, 478. — De la notification au ministère de l'intérieur. Formalités, 479. — Publication dans le recueil des brevets, 480. — L'enregistrement de l'acte n'est pas obligatoire, 481. — Quand une cession de brevet peut-elle être opposée aux tiers? 482. — Si la cession a date certaine, aucune formalité spéciale n'est requise, 483. — Le cessionnaire devra notifier l'acte de cession à celui contre qui il voudra agir, 484. — Le payement total des annuités à courir n'est exigé que par la loi française, 485. — Opinions erronées des commentateurs de la loi belge, 486. — Pour quels actes le droit fixe est-il dû? 487. — Le droit fixe s'applique aux cessions partielles, 488. — Quel est le caractère obligatoire de l'article 21? 489. — Des différentes espèces de transmissions. Division, 490. — Des cessions totales et des cessions partielles, 491. — Distinction entre les cessions partielles et les concessions de licences, 492. — Éléments de la différence, 493. — Pouvoir d'interprétation des tribunaux, 494. — Forme de la saisie des brevets, 495. — Expropriation forcée des brevets, 496. — La cession d'un brevet est un contrat civil, 497. — Exception à cette règle, 498. — L'acquisition d'un brevet peut être réputée commerciale, 499. — Caractère des sociétés formées pour l'exploitation d'un brevet, 500.— Des effets de la transmission d'un brevet. En cas de cession, qui doit payer la taxe? 501. — Rapports du cessionnaire avec le trésor, 502. — A qui l'avertissement doit-il être donné par le gouvernement? 503.— Le cessionnaire profite-t-il des brevets de perfectionnement? 504. — Responsabilité du cédant en cas de réticence, 505. — Droits des parties entre elles et vis-à-vis des tiers, 506. — Obligation du cédant en ce qui concerne la délivrance, 507.— Obligation de garantie du cédant, 508. — Doit-il garantir l'efficacité de l'invention? 509. — Il doit garantir les effets décrits au brevet, 510. — Obligations du cessionnaire, 511. — Droits du cessionnaire sur l'invention, 512. — Obligations du cédant quand une seule localité est attribuée aux cessionnaires, 513. — Le défendeur à l'action en contrefaçon peut se prévaloir d'une cession de brevet, 627, 698.

**Transmission** de la demande au ministère de l'intérieur. Que transmet-on au ministère? 341. — Délai de la transmission, 342. — A leur arrivée au ministère, les demandes sont enregistrées, 343. — Des rectifications à faire aux demandes, 344. — Que faut-il entendre par omission ou irrégularité dans la forme? 345. — Qu'est-ce que la forme de la demande? 346.— Qu'est-ce que la forme des pièces annexées? 347. — Qu'est-ce que la forme du dépôt? 348. — Principe général de la matière, 349. — L'impétrant peut-il prendre l'initiative des rectifications? 350. — Distinction entre la demande irrégulière et la demande nulle, 351 et 352. — Quand la demande est-elle nulle? 353. — Quand est-elle irrégulière, 354. — Qui doit faire procéder aux rectifications? 355. — La date des rectifications doit être portée sur un registre? 356.

**Tribunaux.** — V. *Compétence, Déchéance.*

**Usage.** L'usage des moyens doit être réservé à l'inventeur, 585. — Controverse sous la loi de 1817, 586. — Législation actuelle et loi française de 1844, 587. — L'usage d'un produit n'est pas une contrefaçon, 588. — L'usage d'un moyen est une contrefaçon, 589. — Quels sont les moyens dont l'usage est interdit aux tiers? 590. — Jurisprudence, 591. — De l'usage d'une des parties de la chose brevetée, 592. — L'usage personnel est licite, 593. — Discussions parlementaires, 594. — Règles pour constater l'usage personnel, 595. — Distinction entre l'usage commercial, personnel et domestique, 596. — Quid des machines et agents de production? 597. — Jurisprudence, 598 — De l'emploi d'un outil par un ouvrier, 599. — Usage par le créancier gagiste ou le dépositaire, 600. — Detention d'un organe destiné à un usage non breveté, 606. — V. *Fabrication*.

**Usage** commercial, 593 à 598. — Destination commerciale nécessaire pour assimiler la détention à la contrefaçon, 605. — Importation dans le pays : but commercial, 622. — La défense d'employer les appareils de production contrefaits est restreinte à l'usage commercial. 729.

**Usage** personnel, 593 à 598. — L'usage personnel d'un procédé avant la date du brevet n'autorise pas l'exploitation commerciale après cette date, 532. — Est illicite la fabrication pour l'usage personnel, 572 et 573. — La possession privée de l'invention antérieure au brevet est une défense à l'action en contrefaçon, 703.

**Usufruit** d'un brevet. Règlement des droits du nu-propriétaire, 457.

**Vente** ou exposition en vente. Nécessité de réprimer la vente des contrefaçons, 608. — Première condition : objet contrefait, 609. — Seconde condition : Vente, 610. — La donation ou l'échange ne sont pas assimilables à la vente, 611. — Vente par l'ouvrier en cas de non-payement, 612. — De la vente pour l'exportation, 613. — De l'exposition en vente, 614.

---

FIN DE LA TABLE ALPHABÉTIQUE.

www.ingramcontent.com/pod-product-compliance
Lightning Source LLC
Chambersburg PA
CBHW071425300426
44114CB00013B/1320